CHOIX

DE

PEINTURES DE POMPÉI

LA PLUPART DE SUJET HISTORIQUE

LITHOGRAPHIÉES EN COULEUR PAR M. ROUX

ET PUBLIÉES

AVEC L'EXPLICATION ARCHÉOLOGIQUE DE CHAQUE PEINTURE

ET UNE INTRODUCTION

SUR L'HISTOIRE DE LA PEINTURE CHEZ LES GRECS ET CHEZ LES ROMAINS

PAR M. RAOUL-ROCHETTE

MEMBRE DE L'INSTITUT (ACADÉMIE DES INSCRIPTIONS ET BELLES-LETTRES)

SECRÉTAIRE PERPÉTUEL DE L'ACADÉMIE DES BEAUX-ARTS

PROFESSEUR D'ARCHÉOLOGIE, L'UN DES CONSERVATEURS ADMINISTRATEURS DE LA BIBLIOTHÈQUE ROYALE

ET DES COLLABORATEURS DU JOURNAL DES SAVANTS

MEMBRE HONORAIRE OU CORRESPONDANT DES ACADÉMIES DE MUNICH

DE GOETTINGUE, DE SAINT-PÉTERSBOURG, DE VIENNE, DE BERLIN, DE MADRID, DE ROME, DE NAPLES, DE BRUXELLES, D'UPSAL

ET DE L'INSTITUT HISTORIQUE DU BRÉSIL

MEMBRE HONORAIRE DE LA DIRECTION DE L'INSTITUT ARCHÉOLOGIQUE DE ROME

OFFICIER DE LA LÉGION D'HONNEUR, COMMANDEUR DE L'ORDRE GREC DU SAUVEUR

CHEVALIER DES ORDRES PONTIFICAUX DE SAINT-GRÉGOIRE ET DE SAINT-SYLVESTRE RÉFORMÉ

DE CEUX DE SAINT-MAURICE ET DE SAINT-LAZARE DE SARDAIGNE

DU MÉRITE CIVIL DE SAINT-MICHEL DE BAVIÈRE ET DE FRANÇOIS Iᵉʳ DES DEUX-SICILES

DU LION DES PAYS-BAS, ETC.

OUVRAGE

DÉDIÉ A S. M. LE ROI DES DEUX-SICILES

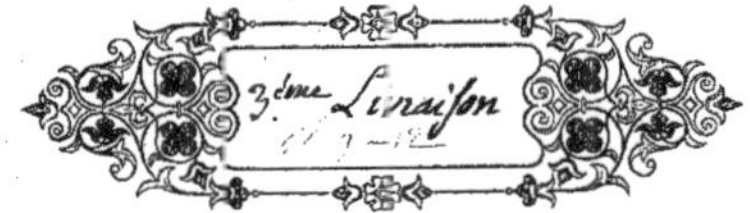

PARIS

IMPRIMÉ PAR AUTORISATION DU ROI

A L'IMPRIMERIE ROYALE

—

1846

CHOIX

DE

PEINTURES DE POMPÉI.

PREMIÈRE PARTIE.

AMOURS DES DIEUX.

Les Amours des Dieux étaient devenus un des sujets favoris des arts d'imitation, à cette époque de l'antiquité où les vices inhérents au système religieux s'étaient développés avec les progrès de la vie sociale; c'est ce que nous apprennent les maisons de Pompéi, d'une manière plus éloquente, et surtout moins suspecte d'exagération ou de partialité, que les pages accusatrices des premiers docteurs de l'Église. Nous savions, par le témoignage de saint Clément d'Alexandrie[1], que les païens, ses contemporains, ne se faisaient point scrupule d'étaler, dans leurs chambres à coucher, des images contraires à l'honnêteté, et pourtant puisées dans l'histoire des dieux; mais on pouvait croire, et l'on n'avait pas manqué de dire, que ces torts de la civilisation païenne, dont l'art s'était rendu le complice, avaient pris, sous la plume de l'orateur chrétien, plus de gravité qu'ils n'en avaient réellement; et il s'était trouvé un critique[2] qui n'avait pas craint de se porter garant de l'innocence de la société antique, fût-ce même aux depens de la sienne. Il n'est plus possible aujourd'hui de conserver cette honnête illusion, en présence de ces murs d'une ville gréco-romaine, décorés, dans le premier siècle de notre ère, de peintures dont les amours des dieux ont fourni les principales compositions. Il y a plus : à une époque plus rapprochée de nous, où s'exerçait déjà la salutaire influence du christianisme, au temps de Sidoine Apollinaire, le même abus de l'art régnait au sein d'une société renouvelée par l'Évangile[3]; tant était

---

[1] S. Clem. Alex. *Protrept.* p. 52-53, ed. Potter. J'ai cité et traduit ce passage dans mes *Peintures antiques inédites*, p. 267-268, en l'accompagnant des réflexions que j'ai crues nécessaires pour en faire apprécier l'importance et l'autorité.

[2] J'ai en vue l'auteur d'un écrit intitulé : *Appendice aux lettres d'un antiquaire à un artiste*, Paris, 1837, in-8°, où le passage de saint Clément d'Alexandrie, cité plus haut, est traité de déclamation et taxé d'exagération, p. 62; ce qui montre à quel point

cet auteur, philologue habile, mais non antiquaire, est dépourvu de la connaissance de l'antiquité figurée, qui justifie si bien le témoignage du savant docteur d'Alexandrie. J'aurai lieu de réfuter, à mon tour, ce qu'il y a de faux et d'inexact dans les idées de ce critique, en m'attachant uniquement aux faits, et sans répondre aux personnalités; ce que je ne ferai jamais, même quand on m'en aurait donné le droit et l'exemple.

[3] Sidon. Apollin. *Epist.* II, 11 : « Interior parietum facies solo

grande et invétérée la force de l'ancienne habitude. Il faut donc chercher, dans l'état de la société païenne, dans la nature des croyances religieuses et dans la direction des mœurs publiques, l'explication d'un fait qui ne saurait être considéré comme l'effet d'aberrations particulières et de fantaisies individuelles. Mais un sujet si grave ne saurait être traité incidemment, à l'occasion de quelques peintures prises dans cet ordre d'idées qui implique tout le système de la civilisation antique; et je me réserve de discuter à fond, dans un travail particulier[1], tous les témoignages classiques qui s'y rapportent, en produisant à l'appui plusieurs des monuments de l'art qui ont été récemment acquis à la science. Bornons-nous donc, quant à présent, à constater, par quelques-unes de nos peintures de Pompéi, qui appartiennent, par leur exécution sans doute, mais non pas peut-être par leur invention, à la dernière période de l'art antique, ce trait si important de l'état moral de la société païenne, et voyons de quelle manière l'art de peindre, arrivé, chez les habitants de Pompéi et sous le règne de Titus, presque à l'extrême limite de son existence et de son domaine, avait représenté les amours des dieux, sujets des anciennes *hiérogamies*, où la sévérité du style hiératique, jointe à l'imperfection de la forme imitative, tempérait du moins la crudité de l'image primitive[2].

lævigati cæmenti candore contenta est; non hic per NVDAM CORPORVM PVLCHRITVDINEM TVRPIS prostat HISTORIA; quæ sicut ornat artem, sic devenustat artificem. "

[1] C'est dans la IVᵉ de mes *Lettres archéologiques sur la peinture des Grecs*, qui sera adressée à M. F. Jacobs, et qui formera à elle seule, vu l'importance et l'étendue de la matière, la seconde partie de cet ouvrage, que je me propose de traiter, d'une manière aussi complète et aussi approfondie que possible, toutes les questions qui ont rapport à ce que j'ai appelé et que j'appelle encore du nom de *pornographie*.

[2] J'ai cité, dans mes *Peintures antiques inédites*, p. 252, un trait qui m'était fourni par Pausanias, dans sa description du coffre de Cypsélus, V, xix, 2, et qui m'a servi à montrer de quelle manière j'entendais la nature de ces travaux de l'art primitif, dont le sujet était à la fois licencieux et sacré; mais j'aurai occasion de développer cette idée, en l'appuyant de la connaissance d'un choix de peintures de vases, de style hiératique, que nous possédons maintenant en si grand nombre, où la licence de la représentation est portée à un point incroyable, en même temps qu'elle s'y trouve jointe à toute l'imperfection d'un art primitif.

PLANCHE I.

JUPITER ET JUNON SUR LE MONT IDA.

Hauteur, 1 m. 37 cent. — Largeur, 1 m. 27 cent.

Procédons ici comme les anciens eux-mêmes : commençons par Jupiter[1]. Ce maître des dieux était certainement celui dont le mythe avait fourni à la poésie et aux arts d'imitation le plus de ces motifs licencieux[2], qui, d'abord exposés comme des dogmes philosophiques dans les écoles orphiques[3], étaient devenus, entre les mains des artistes, des images simplement voluptueuses. Le nombre des maîtresses de Jupiter était, pour les philosophes d'un certain âge, qui voulaient tout expliquer par l'allégorie, un embarras à force d'être un scan-

[1] Theocrit. *Idyll.* xvii, 1 : Ἐκ Διὸς ἀρχώμεσθα; add. Virgil. *Eclog.* iii, 60; cf. Serv. *ad h. l.*; vid. Heyn. *ibid.*; Voss. *ad Eclog.* viii, 11.

[2] Catull. *Carm.* lxviii, 138-140 :

> Sæpe etiam Juno, maxima cœlicolum,
> Conjugis in culpa flagravit qvotidiana,
> Noscens omnivoli plurima furta Jovis.

[3] On peut juger à quel degré de licence put être poussée la hardiesse de cette ancienne théologie grecque, d'après le trait d'une peinture obscène de Jupiter et de Junon citée par Ori-

gène, *contr. Cels.* IV, xlviii, 540, sur la foi du philosophe Chrysippe. Il est vrai que l'emploi que j'ai fait, dans mes *Peintures antiques inédites*, p. 94-95 et 253-254, de ce trait de *pornographie sacrée*, a été combattu par le critique dont j'ai parlé plus haut, p. 3, 2); voyez son *Appendice, etc.* p. 34-36. Mais je reviendrai sur ce sujet dans la ive de mes *Lettres archéologiques* sur la peinture des Grecs, et il me sera d'autant moins difficile de réfuter la contradiction que j'ai éprouvée de la part de ce savant, que je me trouve tout à fait d'accord, pour la manière dont j'ai exposé le fait et pour les conséquences que j'en ai tirées, avec l'illustre auteur de l'*Aglaophamus*, t. I, p. 606.

dale; mais, pour la société tout entière, il semblait qu'elle y vît un exemple, et mieux encore, une autorité pour ses vices, et qu'elle trouvât, dans les adultères de l'Olympe, une
sanction plutôt encore qu'une excuse pour ceux de la terre. Platon reprochait déjà aux Crétois [1], chez lesquels régnait une habitude honteuse, qui, du reste, leur était commune avec
la plupart des peuples grecs, d'avoir imaginé la fable de Jupiter et de Ganymède pour déi-
fier en quelque sorte un vice qui ne pouvait se justifier aux yeux de la morale; et il est bien
probable que tant de scènes de surprise ou de violence, de rapt ou de métamorphose, mises
sur le compte de Jupiter, n'eurent d'autre motif que celui d'autoriser ou même d'ennoblir,
par les exemples du maître des dieux, les faiblesses de l'humanité et les déréglements du
monde. C'est à peu près la même réflexion que cette même fable de Ganymède, devenue
déjà populaire du temps d'Homère [2], dans le sens voluptueux qui s'y attachait, celui de
l'amour de la beauté physique, inspirait à un autre philosophe païen, à Cicéron [3], qu'on ne
soupçonnera pas d'avoir écrit sous l'influence des idées chrétiennes. « Je n'approuve pas Ho-
« mère, lorsqu'il nous dit que Ganymède fut ravi par les dieux à CAUSE DE SA BEAUTÉ, pour
« devenir l'échanson de Jupiter. Ce n'était certainement pas là un juste motif de faire une
« si grande injure à Laomédon. Homère, en inventant (il devait dire plutôt en propageant)
« de pareilles images, transportait aux dieux les faiblesses humaines; il eût mieux fait de
« mettre à notre portée les vertus divines. »

Les sages de l'antiquité avaient donc compris de quel danger pouvaient être, pour les
mœurs publiques, les exemples d'incontinence et de déréglement donnés par les dieux eux-
mêmes, puis chantés par les poëtes sur tous les tons, représentés par les artistes sous toutes
les formes, et traduits jusque sur la scène; de manière que la société tout entière se trouvait, pour ainsi dire, assiégée en tout temps et en tout lieu par ces sortes d'images; et, lorsque Arnobe, dans son style déclamatoire, il est vrai, mais avec l'indignation d'un honnête
homme et avec la verve d'un écrivain convaincu, s'élève contre cette contradiction des païens,
qui punissaient entre eux l'adultère et qui le déifiaient en Jupiter [4], il ne fait qu'exprimer,

---

[1] Platon. *de Legib.* I, p. 636, C, t. VII, p. 457, ed. Bekker. :
Πάντες δὲ δὴ Κρητῶν τὸν περὶ τὸν Γανυμήδη μῦθον κατηγορού-
μεν, ὡς λογοποιησάντων τούτων.... τοῦτον τὸν μῦθον προστε-
θεικέναι κατὰ τοῦ Διός, ἵνα ἑπόμενοι δὴ τῷ θεῷ καρπῶνται καὶ
ταύτην τὴν ἡδονήν. Ce n'est plus, comme on le voit, un docteur
chrétien, un père de l'Église, qui impute aux Crétois une intention aussi odieuse que leur vice; c'est un sage grec, c'est un
philosophe païen, dont on ne peut, à aucun titre, récuser le
témoignage accusateur. Voyez, du reste, sur cette fable de Ganymède si souvent représentée sur les monuments de l'art antique, et particulièrement sur les murs de Pompéi, les témoignages classiques rassemblés par Heyne, *ad Iliad.* xx, 234; par
Moser, *ad Nonn. Dionys.* viii, 94, p. 175, et par M. Boeckh, *de
Platon. Legib.* p. 107.

[2] Homer. *Iliad.* xx, 235. Add. *Hymn. Homer. in Ven.* v. 203,
sqq. Cf. Athen. *Deipnosoph.* XII, p. 566, D, et p. 602, E. On sait
que Xénophon a cherché à expliquer cette fable de l'enlèvement
de Ganymède dans un sens moins déshonnête; voyez son Banquet, viii, 30. Mais le témoignage de l'antiquité tout entière
dépose contre ce sentiment d'un philosophe honteux du liber-

tinage de ses dieux et des vices de sa religion. Voyez, à ce sujet, les réflexions de M. Boeckh, dans le livre cité à la note précédente.

[3] Cicéron. *Quæst. Tuscul.* I, xxvi, 65 : « Nec Homerum audio,
qui Ganymedem a diis raptum ait PROPTER FORMAM, ut Jovi bi-
bere ministraret; non justa causa cur Laomedonti tanta fieret
injuria. Fingebat hæc Homerus, et humana ad deos transfere-
bat; divina mallem ad nos. »

[4] Arnob. *adv. Gent.* IV, xxii : « Potest ulla gravior contumelia
Jovi vestro infligi, aut quidquam est aliud quod labefactet aut
destruat deorum principis auctoritatem, quam quod eum credi-
tis voluptatibus aliquando libidinosis victum, et in femineos ap-
petitus inflammati pectoris incaluisse fervore?.... Quid dicitis, o
impii, vel quas de vestro Jove opinionum confingitis fœditates?
Ita non animadvertitis, non videtis, cujus eum notetis probri?
cujus criminis constituatis auctorem? vel quas in eum labes fla-
gitiorum, quantas coacervetis infamias? » Et c. xxiii : « Ad libidi-
nes homines proni,.... adulteria tamen legibus vindicant, et ca-
pitalibus afficiunt eos pœnis, quos in aliena comprehenderint
fœdera genialis se lectuli expugnatione jecisse. Subsessoris et

en termes vifs et éloquents, l'état de malaise moral d'une société qui trouvait dans sa cons-
cience la notion du bien, et qui tâchait d'y conformer ses lois, dans le même temps que
sa religion ne lui offrait que les modèles du vice, avec un caractère sacré et une sanction
divine.

Le tort d'une injure si grave, faite par les païens eux-mêmes au caractère de leurs dieux,
remonte, de leur propre aveu, par le témoignage de leurs propres philosophes, jusqu'à Homère, c'est-à-dire jusqu'au premier instituteur de leur poésie sacrée, jusqu'au suprême régu-
lateur de leur mythologie positive : c'est reconnaître que ce tort appartient au principe même
de la civilisation grecque, et qu'il n'est pas, comme on pourrait le croire, et comme on a
affecté de le dire, un effet de la corruption des temps et de la décadence des mœurs. Non;
il était de l'essence même de cette religion, qui personnifiait, sous des formes mythiques,
les puissances naturelles, qui reconnaissait dans ses dieux autant d'expressions figurées des
forces physiques, de prêter à ces dieux des passions qui fussent d'accord avec leur nature;
et le culte de la beauté, qui fut le principe de l'art grec, se développant parallèlement à
un pareil système religieux, il dut en résulter, comme conséquences nécessaires, dans la
mythologie, les fables obscènes qui en constituent le fond primitif, et dans l'art, les images
licencieuses qui en étaient la traduction plus ou moins libre, traitée en style plus ou moins
idéal. Telle est, sur ce point important du tableau de l'antiquité grecque, mon opinion,
formée par de longues études et justifiée par le rapprochement de beaucoup de textes et
de beaucoup de monuments; opinion que j'exposerai ailleurs, comme je l'ai dit plus haut,
dans tous ses détails et avec toutes ses preuves, mais qu'il doit me suffire ici d'avoir énoncée
d'une manière générale, en en faisant une application particulière à la première de nos peintures de Pompéi. C'est Homère, ai-je dit, Homère, le premier des poëtes, qui a fait à Jupiter,
le premier des dieux, l'injure de le représenter enflammé de toutes les passions de l'humanité, et glorifiant en sa personne tous les exemples de l'adultère. Nous en avons la preuve
dans un passage célèbre de l'Iliade, qui n'a pas seulement fourni aux docteurs et aux apologistes du christianisme, tels qu'un Athénagore[1], un saint Cyrille[2], un saint Grégoire de Na-
zianze[3], et au défenseur du judaïsme, Josèphe[4], un argument victorieux contre les principes
du paganisme, mais qui a été, pour des philosophes païens eux-mêmes, tels que Platon[5] et
Maxime de Tyr[6], un sujet de blâme et de confusion. On connaît la scène de l'épopée homérique, où Junon, parée de tous ses charmes naturels, auxquels elle a encore ajouté tous
ceux que l'art pouvait lui fournir, y compris le ceste de Vénus[7], qu'elle a emprunté, à l'aide
d'un mensonge, à la déesse de la beauté, se rend auprès de Jupiter, qui siégeait alors sur
le sommet de l'Ida, dans le dessein de le séduire, et de lui faire oublier dans ses bras la que-
relle des Grecs et des Troyens[8]. L'entrevue du couple divin est rendue par le poëte avec

adulteri persona cujus esset turpitudinis, nota cujus, regum
maximus nesciebat, etc. »

[1] Athenag. *Legat. pr. Christ.* § xvii, p. 133, ed. Lindner.
[2] S. Cyrill. *in Julian.* II, p. 40.
[3] S. Gregor. Nazianz. *Steliteut.* I, p. 73.
[4] Joseph. *contr. Apion.* II, ix.
[5] Platon. *Republ.* III, t. II, p. 390 (t. VI, p. 399, ed. Bekker.).

[6] Maxim. Tyr. *Serm.* xxiv, 5, p. 289.
[7] C'est à cette circonstance du mythe que fait allusion saint
Clément d'Alexandrie dans ce passage du *Protrept.* p. 28, Potter.:
Σεμνὸν ἀναπλάττεις, Ὅμηρε, τὸν Δία, καὶ νεῦμα περιάπτεις αὐτῷ
τετιμημένον· ἀλλ' ἐὰν ἐπιδείξῃς μόνον, ἄνθρωπε, τὸν ΚΕΣΤΌΝ,
ἐξελέγχεται ὁ Ζεὺς, καὶ ἡ κόρη καταισχύνεται.
[8] Homer. *Iliad.* xiv, 160-291.

des couleurs dont la vivacité faisait monter le rouge au front des sages du paganisme. A la vue de Junon, si belle et si séduisante, le roi des dieux n'est plus maître de ses transports[1]; il éprouve les mêmes désirs qu'il satisfit jadis avec elle le jour où il entra, pour la première fois, dans son lit, à l'insu de leurs parents[2]; et, dans l'ardeur qui l'agite, il ne consent même pas à cacher leurs embrassements dans leur chambre nuptiale de l'Olympe[3]. C'est à la place même où ils se trouvent, c'est sur le sol de l'Ida, à la vue du soleil qui les éclaire, au mépris des dieux qui les contemplent, que Jupiter propose à Junon de se livrer à ses caresses; et tout ce que la pudeur de la céleste épouse peut obtenir de l'impatience du céleste époux, c'est qu'un nuage d'or, en les enveloppant dans le lieu qu'ils occupent, les dérobe aux regards des habitants de l'Olympe et à ceux de l'œil même du monde[4]. Telle est cette scène de l'Iliade, où la licence des idées est certainement poussée aussi loin qu'il est possible, et où la magnificence même du langage employé par le poëte ne sert qu'à rendre plus sensible cet oubli de la décence, si indigne, je ne dirai pas de la majesté divine, mais de la bienséance humaine.

Il y a cependant, dans ce passage d'Homère, quelque chose de plus coupable encore qu'un tableau si voluptueux, si propre à enflammer les imaginations de la société grecque par un exemple si auguste; c'est la manière dont Jupiter explique à Junon les désirs qu'il éprouve pour elle, et qu'il n'a jamais sentis au même degré pour aucune déesse ni pour aucune mortelle[5]. Qui croirait qu'à cet aveu, déjà si libre, succède, dans la bouche du maître des dieux, l'énumération effrontée des maîtresses qu'il a possédées dans le ciel et sur la terre, et que c'est du nombre de ses adultères qu'il se fait, en quelque sorte, un titre aux faveurs de son épouse? Jupiter rappelle donc à Junon qu'il a été épris de la femme d'Ixion, qui lui a donné pour fils Pirithoüs, puis de Danaé, dont il a eu Persée, puis encore de la fille de Phœnix, et de Sémélé, et d'Alcmène, et de Cérès, et de Latone; et c'est par l'amour de Junon elle-même qu'il couronne, en la glorifiant, cette scandaleuse liste de ses infidélités[6]. Y a-t-il, dans tous les écrits des Pères de l'Église, un témoignage aussi accablant que cette page d'Homère pour la morale du paganisme? Et peut-on assez s'étonner qu'une société qui eut de pareils dieux, et qui se complut à de pareilles images, n'ait pas encore eu plus de vices.

Et qu'on ne croie pas, en effet, que ces libertés d'Homère, si contraires qu'elles fussent

---

[1] Homer. *Iliad.* xiv, 294 :

Ὡς δ' ἴδεν, ὥς μιν ἔρως πυκινὰς φρένας ἀμφεκάλυψεν.

Cf. Theocrit. *Idyll.* ii, v. 82 :

Ὡς ἴδον, ὡς ἐμάνην.

Virgil. *Eclog.* viii, 41 : « Ut vidi, ut perii. »

[2] Homer. *Iliad.* xiv, 295-6 :

Οἷον ὅτε πρώτιστον ἐμισγέσθην φιλότητι,
Εἰς εὐνὴν φοιτῶντε, φίλους λήθοντε τοκῆας.

[3] Idem, *ibid.* 314. C'est surtout ce trait de l'incontinence de Jupiter qui révoltait Platon, *Republ.* t. VI, p. 399, Bekker : Ὥστε μηδ' ΕΙΣ ΤΟ ΔΩΜΑΤΙΟΝ ἐθέλειν ἐλθεῖν, ἀλλ' αὐτοῦ βουλόμενον ΧΑΜΑΙ ξυγγίνεσθαι, καὶ λέγοντα ὡς οὕτως ὑπὸ ἐπιθυμίας ἔχεται, ὡς οὐδ' ὅτε τὸ πρῶτον ἐφοίτων πρὸς ἀλλήλους, φίλους λήθοντε τοκῆας. Eusèbe a fait son profit de ce passage de Platon, qu'il reproduit au nombre des témoignages accusateurs de la morale corrompue du paganisme, *Præp. Evang.* l. XIII, c. xiv, t. II, p. 284, ed. Heinichen. (Lips. 1843, in-8°); et Josèphe, avec la même intention, y fait allusion, *contr. Apion.* II, xxxiv : Τί γὰρ οὐκ ἔμελλον, ὁπότε μηδ' ὁ πρεσβύτατος καὶ βασιλεὺς ἐδυνήθη τῆς πρὸς τὴν γυναῖκα μίξεως ἐπισχεῖν τὴν ὁρμὴν, ὅσον γοῦν ΕΙΣ ΤΟ ΔΩΜΑΤΙΟΝ ἀπελθεῖν.

[4] Homer. *Iliad.* xiv, 342-345.

[5] Idem, *ibid.* 315 :

Οὐ γὰρ πώποτέ μ' ὧδε ΘΕΑΣ ἔρος, οὐδὲ ΓΥΝΑΙΚΟΣ,
Θυμὸν ἐνὶ στήθεσσι περιπροχυθεὶς ἐδάμασσεν.

[6] Idem, *ibid.* v. 317-328.

à la majesté des dieux, et blâmées, à ce titre, par des philosophes tels que Platon, aient été, pour la société grecque, l'objet d'une réprobation semblable. La Grèce continua, dans tous les âges de sa civilisation, de se vanter des adultères du maître des dieux, en y rapportant la naissance de la plupart de ses héros et l'origine des plus célèbres de ses cités. La liste des maîtresses de Jupiter, bornée, dans la tradition homérique, à huit noms de femmes et de déesses, s'était accrue, en traversant les siècles, d'une foule d'autres noms que la vanité des peuples et l'effronterie des poëtes ne cessaient d'introduire dans ce catalogue auguste; et l'on peut juger, d'après ce progrès du libertinage de l'Olympe, quelle marche avait suivie celui de la terre[1]. Il dut y avoir cependant, pour ces maîtresses de Jupiter, un nombre en quelque sorte hiératique, déterminé par quelques motifs, soit religieux, soit politiques, et fondé sur un certain choix de personnes mythologiques; c'est ce qui semble résulter d'un passage curieux du poëme de Nonnus, où sont décrits les amours de Jupiter, tels qu'ils étaient figurés en peinture sur le carquois de l'Amour[2]. Les objets de la passion du maître des dieux y sont nommés au nombre de douze, dans cet ordre : Io, Europe, Plutô, Danaé, Sémélé, Ægine, Antiope, Léda, Dia, Alcmène, Laomédie et Junon. Ces douze femmes, y compris Junon l'olympienne, étaient sans doute les plus célèbres, les plus universellement admises entre toutes les maîtresses de Jupiter; et ce sont effectivement, à l'exception de Dia[3], déjà connue d'Homère en cette qualité[4], de Plutô, célébrée au même titre par d'autres auteurs[5], et de Laomédie[6], citée seulement dans ce passage de Nonnus, celles des maîtresses de Jupiter dont les noms reviennent le plus fréquemment dans les textes classiques, et dont les aventures avaient fourni le plus de sujets de monuments de l'art. Mais les déesses qui avaient eu part aussi aux tendresses de Jupiter, et parmi lesquelles, indépendamment de Junon, sa sœur, de Cérès et de Latone, nommées par Homère, on comptait Rhéa, sa mère, Proserpine, sa fille, Thétis et Vénus, les déesses ne figurent pas dans ce catalogue de Nonnus, dirai-je par quelque motif de religion, ou par quelque scrupule de décence, qui réservait la connaissance des mythes où Jupiter s'était uni à des déesses, pour la célébration des mystères, et qui voyait moins de scandale dans les infidélités commises avec de simples mortelles par le maître de l'Olympe? C'est là une question que je me propose de discuter

---

[1] Je tâcherai de donner, dans la iv⁰ de mes *Lettres archéologiques sur la peinture des Grecs*, la liste aussi complète que possible des maîtresses de Jupiter.

[2] Nonn. *Dionys.* vii, 115-128.

[3] Fille de Déioneus et femme d'Ixion, Schol. Pindar. *ad Pyth.* ii, 39. Le mythe relatif à cette passion de Jupiter, qui prit la forme d'un cheval pour séduire Dia, est raconté par Eustathe, *ad* Homer. *Iliad.* p. 101, 2. C'est à cette métamorphose de Jupiter en cheval que fait allusion ce vers de Nonnus, vii, 125 :

Εἰνάλος ΙΠΠΙΑ λέκτρα φέρει Περραιβίδι δίη (Es. Δίη).

Ce mythe a fourni aussi le type d'une médaille de Thessalie, qui sera publiée et expliquée dans la iv⁰ de mes *Lettres archéologiques sur la peinture des Grecs*.

[4] Homer. *Iliad.* xiv, 317.

[5] Euripid. *Orest.* v. 5; cf. Schol. *ad h. l.*; Pausan. II, xxii, 4; cf. Siebelis. *ad Hellenic.* p. 282; Schol. Pindar. *ad Olymp.* iii, 41; Hygin. *Fabul.* clv.

[6] Cette Laomédie, fille de Nérée et de Doris, est nommée dans Hésiode, *Theogon.* v. 257; mais je ne me rappelle pas d'avoir trouvé dans aucun auteur ancien la mention de ses amours avec Jupiter, dont Nonnus reste le seul garant, à ma connaissance. Il serait donc possible qu'une faute de transcription se fût glissée ici dans le texte de Nonnus, et qu'au lieu de Λαομεδείης il fallût écrire Λαοδαμείης. Rien n'était, en effet, plus célèbre dans l'antiquité que les amours de Jupiter avec Laodamie, fille de Bellérophon, et que la naissance du héros Sarpédon, qui fut le fruit de cette union. Homère connaissait déjà cette fable, *Iliad.* vi, 198-199 :

Λαοδαμείη μὲν παρελέξατο μητίετα Ζεύς,
Ἡ δ' ἔτεκ' ἀντίθεον Σαρπηδόνα χαλκοκορυστήν.

si toutefois ces deux vers ne sont pas une interpolation due aux rapsodes d'un âge postérieur.

ailleurs avec les détails et les développements qu'elle comporte. Bornons-nous en ce moment à ce qui concerne les amours de Jupiter et de Junon.

Le trait le plus remarquable de ces amours du couple olympien est sans doute la circonstance à laquelle se rapportent l'allusion d'Homère[1] et le blâme de Platon[2], celle où Jupiter, triomphant pour la première fois de la pudeur de Junon, entra dans son lit, à l'insu de leurs parents. C'était là le sujet de cette *hiérogamie* si célèbre, dont plusieurs contrées de la Grèce se disputaient l'honneur d'avoir été le siége[3], et dont les détails, plus ou moins libres, n'avaient été qu'imparfaitement déguisés sous le voile des symboles. On voit, par un mot échappé à l'indiscrétion d'une des *Syracusaines* de Théocrite[4], mot qui se retrouve dans une des comédies gréco-latines de Plaute[5], qu'il devait y avoir, dans cette fable licencieuse, plus d'une de ces circonstances qui piquaient la curiosité des femmes grecques, et dont la représentation, offerte à la vue des initiés[6], avait dû fournir le sujet de plus d'un monument de l'art. C'est peut-être une de ces circonstances que nous montre une peinture des thermes de Titus, qui se rapporte bien certainement aux amours de Jupiter et de Junon[7]. La déesse y est représentée couchée et endormie, la poitrine découverte, avec un enfant nu, qui paraît attaché à sa mamelle. Le dieu du sommeil étend de ses deux mains une draperie en avant de la déesse endormie, comme pour la protéger contre des regards indiscrets, et le paon qui veille auprès d'elle caractérise la reine des dieux. Jupiter, accompagné de son aigle, s'en approche avec un mouvement dont la vivacité n'a rien d'équivoque; il se penche en avant, comme pour enlever l'enfant que Junon allaite; et Minerve assiste à cette scène, dans une attitude qui exprime la surprise. On peut croire que l'enfant couché sur le sein de Junon est Vulcain, le fruit illicite de son union avec Jupiter, de cette union qui s'était accomplie à l'insu de leurs parents, et que cette scène relative à l'allaitement de Vulcain faisait partie de la célébration de l'*hiérogamie*. D'autres monuments, dont le sujet était puisé dans les divers épisodes de cette légende sacrée, durent exister dans l'antiquité; et l'on présume, avec plus ou moins de raison, qu'il en est parvenu quelques-uns jusqu'à nous[8]. Mais cette recherche et les discussions qu'elle exige trouveront plus convenablement leur place ailleurs; et, tout en me bornant, pour le moment, à l'explication de la peinture qui se rapporte, suivant moi, à l'épisode homérique de l'entrevue de Jupiter et de Junon sur le mont Ida, je crois devoir indiquer ici un superbe vase peint, inédit, d'ancien style, où l'*hiéroga-*

---

[1] Homer. *Iliad.* xiv, 295-6.

[2] Platon. *Republ.* III, t. VII, p. 399, ed. Bekker.

[3] Suivant diverses traditions locales qui avaient cours dans l'antiquité, le mariage de Jupiter et de Junon s'était accompli en Eubée, Stephan. Byz. *v.* Κάρυστος; Eustath. *ad* Homer. *Iliad.* p. 208, 43; à Samos, Lactant. *De fals. Relig.* I, xvii; à Cnosse, en Crète, Diod. Sic. V, lxxii. Mais la version la plus accréditée plaçait le siége de cet événement sur le mont Thornax, au sud de l'Argolide, Pausan. II, xvii, 4, et xxxvi, 2.

[4] Theocrit. *Idyll.* xv, 64 :
Πάντα γυναῖκες ἴσαντι καὶ ὡς Ζεὺς ἀγάγεθ' Ἥραν.
Cf. Kiessling. et Valcken. *ad h. l.*

[5] Plaut. *Trinumm.* I, xi, 171 : « Sciunt quod Juno fabulata est cum Jove. »

[6] Sur ces représentations de l'ἱερὸς γάμος de Jupiter et de Junon, qui sont indiquées par Diodore de Sicile, V, lxxii, voy. Wernsdorf, *Poet. minor. latin.* t. III, *Excurs.* xi, p. 539, sqq.; Boettiger, *Amalthea*, t. I, p. 31, *), et *Ilithya*, p. 12. C'est un sujet que je me propose de traiter spécialement dans la ive de mes *Lettres archéologiques sur la peinture des Grecs.*

[7] Mirri, *Pitture delle Camere Esquiline*, tav. vi.

[8] Tels que deux vases peints publiés dans l'*Élite de monum. céramograph.* t. I, pl. xxix A et xxix B, et un scarabée étrusque publié dans les *Annal. dell' Instit. Archeol.* t. VII, tav. agg. H, 1, p. 245. Mais les explications dont ces monuments ont été l'objet sont encore trop problématiques; voyez les observations qu'ils nous ont suggérées, dans le *Journal des Savants*, avril 1842, p. 213-217.

mie de Jupiter et de Junon est figurée avec des détails qui ne laissent aucun doute sur le caractère licencieux des représentations même hiératiques de ce sujet[1].

La peinture où l'on a cru voir d'abord la scène homérique en question décorait cette charmante maison de Pompéi que l'on a appelée la *maison du poëte tragique*, ou la *maison homérique*[2], à cause de ses peintures, dont les sujets, empruntés aux poëmes d'Homère, avaient été transportés sur la scène. Cette peinture, déjà publiée plusieurs fois[3], mais jamais encore d'une manière digne de l'original, est certainement une de celles qui, par la grandeur de la conception et par l'élévation du style, accusent le plus manifestement un modèle dû à quelque habile maître d'une belle époque de l'art. Le sujet y est traité, sous son point de vue idéal, avec une noblesse de formes, d'attitudes et d'expressions tout à fait conforme à la dignité du langage homérique. Tout ce qu'il pouvait y avoir d'humain dans la passion du dieu, et de libre dans la situation des personnages, s'y montre réduit à l'image majestueuse des souverains de l'Olympe, sans rien de mortel ni de vulgaire; c'est, en un mot, la poésie d'Homère, dégagée de ce qu'elle avait de contraire à la morale et d'offensant pour la décence[4], et rendue sensible aux yeux sous les formes les plus élevées et les plus nobles.

Quoique le sujet de cette peinture ait été reconnu par l'éditeur napolitain qui l'a publiée le premier, M. G. Bechi, et que cet éditeur ait été suivi, dans son explication, par le savant auteur de la *Galerie homérique*, M. Fr. Inghirami, l'opinion des antiquaires resta quelque temps indécise[5]. J'avais cru d'abord qu'on pouvait voir dans cette peinture un autre sujet homérique, l'épisode de Thétis allant trouver Jupiter sur le mont Olympe, pour l'implorer en faveur de son fils[6]; et ma principale raison pour reconnaître ici un sujet lié à l'histoire

---

[1] Ce vase est une amphore de Vulci, d'ancien style, à figures noires sur fond jaune, avec des détails blancs et violets; il existe à la pinacothèque de Munich, où il est exposé sous le n° 101. Le sujet principal offre Jupiter et Junon debout sur un quadrige, qu'accompagnent une femme portant un flambeau de chaque main, sans doute Hécate, puis Mercure et Bacchus, au-devant desquels marche Vénus, relevant de sa main droite le bas de sa tunique. Le revers de cette peinture, qui peut en être considéré comme la continuation, présente Bacchus portant un canthare, debout entre deux ménades et deux satyres *ithyphalliques*, en attitude obscène. Ce vase, un des plus importants que je connaisse, sera publié dans les planches jointes à la IVe de mes *Lettres archéologiques*; et, dans les explications qu'il me suggérera, j'aurai occasion de discuter un assez grand nombre de peintures de vases, où l'on a cru trouver des *hiérogamies*, soit de Jupiter et de Junon, soit d'autres personnages mythologiques, mais sans que l'opinion des antiquaires soit encore fixée sur ce point d'archéologie.

[2] Cette maison, qui m'a fourni le sujet d'un ouvrage particulier, publié de 1828 à 1832, et resté incomplet par la faute des circonstances, a été décrite par sir W. Gell, dans son *Pompeiana, New Series*, t. I, ch. VIII, p. 142-178, et par M. G. Bechi, dans le *Real Museo Borbonico*, t. II, tav. LV, p. 1-12.

[3] Dans le *Real Mus. Borbon.* t. II, tav. LIX; dans ma *Maison du poëte tragique*, pl. 22; dans la *Galleria Omerica*, t. II, tav. CXXXI, et dans le *Pompeiana, New Series*, t. I, pl. XLI.

[4] A côté de cette espèce de pudeur, qui ne montre de l'image homérique que ce qui s'accorde avec la majesté des dieux, on devra remarquer le trait d'effronterie que nous a offert une chambre de la même maison, la seconde à main gauche, ouvrant sur l'*atrium*, où se voit encore une peinture d'une telle obscénité, qu'il est impossible même d'en indiquer le sujet, et qui représente pourtant une scène des amours des dieux, dont Mercure est le héros. Quoi qu'en dise sir W. Gell, *ibidem*, p. 164, cette peinture, laissée en place et couverte d'un volet de bois fermé à clef, est encore très-reconnaissable. J'en possède un calque, de la main de feu Marsigli, exécuté au moment même de la découverte, d'après la peinture encore intacte; et c'est en me servant de ce calque, qui tiendrait lieu, au besoin, du monument original, que je dirai, de cette peinture et de son sujet, ce que j'en pourrai dire, dans la IVe de mes *Lettres archéologiques*.

[5] Jorio, *Plan de Pompéi* (Naples, 1828, in-8°), p. 78.

[6] Homer. *Iliad.* 1, 495-502. Dans cette hypothèse, la figure de femme ailée serait toujours Iris. On pourrait aussi reconnaître dans cette figure l'Aurore, qui est habituellement représentée avec des ailes, et dont la présence serait motivée ici par la circonstance de temps indiquée dans Homère, *Iliad.* 1, 497 :

Ἠερίη δ' ἀνέβη μέγαν οὐρανόν.

C'est d'après cette particularité qu'un jeune et savant antiquaire napolitain, M. Minervini, a cru reconnaître le sujet en ques-

d'Achille, c'était l'ensemble des représentations, toutes relatives à Achille, qui décoraient l'*atrium* de la *maison tragique*. Cette opinion, qui trouva plus d'un partisan à Naples[1], et qui obtint l'approbation de sir W. Gell, de préférence à deux autres explications qu'il rapporte, et qui sont effectivement bien peu plausibles[2], me laissait pourtant des doutes auxquels je ne pouvais trouver de réponse satisfaisante. Ainsi l'entrevue de Jupiter et de Thétis, dans le récit homérique, a pour théâtre l'Olympe, et non pas l'Ida; et cette circonstance du lieu de la scène était trop importante pour que le peintre eût pu la dénaturer à ce point. Une autre explication plus savante, proposée par un illustre antiquaire allemand, M. Ott. Müller, me satisfaisait encore moins, précisément par cette raison qu'elle était plus savante; il y voyait les noces de Kronos et de Rhéa[3]. Mais j'ai déjà eu occasion de dire, et je me crois plus que jamais fondé à penser, que les mythes d'un certain ordre et d'une époque antérieure à la dynastie des dieux olympiens, tels que ceux qui ont rapport à Kronos et à Rhéa, sont rarement entrés dans le cercle des représentations de l'art grec, et qu'ils sont presque entièrement en dehors de celui des peintures de Pompéi. Les réflexions qui m'ont ainsi éloigné de toutes les explications proposées jusqu'ici m'avaient déjà ramené à la première de toutes, comme à la plus probable; et c'est encore à cette explication que je m'arrête, après un nouvel et plus mûr examen. On va voir, en effet, combien tous les détails de notre peinture s'accordent avec cette donnée, à commencer par le lieu de la scène.

C'est une montagne, où s'élève une colonne dorique, dont le chapiteau supporte une tablette échancrée en trois endroits et ornée de trois figures de lions, et dont le fût est ceint d'une bandelette servant à y suspendre deux flûtes et deux clochettes, avec un tympanum au-dessous. A de pareils objets, il est impossible de méconnaître le mont Ida, siége primitif des mystères de la déesse de Phrygie, dont le lion était l'animal symbolique, et qui avait pour instruments de son culte, employés de toute antiquité, les clochettes, les flûtes et le tympanum. C'est donc sur le mont Ida que se passe l'action représentée dans notre peinture. Le personnage principal se reconnaît, au premier coup d'œil, pour le roi des dieux, à sa

---

tion sur un vase agrigentin, récemment publié par M. Politi, et où les trois personnages, Jupiter, Thétis et l'Aurore, sont désignés chacun par son nom, ΖΕΥΣ, ΘΕΤΙΣ, ΗΕΟΣ; voy. le *Bulletin archéol. napolit.* n. 11, p. 16. Mais je suis convaincu que la peinture du vase en question se rapporte à un tout autre sujet, et qu'elle représente la supplication adressée à Jupiter par Thétis et l'Aurore en faveur de leurs fils, Achille et Memnon, au moment du terrible combat qui devait amener la mort de l'un des deux. C'est ce sujet que Pausanias avait vu à Olympie, représenté par trois statues disposées sur une base en forme d'hémicycle, et qu'il indique en ces termes, V, xxii, 2 : Ζεὺς καὶ Θέτις τε καὶ Ἡμέρα τὸν Δία ὑπέρ τῶν τέκνων ἱκετεύουσαι; et cette indication répond si bien à la peinture du vase agrigentin, qu'il semble que l'artiste ait eu en vue le monument d'Olympie, lorsqu'il dessinait ce vase; on en jugera par le dessin que j'en donne, vignette nᵒ 1, p. 5. J'ajoute que Thétis et l'Aurore étaient habituellement représentées de même, c'est-à-dire de chaque côté de Jupiter, dans la scène si célèbre de la *psychostasie*, Plutarch. *de aud. Poet.* p. 17, A (t. I, p. 63, Wyttenb.) : ἔNΘEN μέν τὴν Θέτιν, ἔNΘEN δὲ τὴν Ἠώ, δεομένας ὑπέρ τῶν υἱέων μαχο-μένων; aussi bien que dans celle du combat même, Pausanias, V, xix, 1 : Ἀχιλλεῖ δὲ καὶ Μέμνονι μαχομένοις παρεστήκασιν αἱ μητέρες; ainsi que nous en avons des exemples sur plus d'un vase peint, *Cabinet Durand*, nᵒ 44; *Cabinet Magnoncourt*, nᵒˢ 59 et 60.

[1] C. Bonucci, *Pompei descritta* (Napoli 1827, 3ᵃ ediz.), p. 114, et *Pompéi décrite* (Naples, 1830, in-8ᵃ), p. 111.

[2] *Pompeiana, New Series*, t. I, p. 161. Après avoir dit que quelques antiquaires avaient cru découvrir dans cette peinture le retour d'Hélène auprès de Ménélas, d'autres, le mariage de Thétis et de Pélée, il ajoute, au sujet d'une troisième explication, celle de Thétis allant trouver Jupiter pour se plaindre de l'injustice faite à son fils, l'observation que voici : « This seems the most rational idea, and one with which her countenance and every other circumstance correspond. » D'ailleurs, il garde le silence sur l'opinion de ceux qui voyaient ici l'entrevue de Jupiter et de Junon sur le mont Ida.

[3] Dans un article intitulé : *Le nozze di Crono e Rea, in presenza de' Cabiri, rappresentate in un intonaco di Pompei*, et inséré au *Bullet. archeolog.* de 1832, nᵒ X, p. 189-192.

haute stature, à son costume et à ses attributs. Il est assis sur un rocher de l'Ida; le *pallium*
dont il est vêtu, et qui laisse nue la partie antérieure de son corps, lui couvre le derrière de
la tête, particularité qui convient à Jupiter dans la situation où il se trouve, et qui n'est pas
d'ailleurs sans exemples sur les monuments de l'art antique[1]. Il a le front ceint de la couronne de chêne, qui est l'attribut propre et caractéristique du dieu hellénique, du Jupiter
dodonéen[2], et il tient le sceptre, attribut ordinaire du roi des dieux. A de pareils signes,
qui rendaient moins nécessaire la présence de l'aigle et du foudre, dont les images de Jupiter ne sont pas toujours accompagnées, il était impossible de méconnaître ce dieu dans la
situation indiquée par Homère, retiré sur le mont Ida pour y contempler de plus près les
succès du peuple qu'il favorise. Malheureusement le visage du dieu a souffert une atteinte
qui nous prive de la vue d'une partie de ses traits; et j'ai mieux aimé représenter fidèlement la peinture dans son état d'imperfection, que de la suppléer arbitrairement, comme
l'ont fait l'éditeur napolitain, M. Inghirami, et sir W. Gell. Je suis ennemi de ce procédé
de restauration, qui a rempli tout le domaine de l'antiquité de tant de notions fausses;
et c'est pourquoi les peintures de Pompéi qui feront partie de ce recueil seront données
telles qu'elles se trouvent, sans y rien changer, sans y rien ajouter.

Devant le dieu se présente une déesse qui, à la majesté de sa démarche, à la noblesse
de sa figure et à la richesse de son costume, se manifeste pour Junon; c'est ainsi qu'on l'a
d'abord nommée, et c'est ce qu'elle doit être en effet. Elle est debout, et se montre de face,
dans toute la dignité de sa personne. Elle a le front orné d'une haute *stéphanê*[3], par-dessus

---

[1] L'éditeur napolitain a cité lui-même une de ces images de Jupiter avec le *pallium* sur la tête, à la vérité, er en donnant une indication inexacte. J'avais pareillement cité la figure de Jupiter voilé de cette manière, qui orne l'autel triangulaire Borghèse, publié d'abord par Winckelmann, *Monum. ined.* n° 11, et reproduit par Visconti, *Monum. Gabin.* tav. agg. D, E, F, p. 167-8, ed. Milan. A l'appui de cette représentation, dont il n'avait pourtant pas bien saisi le motif, Winckelmann avait indiqué des témoignages classiques, Arnob. *ad Gent.* VI, XXI, e Mart. Capell. *de Napt. Philol.* I, p. 17, qui se rapportaient à des images de Jupiter la tête voilée, et Visconti a fait connaître une de ces images sculptée sur l'une des faces du beau candélabre d'Ocriculum, *Mus. P. Clem.* t. V, tav. II, p. 3-4, en rappelant une figurine de bronze publiée par Montfaucon, *Antiq. expl.* t. I, part. I, pl. IX, n° 9, qui offre la même image. Je puis citer encore, après Ott. Müller, le buste en bronze du *Musée Odescalchi*, t. II, tab. XXXIII (et non 88), et surtout la terre cuite antique de Samos, publiée par M. Éd. Gerhard, *Antike Bildwerke*, cent. I, ta. I, p. 19, 22). Quant à cette particularité de costume, rare dans les images de Jupiter et propre à celles de Saturne, dont ni Winckelmann ni Visconti lui-même ne me semblent avoir reconnu le véritable motif, elle se rapporte certainement à l'intention de caractériser le dieu du ciel, d'après les exemples que nous possédons de cet emploi du voile déployé au-dessus de la tête à pareille intention; voyez mes *Monuments inédits, appendice*, pl. LXIX, p. 391, 394, 3), et ailleurs.

[2] Au sujet des raisons qui firent attribuer le chêne à Jupiter, voy. Servius, *ad* Virgil. *Æn.* VI, 752. Sur une peinture d'Hercu-
lanum, où il est représenté avec tous ses attributs, avec le sceptre et le foudre de chaque main, l'aigle à son côté et l'Amour sur son épaule, par allusion, sans doute, à ses nombreuses faiblesses, qui le rendaient l'esclave de l'amour, Jupiter porte sur son front la couronne de chêne, *Pittur. d'Ercolan.* t. IV, tav. I, p. 2, 3). Mais la plus belle image qui nous soit restée, sur un monument de l'art antique, du Jupiter dodonéen, couronné de chêne, c'est celle qui forme le type du superbe tétradrachme de Pyrrhus, roi d'Épire, que j'ai publié dans mes *Mémoires de Numismatique et d'Antiquité*, § II, pl. I, n° 7, p. 50, 1). A cette occasion, je ne puis m'empêcher de rappeler le fait raconté par Plutarque, *in Pyrrh.* § 11, des couronnes de chêne portées par Pyrrhus et par ses soldats en l'honneur du Jupiter dodonéen, dieu national des Épirotes, des Thessaliens et des Macédoniens, dont les monnaies ont pour type la tête de Jupiter ornée de cette couronne. C'était en qualité de dieu protecteur des villes, Πολιεύς, que la couronne de chêne était spécialement consacrée à Jupiter, au témoignage de Plutarque, *in Coriolan.* § 3; et de là vint l'usage qui s'en fit chez les Romains en guise de couronne civique; cf. Plin. XIII, II, et XVI, V; Phædr. *Fabul.* III, XVII, 2. Un des plus beaux monuments de la glyptique grecque, le superbe camée Zuliano, offre le buste de Jupiter Ægiochus couronné de chêne; voyez les observations que ce magnifique camée a suggérées à Visconti, *Oper. var.* t. I, p. 192-193, tav. XVI, ed. Milan.

[3] Ce diadème métallique se voit aux têtes de Junon qui forment le type de plusieurs des plus belles médailles grecques, notamment de celles d'Élis, d'Argos et de Crotone, où ce diadème est orné de palmettes et de figures d'animaux symboliques.

laquelle est passé le *péplus* que Minerve avait tissu pour elle de ses mains savantes[1]; son visage rayonne d'une beauté fière et vraiment divine, et la grandeur et l'éclat de ses yeux répondent bien à la description homérique[2]. Elle est vêtue d'une tunique longue, richement brodée, qui laisse à découvert ses beaux bras vantés par Homère[3]; et, par un sentiment de pudeur, ou plutôt de coquetterie, toujours grave, comme il convient à Junon, et qui, du reste, s'accorde à merveille avec le mouvement de toute sa personne et avec l'expression de sa figure, elle tient relevé devant elle un pan du *péplus* qui lui couvre la tête et les épaules. C'est donc le moment où Jupiter, qui lui a pris le bras gauche pour l'attirer à lui, lui exprime, dans les termes que nous connaissons par Homère, les désirs qu'il éprouve pour elle, et où Junon oppose à l'ardeur impatiente de son époux des délais qui ont pour objet de l'irriter encore[4].

Un troisième personnage assiste à cette scène, à la fois auguste et voluptueuse : c'est une femme ailée, qui se reconnaît à ce signe pour un personnage divin; elle est vêtue d'une longue tunique verte, qui convient à une divinité de l'air[5]; et elle semble, par toute son attitude, pousser Junon dans les bras de Jupiter. A s'en tenir aux données homériques, où Junon, en se rendant sur l'Ida, n'était accompagnée que du dieu du sommeil, mais sans que ce dieu fût lui-même témoin de l'entrevue des deux époux, on pourrait voir ici Pasithéa, l'épouse du Sommeil[6], telle que nous la connaissons par une autre peinture de Pompéi[7], sur le sujet de laquelle les opinions des antiquaires ne sont pas encore fixées[8]; et cette explication de la figure dont il s'agit a été proposée par Ott. Müller[9], dans l'hypothèse que notre peinture représentait Jupiter et Junon sur le mont Ida. Mais je trouve encore plus de probabilité à reconnaître dans ce troisième personnage Iris, la messagère des dieux, qui pouvait seule, en cette qualité, assister aux plus secrets entretiens du couple suprême de

---

[1] Homer. *Iliad.* xiv, 178-80 :

Ἀμφὶ δ' ἄρ' ἀμβρόσιον ἑανὸν ἕσαθ', ὃν οἱ Ἀθήνη
Ἔξυσ' ἀσκήσασα, τίθει δ' ἐνὶ δαίδαλα πολλά.

[2] Idem, *ibidem*, xiv, 263, et passim : Βοῶπις πότνια Ἥρη.

[3] Id. *ibid.* i, 55, 195, 208, et passim : Θεὰ λευκώλενος Ἥρη.

[4] Ovid. *Art. Amat.* iii, 473 : « MORA semper amantes incitat; » cf. *ibid.* v. 752 : « Grata MORA est Veneri; » cf. i, 673 :

Quod juvat, INVITAE sæpe dedisse volunt.

[5] Bien qu'il ne faille pas, en général, attacher beaucoup d'importance au choix des couleurs employées pour le vêtement des personnages mythologiques sur nos peintures de Pompéi, attendu que ce choix dépend souvent du pur caprice de l'artiste, il y a pourtant des cas où les couleurs peuvent tenir à quelque intention. Ici, par exemple, où nous croyons pouvoir en toute sûreté reconnaître Iris, la couleur verte peut avoir été déterminée par l'idée d'indiquer l'influence que certaines opinions philosophiques attribuaient à l'iris sur la germination des plantes et des fleurs, Aristot. *Problem.* XII, iii; Theophrast. *Hist. plant.* VI, xxv; Plutarch. *Sympos.* IV, ii; Plin. XII, xxiv. Iris est toujours représentée ailée, comme elle l'est ici, sur les nombreux monuments de l'art où elle figure, notamment sur les vases peints. Homère lui donne des ailes d'or, χρυσόπτερος, *Iliad.* viii, 398, et xi, 185; et Virgile est resté fidèle à cette tradition homérique, *Æneid.* iv, 700; mais nos peintres de la Campanie ne se sont pas fait scru-

pule d'y manquer. Sur une peinture de Pompéi, Iris est représentée avec des ailes roses, *Pittur. d'Ercolan.* t. V, tav. xv; et sur une autre peinture de Civita, *ibid.* tav. xxvii, avec des ailes violettes. Sur la première de ces peintures, le vêtement d'Iris est d'une couleur changeante, rose et vert; sur la seconde, il est violet: d'où l'on voit que les artistes de cet âge et de cet ordre ne se conformaient plus aux traditions hiératiques, et qu'ils ne suivaient, la plupart du temps, que leur goût particulier. Au reste, cette licence avait moins d'inconvénients, et elle avait aussi plus de raison pour Iris, qui était précisément, au témoignage d'Ovide, *Metam.* xi, 589, la déesse au vêtement *mille colorum.*

[6] Homer. *Iliad.* xiv, 267; cf. Catull. *Carm.* xlii, 62; Nonn. *Dionys.* xxxi, 129; voy. mes *Monuments inédits, Achilléide,* p. 38, 7), 8), 9), 10), 11).

[7] Cette peinture a été publiée dans mon *Achilléide,* pl. ix; voyez-en l'explication, *ibidem,* p. 36-42.

[8] Ces opinions si diverses ont été l'objet d'un examen critique de la part de mon savant et illustre ami, M. Welcker, qui s'est prononcé pour le sujet des Noces de Zéphyre et de Chloris; voy. son article dans le *Bulletin. di Corrisp. archeol.* 1832, p. 186-189. Je ne reviendrai pas sur une discussion qui paraît épuisée; mais, en présence de contradictions qui durent toujours, je puis dire que je n'ai pas trouvé encore, dans ces explications différentes, de motif suffisant pour renoncer à mon opinion.

[9] Dans le même *Bulletin.* 1832, p. 191.

l'Olympe. D'ailleurs, c'était, au témoignage de Théocrite[1], Iris qui avait, dans une circonstance analogue, apprêté la couche nuptiale de Jupiter et de Junon, et qui avait servi de *pronuba* à leur union clandestine. La même Iris pouvait donc bien intervenir dans la scène conjugale que nous avons sous les yeux, et où sa présence se trouve autorisée par tous les témoignages de l'antiquité.

La plupart des antiquaires se sont accordés à reconnaître, dans les trois figures de jeunes gens, de moindre stature, assis, en des postures diverses, sur un des degrés inférieurs de l'Ida, et couronnés de feuilles, les trois Curètes ou Corybantes, dont on connaît les rapports avec les orgies de Cybèle et avec la naissance de Jupiter, qui avaient eu pour siége l'Ida, ou bien les trois Dactyles idéens, personnages mystiques du même ordre[2], ou enfin les trois Cabires, qui, suivant une tradition poétique[3], avaient assisté, sur une hauteur voisine de Pergame et conséquemment de l'Ida, à l'enfantement de Jupiter. Entre ces trois explications, qui diffèrent moins entre elles dans le fond que dans les termes, attendu qu'elles se rapportent à des personnages qui durent être, dans le principe, autant d'expressions diverses

---

[1] Theocrit. *Idyll.* XVII, 132-133 :

Ἐν δὲ λέχος στόρνυσιν ἰαύειν Ζηνὶ καὶ Ἥρῃ,
Χεῖρας φοιβήσασα μύροις, ἔτι παρθένος Ἶρις.

Malgré cette virginité attribuée par Théocrite à Iris, il ne paraît pas que l'opinion générale de l'antiquité ait été aussi favorable à sa vertu. Suivant une tradition que nous devons à Eustathe, c'était d'elle et de Zéphyre qu'était né l'Amour; et, d'après la même tradition, Iris passait pour être dans un rapport intime avec Vénus, Eustath. *ad Iliad.* v, p. 555 : Φασὶ δὲ τὴν Ἶριν ἘΡΩΤΙΚΗΝ καὶ αὐτὴν εἶναι. Καὶ μήν τινες αὐτῆς καὶ Ζεφύρου παῖδά φασι γενέσθαι τὸν Ἔρωτα.... διὸ καὶ οἰκείως πῶς ἔχειν δοκεῖ πρὸς Ἀφροδίτην.

[2] On a beaucoup écrit sur les Curètes ou Corybantes, les Dactyles idéens, les Cabires, en joignant à ces personnages mythologiques d'autres êtres mythiques, qui paraissent avoir avec eux des rapports plus ou moins directs, tels que les Telchines, les Cyclopes et les Paliques; et, sur un sujet qui avait produit chez les anciens eux-mêmes tant d'opinions diverses, il n'est pas étonnant que les modernes, réduits à des textes presque toujours contradictoires, n'aient pu parvenir encore à se mettre d'accord. On consultera sans doute avec fruit les dissertations de Guberleth, *de Myster. deor. Cabir.* ed. 1703; de Fréret, *Recherches pour servir à l'histoire des Cyclopes*, dans les *Mém. de l'Acad.* t. XXIII, hist. p. 27, suiv.; de Sainte-Croix, dans ses *Mystères du paganisme*, I, 36, suiv., 60, suiv., 67, suiv.; de Heyne, *Religion. et sacror. cum furore peract. origin.* dans les *Comment. Soc. reg. Gotting.* t. VIII, p. 1, sqq.; de Schelling, *Ueber die Gottheiten von Samothrace* (Stuttgard, 1815, 8); de Münter, *Antiquar. Abhandlung.* § VII, p. 181-254; de Lobeck, *Aglaophamus*, t. II, p. 1111, sqq., pour ne parler ici que des principaux de ces travaux de l'érudition moderne; voyez encore Spanheim, *ad* Callimach. *Hymn. in Jov.* v. 52; Muncker, *ad* Hygin. *Fab.* CXXXII; Foggini, *Mus. Capitol.* t. IV, tav. VI et VII; Visconti, *Mus. P. Clem.* t. IV, tav. XI p. 10-15. Mais, après les avoir lus, on restera, sur beaucoup de points, dans l'état d'incertitude où se trouvait l'antiquité elle-même, à en juger d'après le témoignage de Strabon, qui avai

cherché à se rendre compte de l'opinion de ses compatriotes sur cet intéressant sujet, et qui en a fait l'objet d'un des plus importants chapitres de son livre, l. X, p. 466-474. Cette dissertation de Strabon sur les Curètes, les Cabires, les Dactyles et les Telchines, est certainement ce que l'on peut appeler le passage classique sur cette matière; et l'on y trouve résumées les principales opinions des anciens, avec les noms des auteurs qui s'en étaient faits les interprètes. La notion générale qui en résulte, et qui peut se justifier par un grand nombre de textes antiques, c'est que les personnages mythiques désignés sous les noms de Dactyles, de Cabires et de Curètes, formaient originairement une corporation d'ouvriers asiatiques, venus, suivant toute apparence, de la Phénicie, que leur habileté à travailler les métaux faisait apparaître, aux yeux de populations encore incultes, comme autant de magiciens, de faiseurs de prestiges, γόητες, et que le besoin de dérober les secrets de leur art à la connaissance des indigènes força de se constituer en une espèce de secte religieuse, qui eut d'abord ses mystères et ses fêtes empreintes d'un caractère orgiastique. Leurs noms, et ceux de quelques-unes de leurs inventions, se rapportent à cette profession, comme ils appartiennent aux langues de la Syrie. Les lieux où ils s'établirent, les environs du mont Ida, en Troade, la Thrace, les îles de Lemnos et de Samothrace, et celle de Crète, sont des localités occupées de bonne heure par des colonies phéniciennes; et c'est toujours cette origine phénicienne qui perce de toutes parts à travers le voile mythologique qui enveloppe ces personnages. A cet égard, je partage entièrement les idées développées par l'illustre Boettiger dans ses *Ideen zur Kunst-Mythol.* t. I (Dresden, 1826, in-8°), et je crois que cette vérité ressortira de plus en plus de l'étude comparative de l'archéologie asiatique et de l'archéologie grecque, sujet auquel je rapporte presque toutes mes études depuis déjà plusieurs années, et que je compte traiter dans une suite de mémoires qui ne tarderont pas à paraître.

[3] Cette tradition se trouve consignée dans une inscription en vers, provenant de la localité même dont il s'agit, Vidua, *Inscript. antiq.* p. 14; Welcker, *Syllog. epigramm. veter.* n° 183, p. 229, sqq.

d'une même pensée mythologique, celle qui donne à ces trois jeunes gens le nom des trois Curètes, sans tenir compte de la manière dont ils sont représentés ici, et qui n'est sans doute pas conforme au costume hiératique, me paraît la plus vraisemblable ; et c'est celle que j'avais d'abord adoptée. Du reste, la circonstance que ces trois figures sont d'une bien moindre proportion que celles de Jupiter, de Junon et même d'Iris, est un de ces traits de convention employés par l'art antique, qui semble prouver que notre peinture dérive de quelque modèle d'une ancienne école. Cette présomption se trouve d'accord avec la gravité de la composition et avec la sévérité du style qui distinguent cette peinture, une des plus remarquables, sous ce rapport, qui aient été retirées des ruines de Pompéi, et très-recommandable aussi par l'exécution, bien qu'elle soit au-dessous de celle d'Achille et de Briséis, de la même maison[1]. Mais, en la considérant comme une imitation faible, sans doute, d'un tableau d'une haute école grecque, on ne risque pas de se tromper ; et l'on acquiert avec cette réminiscence, due à la dernière période de la peinture antique, un des plus précieux monuments de cet art, qui a péri tout entier et irréparablement dans ses chefs-d'œuvre de tout genre.

---

[1] Publiée dans mon *Achilléide*, pl. xix, p. 75-78. C'était aussi l'opinion de sir W. Gell, dont personne ne récusera le jugement en pareille matière, *Pompeiana, New Series*, t. I, p. 161.

PLANCHE II.

NEPTUNE ET AMYMONE.

Les amours de Neptune n'avaient pas obtenu moins de place dans la mythologie et moins de faveur dans l'opinion des Grecs que ceux de Jupiter; et, sous ce rapport, et par le nombre de ses maîtresses, comme par la variété de ses déguisements, le dieu de la mer se montra le digne frère du maître de l'Olympe[1]. Ce n'est pas seulement un docteur de l'Église, tel que saint Clément d'Alexandrie[2], ou bien un accusateur véhément du paganisme, tel qu'Arnobe[3], insultant l'un et l'autre à ces honteuses faiblesses d'un dieu hellénique, et triomphant ainsi de l'erreur d'une société qui adorait de pareils dieux; ce n'est pas seulement, disons-nous, tel ou tel défenseur du christianisme, trop intéressé dans sa propre cause pour n'être pas un peu suspect de prévention à l'égard d'une religion ennemie, que nous devons écouter sur le compte de Neptune; c'est un rhéteur grec qui prononce un discours en l'honneur du dieu de l'isthme, et qui s'indigne, dans l'intérêt de la croyance même qu'il professe, de l'affront qu'imprimaient au caractère du dieu olympien tant de fables impures admises

[1] Propert. *Eleg.* ii, xx (xxvi, ed. Kuinoel.), 46-47 :

 Neptunus fratri PAR in amore Jovi;
 Testis Amymone.....................

[2] Clem. Alex. *Protrept.* p. 27, ed. Potter : Κάλει μοι τὸν Ποσειδῶ καὶ τὸν χορὸν τὸν διαφθαρμένον ὑπ' αὐτεῦ, τὴν Ἀμφιτρίτην, τὴν ΑΜΥΜΏΝΗΝ, τὴν Ἀλόπην, τὴν Μελανίππην, τὴν Ἀλκυόνην, τὴν Ἱπποθόην, τὴν Χιόνην, τὰς ἄλλας τὰς μυρίας.

[3] Arnob. *adv. Gent.* iv, 26 : « Numquid.... a nobis arguitur rex maris Amphitritas, Hippothoas, AMYMONAS, Menalippas, Alopas, per furiosæ cupiditatis ardorem castimonia virginitate privasse? » cf. Orell. *ad h. l.* t. II, p. 237; add. Jul. Firmic. p. 427, ed. Gronov.

3

par l'opinion publique, ces amours pour de simples mortelles, telles que Tyro, fille de Sal-
monée, et Amymone et bien d'autres[1], devenues le sujet de peintures qui s'exposaient au
milieu des temples, et dont la vue, de son propre aveu, lui causait autant de confusion que
de surprise[2]. C'est donc ici par la bouche d'un de ses plus illustres sectateurs que le paganisme se trouve convaincu d'avoir inventé, sur le compte de ses dieux, des fables impies,
aussi contraires au sentiment de l'honnêteté publique qu'à celui de la majesté divine; et
nous ne devons pas nous faire scrupule d'être aussi sévère à l'égard de Neptune qu'un orateur grec, tel qu'Aristide, dussions-nous encore être taxé d'exagération de la part d'un critique tel que l'auteur des *Lettres d'un antiquaire.*

Ce n'est cependant pas des amours de Neptune, en général, et des nombreux objets de
ses faiblesses, que nous nous occuperons ici. Nous réservons ce sujet, qui a besoin d'être
traité avec tout l'emploi des ressources de la philologie pour pouvoir être exposé dans toute
sa vérité, nous le réservons, dis-je, pour un autre travail[3], où nous serons plus libre d'expliquer les faits, en nous servant de la langue même de l'antiquité, quand ils répugneront
à la modestie de la nôtre. Nous n'avons en ce moment qu'à rendre compte de la belle peinture de Pompéi, qui est relative à celui des amours de Neptune qui paraît avoir produit le
plus de monuments de l'art antique, à en juger par ceux qui sont venus jusqu'à nous. Cette
peinture, qui ornait une des parois de la maison dite *de l'Ancre*[4], a été publiée au simple
trait dans le *Real Museo Borbonico*[5], mais, il nous est permis de le dire, d'une trop petite
dimension et dans un style de dessin trop peu conforme à celui de l'original, pour donner
une idée juste de ce monument. Le dessin que nous en offrons, à notre tour, et qui provient de la main d'un habile artiste napolitain, remplira mieux l'objet que nous nous propo-
sons, qui est de faire connaître la peinture dont il s'agit dans son vrai caractère.

Nous suivons l'opinion de l'éditeur napolitain, le savant et ingénieux M. Quaranta, en y
reconnaissant Neptune et Amymone; et non-seulement nous nous trouvons d'accord avec
lui sur le motif qu'il assigne à cette scène érotique, mais nous croyons encore pouvoir détruire l'espèce de réserve qu'il témoigne sur le sujet de cette peinture, en montrant qu'il
s'accorde, dans tous ses détails, avec tout ce que nous connaissons de particularités du mythe
d'Amymone, par le témoignage des anciens mythographes et par les monuments de l'art
qui s'y rapportent.

Amymone, la plus belle des cinquante filles de Danaüs, était chargée par son père d'aller

---

[1] Aristid. *Isthmic. in Neptun.* t. I, p. 43, ed. Dindorf. : Τὸ δ' ἐπὶ
τούτοις καλῶς ἂν ἡμᾶς ἴσως ἔχοι καὶ φίλως τοῖς θεοῖς λέγειν τε
καὶ ἀκούειν ἐν ἀλλήλοις, ἐρασθῆναι μὲν Ποσειδῶνα Λευκοθέας,
καὶ ἐρασθέντα γε ἔχειν αὐτὴν παρ' ἑαυτῷ ὃν τρόπον, καὶ Τυροῦς
τῆς Σαλμωνέως, καὶ ΑΜΥΜΩΝΗΣ καὶ ἄλλης τινὸς ΚΑΛΗΣ, κ. τ. λ.

[2] Idem, *ibid.* p. 46 : Τὰ φοβερά τε καὶ ἀσεβῆ ΓΡΑΜΜΑΤΑ,
ἃ ἐγὼ θαυμάζω πῶς ποτε καὶ ἠνέσχοντο οἱ πρῶτοι ταῦτα
ἰδόντες,.... ἢ ἔτι καὶ νυνὶ ἀνέχονται ἘΝ ΜΕΣΟΙΣ ΤΟΙΣ ἹΕΡΟΙΣ.
J'avais cité, dans mes *Peintures antiques inédites,* p. 253, ce témoignage si important par le caractère de l'auteur dont il émane,
et si positif par la manière dont il est conçu. Mais, comme l'usage
que j'en avais fait a été l'objet d'une contradiction de la part du
même critique dont j'ai parlé plus haut, p. 3, 2), et p. 5, 3), j'y

reviendrai dans la IVe de mes *Lettres archéologiques*, pour établir
de nouveau la valeur et l'autorité de ce texte capital.

[3] Dans la IVe de mes *Lettres archéologiques sur la peinture des
Grecs,* où j'ai déjà eu occasion d'avertir qu'un article spécial sera
consacré aux amours des dieux.

[4] Cette maison est située dans la rue de Mercure, près du *lupanar,* dont elle n'est séparée que par une boutique ou deux;
j'en ai fait mention dans ma *Lettre à M. de Salvandy,* p. 23, et
l'on en trouve la description dans la *Pompéi* de M. C. Bonucci
(éd. 1830), p. 152. La peinture, laissée en place, est malheureusement très-endommagée, et le dessin que j'en publie sera
bientôt tout ce qui en restera.

[5] T. VI, tav. XVIII.

chercher, dans la plaine d'Argos, affligée de sécheresse, l'eau nécessaire pour les sacrifices. Les courses de la jeune fille la conduisaient habituellement dans la direction de Lerne, vers la mer, à une assez grande distance d'Argos. Dans une de ces courses, excédée de fatigue, elle s'endormit. Un satyre voulut abuser de son sommeil; mais la jeune fille appela Neptune à son secours; et le dieu, apparaissant à sa voix, eut bientôt mis en fuite l'homme des bois[1] qui voulait attenter à sa pudeur. Frappé à son tour de la beauté d'Amymone, le dieu de la mer exigea pour lui-même le prix qu'avait voulu ravir l'odieux satyre; la fille de Danaüs fut obligée de céder à cette violence du dieu, et une fontaine abondante, qui jaillit par trois sources des trois branches du trident de Neptune, fut, du moins, pour sa patrie un bienfait durable, et pour elle-même un titre d'immortalité. Le fils qui naquit de cette union d'une mortelle avec un dieu fut Nauplius, le fondateur de la ville d'Argolide qui porta ce nom.

Telle est, dans sa plus simple expression et dans sa forme la plus accréditée, la fable d'Amymone[2], une des plus anciennes et des plus célèbres parmi les traditions argiennes. Le théâtre s'en était emparé de bonne heure; et ce qu'elle avait de licencieux, par l'intervention du satyre et par l'action effrontée de ce personnage, par l'apparition même de Neptune, et par sa passion si soudaine et si exigeante, la rendait surtout propre à fournir le sujet de drames satyriques. Aussi en exista-t-il au moins un d'Æschyle, sous le titre d'*Amymone*[3], dont il nous est resté deux vers seulement, mais dont on peut croire que l'argument nous a été conservé dans l'une des deux fables que nous a transmises Hygin, sous ce même nom d'*Amymone*[4].

[1] Je me sers de cette expression pour distinguer le satyre qui figure dans cette tradition, des satyres suivants de Bacchus qui formaient le chœur du drame satyrique d'Æschyle, et je m'appuie, pour cette distinction, sur le fragment d'Hésiode, *apud* Strabon. x, 471, où les satyres sont représentés comme dieux des forêts, et appartenant à l'Argolide par leur mère, fille de Phoronée; voy. Voss, *Mythol. Brief.* xxxviii, t. II, p 287. A l'appui de cette patrie péloponnésienne des satyres, hommes des bois, Heyne a cité une autre tradition argienne, où figure un satyre qui enlevait les troupeaux des Arcadiens, et qui fut tué par Argus Panoptès, Apollod. II, 1, 2 : ΣΑΤΥΡΟΝ δὲ, τοὺς Ἀρκάδας ἀδικοῦντα καὶ ἀφαιρουμένον τὰ βοσκήματα, ὑποστὰς ἀπέκτεινε; et M. Welcker a rappelé, *Nachtrag zu der Schrift über die Æschylische Trilogie,* p. 212 et 308-309, la tradition qui nous a été conservée dans un fragment de Pindare, *apud* Pausan. III, xxv, 2; cf. Pindar. *Fragm. Dithyr.* 15, ed. Boeckh., suivant laquelle Silène était natif de Malea, Μαλεάγονος. A la vérité, Voss croit que ces légendes populaires, comme il les appelle, sont d'invention récente, et il se moque, suivant son usage, de la simplicité de Heyne, qui s'en rapporte, sur ce point, à l'opinion d'Hésiode et de Pindare, *Myth. Br.* xxxix, t. II, p. 296. Mais, en dépit de Voss, dont les sarcasmes ne sont pas des raisons, et qui ne veut rien voir d'ancien dans l'antiquité, j'accorde à ces traditions argiennes toute la confiance qu'elles méritent; et je pense qu'Hésiode et Pindare, cités sans contradiction par Strabon et Pausanias, en savaient plus que Voss sur ce qui faisait l'objet de la croyance de leurs compatriotes.

[2] Les témoignages classiques sur cette fable sont ceux d'Apollodore, II, 1, 4 : Μία δὲ αὐτῶν Ἀμυμώνη ζηλοῦσα ὕδωρ, ῥίπτει βέλος ἐπὶ ἔλαφον, καὶ κοιμωμένου ΣΑΤΥΡΟΥ τυγχάνει κάκεῖνος περιανασίὰς ἐπεθύμει ΣΥΓΓΕΝΕΣΘΑΙ· Ποσειδῶνος δὲ ἐπιφανέντος, ὁ Σάτυρος μὲν ἔφυγεν, Ἀμυμώνη δὲ τούτῳ ΣΥΝΕΥΝΑΖΕΤΑΙ, κ. τ. λ.; d'Hygin, *Fab.* clxix; de Lucien, *Dial. Mar.* vi; de Philostrate l'Ancien, *Imag.* 1, 8; ajout. Euripid. *Iphig. Aul.* v. 198; Pausan. II, xxxvii, 1, et xxxviii, 2; Apollon. Rh. 1, 136-138; Orph. *Argonaut.* 203-205. Cf. Spanheim. *ad* Callimach. *Hymn in Pallad.* v. 48, p. 662-664; Valcken. *ad* Euripid. *Phœniss.* v. 198.

[3] Les deux vers d'Æschyle qui sont cités comme tirés de l'*Amymone* de ce poëte par Ammonius, *v.* γῆμαι, cf. Valcken. *ad* Ammon. 1, 14, p. 59, et par Athénée, *Deipnosoph.* XV, p. 690, ont donné lieu de croire à Wolf, le premier, *Amalthea*, t. II, p. 280-1,), que cette pièce était un drame satyrique, et cette opinion, embrassée par M. Boeckh, *Græc. trag. princ.* p. 28, par M. Welcker, *die Æschylisch. Trilog.* p. 541, 834), et *Nachtrag, etc.* p. 308, et par Hirt, *Amalthea*, t. II, p. 280, a été soutenue par Boettiger, à l'aide des monuments figurés de la fable d'Amymone où interviennent des satyres, comme représentants du chœur, de manière à ne permettre, suivant moi, aucune incertitude; voyez l'*Amalthea*, t. II, p. 283-294.

[4] Hygin. *Fab.* clxix : « Amymone, Danai filia, missa est a patre aquam petitum ad sacrum faciendum; quam dum quærit, lassitudine obdormiit; quam SATYRVS violare voluit. Illa Neptuni fidem imploravit;.... Satyrum Neptunus fugavit; qui quum quæreret in solitudine a puella, illa se aquatum missam esse dixit a patre; quam Neptunus compressit. »

3.

Les arts d'imitation, qui s'approprièrent tant de sujets créés par la poésie, et représentés, soit dans les jeux scéniques, soit dans les danses sacrées, durent s'exercer aussi sur le mythe d'Amymone. Nous en avons la preuve par un assez grand nombre de compositions de vases peints qui sont venus jusqu'à nous[1]; quelques-uns semblent, par l'attitude du principal personnage[2], avoir été imités de ces danses mimiques, qu'on pourrait appeler *thyméliques*, parce qu'elles s'exécutaient près du *Thymélé*, dans l'orchestre des théâtres grecs, danses qui eurent beaucoup plus d'influence qu'on ne le croit généralement sur le développement des arts du dessin chez les Grecs, en ce qu'elles offraient au goût des artistes, comme à la vue des peuples, des scènes d'un grand intérêt religieux et historique, toutes composées, et prêtes, pour ainsi dire, à être traduites en dessin, sous tous les rapports du nombre et de la disposition respective des personnages, de leur attitude caractéristique et de leur costume propre. Parmi ces peintures de vases, l'une des plus remarquables est celle d'une charmante petite coupe de Ruvo, de la collection de M. Jatta, de Naples, dont j'ai dû à la bonté du propriétaire de pouvoir faire prendre, il y a déjà quelques années, un calque que je publie aujourd'hui[3]. Neptune et Amymone figurent deux fois sur ce vase, en deux actions différentes : d'un côté, le dieu de la mer, armé de son trident, poursuit[4] à grands pas la jeune fille qui fuit devant lui, et qui, près d'être atteinte, laisse échapper de sa main l'*hydrie* qu'elle portait pour puiser de l'eau[5]; sur l'autre face du vase, Neptune, qui a obtenu l'objet de ses désirs, se montre dans l'attitude d'accorder à la belle Danaïde la récompense promise; il frappe de son trident un rocher d'où jaillit déjà la source salutaire, et Amymone contemple, avec une satisfaction qui n'est plus mêlée d'inquiétude, l'heureux prodige dont elle est la cause.

Cette circonstance de Neptune poursuivant Amymone, étant la plus caractéristique du sujet, est aussi celle qui se reproduit sur le plus grand nombre des représentations que nous en connaissons. C'est celle que nous offre un vase peint de la collection de Lamberg[6], où

---

[1] Les plus importants de ces vases seront cités et décrits dans les explications auxquelles donnera lieu l'exposition de la fable d'Amymone; en attendant, je renvoie à l'énumération qui en a été faite par M. Éd. Gerhard, *Auserlesen. Griechisch. Vasenbild.* t. I, p. 48-49, 78)-81).

[2] L'art de ces gestes mimiques, σχήματα, composait ce que les Grecs appelaient χειροσοφία, ou χειρονομία, et qui était une branche de la danse sacrée, indépendante de la danse même. L'importance de cette χειρονομία est assez établie par le célèbre passage de Quintilien, *Inst. orat.* II, 1; et l'habileté avec laquelle elle était cultivée, dès les plus anciens temps, chez les Grecs, résulte d'un grand nombre de témoignages classiques, entre lesquels je me contenterai de citer celui d'Aristote, *Poët.* VI, 4 : Quant à l'excellence qu'avaient acquise à exprimer, par le geste, tous les motifs d'une fable héroïque, plusieurs des artistes de ce genre, on peut en juger par l'exemple de ce Télestès cité par Athénée, *Deipnosoph.* I, 22, A; cf. XIV, 629, D, 630, A : Τελέσθης ὁ Αἰσχύλου ὀρχηστὴς οὕτως ἦν τεχνίτης, ὥς τε ἐν τῷ ὀρχεῖσθαι τοὺς Ἑπτὰ ἐπὶ Θήβας, φανερὰ ποιῆσαι τὰ πράγματα δι' ὈΡΧΗΣΕΩΣ; vid. Calliach. *de Lud. scen.* c. IX, p. 51-52. Mais on n'a pas fait assez attention, jusqu'ici, que la plupart des gestes significatifs que présentent les compositions des vases peints devaient être empruntés à cette χειρονομία; et le mérite de cette observation appartient à Boettiger, *Amalthea*, t. II, p. 287, *).

[3] Voyez p. 17, la vignette n° 11. Dans l'intervalle, ce vase a été publié par M. Éd. Gerhard, dans ses *Auserlesen. Griechisch. Vasenbild.* t. I, taf. XI, 2, p. 46-51.

[4] L'attitude donnée ici à Neptune est celle qui s'exprimait en grec par le participe διώκων, et dont les exemples sont si nombreux dans les témoignages de la littérature classique, comme sur les monuments de l'antiquité figurée. Quant à l'épithète ἐπόπτης, que M. Éd. Gerhard a cru, d'après un passage de Pausanias, VIII, xxx, 1, et sur une simple conjecture d'Ott. Müller, dont il a même détourné le sens, *Handbuch der Archäologie*, § 355, pouvoir attribuer à ce Neptune διώκων, j'avoue que je ne puis être de son avis.

[5] Philostr. Sen. *Imag.* I, 8, p. 15, ed. Jacobs.: ἡ κάλπις ἡ χρυσῆ διαφεύγουσα τὰς χεῖρας, δηλοῖ τὴν Ἀμυμώνην ἐκπεπλῆχθαι.

[6] Laborde, *Vases de Lamberg*, t. I, pl. xxv. Personne encore, à ma connaissance, n'a remarqué que ce vase, à deux rangs de figures, dont la peinture du rang supérieur représente le combat des Centaures et des Lapithes, avait été publié déjà par Passeri, *Pictur. Etrusc. in Vase.* t. I, tab. xi et xii, mais sans les inscriptions, ΠΟΣΕΙΔΩΝ, ΑΜΥΜΩΝΕ, ΑΦΡΟΔΙΤΕ, ΕΡΩΣ, faute

Neptune, tenant son trident abaissé, poursuit Amymone, et où ce groupe, désigné par le nom de chaque personnage, est placé entre Vénus et l'Amour, de manière à ne laisser aucun doute sur le sens de cette scène érotique. La même image du dieu poursuivant la Danaïde est celle que présente un vase passé récemment d'une collection de Rome en Russie, et cité par M. Éd. Gerhard[1], où Neptune tient pareillement son trident abaissé en poursuivant Amymone, qui a près d'elle une de ses sœurs. Ce sujet se retrouve réduit au groupe de Neptune et d'Amymone sur une amphore de Nola, de la collection de M. le comte de Pourtalès-Gorgier[2], à Paris, sur une autre amphore, aussi de Nola, où Neptune paraît avec le dauphin et Amymone avec l'*hydrie*[3], et sur un troisième vase, de la même forme et de la même fabrique, de l'ancienne collection de M. Durand[4], mais où le sujet n'est pas aussi sûrement caractérisé, attendu que le dieu qui poursuit la femme tient un sceptre, au lieu d'un trident[5]. Je n'admets pas, au nombre des représentations de vases peints relatives à la fable d'Amymone, un vase de la collection du prince de Canino, qui a pour sujet Neptune tenant de la main droite un dauphin, et saisissant de la gauche une femme qui cherche à s'échapper[6]. Le *calathus* rempli de laine, qui se trouve placé entre ces deux personnages, ne peut être ici l'équivalent de l'*hydrie* ou de la *kalpis*, le vase servant à puiser de l'eau; c'est un meuble à l'usage des femmes travaillant dans le gynécée, qui se rapporte conséquemment à une fable différente; et il n'est pas impossible de découvrir, parmi les nombreux objets des amours de Neptune, celui qui a pu être désigné par cette particularité. Je comprends encore moins, parmi les compositions de l'art antique qui peuvent avoir pour sujet le mythe d'Amymone, celles où Neptune, porté sur un quadrige de chevaux marins, ou simplement sur un ou plusieurs hippocampes, enlève dans ses bras une femme échevelée. Cette composition, qui se trouve sur un bas-relief antique, de travail romain[7], sur des pierres gra-

---

desquelles le savant éditeur ne put reconnaître ce sujet de Neptune et d'Amymone dans les quatre figures du rang inférieur. Cette circonstance a induit M. Inghirami, qui a reproduit, dans ses *Vasi fittili*, t. I, tav. xciv, p. 139-141, la partie de ce vase qui a rapport au sujet de Neptune et d'Amymone, à croire que cette peinture s'était trouvée répétée sur deux vases différents, l'un, sans inscriptions, l'autre, avec inscriptions; mais il existe une telle similitude entre les dessins publiés par Passeri et par le comte de Laborde, qu'il n'est pas possible de douter qu'ils ne proviennent d'un seul et même vase, sur lequel les noms tracés d'une manière plus ou moins visible auront échappé à l'attention de l'antiquaire ultramontain. La seule difficulté qui resterait serait d'expliquer comment le vase publié par Passeri, au temps duquel il se trouvait dans la galerie de Florence, aurait passé dans la collection de Lamberg, aujourd'hui à Vienne; mais, à cet égard, je remarque que l'éditeur français de cette collection ne dit rien sur la provenance du vase en question.

[1] Éd. Gerhard, *Auserles. Griech. Vasenbild.* t. I, p. 48, 79).

[2] *Descript. des Antiq. du cabin. de M. le comte de Pourtalès-Gorgier*, n° 181, p. 41.

[3] Ce vase est cité aussi par M. Éd. Gerhard, au même endroit.

[4] *Descript. des Antiq. du cab. de M. Durand*, n° 208.

[5] M. Panofka voyait sur ce vase Neptune poursuivant Alcyone, *Mus. Blacas*, p. 6; mais le savant antiquaire n'ayant pas donné les raisons pour lesquelles il reconnaissait ici Alcyone plutôt qu'Amymone, je me crois dispensé de discuter son opinion. C'est la présence de Neptune lui-même qui prête à l'incertitude, à cause du sceptre mis à la place du trident; et c'est avec raison que M. Éd. Gerhard en a fait l'observation, *Auserles. Griech. Vasenbild.* t. I, p. 48, 79).

[6] *Descript. de vases peints provenant de l'Étrurie*, n° 64. L'éditeur propose aussi le sujet de Neptune et de Béroé, p. 31, 1); mais il y a encore moins de raisons pour cette explication que pour la première. Je ferai connaître, d'après des monuments d'une signification non douteuse et d'une provenance d'accord avec le sujet, le mythe de Neptune et de Béroé, dans la ive de mes *Lettres archéologiques sur la peinture des Grecs*, à l'article des amours des dieux, où je traiterai à fond ce qui a rapport à ceux de Neptune.

[7] *Admiranda*, tab. 29. Zoëga supposait, d'après les indices de travail moderne qu'offraient les flots et les chevaux marins, que c'était un enlèvement de Proserpine qui avait été changé en un enlèvement de Théophané; voy. le *Zeitschrift*, etc. de M. Welcker, p. 94; et, d'après cette supposition de Zoëga, M. Welcker regardait ce bas-relief tout entier comme de travail moderne, *ad* Philostrat. *Imag.* 1, 8, p. 251. Mais c'était aller beaucoup trop au delà de la pensée de Zoëga lui-même, qui reconnaissait pour antiques les quatre figures principales; et, très-probablement,

vées[1], et sur une médaille grecque impériale de Kymé d'Æolide[2], a certainement rapport à tout autre sujet que celui d'Amymone, dont il n'est pas une seule circonstance qui motive l'enlèvement de la femme ; et c'est à tort que cette explication des pierres gravées, proposée par Winckelmann, a été admise par M. Welcker[3], par Ott. Müller[4], et, en dernier lieu, par M. Éd. Gerhard[5]. Mais c'était bien Neptune poursuivant Amymone qui faisait le sujet de la peinture décrite par Philostrate l'ancien[6], où rien ne manquait des circonstances propres à l'action et aux personnages, non plus que le témoignage de l'écrivain ; et nous avons la même garantie à l'égard d'un beau groupe de statues décrit par Christodore[7], où Neptune apparaissait debout, tenant d'une main le dauphin, gage d'une union sacrée, et Amymone, aussi debout[8], et déjà près de céder à la passion du dieu, ou réconciliée avec lui par le don de la fontaine qui porta son nom[9].

D'autres monuments antiques représentent cette dernière circonstance du mythe, telle que nous la connaissons déjà par l'une des compositions du vase de M. Iatta. C'est le sujet qu'offrent, avec des variantes dans le nombre et dans la disposition des personnages, un vase peint du musée de Naples[10], un vase de notre cabinet des antiques, publié par Millin[11], le vase appartenant à M. Heigelin, publié par Hirt et accompagné de savantes observations par Boettiger[12], le vase de l'ancienne collection Riccardi, publié, le premier de tous, par Passeri[13], et un vase qui fit partie du cabinet de feu M. Durand[14]. A ces vases, qui provenaient tous de fabriques campaniennes, les fouilles récentes de Canino ont ajouté trois autres monuments de la céramographie grecque importée en Étrurie[15], qui constatent ainsi

---

la petite figure d'Amour ailé, portant le trident, se trouvait dans le même cas, d'après la place qu'elle occupe dans la partie supérieure du bas-relief, auprès des figures principales ; d'où il suit que la restauration des chevaux marins n'avait rien d'arbitraire. Je reviendrai sur ce sujet dans la IVe de mes *Lettres archéologiques sur la peinture des Grecs.*

[1] Deux de ces pierres, dont une avait appartenu à Buonarotti, et a été publiée par Maffei, *Gemme, etc.*, t. II, tav. 35, ont été décrites parmi les *Pierres gravées de Stosch* par Winckelmann, n°s 451, 452 ; et il en existait d'autres du même sujet à la connaissance de cet antiquaire.

[2] Cette médaille est publiée dans le *Cabinet Allier*, pl. XIII, n° 27.

[3] Welcker, *ad* Philostr. Sen. *Imag.* I, 8, p. 251.

[4] Ott. Müller, *Handbuch der Archäol.* § 356, 3.

[5] Éd. Gerhard, *Auserles. Griech. Vasenbild.* t. I, p. 48, 77).

[6] Philostrat. Sen. *Imag.* I, 8. Les expressions suivantes : Καὶ στέλλεΐαι (ὁ Ποσειδῶν) θηρεύσων αὐτὴν, οὔπω ξυνιεῖσαν ὅτι ἐρᾶται, d'accord avec le mouvement de la jeune fille effrayée qui cherche à se dérober par la fuite à l'approche du dieu, indiquent bien le motif de la composition.

[7] Christodor. *Carm. in* Brunck. *Analect.* t. II, p. 458, v. 61-68 (t. III, p. 163, ed. Lips.) ; cf. Jacobs. *Animadv.* t. X, p. 307. Ce savant ne devait pas reproduire, au moins sans la condamner, l'observation de Heyne, qui regardait comme une interprétation inepte du poëte le dernier vers de cette description :

Δῶρα πολυζήλοιο γάμων μνησΤήρια Κούρης.

Le dauphin à la main de Neptune avait bien certainement cette intention, ainsi que cela résulte de plusieurs témoignages classiques et de beaucoup de monuments de l'art ; et l'ineptie reprochée à Christodore est tout simplement une inadvertance de Heyne.

[8] Je ne sais où Ott. Müller a vu qu'Amymone était assise, *Handbuch der Archäol.* § 356, 3 : *Statuengruppe in Byzanz, wo Amymon sass ;* rien n'indique cette circonstance dans les vers du poëte, et tout prouve le contraire. Le groupe devait être conçu à peu près comme sur la belle pierre gravée des *Impronte dell' Instit. archeol.* Cent. I, n. 64.

[9] C'est l'idée exprimée par Lucien, *Dial. Marin.* VI, 3 : Πηγὴν ἐπώνυμόν σοι ἀναδοθῆναι ἐάσω ἐνταῦθα. J'ignore où l'éditeur des vases de Lamberg a trouvé qu'Amymone, pour se soustraire aux poursuites du dieu, se fit changer en rivière, t. I, p. 37, 3) ; il n'y a rien de cela dans aucun texte de l'antiquité.

[10] Éd. Gerhard, *Neapels antik. Bildwerke*, t. I, p. 298, ff.

[11] Millin, *Peint. de vases*, t. II, pl. XX, et *Galerie mythologique*, pl. LXIII, n° 294. Ce vase, qui vient de la collection de Caylus, avait été publié par cet illustre antiquaire, *Recueil* II, pl. XIX, p. 70.

[12] *Amalthea*, t. II, taf. II, p. 277-282, et 283-301.

[13] Passeri, *Pictur. Etrusc. in Vasc.* t. II, tab. CLXXI.

[14] *Descript. des Antiq. du cab. Durand*, n° 207.

[15] Ces trois vases sont cités par M. Éd. Gerhard dans son *Rapporto Volcente*, n° 251 et 928. Voyez encore d'autres indications données par le même savant, *Auserlesen. Griech. Vasenbild.* t. I, p. 48, 78). 49, 80).

la grande célébrité d'un sujet, si souvent représenté, et toujours d'une manière différente, sur les monuments de cette seule branche de l'art des Grecs.

Des monuments qui viennent d'être cités, les plus curieux sont, sans contredit, ceux où la présence des satyres, motivée par l'ancienne tradition argienne, indique que la représentation était empruntée à quelque drame satyrique [1]. De ce nombre sont le vase Heigelin et le vase Riccardi, auxquels on pourrait se croire autorisé, par l'avis d'un savant antiquaire [2], à ajouter la belle coupe du mariage d'Hercule et d'Hébé, où se voit Neptune avec une figure de femme ailée et avec un satyre [3]. Mais, dans aucune de ces représentations où les satyres n'assistent que pour figurer le chœur, on ne voit paraître, comme personnage principal, celui dont l'action déshonnête avait motivé l'intervention, non moins fatale à la pudeur d'Amymone, du dieu de la mer, action telle qu'on peut se la représenter d'après les bas-reliefs et les peintures antiques qui ont pour sujet une nymphe endormie, surprise par un pétulant satyre [4]. A cette occasion, je me borne à faire mention d'un monument, où deux antiquaires ont cru voir la fable d'Amymone poursuivie par le satyre de l'Argolide [5], mais en se plaçant dans une hypothèse contraire à tous les témoignages et à toutes les données antiques.

J'arrive maintenant à notre peinture de Pompéi, qui représente Neptune et Amymone d'une manière encore différente de toutes les compositions que nous connaissons du même sujet. Le moment choisi par l'artiste est celui où la jeune vierge d'Argos, qui s'est dérobée par la fuite à la violence brutale du satyre, vient se livrer à la protection non moins dangereuse du dieu. Neptune est assis à l'ombre du rocher [6], des flancs duquel devait bientôt

---

[1] C'est une des plus heureuses idées de Boettiger, qui a répandu, sur tout le champ alors encore à peu près vierge de la céramographie grecque, tant de vues neuves et d'aperçus ingénieux; voy. la *Weitere Ausführung der Amymone-Fabel* dans l'*Amalthea*, t. II, p. 287-8,).

[2] Éd. Gerhard, *Auserles. Griech. Vasenbild.* t. I, p. 49, 80).

[3] Voyez la description de ce vase, qui se trouve au musée de Berlin, telle qu'elle est donnée par feu M. Lewezow, *Verzeichniss der antik. Denkmäler im Antiquar. des Königl. Museums zu Berlin*, n. 1016, p. 267-271, et par M. Éd. Gerhard, *Berlins ant. Bildwerke*, n. 1016, p. 299-300. Mais j'avoue que cette conjecture, dont le mérite appartient à M. Panofka, me paraît extrêmement hasardée.

[4] J'aurai occasion, dans la IVe de mes *Lettres archéologiques sur la peinture des Grecs*, de citer ces monuments, et d'en tirer tout ce qui importe à la connaissance de l'antiquité figurée, dans cette classe de ses productions, à laquelle j'ai appliqué le nom général de *Pornographie*.

[5] C'est un candélabre de travail étrusque, provenant d'un tombeau de Vulci, qui est décrit dans le *Catalogue des vases étrusques*, n° 258, puis dans celui des vases de M. Beugnot, n. 352, et qui a été publié par M. Micali, *Monum. per serv. all. Stor. d. ant. Popol. ital.* tav. XI., 3, et reproduit par Ott. Müller dans ses *Monum. de l'art antique*, pl. LIX, n° 295 Le fût de ce candélabre est terminé par une figure de femme vêtue, qui a deux jambes de poisson ou de serpent. M. Micali a vu dans cette femme une *sirène*, Ott. Müller une *néréide*, l'une et l'autre sans

motifs suffisants. Mais cette double conjecture n'approche pas, en fait de suppositions hasardées, de l'idée de l'antiquaire français, qui a pu voir dans cette déesse (pourquoi déesse?) à jambes de poisson, la nymphe Amymone, qui n'était point une nymphe, mais une Danaïde, et qui n'a jamais été représentée de cette manière, dans aucun texte, ni sur aucun monument antique. Cette prétendue explication s'appuie sur une interprétation non moins hasardée d'un vase peint de la collection Campanari, décrit par M. Bröndsted, *A brief Description of thirty-two ancient Greek painted vases*, n° XXX, p. 70-76, où M. Panofka a trouvé la fable d'Amymone figurée comme on ne l'a jamais vue, c'est-à-dire avec Hercule remplaçant Neptune, et avec le lion remplaçant le satyre, de manière aussi que le demi-lion, λέ(ων), et le rocher, ἔρνος, exprimassent en hiéroglyphe la localité de Lerne, *Annal. dell' Instit. archeol.* t. IV, p. 373. Je m'abstiens de toute réflexion sur ce système de substitution de personnes, joint à cette manière de traiter les mots grecs, qui permet de trouver dans la mythologie et dans la langue tout ce que l'on veut; mais je ne puis m'empêcher de dire qu'à mon avis la science aurait bien plus à perdre qu'à gagner à de pareils procédés.

[6] La localité où se passa la fable d'Amymone, qui est celle de la fontaine même de ce nom, est indiquée comme une colline, dans ce texte d'Apollodore, II, v, 2 : Τὴν δὲ ὕδραν, εὕρων ἔν τινι ΛΟΦΩ, παρὰ τὰς πηγὰς τῆς Ἀμυμώνης, κ. τ. λ. Cette même colline est figurée comme un rocher abrupte sur le vase de M. Iatta; et c'est la même idée qu'en donne Lucien, *Dial. Marin.* VI, 3 : Παΐάξας τῇ τριαίνῃ τὴν ΠΕΤΡΑΝ πλησίον τοῦ κλύσματος.

jaillir la source d'Amymone, et qui était voisin du marais de Lerne. De la main gauche il tient le trident qui caractérise ici l'action particulière du dieu, dans la circonstance qui suivra son triomphe[1]. Il est nu, à la réserve d'un manteau bleu[2] qui lui couvre la cuisse gauche; sa barbe et ses cheveux bruns, légèrement argentés, qui répondent à une épithète homérique, fréquemment employée par les poëtes[3], sa large poitrine[4], autre trait du personnage olympien, créé dans sa forme physique par le génie d'Homère, révèlent à l'œil le moins familiarisé avec les images antiques le puissant dieu de la mer. Il attire à lui, de la main droite, Amymone, qui paraît, à un mouvement d'hésitation empreint dans toute son attitude, résister à l'intention du dieu. La belle Danaïde n'a pour vêtement qu'un *péplus*, de couleur de safran, bordé de violet, qui laisse à découvert une partie des charmes de sa personne, et qu'elle relève en avant de la main droite, moins encore, à ce qu'il me semble, pour alléger sa fuite devant le satyre[5], que pour opposer un faible et dernier obstacle au désir de Neptune. Sa tête est entièrement couverte d'un réseau de fil d'or[6], qui laisse à peine sortir quelques boucles de ses cheveux blonds; et elle porte des pendants d'oreille qui conviennent à son rang et à sa naissance. L'*hydrie*, qui devait se voir à sa main ou à ses pieds pour achever de caractériser le sujet, manque dans notre peinture; ce qui laisse subsister quelque incertitude. Mais l'attitude de la fille d'Argos, empruntée sans doute de

[1] Le témoignage de Lucien rapporté à la note précédente justifie déjà la présence du trident à la main de Neptune, dans la circonstance dont il s'agit. La même particularité figure dans d'autres témoignages classiques, Hygin. *Fab.* CLXIX : « Id in quo loco factum est, Neptunus dicitur FVSCINA terram percussisse, et inde aquam profluxisse ; » Schol. Euripid. *ad Phœniss.* v. 195 : Τρίαινα τόπος Ἄργους, ἔνθα τὴν ΤΡΙΑΙΝΑΝ ὀρθὴν ἔστησεν ὁ Ποσειδῶν ΣΥΓΓΙΝΌΜΕΝΟΣ τῇ Ἀμυμώνῃ, καὶ εὐθὺς κατ' ἐκεῖνο ὕδωρ ἀνέβλυσεν.

[2] Le manteau bleu figurait naturellement dans la garde-robe du dieu de la mer. Le bleu était la couleur attribuée à la barbe et à la chevelure des Tritons et des divinités marines de tout ordre ; voyez, à cet égard, les nombreux témoignages rassemblés par Voss, *Mythol. Br.* xxxvi, t. II, p. 236-248. Neptune lui-même avait les yeux bleus, Ciceron. *de Nat. Deor.*, I, xxx; Pausan. I, xiv, 5. Les Néréides bleues, dans Théocrite, *Idyll.* vii, 59, étaient des nymphes marines habillées de bleu; cf. Ovid. *Fast.* i, 365. Les Fleuves sont représentés généralement par les poëtes avec des vêtements de la même couleur, Stat. *Sylv.* i, 3, 71; Valer. Flacc. i, 218; Claudian. xxviii, 166; Auson. *Mos.* 418. Neptune surtout devait être peint avec un manteau bleu; ce qui se déduit de l'observation de Philostrate, *Imag.* ii, 14 : Γέγραπται (ὁ Ποσειδῶν) δὲ οὐ ΚΥΆΝΕΟΣ οὐδὲ ΘΑΛΆΤΤΙΟΣ, ἀλλ' ἠπειρώτης; et ce qui est prouvé par le trait de Sext. Pompée, s'habillant de bleu pour ressembler à Neptune, dont il se prétendait le fils, Dion. Cass. l. XLVIII, c. xix; Appian. *Bell. civ.* 5.

[3] Homer. *Iliad.* xx, 144 : Κυανοχαίτης; cf. Eusth. *ad Iliad.* i, 43, 58 et 528; Hesiod. *Theog.* v. 278; *Hymn. Orph.* xvii (xvi), i. Le mot κυάνεος indiquait, chez les anciens, la couleur brune foncée des cheveux, Voss, *Myth. Br.* xxxvi, t. II, p. 235; d'où il suit que, si l'espèce de teinte argentée qui se remarque à la chevelure de notre Neptune n'est pas un effet de la détérioration de la couleur primitive, dans cette partie de la peinture, elle doit être

[4] Homer. *Iliad.* ii, 479 : Στέρνον δὲ Ποσειδάωνι; de là l'épithète εὐρύστερνος donnée à Neptune, Eustath. *ad Iliad.* ii, p. 258; voy. Boettiger, *Amalthea*, t. II, p. 296, ').

[5] C'était l'idée de l'éditeur napolitain.

[6] Homère désigne par les mots πλεκτὴ ἀναδέσμη, *Iliad.* xxii, 409, toute espèce de lien travaillé en filet dont les femmes grecques se servaient pour retenir leurs cheveux; mais l'espèce de réseau qu'on voit ici sur la tête d'Amymone est ce que l'on appelait, en général, κεκρύφαλος, Pollux, v, 95. Telle que cette coiffure est ici représentée, elle paraît répondre à celle qui est indiquée par Pollux, en ces termes, iv, 154 : Μίτρᾳ ποικίλῃ τὴν κεφαλὴν καῖειλῆπῖαι, puisqu'elle embrasse toute la tête; ce qui n'était pas le cas de la *sphendoné*, encore moins de l'*opistho-sphendoné*, Pollux, v, 96, deux sortes de coiffures, qui se faisaient le plus souvent en filet, comme ici, et dont nous avons, dans le commentaire d'Eustathe, *ad* Dionys. *Perieg.* v, 7, une description très-exacte, à laquelle répondent parfaitement les nombreux exemples que nous en trouvons sur les vases peints. Il existe d'ailleurs, dans nos peintures antiques, plus d'un exemple d'une coiffure toute semblable, entre autres, celui que nous fournit la femme assise à un banquet domestique, d'une peinture de Resina, *Pittur. d'Ercolan.* t. I, tav. xiv, laquelle femme a la tête entièrement couverte d'un réseau d'or, qui était la coiffure du temps, au témoignage de Juvénal, *Sat.* ii, 96 :

RETICVLVMque comis AVRATVM ingentibus implet.

Consultez encore, sur la différence des bandeaux, ἄμπυκες, et des enveloppes, μίτραι, et sur le κεκρύφαλος, en particulier, les savantes explications de Boettiger, *Vasengemälde*, t. II, p. 85, et *Ariadne*, p. 23, 22).

quelque modèle tracé d'après une de ces danses mimiques si chères au génie grec, offre tant d'analogie avec celle d'Amymone du vase Leigelin, où Neptune est pareillement assis, qu'il suffit de ce rapprochement pour prouver que ce groupe appartient, sur notre peinture, comme sur le vase où figure l'*hydrie*, au sujet de Neptune et d'Amymone.

Quant au mérite de notre peinture, c'est certainement une de celles où brillent, à travers les défauts inséparables d'une exécution rapide, les qualités de style propres à l'ancienne école grecque. La composition de ce groupe dut appartenir à quelque maître célèbre, à en juger d'après plus d'une répétition qui s'en est conservée jusqu'à nous, avec des personnages différents[1]. La figure de Neptune, moins heureuse d'exécution, est pourtant d'un caractère remarquable; et celle d'Amymone, dans tout son mouvement, dans son attitude et dans son expression, est une des plus gracieuses que le pinceau facile des décorateurs de Pompéi nous ait rendues des belles héroïnes de la peinture grecque.

[1] Tel est le groupe d'Hercule et Augé, dont nous possédons plusieurs variantes sur des médailles et des pierres gravées, au sujet desquelles on peut consulter mon *Mémoire sur le torse du Belvédère*, p. 42-44. J'aurai lieu de revenir, dans cet ouvrage, sur la question traitée dans ce mémoire, pour répondre à quelques objections d'un antiquaire napolitain.

PLANCHE III.

BACCHUS ET ARIANE A NAXOS.

Hauteur 1 m. 5 cent. — Largeur, o m. 97 cent.

La rencontre de Bacchus et d'Ariane à Naxos fut un des sujets les plus familiers à l'art antique, l'un de ceux où il déploya le plus d'invention et de fécondité, pour répondre au génie d'une société qui trouvait à satisfaire à la fois, dans le culte de Bacchus, ses sentiments religieux et son penchant pour les jouissances sensuelles. L'époque où ce culte licencieux acquit, dans les habitudes sociales de la Grèce, une faveur décisive, fut précisément celle où tous les arts d'imitation atteignaient leur plus haut degré de développement, en sorte que toutes les ressources que l'esprit humain pouvait fournir à une société ivre de religion et de volupté, pour représenter, sous les formes les plus séduisantes, tout ce que sa croyance lui offrait d'images les plus propres à flatter ses sens, trouvèrent leur emploi dans les pompes extérieures du culte de Bacchus, liées à la célébration des jeux scéniques et embellies par le concours de tous les arts.

Il serait impossible aujourd'hui d'apprécier, seulement par la pensée, la prodigieuse quantité d'ouvrages d'art qui furent produits dans la Grèce, à partir de l'époque où l'établissement d'un théâtre régulier, dû à la solennité des Dionysiaques, multiplia, sous toutes les formes et par tous les moyens de l'imitation, des images puisées dans le mythe de Bacchus; et c'est à

4.

peine si le savoir le plus vaste et la mémoire la plus fidèle peuvent embrasser l'ensemble des représentations figurées qui nous restent de l'art antique, dans cette seule classe de ses monuments.

Les modèles de ces représentations durent être fournis, en grande partie, par les danses *thyméliques* qui accompagnaient la célébration des fêtes de Bacchus; c'est, du moins, ce que l'on peut admettre avec une grande probabilité pour les scènes dionysiaques qui forment le sujet de tant de vases peints, d'ancien et de beau style, où la composition entière est ordonnée d'après un type qui paraît hiératique, et où toutes les attitudes ont quelque chose de conventionnel en même temps que de juste et d'expressif, qui constituait proprement l'art orchestique des Grecs. Cet accord de la danse avec la peinture et la plastique est d'ailleurs un fait constaté par des témoignages classiques[1], et nous en avons une application frappante, précisément pour le sujet qui nous occupe, pour la rencontre de Bacchus et d'Ariane à Naxos, dans la pantomime exécutée devant les convives du *Banquet* de Xénophon, dont ce grave personnage, philosophe et moraliste, homme d'État et homme de guerre, n'a pas dédaigné de se faire l'historien et l'interprète[2].

Il est bien superflu d'observer que ces danses mimiques, qui avaient pour objet des scènes dionysiaques, devaient offrir aux yeux des spectateurs de tout ordre beaucoup d'images lascives: il faudrait, pour penser le contraire, une préoccupation systématique, telle que celle dont s'est montré atteint l'auteur des *Lettres d'un antiquaire*, qui ne veut voir, même dans les représentations relatives à Bacchus, que ce qu'il appelle des symboles[3], et qui, pour conserver l'opinion qu'il s'est faite de la chasteté des mœurs grecques, a dû fermer volontairement les yeux à tant de peintures de vases, la plupart de style comme de sujet hiératique, où la licence du pinceau est poussée au même degré d'effronterie que celle de la parole et de l'action dans la vieille comédie grecque, telle que nous la connaissons par les pièces d'Aristophane, sans parler du drame satyrique, à en juger par le seul poëme entier et par les fragments que nous en possédons. Pour ne pas sortir du sujet de la peinture qui nous fournit ces réflexions, nous voyons, par le texte même de Xénophon, que les mouvements et les attitudes imités dans ce ballet de Bacchus avaient pour but d'exciter les désirs chez tous les spectateurs[4], au point que le dénoûment de ce ballet, offrant l'image voluptueuse de Bacchus et d'Ariane se tenant embrassés, comme s'ils allaient se mettre au lit[5], devient le signal du départ des convives, qui se sauvent auprès de leurs femmes. Et, si tels étaient les divertissements des hommes graves et des honnêtes gens d'Athènes, des sages, en un

---

[1] Lucian. *de Saltat.* § 35, t. V, p. 145, Bip. : Οὐκ ἀπήλλακ7αι (ἡ ὄρχησις) δὲ καὶ ΓΡΑΦΙΚΗΣ καὶ ΠΛΑΣΤΙΚΗΣ· ἀλλὰ καὶ τὴν ἐν ταύταις εὐρυθμίαν μάλισ7α μιμουμένη φαίνε7αι; cf. Athen. l. XIV, p. 629, B. t. V, p. 280, Schw. J'aurai lieu de traiter à fond cette question dans la IV⁰ de mes *Lettres archéologiques sur la peinture des Grecs*.

[2] Xenophon. *Conviv.* § IX, 2-7, t. V, 156-7, ed. Weisk. La liberté des détails contenus dans cette partie d'un écrit philosophique ne surprendrait que ceux qui seraient tout à fait étrangers à la connaissance de la société grecque. Voyez, du reste, les observations qu'a fournies, à plusieurs reprises, à l'illustre Boettiger, ce morceau de Xénophon, qui nous a conservé l'une des pages les plus curieuses et les plus authentiques du tableau de la vie privée des Grecs, *Archäolog. der Malerei*, p. 230-231; *die Aldobrandin. Hochzeit*, p. 144-146; et *klein. Schriften*, B. III, p. 394-401. Je m'en occuperai aussi dans la IV⁰ de mes *Lettres archéologiques*.

[3] *Appendice aux Lettres d'un antiquaire*, p. 27, 63, 74 et ailleurs. Je me propose de soumettre la doctrine de l'académicien français à une discussion critique, dans l'ouvrage cité à la note précédente.

[4] Xenophon. *Conviv.* § IV, 1, p. 119 : Τὴν Ἀφροδίτην ἐγείρειν.

[5] Idem, *ibid.* § IX, 7, p. 157 : Περιβεβληκότες τε ἀλλήλους καὶ ὡς εἰς εὐνὴν ἀπιόν7ες.

mot, tels que ceux qui composaient le *Banquet* de Xénophon, que devaient être les images publiquement exposées aux yeux d'une foule avide d'émotions du même genre, surtout quand elles lui étaient offertes au nom de l'État, et qu'elles étaient consacrées par la religion elle-même? Je n'en voudrais pour preuve, entre tant de monuments que nous en possédons, que le superbe vase du musée de Naples, certainement un des chefs-d'œuvre de la céramographie grecque[1], dont le sujet est la célébration du mariage sacré de Bacchus et d'Ariane, représenté, d'après une de ces danses mimiques, dans le moment de l'étude, ou de ce que nous appelons la répétition, par une suite de jeunes gens des deux sexes, dont la plupart, déjà déguisés en satyres, et portant à la main le masque de leur personnage, avec le *phallus* attaché au tablier de peau[2], nous offrent l'image la plus authentique et la plus conforme à la réalité de ces spectacles populaires de l'antiquité grecque, où le plaisir sous toutes les formes et la licence à tous les degrés étaient provoqués et sanctifiés par la religion publique[3].

L'*hiérogamie* de Bacchus et d'Ariane, rattachée à l'aventure de Naxos, était sans doute le principal sujet de ces représentations mimiques qui s'exécutaient, chaque année, à l'époque et à l'occasion des Dionysiaques, dans les principales villes de la Grande Grèce, et dont il s'est conservé jusqu'à nous tant de réminiscences sur cette foule de vases peints, de tout ordre et de tout âge, provenant des tombeaux de la Pouille et de la Campanie. Mais que cet usage ne soit pas particulier à la Grande Grèce, et que les monuments qui nous en restent, spécialement ceux qui offrent des images obscènes, n'appartiennent pas exclusivement à une époque de décadence, comme le croyait encore l'illustre Boettiger[4], c'est ce qui résulte de l'apparition de ces nombreux vases peints trouvés dans les tombeaux de Vulci et d'autres villes étrusques, la plupart desquels offrent le sujet en question dans toutes ses circonstances, le plus souvent avec

---

[1] Ce vase, que j'ai passé une journée entière à étudier, dans le dernier séjour que j'ai fait à Naples, en octobre 1838, vient d'être publié dans les *Monum. dell' Instit. Archeol.* t. II, tav. xxxi; mais, à défaut d'une explication détaillée, qu'on a droit d'attendre du savant qui s'en est chargé, il n'en a paru encore, dans le texte de ce recueil, qu'une description très-abrégée et tout à fait insuffisante, t. XIII, p. 303-308; cf. *Bullet. di corrispond. archeol.* 1837, p. 85 et 97-104, et 1840, p. 188. Je m'en occuperai particulièrement dans la ive de mes *Lettres archéologiques*, d'après les notes que j'ai rédigées en présence du monument même; et, en attendant, j'avertis que j'y vois un de ces monuments qu'on peut appeler *choragiques*, exécutés en mémoire des représentations scéniques qui avaient lieu dans les grandes Dionysiaques; notion qui résulte pour moi de la présence du trépied érigé sur une colonne.

[2] Cette espèce de tablier de peau de bouc est ce qu'avait en vue Denys d'Halicarnasse, dans ce passage de la description si curieuse qu'il nous a laissée de la *Pompe du cirque*, l. VII, c. 72 (t. III, p. 1491, Reisk.) : Τοῖς δ' εἰς ΣΑΤΥΡΟΥΣ εἰκασθεῖσι ΠΕΡΙΖΩΜΑΤΑ καὶ ΔΟΡΑΙ ΤΡΑΓΩΝ; et ce que l'historien ajoute, Καὶ ὅσα τούτοις ΟΜΟΙΑ, fait certainement allusion au *phallus* postiche; voy. Boettiger, *Archäolog. der Malerei*, p. 200. Du reste, il ne faut pas confondre ces tabliers de peaux avec ce que l'auteur de la description citée plus haut appelle un caleçon, formé

tantôt d'étoffe, tantôt de peaux velues : ce sont des choses très-différentes. Le caleçon, tel qu'on le voit ici, était ce que l'on appelait proprement περιζώστρα, quand il était fait d'étoffes, et ὡα λουτρίς, quand il était de peau, Pollux, vii, 65; cf. ii, 166; x, 181. Ce dernier s'employait surtout aux bains, pour les hommes comme pour les femmes. La distinction que je viens d'indiquer n'avait pas été faite par Visconti, *Mus. P. Clem* t. IV, tav. xxi, p. 46, e).

[3] Boettiger, qui s'était fait une idée toute pareille des ballets où l'on représentait l'ἱερὸς γάμος de Bacchus et d'Ariane, ou de *Liber* et de *Libera*, dans les villes de la Grande Grèce, aurait vu son opinion complétement justifiée, s'il eût connu le vase qui nous occupe, et qui provient d'une fabrique de la Grande Grèce. Voyez son *Archäolog. der Malerei*, p. 230-31, et son *Aldobrandin. Hochzeit*, p. 144-146; cf. *klein. Schrift.* t. III, p. 401.

[4] *Archäolog. der Malerei*, p. 232 : « Was von dem Bacchanalien-Unfug in Rom im Livius Vorkommt, ist offenbar späte Ausartung, etc. » A l'appui de cette observation, il fait remarquer le très-petit nombre de vases à sujets obscènes qui étaient connus ou publiés de son temps, et qu'il ne cite pas tous. Mais que devient cette remarque, en présence de la prodigieuse quantité de vases de ce genre, presque tous d'ancien style, que nous possédons maintenant?

des détails très-licencieux, en même temps que dans un style de dessin très-archaïque, de manière à prouver que les représentations mêmes dont ces vases deviennent pour nous autant
d'images plus ou moins fidèles, appartenaient à une haute époque de l'antiquité, à celle où régnait, dans toute sa rigueur, la sévérité du style hiératique, unie à toute la licence imaginable
de sujet et de composition. C'est ce que j'aurai lieu de démontrer dans le travail spécial que
j'ai déjà cité plusieurs fois[1], par l'indication même des monuments de la céramographie
grecque acquis de nos jours à la science, dont les plus importants, sous le double rapport
du style et de l'antiquité, sont certainement ceux qui sont sortis en dernier lieu des tombeaux des villes étrusques voisines de Rome, et dont on ne peut guère douter que les modèles n'aient été fournis plus ou moins directement à l'Étrurie par les fabriques d'Athènes
et de Corinthe; ce qui fait remonter à ces deux métropoles des arts de la Grèce l'invention
de ces images licencieuses liées à la célébration des Dionysiaques.

En réservant donc pour un autre ouvrage les détails que comporte ce sujet, et qui ne seraient pas ici à leur place, je me bornerai à indiquer les principaux monuments de la céramographie qui se trouvent en rapport avec le motif de notre peinture de Pompéi. Mais,
d'abord, je ferai remarquer qu'il y a lieu de distinguer, dans la rencontre de Bacchus et
d'Ariane à Naxos et dans l'*hiérogamie* qui en fut la suite, plusieurs circonstances qui tiennent
toutes à l'action principale, et qui en forment autant d'épisodes particuliers, souvent traités
séparément par l'art antique. C'est ce que n'a pas observé peut-être avec assez de soin l'illustre Boettiger, dans sa docte dissertation sur Ariane[2], où il s'était cependant proposé de
classer les divers monuments de l'art relatifs à la rencontre de Bacchus et d'Ariane à Naxos,
d'après les principales circonstances qui s'y rapportent, et qui se réduisaient pour lui à trois
situations différentes : I. Ariane éveillée, se désespérant de l'abandon de Thésée; II. Ariane
contemplée dans son sommeil par Bacchus; III. Ariane mariée avec Bacchus. Nous pouvons
maintenant, grâce à l'accroissement de nos richesses archéologiques, particulièrement dans
la classe des vases peints, déterminer avec plus de précision un plus grand nombre d'épisodes de l'action principale, et nous les rangerons dans l'ordre suivant : I. Ariane endormie,
abandonnée par Thésée; II. Ariane s'éveillant et voyant fuir le vaisseau de Thésée; III. Ariane
livrée, durant son sommeil, à la contemplation de Bacchus et de son *thiase;* IV. Ariane ravie
par Bacchus; V. Ariane menée en triomphe par Bacchus; VI. Ariane mariée avec Bacchus.
Encore, dans cette distribution de sujets épisodiques, n'ai-je pas compris une représentation, la plus ancienne de toutes celles qui nous sont connues par l'histoire de l'art, celle qui
était exécutée sur le coffre de Cypsélus[3], et qui offrait Ariane debout, tenant une couronne,
devant Thésée, portant une lyre. Mais cette scène, sans doute relative à la victoire de Thésée sur le Minotaure, dut avoir la Crète pour théâtre, et elle se trouve conséquemment en
dehors des représentations qui ont Naxos pour lieu de la scène, avec le mariage de Bacchus

---

[1] Dans la IVᵉ de mes *Lettres archéologiques sur la peinture des
Grecs.*

[2] *Archäologisches Museum zur Erläuterung der Abbildungen aus
dem classischen Alterthume,* Iʳ Theil (Weimar, 1801, in-8ᵒ),
Ariadne, S. i-xvi, et 1-102.

[3] Pausan. V, xix, 1. La tradition suivie ici par l'artiste se rapportait sans doute à celle qui était connue d'Homère, *Odyss.* xi,
320-324, et qui diffère si essentiellement de la version adoptée
par les logographes des âges suivants. On en jugera par ce trait
que rapporte le scholiaste, et qui complète la pensée du poëte :
Ἐπεὶ κατεμαρτύρησεν (ὁ Διόνυσος) αὐτῆς ἀσέβειαν ΜΙΓΕΙΣΗΣ
ἐν τῷ τεμένει αὐτοῦ τῷ Θησεῖ.

et d'Ariane pour sujet prochain ou actuel. J'observerai, en outre, que, de ces divers sujets, les uns furent traités à peu près exclusivement par la plastique, les autres par la peinture ou la céramographie; c'est ce qui résultera des courtes explications où je vais entrer.

I. Ariane endormie, telle que les poëtes se sont plu à la représenter, dut être un sujet familier aux statuaires, d'après l'heureux motif qu'il leur fournissait, et dont il nous est resté un monument du premier ordre, dans la célèbre statue du Vatican, aujourd'hui reconnue pour Ariane[1]. Le mérite de cette superbe figure, et surtout celui de l'original qu'elle nous représente, est encore attesté par les répétitions qui durent en exister dans l'antiquité, dont quatre, au moins, sont parvenues jusqu'à nous, plus ou moins entières[2]; sans compter les deux petits poëmes de l'*Anthologie*[3], qui s'appliquent à deux statues semblables. A l'appui de ces exemples, cités par Boettiger, et qui justifiaient déjà l'idée juste et heureuse de cet antiquaire, que la figure d'Ariane endormie devint, dans l'antiquité romaine, un type approprié à des sarcophages, je pourrais rappeler ici un certain nombre de monuments que j'ai fait connaître, où une ménade endormie est figurée, à peu près, comme la statue du Vatican[4]; et j'indiquerai surtout la répétition de cette statue qui se trouve, sans que personne en ait encore fait la remarque, au nombre des figures du fameux bas-relief Farnèse[5], du musée de Naples. Nous ne savons de quelle manière Polygnote avait représenté Ariane dans ses peintures du *Lesché* de Delphes[6]; en la plaçant en face de Phèdre, et assise sur un rocher, il est

---

[1] C'est à Visconti qu'appartient le mérite de cette détermination, *M. P. Clem.* t. II, tav. xliv, p. 89, et j'ai proclamé moi-même, *Achilléide*, § vii, p. 25, 5), l'assentiment général qu'elle avait obtenu de la part des antiquaires, tout en proposant avec la réserve que je devais y apporter, une explication nouvelle, celle de Thétis endormie, à laquelle j'ai renoncé depuis, en me ralliant à l'opinion soutenue par mon docte et illustre ami, M. Fr. Jacobs, *über die Bildsäule der schlafenden Ariadne*, dans ses *Vermischt. Schriften* (1834, Leipzig, in-12), t. IV, p. 407-435. Du reste, l'analogie de position entre Ariane et Thétis justifiait assez l'attribution que j'avais faite à l'une de la figure de l'autre; Bacchus lui-même y fut trompé, puisque, au témoignage de Nonnus, il crut voir d'abord Thétis, au lieu d'Ariane, dans la jeune beauté endormie sur le rivage de Naxos, *Dionys.* xlvii, 285 :

Μὴ ΘΕΤΙΝ ἀργυρόπεζαν ἐπ' αἰγιαλοῖσι δοκεύω;

[2] Deux de ces répétitions existaient à Rome, dans le dernier siècle : l'une était à la villa Medicis, citée par Winckelmann, *Geschicht. der Kunst*, l. XI, c. ii, § 7, p. 222, et *Anmerkung.* 1085, p. 297-8; voy. Boettiger, *Ariadne*, p. 34. Cette statue a été, depuis, transférée dans la galerie de Florence et restaurée avec une tête moderne, Winckelmann, *ibid.* l. V, c. v, § 22 (*Werke*, t. IV, p. 202), et l. VI, c. i, § 13 (t. V, p. 15.) L'autre statue, qui se trouvait au palais Odescalchi, *Mus. Odescalch.* l. I, p. 23, et l. II, p. 46, a passé, depuis, avec toute cette collection, en Espagne, et elle est, à présent, à Saint-Ildefonse; Winckelmann en a aussi fait mention à plusieurs reprises, *Abhandlung von der Fähigkeit der Empfindung des Schönen in der Kunst* (*Werke*, t. II, p. 404); *Geschicht. der Kunst*, l. XI, c. ii, § 7 (*Werke*, t. VI, p. 222), et *Trattat. preliminar.* c. iv, p. xc. Les commentateurs de Winckelmann citent encore une troisième copie antique qui

doit se trouver à Rome, au musée du Collége romain; et Boettiger connaissait deux têtes qui avaient appartenu à deux autres répétitions de la même statue, l'une au musée du Capitole, l'autre dans celui de Dresde, Leplat, *Marbr. de Dresde*, pl. 163, n° 3; voy. Boettiger, *Ariadne*, p. 35, et 48, 18).

[3] Brunck, *Analect.* t. III, p. 215, *carm.* cciv, et p. 216, *carm.* ccv; cf. Jacobs. *Animadv.* t. XII, p. 51-52.

[4] Voy. mes *Monuments inédits, Achilléide*, pl. x, n° 2. Ce bas-relief, que j'avais expliqué d'abord par Thétis, surprise dans son sommeil par un satyre ithyphallique, doit plutôt avoir rapport à une ménade, dans la même situation; mais le motif de cette figure, comme celui de la nymphe surprise de même pendant son sommeil, ne m'en paraît pas moins emprunté au type de l'Ariane endormie. Il serait possible aussi qu'on eût quelquefois représenté de la même manière Amymone endormie, à qui le satyre de l'Argolide veut faire violence; voy. plus haut, p. 23, 4); car c'était une pratique bien connue de l'art antique d'appliquer à une figure un type créé pour une autre, et nous en avons plus d'un exemple.

[5] Il existe, de ce superbe sarcophage, une gravure réputée l'une des meilleures et des plus rares de l'œuvre de Marc-Antoine, et qui a été contrefaite par Luca Guarinoni, dans une planche devenue elle-même assez rare. Le monument, placé aujourd'hui dans le cabinet réservé de Naples, *Neapels ant. Bildwerke*, t. I, p.459, *Phallica*, n. 12, a été récemment publié par M. Éd. Gerhard, *Antik. Bildwerke*, Cent. II, Taf. cxi, n°ˢ 2, 3, 4, mais dans une gravure qui ne donne aucune idée du mérite de l'original, un des plus excellents morceaux de sculpture grecque qui nous restent, en même temps qu'un des plus licencieux.

[6] Pausan. X, xxix, 2 : Κάθηται μὲν ἐπὶ πέτρας, ὁρᾷ δέ ἐς τὴν ἀδελφὴν Φαίδραν.

probable qu'il faisait allusion au triste abandon de l'une des sœurs à Naxos, et à la tragique fin de l'autre à Athènes; double intention qui paraît empruntée à Homère[1]. Quoi qu'il en soit à cet égard, il est du moins certain, d'après la manière dont s'exprime Pausanias, qu'Ariane, dans cette peinture de Polygnote, n'était pas représentée endormie, mais probablement dans l'état d'accablement qui succéda à son réveil.

II. Ariane éveillée, voyant fuir le vaisseau de Thésée, est encore un sujet que la poésie avait rendu populaire[2], et dont les arts du dessin s'emparèrent à leur tour, en le variant au gré de l'imagination de chaque artiste et du goût de chaque époque. Nous savons, du moins, que ce sujet fut très en faveur chez les habitants grecs de la Campanie, de l'époque romaine, à en juger d'après les nombreuses peintures qui le représentent, et qui ont été retirées des ruines d'Herculanum et des autres villes ensevelies par l'éruption du Vésuve. Sur une de ces peintures, de Portici, Ariane, à demi levée sur sa couche solitaire, contemple, dans le premier moment de saisissement qui a suivi son réveil, le vaisseau de Thésée qui s'éloigne[3]; sur une autre, de Civita[4], la fille de Minos, abandonnée par un héros ingrat, a près d'elle un Amour qui pleure et une femme ailée qui lui montre le vaisseau de Thésée, encore peu éloigné du rivage, et dont la détermination a beaucoup embarrassé les antiquaires[5]. Le même Amour qui pleure se retrouve, absolument à la même place et dans la même attitude, sur une autre peinture, aussi de Civita[6]; ce qui semble prouver que cette figure était empruntée de quelque tableau célèbre; tandis que, sur une peinture récemment découverte à Pompéi, dans la *maison du poëte tragique*[7], cet Amour, dans une attitude différente, remplace, auprès d'Ariane, la femme ailée de l'autre peinture, en montrant à l'héroïne abandonnée le vaisseau athénien qui disparaît déjà à l'horizon. Un motif à peu près semblable se rencontre sur quelques pierres gravées; et l'on ne peut douter, d'après le mérite de composition qui recommande ces peintures, d'un ordre subalterne et d'un âge de décadence, que le modèle n'en fût puisé dans quelque excellent ouvrage de la peinture grecque. Tel

---

[1] Homer. *Odyss.* xi, 320-4.

[2] On peut en juger par le beau poëme de Catulle, *carm.* lxiv, *Epithalamium Pelei et Thetidos*, dont l'abandon d'Ariane par Thésée, v. 52-264, semble former le sujet principal, plutôt qu'un motif épisodique.

[3] *Pittur. d'Ercolan.* t. II, tav. xiv.

[4] *Ibidem*, tav. xv.

[5] Le principal auteur des explications jointes à ces peintures d'Herculanum, Pasquale Carcani, s'était arrêté à l'idée que cette figure de femme ailée et coiffée d'un casque, à ce qu'il paraît, devait être *Némésis*, p. 95, 6). Mais, en même temps, il avait rapporté les diverses opinions de ses confrères, dont les uns voulaient voir dans ce personnage *Minerve*; d'autres, *Diane*, en s'appuyant sur diverses circonstances du mythe d'Ariane; d'autres enfin, la *Victoire*, ou la déesse allégorique *Cura*, la *Peine* personnifiée. Boettiger, qui n'était satisfait d'aucune de ces explications, jugea plus prudent, ce qui était aussi plus commode, de n'en proposer aucune, et il n'indiqua *Iris*, ou toute autre divinité de ce genre, que comme une conjecture à laquelle il semblait n'attacher lui-même aucune valeur, *Ariadne*, p. 14. Mais je suis surpris que personne encore ne se soit avisé de l'idée la plus simple de toutes, de celle qui devait se présenter le plus naturellement à l'esprit de tout le monde : c'est que la figure en question représente la déesse du sommeil, *Pasithéa*, dans les bras de laquelle Ariane reposait l'instant qui précédait son réveil, et que nous allons voir reparaître, soutenant effectivement Ariane endormie, sur notre peinture de Pompéi. Or c'est sous cette même forme d'une femme ailée que la déesse du sommeil est toujours figurée sur les peintures antiques et sur les autres monuments de l'art; et, quant au casque, d'une forme particulière, qui a suggéré à l'antiquaire napolitain l'idée de la κυνέη ᾍδου, Apollod. II, iv, 2; Schol. Apollon. Rh. iv, 1515; Tzetz. *ad Lycophr.* v. 838, ce casque, emblème de la nuit, conviendrait très-bien à la déesse du sommeil. On le voit figuré, à la même intention, au-dessous du char de l'Aurore, sur un miroir que j'ai publié, *Monuments inédits, Odysséide*, pl. lxxiv, A, 1, p. 400, 1); et ce nouvel emploi d'un pareil symbole me paraît tout à fait propre à justifier l'explication que je propose. Voyez, du reste, au sujet des nombreuses applications qui purent se faire, sur des monuments grecs et étrusques, de ce symbole de la nuit et de la mort, une savante note de M. Ambrosch, *de Charonte etrusco*, p. 13, 105); cf. *ibidem*, p. 68, 385).

[6] *Pittur. d'Ercolan.* t. V, tav. xxvi.

[7] *Real Museo Borbonico*, t. II, tav. lxiv.

était certainement aussi l'original de la belle statue du musée de Dresde, connue sous le nom vulgaire d'*Agrippine*[1], qui représente Ariane assise sur un rocher, comme l'avait peinte Polygnote[2], regardant fuir au loin le vaisseau qui emporte son premier amour et sa dernière espérance. Le motif de cette figure, emprunté peut-être originairement à la composition de Polygnote, d'après l'union intime qu'on sait avoir existé, chez les Grecs, entre la plastique et la peinture[3], avait été reproduit, sans doute plus d'une fois, dans la belle antiquité grecque; et nous en avons la preuve par une répétition de la statue de Dresde, qui faisait autrefois partie de la *Galerie Giustiniani*[4].

III. Ariane exposée, durant son sommeil, à la contemplation de Bacchus et de son thiase, fut peut-être, de tous les sujets pris dans le mythe de Bacchus et d'Ariane, celui qui fut le plus souvent traité par les anciens artistes, du moins dans la dernière période de l'antiquité. C'est celui de la peinture de Pompéi que je publie, et pour l'explication de laquelle je réserve les détails que je peux donner sur les autres monuments de l'art qui ont rapport au même motif.

IV. Ariane ravie par Bacchus est un sujet qui ne paraît guère avoir été représenté que sur quelques vases peints, où il n'a pas toujours été reconnu, faute, sans doute, d'avoir fait suffisamment attention à la circonstance du mythe que retraçait cette représentation. L'idée d'une lutte entre Bacchus et Thésée, qui se seraient disputé la princesse de Crète, était une des nombreuses traditions qui avaient cours dans l'antiquité sur le compte d'Ariane. Cette tradition est rapportée par Pausanias[5], qui se borne malheureusement au plus simple exposé de cette fable, mais qui y fait encore allusion dans un autre passage de son livre[6]. Nous sommes également réduits à une seule indication de ce sujet, qui avait dû être exposé avec tous ses détails par un poëte lesbien, Théolytus de Méthymne[7], dans une épopée bachique, où l'idée d'*enlèvement d'Ariane* est formellement exprimée. Le même récit d'une

---

[1] Leplat, *Recueil des marbres antiques de la galerie de Dresde* (Dresde, 1733, fol.), pl. xxxv; *Augusteum*, taf. xvii, avec le texte de W. Gott. Becker (Leipzig, 1837, 8°), n xvii, p. 109-115. Cette figure, telle qu'elle était avant sa restauration, se trouve gravée dans le recueil de J. B. de Cavalleriis, *Antiq. stat. urb. Romæ* (Romæ, 1585, pet. fol.), tab. 50. C'est à l'éditeur de l'*Augusteum*, M. W. G. Becker, qu'appartient la détermination d'Ariane, qui me paraît très-heureuse, bien que Fiorillo, auteur d'une dissertation sur cette statue, *Bemerkungen über die sogenannte Agrippina in Dresden* (dans ses *Klein. Schriften*, § viii, p. 243-251, Gotting. 1803, 8°), n'ait pas cru devoir l'adopter. Au milieu de cette controverse, à laquelle Lessing avait pris part dans le siècle dernier (voy. ses *Sämmtl. Schrift.* Th. XV, S. 230, ff.,) il avait pu paraître singulier que le grand antiquaire de Dresde, qui avait cette belle statue sous les yeux, et qui avait composé un travail particulier sur les monuments de l'art antique relatifs à Ariane, ne se fût pas expliqué sur une question qui devait l'intéresser à tant de titres. Il est vrai que, plus tard, le même savant, qui paraît avoir conservé d'abord quelques doutes sur la dénomination d'Ariane appliquée à la statue de Dresde, s'est exprimé de manière à prouver qu'il s'était entièrement rallié à cette opinion. C'est la découverte de la mosaïque de Salzburg, où Ariane se voit représentée dans la même attitude, qui produisit cette conviction chez l'illustre Boettiger, en même temps qu'elle lui fournit un élément certain de restauration pour

cette belle statue; voy. son petit écrit intitulé : *Salzburger Mosaïk-Fussboden*, inséré dans le *Kunstblatt* de 1821, n. 105, et reproduit dans ses *Klein. Schrift.* B. II, § xvi, p. 284-291.

[2] Pausan. X, xxix, 2 : Κάθηται μὲν ἐπὶ πέτρας (Ἀριάδνη).

[3] Voy. mes *Conject. archéol. sur le torse du belvédère*, p. 46-47.

[4] *Galleria Giustiniani*, t. I, tav. 142.

[5] Pausan. X, xxix, 2 : Τὴν δὲ Ἀριάδνην, ἢ κατά τινα ἐπιτυχὼν δαίμονα, ἢ καὶ ἐπίτηδες αὐτὴν λοχήσας, ΑΦΕΙΛΕΤΟ Θησέα ἐπιπλεύσας Διόνυσος στόλῳ μείζονι.

[6] Id. I, xx, 2 : Καὶ Διόνυσος ἥκων ἐς τῆς Ἀριάδνης τὴν ΑΡΠΑΓΗΝ.

[7] Theolyt. *apud Athen.* vii, 296, A (t. III, p. 81, Schw.) : Τὸν δὲ Γλαῦκον τὸν Θαλάττιον Δαίμονα (sans doute celui auquel fait allusion Pausanias, X, xxix, 2), Θεόλυτος μὲν ὁ Μηθυμναῖος, ἐν τοῖς βαχχικοῖς ἔπεσιν, ἐρασθέντα φησὶν Ἀριάδνης, ὅτε ἐν Δίᾳ τῇ νήσῳ ὑπὸ Διονύσου ΗΡΠΑΣΘΗ, καὶ βιαζόμενον ὑπὸ Διονύσου ἀμπελίνῳ δεσμῷ ἐνδεθῆναι. Suivant une autre version, celle d'Évanthès, poëte épique, c'était avec Ariane abandonnée par Thésée qu'avait eu lieu ce commerce secret de Glaucus; voy. Engel, *Quæst. Naxiæ*, p. 59. C'est encore ici une de ces circonstances lubriques qui abondent dans la mythologie, et qui ne manquent presque sur aucun des monuments de l'art relatifs à la rencontre de Bacchus et d'Ariane à Naxos; seulement, l'action prêtée ici au dieu marin Glaucus est attribuée, sur ces monuments, à quelqu'un des pétulants compagnons de Bacchus, quelquefois à un satyre, le plus souvent à Pan; ce qui est plus conforme à l'opinion générale.

lutte entre Bacchus et Thésée, pour la possession d'Ariane, se lit dans Diodore de Sicile[1]; et c'est encore sous l'image d'un *enlèvement* que la conquête de l'héroïne crétoise est représentée, d'après la tradition commune, par un scholiaste d'Homère[2]. On sait, d'ailleurs, que cette pratique de l'*enlèvement*, comme prélude du mariage, existait dans les mœurs de plusieurs peuples grecs; et il est avéré pour moi que les images de ce genre qui se rencontrent sur beaucoup de vases peints, destinés sans doute à être donnés à de jeunes époux, comme présents de noces, et qui s'y voient réalisées le plus souvent sous une forme mythologique, y figurent à cette intention[3].

Le fait de l'*enlèvement d'Ariane* se trouvant ainsi établi par des témoignages classiques, il devient facile de reconnaître ce sujet sur plus d'un vase peint qui le présente. Telle est, en premier lieu, une peinture d'un vase du Vatican publié par Passeri[4], où le dieu indien, armé de son thyrse vainqueur, entraîne de la main droite une femme voilée, qui résiste encore et qui ne peut être qu'Ariane, la mystique épouse de Bacchus[5]. Le groupe d'un satyre ithyphallique, qui veut faire violence à une ménade, sujet de la peinture qui décore l'autre côté du vase, achève de caractériser ce sujet d'une manière conforme à la plupart des représentations que nous en possédons, et dont l'obscénité n'avait pas échappé à l'attention de Passeri. Le même sujet, avec une circonstance presque aussi licencieuse, se rencontre sur un beau vase du musée Blacas[6], où Bacchus, barbu et vêtu comme le dieu indien, et toujours armé du thyrse, saisit de la main gauche une femme qui paraît vouloir lui échapper, et que l'interprète de cette peinture n'a pas hésité à reconnaître pour Ariane. Les témoins de cette scène amoureuse sont Vénus, l'Amour, et Kômos, jouant de la double flûte; et le coussin placé sur un roc, derrière Ariane, indique, de l'avis du même antiquaire, l'union qui va s'accomplir entre le dieu et l'héroïne[7]. Que, d'ailleurs, cette scène se passe à Naxos, c'est ce qui résulte de la comparaison du vase en question avec un autre vase du musée de Berlin[8], représentant Ariane, que Thésée, conseillé par Minerve, abandonne au moment où Bacchus s'en approche pour s'en emparer; superbe peinture, où le groupe principal de Bacchus et d'Ariane est composé presque absolument de même que sur celle

[1] Diodore Sic. IV, LXI: Καθ' ὃν δὴ χρόνον μυθολογοῦσι Διόνυσον ἐπιφανέντα, καὶ διὰ τὸ κάλλος τῆς Ἀριάδνης, ΑΦΕΛΌΜΕΝΟΝ τοῦ Θησέως τὴν παρθένον, ἔχειν αὐτὴν ὡς γυναῖκα, κ. τ. λ.

[2] Schol. Homer. *ad Odyss.* XI, 321 : Οἱ δὲ νεώτεροι φασὶ καταλειφθεῖσαν αὐτὴν ὑπὸ Θησέως, ΑΡΠΑΓΗΝΑΙ ὑπὸ Διονύσου.

[3] C'est un trait de mœurs grecques que je me propose d'expliquer, à l'aide des monuments figurés, dans un article spécial de la IVᵉ de mes *Lettres archéologiques sur la peinture des Grecs.*

[4] Passeri, *Pictur. Etrusc. in vasc.* t. II, tab. CLI; cf. *ibidem*, t. III, p. XXIX.

[5] C'est ainsi, en effet, que le sujet de cette peinture, qui n'avait pas été compris par Passeri, a été exposé par Boettiger, *Archäolog. der Malerei*, p. 232.

[6] *Musée Blacas*, pl. XXI, p. 63-64. L'interprète de cette peinture a remarqué lui-même la ressemblance du groupe principal avec celui de Neptune saisissant Amymone, sur le vase de Lamberg, I, XXV.

[7] L'intention de ce meuble, à cette place, nous est expliquée par saint Clément d'Alexandrie, avec une liberté de langage qui pouvait convenir à un docteur de l'Église, mais qu'il ne nous serait pas permis de traduire, *Protrept.* p. 30, ed. Potter. : Τὴν δὲ Ἀφροδίτην ἀνέγνωμεν, ...παραθεῖναι φέρουσαν τῇ Ἑλένῃ τὸν ΔΙΦΡΟΝ τοῦ μοιχοῦ κατὰ πρόσωπον, ὅπως αὐτὸν εἰς ΣΥΝΟΥΣΙΑΝ ὑπαγάγηται; et l'on voit, par ce trait d'érudition ecclésiastique servant à expliquer une particularité d'un vase grec, que saint Clément d'Alexandrie, tout chrétien et docteur de l'Église qu'il était, connaissait, au moins aussi bien que l'auteur des *Lettres d'un antiquaire*, l'antiquité grecque, écrite et figurée, dont il était d'ailleurs plus rapproché que cet auteur.

[8] Je crois avoir été le premier à donner connaissance de ce beau vase, qui faisait alors partie de la collection de M. Dorow; voyez ma *Notice sur la collection de M. Dorow* (*Journ. des Sav.* février 1829), p. 19; ajout. *Einführung in eine Abtheilung der Vasen-Sammlung des Königl. Museums zu Berlin*, S. 36; et consult. la description détaillée du même vase donnée par feu M. Levezow, *Verzeichniss der antik. Denkmäler*, etc. n. 844, p. 177-8, et par M. Éd. Gerhard, *Berlin's antik. Bildwerke*, n. 844, p. 245; cf. Éd. Gerhard's, *Auserlesen. Vasenbild.* t. I, p. 43, 53), et 174, 19).

du vase du musée Blacas, ainsi que l'interprète de ce musée en a fait l'observation. Fondé sur ce rapprochement, je n'hésite pas à voir Bacchus saisissant Ariane, sur un vase du Cabinet Durand [1], qu'on a voulu expliquer par je ne sais quelle fable de Bacchus-Hébon poursuivant Dia-Hébé, dont j'ignore s'il existe quelque témoignage antique, et dont, en tout cas, la représentation ne figure sur aucun monument de l'art, à ma connaissance, tandis que l'enlèvement d'Ariane par Bacchus, motif attesté par les mythographes, est le sujet certain des trois vases du Vatican, du musée Blacas et du musée de Berlin. Si l'on compare, d'ailleurs, le vase du cabinet Durand avec celui du musée Blacas, dans le groupe principal, on sera frappé de l'identité presque complète que ce groupe offre sur l'une et l'autre peinture; l'objet que l'interprète du premier de ces vases appelle un long sceptre terminé par une palmette apparaîtra ce qu'il est en effet, un long thyrse; et la légère différence de costume ne constituera pas la moindre difficulté, en présence de tant de vases peints qui montrent Bacchus avec la tunique courte, tandis que l'assimilation d'Hébon et de Vulcain, dépourvue d'autorités classiques et sujette aux plus graves objections, ne repose que sur des rapprochements arbitraires et sur des combinaisons de mots si étranges [2], qu'on ne sait réellement comment les qualifier.

Je termine cet article en citant une peinture antique découverte à Gragnano [3], où Bacchus est représenté entraînant Ariane, sans qu'il y ait plus la moindre apparence de résistance de la part de l'héroïne crétoise, déjà résignée à devenir l'épouse du dieu.

---

[1] *Descript. des antiq. du cab. Durand*, n. 199. Il est dit, dans la notice de ce vase, que le dieu que l'on désigne sous le nom de Bacchus-Hébon *participe de Dionysus par le caractère de la tête, et d'Héphæstus par le costume*. Or, s'il fallait assimiler ainsi les dieux qui se ressemblent *par le caractère de la tête et par le costume* sur les vases peints, il n'est pas de dieu qui ne ressemblât à un autre; et l'on voit où pourrait conduire une pareille doctrine. Les inventeurs de ce système ne se montrent pas, d'ailleurs, très-conséquents avec eux-mêmes; car, à l'occasion d'un autre vase de Canino, ils appliquent ce même nom de Vulcain et d'Hébon à un personnage *vêtu d'une tunique longue*, et non plus de la *tunique courte* de Vulcain (*Catal. Étrusq.* n. 44, p. 21-22, 2). Dans ce même article, ils se défendent contre la critique de M. Éd. Gerhard, qui ne pouvait se résoudre à admettre cette dénomination d'*Hébon, pour le dieu qui est intermédiaire entre Vulcain et Bacchus.* Mais les auteurs se sont-ils bien rendu compte de ce qu'ils entendent par *un dieu intermédiaire entre deux autres*? Où ont-ils vu, dans la mythologie grecque, de ces *dieux intermédiaires*? Et de ce que le Bacchus-Hébon de Campanie avait une *tête de taureau*, comment se fait-il qu'on se croie autorisé à le reconnaître dans un *dieu à tête humaine barbue*, d'après *le caractère de la tête*? De plus, comment ces auteurs assimilent-ils le Jupiter-Labrandeus, de Carie, vêtu d'une *tunique talaire*, avec leur prétendu Hébon, vêtu de même, lorsqu'ils affirment que, le plus souvent, cet Hébon apparaît sur les monuments avec la *tunique courte*? Que veulent-ils que l'on pense de toutes ces incohérences, jointes à tant de suppositions arbitraires? Et qu'est-ce qu'un système d'interprétation qui prétend tout expliquer, en assimilant et confondant tout? Du reste, le vase du Cabinet Durand qui nous a suggéré ces réflexions se trouve maintenant publié dans l'*Élite des monuments céramographiques*, t. I, pl. L, p. 152-153, et nos lecteurs peuvent juger par eux-mêmes si c'est, en effet, Bacchus saisissant Ariane, qui s'y voit représenté, ou bien Bacchus-Hébon, poursuivant Dia-Hébé, explication que les auteurs paraissent aujourd'hui disposés à abandonner, et à l'appui de laquelle, en tout cas, ils n'ont pu produire aucun texte classique. Ils proposent *Vulcain poursuivant une de ses maîtresses, Maïa, Cabira, Anticlée*, et *Ætna* ou *Thalie*, entre lesquelles ils laissent le choix, *ou mieux encore*, disent-ils, *Jupiter poursuivant Mnémosyne*. C'est ainsi que ces auteurs, à propos d'un seul vase, d'un sujet si clair et d'une interprétation si facile, parcourent le champ presque entier de la mythologie, toujours en assimilant tout; ce qui équivaut à ne rien expliquer.

[2] Dans le même article cité à la note précédente, on assure *que le nom d'Hébon entre dans la composition de celui d'Héphæstus* (Ἡφ-αισ7ος). C'est un procédé familier aux auteurs de découper ainsi les mots grecs, pour en tirer tout ce qu'ils veulent; et l'application qu'ils en faisaient ici leur a paru heureuse; car ils l'ont reproduite dans l'*Élite des monuments céramographiques*, t. I, p. 164, à l'occasion d'une peinture de vase, où Vulcain, ΗΕΦΛΙΣΤΟΣ, est représenté *vêtu d'une tunique talaire* (*ibid.*, pl. xxxviii), ce qui, pour le remarquer en passant, est une nouvelle exception pour leur doctrine du costume de Vulcain *en tunique courte*. Il faudrait renoncer à faire de l'archéologie une science sérieuse, si l'on pouvait admettre qu'il fût possible d'assimiler Hébon, qui ne nous est connu que comme *dieu à tête de taureau*, avec Héphæstus, d'après le rapport des noms Ἡϐ(ων) et Ἡφ(αισ7ος). Heureusement, ce ne sont là, sans doute, que des jeux d'esprit, auxquels on aurait tort d'ajouter trop d'importance.

[3] *Pittur. d'Ercolano*, t. V, tav. xxviii.

V. Ariane conduite en triomphe par Bacchus est un sujet qui ne pouvait manquer de trouver de nombreuses applications dans les mœurs de la Grèce, où la pompe nuptiale était l'ordinaire prélude du mariage[1]. Aussi trouve-t-on cette image sur une foule de vases peints qui ont rapport, soit à des *hiérogamies*, soit à des mariages pris dans la vie commune, mais représentés sous une forme idéale[2]. Pour nous borner à celles de ces représentations qui ont pour sujet Bacchus et Ariane, l'exemple le plus curieux que j'en connaisse est une peinture d'un vase inédit du musée de Naples, dont une répétition avec des variantes se rencontre sur un autre vase de la magnifique collection de MM. Santangelo de Naples. Le vase des *Studj*, orné de deux rangs de figures, et de deux compositions sur chaque face, offre, dans le rang supérieur de l'une de ces faces, la pompe nuptiale de Bacchus et d'Ariane, telle qu'elle était sans doute représentée dans les jeux scéniques qui accompagnaient la célébration des Dionysiaques. Bacchus s'y voit ayant près de lui Ariane, l'un et l'autre debout sur un bige attelé de deux panthères et guidé par Bacchus lui-même, qui porte son thyrse de la main droite. Le char est précédé d'un satyre qui danse, son thyrse appuyé sur l'épaule gauche, avec un flambeau allumé dans la main droite, et devant lui marchent deux ménades, l'une la tête renversée en arrière, tenant une épée nue de la main droite et un chevreuil de la gauche[3], l'autre, en attitude de danse, jouant du *tympanum*[4], qu'elle tient élevé de la main gauche. Le groupe le plus curieux, et surtout le plus neuf de cette composition, est celui qui vient après le char de Bacchus. Il consiste en trois figures, c'est à savoir, une ménade qui danse, en tenant un *tympanum* de la main gauche; puis, un vieux Silène, vu à mi-corps, qu'une autre ménade, penchée en avant vers lui, aide de ses deux mains à monter sur le tertre où se passe l'action[5]. Ce Silène est couronné de pampres; il est vêtu d'une tunique courte sans manches, qui paraît être un costume de théâtre, et d'un manteau jeté sur ses épaules, et il tient de la main droite la double flûte[6], l'instrument obligé des fêtes bachiques et des banquets, qui en étaient l'accompagnement ordinaire. A tous ces signes et à l'attitude même de ce Silène, s'élevant d'un plan inférieur sur le rocher de Naxos, à l'aide des bras de cette ménade qui le soutient, il semble qu'on ne puisse méconnaître un trait de la représentation scénique, commencée dans l'orchestre et continuée sur le proscénium, dont la liaison avait lieu au moyen de ce personnage même de Silène, ainsi vêtu d'un costume comique. Le même groupe, à très-peu de chose près, et conséquemment avec la

---

[1] *Pausan.* IX, III, 4; cf. Suid. v. Ζεῦγος ἡμιονικὸν ἢ βοεικὸν ζεύξαντες, τὴν λεγομένην κλινίδα, τὴν τῆς ΝΎΜΦΗΣ μέθοδον ποιοῦνται. Παραλαβόντες δὲ αὐτὴν ἐκ τῆς πατρῴας ἑστίας ἐπὶ τὴν ΑΜΑΞΑΝ ἄγουσιν ἐς τὰ τοῦ γαμοῦντος, ΕΣΠΕΡΑΣ ἱκανῆς; cf. Magn. Etymol. v. Ἁρμάτειον μέλος; Pollux, III, 40. Voy. Visconti, *Mus. P. Clem.* t. IV, tav. XXIV, p. 49, *b*).

[2] Il existe un assez grand nombre de vases provenant presque tous des fouilles de Vulci et de Canino, et la plupart de style archaïque, qui représentent une pompe nuptiale, soit celle de Jupiter et de Junon, *Catalog. di scelt. Antich. etrusch.* n° 596 et 711; soit celle de Bacchus et d'Ariane, Éd. Gerhard, *Rapport. Volcent.* n. 215; soit celle d'Hercule et de Minerve, *Cab. Durand*, n°° 328-331, ou d'Hercule et d'Hébé, *ibid.* n° 332. Mais ces sortes de représentations, qui doivent bien certainement avoir eu pour type une

hiérogamie, se produisent avec des circonstances si variées, et quelquefois si difficiles à expliquer, que c'est encore un des problèmes archéologiques de la céramographie; j'y reviendrai dans la IV° de mes *Lettres archéologiques sur la peinture des Grecs*.

[3] Euripid. *Bacch.* v. 698 :

Ἀγκάλαισι ΔΟΡΚΑΔ' ἢ σκύμνους λύκων ἀγρίους ἔχουσαι.

[4] *Cf. Mus. P. Clem.* IV, XX, p. 45, *c*).

Idem, *ibid.* v. 124, sqq.

Βυρσότονον κύκλωμα τόδε, κ. τ. λ.

Cf. Buonarotti, *Medaglion. antich. etr.* p. 437.

[5] Le mont *Drios* de l'île de *Naxos*, Diodor. Sic. V, LI.

[6] Euripid. *Bacch.* v. 126-129 et 379; add. Catull. *Argonaut.* v. 264; Stat. *Theb.* VII, 170, et al.

même intention, se retrouve sur le vase Santangelo. Ce vase, pareillement orné de trois rangs de peintures[1], offre, dans la composition inférieure, Ariane debout sur un bige de panthères guidé par une ménade; au-dessus de ce char, vole un génie ailé androgyne, portant de chaque main la *phiale* et la *prochoé*, les deux vases servant à la libation; derrière, sur un plan plus élevé, est un jeune panisque, qui tient un thyrse et une *prochoé*; en avant, marche un satyre nu, qui porte sur l'épaule gauche un grand cratère, avec un double flambeau de l'autre main; et ici encore, l'objet le plus curieux de la représentation est le groupe d'un vieux Silène, qu'une ménade, penchée de son côté, aide à monter sur le plan supérieur où elle se trouve: image absolument pareille à celle que nous a montrée le vase des *Studj*, dans une composition du même sujet. Ce Silène diffère, du reste, par le costume, du personnage représenté sur ce dernier vase. Il a la tête et la poitrine couvertes d'un manteau, qui s'écarte sur le devant du corps, pour laisser à découvert son ventre et ses cuisses velues[2], motif dont l'indécence est trop sensible aux yeux pour avoir besoin d'être démontrée par le raisonnement, et qui montre jusqu'à quel degré de licence pouvaient être portées ces représentations d'une des scènes de l'*hiérogamie*, qui s'exécutaient publiquement sur le théâtre. Cette scène, d'ailleurs, se passe la nuit, comme c'était l'usage pour la pompe nuptiale; c'est ce qui résulte ici du flambeau allumé que tient à la main ce personnage du thiase bachique; et la même induction s'applique à l'autre peinture, où le satyre qui marche devant le char de Bacchus et d'Ariane porte également un flambeau allumé[3]. C'est donc une fête de nuit qui se voit ici representée, comme la plupart de ces scènes bachiques qui se célébraient aux flambeaux[4]; et l'on sait assez, par de nombreux témoignages classiques, sans compter de plus nombreux monuments qui les confirment, quels étaient

[1] Le rang supérieur est composé de deux figures semblables de femme vêtue et ailée, guidant un bige de chevaux, figures où l'on peut reconnaître deux *Victoires*. Le rang intermédiaire, composé de sept figures, offre le sujet principal; c'est à savoir, au centre de la composition, *Jupiter*, ΖΕΥΣ, assis sur un trône, tenant son sceptre surmonté de l'aigle, et faisant un geste de commandement, en se tournant du côté de *Mercure*, ΕΡΜΗΣ, qui part pour exécuter l'ordre qu'il vient de recevoir. A la droite de Mercure, sont *Apollon*, debout, appuyé sur une tige de laurier, et *Cérès* aussi debout, et tenant un grand flambeau de la forme usitée sur les monuments de la Grande Grèce. De l'autre côté de Jupiter, sont *Vénus*, debout, appuyée contre un vase de bain, tenant en main un grand éventail, et ayant près d'elle *Himéros*, ΙΜΕΡΟΣ, nu et ailé, qui porte de la main gauche une *phiale*, et de la droite une *prochoé*. La composition se termine, de ce côté, par la figure de *Junon*, ΗΡΗ, assise sur une *ochladias*, et tenant de la main droite un sceptre couronné d'une palmette. Je réserve pour un autre travail la publication de ce vase important, dont j'ai dû un calque à l'amitié de MM. Santangelo; et, en attendant, j'ai fait réduire le dessin de la scène inférieure, qui représente la pompe nuptiale d'Ariane à Naxos, pour en faire le sujet d'une vignette, n. III. Voy. p. 27.

[2] La preuve que cette particularité de costume tient à une intention qui ne peut être honnête, c'est qu'elle se remarque à beaucoup de figures de Silène, dans une circonstance analogue, sur un assez grand nombre de bas-reliefs antiques. Je citerai particulièrement le Silène jouant de la double flûte, qui accompagne *Bacchus l'Ancien* au *festin d'Icarius, Mus. P. Clem.* t. VI, tav. xxv. Voyez encore la manière dont est représenté, sur un charmant bas-relief du Vatican, *ibid.* tav. xxiii, le Silène ivre, soutenu par deux jeunes satyres, dont l'un écarte le vêtement en désordre qui le couvre, pour mettre sa nudité en évidence; intention maligne, exprimée dans toute la physionomie du jeune satyre, qui ne paraît pas avoir été comprise par le savant éditeur de ce bas-relief.

[3] C'était, d'ailleurs, à une heure de la nuit déjà très-avancée qu'avait eu lieu la rencontre de Bacchus et d'Ariane à Naxos; Nonnus le dit expressément, *Dionys.* xlvii, v. 279; et de là vient que l'on voit des satyres portant un flambeau sur la plupart des bas-reliefs antiques qui représentent ce sujet.

[4] Euripid. *Bacch.* v. 486, et. 306; cf. *Ion.* v. 715. Le témoignage le plus considérable, à tous égards, est sans doute celui de la grande pompe bachique, célébrée à Alexandrie sous Ptolémée Philadelphe, et dans laquelle figuraient une troupe de satyres portant des flambeaux dorés et entourés de feuilles de lierre, Σάτυροι, ...λαμπάδας φέροντες κισσίνας διαχρύσους, Callixen. Rhod. *apud* Athen. v, p. 197, E, t. II, p. 252, Schw. C'est, d'ailleurs, une chose trop avérée par une foule de textes classiques que le fait de la célébration nocturne des fêtes de Bacchus; voy. Pausan. II, vii, 6; xxxvii, 5; VII, xxvii, 1; de là, les noms de Λαμπτήρ, Pausan. VII, xxvii, 1, et de Νυκτέλιος, Idem, I, xl., 5, donnés à Bacchus; sans parler de tant de particularités de son culte, représentées sur les monuments.

les désordres qui avaient lieu dans ces réunions nocturnes, *pervigilia*, dont les excès, portés au comble, amenèrent, chez les Romains, l'abolition des Bacchanales[1]. Ces deux vases de Naples sont, à ma connaissance, les seuls monuments de la céramographie grecque qui représentent la pompe nuptiale de Bacchus et d'Ariane à Naxos, prélude de l'*hiérogamie*; de même que le vase du musée de Berlin, qui offre Thésée, Minerve, Bacchus et Ariane, est, avec un autre vase de la collection Feoli, de Rome[2], le seul dont la représentation, relative à l'enlèvement d'Ariane par Bacchus, ait pour théâtre l'île de Naxos.

Mais, d'ailleurs, la pompe nuptiale de Bacchus et d'Ariane se rencontre, sans circonstances qui aient rapport à la localité, sur plusieurs vases peints, sur des bas-reliefs et sur des camées antiques, dont je me bornerai à citer les principaux, presque tous remarquables par quelque image lascive, d'accord avec le sujet de la représentation. Tel est, en premier lieu, le vase de la collection Feoli[3], publié par M. Micali[4], représentant Ariane couronnée de pampres, qui monte sur un quadrige, accompagné de Mercure et précédé de Bacchus, avec trois satyres, dont deux offrent une image d'une telle obscénité, qu'il est impossible de l'exprimer par la parole. Une représentation à peu près semblable, mais sans ces motifs licencieux, se trouvait sur un vase du *Cabinet Durand*[5] : ici, le char nuptial était accompagné d'Apollon et de Mercure, et précédé d'Hyménée conduisant à Bacchus sa mystique épouse, désignée, sur un autre vase de la collection du prince de Canino[6], par l'épithète ΝΥΜΦΑΙΑ. Sur une belle *cylix* de Vulci[7], la pompe nuptiale de Bacchus et d'Ariane est représentée, de chaque côté du vase, par un quadrige sur lequel monte séparément chacun des deux époux; et le caractère licencieux de cette scène préliminaire de l'*hiérogamie* est suffisamment indiqué par les gestes et les attitudes des satyres et des ménades qui accompagnent chaque quadrige, surtout par le groupe lubrique qui décore l'intérieur de la coupe. Je ne comprends

[1] C'est un point d'archéologie grecque qui sera traité à fond dans la IVe de mes *Lettres archéologiques*. J'aurai lieu aussi, dans le même article, de discuter la question de savoir si le décret rendu en l'an de Rome 566, pour l'abolition des Bacchanales, Tit. Liv. l. XXXIX, c. xviii, fut suivi d'un tel effet, qu'à partir de cette époque, le culte de Bacchus ait dû cesser d'être célébré à Rome et dans l'Italie; question qui doit se résoudre, suivant moi, par la négative, à s'en tenir à la seule observation des monuments, dont un assez grand nombre, parmi ceux que nous possédons, sont certainement postérieurs au décret du sénat de Rome.

[2] C'est un vase de la forme de *cylix*, dont la représentation offre, suivant l'ingénieuse interprétation de M. Sec. Campanari, Bacchus ordonnant à Thésée, suivi d'un de ses compagnons, de lui céder Ariane, qui se tient debout derrière le héros athénien, ayant à la main la couronne qu'elle portait déjà sur le coffre de Cypsélus; voy. *Ant. Vas. dipint. dell. Collez. Feoli*, n. 84, p. 153-154. En admettant cette explication, ce serait la tradition attique, inventée sans doute pour mettre la réputation de Thésée à couvert du reproche d'infidélité et d'ingratitude, qui aurait été suivie par l'auteur de notre peinture. L'intervention de Minerve, dans la composition du vase de Berlin, se rapporte évidemment aussi à la même tradition, dont il existe plus d'une trace dans les anciens auteurs; et cette circonstance est une de celles qui tendent à prouver de plus en plus la provenance d'une fabrique originairement attique des vases qui les présentent. Consultez, sur cette tradition, obscurément indiquée par Diodore de Sicile, V, li, et par Pausanias, X, xxix, 2, le témoignage plus précis qui nous a été conservé par Proclus, *Chrestomath.* *apud* Phot. *cod.* ccxxxix, p. 989 : Χαριστήρια ἀποδιδοὺς ΑΘΗΝᾼ καὶ Διονύσῳ, οἳ αὐτῷ κατὰ τὴν νῆσον τὴν Δίαν ἐπεφάνησαν, κ. τ. λ. Le plus ancien auteur qui ait rédigé cette tradition, inventée dans un intérêt athénien, paraît avoir été Phérécyde, dont la relation nous a été conservée en extrait par le scholiaste d'Homère, *ad Odyss.* xi, 320; cf. Pherecyd. *Fragm.* lviii, p. 197, ed. Sturz. La fête attique des *Oschophories*, dont la pompe se déployait du temple de Bacchus à celui de Minerve Sciriade, était un monument de cette intervention attribuée à Minerve, d'accord avec Bacchus, dans l'abandon d'Ariane à Naxos; voyez, à ce sujet, Engel, *Quæstion. Naxiæ*, p. 56, sqq.

[3] *Antichi Vasi dipinti dell. Collezion. Feoli*, n. 42, p. 102-103.

[4] *Monum. per serv. all. Stor. d. ant. Popol. ital.* tav. LXXXVI, n. 4.

[5] *Descript. des antiq. du cab. Durand*, n. 116.

[6] *Catal. Étrusq.* n. 42. Sur ce vase, Bacchus est représenté au moment où il fait la libation, premier acte de l'*hiérogamie*, au-dessus d'un autel carré, placé entre lui et Ariane. Ce motif explique la présence de la *phiale* et de la *prochoé* aux mains du génie ailé, sur le vase du musée de Naples.

[7] *Cabin. Magnonc.* n. 20, p. 16-17.

pas dans cette énumération les vases peints où Ariane figure à côté de Bacchus, en des actions qui peuvent avoir rapport, de loin ou de près, à l'*hiérogamie*, mais dont le motif n'est pas assez positivement déterminé, et dont la représentation est presque toujours aussi accompagnée de détails licencieux[1]. Ces sortes de vases, très-nombreux aujourd'hui dans nos collections publiques ou privées, seront, de ma part, l'objet d'observations particulières dans un autre ouvrage, dont la recherche et l'examen critique des monuments de ce genre constitueront l'objet spécial, et auquel j'ai déjà, à plusieurs reprises, renvoyé d'avance mes lecteurs.

En fait de bas-reliefs représentant la pompe nuptiale de Bacchus et d'Ariane, le plus remarquable, sans doute, est celui de la villa Montalto, publié dans l'*Admiranda*[2]. Le char qui traîne le couple divin est accompagné de satyres et de ménades, en des attitudes d'accord avec le caractère de ces personnages du thiase bachique, parmi lesquels on distingue un Pan ithyphallique, et un vieux Silène, jouant de la double flûte, dont le costume offre la même particularité que celui du vase Santangelo[3]. Sur un bas-relief de notre musée du Louvre[4], Ariane, nue et assise près de Bacchus, qui la tient embrassée, est portée sur un bige de panthères, que précèdent deux Pans ithyphalliques, et qu'accompagnent des satyres et des ménades; et c'est à peu près la même composition, avec de nombreuses variantes de détail, qu'offre un autre bas-relief du même musée[5]. Un groupe semblable, du moins par le motif, si ce n'est par la composition même, est celui que nous montre un bas-relief du Vatican, où Bacchus, jeune et imberbe, est assis sur les genoux d'Ariane, dont le voile nuptial[6] laisse toute la partie antérieure du corps découverte, tandis que la déesse, qui fait l'office de *pronuba* dans cette *hiérogamie,* et qui est elle-même vêtue du voile nuptial, précède, sur un char séparé, attelé de deux lions, le char de Bacchus et d'Ariane tiré par deux chevaux[7]. La même composition, avec quelques variantes de détail, est le sujet d'un beau bas-relief qui se voyait autrefois au palais Braschi à Rome[8], et qui se trouve maintenant à la *Glyptothèque* de Munich[9]. Bacchus, non plus jeune et imberbe, mais barbu à la manière du *Dionysos indien* ou du *Sabazios phrygien*, est assis avec Ariane qu'il tient sur ses genoux, sur un char traîné par deux centaures, l'un mâle, l'autre femelle, et la Vénus *pronuba*, accompagnée, sur le char qui la porte, par *Hyménée* tenant un flambeau, et appuyée, de l'autre côté, sur un jeune satyre faisant l'office de *nymphagogue*, précède

---

[1] J'en citerai pour exemple une belle *cylix* à figures noires, de Vulci, qui offre, à l'extérieur, Bacchus et Ariane, debout, en face l'un de l'autre, entre des groupes de satyres et de ménades qui dansent, en faisant des gestes lascifs. Cette peinture a pour pendant, sur l'autre côté de la coupe, le retour de Vulcain à l'Olympe, représenté, comme c'est presque toujours le cas, avec des détails très-licencieux. Ce vase, d'ancien style et d'un très-beau dessin, faisait partie du *Cabinet Beugnot*, où il est décrit, n. 3, p. 6-7.

[2] *Admiranda*, tab. 48 et 49.

[3] Voyez l'observation faite plus haut, p. 37, 2].

[4] Clarac, *Musée de sculpt.* t. II, pl. 138, n. 155.

[5] *Ibidem*, pl. 143, n. 145. Voyez encore le bas-relief exposé sous le n. 4, et publié, *ibidem*, pl. 124, n. 151. Bacchus et Ariane sont sur des chars séparés.

[6] Ce voile se nommait καλύπτρα, au témoignage de Pollux, III, 37; cf. Pausan. IX, III, 1; vid. Meurs. *in* Lycophron. v. 337.

[7] *Mus. P. Clem.* t. IV, tav. XXIV, p. 49-50. Le savant éditeur de ce bas-relief a vu Ariane dans la déesse que porte le bige des lions, et la *pronuba*, Vénus ou Junon (c'est certainement Vénus plutôt que Junon), dans celle que tient Bacchus sur ses genoux. Mais je ne saurais admettre cette explication, qui a contre elle aussi l'opinion du savant interprète des monuments de la *Glyptothèque* de Munich.

[8] Le bas-relief a été publié dans l'*Almanach aus Rom*, de 1811, par Sickler, p. 107-130.

[9] Voyez Schorn, *Beschreibung der Glyptothek* (München, 1830, 8°). n° 101, p. 90-92. Il existe encore, dans la même collection, un bas-relief de sarcophage, représentant la même pompe nuptiale de Bacchus et d'Ariane, sujet rare, entre tous ceux qui ont rapport aux rites et aux mystères bachiques; voy. *ibidem*, n. 231, p. 194.

le char des deux époux. Je citerai encore un bas-relief capitolin[1], où Ariane, portée sur un bouc, comme l'*Aphrodite Pandêmos*[2], évidemment avec une intention analogue, Bacchus et Silène, chacun sur une panthère, et Pan ithyphallique, composent une scène aussi neuve par l'invention que curieuse et instructive par les détails. En fait de pierres gravées, qui nous ont conservé le principal motif des grandes compositions de ce sujet dues à la plastique des Grecs, j'indiquerai particulièrement le beau camée du musée Carpegna, publié par Buonarotti[3], où Bacchus, assis sur un bige de centaures, a près de lui Ariane qui le caresse et dont l'Amour écarte le vêtement; le char, guidé par Hyménée tenant un flambeau, se dirige vers le ciel[4]; et, dans le bas, sont les divinités locales, la Nymphe et le Fleuve de Naxos[5], avec Zéphyre, vidant sa conque dans la corne d'abondance du Fleuve.

VI. Ariane mariée avec Bacchus était le sujet de l'*hiérogamie* proprement dite[6], qui, à raison des nombreuses représentations occasionnées par la célébration des Dionysiaques[7], dut figurer sur un nombre infini de monuments de l'art antique; c'est ce que nous pourrions inférer de la grande quantité de ceux qui nous en restent encore, principalement dans la classe des vases peints, d'ancien et de beau style. La plupart de ces représentations, dues à la céramographie grecque, sont accompagnées d'images lascives qui rendent difficiles à décrire les monuments qui les présentent, mais qui n'avaient pas pour les anciens, habitués à des spectacles de ce genre, l'inconvénient qu'elles offrent aux interprètes modernes. Réservant donc pour l'ouvrage spécial dont j'ai parlé les éclaircissements que je serai plus libre d'y donner sur ce sujet, je me bornerai ici à signaler les principales de ces peintures de vases grecs, acquis de nos jours à la science, et la plupart appartenant, par leur style et par leur exécution, à une ancienne école grecque, qui nous montrent quel sens s'attachait, dans l'esprit de cette nation, à ces représentations de l'*hiérogamie* de Bacchus et d'Ariane.

Je rappellerai, en premier lieu, le superbe vase du musée de Naples, provenant de Ruvo[8],

---

[1] *Mus. Capitolin.* t. IV, tab. xlix.

[2] Pausan. I, xxii, 3; cf. Idem, VI, xxv, 2, et IX, xvi, 2.

[3] Buonarotti, *Medaglion. antich.* p. 430. Une composition à peu près semblable, mais sans les figures d'Amour et d'Hyménée, forme le sujet d'un beau camée du musée de Naples; et plusieurs pierres gravées du même sujet sont citées dans le *Catalogue raisonné* de Tassie, n°ˢ 4357-4361.

[4] Propert. III, xv, 8:

> Lyncibus IN COELUM VECTA, Ariadna, tuis;

cf. Senec. *OEdip.* 498:

> Ducitur magno nova nupta COELO;

Ovid. *Fast.* iii, 510:

> Pariter. COELI SUMMA petamus;

cf. Lactant. *Instit. Div.* I, x, 9; Eratosth. *Catast.* 5; Q. Smyrn. iv, 387.

[5] Nonn. *Dionys.* xlvii, 460-462:

> Καὶ θαλάμους ἐλίγαινεν Ἀμαδρυάς· ἀμφὶ δὲ πηγαῖς
> Νηϊὰς ἀκρήδεμνος ἀσάμβαλος ἦγεσε Νύμφη
> Δαίμονι βοτρυόεντι συναπτομένην Ἀριάδνην.

[6] Cette union sacrée de Bacchus avec la fille de Minos était déjà connue d'Hésiode, *Theogon.* v. 497, sqq.

[7] C'est encore une idée, récemment exprimée par M. Braun, *Annal. dell. Instit. archeol.* t. XII, p. 133, que les noces de Bacchus et d'Ariane étaient célébrées, comme on les voit représentées, même sur les monuments du dernier âge de l'antiquité, à l'occasion de la solennité des fêtes dionysiaques, dont elles formaient le principal objet; et cette idée, qui revient tout à fait à celle de Boettiger, est aussi celle que j'ai exposée plus haut, p. 29, 3).

[8] Voy. plus haut, p. 29, 1). Si j'avais eu l'intention de traiter ici d'une manière complète le sujet de l'*hiérogamie* de Bacchus et d'Ariane, j'aurais dû faire mention de quelques vases peints, qui offrent diverses circonstances de ce sujet, entre autres, celle de la rencontre de Bacchus et d'Ariane, telle qu'elle est représentée sur une amphore d'ancien style de Vulci, où le dieu, suivi de Mercure, de Neptune et d'un satyre, s'avance vers Ariane, qu'un autre satyre pousse dans les bras de son mystique époux. Ce vase, remarquable surtout par la présence de Neptune, comme souverain de l'île de Naxos, et par le groupe, si neuf d'invention et d'une intention si significative, fait partie de la *Glyptothèque* de Munich, et il a été publié par M. Éd. Gerhard, *Auserlesen. Vasenbild.* t. I, taf. xlviii, p. 173-175. Mais je réserve pour la iv⁰ de mes *Lettres archéologiques*, dont l'*hiérogamie* de Bacchus et d'Ariane formera l'un des principaux articles, des observations plus étendues sur ce vase et sur plusieurs autres qui ont rapport au même sujet, et dont je dois supprimer ici la mention. En attendant, je renvoie au travail dont trois peintures, d'un

sur lequel l'état où apparaissent les bacchants des deux sexes [1], qui se préparent à célébrer, par leurs danses lascives [2], l'union de Bacchus et d'Ariane, assis sur le lit nuptial, au centre de la composition, ne saurait laisser aucun doute sur le caractère licencieux de cette représentation. Je citerai, en second lieu, une amphore bachique de Vulci, d'ancien style [3], où le lectisterne de Bacchus et d'Ariane, célébré par la musique et par la danse, est accompagné d'une scène de mystères érotiques, où deux groupes d'homme et de femme, qui se baisent sur la bouche, sont en présence du prêtre et de la prêtresse qui président à ces mystères. J'indiquerai ensuite une autre amphore de Vulci, pareillement d'ancien style [4], où le lectisterne de Bacchus et d'Ariane, placé sous une treille et entouré de ménades et de satyres qui se livrent aux plaisirs de la musique et de la danse, est précédé, sur la partie antérieure du vase, d'une pompe dionysiaque qui montre Bacchus guidant un quadrige, entre quatre satyres et quatre ménades formant des groupes licencieux. Le même sujet de Bacchus et d'Ariane, couchés sur un lit, à l'ombre d'une vigne, entre une *aulêtris* et un satyre ithyphallique, décore un des côtés d'une *cylix* de Vulci, d'ancien style [5]; il se retrouve, presque sans aucun changement, sur une autre *cylix* de Vulci et d'ancien style aussi [6], avec la présence de satyres ithyphalliques, qui suffit pour caractériser l'objet de cette représentation. Une *hydrie*, de la même fabrique archaïque de Vulci et de la même collection du prince de Canino [7], présente ce caractère d'une manière encore plus sensible, s'il est possible. On y voit Bacchus couché sur un lit, à l'ombre d'une vigne [8]; près de lui est Ariane,

---

sujet analogue, sur des vases de fabrique sicilienne, ont fourni le sujet à mon illustre ami, M. Fr. Creuzer, *Auswahl unedirt. Griechish. Thongefässe*, § iv, p. 47, suiv., pl. 4, 5, 6.

[1] Les femmes qui figuraient dans ces représentations licencieuses ne pouvaient être, ainsi que l'a judicieusement remarqué Boettiger, *Archäolog. der Malerei*, p. 233, que des courtisanes, ce que les Grecs appelaient des *hétæres*, probablement de la classe de celles qui, à raison de leur consécration à Vénus ou à d'autres divinités analogues, se nommaient *hiérodules*; c'est encore là un trait de mœurs grecques, que j'aurai lieu d'éclaircir dans un article particulier de la iv° de mes *Lettres archéologiques*, où je me flatte de pouvoir compléter, surtout à l'aide des monuments figurés, récemment découverts, les savantes recherches de M. F. Jacobs, *Beiträge zur Geschichte des weiblichen Geschlechts, vorzüglich der Hetären in Athen*, dans Wieland's *Attischen Museum*, B. III, S. 10, ff, et *Vermischte Schriften*, Th. IV, S. 309-378. Les *hétæres* dont il s'agit cultivaient particulièrement les arts de la musique et de la danse, pour servir, en qualité de joueuses de flûte, αὐλητρίδες, à l'ornement des fêtes bachiques et aux plaisirs des banquets, κῶμοι, qui en étaient la suite, et qui en surpassaient encore la licence. De là, les fréquentes mentions qui s'en trouvent, sous le nom générique de μουσουργοί, dans les témoignages de l'antiquité classique; et de là aussi leur présence, avec ce double caractère de joueuses d'instruments et de danseuses, sur tant de vases peints qui ont rapport à des fêtes dionysiaques et à des festins domestiques.

[2] Les danses licencieuses, telles que la *sikinnis* et la *chordax*, faisaient une partie si considérable des fêtes bachiques, qu'on ne doit pas être surpris du grand nombre de monuments figurés de tout genre qui nous en ont conservé des images. J'ajoute que c'étaient des représentations de cette espèce, peintes ou sculptées, qui faisaient le sujet de la plupart des ἀναθήματα consacrés dans les temples de la Grèce; d'où l'on voit quelle quantité d'images licencieuses dut être exposée à la curiosité publique, rien que dans cette seule classe de peintures; c'est un point qui sera traité à fond dans la iv° de mes *Lettres archéologiques*.

[3] Ce vase, décrit dans le *Catal. des antiq. du cabin. Beugnot*, n° 19, p. 18-19, est maintenant en ma possession; il sera publié parmi les monuments joints à la iv° de mes *Lettres archéologiques*, avec l'explication qu'il comporte. Je n'ai donc rien à dire ici sur ce monument. Seulement, j'avertis que l'homme qui tient une baguette a été désigné à tort pour un *pædotribe*, sorte de personnage qui ne pouvait figurer, à aucun titre, dans une scène de ce genre.

[4] Ce vase faisait partie de la collection de feu M. Durand, où il est décrit, n° 95, p. 33-34; il est maintenant au musée britannique.

[5] *Descrip. des antiq. du cab. Durand*, n° 126, p. 44-45. L'autre côté de cette *cylix* représente Vulcain, dans une pompe dionysiaque, avec des détails obscènes.

[6] Ce vase, qui faisait partie d'une des collections du prince de Canino, dont le catalogue a été rédigé par M. de Witte, *Description d'une collection de vas. peints proven. de l'Étrurie*, s'y trouve décrit sous le n° 30, p. 14-15. Il avait passé dans la collection Beugnot, où il est décrit de nouveau dans les mêmes termes, n° 20, p. 19. Il est maintenant dans le cabinet de M. Panckoucke.

[7] *Catal. étrusque*, n° 44, p. 22.

[8] Le modèle de ces sortes de représentations dut être emprunté du même type, qui était exécuté sur le coffre de Cypsélus, et que Pausanias décrit en ces termes, V, xix, 1 : Διόνυσος

qui semble placer sur la tête du dieu une couronne[1]; Mercure et Vulcain[2] assistent à cette scène, le premier remplissant en quelque sorte le rôle de *nymphagogue*, en présentant le canthare à Bacchus; et l'objet licencieux de cette union sacrée se révèle aux yeux par la présence d'un personnage ithyphallique, le satyre qui joue de la lyre, et par un groupe d'un autre satyre qui tient embrassée une ménade. A de pareils exemples, que je pourrais multiplier, mais qui suffisent pour l'objet que je me propose en ce moment, on reconnaît que la présence des personnages ithyphalliques, dans des scènes où figurent les dieux en personne, devait être, sur les monuments de l'ancienne époque de l'art, une manière symbolique d'exprimer l'intention positive du sujet, d'indiquer la nature réelle de l'action; c'était, pour les artistes auteurs de ces ouvrages, et pour la société à laquelle ils étaient destinés, un moyen indirect de représenter les dieux animés des passions et agissant dans les conditions de l'humanité, sans leur donner l'apparence de ce que ces passions et ces conditions pouvaient avoir d'offensant pour la pudeur[3].

A cette manière symbolique, qui était celle de l'ancienne école, et qui en avait toute la rudesse, succéda, à une époque où l'art s'était perfectionné en même temps que les mœurs s'étaient adoucies, une autre manière de traiter le même sujet, en le représentant sous une forme purement voluptueuse. C'est ainsi qu'on le trouve rendu sur plusieurs vases de fabrique de Pouille et de Campanie, depuis longtemps connus, tels que ceux du recueil de Passeri[4] et de la seconde collection d'Hamilton[5]; tels encore qu'un vase de notre Cabinet des antiques,

---

δέ ἐν ἄντρῳ κατακείμενος γένεια ἔχων καὶ ἔκπωμα χρυσοῦς, ἐνδεδυκὼς ἐστὶ ποδήρη χιτῶνα· δένδρα δὲ ἄμπελοι περὶ αὐτόν, καὶ μηλέαι τε εἰσὶ καὶ ῥοιαί. Il n'est pas inutile de remarquer que le lieu où se célèbre cette *hiérogamie*, à l'ombre d'une treille, est l'île même de Naxos. Nous en avons la preuve par un vase, où ce sujet est représenté au moyen de trois figures; c'est à savoir: Bacchus assis, tenant le thyrse et le *kantharos*; Ariane, assise près de lui et tenant des deux mains la couronne nuptiale, ouvrage de Vulcain, présent de Vénus et des Heures, et l'Amour volant vers eux avec une bandelette déployée à la main, et où se lit, dans le champ, l'inscription : ΝΑΞΙΩΝ. Ce vase a été publié par M. Millingen, à qui il appartenait, *Anc. uned. Monum.* part. II, pl. XXVI.

[1] Le même motif d'Ariane présentant une couronne à Bacchus se retrouve sur d'autres vases, par exemple, sur un vase de Canino, *Catal. étrusq.* n. 41, où le dieu est placé de même entre des ménades et des satyres ithyphalliques. Sur quelques autres vases, au contraire, c'est Ariane qui reçoit la couronne des mains de Bacchus; et j'en citerai pour exemple celui du *Cabinet Durand*, n° 98, p. 35. On sait, du reste, que la couronne joue un grand rôle dans le mythe d'Ariane, Prob. *ad* Virg. *Georg.* 1, 222; mais ce n'est pas cette couronne astronomique qu'il faut voir sur les vases peints; c'est tout simplement la couronne nuptiale, passant alternativement des mains de Bacchus à celles d'Ariane.

[2] C'est à ce personnage de Vulcain, dont la présence à cette scène d'*hiérogamie* s'explique si facilement par les rapports si connus de Vulcain et de Bacchus, sans compter la tradition de la couronne nuptiale fabriquée par Vulcain, c'est à ce personnage, dis-je, que les interprètes de cette peinture ont appliqué la double dénomination de Vulcain et d'Hébon, dénomination arbitraire que rien ne justifie, et sur laquelle j'ai déjà eu l'occasion de m'ex-

pliquer plus haut, p. 35, 1, et 2). Mais, d'ailleurs, il suffisait, pour se rendre compte de la présence de Vulcain dans une scène semblable, de se rappeler le rôle de *dadouque* assigné à ce dieu *dans les mariages des mortels*, Euripid. *Troad.* v. 343 :

ἥφαιστε, ΔΑΔΟΥΧΕῖΣ μὲν ἐν ΓΑΜΟῖΣ βροτῶν.

[3] Cette manière de représenter la situation morale des dieux, par l'image positive de l'effet qu'un état semblable produit chez des personnages plus rapprochés de l'humanité, tenait au même système symbolique que cet autre procédé de l'ancienne école, d'exprimer les attributions morales de la divinité au moyen de petites figures allégoriques placées sur la main du dieu. On connaît l'ancien Apollon de Délos, avec les *trois Grâces* sur la main; l'ancienne Junon de Coronée, avec les *trois Sirènes* portées de la même manière; *Himéros* porté avec la même intention sur la main de Vénus; et j'ai expliqué, d'après le même système, la petite figure qui se voit sur le bras de l'Apollon λίταῖος, tenant en main le rameau de laurier, λίτῆρα θαλλὸν τὸν ἱκέσιον, Hesych. *h. v.*, qui forme le type des médailles de Caulonia; voy. mes *Mémoires de Numismatique*, p. 20-8; cf. Cavedoni, *Bullet. archeolog.* 1837, p. 41.

[4] Passeri, *Pictur. Etrusc. in vase.* t. II, tab. CLVII.

[5] Tischbein, t. II, pl. 45. C'est sur un siége que Bacchus est assis, ayant près de lui Ariane, assise de même sur un siége à dossier, καθέδρα. Il dut exister, dans l'antiquité, un groupe de statues représentant Bacchus et Ariane, assis à côté l'un de l'autre de la même manière; c'est, du moins, le type d'un moyen bronze impérial frappé à l'effigie de Faustine jeune, à Nicée de Bithynie, Mionnet, *Supplément*, t. V, p. 98, n° 16, et publié par Spanheim, *Les Césars de Julien*, p. 30, note. Je rappelle, à cette oc-

publié par Millin[1], et un autre du recueil de M. Millingen[2]. Dans toutes ces peintures, l'*hié-rogamie* célébrée à Naxos est représentée par un groupe de Bacchus et d'Ariane, couchés sur un lit et se tenant embrassés, entre des personnages du thiase bachique, chantant l'hymne nuptial, et l'accompagnant des sons de la double flûte, ou de la lyre, ou du tambourin. Sur le vase cité en dernier lieu, l'interprète n'a voulu voir, il est vrai, que ce qu'il appelle une scène de courtisanes, sans tenir compte apparemment de la présence de l'Amour ailé, sur le lit même des deux époux[3], ni de celle du génie ailé, qui se balance suspendu au vase du bain nuptial : deux personnages d'ordre divin ou mystique, qui ne peuvent intervenir à aucun titre dans une scène de la vie privée[4], non plus que *Vénus-Hétæra*, ou la courtisane, que l'auteur croit reconnaître dans la femme diadémée et voilée, assise sur un plan plus élevé. Mais, ce qui ne permet pas de douter que ce ne soit effectivement Bacchus qui figure avec Ariane dans ce groupe voluptueux[5], c'est que ce même groupe se retrouve sur un autre vase, avec le nom ΔΙΟΝΥΣΟΣ tracé au-dessus de Bacchus[6]. C'est, d'ailleurs, une notion que je me réserve d'établir avec toute la certitude possible, en publiant un vase inédit du musée de Naples, qui offre à peu près le même groupe voluptueux de Bacchus et d'Ariane, avec quelques variantes dans la composition et avec des circonstances qui tendent de plus en plus à démontrer le double caractère érotique et mystique de ces représentations[7]. En attendant, je puis citer ici un vase encore inédit, et des plus remarquables, à la fois, par son su-

---

casion, le siége renversé qui se voit sur le vase peint de M. Millingen, voyez ci-dessous, note 5 et 6, sans doute le même siége, Θρόνος, sur lequel Ariane était assise, dans le *Banquet* de Xénophon, § ιx, 2 : Ἐκαθέζετο ἐπὶ τοῦ Θρόνου. Les vases peints offrent souvent Bacchus assis, à côté d'Ariane, pareillement assise, soit sur un siége à dossier, καθέδρα, soit même sur un siége pliant, ὀχλαδίας. J'en puis citer pour exemple, entre plusieurs autres, le vase du *Cabinet Durand*, n° 330, où cette scène de l'*hié-rogamie* est opposée à l'apothéose d'Hercule.

[1] *Peintures de vases*, t. I, pl. xxxviii; Maisonneuve, *Introd. à l'étude des vases*, pl. xix.

[2] Millingen, *Vases peints*, pl. xxvi, p. 45-46.

[3] Qu'on se rappelle la présence de l'Amour ailé, volant avec une bandelette déployée, sur le vase cité plus haut, p. 42, note, qui porte l'inscription : ΝΑΞΙΩΝ.

[4] J'aurai lieu, dans la iv⁰ de mes *Lettres archéologiques*, où un article spécial sera consacré à ces scènes de la vie privée, toujours animées par la présence des *hétæres*, de faire connaître les principaux monuments de la céramographie grecque qui se rapportent à ce sujet, et j'en publierai quelques-uns qui sont encore inédits.

[5] Ce même vase de M. Millingen offre une image licencieuse qui complète le sens de cette représentation à la fois érotique et mystique, et que je rapporterai dans les propres termes dont se sert l'auteur : « A gauche du groupe principal, une chaise, qui vient d'être renversée, jette un homme et une femme, qui y étaient assis étroitement embrassés, dans l'embarras de se soutenir. » Je n'admets pas, du reste, l'induction que M. Millingen tire de la présence de la femme tenant une ombrelle (qu'il appelle un parasol), à savoir que la scène se passe dans un lieu exposé aux ardeurs du soleil. L'ombrelle était un meuble mystique, aussi bien que le coffre dont une autre femme tient le couvercle

levé, et qui ne peut être qu'une ciste. Mais l'auteur, ayant vu dans cette peinture une scène de courtisane, au lieu d'une *hiérogamie*, a dû se méprendre sur les détails, comme sur tout le caractère de la représentation.

[6] Millin, *Peintur. de vas.* t. II, pl. xlix. Le savant interprète de cette peinture a vu ici Bacchus caressant une de ses nourrices ; il était plus simple, plus conforme à toutes les traditions, d'y voir Bacchus caressant Ariane. Les traits d'un éphèbe donnés ici à Bacchus n'étaient pas une raison suffisante pour y voir une scène de l'adolescence du dieu. Bacchus est représenté presque toujours imberbe sur les vases de fabrique récente, à la différence de ceux de l'ancienne fabrique, qui le montrent le plus souvent barbu. Buonarotti avait déjà commis la même erreur, au sujet d'un charmant bas-relief en verre de son cabinet, monument des plus rares et des plus curieux qu'il a publié, *Medagl. antiq.* p. 437. Bacchus, imberbe aussi, y est couché entre les genoux d'une femme, que Buonarotti prend pour *una delle sue nutrici*, mais qui ne peut être réellement qu'Ariane. C'est ce qui résulte de la présence du satyre portant un flambeau (dont l'extrémité supérieure manque par suite de la fracture du verre en cet endroit); car ce personnage, avec un pareil attribut, se rapporte évidemment à une scène de l'*hiérogamie*, et non de l'adolescence de Bacchus.

[7] Une de ces représentations de mariage mystique, dont le type était emprunté de l'*hiérogamie* de Bacchus et d'Ariane, les plus complètes et les plus intéressantes par l'ensemble et par tous les détails de la composition que nous offrent les vases peints de belle fabrique, est sans doute celle du vase publié dans l'*Introduct. à l'étud. des vases*, pl. xlv. Le groupe voluptueux d'une femme demi-nue, la tête renversée en arrière, qui se livre aux embrassements d'un initié couronné de myrte, ne laisse aucun doute sur le double caractère que je trouve à ces représentations

jet, par sa fabrique, par son style et par sa provenance. C'est un vase à trois anses, à figures jaunes, avec des parties coloriées et dorées sur fond noir, du plus beau dessin, et d'une fabrique qui doit être originairement attique, trouvé, il y a peu d'années, dans un tombeau de Panticapée, colonie milésienne[1]. Le sujet de l'*hiérogamie* de Bacchus et d'Ariane, qui décore la face principale de ce vase, y est représenté au moyen de six figures de même proportion et de deux plus petites. Au centre de la composition, est le groupe de Bacchus assis, demi-nu, tenant sur ses genoux Ariane, la tête renversée en arrière et le bras gauche posé sur le front de Bacchus. L'épouse mystique du dieu a toute la partie supérieure du corps nue, peinte en blanc, avec une tunique, qui lui enveloppe le bas du corps, peinte en vert. A côté du couple divin, et assise sur le même lit, est Vénus, faisant l'office de *pronuba*, le haut du corps nu et peint aussi en blanc, le bas enveloppé d'une tunique bleue. Devant les deux époux est un cratère d'or, de chaque côté duquel se tiennent debout deux femmes, en regard d'un homme, aussi debout, à l'extrémité opposée, qui doivent être des personnages du thiase bachique; et, dans le haut, volent deux petits Amours, le corps peint en blanc, avec des ailes dorées.

J'observerai, en dernier lieu, que la différence que j'ai indiquée entre les peintures de l'ancienne école et celles d'une époque de l'art plus récente, dans les sujets qui ont rapport à l'*hiérogamie* de Bacchus et d'Ariane, ne doit pas être regardée comme absolue, au point que toute image positivement licencieuse ait été bannie de ces dernières, ou que les premières offrent exclusivement de pareilles images : ce serait là une double erreur. L'*hiérogamie* de Bacchus et d'Ariane figure sur des vases peints d'ancien style, toujours avec des personnages du thiase bachique, formant des danses et exprimant des intentions plus ou moins libres, mais sans que ces circonstances soient constamment obscènes[2]; et, d'un autre côté, des détails de ce genre accompagnent plus d'une représentation du même sujet, sur des vases de Pouille et de Campanie, de fabrique récente. Le beau vase de Ruvo, plusieurs fois cité, est manifestement dans ce cas; et je puis mentionner encore, à défaut d'autres qui trouveront ailleurs leur indication, un vase du recueil de Passeri[3], de la fabrique de Sant-Agata de' Goti, où la figure d'Ariane, opposée à celle de Bacchus, est accompagnée d'un de ces groupes, d'un satyre ithyphallique poursuivant une ménade, si communs sur les vases de style archaïque.

---

[1] Ce vase doit avoir été transporté, avec d'autres trouvés en même temps dans ces tombeaux de Panticapée, en 1835, à Saint-Pétersbourg, et placé dans la collection de l'Hermitage. J'en possède un dessin, malheureusement trop réduit pour pouvoir être publié, que j'ai dû, dans le temps, à l'obligeance de M. Aschik, conservateur du musée de Kertsh. Je regarde ce vase comme un des plus précieux qui existent, à cause de sa fabrique originairement attique et de l'emploi des couleurs variées et de la dorure, qui achève de justifier l'opinion que je m'étais faite de ces sortes de vases, désignés en ces termes par Pindare, *Nem.* x, 36 : Ἐν ἀγγέων ἔρκεσιν ΠΑΜΠΟΙΚΙΛΟΙΣ; cf. Alex. *ap.* Athen. IX, p. 367, F : ΠΟΙΚΙΛΩΝ ϖαροψίδων; Cratin. Jun. *apud* Macrob. *Sat.* v, p. 567 : ΠΟΙΚΙΛΟΝ καρχήσιον; vid. Meineck. *Quæst. scenic.* I, 25; voy. mes *Peintures antiques*, p. 415-416.

[2] J'en puis citer pour exemple le vase du recueil de Millin, t. II, pl. xvi, où Bacchus et Ariane sont assis sur un autel, circonstance que Boettiger a expliquée, je ne sais pourtant si c'est avec une raison suffisante, par la Θρόνωσις, *Archäol. der Malerei*, p. 231; un autre vase du même recueil, t. I, pl. xxxvii, où Hercule est assis sur le même lit que Bacchus et Ariane, comme sur le beau vase des *Studj;* un troisième vase de ce recueil, t. I, pl. lxvii, où l'*hidrogamie* se célèbre au moyen de danses de satyres et de ménades. Je puis citer encore un vase de Capone, publié par M. Inghirami, *Vasi fittili*, t. II, tav. cxliv, où Bacchus et Ariane, assis sur un lit, ont près d'eux Hyménée, qui tient une pomme de grenade, symbole de la fécondité conjugale, et un satyre qui tient un vase à boire. Il se trouvait, dans la seule collection de feu M. Durand, plusieurs vases qui offraient le même sujet, toujours avec quelques variantes dans la composition. J'indiquerai particulièrement les vases décrits sous les nᵒˢ 99 à 106, et 109, 110, 111, 112 et 113.

[3] Passeri, *Pictur. Etrusc. in vasc.* t. III, tav. ccxvi-ccxvii.

C'est seulement par les peintures de vases que nous pouvons juger aujourd'hui à quel point les représentations de l'*hiérogamie* qui nous occupe durent fournir matière au talent des artistes grecs, et de quelle manière ils avaient généralement traité un sujet qui permettait tant de liberté. Mais nous pouvons présumer, d'après la vogue dont jouissait ce sujet, à l'époque où la célébration des Dionysiaques était devenue, chez presque tous les peuples grecs, la plus grande solennité nationale, que la peinture proprement dite, la peinture historique et de haut style, ce que l'on appelait *mégalographie*[1], ne s'était pas exercée avec moins de succès sur un thème si favorable. Il est permis de croire que, parmi tant de représentations dues à la céramographie, il en est plus d'une qui dérive des modèles produits par le génie des grands peintres de la Grèce; seulement, il nous est impossible de reconnaître celles qui peuvent avoir cette origine, et nous devons nous borner à des conjectures. Mais, à défaut des monuments mêmes de la grande peinture grecque, qui a péri tout entière, nous avons la preuve qu'elle avait dû traiter plus d'une fois, et sans doute aussi de plus d'une manière, l'*hiérogamie* de Bacchus et d'Ariane, par une charmante peinture d'Herculanum[2], qui nous montre Bacchus nu et couronné de lierre, couché sur un lit et tenant sur son sein Ariane, nue aussi, qui l'embrasse; peinture qui nous représente sans doute, dans la liberté même de sa composition, un des nombreux monuments de la licence des fêtes dionysiaques, consacrée à l'envi par tous les arts d'imitation. C'est aussi ce qui résulte pour nous de l'indication qui nous est donnée d'un des tableaux d'Aristide, qui passait pour un des chefs-d'œuvre de la peinture grecque. Ce tableau, d'après la manière malheureusement trop succincte dont Pline s'exprime à cet égard[3], représentait Bacchus et Ariane; mais dans quelles

---

[1] Vitruv. VII, v, 2 : « MEGALOGRAPHIAM habentem deorum simulacra. » A l'appui de ce passage, cité dans mes *Peintures antiques inédites*, p. 14, 2), voy. les observations faites par M. Hermani, *De veter. Græcor. pictur. pariet.* p. 4, et par M. Welcker, *ad* Philostr. Sen. *Imag.* p. 396-8. Je profite de cette occasion pour rétracter l'assimilation que j'avais faite de la *mégalographie*, c'est-à-dire de la peinture des dieux et des héros, avec la χρυστογραφία, Plutarch. *in Arat.* § XIII, mot qui ne sigrifiait, dans la pensée de l'auteur, que l'excellence, le mérite de l'exécution, selon M. Welcker, *Allgemein. Literatur-Zeitung*, october 1836, p. 223, ou peut-être la peinture des sujets honnêtes, par opposition à ce que j'ai appelé la *pornographie*; c'est une question que je me réserve de discuter ailleurs. En attendant, il n'est pas inutile, pour compléter la notion attachée au mot de *mégalographie*, de remarquer à quel point la proportion des figures ajoutait, dans l'estime des anciens, au sentiment de la grandeur morale qui résultait du choix des sujets et de l'élévation du style. Cette opinion se manifeste, aussi bien dans l'éloge donné par Ælien à Polygnote, *Hist. Var.* IV, III : Ἔγραφε τὰ ΜΕΓΑΛΑ, que dans le blâme prononcé par Pline contre Amulius, XXXV, x, 37 : *Floridus* HUMILIS *rei pictor.* C'est le même sentiment qui s'exprime dans ce passage d'une lettre de Pline le Jeune à Tacite, *Epist.* I, 20 : « Vides ut statuas, signa, PICTVRAS, hominum denique multorum que animalium formas, arborum etiam, si modo sint DECORÆ, nihil majus quam AMPLITVDO commendet. » Mais il y a, sur cette manière de voir propre à toute l'antiquité, un témoignage bien précieux et vraiment classique ; c'est celui d'Aristote, qui place le BEAU, ce principe de l'art grec, dans le GRAND, *Poet.* c. VII : Τὸ ΚΑΛΟΝ ἐν ΜΕΓΕΘΕΙ καὶ τάξει ἐστί; cf. Themist. *Orat.* xxv, p. 310, Petav. : ΠΙΝΑΚΑΠΗΓΝΥΣΑΙ ΚΑΛΟΣ τέ ἐστι καὶ ΜΕΓΑΣ. On peut juger, après cela, à quel point l'auteur des *Lettres d'un antiquaire*, qui se représentait le *Paralos* de Protogène comme l'image d'un vaisseau avec *beaucoup de petites figures* représentant une *théorie*, possède l'intelligence de l'antiquité; voy. à ce sujet mes *Lettres archéologiques sur la peinture des Grecs*, lettre Iᵉ, p. 62, et rapprochez de ces témoignages ce que dit Pline, XXXV, xi, 40, des GRANDES *picturæ* de Nicias : *in quibus sunt Calypso, et Io et Andromeda;* ainsi que des GRANDES *tabulæ* de Pausias, *ibidem*, par opposition aux petits tableaux de chevalet de cet artiste, *parvæ tabellæ*, qui devaient être ce que nous nommons des tableaux de genre, de petite proportion. Voyez encore, sur la *mégalographie*, considérée comme peinture de haut style, par opposition aux peintures de genre ou de décor, les observations de Boettiger, *Die Aldobrand. Hochzeit*, p. 6,˙).

[2] *Pittur. d'Ercolan.* t. IV, tav. VIII. Cette peinture ne se voit aujourd'hui que dans le *Cabinet réservé*, pl. L, p. 131; Éd. Gerhard, *Neapels antik. Bildwerke*, t. I, p. 457, n° VII. Le personnage qui se tient en dehors du *thalamos*, Theocrit. *Idyll.* XVIII, 3 : Πρόσθε γράπτω θαλάμω, en accompagnant du son de la lyre l'hymne nuptial, νόμφιος ὕμνος, Nonn. *Dionys.* XLVII, 464, est sans doute la muse Érato, Ovid. *Art. amat.* II, 704 :

Ad thalami clausas, Musa, resiste fores.

Je reviendrai sur ce sujet dans la IVᵉ de mes *Lettres archéologiques.*

[3] Plin. XXXV, x, 30 : « Item, Liberum patrem et Ariadnen

circonstances du mythe où ces deux personnages se trouvaient en rapport l'un avec l'autre, l'auteur avait-il pris le sujet de sa peinture? C'est ce que Pline nous laisse ignorer, et ce qu'il n'est cependant pas impossible de deviner. Le fait que ce tableau renfermait Bacchus et Ariane autorise effectivement à croire qu'il avait pour sujet l'*hiérogamie*, qui était la scène où Bacchus et Ariane figuraient à côté l'un de l'autre, comme personnages principaux, abstraction faite de tout personnage épisodique; tandis que, dans la rencontre de Bacchus et d'Ariane à Naxos, la circonstance du lieu, celle de l'héroïne endormie, et celle du thiase bachique, sont des particularités tellement inhérentes au sujet et tellement caractéristiques, qu'il est difficile d'admettre qu'il ait pu n'en pas être dit un seul mot. On peut donc, à la rigueur, concevoir que M. Welcker ait laissé incertaine la question de savoir si le tableau d'Aristide représentait la rencontre de Bacchus et d'Ariane à Naxos[1]; mais il est difficile de comprendre par quels motifs Boettiger a pu se croire autorisé à regarder les peintures qui nous restent de ce sujet comme dérivées de la composition d'Aristide[2], et encore plus difficile de se rendre compte des raisons qu'a pu avoir un savant antiquaire napolitain[3], pour décider qu'Aristide avait été, sans doute, le premier qui peignit le sujet d'Ariane abandonnée à Naxos par Thésée et trouvée par Bacchus. Pour moi, qui m'en tiens à la seule indication qui nous reste concernant le tableau d'Aristide, et aux inductions qui peuvent légitimement s'en tirer, je crois que ce tableau représentait bien plutôt l'*hiérogamie* de Bacchus et d'Ariane; je présume, de plus, et j'y suis autorisé par la nature du talent d'Aristide, qui est cité par Polémon[4] au nombre des peintres *pornographes* de l'antiquité grecque, que cette scène d'union sacrée renfermait, comme la plupart des vases peints, d'ancien et de beau style, qui s'y rapportent, des groupes épisodiques de satyres et de ménades en des attitudes plus ou moins libres, de manière à caractériser le sujet, qui était essentiellement licencieux; et je ne crois pas non plus trop hasarder, en supposant qu'il dut exister, dans l'antiquité, beaucoup de répétitions, traitées avec plus ou moins de liberté, d'un original qui jouit, dans l'opinion des Grecs, d'une si grande réputation, dans tout l'intervalle du siècle d'Alexandre à celui d'Auguste.

J'arrive maintenant aux représentations, peintes et sculptées, du sujet de Bacchus et

---

spectatos Romæ in æde Cereris. » En rapprochant ce passage d'un autre du même livre, c. IV, § 8 : « Tabulis externis auctoritatem Romæ publice fecit primus omnium L. Mummius..... Namque, quum in præda vendenda rex Attalus denarium sex millia emisset tabulam Aristidæ Liberum patrem pretio, miratus..., revocavit tabulam, et in Cereris delubro posuit, » il est évident qu'il s'agit ici du même tableau d'Aristide, qui se trouvait à Corinthe, et dont parle Strabon, sur la foi de Polybe, puis en son propre nom, comme témoin oculaire, pour l'avoir vu à Rome dans le temple de Cérès, où il avait péri, dans l'incendie de cet édifice, arrivé peu de temps avant l'époque où l'auteur rédigeait son ouvrage, Strabon. VIII, p. 381 : Τὸν δὲ ΔΙΌΝΥΣΟΝ ἀνακείμενον ἐν τῷ Δημητρείῳ τῷ ἐν Ῥώμῃ, κάλλισΊον ἔργον, ἑωρῶμεν· ἐμπρησθένΊος δὲ τοῦ νεὼ, συνηφανίσθη καὶ ἡ γραφὴ νεωσΊί.

[1] Welcker *ad* Philostr. Sen. *Imag.* I, xv, p. 296 : « Quod argumentum num Aristides præiverit ac præmonstraverit... incertum est. »

[2] *Ariadne*, p. 49-50, 25 *b*). Il n'exprime ici cette opinion que sous une forme dubitative, *vieilleicht;* mais, dans son *Amalthea*, t. I, p. 357, il l'énonce d'une manière plus explicite.

[3] Quaranta, *Real Museo Borbonico*, t. XIII, tav. VI : *Argomento che forse il greco Aristide trattò il* PRIMO.

[4] Polemo *apud* Athen. XIII, p. 567, B; cf. Polemon. *Fragm.* XVI, p. 47, ed. Preller. Je reviendrai sur ce témoignage, dans la IVᵉ de mes *Lettres archéologiques*. En attendant, comme on a contesté le sens que j'attachais au mot πορνογράφος, employé par Athénée, je suis bien aise d'avoir cette occasion de dire que M. Millingen, dans son explication du vase cité plus haut, p. 43, 5), où il nomme Aristide comme peintre pornographe, a entendu cette expression dans le même sens que moi. Il est bien vrai que cette opinion de M. Millingen n'a aucune valeur philologique; mais je la justifierai par l'avis de philologues qu'on ne récusera pas.

d'Ariane à Naxos, que je m'étais réservé d'examiner en détail à l'occasion de notre peinture de Pompéi, qui est une de ces représentations, certainement une des plus neuves et des plus remarquables entre toutes celles qui nous en restent. Une première observation que me suggère l'ensemble de ces monuments, c'est que, parmi tant de vases peints relatifs à Bacchus et Ariane, de tout âge et de tout ordre, il y a lieu de s'étonner qu'il ne s'en trouve aucun, à ma connaissance, qui représente l'héroïne de Crète abandonnée à Naxos et endormie, au moment où elle est découverte aux yeux de Bacchus, entouré de son thiase. Ce sujet semble donc être resté complétement étranger à la céramographie, tandis que, par des motifs dont nous ne pouvons nous rendre compte, il fut, au contraire, un de ceux sur lesquels la peinture proprement dite, dans son genre le plus élevé, la mégalographie, paraît s'être exercée avec le plus d'éclat, à presque toutes les époques, sans doute à l'exemple de la plastique, qui doit avoir fourni le premier modèle d'une composition de ce sujet, soit dans une suite de figures isolées, soit dans quelque grand bas-relief; deux hypothèses qui sont loin de s'exclure l'une l'autre, et sur lesquelles j'aurai bientôt occasion de revenir.

Une de ces peintures, que, à raison de l'édifice sacré où elle était placée et de l'école grecque à laquelle elle appartenait, on doit mettre en tête des monuments de l'art antique qui se rapportent à cette fable, est certainement celle qui existait à Athènes, dans le temple de Bacchus, et dont nous devons à Pausanias une indication, trop succincte sans doute, comme la plupart de celles qui se trouvent dans son livre, mais néanmoins assez claire et assez détaillée pour que nous puissions nous faire une idée juste, sinon du mérite du tableau, qui doit se présumer d'après l'excellence de l'école attique, du moins de l'ordonnance générale de sa composition. On y voyait, dit-il[1], Ariane endormie, Thésée qui faisait voile vers Athènes, et Bacchus qui s'approchait pour enlever Ariane. D'après cette indication, il est évident que le tableau comprenait trois motifs principaux : le vaisseau de Thésée s'éloignant de l'île, Ariane endormie sur le rivage, Bacchus s'en approchant avec son cortége; et il y avait là certainement de quoi produire une des compositions les plus pittoresques, les plus riches en figures, d'attitudes et d'expressions variées. Les trois mêmes motifs se retrouvent dans la peinture de l'ancienne galerie de Naples, décrite par Philostrate l'Ancien[2], avec des détails qui complètent l'ordonnance de cette belle composition, et qui prouvent de plus en plus le mérite de l'original attique, dont cette peinture napolitaine était probablement une des nombreuses copies[3].

C'est ce qui ressort, avec la même évidence, des imitations qui furent produites de ce tableau d'Athènes, jusque dans le dernier âge de la peinture antique, l'une desquelles fut certainement la peinture trouvée, vers le milieu du siècle dernier, à Portici, et provenant

---

[1] Pausan. I, xx, 2 : Ἀριάδνη δὲ καθεύδουσα, καὶ Θησεὺς ἀναγόμενος, καὶ Διόνυσος ἥκων ἐς τῆς Ἀριάδνης τὴν ἁρπαγήν.

[2] Philostr. Sen. *Imag.* I, xv, p. 26-27, ed. Jacobs : Οὐ μὴν δέομαι λέγειν, Θησέα μὲν εἶναι τὸν ἐν τῇ νηΐ, Διόνυσον δὲ τὸν ἐν τῇ γῇ· οὐδ' ὡς ἀγνοοῦντα ἐπιστρέφοιμ 'ἂν ἐς τὴν ἐπὶ τῶν πείρων, ὡς ἐν μαλακῷ κεῖται τῷ ὕπνῳ. Il peut paraître étonnant que le rapprochement entre le tableau du temple de Bacchus à Athènes et cette peinture de Naples décrite par Philostrate ait échappé à M. Welcker, dans la recherche qu'il faisait des monuments de l'art antique relatifs à son sujet; et cela, quand il citait, sans motifs suffisants, le tableau d'Aristide; voy. ses *Animadv. ad h. l.* p. 296.

[3] Cet exemple est l'un de ceux dont on peut se servir avec le plus d'avantage pour prouver que les tableaux décrits par Philostrate étaient bien des peintures réelles, et non pas des produits de l'imagination d'un rhéteur; car celle dont il s'agit ici paraît bien certainement avoir été une copie du tableau d'Athènes; comme, à son tour, elle a dû servir de modèle à nos peintures d'Herculanum et de Pompéi.

des ruines d'Herculanum[1]. Cette peinture offre effectivement le même sujet que le tableau indiqué par Pausanias et que sa répétition décrite par Philostrate, sauf le vaisseau de Thésée, qui a été supprimé, faute d'espace, ou par quelque autre motif; car, du reste, l'ordonnance de cette peinture d'Herculanum répond si bien à la description de Philostrate, qu'il ne peut y avoir la moindre difficulté à admettre que l'une ait été exécutée d'après le même modèle que l'autre. Nous avons acquis, tout récemment encore, la preuve de l'intérêt que ce sujet inspirait aux anciens habitants de ces petites villes gréco-romaines de la Campanie, par une autre peinture, non-seulement de la même composition, mais, je ne crains pas de l'assurer, de la même main que celle d'Herculanum, et qui décorait une des parois de la *maison* dite *d'Ariane* ou *des chapiteaux colorés*, à Pompéi[2]. Que l'on compare, en effet, ces deux peintures d'Herculanum et de Pompéi : on y reconnaîtra, jusque dans les moindres détails, qu'elles procèdent du même modèle; et la même faiblesse d'exécution qui s'y remarque ne prouve pas moins décidément qu'elles sont l'œuvre d'un même artiste. Les académiciens d'Herculanum avaient observé, au sujet de la première, que c'était une de ces peintures où la main de l'artiste ne répondait pas au mérite de l'invention; d'où il semblait résulter, pour eux, que c'était une copie de quelque excellent original, timidement reproduit par une main peu habile. La seconde a suggéré à son moderne interprète précisément la même réflexion; et c'est une conviction que je partage avec ces savants antiquaires.

La composition qui nous occupe, dans les deux répétitions identiques que nous en possédons, provenant, l'une d'Herculanum, l'autre de Pompéi, ne fut pas le seul type mis en œuvre par ces décorateurs du dernier âge de l'antiquité. Nous en connaissons un second, d'une composition toute différente, que nous reproduirons aussi[3], sans compter la peinture de Pompéi que nous publions aujourd'hui, qui nous offre un troisième modèle de ces représentations du même sujet. Mais nous croyons que le premier fut celui qui eut le plus de célébrité dans l'antiquité, sans doute à raison du mérite de l'original. C'est celui qui paraît avoir été suivi sur la mosaïque de Salzburg[4], que je connais surtout par la description de Boettiger[5], dont le sujet est la fable de Thésée et d'Ariane, distribuée en plusieurs com-

---

[1] *Pittur. d'Ercolan.* t. II, tav. XVI, p. 99-101.

[2] *Real Museo Borbonico*, t. XIII, tav. VII. Cette peinture est effectivement décrite comme provenant de Pompéi, *pittura Pompeiana*; ce qui établit une différence positive avec la peinture publiée dans les *Pittur. d'Ercolano*, t. II, tav. XVI, indiquée, comme *trovata negli scari di Portici*, l'anno *1748*. Toutefois, en examinant avec soin les deux estampes que j'ai sous les yeux, je ne peux me défendre d'une inquiétude, c'est que l'interprète du *Real Museo Borbonico* n'ait commis une inadvertance, en donnant comme tirée de Pompéi, en dernier lieu, l'ancienne peinture de Portici; car les deux gravures se ressemblent absolument dans tous les détails, jusque-là que les parties détruites de la peinture antique, au-dessus de la tente, au haut du mur, et derrière la tête d'Ariane, vers le bas, s'y retrouvent précisément aux mêmes places et de la même forme : ce qui serait vraiment impossible, s'il ne s'agissait pas d'une seule et même peinture. Si ce doute, que je soumets à l'observation des antiquaires napolitains, est fondé, les réflexions que je faisais plus haut au sujet de cette répétition tombent d'elles-mêmes, avec la peinture qui me les suggérait.

[3] C'est la peinture de Pompéi, publiée dans le *Real Museo Borbonico*, t. XI, tav. XXXV, et dont je possède un superbe dessin, que je dois à la munificence de S. M. le roi de Naples et à l'amitié de son habile ministre, S. S. don Nicolas Santangelo, cet amateur si éclairé des beaux-arts et des monuments antiques.

[4] Cette mosaïque, découverte dans une fouille faite sous la direction du célèbre professeur Thiersch, de Munich, au mois d'août 1815, dans les ruines de l'antique Divaria, près de Salzburg, fut d'abord annoncée au monde savant par M. Thiersch lui-même, dans la *Salzburg-Zeitung* de 1815, n° 159, puis dans l'*Allgem. Zeitung* de la même année, p. 231. Il existe de cette mosaïque une gravure non coloriée, que M. Creuzer a fait réduire, et qu'il a reproduite parmi les *Abbildungen* jointes à sa *Symbolik*, taf. LV, 2, p. 29, n° 54.

[5] Dans un article sur cette mosaïque, reproduit parmi les *Kleine Schriften* de l'auteur, t. II, p. 284-291.

partiments, dont l'un dut représenter la scène où Bacchus, entouré de son pétulant cortége, s'approche d'Ariane endormie. D'après la manière dont s'exprime ici l'illustre antiquaire, bien qu'en des termes peut-être trop adoucis[1], et d'après la part donnée à ce qu'il
appelle l'espiéglerie des satyrisques et panisques qui accompagnent Bacchus, il me semble
que le principal motif de cette représentation devait être Ariane découverte par un panisque
aux yeux de Bacchus amoureux; motif qui se retrouve sur nos deux peintures, et qui a passé
sur presque tous les bas-reliefs antiques qui nous restent de la même fable, ces derniers
exécutés, sans doute, d'après quelque grand ouvrage de sculpture grecque, comme nos peintures d'Herculanum et de Pompéi l'avaient été d'après le tableau de la galerie de Naples,
imité lui-même de celui du temple de Bacchus à Athènes.

Je présume, en effet, qu'il exista, dans l'antiquité, un groupe de statues représentant la
rencontre de Bacchus et d'Ariane à Naxos, et je fonde cette conjecture sur un beau médaillon impérial de Périnthe, frappé à l'effigie d'Alexandre-Sévère, dont le type a fourni le sujet
d'une savante dissertation de M. Fr. Jacobs[2]. Ariane endormie, dans l'attitude de la célèbre
statue du Vatican, s'y montre aux regards de Bacchus, appuyé, d'un côté, sur un satyre,
ayant près de lui, de l'autre côté, Silène vêtu en philosophe[3], et accompagné de Pan, sous
sa forme et dans son attitude ordinaires[4], et d'un autre satyre placé plus près d'Ariane. Or
il ne me paraît pas possible, non plus qu'à M. Fr. Jacobs[5], qui s'autorisait en cela de l'opinion de Boettiger[6], qu'un type si riche en figures n'ait pas été exécuté d'après une suite de
statues représentant ce sujet. Nous en avons déjà une preuve dans la belle statue du Vatican, qui ne fut certainement pas conçue pour être isolée, comme elle nous est parvenue.
Nous en avons recueilli un autre indice dans un groupe de Bacchus appuyé sur un satyre,
qui dut faire partie de la même suite de statues, lequel groupe, trouvé à Mégare, avec sa
base antique, sur le devant de laquelle était sculptée Ariane endormie[7], rappelait ainsi sa

---

[1] Boettiger, à l'endroit précédemment cité, p. 289 : «Bacchus
mit seiner geräuschvollen Sippschaft sich zufällig der schönen
Schläferin nähert, und einige Satyrisken und Panisken ihrem
Muthwillen dabei freien Zügel lassen. »

[2] C'est la dissertation déjà citée plus haut, p. 31, 1). Je remarque ici que le docte Eckhel avait déjà expliqué le médaillon
de Périnthe d'après la fable de Bacchus et d'Ariane à Naxos : en
quoi le grand oracle de la numismatique avait ouvert la route à
l'illustre antiquaire de Gotha, *Doctr. vet. num.* t. II, p. 40. C'est
ce qu'avait aussi observé feu M. Zannoni, en expliquant un camée
de la galerie de Florence, qui offre le même sujet que le médaillon de Périnthe, mais où ne figurent que quatre personnages,
Ariane couchée, Bacchus appuyé sur Silène, et Pan ithyphallique, *Galler. di Firenz.* ser. V, t. I, pl. 9, n° 3, p. 74-77.

[3] C'est ce qu'a très-bien reconnu Eckhel, avec la haute intelligence qu'il possédait de l'antiquité figurée; voy. sa *Doctr. vet.
num.* t. II; p. 40. Les motifs qui firent considérer, chez les anciens, Silène, comme le type d'une philosophie enjouée, où le
sérieux du fond était déguisé sous le grotesque de la forme, ont été
exposés, d'une manière aussi savante qu'ingénieuse, par M. Quaranta, dans sa *Mitologia di Sileno* (Napoli, 1828, in-4°), p. 14-27.

[4] C'est-à-dire avec les cornes au front, κεραστής, et faisant le
geste de l'écart, σχῆμα σκιρτήσεως, qui caractérise ce personnage sur tant de bas-reliefs antiques, et, en particulier, sur ceux
du sujet qui nous occupe. M. Fr. Jacobs n'a point reconnu Pan,
malgré ces deux signes indubitables; ce que j'attribue au mauvais état de conservation de l'exemplaire qu'il avait sous les yeux.
Je m'explique, par la même cause, la présence de la bacchante
que le même savant a cru voir sur le médaillon du cabinet de
Gotha, au lieu d'un satyre, qui figure réellement sur ce médaillon, et qui pouvait seul s'y montrer à cette place. C'est ce
que j'aurai lieu d'établir en publiant de nouveau, dans la ive de
mes *Lettres archéologiques*, ce médaillon de Périnthe, d'après
l'exemplaire de notre cabinet, qui laisse peu de chose à désirer
pour la conservation.

[5] *Dissertat. citée*, p. 414-415.

[6] *Ariadne*, p. 34.

[7] La découverte de ce monument, unique peut-être dans son
genre, est racontée dans les *Travels in Sicily, Greece and Albania*,
by the R. Th. Sm. Hughes, t. I, p. 244. Ott. Müller, qui en avait
vu un plâtre à Cambridge, était aussi d'avis que ce groupe, dont
il existe une répétition au Vatican, *Mus. P. Clem.* t. I, tav. xlii,
avait appartenu, dans le principe, à une suite de statues ayant
pour sujet la rencontre de Bacchus et d'Ariane à Naxos, *Götting.
Anzeig.* 1829, St. 55; cf. *Handbuch der Archäol.* § 384, 2. M. Welcker partageait cette opinion, *ad* Philostr. Sen. *Imag.* I, xv, p. 297.

7

destination primitive; et ce ne serait pas trop hasarder que de présumer la même chose pour beaucoup de bas-reliefs antiques, tels, par exemple, que ceux qui représentent la mort des Niobides, et qui étaient bien certainement dérivés des trois ou quatre grandes suites de statues qui existèrent de ce sujet.

Quoi qu'il en soit de cette conjecture, que ce ne peut être ici le lieu de développer, et que je me contente d'avoir indiquée, il est, du moins, certain que les bas-reliefs qui représentent Ariane abandonnée à Naxos, et découverte dans son sommeil aux regards de Bacchus, ravi à la fois de surprise et d'amour[1], doivent avoir eu pour modèle quelque œuvre excellente de la statuaire grecque. Entre tous ces bas-reliefs, le premier rang, sans doute, est dû à celui qui, de la ville d'Horta[2], a passé dans le musée du Vatican[3], et où Pan, capripède et cornu, découvre Ariane aux yeux de Bacchus, à peu près de même que sur la peinture d'Herculanum et de Pompéi. Ce sujet, qui doit avoir été bien populaire dans l'antiquité, à en juger seulement d'après le beau poëme de Catulle[4], où se trouve décrite avec tant de verve et d'éclat une tapisserie brodée sur le même thème, qui figurait aux noces de Thétis et de Pélée, dut à une application funéraire, à laquelle il se prêtait heureusement[5], d'avoir été choisi pour servir de type sur beaucoup de sarcophages, dont quelques-uns appartiennent au dernier âge de l'antiquité; et, sur la plupart de ces sarcophages, une intention licencieuse, exprimée par le geste de Pan, d'accord avec son état ithyphallique[6], complète le sens de la représentation, en même temps qu'elle rentre dans l'idée générale qui présida, chez les anciens, au choix des compositions d'ordre funéraire[7].

Ces sculptures sont assez connues, et le motif qui les rendit propres à représenter l'idée de la félicité toute sensuelle promise aux initiés par ce trait de licence, ajouté, tantôt sous une forme, tantôt sous une autre, à la scène mythologique dont il s'agit, ce motif, dis-je, est assez sensible par lui-même, pour que je me croie dispensé d'entrer, à cet égard, dans des éclaircissements qui trouveront plus convenablement leur place ailleurs. Plusieurs de ces sarcophages sont cités par Zoëga[8], à l'occasion d'un bas-relief Albani qu'il a publié[9],

---

[1] Nonn. *Dionys.* xlvii, 217-3 :

> . . . . ὑπναλέην δὲ
> Ἀθρήσας Διόνυσος ἐρημαίην Ἀριάδνην
> ΘΑΥΜΑΤΙ μίξεν ἜΡΩΤΑ.

[2] Publié par Fontanini, dans ses *Libr. tres de antiquitat. Hortæ,* l. III, c. 1, p. 8-9.

[3] *Mus. P. Clem.* t. V, tav. viii, p. 15-16.

[4] Catull. *Carm.* lxiv, v. 249-265.

[5] Voyez, à ce sujet, les ingénieuses observations de Boettiger, *Ideen zur Kunst-Mythologie,* t. II, p. 533-4.

[6] Ce motif avait trouvé des expressions différentes, toutes faciles à expliquer, en se plaçant dans ce point de vue. Ainsi le trait du panisque garrotté et châtié par deux Amours, sur le célèbre sarcophage Casali, *Mus. P. Clem.* t. V, tav. agg. C, p. 86, est très-bien expliqué par Boettiger, comme faisant allusion au châtiment de l'acte de lubricité que ce personnage du thiase bachique avait voulu commettre sur Ariane endormie. Les deux satyres en attitude d'*aposcopenontes* du même sarcophage, ainsi que le satyre qui se voit dans la même attitude, au-dessus de Pan, sur le sarcophage d'Horta, expriment non moins clairement, par

le mouvement de toute leur personne et par leur physionomie, la contrainte qu'ils sont obligés de faire subir à leurs désirs; voy. Boettiger, *Ariadne,* p. 85 et 99, 2u), p. 87, et 100-101, 26). Zoëga avait eu, à peu près, les mêmes idées sur ces circonstances; voyez ce qu'il en a dit dans son explication d'un des bas-reliefs Albani qu'il a publiés, t. II, tav. lxxvii, p. 155, 2).

[7] C'est ce qu'avait entrevu le même savant cité à la note précédente, au lieu indiqué, p. 534-5, et ce qui sera établi, avec toutes les preuves à l'appui, dans la ive de mes *Lettres archéologiques,* à l'article spécial qui traitera des représentations peintes et sculptées, employées à la décoration des tombeaux et des sarcophages.

[8] *Bassirilievi di Roma,* t. II, tav. lxxii, p. 135; cf. *ibid.* p. 206, 15), où sont cités les bas-reliefs d'Ariane endormie qui existaient au musée du Vatican, au casino Rospigliosi, au palais Mattei, et dans le cortile du palais Colonna.

[9] Zoëga a cru voir la même image d'un hermaphrodite endormi découvert par Pan, sur un autre bas-relief Albani, qu'il a publié, *ibidem,* t. II, tav. lxxviii, et qui représente une pompe bachique; mais je suis plutôt de l'avis des antiquaires qui reconnaissent ici Ariane elle-même dans la situation indiquée.

où la figure d'un hermaphrodite endormi, substituée à celle d'Ariane et accompagnée des mêmes personnages bachiques dans la même situation, rend encore plus manifeste cette intention licencieuse. Le même sujet est représenté, avec des circonstances semblables, sur deux bas-reliefs du palais Mattei [1], sur un fragment de sarcophage de la galerie Giustiniani [2], et sur un autre fragment provenant de la collection Farnèse, que j'ai vu au musée de Naples [3]. Il existe dans celui du Vatican un beau sarcophage, publié récemment par M. Éd. Gerhard [4], où la figure d'Ariane endormie, découverte aux yeux de Bacchus, qui s'approche appuyé sur deux satyres, par Pan ithyphallique, offre une image toute pareille. Ce même groupe, conçu à peu près de la même manière, se retrouve sur deux sarcophages de notre musée du Louvre [5], sur un autre sarcophage du musée de Dresde [6], et sur un quatrième du palais Altemps, à Rome [7], où le visage d'Ariane est resté à l'état d'ébauche, comme sur l'un de ceux du musée du Louvre. Et, sans doute, il serait possible d'ajouter à cette liste de monuments qui représentent, chacun avec quelques variantes de détail, la même scène d'Ariane endormie découverte aux yeux de Bacchus, toujours avec des circonstances plus ou moins lascives. Des images de ce genre, d'accord avec la nature même de ce sujet, entraient si bien dans le génie de l'antiquité, qu'on les rencontre sur d'autres bas-reliefs, qui avaient aussi un sujet bachique, tels que celui de la villa Médicis à Rome [8], où se voit Ariane endormie, qu'un jeune satyre découvre aux yeux de Bacchus, tandis qu'un autre satyre, en attitude d'*aposcopeuon*, témoigne son admiration, et que, un peu plus loin, Pan, toujours ithyphallique, se livre à sa pétulance ordinaire. On sait, d'ailleurs, que le groupe principal de ces représentations, celui de Pan ithyphallique montrant Ariane demi-nue à Bacchus, appuyé sur Silène ou sur un satyre [9], a été reproduit, sans doute à cause de l'intérêt qu'il offrait à une société presque tout entière initiée aux mystères dionysiaques, on pourrait presque dire enivrée du délire des orgies bachiques, et sans doute aussi à raison du mérite des excellents ouvrages de la statuaire qui en avaient fourni le type, a été reproduit, disons-nous, sur de nombreux monuments de la glyptique, dont quelques-uns peuvent passer pour des chefs-d'œuvre de cet art. Je citerai particulièrement un camée de la galerie de Florence [10], dont l'exécution, il est vrai, ne répond pas au mérite de la composition, certainement due à quelque grand maître de la Grèce. Ce mérite se trouve, au plus haut degré, sur

---

[1] *Monum. Matteian.* t. III, tav. vii, n°s 1 et 2, p. 15 et 16.

[2] *Galler. Giustinian.* t. II. tav. 84.

[3] Ce fragment est encore inédit.

[4] Éd. Gerhard, *Antike Bildwerke*, Cent. II, taf. ex, 2.

[5] Bouillon, *Musée des antiques*, t. III; voy. aussi Clarac, *Mus. de sculpt.* t. II, pl. 127, n° 148, et pl. 132, n° 15c.

[6] H. Hase, *Verzeichniss der Bildwerke der Königl. Antikensammlung in Dresden* (Dresden, 1836), n° 236, p. 82; voy. la description qu'a donnée de ce sarcophage Boettiger. *Klein. Schrift.* t. II, p. 358-359.

[7] Cité par Visconti, qui a remarqué lui-même la circonstance de ce visage d'Ariane laissé à l'état d'ébauche, *Mus. P. Clem.* t. IV, p. 58, a).

[8] Récemment publié dans les *Monum. dell. Instiut. archeolog.* t. III, tav. xviii, avec de judicieuses observations de M. Braun, *Annal.* t. XII, p. 127-136.

[9] Ce groupe, à raison de l'importance archéologique qu'il a sous ces deux rapports, a été extrait du bas-relief qui décore le sarcophage d'Horta, et publié, séparément du reste, par Hirt, *Bilderbuch*, I, taf. x, n° 5, p. 81.

[10] Zannoni, *Galler. di Firenz.* Ser. V, t. I, tav. 9, n° 3, p. 74-77; voy. *ibid.* tav. 34, n° 5, p. 365, un autre camée du même sujet, mais où manque la figure de Pan. Ces deux pierres avaient été déjà publiées par Gori, *Mus. Florent.* t. I, tav. xcii, 1, et xciii, 3. Boettiger croyait que le camée avait cessé de faire partie de la collection des Médicis, et qu'il avait passé en Angleterre, où le ch. Townley le fit copier et publier dans une superbe gravure de grande dimension, réduite par Boettiger lui-même, comme on la voit, tav. iv, fig. 2, à la suite de son *Ariadne*, p. 38. Mais le savant antiquaire de Dresde avait été trompé par quelque rapport infidèle; la pierre en question fait toujours partie de la collection de Florence.

le célèbre camée des ducs de Mantoue, passé depuis dans le musée Worsley[1], où la même composition est reproduite, mais avec la figure d'un hermaphrodite substituée à celle d'Ariane, et toujours avec Pan ithyphallique. La même figure d'un hermaphrodite endormi entre un Pan et un satyre, qui témoignent, chacun à sa manière, l'admiration qu'ils éprouvent, figure dont l'invention se rapportait, sans nul doute, à la scène d'Ariane trouvée à Naxos, est le sujet d'une belle intaille publiée par Guattani[2]; et nous avons déjà vu que le même motif figurait sur des bas-reliefs dionysiaques[3], où il n'avait pu être suggéré que par une réminiscence du sujet d'Ariane.

Jusqu'ici pourtant le motif licencieux exprimé par l'acte du Pan ithyphallique n'avait paru, sur aucun des monuments de l'art antique que nous avons recueillis, attribué à Bacchus lui-même. C'est une révélation neuve et curieuse, qui est sortie récemment des ruines de Pompéi, et qui est venue jeter un rayon de lumière inattendu sur tout le génie de la religion hellénique, et sur celui de l'art qui y était si étroitement lié. La peinture de Pompéi qui nous a offert, pour la première fois, une particularité si remarquable, est déjà publiée[4]; mais, par un scrupule de décence que je comprends et que j'honore, on y a supprimé le trait en question, non-seulement dans la planche gravée qui représente la peinture, mais même dans l'explication jointe à cette planche[5]. Il est pourtant dans l'intérêt de la science et dans celui de la vérité archéologique que cette particularité ne soit pas totalement abolie dans l'histoire de l'art, et qu'il en subsiste au moins un témoignage digne de foi, produit en un temps où il reçoive la consécration de la notoriété publique, sans éprouver de contradiction. C'est ce qui m'autorise à faire connaître ce fait, en me prévalant, d'ailleurs, de l'exemple donné par les académiciens d'Herculanum, qui publièrent, dans le dernier siècle, des peintures tout aussi contraires que celle-là au sentiment de l'honnêteté publique[6], mais qui crurent, sans doute, qu'il importait à la connaissance de l'antiquité de ne supprimer aucun des traits de ce genre qui caractérisaient le génie de cette société, si élégante dans les productions de ses arts, mais si corrompue dans ses croyances religieuses et dans ses mœurs publiques, et que cette considération devait l'emporter sur des motifs de décence qui, du reste, ne s'appliquent pas à des ouvrages d'un caractère vraiment scientifique.

---

[1] *Mus. Worsleyan.* t. II, cl. IV, n° 1 (tav. XX, n° 1, p. 91 de l'édit. milan.). Cette belle pierre ne figure pas dans le catalogue raisonné de Tassie; mais, à sa place, on y trouve l'indication d'un beau camée de Rog. Wilbraham, qui est une répétition de celui de Florence, *Mus. Flor.* t. I, XCII, 1, et celle de deux autres pierres gravées en creux, dont une, d'une collection particulière de France, se trouve dans la *Dactyliothek* de Lippert, 1, 383.

[2] *Monum. ined. per l'ann.* 1785, sett. tav. 1.

[3] Tels que ceux du palais Albani, publiés par Zoëga, *Bassirilievi*, t. II, tav. LXXII et LXXVII; voy. plus haut, p. 50, 8) et 9).

[4] *Real Mus. Borbon.* t. XI, tav. XXXV. Cette peinture, trouvée dans la *maison* dite d'abord *d'Ariane*, et connue aujourd'hui sous le nom de *maison des chapiteaux colorés*, est restée en place, et il est à craindre qu'elle ne résiste pas longtemps aux fatales influences qui ont détruit, dans le cours de moins d'un siècle, tant de peintures antiques qui s'étaient conservées à peu près intactes, sous leur manteau de cendres, durant près de dix-huit siècles.

[5] On m'assure que la même suppression a été faite, toujours d'après le même motif, mais peut-être encore avec moins de raison, sur la peinture originale. Un marteau, dirigé par une main pieuse, a fait disparaître de la figure de Bacchus le trait dont il s'agit. Il eût été plus convenable, à tous égards, de le laisser subsister, en dérobant le monument même à la curiosité publique, comme cela se pratique depuis longtemps pour les monuments qui sont dans ce cas. Car enfin c'est un trait de la civilisation antique important en soi à constater, et qui sert à justifier la vertueuse indignation des premiers docteurs de l'Église contre les croyances et les œuvres du paganisme. Ce serait, d'ailleurs, donner trop beau jeu à certains critiques de nos jours, qui affectent de croire, plutôt encore qu'ils ne croient, sans doute, à l'innocence de l'art antique, que de supprimer tous les monuments de ses écarts, et la religion n'y gagnerait pas plus que la science.

[6] Je me contente de citer les deux peintures publiées dans le t. II, tav. XV et XVI, et les trois du t. V, tav. XXXII, XXXIII, XXXIV.

Une particularité semblable distinguait aussi la peinture du même sujet que je reproduis, avec autant d'exactitude qu'il m'a été possible, dans ses vraies conditions de dessin et de couleur. Cette peinture, tirée de la *maison* dite d'abord *d'Ariane*, et, plus tard, *des chapiteaux colorés*[1], a été déjà publiée[2], avec une savante explication de M. Quaranta, où cet antiquaire s'est presque exclusivement attaché à une circonstance qu'il a crue propre à justifier son opinion sur le sujet d'une autre peinture; ce qui fait que la composition entière, et beaucoup de détails de notre peinture, sont restés, de sa part, sans les éclaircissements qu'ils comportent. Je tâcherai de faire, au défaut de M. Quaranta, ce qu'exige l'intelligence d'un de ces monuments de la peinture sur mur[3], de l'époque gréco-romaine, les plus intéressants, à tous égards, que nous aient rendus les ruines de Pompéi.

La scène que nous voyons ici représentée offre une disposition neuve et une ordonnance heureuse, qui ne peuvent dériver que de quelque excellent modèle, tel que le tableau du temple de Bacchus à Athènes, dont on aurait supprimé l'épisode du vaisseau de Thésée, comme dans l'autre composition du même sujet, déjà connue par deux de ses répétitions antiques[4]. Le lieu de la scène, qui est le mont Drios de l'île de Naxos[5], est ici indiqué par deux particularités nouvelles et caractéristiques : par l'action du vieux Silène[6], qui fait effort

---

[1] C'est par une erreur très-facile à commettre et à comprendre, que cette peinture a été donnée par l'antiquaire napolitain comme provenant de la *maison de' capitelli figurati*, au lieu de celle *de' capitelli colorati*. Cette maison était remarquable par trois peintures empruntées à l'histoire d'Ariane : celle que je publie ici, celle qui a été publiée dans le *Real Museo Borbonico*, t. XI, tav. xxxv, et la troisième représentant Thésée au moment où il s'éloigne d'Ariane endormie, et publiée aussi, *R. Mus. Borbon.* t. XI, tav. xxxiv. Le plan de cette maison, une des plus importantes qui aient été récemment découvertes à Pompéi, a été donné dans le même recueil, t. X, tav. A et B, p. 1-7; et les trois peintures en question s'y trouvaient dans trois chambres différentes, marquées sur ce plan des nᵒˢ 27, 26 et 20.

[2] *Real Museo Borbonico*, t. XIII, tav. vi, p. 1-20.

[3] Le mot qui désignait cette sorte de peinture, τοιχογραφία, n'apparaît que dans la dernière période de la littérature grecque; car le savant auteur des *Lettres d'un antiquaire* n'a pu en citer qu'un seul exemple, d'après Arétée de Cappadoce, *De curat. ac. morb.* I, i, p. 186, ed. Lips., et un seul aussi du mot τοιχογράφος, d'après le Faux-Origène, *contr. Marcion.* p. 331, ed. Wetsten.; voy. ces *Lettres*, etc. p. 480. Il est difficile, d'après ces deux seuls témoignages, d'une date comparativement si récente et d'une autorité si faible, de comprendre comment le savant critique a pu se croire autorisé à présumer *le rôle considérable de la peinture murale* (je me sers à regret de cette expression, qui n'est pas française dans cette acception) *dans l'antiquité grecque*; car, s'il était vrai qu'il y eût eu tant de *peintures sur mur* chez les Grecs de la belle époque de l'art, il serait assurément très-extraordinaire que le mot τοιχογραφία ne se trouvât pas avant Arétée, et que le mot τοιχογράφος ne se lût que dans le Faux-Origène. J'avais déjà fait, dans mes *Peintures antiques inédites*, p. 204 et 277, une observation analogue, au sujet des expressions ἐνλόχιοι γραφαί, fournies par un fragment de Denys d'Halicarnasse, *Fragm.* xvi, 6, ed. Maï., qui appartiennent ainsi à la littérature grecque du siècle d'Auguste, époque où l'emploi de la *peinture sur mur* était devenu général pour la décoration des maisons; en sorte qu'ici encore l'usage des mots se trouvait d'accord avec celui des choses. Depuis, j'ai découvert un second exemple du mot τοιχογραφία, resté inconnu à tous les philologues qui ont écrit sur la peinture, et à M. Letronne lui-même, qui a écrit après tous les autres; c'est dans un passage d'Étienne de Byzance, *v.* Βοῦρα; voici ce passage entier : Ἐκ ταύτης ἦν Πυθέας ζωγράφος, οὗ ἐσλιν ἔργον ἐν Περγάμῳ ἐλέφας, ἀπὸ ΤΟΙΧΟΓΡΑΦΙΑΣ ὤν, ὡς Φίλων. Mais quel était l'écrivain, du nom de Philon, d'après lequel le compilateur byzantin avait cité cette expression? C'est ce qui est bien difficile à déterminer; et, en tout cas, c'est un témoignage qui paraît étranger à la haute antiquité grecque, comme cette œuvre même de la *peinture sur mur*, cette figure *d'éléphant*, est en dehors de la peinture historique. Je reviendrai sur toutes ces questions dans l'*Introduction* de cet ouvrage; et, en attendant, je prie mes lecteurs de jeter les yeux sur les observations que m'a suggérées l'absence ou la rareté des mots propres à exprimer la *peinture sur mur*, dans la littérature des Grecs et des Romains; voy. mes *Peintures antiques inédites*, p. 438.

[4] *Pittur. d'Ercolan.* t. II, tav. xvi, et *Real Museo Borbonico*, t. XIII, tav. vii; voy. l'observation faite, p. 48, 2).

[5] Diodor. Sic. V, li. Ce même nom de Drios était porté par une montagne de la Phthiotide, où les nourrices de Bacchus célébrèrent d'abord ses orgies, Diodor. Sic. V, l. Cf. schol. Apollod. Rhod. iv, 1131. Boettiger avait confondu ces deux notions, *Ariadne*, p. 79.

[6] Ce personnage bachique est représenté ici avec tous les traits qui correspondent à la description de Lucien, *Bacch.* § 2, t. VII, p. 304, Bip., βραχὺν πρεσβύτην, ὑπόπαχυν, προγαστόρα, σιμόσιμον, ἐν κρωκωτῷ. C'est proprement le Πάππος ὁ Σειληνός, Pollux, iv, 142, le Παππίδιον, Julian. *Cæsar.* § 1, 5; cf. Spanheim. *ad h. l.* p. 49, et *Preuves*, p. 349, tel qu'on le voit figuré sur beaucoup de monuments, particulièrement sur les bas-reliefs

pour monter sur cette éminence, avec l'aide d'un jeune satyre qui le soutient de ses deux bras, et par l'espèce de fabrique, qui annonce un *téménos*, ou enceinte sacrée, telle que celle dont il existe encore la porte d'entrée sur une petite île voisine du port de la moderne Naxi[1]. J'ai déjà remarqué, sur deux vases peints du musée de Naples et de la collection de MM. Santangelo, le même groupe de Silène gravissant avec peine le dernier degré du mont Drios, appuyé sur les bras d'une ménade : ce qui prouve qu'il existait des traditions d'art constamment suivies jusque dans la dernière période de l'antiquité, et ce qui ne laisse pas d'être un trait curieux de l'histoire de l'art des anciens.

Le groupe le plus remarquable de notre peinture, celui qui attire d'abord l'attention du spectateur, comme celle de Bacchus et de son cortége, c'est le groupe d'Ariane endormie entre les genoux d'un personnage qui apparaît pour la première fois dans une scène semblable, et ayant près d'elle un petit Amour nu et ailé, qui soulève d'une main le *péplus* qui la couvrait[2]. Ariane se montre avec la partie supérieure du corps nue, la tête légèrement penchée sur son épaule, et toute l'aisselle gauche découverte, telle absolument que paraît l'avoir eue sous les yeux Philostrate, dans le tableau qu'il décrivait[3] : cette figure, conçue comme elle l'est ici, devait être d'une exquise beauté dans le tableau original. Le personnage sur les genoux duquel repose Ariane est certainement le Sommeil, comme il suffit encore de lire Philostrate pour s'en convaincre[4]. Ce personnage est vêtu d'une tunique longue et de brodequins; il a des ailes, et il tient d'une main un vase, de l'autre un rameau, qui sont des attributs du Sommeil, justifiés par tant de témoignages classiques[5], qu'il ne saurait, à cet égard non plus, subsister la moindre incertitude. Mais ce personnage, qui représente le Sommeil, est-il mâle ou femelle? est-ce le Sommeil lui-même, *Hypnos*, ou l'épouse de ce dieu,

---

dionysiaques et sur de nombreuses peintures antiques; voyez, à cet égard, les témoignages qu'a rassemblés M. Quaranta, dans sa docte *Mitologia di Sileno*, déjà citée plus haut, p. 9, sgg. Ce vieux Silène, qui tenait quelque peu du philosophe, et dont le caractère était bien connu, sous ce rapport aussi, de l'antiquité grecque et romaine, n'a rien de commun avec le vieux satyre, en attitude mimique, d'un vase peint du *Musée Blacas*, pl. xv, auquel le savant interprète de ce vase a cru pouvoir appliquer le nom de *Silénos Pappos;* et c'est, au reste, une distinction qui reste encore à établir, que celle des vieux Silènes et des vieux satyres, deux classes de personnages du thiase bachique, qui se ressemblent en beaucoup de points, et qui diffèrent pourtant les uns des autres.

[1] Cette porte a été dessinée, dans l'état où elle se trouvait alors, par Tournefort, *Relation d'un voyage du Levant*, t. I, p. 84 (Amsterdam, 1718, 4°); et j'en ai vu moi-même les restes dans mon voyage aux îles de l'Archipel grec, en 1838. On la trouvera reproduite, avec tous ses détails, dans l'ouvrage français de l'*Expédition scientifique de Morée*, t. III, pl. 24.

[2] C'est sans doute le même Amour qui faisait partie du cortége de Bacchus, Nonn. *Dionys.* XLVII, 267 :

Ἀμφὶ δέ μιν πτερὰ πάλλεν ἜΡΩΣ θρασύς;

cf. *ibid.* 424-425 :

Θαῦρος ἜΡΩΣ περίφοιτος, ὅπως Μινωΐδα κούρην
Πειθομένην ζεύξειε κασιγνήτῳ Διονύσῳ;

le même qui, plus tard, devait préparer le lit nuptial, *ibid.* 456 :

Παστὸν ἜΡΩΣ ἐπεκόσμεε Βάκχῳ.

Aussi, le trouve-t-on, avec le *flambeau* à la main, sur un fragment de patère en terre cuite, représentant la rencontre de Bacchus et d'Ariane à Naxos, charmante composition, de travail attique, publiée par M. Brönsted, *Recherches*, etc. t. II, vignette, n° LX, p. 153, avec l'explication, *ibid.* p. 314.

[3] Philostrat. Sen. *Imag.* I, xv, p. 27 : Γυμνὰ μέν ἐς ὀμφαλὸν στέρνα ταῦτα, δέρη δέ ὕπτια, καὶ ἀπαλὴ φάρυγξ, μασχάλη δέ ἡ δεξιὰ φανερὰ πᾶσα.

[4] Idem, *ibidem*, I, xv, 27 : Ὅρα καὶ τὴν Ἀριάδνην, μᾶλλον δέ τὸν ὝΠΝΟΝ.

[5] Virgil. Æn. v, 500, sqq. :

Ecce Deus RAMUM lethæo RORE madentem;

Stat. *Theb.* II, 243, sqq. :

RORE madens stygio morituram amplectitur urbem
SOMNUS;

Sil. Ital. x, 332, sqq. :

Quatit inde soporas
Devexo capiti PENNAS, oculisque quietem
INRORAT, tangens lethæa tempora VIRGA.

Tous ces passages et beaucoup d'autres encore ont été recueillis par M. Quaranta, de manière à ne rien laisser à désirer sur ce point.

Pasithéa? C'est une question qui peut paraître encore indécise, bien qu'elle ait paru positivement résolue à l'habile antiquaire napolitain qui s'est rendu l'interprète de notre peinture; et, malgré le regret que j'éprouve à le contredire, je ne puis m'empêcher d'exposer les raisons qui font que ma conviction résiste encore à la sienne.

Une autre peinture, trouvée, il y a une douzaine d'années, dans la *maison* dite *des bacchantes*, à Pompéi[1], avait déjà offert le groupe d'une femme demi-nue, reposant endormie sur les genoux d'un personnage vêtu et ailé, ayant près d'elle un Amour qui soulève d'une main le *péplus* qui pouvait la cacher, groupe presque en tout semblable à celui de la peinture qui nous occupe, par la pensée comme par l'exécution. Sans rappeler ici les opinions contradictoires dont cette peinture fut l'objet[2], je me bornerai à dire qu'aucun des antiquaires qui prirent part à cette discussion n'expliqua de la même manière la figure du personnage ailé, assis, tenant entre ses genoux la femme endormie, sauf M. Quaranta, dont l'opinion obtint, à Naples du moins, l'assentiment le plus général, et qui s'accordait au fond avec mon idée, en y voyant le dieu du Sommeil; car nous ne différions l'un de l'autre qu'en un seul point, en ce qu'il y voyait le Sommeil sous les traits d'un homme, tandis que je l'avais vu sous ceux d'une femme. Or c'est encore la même question, réduite à une différence de sexe qu'un trait de costume eût pu éclaircir, qui nous divise aujourd'hui l'un et l'autre. L'antiquaire napolitain triomphe de voir, comme il le dit, invinciblement confirmée la conjecture qu'il avait proposée au sujet de cette figure du Sommeil, en la trouvant reproduite sous les mêmes traits, dans une circonstance toute semblable, avec Ariane endormie entre ses genoux; sur quoi je remarquerai d'abord que cette confirmation, même en admettant qu'elle soit réelle, ce que je ne puis encore accorder, ne porte que sur la figure du Sommeil, l'apparition de la peinture actuelle n'apportant absolument aucun élément nouveau pour la détermination du sujet entier; en second lieu, que l'équivoque relative au sexe de ce personnage n'est pas détruite par cette apparition de la peinture de Bacchus et d'Ariane, puisque la figure ailée et assise s'y présente sous les mêmes traits, dans le même costume, avec le même vase[3], qui conviennent à une femme aussi bien qu'à un homme. Le fait est que l'aspect féminin de cette figure m'avait frappé, la première fois que je la vis sur le monument original; et, bien que la plupart des antiquaires se soient décidés à y voir un homme, malgré les brodequins, qui appartiennent plutôt au costume d'une femme, j'avoue

---

[1] Cette peinture a été publiée, pour la première fois, dans mes *Monuments inédits, Achilléide*, pl. ix, p. 36-42; elle se voit aussi dans les *Ornam. und Gemälde von Pompei* de M. Zahn, et dans le *Real Museo Borbonico*, t. IV, tav. ii.

[2] On peut voir le détail de ces diverses opinions, soumises à un examen critique, dans les *Annal. dell' Instit. archeol.* t. II, p. 352-362, où l'auteur, tout en proposant une explication nouvelle, qui ne manque pas d'être ingénieuse, finit par se ranger à la mienne. Depuis, il a paru de nouvelles observations de mon savant ami M. Welcker sur cette peinture, au sujet de laquelle il adopte l'idée de M. Quaranta pour le motif principal, en s'en éloignant pour la détermination du personnage ailé, où il voit une personnification mâle de la saison, *Bullet. dell' Instit. archeolog.* 1832, p. 186-189. Il est évident que cette opinion de M. Welcker ne peut plus se soutenir, en présence de notre nouvelle peinture de Pompéi, où le même personnage, qui tient Ariane endormie sur ses genoux, se reconnaît décidément pour le Sommeil, et ne peut être, en aucun cas, une *Saison*.

[3] Je m'étais certainement trompé, en y voyant le vase nommé *kernos*; je reconnais à présent que c'est le *bassin* renfermant le fluide soporifique que le Sommeil est censé verser sur la tête des mortels, Homer. *Odyss.* vii. 286 :

Ὕπνου δὲ θεὸς κατ' ἀπείρονα χεύεν.

Mais M. Quaranta, qui avait vu dans cet objet une *ciste, cesta, Annal.* t. II. p. 347, a-t-il donc tant raison, aujourd'hui qu'il y reconnaît un vase, d'y trouver la confirmation de son idée?

que je suis resté sous la même impression, après avoir revu, au bout de plusieurs années, la peinture en question. Je dois dire, d'ailleurs, que M. Hirt avait vu aussi une femme dans cette figure, et que M. W. Zahn, qui a fait mieux que de la voir ou de la décrire d'après une gravure, puisqu'il l'a dessinée lui-même d'après la peinture antique, s'en était fait la même idée. Maintenant que la même figure nous apparaît de nouveau, avec un caractère de physionomie féminin encore plus prononcé, et avec des fleurs sur la tête[1], ornement dont je suis surpris que M. Quaranta n'ait pas été embarrassé pour sa figure d'homme, je suis plus que jamais convaincu que c'est ici une femme, et j'y reconnais, d'accord en cela avec M. Quaranta, le Sommeil dans sa personnification féminine, c'est-à-dire *Pasithéa*, l'épouse d'*Hypnos*, suivant les poésies homériques[2]. Je m'affermis d'autant plus dans cette opinion, que cette personnification du Sommeil sous les traits d'une femme n'est ni nouvelle ni rare sur les monuments. Zoëga avait reproché aux restaurateurs de monuments antiques d'avoir fait du Sommeil une femme, trompés par son vêtement *mulièbre*[3]; mais, à cet égard, ce pourrait bien être Zoëga lui-même qui fût dans l'erreur; et le soupçon qu'il exprime en dernier lieu, que quelquefois on ait voulu représenter, en place d'*Hypnos*, *Pasithéa*, sa compagne, ce soupçon est changé en certitude par l'observation des monuments, tels que deux bas-reliefs Borghèse de la fable d'Endymion, et un beau sarcophage du même sujet, récemment trouvé à Ostie[4], où le Sommeil est décidément une femme. C'est pareillement une femme qui représente le même personnage mythologique sur le bas-relief Mattei d'Ariane endormie[5]; d'où l'on voit que la question de sexe, qui reste indécise sur les deux peintures de Pompéi, peut tout aussi bien, d'après les textes et d'après les monuments, être résolue dans le sens de mon opinion que dans celui de l'explication de M. Quaranta; ce qui, du reste, ne change rien au caractère principal de cette figure, qui doit toujours être reconnue pour une personnification, soit mâle, soit femelle, du Sommeil[6].

Nous avons maintenant à considérer le groupe de Bacchus s'approchant, guidé par une ménade, dont la présence constitue aussi une particularité neuve dans une composition de ce genre. La femme que je désigne par ce nom de ménade en offre effectivement tous les caractères; elle est couronnée de pampres et elle porte un thyrse. On pourrait donc, à de pareils signes, et à la place qu'elle occupe ici près de Bacchus, la prendre pour Érigone, cette fille d'Icarius dont Bacchus avait abusé l'innocence[7], pour reconnaître l'hospitalité de son père, et dont il eut un fils nommé Staphylus[8]. On sait que, lorsque Bacchus aborda à Naxos, il venait de l'Attique[9], d'où Érigone l'avait suivi, si l'on en croit une tradition. Il

---

[1] C'est, du moins, ce que j'ai cru découvrir, bien que cette circonstance soit à peine indiquée dans le dessin, et ce que les antiquaires napolitains, qui ont sous les yeux la peinture originale, sont seuls en mesure de décider.

[2] Homer. *Iliad.* xiv, 267, sqq. Cf. Catull. *Carm.* xlii, 62; Nonn. *Dionys.* xxxi, 129.

[3] Zoëga, *Bassirilievi*, t. II, p. 207, 109'): « Ho sospettato ancora che qualche volta in vece d'Ipno s'avesse voluto rappresentare sua consorte Pasitea. »

[4] Publié par M. Éd. Gerhard, *Antike Bildwerke*, Cent. I, taf. xxxvi.

[5] *Monum. Matteian.* t. III, tav. vii, 1.

[6] Je remarque encore que, dans le nombre des beautés de l'Olympe que Bacchus croit voir, au premier abord, dans Ariane endormie, qu'il ne reconnaît pas encore, Nonnus nomme la *Grâce Pasithéa*, l'épouse du Sommeil, xlvii, 280 :

Πασιθέην εὕδουσαν ἐγείρατε;

idée qui semble avoir été suggérée au poète par quelque réminiscence de monuments où figurait Pasithéa auprès d'Ariane.

[7] Ovid. *Metam.* vi, 125.

[8] Suivant une autre tradition, Staphylus était fils de Bacchus et d'Ariane, Schol. Apollon. R. *ad* l. III, v. 996; cf. Apollodor. I, ix, 16.

[9] Nonn. *Dionys.* l. xlvii, v. 265-6.

me paraît cependant qu'on pourrait attribuer à cette femme, qui semble remplir ici près de Bacchus l'office de *pronuba*[1], un nom plus analogue à cette circonstance et mieux d'accord avec les traditions locales. On connaît, par une relation que nous a conservée Ptolémée-Héphæstion, une nymphe de l'île d'Icaria[2], nommée Psalacantha, qui, s'étant éprise de Bacchus, s'offrit de lui procurer la possession de la belle Crétoise, à condition qu'elle jouirait elle-même, à son tour, des embrassements du dieu[3]. Rien ne serait donc plus conforme à la vraisemblance que d'admettre ici, sur la foi d'une pareille tradition, la nymphe Psalacantha, avec les attributs dionysiaques, guida à Bacchus près d'Ariane; et cette détermination me paraît plus satisfaisante, à tous égards, que le nom général de ménade attribué à cette femme, et même que celui d'Érigone.

Bacchus lui-même n'est pas moins intéressant à considérer, d'après la circonstance indiquée plus haut, mise en rapport avec la description du tableau que nous devons à Philostrate. Le dieu se reconnaît ici, comme dans le tableau en question, moins encore à sa couronne de pampres, à son thyrse et à ses cothurnes, qu'à la passion amoureuse qui le transporte[4]; il s'approche d'Ariane, véritablement ivre d'amour[5]; et il suffit de jeter les yeux sur notre peinture de Pompéi pour comprendre le sens qu'il convient d'attacher à ces expressions. L'effet produit par la beauté d'Ariane, au moment où elle était découverte aux regards de Bacchus, n'était exprimé, sur la plupart des monuments qui nous sont parvenus, que par l'action indécente de Pan; et la connaissance qu'il avait de cette circonstance pouvait, jusqu'à un certain point, justifier l'idée que le savant interprète du tableau de Philostrate s'était faite du *caractère pudique* de cette peinture[6], par rapport à ces autres monuments, tous d'un caractère plus ou moins immodeste. Il est cependant assez difficile de voir en quoi M. Welcker avait cru trouver cet *air pudique* dans le tableau en question, et comment il associait cette idée avec l'image d'un Bacchus ivre d'amour, d'un dieu qui se reconnaît à l'excès de l'amour qui le transporte. L'apparition de notre peinture de Pompéi, en nous procurant la véritable intelligence de ces expressions, qui ne pouvaient guère avoir un sens honnête, vient détruire cette favorable illusion. Elle nous prouve que le tableau décrit par Philostrate, et sans doute aussi celui du temple de Bacchus à Athènes[7], offraient Bacchus

---

[1] En grec, νυμφεύτρια ou προμνήστρια.

[2] *Icaria*, ou plutôt *Icarus*, Stephan. Byz. v. Ἴκαρος, était une petite île très-voisine de Naxos, où l'auteur de cette tradition transportait sans doute le siége de l'*hiérogamie* de Bacchus et d'Ariane; à moins qu'il ne faille corriger, dans le texte de Ptolémée-Héphæstion, les mots ἐν Ἰκαρίᾳ τῇ νήσῳ, en ceux-ci : ἐν Δίᾳ τῇ νήσῳ. M. Roulez n'a fait aucune observation sur ce passage.

[3] Ptolem. Hephæst. *Nov. hist. excerpt.* l. V, p. 27, ed. Roulez: Φασὶ δὲ ὡς ἡ Ψαλάκανθα νύμφη ἐγένετο ἐν Ἰκαρίᾳ τῇ νήσῳ, ἥτις ἐρασθεῖσα Διονύσου συνέπραξεν αὐτῷ τὴν πρὸς Ἀριάδνην ὁμιλίαν, ἐφ' ᾧ καὶ αὐτῇ συγγένοιτο. Il existait encore, sur cette nymphe *Psalacantha*, une autre tradition rapportée par Athénée, l. XV, p. 697; cf. Hesych. v. Ψαλακάνθα, et Interpret. *ad h. l.* Voyez, sur cette fable, Creuzer, *Symbolik*, t. III, p. 92, 15', et t. IV, p. 252, 430), et Engel. *Quæst. Naxiæ*, p. 60.

[4] Philostrat. Sen. *Imag.* I, xv, p. 27 : Οὗτός γε ὁ Διόνυσος ἐκ ΜΟΝΟΤ ΤΟΤ ΕΡΑΝ γέγραπται.

[5] Philostr. Sen. *Imag.* I, xv, p. 27 : Ἔρχεται παρὰ τὴν Ἀριάδνην ὁ Διόνυσος, ΜΕΘΥΩΝ ΕΡΩΤΙ. C'est ce que Catulle exprime d'une manière analogue, *Carm.* LXIV, 252 :

Te quærens, Ariadna, tuoque INCENSUS amore.

[6] Welcker, *ad* Philostr. Sen. *Imag.* I, xv, p. 296-297 : « In his omnibus res minus decore tractata est quam in nostra tabula... ad nostræ picturæ *pudicum characterem* proxime accedit inclyta dormientis Ariadnæ statua Vaticana, etc. »

[7] C'est ce que j'aurai lieu de démontrer ailleurs d'une manière plus expresse encore, par l'examen approfondi des peintures de vases et autres monuments de l'art antique qui se rapportent au sujet de Bacchus et d'Ariane représenté dans ce temple attique de Bacchus, ainsi que par la connaissance que nous avons acquise, à l'aide des mêmes monuments, d'une autre peinture qui servait de pendant à celle-là, dans ce même temple, et qui avait pour objet le retour de Vulcain à l'Olympe, sujet presque toujours représenté d'une manière licencieuse.

dans la même situation; et nous apprendrions, par ce seul trait, si nous ne le savions de tant d'autres manières, que, chez les Grecs, l'art ne respectait pas plus la personne des dieux, que le théâtre ne respectait leur caractère, et la mythologie leur histoire.

ADDITION A LA FABLE DE NEPTUNE ET AMYMONE.

En parlant [1] des représentations de la céramographie qui ont rapport à cette fable, j'ai dit qu'on ne voyait apparaître, sur aucune de ces peintures, le satyre dont l'action licencieuse avait motivé l'intervention de Neptune. J'avais perdu de vue le vase du musée de Naples [2], où se voit représentée, devant Neptune assis, tenant le *dauphin* et le *trident* de chaque main, Amymone debout avec une *couronne* à la main; entre eux, une *hydrie* à trois anses, posée sur une base à quatre degrés, ombragée par le platane de la fontaine de Lerne [3], et, du côté d'Amymone, un satyre barbu, qui étend la main vers elle, comme pour saisir la Danaïde déjà placée sous la protection du dieu, et qui ne peut être que le satyre de l'Argolide. Ce vase du musée de Naples m'a été rappelé par l'indication, venue tout récemment à ma connaissance [4], d'un autre vase de la Basilicate, qui représente la fable de Neptune et d'Amymone, mais d'une manière toute différente des compositions connues du même sujet [5]. On y voit Amymone, tenant d'une main l'*hydrie* posée sur la base de la fontaine; en face de la vierge d'Argos, Neptune debout, armé de son *trident;* entre eux, la *biche* sur laquelle la jeune Danaïde avait décoché un trait imprudent. Les témoins de cette scène, *Mercure*, appuyé sur son *caducée*, l'*Amour ailé*, présentant à Amymone la *couronne nuptiale*, *Pan*, portant la *syrinx*, et deux femmes, qui, d'après la place qu'elles occupent et d'après les attributs qui les distinguent, c'est à savoir, une *fleur*, un *miroir* et une *branche de myrte*, ne peuvent être que *Vénus* et *Pitho*, caractérisent la situation traitée par l'artiste, qui est évidemment celle de l'union sacrée du dieu et de la Danaïde. Cette composition est une des plus remarquables que nous ayons recueillies de la fable de Neptune et d'Amymone, et j'aurais regretté de n'en pas joindre l'indication à celle que j'ai donnée des autres peintures de ce sujet [6].

---

[1] Voy. plus haut, p. 23.

[2] Ce vase a été décrit par MM. Ed. Gerhard et Panofka, *Neapels antik. Bildwerke*, t. I, p. 265, n° 1352. Il a été indiqué aussi par M. Otto Jahn, *Palamedes*, p. 48, 67).

[3] Pausan. II, xxxvii, 1.

[4] J'ai eu vue un savant article de M. G. Minervini, inséré dans le *Bullet. archeol. napoletan.* n° vii et viii, 1 april. 1843, p. 53-58, dont je n'ai eu connaissance qu'après l'impression de cette partie de mon ouvrage.

[5] J'excepte pourtant le grand vase d'Armento, conservé au musée des *Studj*, dans le champ inférieur duquel est une représentation du sujet de Neptune et d'Amymone, traitée à peu près comme sur le vase de la Basilicate récemment découvert, ainsi que cela résulte de la confrontation de ces deux peintures faite par l'habile antiquaire napolitain, M. G. Minervini; voyez l'article cité à la note précédente; cf. *Neapels ant. Bildwerke*, t. I, p. 286-7.

[6] Je répare ici une omission du même genre que j'ai commise plus haut, au sujet de l'explication du vase de M. Iatta, déjà publié par M. Otto Jahn, *Vasenbilder*, Taf. iv, A, B, S v, *Poseidon und Amymone*, p. 34-40; et parmi les idées neuves et heureuses que ce sujet a fournies au savant et ingénieux antiquaire que je viens de citer, je signale surtout à l'attention de mes lecteurs l'interprétation qu'il a donnée, p. 36, 14), d'une peinture de Pompéi, *R. Mus. Borbon.* t. III, tav. lii, en y voyant la fable de *Neptune* et d'*Amymone* traitée d'une manière toute nouvelle. Mais j'avoue que je ne puis voir celle de *Neptune* et de *Théophané*, changée en bélier, sur la pierre de la collection de Cadez, qu'il a publiée, *ibid.* taf. iv, E, p. 40, 32). Je reviendrai sur toutes ces questions dans la *II*e de mes *Lettres archéologiques sur la peinture des Grecs*, à l'article qui sera consacré aux *Amours de Neptune*.

PLANCHE IV.

APOLLON ET DAPHNÉ.

Hauteur. 0,80 cent. — Largeur, 0,64 cent.

Apollon, dieu du jour, du trépied et de la lyre, n'avait conservé sur les monuments de l'art des beaux temps de la Grèce presque aucun des traits de sa physionomie primitive, liée à l'idée principale de son culte originaire. Ce culte avait pour objet, dans l'Asie, qui en fut le berceau, et dans la Grèce, qui le reçut de là, dès la naissance même de sa civilisation, une des nombreuses personnifications du dieu multiple qu'on adorait sous le nom du *Soleil*, comme le principe de la vie et de la mort, comme l'être tout-puissant qui perd et qui guérit; et c'est précisément cette idée d'un dieu alternativement terrible et bienfaisant, destructeur et secourable, qui dominait dans le mythe de l'Apollon hellénique, mais qui ne s'exprimait plus que par des épithètes hiératiques [1], ou par des attributs d'un carac-

---

[1] *Apollon*, dieu *vengeur* et *destructeur*, avait reçu son nom de cette circonstance même, puisque, d'après l'opinion la plus générale, celle que suivait Æschyle, *Agamemn.* v. 1081 : Ἄπολλον, ἀγυιᾶτ' ἀπόλλων ἐμός; Euripid. *Phaëton. fragm.* v. 13, t. IX, p. 265, Matthiæ, le nom Ἄπόλλων était dérivé d'ἀπόλλυμι, tandis que, suivant une autre tradition, ce nom d'*Apollon* se rapportait à la qualité contraire, celle qu'avait le dieu de *sauver* et de *guérir*, ainsi que l'explique Eusèbe, *Præp. ev.* III, 1, t. I, p. 95, Heinich. : ΑΠΟΛΛΩΝ δὲ, ὡς ἀπαλλάτ7ων καὶ ΑΠΟΛΎΩΝ τῶν περὶ σῶμα νοσηματικῶν παθῶν τὸν ἄνθρωπων; cf. Macrob. *Sat.* I, 17; Etym. magn. v. Ἄπόλλων : Παρὰ τὸ ἀπολύειν τοὺς ἀνθρώπους τῶν κακῶν. Considéré sous le premier rapport, qui est celui qui domine dans l'idéal homérique de ce dieu, *Iliad.* I, 42, sqq.; XXIV, 605; *Odyss.* XI, 318; XII, 311, les épithètes sous lesquelles il était invoqué, et qui faisaient allusion à la puissance irrésistible de ses flèches vengeresses, étaient celles de ἕκατος, ἑκάεργος, ἑκατηβόλος, ou ἐκηβόλος, ἥϊος, λοίμιος, et autres pareilles. Considéré sous le second, qui est celui qui prévalut dans les temps de la belle civilisation grecque, il s'appelait le dieu *secourable* et *sauveur par excellence*, ἀλεξίκακος, ἀκέσιος, ἀκέσ7ωρ, σωτήρ, ἀποτρόπαιος, ἐπικούριος, οὔλιος, Pausan. I, III, 3; et VIII, XLI, 5; Strabon. XIV, p. 942; voy. Creuzer, *Symbolik*, etc., t. II, p. 166, suiv., et *zur Gemmenkunde*, p. 110-111 et 196-197; Feuerbach, *der Vatican. Apollo*, p. 241; et il partageait avec son fils Esculape, dieu de la médecine, les qualifications empruntées à ce dernier ordre d'idées, celles de παιάν, ou de

tère opposé, tels que l'*arc* et les *flèches*, d'un côté, la *lyre* ou la *cithare* et les *Grâces*, de l'autre [1]. à l'époque où l'image de cet Apollon, expression fidèle d'une civilisation qui s'était adoucie avec le temps, en se vouant tout entière au culte du beau, ne se présentait plus que sous les formes de la perfection physique. On peut mesurer tout l'espace qu'avait parcouru le génie grec, à la fois dans le domaine de la vie sociale et dans celui de la vérité imitative, à partir de l'idole d'Amycles, première et grossière ébauche d'un anthropomorphisme asiatique [2], et de la statue d'Apollon *à quatre bras* [3], autre idole conçue dans un goût oriental, qui exista chez les Lacédémoniens, jusqu'aux colosses d'Apollon, chefs-d'œuvre de l'art, sortis de la main des Onatas [4], des Calamis [5], des Phidias [6], et de leurs émules, qui offraient le type accompli de la nature humaine, sous des traits qui n'exprimaient plus que la santé du corps et le calme de l'âme, produits par la musique, la médecine et la divination, avec des symboles qui ne se rapportaient pareillement qu'aux plaisirs de l'esprit et aux jouissances de la vie. Dans cet ordre d'idées et dans cette période de la vie sociale des Grecs, le dieu de Delphes, de Délos et de Milet, était devenu la personnification la plus parfaite d'une société qui employait, pour adoucir les mœurs, tout ce que le génie de l'homme avait pu inventer et perfectionner, dans le cours des siècles, de moyens propres à ce but, par le jeu des oracles, par le spectacle des panégyries, par l'action combinée de la poésie et de la musique, et enfin par les œuvres de l'art, qui réalisaient aux yeux l'idéal de la beauté divine rendu sensible sous des formes humaines.

L'Apollon hellénique, dégagé de son mysticisme oriental, du double sexe, qui avait exprimé sa double nature [7], des idées contradictoires qui s'associaient dans son mythe, et surtout du caractère terrible dont son nom même d'*Apollon* [8] n'était plus resté qu'une expression vaine et réduite pour ainsi dire à un simple son, l'Apollon hellénique, tel que le concevaient les contemporains de Phidias, offrait ainsi, dans sa personne, toutes les perfections

---

ϖαίων, ἰατρός, ἰατρομάντις, *Hymn. Orph.* xxxiv, 1; Æschyl. *Eumenid.* v. 62; cf. Aristophan. *Plut.* v. 8; Sophocl. *Œdip. R.* v. 150 et 162; voyez surtout Millin, *Monum. inéd.* t. II, p. 90-96.

[1] Cette antithèse hiératique de l'*arc* et de la *cithare* avait été remarquée par les anciens, Horat. *Carm.* II, 10, 13; *Panegyr. in Pison.* 130; add. Serv. *ad Æn.* III, 138; et c'est une des particularités du mythe d'Apollon qui a été expliquée avec le plus de soin par les critiques modernes, à la tête desquels il faut placer M. Creuzer, *zur Gemmenkunde*, p. 112; cf. Feuerbach, *der Vatic. Apollo*, p. 244; Stackelberg, *der Apollotempel zu Bassæ*, p. 99-100. Le colosse de l'Apollon de Délos, tenant, d'une main, l'*arc* et les *flèches*, symboles du dieu destructeur, de l'autre, les *Grâces*, divinités secourables aux mortels, exprimait parfaitement cette double idée, Creuzer, *endr. cit.*, p. 196, 234); voyez, sur cet *Apollon de Délos*, type de toute une classe de statues, Schol. Pindar. *ad Olymp.* xiv, 16; Macrob. *Sat.* i, 17, et sur les réminiscences qui s'en sont conservées, ma *Lettre à M. Schorn*, au mot *Angélion*, § iii, n. 24, p. 198-203, 2ᵉ édition.

[2] Cette idole, en forme de *cylindre*, avec une *tête casquée* et des bras portant un *arc* et des *flèches*, telle qu'elle est décrite par Pausanias, III, xix, 2, représente certainement un simulacre d'origine asiatique. C'est une notion que je mettrai en évidence dans mes *Mémoires d'archéologie comparée, asiatique, grecque et étrusque*.

[3] Liban. p. 340, ed. Reisk. Cf. Ott. Müller, *Handbuch*, etc. § 359, 4.

[4] Pausan. VIII, xlii, 1; cf. *Anthol. Pal.* ix, 238. Cet *Apollon* était placé à Pergame, et célèbre dans l'antiquité sous le nom de καλλίτεχνος, Aristid. *Fragm. in nov. collect.* Mai, I, 3, p. 41.

[5] J'ai en vue l'*Apollon* ἀλεξίκακος de Calamis, Pausan. I, iii, 3.

[6] Sur cet *Apollon* de Phidias, voyez Ott. Müller, *De Phid. vit. et oper.* i, p. 16, sqq.

[7] La *bipenne* était le symbole de cette *androgynie*, non-seulement à *Ténédos*, mais encore dans tant d'autres villes grecques de l'Asie, où l'emploi de ce symbole était si commun. C'est ce que j'aurai lieu de démontrer dans mes *Mémoires d'archéologie comparée, asiatique, grecque et étrusque*. En attendant, je rappelle le simulacre d'*Apollon androgyne* publié dans les *Specimens of ancient sculpture*, t. 1, pl. 43-44, au sujet duquel sir Rich. Payne Knight a indiqué plusieurs autres représentations conçues dans le même ordre d'idées, que nous connaissons par les médailles et par d'autres monuments antiques. Voyez son *Enquiry*, etc. § 133, p. 105; et consultez aussi, sur la même question, Boettiger, *Amalthea*, t. I, p. 365.

[8] Voyez plus haut, p. 59, 1).

de l'homme jointes à toutes les passions de l'humanité. De là cet amour des belles femmes
auquel le fils de Jupiter et de Latone se montra si sensible, et que lui fit attribuer, par l'opinion des Grecs, flatteurs complaisants et intéressés de leurs propres vices[1], de si nombreuses maîtresses, chacune avec quelque circonstance propre à rendre plus séduisante ou
plus coupable la passion qu'ils déifient en lui.

Les pères de l'Église et les apologistes du christianisme, dans leur lutte passionnée contre
les sectateurs du polythéisme, ne pouvaient manquer de tirer un grand avantage de ces
amours d'Apollon avec des mortelles, qui constituaient un véritable scandale aux yeux
même des honnêtes gens de la société païenne. Aussi voyons-nous comment le docte Clément d'Alexandrie triomphe dans l'énumération injurieuse, qu'il jette à la face de ses adversaires, des maîtresses d'Apollon[2] : « Appelle-moi, s'écrie-t-il, ton Apollon; c'est Phœbus, dis-tu:
« c'est le chaste devin; c'est l'honnête conseiller : mais ce n'est pas ce que dit de lui *Stéropé*,
« ni *Æthusa*, ni *Arsinoé*, ni *Zeuxippé*, ni *Prothoé*, ni *Marpessa*, ni *Hypsipylé*. *Daphné* seule évita
« la poursuite du dieu devin, et échappa seule à son déshonneur. » Arnobe s'empare à son
tour de ce texte favorable, qu'il reproduit dans son style déclamatoire[3], et qu'avant lui
Jul. Firmicus avait donné avec des détails malheureusement trop succincts[4], mais qui prouvent que ces auteurs chrétiens avaient alors entre leurs mains des livres de mythologie
grecque où se trouvaient racontés ces amours d'Apollon, que nous ignorons aujourd'hui,
avec les circonstances qui caractérisaient chacun d'eux. Dira-t-on que les pères et les docteurs de l'Église, les Clément d'Alexandrie, les saint Cyrille[5], les saint Justin[6], les Tatien[7], les
Théophile[8], sont suspects de fausseté ou du moins d'exagération, quand ils s'attaquent ainsi
aux dieux du paganisme, et que le zèle pour la religion qu'ils défendent leur fait trouver
des monstres dans celle dont ils sont les ennemis? Mais ces auteurs chrétiens, dont on voudrait ainsi écarter le témoignage, atténuent bien plutôt qu'ils n'exagèrent la matière qu'ils
avaient entre les mains; et leur pudeur, qui se respecte dans un sujet si scandaleux, épargne
au paganisme une grande partie de la honte qu'ils pouvaient lui infliger. Ainsi le docteur
d'Alexandrie ne nomme que *huit* des maîtresses d'Apollon; et je pourrai citer jusqu'à *cinquante*
de ces femmes[9], objets de la passion du dieu de Delphes, d'après les écrits des païens eux-
mêmes; et encore faut-il tenir compte de la perte de tant d'ouvrages de la littérature grecque,

---

[1] C'est ce que Minucius Félix reprochait aux païens de son temps, dont il devait bien connaître les opinions, puisqu'il avait longtemps partagé leurs erreurs; Minuc. Fel. *in Octav.* c. XXII : « Quid loquar Martis et Veneris adulterium deprehensum ? et in Ganymedem Jovis stuprum cœlo consecratum ? Quæ omnia in hoc prodita, ut vitiis hominum quædam auctoritas pararetur. »

[2] Clem. Alex. *Protrept.* p. 27, ed. Potter. : Κάλει μοι καὶ τὸν Ἀπόλλω· Φοῖβός ἐστιν οὗτος, καὶ μάντις ἁγνὸς, καὶ σύμβουλος ἀγαθός· ἀλλ' οὐ ταῦτα ἡ Στερόπη λέγει, οὐδὲ ἡ Αἴθουσα, οὐδὲ ἡ Ἀρσινόη, οὐδὲ ἡ Ζευξίππη, οὐδὲ ἡ Προθόη, οὐδὲ ἡ Μάρπησσα, οὐδὲ ἡ Ὑψιπύλη· Δάφνη γὰρ ἐξέφυγε ΜΟΝΗ καὶ τὸν μάντιν, καὶ τὴν φθοράν.

[3] Arnob. *adv. Gent.* IV, XXVI : « Numquid Apollo Latonius immaculatus ille, castissimus atque purus, Arsinoas, Æthusas, Hypsipylas, Marpessas, Zeuxippas et Prothoas, Daphnas et Steropas, inconsulti pectoris appetivisse fervoribus? »

[4] Jul. Firmic. *De error. prof. relig.* p. 428, ed. Gronov. : « Ille quem volunt severis oraculis errantium hominum peccata corrigere, Steropen AMAT, Æthusam RAPIT, Zeuxippen STUPRAT, QUÆRIT Prothoen, et Arsinoen adultera cupiditate BLANDITUR. »

[5] Cyrill. *adv. Julian.* l. VI, p. 196.

[6] Justin. M. *Parænes. ad Græc.*; Id., *Apol. I. pr. Christ.* c. XXXIII.

[7] Tatian. *Orat. ad Græc.* c. XIII.

[8] Theophil. Antioch. *ad Autolyc.* l. II, p. 85.

[9] Un antiquaire de nos jours, rendant compte d'un vase où se trouve représenté un de ces nombreux amours d'Apollon, compte *plus de trente* femmes, objets de la passion de ce dieu, *Annal. dell' Instit. archeol.* t. XI, p. 253. : *V'abbiamo più di trenta.* La liste que je donnerai de ces maîtresses d'Apollon, dans la IVe de mes *Lettres archéologiques*, *s'élèvera à plus de cinquante*; et, sans doute, elle ne sera pas complète.

où se trouvaient certainement les fables qu'avait en vue le docteur d'Alexandrie en nommant *Hypsipyle*, *Zeuxippé*, *Prothoé* et *Stéropé*, qui ne sont citées dans aucun des textes grecs qui nous restent[1]; sans parler d'autres héroïnes qui devaient, sans doute, y figurer au même titre. *Daphné* seule, suivant nos auteurs chrétiens, échappa à la honte en trompant l'amour d'Apollon; mais c'est une erreur, peut-être volontaire, de ces écrivains, qui, charmés de l'exemple d'honnêteté donné par *Daphné*[2], étaient disposés à y trouver un crime de moins de la part du dieu de Delphes, tout en y voyant une preuve de plus de l'impuissance de son art. Telle n'était pas, sur ce point, l'opinion des anciens eux-mêmes; leurs propres témoignages en font foi, et leurs monuments mêmes, que je vais faire connaître, prouvent que *Daphné* chercha vainement à se dérober, par une fuite qui attestait sa vertu et qui méritait un meilleur prix, aux désirs effrénés d'un dieu de l'Olympe.

La fable de *Daphné* fut certainement une de celles qui eurent le plus de cours dans l'antiquité grecque; et la diversité des traditions sur la question de savoir si cette nymphe était fille du *fleuve Pénée*[3], ou du *fleuve Ladon*[4], ou d'*Amyclas*[5], ne concerne que le lieu de la scène, placé par les uns en Thessalie, par les autres en Arcadie, par d'autres encore en Laconie, ou même en Syrie, sur les bords de l'Oronte[6]; mais cette diversité sur un point accessoire n'infirme en rien l'ancienneté et la réalité de la tradition sur le fait principal, qui est l'amour d'Apollon pour Daphné. Ce serait ainsi une assez grave erreur que d'admettre, avec un antiquaire de nos jours[7], que la célébrité de la fable de *Daphné* n'ait daté que du poëme d'Ovide, et que le récit romanesque mis en vogue par ce bel-esprit du siècle d'Auguste ait été inconnu aux beaux temps de la Grèce; ce qui tendrait a nier qu'il y ait eu des monuments de l'art grec relatifs à cette fable. La tradition qui nous a été conservée par Parthénius[8], et qui était tirée du poëme élégiaque de Diodore d'Élée et du grand ouvrage de Phylarque, suffit pour prouver que cette fable jouissait, chez les Grecs, d'une ancienne renommée. C'est bien la même tradition qui est rapportée aussi par Pausanias[9], comme propre à deux des peuples du Péloponnèse, les Arcadiens et les Éléens; et c'est certainement à tort que le même antiquaire que je désignais tout à l'heure s'autorise du silence absolu qu'aurait gardé Pausanias sur l'intervention d'Apollon dans le mythe de *Daphné*, pour en attribuer l'invention au siècle d'Ovide : car Pausanias fait expressément allusion à cet

---

[1] C'est, en effet, ce qu'a remarqué avec raison M. Conr. Orelli, *ad* Arnob. IV, xxxi, t. II, p. 237.

[2] Cette intention paraît surtout exprimée dans ce passage de Tatien, *Orat. ad Græc.* c. xiii : Ἐπαινῶ σε νῦν, ὦ Δάφνη, τὴν ἀκρασίαν τοῦ Ἀπόλλωνος νικήσασα· ἤλεγξας αὐτοῦ τὴν μαντικήν, ὅτι μὴ προγνοὺς τὰ περί σε, τῆς αὐτοῦ τέχνης οὐκ ὤνατο; cf. *ibidem*, c. xxxiii.

[3] Hygin. *Fab.* ccxii; Ovid. *Metam.* 1, 452; Lactant. *ad Stat. Theb.* 1, 554.

[5] Paus. VIII, xx, 1; Palæphat. *Incred.* c. 40; Aphthon. *Progymn.* vi, p. 27, ed. Heins.; Nonn. Συναγ. Ἱστορ. II, xvi, p. 195; Schol. Lycophr. *ad Cassandr.* v. 6; Auctor. *Geopon.* l. XI, c. iii; Schol. Homer. *ad Iliad.* 1, 14; cf. Eudoc. *Violar.* p. 106, et Phavorin. *Lexic.* v. Δάφνη; Serv. *ad* Virg. *Æn.* iii, 91; cf. *ibid.*

II, 514; Stat. *Theb.* iv, 290; cf. Schol. *ad h. l.*; Arrian. *apud* Eustath. *ad* Dionys. *Perieg.* v. 916.

[4] Parthen. *Narrat. Erotic.* c. xv.

[6] Pausan. VIII, xx, 2; cf. Philostr. *Vit. Apollon.* 1, 12; 16; Arrian. *apud* Eustath. *ad* Dionys. *Perieg.* v. 916 et 718; voy. Casaubon, *ad* Jul. Capitol. *in M. Antonin.* viii, t. I, p. 323-324; Ott. Müller, *Antiq. Antioch.* § 1, 16, p. 42-46.

[7] M. Braun, dans les *Annal. dell' Instit. archeol.* t. XI, p. 252 : « In generale stà a vedere se questa favola non abbia avuto grido dal romano poeta SOLTANTO, e se i buoni tempi della Grecia abbiano REALMENTE conosciuto il romanzo che più tardi salì in voga. »

[8] Parthen. *Narrat. erotic.* c. xv.

[9] Pausan. VIII, xx, 1.

amour d'Apollon pour Daphné[1], en des termes qui ne peuvent se rapporter qu'à la tradition exposée en détail par l'auteur des *Érotiques*.

Or, du moment qu'il est avéré, par des témoignages dignes de foi, que la fable de *Daphné*, bien que racontée avec des circonstances diverses et rapportée à des localités différentes, était anciennement reçue dans l'opinion des Grecs, il semble naturel de supposer qu'elle avait passé aussi dans les œuvres de l'art; et c'est ce que je crois, pour mon propre compte, pouvoir admettre sans la moindre difficulté. La célébrité qu'avait dû acquérir de bonne heure cette fable, par le rapport qu'elle avait avec l'arbre fatidique d'Apollon, le *laurier*, devient pour moi un motif suffisant de croire qu'il y eut dans la Grèce des monuments figurés de cette fable, comme il y eut des récits élégiaques, comme il y eut aussi des danses mimiques[2]. Ces monuments représentaient, sans doute, *Apollon près d'atteindre Daphné*, qui fuyait encore, ou qui succombait à la fatigue de sa fuite; et je suis d'avis que toute image ou toute réminiscence d'un groupe pareil qui se sera conservée dans les œuvres de l'art antique peut être rapportée à ce sujet, quand bien même la circonstance de la *métamorphose en laurier* n'y serait pas positivement représentée. Cette manière de traiter la fable de *Daphné*, que nous verrons suivie sur quelques monuments d'une basse époque, me paraît éloignée de l'esprit de la haute antiquité, où la *métamorphose en laurier* était plutôt indiquée au moyen d'un procédé symbolique, par la *présence du laurier*.

En tête de ces monuments de l'art grec relatifs à la fable de *Daphné*, je serais disposé à placer le bas-relief d'une des métopes d'un temple de Sélinonte, qui représente *Apollon poursuivant une femme qu'il est près d'atteindre*[3]. A la vérité, il n'existe sur ce bas-relief aucun signe particulier, aucun symbole, aucun objet accessoire qui fasse allusion à *Daphné* plutôt qu'à quelque autre des nombreuses maîtresses d'Apollon; mais la sculpture de cette métope est tellement dégradée, qu'il serait possible qu'il y ait eu sur le fond de la métope l'indication d'un *laurier*, qui ne s'y distingue plus aujourd'hui; et la circonstance d'une *femme poursuivie par Apollon*[4] est tellement propre et caractéristique du mythe de *Daphné*, que, dans le doute où nous laisse l'absence de tout symbole, je pencherais plutôt pour cette fable que pour toute autre, comme l'a fait l'illustre antiquaire à qui nous devons la publication des *Antiquités de Sélinonte*. Je proposerais aussi, mais avec moins de confiance, de reconnaître *Apollon poursuivant Daphné* sur une charmante amphore de *Nola*, qui de la collection de

---

[1] Pausan. VIII, xx, 1 : Οἱ δὲ τὸν Ἀπόλλωνος ἘΡΩΤΑ ἐς αὐτὴν (Δάφνην) ᾄδοντες, καὶ τάδε ἐπιλέγουσιν.

[2] On sait que la plupart des aventures mythologiques, qui avaient donné lieu à des monuments des arts d'imitation, avaient aussi fourni le sujet de danses mimiques; et l'on connaît les rapports intimes qui existèrent de tout temps, chez les Grecs, entre la plastique et l'orchestique, non-seulement sous le rapport du choix des sujets, mais encore sous celui du mode de composition, comme sous celui du style. On serait donc suffisamment autorisé à conclure de la notion que telle fable faisait partie du cycle des danses mimiques, qu'elle était entrée aussi dans le domaine des arts plastiques. Or c'est un fait attesté par Lucien, *De saltat.* § 48, t. V, p. 252, Bip., que la *fuite de Daphné*, Δάφνης φυγή, était un des sujets de *ballet*, dans l'anti-

cuité grecque; et cela suffirait, à défaut d'autres témoignages, pour prouver que la connaissance de ce sujet avait dû être familière aux Grecs, et, de plus, qu'il avait dû figurer sur les monuments de l'art grec.

[3] Serradifalco, *Antichità di Selinonte*, tav. xxx.

[4] C'est ce qui résulte de l'emploi du verbe διώκειν, employé pour décrire l'action d'Apollon; témoin ce passage de Palæphat, *De incredib.* c. 40 : Διώκειν οὖν ἔδει, καὶ ἐδιώκετο; et celui-ci d'Achille Tatius, I, v : Ἀπόλλων μεμφόμενος τὴν Δάφνην φεύγουσαν, καὶ διώκων ἅμα καὶ μέλλων καταλαμβάνειν. J'ai déjà eu occasion de signaler le sens propre de cette expression; voyez plus haut, p. 20, 4), et j'aurai lieu, dans la ive de mes *Lettres archéologiques*, d'en établir, par de nombreux exemples, l'usage consacré dans les circonstances pareilles.

M. Durand, où elle a été décrite[1], a passé dans mon cabinet, et qui est encore inédite[2]. La circonstance qu'Apollon porte un *rameau de laurier* ne me paraît pas former une difficulté bien grave contre cette explication, dont je laisse juges mes lecteurs. Mais je n'hésite pas à rapporter à la fable d'*Apollon* et *Daphné* la peinture d'un vase de *Vulci*, qui se trouve dans la *Pinakothèque* de Munich[3], et qui représente le *dieu poursuivant la nymphe, arrivée au terme de sa fuite*. La *lyre*, que tient ici le dieu de Delphes[4], ne permet pas de le méconnaître, et quant à la *nymphe poursuivie*, le nom de *Daphné* est certainement aussi celui qui offre le plus de probabilité.

J'hésite encore moins à expliquer, d'après cette fable si ancienne et si populaire, la peinture d'une belle coupe de *Vulci*, qui a été publiée parmi les *Monuments de l'Institut archéologique*[5], et qui fait pareillement partie de ma collection. Le savant auteur de l'explication jointe à cette peinture de vase s'est déterminé *par une simple conjecture*, comme il en convient lui-même[6], pour le sujet d'*Apollon* et de *Boline*, d'après la circonstance que *les pieds de la nymphe poursuivie ne semblent pas toucher la terre* : ce qui faisait allusion, selon lui, au *saut mortel* que la vierge achéenne aurait fait dans la mer, suivant la tradition rapportée par Pausanias[7]. Mais cette circonstance de *pieds en l'air* n'est pas propre à *Boline* plutôt qu'à toute autre femme *représentée en course* : c'est une manière d'indiquer une *fuite rapide*, qui était dans les habitudes de l'art grec, et dont nous avons une foule d'exemples sur les vases peints. Il y avait, d'ailleurs, dans notre peinture une autre circonstance, bien autrement décisive, qui excluait tout à fait le sujet de *Boline*, et qui s'accordait très-bien avec celui de *Daphné* : c'est que le *fils de Latone tient déjà embrassée la nymphe qui a cherché à lui échapper par la fuite ;* or ce n'avait pu être le cas de *Boline*, qui s'était précipitée dans la mer *avant d'être atteinte par Apollon*. On conviendra, sans doute, que l'idée de faire *élancer dans la mer la nymphe poursuivie*, qu'Apollon aurait déjà *tenue dans ses bras*, est la moins heureuse qu'il soit possible d'imaginer, tandis qu'il est certain, comme je le montrerai tout à l'heure, qu'*Apollon avait déjà saisi Daphné, qu'il la pressait dans ses bras*, quand elle lui échappa *par sa métamorphose en*

---

[1] De Witte, *Descript. des antiq. du cabin. Durand*, n. 8, p. 3. L'habile interprète observe en note que la fable de *Leucippus*, amoureux de *Daphné*, Pausan. VIII, xx, 2, pourrait aussi servir d'explication à ce sujet ; mais j'avoue que je ne comprends pas cette observation ; car c'est *Apollon*, et *Apollon seul*, qui est caractérisé par la *branche de laurier ;* et cet attribut ne pouvant, en aucun cas, être donné à Leucippus, soit que la *femme poursuivie* se reconnaisse pour *Daphné*, soit qu'elle doive être prise pour toute autre, j'ignore absolument à quel titre et par quelle raison on pourrait faire intervenir *Leucippus* dans la représentation dont il s'agit.

[2] Cette peinture, calquée avec toute l'exactitude possible, a été réduite de manière à former le sujet de la vignette n° IV, placée en tête de la page 59.

[3] Ce vase, exposé sous le n° 1144, est décrit dans les *Annal. dell' Instit. archeol.* t. XI, p. 252.

[4] Cette *lyre* est faite d'une écaille de *tortue*, et, d'après cette particularité, on a supposé qu'elle devait appartenir à *Mercure* plutôt qu'à *Apollon*. Mais c'est certainement attacher à une circonstance provenant uniquement du caprice de l'artiste, une importance qu'elle ne peut avoir. Le *caducée* est nécessaire pour reconnaître *Mercure*, comme la *lyre* caractérise *Apollon*. Il n'y a donc réellement aucune raison pour voir ici *Mercure* et *Hersé*, au lieu d'*Apollon* et *Daphné*.

[5] *Monum. pubblic. dall' Instit. di corrisp. archeol.* t. III, tav. XII.

[6] *Annal. dell' Instit. archeol.* t. XI, p. 253 : « Io propongo per semplice conghiettura Boline siccome quella la quale, forse meglio d'ogni altra, si confà col modo in cui è figurata questa storia nel quadro della nostra tazza. »

[7] Pausan. VII, xxiii, 3 : Πόλις ποτὲ ᾤκητο πρὸς αὐτῷ (ποταμῷ) Βολίνα. Παρθένου δὲ ἐρασθῆναι Βολίνης Ἀπόλλωνα, τὴν δὲ φεύγουσαν ἐς τὴν ταύτῃ φασὶν ἀφεῖναι θάλασσαν αὐτήν, κ. τ. λ. cf. Etymol. magn. v. Βόλινον · κώμη τις τῆς Ἀχαΐας · εἴρηται δὲ, ὅτι νύμφη τις διωκομένη ὑπὸ Ἀπόλλωνος ἐρῶντος, κατὰ τόνδε τὸν τόπον ΜΕΛΛΟΥΣΑ ΑΓΡΕΥΕΣΘΑΙ, ἔρριψεν ἑαυτὴν εἰς θάλασσαν. Il résulte bien clairement de ce texte que la nymphe poursuivie était *sur le point d'être atteinte*, μέλλουσα ἀγρεύεσθαι, quand elle se jeta dans la mer ; conséquemment, qu'*elle n'avait point encore été saisie par Apollon*, comme l'est la nymphe représentée sur notre vase.

laurier : c'est donc, suivant toute apparence, cette fable de *Daphné*, si célèbre et si répandue dans la Grèce, qui est représentée sur notre peinture, au lieu de celle de *Boline*, connue dans un seul petit canton de l'Achaïe et rapportée par le seul Pausanias ; et l'absence du *laurier*, que l'artiste a négligé d'indiquer, est à peine un motif d'incertitude, quand tout se réunit, d'ailleurs, pour que, dans ce groupe du fils de Latone, couronné de *myrte*, avec l'*arc* et le *carquois sur le dos, embrassant une femme qui lui résiste*, nous reconnaissions effectivement *Apollon* et *Daphné*.

On observera, du reste, que ces images d'*un dieu poursuivant une femme*, si peu dignes du caractère de la divinité, n'étaient point, aux yeux des Grecs, contraires à l'esprit de la religion, comme elles l'étaient certainement au sentiment de l'honnêteté publique, puisqu'elles figuraient sur le front des temples, dans un lieu éminemment sacré. La métope du temple de Sélinonte, de quelque manière qu'on l'interprète, qu'elle représente *Apollon poursuivant Daphné*, ou toute autre femme, fournit, à cet égard, une preuve sans réplique.

C'étaient, sans doute, des monuments du même genre, c'est-à-dire d'un ordre hiératique, que des sculptures du groupe d'*Apollon et Daphné*, qui existèrent dans l'antiquité grecque, et dont il nous est parvenu des répétitions ou des réminiscences. Telle est celle que nous offre une pierre gravée portant le nom de son auteur, *Myron*[1], et qui consiste en un groupe de deux figures, *Apollon*, représenté dans l'action d'une course rapide, étendant les deux bras vers *Daphné*, qui fuit dans la même direction, et dont la métamorphose en laurier commence à s'opérer, au moyen de branches de cet arbuste qui semblent sortir de sa tête et de ses deux mains[2]. Cette pierre, d'un beau travail antique, nous a, sans doute, conservé l'image de quelque groupe de deux figures ainsi conçu, comme c'est le cas de tant de représentations que nous devons à la glyptique des Grecs et des Romains ; et j'en puis citer pour preuve un bronze impérial de *Nicopolis*, de *Mœsie*[3], où se voit *Apollon dans l'attitude d'une course rapide*, étendant les bras en avant pour saisir une personne qui lui échappe par la fuite : or cette figure, d'après sa ressemblance avec celle de la pierre gravée, me paraît avoir été plus probablement groupée avec *Daphné, fuyant devant le dieu de Delphes*, qu'avec *Hercule ravisseur du trépied*. Peut-être la figure de *Daphné*, qui complétait le groupe et qui manque sur la médaille, à cause du peu d'espace qu'offrait le champ de ce moyen bronze, était-elle la statue de *Daphné*, qui avait été transportée de Rome à Constantinople et qui avait donné lieu, suivant l'opinion d'un antiquaire[4], à l'inscription : CONSTANTINIANA DAFNE, des médailles de Constantin. Quoi qu'il en soit, à cet égard, il est certain qu'il exista, dans l'antiquité, des groupes en ronde bosse d'*Apollon saisissant Daphné*, dont la *métamorphose*

---

[1] Voyez, sur ce nom de graveur en pierres fines, Myron, ma *Lettre à M. Schorn*, § 11, n° 55, p. 144. Je regarde cette pierre comme une copie antique d'un original de *Myron* où le nom de l'auteur aurait été incorrectement écrit ΜΙΡΩΝ, au lieu de ΜΥΡΩΝ, qui est la forme véritable.

[2] Cette pierre est gravée dans le *Catalogue de Tassie*, publié par Raspe, pl. XXXII, n° 3010.

[3] C'est un moyen bronze, frappé à l'effigie de Macrin, récemment acquis pour notre Cabinet des médailles de la bibliothèque du Roi, et encore inédit. Aussi n'est-il indiqué ni dans la *Description*, ni dans le *Supplément* de M. Mionnet.

[4] Auct. Anon. *Antiq. Constantinopol.* : Δάφνη δὲ ἐκλήθη διὰ τὸ ἵστασθαι ἐκεῖσε σήλην ὄνομα φέρουσαν Δάφνης, ἥτις ἤχθη ἀπὸ Ῥώμης, ὅπου καὶ μαντεῖον ἦν. C'est d'après ce témoignage que Banduri expliquait l'inscription : CONSTANTINIANA DAFNE, des médailles de Constantin, en l'appliquant à la partie du palais impérial nommée *Dafné, Numism. imperat. a Trajan. Dec. ad Palæolog.* t. II, p. 269-70, 5). Mais cette opinion, sujette à plus d'une difficulté, n'a pas été adoptée par Eckhel, *D. N.* t. VIII, p. 82 ; ce qui, du reste, n'ôte rien à la valeur du témoignage de l'écrivain anonyme concernant l'existence d'une statue de *Daphné* transportée de Rome à Constantinople.

en laurier était indiquée d'une manière analogue à celle qui se voit sur la pierre gravée de *Myron*, et sur une autre pierre, dont il nous est parvenu une pâte antique, décrite dans la collection de Stosch [1]. C'est à un groupe semblable qu'avait appartenu une statue d'*Apollon* qui se voit dans la galerie de Dresde [2], et dont la réunion à une statue de *Pan* est une de ces fausses et malheureuses combinaisons de figures, produites par l'ignorance ou le caprice des restaurateurs modernes, dont il y a tant d'exemples dans les collections d'antiques, et qui sont la cause de tant d'embarras et de difficultés dans l'étude de l'antiquité figurée. Cette statue d'*Apollon*, dont il n'y a d'antique que le torse, représentait le dieu de Delphes en course, étendant le bras pour saisir une seconde figure placée en avant de lui; et, d'après les indications qui résultent du marbre antique, le savant éditeur de l'*Augusteum* conjecturait avec beaucoup de raison que la statue en question avait fait partie d'un groupe d'*Apollon* et *Daphné* [3]. C'est aussi mon opinion, à l'appui de laquelle je puis produire un témoignage dont il n'a été fait encore aucun usage, et qui prouve, contre le sentiment d'un antiquaire de nos jours [4], combien les monuments relatifs à *Apollon* et *Daphné* durent être communs dans l'antiquité, en même temps qu'il nous apprend de quelle manière était conçu ce groupe érotique de deux figures.

Ce témoignage est celui de Lucien, dans un passage de sa *Véridique histoire* [5], où il parle d'arbres merveilleux, dont le tronc se terminait en femmes, nues à partir des hanches, offrant en perfection tout ce qui caractérisait leur sexe, *telles*, ajoute-t-il, *qu'on représente chez nous en peinture* Daphné *qui se convertit en laurier, au moment où elle est saisie par* Apollon. La notion des arbres imaginaires de la *Véridique histoire* ne nous intéresse que par la comparaison qu'en fait le satyrique écrivain avec les groupes d'*Apollon* et *Daphné* qui s'exécutaient en peinture, et qu'il n'est pas possible de ne pas admettre comme constituant un fait réel, d'une notoriété publique. Cela posé, il est évident que les paroles de Lucien donnent la composition du groupe, où *Daphné*, dépouillée de ses vêtements et *nue à partir des hanches*, était pressée *dans les bras d'Apollon*, dont elle trompait la passion *en se changeant en laurier*. Or c'est à peu près de cette manière qu'est conçu un groupe d'*Apollon* et *Daphné*, sur une pierre gravée du cabinet d'Angeloni, publiée par Beger [6]. La seule différence qu'on pourrait trouver entre la composition de cette pierre et celle du groupe décrit par Lucien, différence qui s'explique d'elle-même aux yeux, sans que j'aie besoin de l'indiquer, tient uniquement, sans doute, au caprice de l'auteur, ou peut-être à la volonté du propriétaire de la pierre. Mais, sans insister davantage sur ce point, je me contente de signaler à l'attention de mes lecteurs la notion

---

[1] Winckelmann, *Descript. des pierr. grav. de Stosch*, IIme classe, p. 192, n° 1135 : Daphné changée en laurier.

[2] *Augusteum*, Taf. LXXXIII.

[3] *Augusteum, Dresdens antike Denkmäler enthaltend, herausgeben von* W. Gott. Becker (II^{te} Auflage, Leipzig, 8°, 1837), p. 256 : Wahrscheinlich hat er einem Apoll angehört, der so eben die Daphne ereilt hat.

[4] Braun, *Annal. dell' Instit. archeol.* t. XI, p. 252. Voy. plus haut, p. 62, 7).

[5] Lucian. *Ver. histor.* l. 1, § 8, t. IV, p. 225-26, Bip. : Τὸ μὲν γὰρ ἀπὸ τῆς γῆς, ὁ στέλεχος αὐτὸς εὐερνὴς καὶ παχύς· τὸ δ' ἄνω, γυναῖκες ἦσαν, ὅσον ἐκ τῶν λαγόνων, ἅπαντ᾽ ἔχουσαι τέλεια. Τοιαύτην παρ᾽ ἡμῖν τὴν Δάφνην ΓΡΑΦΟΥΣΙΝ ἄρτι τοῦ Ἀπόλλωνος ΚΑΤΑΛΑΜΒΑΝΟΝΤΟΣ ΑΠΟΔΕΝΔΡΟΥΜΕΝΗΝ.

[6] *Spicileg.* XII, p. 66-68. La manière dont est conçu le groupe d'Apollon et Daphné, sur cette pierre d'Angeloni, ne répond que trop à la nature de cette classe de monuments, où les images licencieuses étaient destinées à flatter les goûts dépravés d'une certaine classe d'amateurs antiques. Ici, la figure de *Daphné* est nue dans toute la partie inférieure du corps; elle a son vêtement relevé jusqu'au-dessous du sein, et *Apollon* la tient embrassée par le milieu du corps. Les rameaux de laurier naissent de sa chevelure, et ses pieds, engagés dans la terre, donnent l'idée d'un tronc d'arbuste.

si grave et si curieuse qui se tire du passage en question de Lucien, concernant l'existence de groupes d'*Apollon* et *Daphné* exécutés en peinture, notion qui s'applique sans difficulté aux groupes du même sujet traités en figures de ronde bosse.

Malheureusement, il ne nous reste, à l'exception de l'*Apollon* de la galerie de Dresde[1], aucun monument de l'art provenant de la plastique et relatif à ce sujet. Le marbre qu'avaient en vue les académiciens d'Herculanum, comme exemple de *Daphné qui commence à se changer en laurier*, et qu'ils citent[2], d'après Maffei[3] et Montfaucon[4], ne pourrait nous être d'aucun secours à cet égard, puisqu'il s'agit, dans le premier de ces deux recueils, du groupe d'*Apollon* et *Daphné*, de la villa Borghèse[5], ouvrage de la jeunesse du Bernin; et si quelque chose peut surprendre encore plus que cette grave distraction des savants antiquaires napolitains, c'est qu'un antiquaire de nos jours, vivant à Rome, et ayant sous les yeux le groupe de la villa Borghèse, cite encore comme un ouvrage d'un *ancien sculpteur* le marbre célèbre du Bernin[6]. Mais, sans attacher à de pareilles inadvertances plus d'importance qu'elles n'en ont, contentons-nous de remarquer qu'il n'existe, à défaut des monuments mêmes, que des réminiscences de la figure de *Daphné changée en laurier*, faisant partie d'un groupe avec *Apollon*, lesquelles se trouvent particulièrement sur les pierres gravées. J'ai déjà cité la pâte antique de la collection de Stosch, et je puis y ajouter une intaille possédée par M. Capranesi, à Rome, et publiée dans les *Centuries* de Cadez[7], où la nymphe est représentée déjà entourée de rameaux de laurier. Telle on la voit pareillement sculptée de bas-relief sur un cippe funéraire[8], où le choix d'un pareil sujet était certainement motivé par le nom de la personne, *Laberia Daphne*, à la mémoire de laquelle était érigé ce monument. Telle elle était aussi, suivant toute apparence, représentée sur un autre marbre antique, à en juger d'après l'inscription métrique gravée sur ce marbre, et qui se lit dans le recueil de Muratori[9].

Mais de tous les monuments relatifs à la fable de *Daphné*, le plus curieux, sans doute, et certainement le plus authentique, comme aussi celui dont l'originalité et la haute antiquité peuvent le moins être contestées, c'est une médaille de petit bronze autonome, frappée au nom *des Thessaliens*, dont le type du revers offre une femme debout, de face, vêtue d'une double tunique ceinte vers le milieu du corps, la tête nue, et levant en l'air les deux mains, qui se terminent en deux branches de laurier[10]. Ce type rare, et tout à fait neuf dans la numismatique, a été méconnu jusqu'ici, sans doute d'après la fausse supposition que la

---

[1] Reproduit par M. de Clarac, *Mus. de sculpture*, pl. 544, n. 1142

[2] *Pittur. d'Ercolan.* t. IV, p. 132, 2); *Come si vede in un marmo presso il Maffei, e presso Montfaucon.*

[3] *Raccolta di statue*, tav. LXXXI, p. 73.

[4] *Antiquit. expliq.* t. I, part. I, pl. LII. Le monument reproduit ici par Montfaucon, d'après une gemme de l'entre Maffei, est la pierre d'Angeloni, déjà publiée par Beger, et citée plus haut, p. 66, 6). En prenant cette pierre pour un *marbre*, les académiciens d'Herculanum ont commis une erreur qui est cependant bien moindre que celle d'avoir regardé le groupe du Bernin comme l'œuvre d'un *statuaire antique*.

[5] Ce beau groupe du Bernin a été figuré et décrit dans les ouvrages qui traitent des monuments de la villa Borghèse, à partir de celui de Montelatici; voy. particulièrement les *Sculture del palazzo della villa Borghese*, t. II, st. IV, n. 16, p. 13; l'*Illustrazione de' monumenti scelti Borghesiani*, de Visconti, t. II, tav. XXXI, p. 68-69, et les *Monumenti scelti della villa Borghese*, de Nibby (Roma, 1832, 8°), camera III, tav. XXI, p. 82-84.

[6] Braun, *Annal. dell' Instit. archeol.* t. XI, p. 252 : «La trasformazione della attonita donzella vien rappresentata in modo pur troppo materiale per essere chiamata bella, nella marmorea statua di villa Borghese, con cui l'ANTICO SCVLTORE abbia voluto propriamente tradurre la metamorfosi cantata da Ovidio.»

[7] *Centur.* V, 76.

[8] *Apud* Fabrett. *Inscrip.* c. III, p. 186, n. XXXVII.

[9] Muratori, *Thes.* t. I, p. CXLVI, 5.

[10] Cette médaille a été publiée, d'après un exemplaire du cabinet Fontana, par Sestini, *Mus. Fontan.* part. I° (Firenze,

femme représentée ici devait être *Cérès*, par allusion à la fertilité du sol de la Thessalie; ce qui a fait prendre pour des *épis* placés à la main de *Cérès* les *deux branches d'arbuste qui tiennent lieu de mains à Daphné*, dont la métamorphose en laurier commence à s'opérer : car c'est bien ainsi que le type en question est figuré dans la gravure même de l'antiquaire qui a publié cette médaille. À l'appui de cette interprétation, j'ajoute que l'attitude de la figure, levant les deux mains au ciel, convient parfaitement à *Daphné*, aussi bien que le costume et la circonstance de la tête nue, qui ne peuvent appartenir à *Cérès*. Si l'on réfléchit, d'ailleurs, que la fable de *Daphné*, par la tradition qui la faisait fille du *Pénée*, avait un intérêt local pour les *Thessaliens*, on trouvera tout naturel que le type de *Daphné* ait été admis sur une médaille des *Thessaliens*. Il y a enfin une autre considération qui tend à prouver, sans réplique, à mon avis, que c'est bien effectivement *Daphné*, et non pas *Cérès*, ou *Hippone*, ou toute autre divinité du même genre[1], qui figure sur ce petit bronze autonome des Thessaliens, c'est que le type de *Daphné* offre une allusion sensible au nom du magistrat *Python*. On sait, en effet, que c'était, chez tous les peuples grecs, un usage familier aux magistrats éponymes ou monétaires de mettre sur la monnaie des types en rapport avec leurs noms ou avec leurs traditions de famille[2]. Ici, le type de *Daphné*, choisi par le magistrat *Python*, avait un double motif d'intérêt, et parce qu'il renfermait une allusion de ce genre, et parce qu'il rappelait un trait mythologique particulier au pays, de même que la *tête d'Achille*[3], héros national, et le *navire Argo*[4], monument pareillement national, figurent, comme types propres à la Thessalie, sur des monnaies semblables, frappées sous le nom commun *des Thessaliens*. Je crois donc qu'il ne saurait subsister le moindre doute sur l'explication de la médaille en question, rapportée au mythe de *Daphné*; et, cette explication admise, nous y gagnons la notion certaine d'une statue de *Daphné*, qui ne peut manquer d'en avoir fourni le

1822, 4°), tav. 1, n. 4, p. 28. Cet habile numismatiste crut y voir Cérès, tenant deux épis de chaque main levée, pour indiquer la fertilité du pays, ou bien *Hippone*, dont le culte devait avoir été introduit, selon lui, dans un pays renommé comme celui-là par ses excellentes races de chevaux; ni l'une ni l'autre de ces explications ne peut se soutenir en présence de la médaille publiée par Sestini. Il en cite un second exemplaire décrit dans le *Catalogue des médailles du roi Stanislas* (Varsovie, 1799), par l'évêque Albertrandi, p. 35. Il en existait un troisième dans le cabinet de feu M. Fauris de Saint-Vincent, à Aix, dont M. Mionnet fait mention en ces termes, *Supplément*, t. III, p. 265, n. 34 : Tête casquée de Pallas, à droite; au-dessus, ΠΥΘΩ....; revers : ΘΕΣΣΑΛΩΝ; *femme* vêtue de la *stola*, debout, vue de face, tenant de la main droite levée des épis, à ce qu'il paraît, et de la gauche, également levée, deux autres épis; E. 4. On voit, par cette description, que M. Mionnet n'était pas sûr que la *femme*, qu'il n'ose pas appeler Cérès, tînt à la main des épis : en quoi il avait parfaitement raison. Du reste, M. Mionnet n'avait eu encore, à cette époque (1824), aucune connaissance de la médaille semblable du cabinet Fontana, publiée par Sestini (1822).

[1] Le savant abbé Cavedoni, qui s'est occupé aussi de cette médaille, qu'il cite dans son *Spicilegio numismatico*, p. 57, 69), n'a pas été plus heureux que Sestini dans l'explication qu'il en propose : il y voit aussi, dans le type de la prétendue Cérès, une allusion à l'*invention des meilleurs mets faits avec de la farine*, que s'attribuaient les Thessaliens, sur la foi d'Athénée, l. XIV, p. 662 et 663. J'aime à croire que le docte et ingénieux antiquaire de Modène trouvera mon explication plus simple et plus naturelle.

[2] L'habile numismatiste cité à la note précédente a déjà remarqué une allusion de ce genre dans le nom de magistrat ΠΕΤΡΑΙΟΣ, qui figure sur des *drachmes* et aussi sur des *chalkous* autonomes des Thessaliens, *Spicileg. num.* p. 57, et qui est celui d'un *centaure thessalien* sur un vase peint du musée de Berlin, Éd. Gerhard, *Neu. ant. Denkmäl.* n° 1588. M. Cavedoni aurait pu citer avec plus d'avantage peut-être le surnom de Neptune, ΠΕΤΡΑΙΟΣ, qui se liait à un mythe célèbre propre à la Thessalie, Pindar. *Pyth.* IV, 246; cf. Scholiast. *ad h. l.*; add. Schol. Apollon. Rh. III, 1244, dont j'ai déjà eu occasion de parler, *Journ. des Savants*, août 1837, p. 493, et sur lequel j'aurai lieu de revenir, dans la IVᵉ de mes *Lettres archéologiques sur la peinture des Grecs*.

[3] Cette rare médaille, décrite par M. Mionnet, *Supplément*, t. III, p. 267, n° 51, comme faisant alors partie de la collection de M. Millingen, a passé depuis dans mon cabinet, par un don de M. Dupré.

[4] Gessner, *Num. populor.* tab. XXIII, n° 27, p. 262; Wilde, *Select. num.* tab. XI, n° 68, p. 95.

type, et qui doit avoir été quelque ouvrage de l'ancien style grec, à en juger d'après l'attitude droite et roide de la figure, qui est celle des anciens *xoanon*, et d'après le costume même, autant qu'il est possible de l'apprécier sur une médaille de si petit module et d'une époque comparativement si récente.

Ce sont là, à ma connaissance, tous les monuments relatifs à la fable de *Daphné*, et dus aux arts plastiques, qui nous sont parvenus de l'antiquité. Quant à ceux qui furent produits par la peinture, et qui durent être si communs, à n'en juger que d'après le témoignage de Lucien, rapporté plus haut[1], nous ne pouvons aujourd'hui nous en faire une idée que d'après des peintures du dernier ordre et du dernier âge de l'antiquité, telles que celles des villes gréco-romaines de la Campanie, qui furent ensevelies par l'éruption du Vésuve. Une de ces peintures, trouvée à Gragnano en 1760, existe au musée de Naples, et elle a été publiée dans le recueil des académiciens d'Herculanum[2]. On y voit *Apollon*, vêtu d'une chlamyde attachée sur l'épaule droite, avec l'*arc* et le *carquois* sur le dos, qui se penche en avant pour saisir des deux mains, par le bras droit, une femme renversée sur les genoux, dont la draperie écartée laisse le milieu du corps découvert, et qui exprime, dans toute son attitude et dans sa physionomie, l'épouvante dont elle est atteinte. Il est évident que cette femme, qui a cherché vainement à se dérober par la fuite à la passion du fils de Latone, ne peut être que *Daphné*, comme l'avaient présumé les antiquaires napolitains, malgré la difficulté qu'ils se faisaient à eux-mêmes de la présence du laurier, qui se voit près de la *nymphe du Ladon*, dans le champ de la peinture[3]. Cette manière symbolique de représenter la métamorphose de *Daphné* en laurier était tout à fait dans les conditions de l'art grec, ainsi que, pour n'en pas citer d'exemples étrangers aux amours d'Apollon, nous en avons acquis une preuve décisive par la charmante peinture d'*Apollon* et *Cyparisse*, où se voit représentée la métamorphose qui s'accomplit de *Cyparisse* en *cyprès*; ce qui n'empêche pas que le fond de la peinture ne soit rempli par un *bois de cyprès*. Mais, pour revenir à notre peinture d'Apollon et Daphné, je retrouve encore le même sujet, représenté au moyen d'un groupe tout pareil, dans une peinture d'Herculanum, où ce sujet n'a pas été reconnu par le nouvel interprète[4]. Il suffit cependant de comparer le groupe dont il s'agit avec celui de la fresque de Gragnano, pour s'assurer qu'il ne peut être question, sur l'une et sur l'autre, que de Daphné poursuivie par Apollon.

Une autre peinture, récemment découverte dans une maison de Pompéi[5], nous a offert,

---

[1] Voyez p. 66, 5).

[2] *Pitture d'Ercolano*, t. IV, tav. XXVII, p. 131 e 132.

[3] Millin n'a pas fait difficulté non plus de reconnaître *Apollon* et *Daphné* sur cette peinture, malgré la présence du laurier, qui lui paraît constituer un de ces exemples d'anticipation rares sur les monuments, mais non pas d'une aussi grande rareté qu'il le croyait; voyez ses *Monuments inédits*, t. I p. 282, 101).

[4] Cette peinture est publiée dans le *R. Mus. Borbon.* t. VIII, tav. XXI. On y voit un homme caractérisé par quelques-uns des traits propres aux satyres, assis sur un rocher que recouvre une peau de *panthère*, et tenant un *pedum* de la main gauche, qui semble appeler à lui, du geste qu'il fait de l'autre main, une femme portant un *éventail*, qui s'approche, guidée par une autre femme sans attribut qui la distingue. Cette scène, restée jusqu'ici sans explication, se passe dans un lieu sauvage, rempli de rochers; sur l'un de ces rochers, se dresse une espèce de base carrée, peinte, à ce qu'il paraît, en couleur de bronze et sculptée de bas-relief; l'un de ces bas-reliefs représente un homme qui s'éloigne avec un sentiment de surprise ou d'effroi; l'autre, Apollon portant une lance, qui saisit de la main droite Daphné renversée sur les deux genoux; du moins est-ce ainsi que je crois pouvoir interpréter ce groupe, où l'on a vu tout simplement *una donna nel punto di cadere fuggendo sopraggiunta da un uomo armato che gli è supra come a volerle fare violenza.*

[5] Maison des Dioscures; voy. C. Bonucci, *Descript. de Pompéi,* p. 148.

avec toute la certitude possible, la même fable d'*Apollon* et *Daphné*, mais traitée d'une manière toute différente[1]. La nymphe rebelle à l'amour du dieu se voit ici assise sur une pierre, dans un lieu sauvage, entouré de rochers. Il semble, dans son attitude, dans l'abattement de toute sa personne, qu'elle ait épuisé toute la résistance qu'elle pouvait opposer aux désirs d'Apollon; sa main gauche tombe languissamment sur la pierre où elle est assise, tandis que, par un dernier effort, elle porte la main droite à sa tête, du haut de laquelle sort une branche de laurier, premier indice de sa métamorphose qui s'opère. Apollon, désormais sûr de sa victoire, et plus occupé de son amour, qu'il s'apprête à satisfaire, que de sa science de devin, qui va être si cruellement trompée, est debout près de la nymphe. Son vêtement en désordre annonce la course rapide qu'il vient d'accomplir; du bras gauche il s'appuie sur sa *lyre*, vain instrument de séduction dans ses mains divines; il porte sur son dos l'*arc* et le *carquois*, et il est couronné de laurier : ce qui serait un contre-sens dans un pareil sujet, s'il n'était avéré, par tant d'exemples du même genre, que les conventions de l'art admettaient ces sortes d'anticipations. De la main droite, il écarte de *Daphné* le vêtement qui la couvre en partie, et qui est le dernier obstacle que sa pudeur vaincue oppose à l'amour du dieu; mais c'est à ce moment suprême que le vœu de la chaste *vierge du Ladon* est exaucé, et sa métamorphose commence déjà à s'accomplir, qu'*Apollon* s'abandonne encore tout entier à sa passion : c'est bien là l'image qu'avaient sous les yeux les Pères et les docteurs de l'Église, quand, dans leurs véhémentes apostrophes au dieu de Delphes, ils insultaient à la fois au dérèglement de ses mœurs et à l'impuissance de son art.

Le même sujet d'*Apollon* et *Daphné* s'est encore rencontré sur une peinture de Pompéi, qui est celle que j'ai choisie pour la publier dans ce recueil[2], sinon en considération du mérite de l'art, qui ne la recommande que faiblement, du moins à cause de la manière dont le groupe est conçu, et qui doit provenir de quelque habile maître de la haute école grecque. La scène se passe également dans un de ces lieux sauvages où la *nymphe du Ladon* avait coutume de chasser, mêlée aux compagnes de Diane. Sur le devant du tableau, à la gauche du spectateur, se dresse une masse de rochers, où il semble qu'*Apollon* se soit tenu caché pour épier le passage de la jeune vierge qu'il aime. Il a déposé contre ces rochers son *arc*, son *carquois* et sa *lance*, armes inutiles pour la victoire qu'il se flatte d'obtenir. Mais déjà *Daphné* vient d'apparaître, et déjà aussi le dieu impatient l'a saisie et la tient fortement étreinte dans ses deux bras, tandis que dépouillée presque entièrement de ses vêtements et renversée sur les deux genoux, elle n'a plus de ressources, pour échapper au sort qui la menace, que d'invoquer le ciel, vers lequel elle lève une main suppliante. Ce groupe, dessiné d'une manière incorrecte et faiblement peint, mais très-bien composé d'après un modèle, tel que celui que Lucien avait en vue, nous devient précieux à ce titre; et la célébrité dont il devait jouir dans l'antiquité nous est encore attestée par une seconde répétition qui s'en est retrouvée à Pompéi, avec une particularité qui ne prouve que trop l'abus que l'on faisait de ces amours des dieux, dans un système de civilisation où les licences de la mythologie provoquaient et justifiaient en quelque sorte celles de l'art. Mais je n'aurais pas la même excuse pour reproduire la même image, ou seulement pour la décrire; et je me contente de dire que cette particularité est telle, que la peinture qui la présente a dû être déposée dans le *cabinet réservé* du musée de Naples[1]. Pour terminer ce que j'avais à dire de notre peinture, j'observe qu'*Apollon* est *couronné de laurier,* comme on l'a vu dans les autres peintures du même sujet : ce qui prouve bien que les anciens n'étaient pas blessés de cette espèce d'anticipation, contraire à la vérité historique, mais admise comme trait de convention de l'art. Le *laurier* qui se dresse isolément dans le champ de la peinture, précisément derrière la figure de Daphné, ne peut avoir été mis sous cette forme et à cette place que pour indiquer sa métamorphose prochaine; et c'est de cette manière, à mon avis, que devait être traitée cette scène mythologique sur les plus anciens monuments de l'art grec : d'où résulte encore, à mes yeux, l'importance de cette peinture, en tant que reproduisant pour nous un modèle émané, comme je le disais plus haut, de la haute école grecque, anéantie tout entière dans ses œuvres originales.

[1] On la trouvera représentée, mais d'une manière très-infidèle, dans le recueil intitulé : *Musée royal de Naples; peintures, bronzes et statues érotiques du cabinet secret* (Paris, 1836, 4°), pl. xlix, p. 129.

PLANCHE V.

BACCHUS ET ARIANE A NAXOS.

Hauteur, 1 m. 5 cent. — Largeur, o m. 97 cent.

Dans l'explication que j'ai donnée d'une peinture du même motif, précédemment publiée [1], j'ai déjà fait mention de celle qui fait le sujet de la planche présente [2], et les éclaircissements dans lesquels je suis entré à l'égard des compositions qui représentent la
rencontre de Bacchus et d'Ariane à Naxos ont déjà aussi rendu superflues la plupart des
explications que comporterait la peinture actuelle. Ma tâche devra donc se borner à signaler les particularités nouvelles qu'elle présente, en même temps qu'à rectifier et à compléter,
sur tous les points où cela me paraîtra nécessaire, les notions que j'ai exposées plus haut sur
le mythe de Bacchus et d'Ariane et sur les monuments qui s'y rapportent.

Le moment choisi par l'auteur de notre peinture est celui où Bacchus, suivi de son
thiase, s'approche d'Ariane, qui, à peine arrachée à son fatal sommeil, contemple en
pleurant le vaisseau de Thésée fuyant à l'horizon : ce sont deux circonstances d'une même
action, qui, jusqu'ici encore, à ma connaissance, ne s'étaient trouvées réunies dans une
seule et même composition sur aucun monument de l'art antique. Effectivement, les pein-

[1] Voy. pl. iii, p. 53, suiv.   [2] Plus haut, p. 48, 3); p. 52, 4), 5).

tures d'Herculanum [1], de Civita [2] et de Pompéi [3], qui nous ont offert Ariane abandonnée durant son sommeil et contemplant à son réveil le vaisseau de Thésée qui s'éloigne, nous avaient montré l'héroïne crétoise dans un isolement complet, soit qu'elle apparaisse réellement seule, soit qu'elle ait auprès d'elle des personnages d'ordre allégorique, tels que l'Amour ou Pasithéa, qui s'associent à sa douleur. La présence de Bacchus, qui apporte à l'amante affligée une consolation plus effective, manquait dans toutes ces peintures; et cette circonstance, qui était la plus considérable du mythe, ne s'était rencontrée que dans les compositions, soit peintes, soit sculptées, où Ariane, encore plongée dans le sommeil, était livrée à la contemplation de Bacchus, tantôt par la main de Pan, tantôt par celle de l'Amour; mais, encore une fois, la réunion des deux scènes, celle du désespoir d'Ariane à son réveil et celle de l'approche de Bacchus, est une apparition nouvelle dans toute cette classe de monuments relatifs à la rencontre de Bacchus et d'Ariane à Naxos.

On doit croire cependant qu'il exista dans l'antiquité des compositions où ce sujet était traité de la manière qui vient d'être indiquée et qui fut suivie par l'auteur de notre peinture de Pompéi : car c'est celle que paraît avoir eue en vue Catulle dans sa belle description de la tapisserie qui figurait aux noces de Thétis et de Pélée [4]; et c'est aussi celle qui résulte de la narration poétique de Nonnus [5]. Chez l'un et l'autre de ces écrivains, Ariane, éveillée sur sa couche solitaire, se livre à toute l'effusion de sa douleur, tandis que Bacchus, déjà près d'elle avec tout son cortége, prête l'oreille aux accents passionnés de ce désespoir amoureux, qu'il s'apprête à consoler. S'il fallait une preuve à l'appui de cette induction, je la trouverais dans la belle statue du musée de Dresde [6], reproduite sur la mosaïque de Saltzburg [7], qui doit avoir été conçue pour faire partie d'une suite de figures représentant Ariane dans la situation indiquée par Catulle et par Nonnus, avec le thiase de Bacchus, tel qu'il est possible de se le figurer d'après le récit des deux poëtes; et une preuve de ce fait plus péremptoire encore, s'il est possible, c'est celle que nous fournit la peinture de Pompéi que je publie.

<hr>

[1] *Pittur. d'Ercolan.* t. II, tav. xiv.

[2] *Ibidem*, t. II, tav. xv, et t. V, tav. xxvi.

[3] *Real Mus. Borbon.* t. VIII, tav. iv, et t. II, tav. lxii (et non lxiv, comme il a été imprimé par erreur, p. 32, 7). Sur une seule de ces peintures, *Real Mus. Borbon.* t. IX, tav. xxxiv, on voit représenté le moment où Thésée s'éloigne d'Ariane endormie.

[4] Catull. *Carm.* lxiv, v. 250-253 :

> Quæ tum prospectans cedentem mœsta carinam.
> Multiplices animo volvebat saucia curas.
> At parte ex alia florens volitabat Iacchus.
> Cum thiaso satyrorum et Nisigenis silenis.

[5] Nonn. *Dionys.* xlvii, v. 319 :

> Ὀψὲ δὲ δακρύεσσα πέσων ἐφθέγξατο φωνήν.

v. 419 :

> Τοῖα κινυρομένης ἐπετέρπετο Βάκχος ἀκούων.

[6] Je veux parler de l'*Agrippine* de Dresde, *Augusteum*, Taf. xvii; cf. Taf. clvi, au sujet de laquelle je renvoie aux éclaircissements déjà donnés plus haut, p. 33, 1). J'ajoute ici, pour rendre justice à chacun, que cette dénomination d'Ariane, qui fait beaucoup d'honneur à la sagacité de W. Gott. Becker, et qui avait été d'abord combattue par Boettiger, fut revendiquée par Hirt, *Kunstbemerkungen*, S. 133, comme une idée qu'il aurait communiquée de vive voix à l'éditeur de l'*Augusteum*, et que Boettiger aurait approuvée : sur quoi, l'auteur de la 2e édition de l'*Augusteum* (Leipsig, 1837, 8°), W. Ad. Becker, réclame avec raison, *Nachträge*, etc., p. 407-409, contre cette usurpation d'une idée heureuse, dont on voudrait priver la mémoire d'un savant qui n'est plus là pour défendre sa propriété littéraire; et je m'associe de tout mon cœur à cette réclamation, qui peut devenir une leçon utile, dans un temps où il n'est pas rare de voir des antiquaires qui vivent aux dépens des idées d'autrui.

[7] Je profite de cette occasion pour rectifier ce que j'ai dit plus haut, p. 48, 5), que je ne connaissais cette mosaïque que par la description de Boettiger. J'avais oublié, en écrivant cette phrase, que le monument en question avait été publié d'après la lithographie jointe à l'écrit de M. Thiersch, par M. Creuzer, dans les *Abbildungen zur Symbolik*, Taf. lv, 1, p. 29-30, n° 54. Le cinquième compartiment, qui devait offrir la composition d'Ariane endormie, livrée à la contemplation de Bacchus, manquait sur la mosaïque; et c'est par erreur que j'ai cité, p. 49, cette scène, suppléée par une conjecture plausible de Boettiger, comme existant réellement sur le monument. Voy. encore sur cette mosaïque de Saltzburg, les *Wiener Jahrbücher*, 1818, I, *Anzeigebl.* p. 25, suiv.

Ariane, à demi soulevée sur sa couche déserte, vient de s'apercevoir de l'abandon de Thésée. Par un mouvement naïf, dont les peintures jusqu'ici connues du même sujet n'avaient point encore offert d'exemple, du moins pour le personnage d'Ariane, elle porte à ses yeux un pan du *péplus* qui couvre la partie inférieure de son corps, pour essuyer ses larmes, tandis que, dans le saisissement de sa douleur muette, elle fixe son regard sur le vaisseau athénien qui s'éloigne à pleines voiles[1]. C'est dans une grotte[2], aux bords de la mer, qu'apparaît ici Ariane, couchée sur un lit, qui consiste en un seul matelas, avec un coussin[3] de la même étoffe, dans toute la simplicité de l'âge héroïque. Toute cette figure est pleine de grâce, et supérieure, pour la pensée comme pour l'exécution, à celle des peintures depuis longtemps découvertes. Le groupe de Bacchus, entouré de trois des personnages de son thiase, n'offre pas une image moins neuve ni moins curieuse. Le dieu, vêtu d'un pallium qui lui laisse toute la partie supérieure du corps à découvert, s'appuie de la main droite sur l'épaule de Silène, son vieux et fidèle gouverneur; il paraît entièrement absorbé dans la contemplation d'Ariane, et l'état dans lequel l'artiste n'a pas craint de le représenter[4] n'exprime que trop sensiblement l'impression qu'a produite sur lui l'aspect de l'héroïne crétoise. Les deux femmes qui se montrent derrière Bacchus doivent être, l'une Psalacantha[5], l'autre, la nymphe de Naxos, dont la présence à cette scène érotique a été

[1] L'artiste ne s'est pas conformé ici, non plus que dans les autres peintures du même sujet sorties des ruines d'Herculanum, de Cività et de Pompéi, à la tradition ancienne suivant laquelle le vaisseau de Thésée avait des *voiles noires*, Pausan. I, xxii, 5. Ce vaisseau n'a lui-même, dans notre peinture, qu'une forme capricieuse, qui n'a que la valeur d'une simple indication, d'un de ces accessoires auxquels on n'attachait généralement, chez les anciens, aucune importance. On ne saurait donc y chercher le moindre trait de la représentation d'un navire de l'âge héroïque; mais on n'en doit pas savoir moins de gré à Boettiger de s'être livré, à l'occasion de ce vaisseau de Thésée, tel qu'il est représenté sur une de nos peintures antiques, à de savantes et ingénieuses recherches sur la marine des anciens, sujet encore si peu avancé; voyez son *Ariadne*, § III, p. 52-74.

[2] Cette *grotte* de Naxos est représentée d'une manière neuve et caractéristique sur un vase de la collection du comte d'Erbach, publié par M. Creuzer, *Abbildung. z. Symbolik*, Taf. VIII. Voyez l'explication qu'en a donnée ce savant, dans ses *Religions de l'antiquité*, t. III, p. 344, pl. CXLV, n° 491.

[3] Les divers objets qui entraient dans la composition d'un lit, à l'époque héroïque, sont indiqués par Homère, *Iliad.*, XXIV, v. 644, sqq., en ces termes, δέμνια, ῥήγεα, τάπιτας, χλαίνας, sur lesquels on peut voir les explications données par Eustathe. Le matelas est ce qui s'appelait communément en grec στρωμνή, Xenophon. *Memor.* 11, 1, 30; cf. *Cyroped.* VIII, 11, 15, ou bien στρῶμα, idem, *Cyrop.* V, 11, 7 et VI, 11, 11, et *culcita*, en latin, Varro, *de L. L.* IV, xxxv; Cicéron. *Tusculan.* III, xix; Senec. *Epist.* LXXXVII. L'usage des coussins, προσκεφάλαια, *cervicalia*, n'est pas moins attesté par les textes antiques, Clearch. *apud* Athen. VI, LXVIII; t. II, p. 479, Schw., et par les monuments, entre lesquels il me suffira de rappeler le vase de notre Cabinet des Antiques, publié par Millin, *Vas. peints*, t. I, pl. XXXVIII, et cité

plus haut, p. 43, 1), afin d'avoir occasion d'avertir que Boettiger, qui a reproduit ce vase, et qui en a donné une interprétation nouvelle, y a vu simplement un *banquet bachique*, un *kômos*, au lieu du *lectisterne* de Bacchus et d'Ariane; voyez son *Archäolog. Æenlese*, I° Samml. Taf. VIII, p. 5-6.

[4] J'ai déjà averti plus haut, p. 52, 4), 5), que Bacchus se montrait ici ithyphallique, particularité d'une licence telle, qu'on aurait pu croire que les exemples en avaient été inconnus dans l'antiquité, parce qu'ils manquaient jusqu'ici sur les monuments parvenus jusqu'à nous. Mais c'était une opinion qui ne pouvait être fondée que sur une connaissance très-superficielle de l'antiquité; et voilà aussi pourquoi il importe, dans l'intérêt de la science, de constater l'existence de ce trait de mœurs antiques si caractéristique, dans un temps où la notoriété publique tient lieu de la chose même, qui a été détruite sur la peinture originale.

[5] Je présume que c'est cette nymphe, dont le concours à l'union de Bacchus et d'Ariane était signalé dans une tradition antique, Ptolem. Hephaest. *Nov. hist. excerpt.* l. V, p. 27, ed. Roulez, qui figurait, à la même place et avec la même intention, dans une charmante composition, de style et de provenance attiques, qui décorait, en figures de bas-relief, l'intérieur d'une patère, publiée par feu M. de Bröndsted, possesseur de ce fragment; voy. ses *Recherches dans la Grèce*, II° part. vignette, n° LX, p. 276, avec l'explication, p. 314. On y voit Bacchus, appuyé sur un satyre et guidé par l'Amour portant un flambeau, qui s'approche d'Ariane endormie, dont une main de femme écarte le vêtement. Il ne reste que cette main, et la figure d'Ariane manque entièrement; mais on peut suppléer le reste de la composition à l'aide des monuments connus, comme l'a proposé M. de Bröndsted, qui a pourtant omis de signaler cette circonstance nouvelle d'une femme qui découvre Ariane, au lieu de Pan ou de l'Amour.

déjà expliquée[1]; et la curiosité qui se peint dans leur physionomie s'accorde bien avec le rôle qu'elles remplissent dans cette *hiérogamie*.

Cette peinture, nouvellement sortie des ruines de Pompéi, offre donc un type tout nouveau, même dans ce genre de compositions, et sans tenir compte de tant d'autres monuments, vases peints, miroirs[2], bas-reliefs, médailles, pierres gravées, bijoux[3], qui représentent le même trait mythologique d'une manière qui semble avoir constitué, pour chaque classe de ces monuments, un modèle propre et spécial; et cette observation, qui pourrait s'appliquer à une foule d'autres monuments, suffirait à montrer quelle fut la prodigieuse fécondité d'un art à la fois si abondant et si varié, dans des compositions toutes relatives au même sujet et dans une seule classe des monuments qui s'y rapportent.

La preuve de cette observation résulte déjà de l'énumération, pourtant encore bien incomplète[4], que j'ai donnée précédemment des monuments qui ont pour sujet l'*hiérogamie* de Bacchus et d'Ariane; et les nouveaux exemples que je pourrais y ajouter trouveront leur place dans le travail auquel j'ai déjà plusieurs fois renvoyé mes lecteurs[5]. Mais je ne veux pas remettre à un autre temps la publication d'un monument où se trouve la même image, sous sa forme la plus ancienne peut-être et dans son expression la plus hiératique, monument dont la découverte toute récente est une des acquisitions les plus précieuses que la science ait faites de nos jours.

Ce monument est un vase d'argile, d'une forme ronde, avec une base et un couvercle, qu'on peut présumer avoir été celle d'un petit *pithos* ou d'une *pithacné*[6], d'une fabrique primitive, que je crois fermement être dérivée, dans la Grèce, d'une industrie originairement phénicienne[7], et qui consiste en un fond jaunâtre, semé de rosaces de diverses dimen-

---

[1] Voy. plus haut, p. 56-57.

[2] Plusieurs de ces miroirs sont sortis tout récemment des tombeaux de Vulci, et livrés à la publicité par M. Éd. Gerhard, dont on regrette que le texte, qui doit contenir tant de doctes éclaircissements sur cette classe de monuments, se fasse si longtemps attendre. Sur l'un de ces miroirs, *Etrusk. Spiegel*, Taf. LXXXIV, Bacchus, ꞱVꞱVVИꞱ, est debout, appuyé sur l'épaule d'une femme nue et couronnée de pampres, qui ne peut être qu'*Ariane*; ce groupe est placé entre *Ampélos* et une femme tenant un *lécythus*, et désignée par le nom ꞱEVEHꞱIꞱ. Sur un autre miroir, Taf. LXXXV, où le même groupe est conçu à peu près de la même manière, si ce n'est qu'il est vu de profil et tourné vers la droite, le couple divin est placé entre *deux Amours*. Sur un troisième, Taf. LXXXVI, qui fait partie de notre Cabinet des Antiques, *Bacchus* tient embrassée *Ariane*, du visage de laquelle il approche le sien, et un *Amour*, tenant un *lécythus* et un *style*, assiste à cette scène érotique.

[3] En fait de bijoux relatifs à ce sujet, je citerai particulièrement un anneau en or repoussé, dont le chaton offre en relief un groupe de deux personnages, c'est à savoir, *Bacchus tenant sur ses genoux Ariane*, à laquelle il donne un baiser sur la bouche; cette bague faisait partie de la collection de M. Durand, n° 2147; il en est fait mention dans les *Annal. dell' Instit. archeol.* t. V, p. 214; et j'ai vu une bague toute semblable dans la belle collection de M. le ch. Campana, à l'obligeance duquel j'en ai dû un dessin que je publierai plus tard. Un groupe à peu près pareil,

si ce n'est que c'est *Bacchus* qui est *assis sur les genoux d'Ariane*, se voit sur quelques sarcophages antiques, entre autres, sur un fragment de notre Cabinet, publié par Caylus, *Recueil* II, pl. CXIV, n° 2, p. 384, et sur un beau sarcophage, malheureusement très-endommagé, qui existe au *Campo santo* de Pise, tav. CXXIV, VIII.

[4] Voyez plus haut, p. 40-46.

[5] Dans la IVe de mes *Lettres archéologiques sur la peinture des Grecs*, où un article particulier sera consacré à l'*hiérogamie de Bacchus et d'Ariane*, considérée d'après tous les monuments de l'art qui nous en sont parvenus.

[6] Le *pithos* était un vase qu'on peut supposer avoir été d'une forme sphérique, d'après ce passage d'Eustathe, *ad Homer. Iliad.* Ω, p. 1336, 36 : Οἱ δὲ ὁμηρικοὶ ΠΙΘΟΙ πρὸς ὁμοιότητά τινα ΣΦΑΙΡΩΣΕΩΣ ἐπλάσθησαν. Ce vase avait nécessairement une base, quoi qu'en dise M. Panofka, *Recherches sur les noms des vases*, p. 5, et il avait aussi un *couvercle*; car c'est ainsi qu'il est figuré sur les nombreux monuments qui représentent Eurysthée caché *dans un pithos de bronze*, εἰς χαλκοῦν πίθον. Quant à la *pithacné*, on peut croire, d'après son nom, d'accord avec les témoignages d'Hésychius, v. Πιθάκναι καὶ Πιθάκνια, οἱ μικροὶ Πίθοι; cf. v. Φιδάκνη· Πιθάριον μικρόν, que c'était un diminutif du *pithos* : ce qui répond à la forme de notre vase.

[7] J'ai eu récemment l'occasion d'exposer, dans un autre ouvrage, les idées que je me suis faites sur cette classe de vases, que je crois originairement dérivée d'une fabrique phénicienne,

sions, d'une forme particulière, que nous savons avoir été un élément de décoration propre à l'art babylonien [1], avec des figures gravées au trait et coloriées en rouge-brun et en noir, du style le plus archaïque qui se connaisse. Le vase dont il s'agit fut trouvé dernièrement dans un tombeau de Corinthe [2], et il fait partie du cabinet de M. de Prokesch, ministre d'Autriche à Athènes, à l'amitié duquel j'en ai eu l'excellent dessin que je publie [3].

Ce vase est orné, sur toute sa circonférence, d'une suite de figures, au nombre de trente-trois, représentant plusieurs traits du mythe de Bacchus et de l'initiation à ses mystères, qui sont peut-être, sur un vase de fabrique corinthienne primitive tel que celui-là, le monument le plus ancien de ce culte que nous possédions encore [4]. Cette espèce de cycle dionysiaque, ainsi distribué en plusieurs tableaux qui se suivent et réparti sur toute la surface convexe d'un vase, comme il l'était, sans doute, dans plus d'un ancien temple de Bacchus [5],

[1] Cette *rosace* est l'élément caractéristique de la fabrique des vases en question, au point que je puis assurer qu'il n'en existe pas un seul qui n'offre cet objet d'ornement distribué avec plus ou moins de profusion, sous une forme plus ou moins précise, dans une proportion plus ou moins grande, sur le fond des vases de cette fabrique. Or j'affirme, avec la même confiance, que cette *rosace* est inconnue sur les monuments de l'antiquité égyptienne; je déclare, en outre, qu'elle formait un objet d'ornement symbolique dont l'emploi était fréquent dans l'archéologie babylonienne. J'en puis citer pour preuves deux fragments de pierre émaillée, trouvés dans les ruines de Babylone et offrant une *rosace* toute pareille. L'un de ces fragments a été publié par M. Mignan, dans ses *Travels in Chaldæa* (London, 1829, 8°), p. 190; l'autre, qui nous vient de l'abbé de Beauchamp, connu par les fouilles qu'il dirigea lui-même dans les ruines de Babylone, existe dans notre Cabinet des Antiques; et quant à la manière dont cette *rosace* était employée dans l'architecture, on en a un exemple dans le tombeau de *Myra*, dont tous les éléments sont empruntés à l'archéologie babylonienne. Texier, *Descript. de l'As. Min.*, pl. 225 et 226.

[2] C'est de la même localité que provient le célèbre vase Dodwell, maintenant placé dans la *Pinacothèque* de Munich, d'Agincourt, *Fragm. en terre cuite*, pl. xxxvi; et personne n'ignore que la *rosace*, signalée dans la note précédente comme objet caractéristique d'une industrie assyro-phénicienne, y est semée sur toute la surface du vase, comme on la voit sur le vase que je publie. Je ne crains pas d'affirmer que la même *rosace* se trouve sur tous les nombreux fragments de vases de même fabrique, provenant aussi de tombeaux de Corinthe, qui sont en la possession de M. de Prokesch, et qui offrent, d'après ce qu'il m'a écrit lui-même, les figures d'animaux, *lions, panthères, cerfs, taureaux, sangliers*, habituels sur ces sortes de vases.

[3] Voyez vignette n° v, p. 73.

[4] Ainsi se trouve confirmée pour Corinthe l'observation faite plus haut, p. 30, sur la provenance des fabriques d'Athènes et de Corinthe, que j'attribue aux vases à sujets dionysiaques, d'ancien style, trouvés dans les tombeaux de villes étrusques, telles que Tarquinies, Vulci et Cære, où les arts de Corinthe avaient été introduits à la suite de l'établissement du corinthien Démarate dans cette partie de l'Étrurie.

[5] Tel que celui de l'île de Lesbos, que l'auteur des *Pastorales*

[1] et j'aurais peu de chose à ajouter aux observations dont elle m'a fourni le sujet; voy. ma *Lettre à M. Schorn*, § 1, p. 4-6, 2° édit. Mais, comme la dénomination d'*égyptienne*, proposée pour cette sorte de vases, avec des distinctions qui peuvent paraître un peu arbitraires, ou du moins bien subtiles, par M. Éd. Gerhard, continue encore d'être employée par cet habile et savant antiquaire, j'exprime ici le vœu que les motifs qui lui paraissent autoriser cette qualification soient enfin soumis, de son côté, comme ils l'ont été du mien, à une discussion publique. En attendant, je soutiens : 1° qu'il n'existe aucun objet d'antiquité égyptienne qui offre la moindre analogie avec les vases en question, ni pour la forme, ni pour la fabrique, ni pour les ornements; 2° que les animaux naturels, ou symboliques, représentés sur ces vases, *lions, taureaux, sangliers, cerfs, béliers, panthères, lions ailés, sphinx, griffons, chimères*, ne sont pas ceux qui figurent sur les monuments égyptiens, et que ceux qui appartiennent à l'archéologie égyptienne, aussi bien qu'à l'archéologie asiatique, offrent, sur les vases dont il s'agit, les formes propres à la race asiatique de ces animaux; 3° que des vases analogues à ceux qui nous occupent, pour la forme, pour la couleur de la terre, pour la fabrique et pour les ornements, vases qu'on peut, à raison de leur caractère profondément archaïque, regarder comme leur ayant servi de modèles, se trouvent communément dans des localités connues pour avoir été le siège d'établissements phéniciens, tels que les îles de *Milo* (*Mélos*) et de Santorin (*Théra*): d'où résulte la présomption que ces vases sont plutôt sortis d'une fabrique originairement phénicienne que de toute autre. J'attends qu'on oppose à ces considérations, qui me semblent de quelque valeur, des raisons qui justifient au même degré l'opinion contraire. En attendant, je dois dire que M. Panofka, publiant un vase de cette fabrique, du *Musée Blacas*, pl. xxv, p. 74, paraissait plutôt incliner vers l'opinion qui attribuait à ces vases une provenance originairement phénicienne; j'ajoute qu'un autre antiquaire, M. Quaranta, à l'occasion d'un de ces vases, du *Real Mus. Borbon.* t. VI, tav. lvi, y reconnaissait tous les signes d'une industrie asiatique, d'accord avec le sujet même de la représentation; et j'observe enfin que lieu M. Micali avait fini par adopter cette dénomination de *phénico-babylonienne* pour les vases de cette fabrique qu'il a publiés en dernier lieu, *Monum. ined. a illustraz. dell. stor. d. art. popol. ital.* tav. v, 3, p. 44.

était encore sans exemple sur les monuments de la céramographie grecque; et, sous ce rapport, comme sous tous les autres, le vase qui le présente est certainement un des monuments les plus remarquables acquis de nos jours à la science.

La première scène qu'offre notre vase se compose de cinq figures; elle représente la *naissance de Bacchus* d'une manière conforme à la tradition la plus généralement accréditée dans l'antiquité, celle qui faisait sortir Bacchus, à l'âge de neuf mois[1], de la cuisse de Jupiter, où ce dieu l'avait enfermé, après que Mercure l'eût retiré du sein de Sémélé foudroyée dans les embrassements du maître des dieux. Cependant, on pouvait croire que cette tradition ne remontait pas, chez les Grecs, à une époque bien ancienne. Il n'y est pas fait la moindre allusion, ni dans la *Théogonie* d'Hésiode[2], ni dans les fragments des *Hymnes homériques*[3] relatifs à la naissance de Bacchus, qui parlent pourtant de l'union adultère de Jupiter et de Sémélé. A quelque source donc qu'ait été puisé le récit mythologique que nous ont transmis Apollodore[4], Diodore de Sicile[5] et d'autres auteurs[6], et quand bien même on admettrait, avec le savant commentateur de Nonnus[7], que la fable racontée par son auteur ait été prise dans les plus anciens monuments de la langue et du culte des Grecs, rien ne prouvait, d'après ceux de ces monuments qui nous restent aujourd'hui, que cette fable de Bacchus sorti de la cuisse de Jupiter appartînt en effet à une bien haute antiquité. Je n'examine pas si cette fable a dû son origine à une allusion au nom du mont indien *Mérou*, à l'aide de laquelle on a cherché à établir la provenance indienne du mythe de Bacchus; cette opinion, soutenue encore de nos jours par d'habiles critiques[8], me paraît une idée récente introduite chez les Grecs à la suite de l'expédition d'Alexandre; et je n'accorde pas plus de confiance à l'ingénieuse explication d'un des commentateurs d'Hésiode[9], qui croit qu'une locution proverbiale des Phéniciens[10] a donné lieu à la fable de la naissance de Bacchus[11], bien que cette explication s'accorde mieux avec l'ensemble des faits, qui tendent à montrer l'influence phénicienne qui s'exerça sur l'origine et sur le développement du culte de Bacchus. La seule

avait en vue, et où il indique les peintures à sujets dionysiaques suivantes, Long. IV, III : Εἶχε δὲ καὶ ἔνδοθεν ὁ νεὼς Διονυσιακὰς γραφάς, Σεμέλην τίκτουσαν, Ἀριάδνην καθεύδουσαν, Λυκοῦργον δεδεμένον, Πενθέα διαιρούμενον. Voy. Welcker, *ad* Philostr. Sen. *Imag.* I, XIV, p. 291; Otto Jahn, *Pentheus, etc.*, p. 7.

[1] C'est ce qui résulte du témoignage d'Apollodore, III, IV, 3 : Κατὰ τὸν χρόνον τὸν καθήκοντα. Diodore s'exprime à peu près de la même manière, III, LXV. Mais Lucien le fait naître à l'âge de *sept mois*, ἑπταμηναῖος, *Dial. deor.* IX, t. II, p. 30, Bip.; et c'est aussi la tradition suivie par Cornutus, *De nat. deor.* c. II, p. 10, ed. Osann. Étienne de Byzance et Suidas, *v.* Νάξος, nous ont transmis une version différente, selon laquelle Bacchus était né *à huit mois*.

[2] Hesiod. *Theogon.* v. 939-41.

[3] *Hymn. homeric. in Dionys.* VI, v. 56-57; XXV, v. 1-10. Nous savons, par le témoignage de Ménandre, *De encom.* VII, p. 48, que la *naissance de Bacchus* fut le sujet de quelques hymnes : Καὶ ἤδη τινὲς καὶ ΔΙΟΝΥΣΟΥ ΓΟΝᾺΣ ὕμνησαν. Mais à quelle époque appartenait la rédaction de ces hymnes? c'est ce qui nous reste inconnu; et, en attendant que quelque texte antique jette du jour sur cette question, il est permis de croire, d'après l'ensemble des notions littéraires que nous possédons, que les

hymnes dont il s'agit ne dataient pas d'une époque supérieure à celle des tragiques. Du moins M. Lobeck est-il d'avis, et je suis tout à fait de son opinion sur ce point, que les fables sur la naissance des dieux, Ἀρτέμιδος Γοναί, Ἀθηνᾶς Γοναί, et autres pareilles, dont une, avec le même titre relatif à Bacchus, Διονύσου Γοναί, est citée comme un drame de Polyzélus, appartenaient toutes au théâtre, et formaient le sujet d'autant de drames satyriques, *Aglaophamus*, t. I, p. 436; voy. aussi Welcker, *Zeitschrift, etc.*, p. 519, 32).

[4] Apollodor. III, IV, 3; cf. Heyn. *ad h. l.*

[5] Diodor. Sic. III, LXIII, IV, II, et V, LII. Vid. Wesseling, *ad* III, LXIII.

[6] Lucian. *Dial. deor.* IX; Ovid. *Metam.* III, 260, sqq.; Hygin. *Fab.* CLXXIX.

[7] Moser, *ad* Nonn. *Dionys.* IX, 3, p. 195.

[8] Idem, *ibidem*, p. 190-195; Creuzer, *Relig. de l'Antiq.* t. III, p. 65.

[9] Leclerc, *ad* Hesiod. *Theogon.* v. 940.

[10] *Genes.* XLVI, 26.

[11] Cette idée avait obtenu l'assentiment de deux des plus habiles critiques, Wesseling, *ad* Diodor. Sic. III, LXIII, et Hemsterhuys, *ad* Lucian. *Dial. deor.* IX, t. II, p. 276, Bip.

notion positive à laquelle je m'attache en ce moment, c'est que le témoignage le plus ancien peut-être que nous possédions de la littérature grecque sur la naissance de Bacchus, sorti de la cuisse de Jupiter, est celui d'Euripide[1], qui ne faisait, sans doute, qu'exprimer une tradition déjà populaire de son temps: d'où résulte la preuve que l'invention de cette fable remontait au delà du siècle de ce poëte.

Ce peu d'éclaircissements nous rend d'autant plus précieuse la scène mythologique retracée sur notre vase de Corinthe; car cette scène, où se voit Jupiter assis, de la cuisse duquel sort Bacchus enfant, qu'une femme debout, en face du maître des dieux, s'apprête à recevoir dans ses bras, nous offre certainement l'image la plus ancienne de ce mythe qui soit venue jusqu'à nous, et elle nous tient lieu d'un témoignage classique, qui nous manque pour les temps supérieurs au siècle d'Euripide. L'importance archéologique de cette image s'accroît encore par la considération de l'extrême rareté des monuments de l'art qui nous restent concernant la naissance de Bacchus, et à raison aussi de l'époque, comparativement récente, à laquelle ces monuments appartiennent. Effectivement, l'antiquaire qui, à l'occasion d'un vase agrigentin du cabinet de M. le duc de Luynes, représentant Jupiter debout, qui confie Bacchus enfant à l'une des nymphes, ses nourrices[2], commence sa dissertation par cette phrase: «Les vases qui représentent la naissance de Dionysus ne sont pas rares, » cet antiquaire, dis-je, a manifestement confondu deux circonstances très-distinctes d'un même mythe, deux actions qui se succèdent, sans pouvoir s'identifier, la *naissance de Bacchus*, c'est-à-dire le moment où le jeune dieu sort de la cuisse de Jupiter, et l'*éducation de Bacchus*, c'est-à-dire la remise du dieu nouveau-né, par la main de Mercure ou par celle de Jupiter lui-même, aux nymphes qui doivent l'élever. Or il est si peu exact de dire que *les vases qui représentent la naissance de Bacchus ne sont pas rares*, que jusqu'ici encore on ne connaissait pas un seul monument de ce genre qui eût rapport à ce sujet, tandis qu'il existe en effet un certain nombre de vases peints représentant Bacchus enfant[3], porté le plus

---

[1] Euripid. *Bacch.* v. 94-98; cf. Boeckh, *Graec. trag. princip.* p. 317 :

$$\text{Λοχίοις δ' αὐτίκα νιν δέξατο θαλάμοις Κρονίδα Ζεύς,}$$
$$\text{Κατὰ ΜΗΡῼ δὲ καλύψας χρυσέαισιν συνερείδει}$$
$$\text{Περόναις κρυπτὸν ἀφ' Ἥρας.}$$

V. 286-7 :

$$\text{Καὶ καταγελᾷς νιν ὡς ἐνερράφη Διὸς}$$
$$\text{ΜΗΡῼ, διδάξω σ', ὡς καλῶς ἔχει τόδε.}$$

V. 521-524 :

$$\text{Σὺ γὰρ ἐν ταῖς ποτε παγαῖς}$$
$$\text{Τὸ Διὸς βρέφος ἔλαβες,}$$
$$\text{Ὅτε ΜΗΡῼ πυρὸς ἐξ ἀθανάτου Ζεύς}$$
$$\text{Ὁ τεκὼν ἥρπασέ νιν.}$$

[2] Ce vase, publié d'abord dans les *Nouv. annal. de l'Instit. archéol.* t. I, pl. IX, p. 357-372, a été reproduit par M. le duc de Luynes, qui le possède, dans sa *Description de quelques vases peints*, pl. XXVIII, p. 16-17. Le premier interprète de cette peinture y a vu Bacchus enfant remis par Jupiter à une des *hyades*, désignées collectivement par l'inscription ΥΑΔΕΣ, tracée au-dessus de la nymphe assise. Mais je n'hésite pas à dire que cette inscription n'existe que dans l'imagination du savant antiquaire; et quiconque aura sous les yeux la gravure très-exacte du vase en question se convaincra sans peine qu'on n'a pu voir le mot ΥΑΔΕΣ dans les traits informes de l'inscription dont il s'agit, qu'au moyen d'une de ces illusions dont tant d'inscriptions de vases peints, mal tracées et illisibles comme celle-là, ont été l'objet. Il est, d'ailleurs, sans exemple, sur les vases peints, que les *ménades* ou les *nymphes* de la suite de Bacchus soient désignées par un nom collectif, tel que le mot ΥΑΔΕΣ au pluriel. Le docte auteur n'a pu citer, à l'appui de cette désignation insolite, que le mot ΝΥ.....ΑΙ, pour νύμφαι, tracé sur un vase de la collection de M. Durand, n° 669, où ce titre s'applique, de l'avis d'un autre antiquaire, aux *deux nymphes du Parnasse*, c'est à savoir, à Latone et à Diane : sur quoi j'observerai encore que rien n'est moins sûr que cette lecture de ΝΥ.....ΑΙ, pour νύμφαι, et que jamais *Latone* et *Diane* n'ont pu être désignées par le nom de *nymphes*.

[3] Tel est le beau vase de Nola, publié d'abord par Millin, *Vases peints*, t. II, pl. XIII, p. 23, suiv., et reproduit depuis dans le *Cabinet Pourtalès-Gorgier*, pl. XXVII, p. 91-94. Tel est encore un vase sicilien publié par feu don Niccolà Maggiore, dans les *Monum. ined. della Sicilia*, fasc. I (Palermo, 1833), et devenu l'objet d'une publication nouvelle dans les *Monum. dell' Instit. archeol.* t. II, tav. XVII; cf. *Annal.* t. VII, p. 82-85. A ces deux

souvent aux nymphes ses nourrices, quelquefois à Silène[1], sans compter d'autres monuments de l'art, tels que le célèbre cratère de Salpion l'Athénien, du musée de Naples[2], relatifs au même sujet[3].

Il est vrai que, si ce sujet de Bacchus sortant de la cuisse de Jupiter manque totalement dans la classe des vases peints[4], un seul excepté, que je citerai tout à l'heure, et qui est encore inédit, on le trouve sur d'autres monuments de l'art antique qui sont venus jusqu'à nous, pour ne point parler de la fameuse peinture de Ctésiloque[5], qui paraît avoir été d'un genre satyrique, et dont la composition nous reste tout à fait inconnue. Parmi ces monuments, le premier rang, sans contredit, est dû au célèbre miroir du Cabinet Borgia[6], si souvent publié, qui reproduit certainement pour nous quelque belle composition d'une ancienne école grecque, et qui prouve que le mythe de la naissance de Bacchus était connu et populaire en Étrurie, dès une assez haute époque. Je rangerai immédiatement après ce miroir, œuvre d'un art étrusque, les deux plaques d'or de notre Cabinet des Antiques, appartenant aussi à l'archéologie étrusque[7], qui représentent Bacchus, à demi sorti de la cuisse de Jupiter, assis sur un rocher[8], et reçu dans les bras de Minerve, remplissant ici, par une rare exception[9], l'office d'*Ilithyie*. A la suite de ces monuments, qui ne peuvent guère

---

vases, il faut ajouter celui du cabinet de M. le duc de Luynes, cité à la note précédente, et un autre vase de Canino, décrit dans le *Catalogue étrusque*, nº 81, où Jupiter apparaît debout en présence d'une des nymphes, qui vient de recevoir Bacchus enfant, avec sa compagne assise derrière elle. Il faut encore y ajouter un vase du musée de Palerme, décrit dans les *Annal. dell' Instit. archeol.* t. XIV, p. 24, où *Bacchus enfant* (et non *Iacchus*) est confié par Mercure à une nymphe, et où ce sujet est accompagné, dans la partie inférieure du vase, d'une *hiérogamie* de Bacchus et d'Ariane, représentée d'une manière conforme à toutes les traditions. Voyez, sur ces vases et sur les autres monuments de l'art relatifs au même sujet, Creuzer, *zur Galler. d. alt. Dramat.* p. 107, 175), et Ott. Müller, *Handbuch*, § 384, 2.

[1] Un de ces vases, de fabrique attique, est publié dans les *Gräber der Griechen* de M. de Stackelberg, Taf. XXI.

[2] Publié dans le *R. Mus. Borbon.* t. I, tav. XLIX. Voyez, sur ce beau monument, le travail approfondi qu'il a fourni à M. Welcker, dans son *Zeitschrift, etc.*, Taf. V, 23, p. 500, suiv.

[3] En fait de bas-reliefs du même sujet, je citerai celui de la villa Albani, Winckelmann, *Monum. ined.* nº 52, gravé de nouveau dans les *Monum. du mus. napol.* t. I, pl. LXXVI, avec un bas-relief du musée du Capitole, qui offre à peu près la même composition, *Mus. capitol.* t. IV, tab. LX. Je n'oserais dire si le bas-relief publié dans le même recueil, pl. LXXV, et représentant un enfant nouveau-né aux mains de *Gæa*, qui s'élève de terre à mi-corps, a rapport à la naissance de Bacchus, plutôt qu'à celle d'Érichthonius, et je vois qu'Ott. Müller est resté dans le même doute, *Handbuch*, § 384, 2; je reviendrai plus bas sur cette question. Mercure portant Bacchus nouveau-né est un sujet qui se trouvait déjà sur le trône d'Amycles, Pausan. III, XVIII, 2, et dont il nous est resté de nombreuses réminiscences sur les bas-reliefs, Zoëga, *Bassirilievi*, t. I, tav. III, p. 20, suiv., et sur les pierres gravées, telles que celle du cabinet de Horn, publiée

par Millin, *Vas. peints*, t. II, p. 1, vignette, et *Pierr. grav.* pl. XXXI, p. 83-84; voyez aussi Gori, *Mus. flor.* t. I, tab. LXIX, 1; Denh, E, 72; Raspe, nº 4354, suiv. Sur une médaille de Laodicée de Phrygie, Eckhel, *Num. vet.* tab. XIV, nº 12, Jupiter debout tient sur ses bras Bacchus enfant, qu'il va remettre aux nymphes chargées de l'élever.

[4] Je ne connais que par la citation qu'en fait M. Welcker, *Zeitschrift, etc.*, p. 519, un vase de la collection du chanoine Spoto, à Girgenti, représentant Jupiter assis sur un rocher et Bacchus nouveau-né, vase indiqué comme une des plus belles peintures d'ancien style, mais que je n'ai trouvé mentionné nulle part ailleurs, et dont le propriétaire actuel m'est inconnu.

[5] Plin. XXXV, XI, 40 : « Ctesilochus, Apellis discipulus, petulanti pictura innotuit : Jove Liberum parturiente depicto mitrato et muliebriter ingemiscente inter obstetricia dearum. »

[6] Visconti, *Mus. P. Clem.* t. IV, tav. agg. B. 1; cf. Heeren, *Tab. marm. Mus. Borg.* p. 9.; Lanzi, *Saggio, etc.* t. II, tav. VI, nº 2, p. 154-156; Inghirami, *Mon. etr. scr.* I, tav. XVI, p. 279, sgg.; Ed. Gerhard, *Etruskische Spiegel*, Taf. LXXXII.

[7] Ces deux plaques d'or, trouvées dans un tombeau de Vulci, où elles avaient été déposées comme objets de toilette funéraire, ont fait partie du cabinet Durand, sous les nᵒˢ 2165 et 2166. Elles ont été publiées dans les *Nouv. annal. de l'Instit. archéol.* t. I, pl. aj. A, p. 369-371; elles avaient été l'objet de quelques observations dans les *Annal. de l'Inst. archéol.* t. V, p. 215-218; et j'avais moi-même fait connaître l'une de ces plaques dans mon *IIIᵉ Mémoire d'antiquité chrétienne*, pl. IX, nº 7; voyez p. 124, 2).

[8] Nonn. *Dionys.* IX, v. 16 : Λεχοῖον ἀμφὶ κολώνην; cf. Welcker, *Zeitschrift, etc.*, p. 519.

[9] Au nombre des monuments qui justifient cette exception, je citerai surtout les vases peints, relatifs à la *naissance d'Érichthonius*, où le fruit de la passion de Vulcain, confié à la Terre qui l'a nourri, est remis par elle dans les mains de Minerve, *Monum.*

remonter au delà du V° siècle de Rome, vient se placer le sarcophage du Musée du Vatican[1], qui est une production d'une belle époque romaine; puis un autre sarcophage de la collection du général Nugent, à Trieste[2], dont l'exécution accuse manifestement une époque romaine de décadence. A ces monuments, d'un art étrusque et d'un travail romain[3], j'ajouterai l'indication d'un vase peint, de fabrique apulienne, de l'extrême décadence, dont l'original existait, il y a quelques années, dans les magasins d'un restaurateur de vases napolitain, et dont un calque se trouve dans le recueil de dessins inédits provenant de Millin et possédé par la bibliothèque du Roi[4]. Ce vase, orné, sur sa face principale, de deux rangs de figures, offre, dans la rangée supérieure, la naissance de Bacchus, représentée dans une composition de cinq figures. Au milieu est Jupiter, assis sur un trône et portant un sceptre, les deux jambes croisées, dans une attitude qui n'indique aucun effort, qui ne témoigne aucune souffrance. De sa cuisse droite s'élève à mi-corps Bacchus, tendant les deux bras à une femme, sans doute *Ilithyie*, qui accourt pour le recevoir. Derrière le siége est un groupe de deux personnages debout, un homme nu, à la réserve d'une chlamyde qui flotte sur ses épaules, tenant de la main droite une lance, et une femme, en costume de chasseresse, portant un arc de la main gauche, qui s'appuie familièrement du bras droit sur l'épaule de l'homme : groupe où la présence certaine de *Diane*[5] fait reconnaître *Apollon*, qui assiste aussi, sur le miroir Borgia, à la naissance de Bacchus, représentée, à peu de chose près, comme elle l'est ici.

Je n'ai pas compris dans le nombre des représentations de vases peints relatives à la naissance de Bacchus un de ces vases où l'on a cru trouver ce sujet, mais sans aucune raison, à mon avis. Le monument dont il s'agit, et qui est encore inédit, faisait partie

---

Θρέψε, Διὸς θυγάτηρ, τέκε δὲ ζείδωρος ἄρουρα,
Κάδδ' ἐν Ἀθήνῃς' εἷσεν ἑῷ ἐνὶ πίονι νηῷ.

dell' *Instit. archeol.* t. I, tav. x, et t. III, tav. xxx; Éd. Gerhard, *Auserl. Vasenbild.* t. III, Taf. CLI : car la part que prend Minerve dans ces représentations est évidemment celle d'*Ilithyie*; et c'est, d'ailleurs, une notion qui résulte de plus d'une indication antique, que Minerve, en dépit de son caractère virginal, fut plus d'une fois considérée dans l'antiquité comme déesse Κουροτρόφος, Éd. Gerhard, *Prodromus*, etc., p. 72; cf. Welcker, *Aeschyl. Trilog.* p. 284, suiv.; Schwenck, *mythol. Skizzen*, p. 64, suiv. De là, les surnoms de Μήτηρ, Pausan. V, III, 3, de Φρατρία, Platon. *Euthyd.* p. 302, D, de Γενετυλλίς, Creuzer, *Meleten.* t. I, p. 12, sous lesquels elle était adorée chez plusieurs peuples grecs, et le surnom même d'Ἀπατουρία, qu'elle portait à Trœzène, d'après les circonstances qui avaient donné lieu à ce culte local, Pausan. II, xxxiii, 1. Il est vrai que les vases peints que je viens de citer ont été rapportés à la *naissance de Bacchus*, plutôt qu'à celle d'*Erichthonius*, par M. Otto Jahn, dont l'opinion, appuyée de graves considérations, ne laisse pas d'être assez plausible, *Archäol. Aufsätze*, § VII, p. 60-82. Mais, dans ce cas encore, le rôle de Minerve Κουροτρόφος n'en devient que plus significatif par son rapport avec Bacchus, dont elle recueille l'enfance. Sur un miroir récemment publié par M. Braun, *Tages*, Taf. I, Minerve présente à Hercule un enfant nouveau-né qu'elle porte sur ses bras; et c'est encore là une image prise dans le même ordre d'idées, qui n'était pas étranger à Homère, lorsqu'il disait d'Erichthonius, *Iliad.* II, 547 :

Ὃν ποτ' Ἀθήνη

[1] Visconti, *Mus. P. Clem.* t. IV, tav. xix, p. 41-43; Millin, *Galer. myth.* pl. LIII, n. 223.

[2] Publié dans les *Monum. dell' Instit. archeol.* t. I, tav. XLV A; voy. les *Annal.* etc., t. V, p. 213, sgg.

[3] Je range parmi ces monuments d'un travail romain un fragment très-curieux que je ne connais que par la description qu'en a donnée M. Welcker, *Akad. Kunst-Museum zu Bonn*, p. 102, n. 185. Il consiste en une figure d'*Ilithyie* recevant Bacchus qui sort de la cuisse de Jupiter, en présence de Mercure. Il ne reste de la figure de Jupiter que la jambe jusqu'au genou, et de celle de Bacchus qu'une main.

[4] Ce dessin porte la note que voici : « Vaso che si trova in casa del S². d. Genn. Patierno, restauratore, alla salità de' Reggj Studj, n. 63; altezza, palmi 2 1/2; diametro, 1 palmo, 3 1/2 oncie. » La face opposée représente une scène de Bacchanales de cinq figures.

[5] Diane figure, en effet, dans une scène d'enfantement analogue à celle-ci, sur un beau vase peint représentant Minerve qui sort de la tête de Jupiter, et elle s'y trouve désignée par son nom, ΑΡΤΕΜΙΣ, à côté d'*Ilithyie*, nommée aussi ΙΙΛΑΕΙΘΥΑ. Ce magnifique vase, qui appartient maintenant à M. le duc de Luynes, a été publié par M. Éd. Gerhard, *Auserl. Griech. Vasenbilder*, Taf. III-IV. Rien n'est, d'ailleurs, plus connu que le rôle de divinité généthlique assigné à Diane dans la mythologie grecque, et particulièrement dans la religion attique, où elle était associée

du cabinet de M. Durand, et il a passé depuis au Musée Britannique[1]. On y a vu Jupiter, assis sur un autel[2], tenant entre ses bras le petit Bacchus, qui vient de sortir de sa cuisse, et debout, devant le maître des dieux, Neptune, portant un sceptre, et témoignant par le geste de sa main gauche la surprise que lui cause l'apparition de l'enfant. Mais aucune des circonstances de cette peinture ne peut convenir au sujet de la naissance de Bacchus. Le bandage dont est entourée la cuisse gauche du prétendu Jupiter ne saurait passer pour un indice du laborieux enfantement auquel le jeune dieu a dû le jour : car cette particularité n'est indiquée par aucun texte antique, ni sur aucun monument figuré[3]; mais elle peut servir à reconnaître le véritable sujet de cette peinture, qui se rapporte à un trait de l'histoire de Télèphe[4] représenté, d'une manière un peu différente, sur des bas-reliefs étrusques[5], et qui avait bien pu aussi, à raison de la haute célébrité de ce personnage héroïque[6], figurer sur des vases peints de style grec[7], dont

à *Ilithyie*; voyez-en les nombreux témoignages rassemblés par feu M. Bröndsted, *Voyay. et Recherch.* t. II, p. 252 et suiv.

[1] *Cabinet Durand*, n. 68.

[2] Pour rendre raison de cet *autel*, dont la présence ne se justifie d'aucune manière dans une circonstance pareille, on a cité la fable sur Ocrisia et le phallus qui paraît sur l'autel, à l'occasion de la naissance de Servius Tullius, Dionys. Hal. IV, xxii; cf. Serv. ad Æn. vii, 678; Ovid. *Fast.* VI, lxiii; Plin. XXXVI, lxx. On a cité aussi les héros crétois Idoménée et Mérionès (Μηρός, cuisse), rapprochant et confondant ainsi les choses les plus étrangères l'une à l'autre et les notions les plus disparates; méthode de traiter l'antiquité figurée contre laquelle je ne saurais trop protester, dans l'intérêt de la science, qu'un pareil abus de l'érudition ferait retomber dans l'enfance, s'il pouvait trouver quelque crédit.

[3] Il est sensible, en effet, que des expressions telles que celles-ci d'Euripide, *Bacch.* 318 : Χρυσέαισιν συνερείδει περόναις, et de Nonnus, *Dionys.* ix, 7 : Παιδοτόκου λύσασα μογοστόκα νήματα μηροῦ, ne doivent être prises que comme des images poétiques. Sur aucun monument de l'art, Jupiter n'apparaît avec la cuisse entourée d'un bandage.

[4] C'est celui qui est exposé dans une des *Fables* d'Hygin, et que je rapporterai dans les propres termes de l'auteur ancien, *Fab.* ci : « Telephus, Herculis et Auges filius, ab Achille in pugna Chironis hasta percussus dicitur. Ex quo vulnere quum in dies tetro (tetriore?) cruciatu angeretur, petiit sortem ab Apolline quod esset remedium. Responsum est, ei neminem mederi posse, nisi eamdem hastam qua vulneratus erat. Hoc Telephus ubi audivit, ad regem Agamemnonem venit, et monitu Clytemnestræ Orestem infantem de cunabulis rapuit, minitans se eum occisurum, nisi sibi mederentur. » C'est donc Télèphe, blessé à la cuisse, et tenant l'enfant Oreste dont il vient de se saisir, qui est représenté sur notre vase, en présence d'Agamemnon, qui témoigne son inquiétude pour la vie de son fils. La circonstance de l'*autel* trouve ici son explication naturelle, ainsi que le *bandage* de la cuisse de Télèphe, tel qu'on voit en effet ce personnage représenté sur plus d'une pierre gravée, Winckelmann, *Mon. ined.* n. 122; Inghirami, *Galler. Omer.* 122, 65; *Impront. dell' Instit.* vi, 46; Éd. Gerhard, *Prodromus*, etc., vignette du titre, conformément à plus d'un témoignage classique, Philostrat. *Heroïd.* II, xvi; Dict. Cret. II, iii; Schol. Homer. *ad Iliad.* A, 60.

[5] Entre autres, ceux que j'ai publiés moi-même, *Monum. inéd. Odysséide*, pl. lxvii et lxviii, A, et que j'ai eu tort d'expliquer par le *sacrifice d'Astyanax*. C'est à M. Otto Jahn qu'appartient le mérite d'avoir donné le premier la véritable interprétation de ces bas-reliefs. Je suis bien aise d'avoir l'occasion d'en faire ici l'aveu public; et j'ajoute qu'après le plaisir de trouver soi-même le sujet d'un monument antique, je ne connais pas de plus grande satisfaction que celle d'applaudir au travail de l'antiquaire qui a été plus heureux; voyez la dissertation de M. Otto Jahn, *Telephos und Troilos* (Kiel, 1841, 8°), p. 3 et suiv. Le même antiquaire vient de publier un autre bas-relief d'urne étrusque, resté inédit au musée de Berlin, et qu'il explique avec toute raison d'après le même sujet, *Archäol. Aufsätze*, § xii, Taf. iii, p. 175; et il en décrit deux autres du même musée, dont la composition offre des variantes curieuses, qui toutes attestent l'importance du monument original et la célébrité du mythe qui y avait donné lieu, *ibid.* p. 176. Deux autres bas-reliefs étrusques, l'un du *Museo Gregoriano*, t. I, tav. xcvi, l'autre, de notre musée du Louvre, Clarac, *Mus. de sculpt.* t. II, pl. 214 *bis*, n° 793, ont aussi rapport à la même fable, toujours avec des circonstances nouvelles; voyez Otto Jahn, *ibid.* p. 174 et 177.

[6] La circonstance qui succède immédiatement à celle-là, la *guérison de Télèphe*, est représentée sur un beau miroir étrusque récemment publié par M. Ed. Gerhard, qui en est le possesseur; voyez *Die Heilung des Telephos* (Berlin, 1843, 4°), p. 1-12. *Télèphe*, ΤΕΛΕ, s'y voit assis, avec la blessure à la cuisse droite, qu'*Achille*, ΑΧΛΕ, s'apprête à guérir, par l'ordre d'*Agamemnon*, ΑΧΜΕΜΟVΝ. Le fils d'Hercule et d'Augé est ici représenté avec le vêtement qui convient à sa dignité, comme sur nos vases peints, et non pas avec des haillons, Τηλέφου ῥακώματα, de la tradition d'Euripide, Aristophan. *Acharn.* v. 407, suivie sur les bas-reliefs étrusques.

[7] L'un de ces vases, qui se voit dans le musée des *Studj*, à Naples, vient d'être signalé à l'attention des antiquaires par M. Welcker, *Bullet. archeol. napolet.* 1843, n. v, p. 33; et un second, qui se trouvait dans le commerce de Rome, a été publié plus récemment encore par M. Otto Jahn, *Archäol. Aufsätze*, § xii, Taf. ii, p. 172-3. La composition en offre tant d'analogie avec celle du vase Durand, qu'il semble impossible, non-seulement qu'elle n'appartienne pas au même sujet, mais encore

plusieurs sont maintenant connus, comme encore sur d'autres monuments de l'art grec[1].

Je n'ai pas cru devoir non plus comprendre parmi les monuments relatifs à la naissance de Bacchus un fragment de bas-relief, d'un travail romain de l'extrême décadence, qui avait été signalé d'abord par Zoëga[2], et qui vient d'être rappelé à l'attention des antiquaires[3], avec un dessin à l'appui[4]. Ce fragment se compose de quatre figures, non compris celle d'un enfant nu que deux hommes, dont l'un tient cet enfant sur ses bras, semblent placer sur les genoux d'un personnage jeune et imberbe, assis sur un siége, près duquel se tient debout un vieillard barbu, à demi vêtu d'une espèce de pallium et appuyé des deux mains sur une haste à deux pointes. Il faut presque tout suppléer par l'imagination à ce marbre, où l'extrême imperfection du travail, jointe aux effets de la vétusté, a rendu presque tout méconnaissable, pour y voir, dans le personnage assis, Bacchus *bénissant paternellement* (c'est ainsi qu'on s'exprime) son fils nouveau-né, qui vient de sortir de sa cuisse, et qui est porté sur les bras de deux satyres, avec le vieux Silène pour témoin de cette scène mythologique. Mais, pour admettre un fait aussi extraordinaire que celui de la naissance d'Iacchus, sorti de la cuisse de Bacchus, comme Bacchus lui-même était sorti de la cuisse de Jupiter, a-t-on du moins cité quelque texte antique qui justifiât cette étrange répétition du mythe? Je dois dire qu'on n'a pas même essayé de le faire[5]; et il est certain qu'il n'existe, dans toute l'antiquité écrite, aucune trace de cette naissance d'Iacchus, ainsi mis au jour par Bacchus, même dans la tradition exposée par Nonnus[6], qui faisait Iacchus fils de Bacchus et d'Aura. Mais, du moins, à défaut des textes, qui manquent absolument, a-t-on pu alléguer quelques monuments qui justifient, je ne dis pas la naissance d'Iacchus produite sous cette forme (car rien de pareil ne s'est encore montré dans l'antiquité figurée), mais les rapports de père et de fils établis entre Bacchus et Iacchus? Ici encore, je dois dire que les monuments dont on a fait usage pour appuyer cette idée[7] peuvent s'expliquer tout

---

qu'elle ne procède pas du même modèle. Télèphe s'y voit assis *sur l'autel*, avec le *bandage* à sa cuisse gauche, tenant Oreste nu entre ses bras, du reste, avec tous les éléments du costume héroïque, la *chlamyde*, la *lance* et la *couronne*. Mais j'observe que ni M. Welcker, ni M. Otto Jahn, n'ont remarqué la ressemblance de ces vases avec celui de la collection Durand.

[1] Entre autres, une belle pierre gravée, qui représente le groupe de Télèphe réfugié sur l'autel et tenant le petit Oreste dans ses bras, avec cette particularité, conforme à la composition de nos vases peints et contraire à la tradition d'Euripide, que Télèphe porte le costume héroïque; cette pierre, publiée par feu M. Urlichs, *Rheinl. Jahrbüch.* III, p. 93, suiv., Taf. i t, n. 1, a été citée par M. Otto Jahn, *ibid.* p. 179.

[2] Dans une note manuscrite publiée par M. Welcker, à la fin de sa *Dissertation sur l'éducation de Bacchus*, dans son *Zeitschrift*, etc., p. 521 (et non 321).

[3] *Monum. dell' Instit. arch.* t. III, tav. xxxix; voy. *Annal.* t. XIV, p. 21-32. On ne dit pas où se trouve actuellement ce marbre, que Zoëga vit en 1791 chez le sculpteur romain Cremaschi.

[4] Ce dessin répond bien à l'idée que donnait Zoëga du monument original : *Bruchstück in erhobner Arbeit von der schlechtesten Manier.*

[5] L'antiquaire que j'ai en vue préfère de mettre tout à fait de côté les témoignages écrits, où il ne trouve que confusion et contradiction, pour s'attacher exclusivement aux monuments, où il trouve tout ce qu'il veut; voy. les *Annal. dell' Instit. archeol.* t. XIV, p. 23 : « Le testimonianze scritte disgraziatamente non r'apprestano che confusione e contradittorj dati, dimodochè sembra meglio fatto di lasciarle di botto totalmente fuori di questione. » Ce procédé est certainement fort commode ; mais je ne crains pas de dire que, si l'usage s'établissait de traiter ainsi l'antiquité figurée, absolument sans recourir aux textes, c'en serait fait d'une science où chacun porterait ses vues particulières dans l'explication des monuments.

[6] Nonn. *Dionys.* xlviii, 945-948. Suivant cette légende, qui ne semble pas d'ailleurs avoir une grande autorité, le fruit des amours de Bacchus et d'Aura est recueilli par Minerve et confié aux nymphes d'Éleusis pour être élevé dans ce sanctuaire. Il y a là une combinaison sensible des mythes d'Érichthonius, l'autochthone attique, et d'Iacchus, le Dionysus éleusinien, qui ne permet aucune application de cette légende, quelle qu'en soit la valeur, au bas-relief où l'on a cru voir la naissance d'Iacchus porté par deux satyres.

[7] L'un de ces monuments est le célèbre vase du couvent de Saint-Martin, près de Palerme, où *Mercure*, ΗΕΡΜΕΣ, confie *Bacchus*, ΔΙΟΝΥΣΟΣ, à une nymphe nommée ΑΡΙΑΓΝΕ, qui

autrement d'une manière beaucoup plus plausible. Il n'y a donc effectivement ni autorité ni vraisemblance à supposer qu'Iacchus, personnage d'ailleurs si problématique [1], et originairement propre à la religion attique, où, comme fils de Cérès ou de Proserpine [2], comme *parèdre* (assesseur) de l'une [3], et *frère*, ou *fils*, ou *époux* de l'autre [4], il fut, sans doute à une époque assez tardive, assimilé au jeune Bacchus, sans être jamais, à ce qu'il semble, devenu bien populaire dans le reste de la Grèce, si ce n'est peut-être en qualité de *génie des mystères* [5], et sans que ses images aient jamais tenu une grande place dans l'archéologie grecque [6]. il n'y a, dis-je, ni autorité, ni vraisemblance, à supposer que cet Iacchus fut mis

le reçoit dans ses bras, *Monum. publ. dall' Instit. archeol.* t. II, tav. xvii. En se fondant sur ce qu'Ariane est l'épouse connue de Bacchus, on infère de là que l'enfant nommé ΔΙΟΝΥΣΟΣ ne peut être que le fils de ce Bacchus donné à élever à Ariane. Mais, outre que cette idée blesse toutes les convenances, elle a contre elle la légende même racontée par Nonnus; puis, il n'est pas certain que le nom ΑΡΙΑΓΝΕ désigne Ariane, puisque, malgré l'usage crétois, ἀδνόν, ἀγνόν, Κρῆτες, Hesych. h. v., Ἀριάγνη peut très-bien avoir été un nom commun qualificatif, approprié à l'une des nourrices de Bacchus. On s'autorise, en second lieu, d'un autre vase du musée public de Palerme, où la même image de Bacchus enfant, confié à une nymphe par Mercure, est placée au-dessus des noces de Bacchus et d'Ariane, et l'on en conclut que ce Bacchus enfant ne peut être que le fruit de l'union de Bacchus et d'Ariane. Mais cette supposition est pareillement contraire à toute vraisemblance; elle n'est pas moins contredite par les traditions qui avaient cours sur les fils, au nombre de *six*, qui résultèrent de l'union de Bacchus et d'Ariane, et parmi lesquels Iacchus n'est nommé nulle part, Schol. Apollon. Rh. *ad* l. III, v. 997; tandis que rien n'est plus naturel que de voir réunies sur un même vase deux scènes qui se suivent, comme celles de l'éducation du dieu et de son mariage; et cette circonstance, qui se trouve sur notre vase de Corinthe, prouve que c'est aussi le cas de celui de Palerme. On ajoute à ces deux vases une peinture, publiée d'après le dessin de P. Santo Bartoli, *Pictur. antiq. crypt. roman.* tab. iv, où l'on a voulu voir encore Iacchus enfant, né de Bacchus, remis par une nymphe à Ariane, épouse de ce Bacchus, idée extraordinaire, à l'appui de laquelle on n'allègue aucun texte, et qui est contraire à tous les témoignages que nous possédons. Il est vrai que, pour reconnaître ici Ariane dans la femme qui s'appuie sur un arbre, on cite des figures pareilles sur le vase de Gaëte, Welcker, *Zeitschrift*, etc., Taf. v, n° 3, sur un bas-relief Albani, Zoëga, *Bassiril.* t. II, tav. xcvi, et sur un sarcophage du Capitole, *Mus. capitol.* t. IV, tab. lx. Mais l'analogie qu'on signale entre ces figures n'a rien de réel. M. Welcker a vu dans les deux premières *Opora personnifiée*, et cela avec bien plus de vraisemblance; et, quant à la figure du bas-relief capitolin, c'est une ménade qui détache une grappe de raisin du cep de vigne que tient Bacchus : il n'y a rien là qui ait le moindre rapport avec la femme qui s'appuie sur un arbre. La peinture de Bartoli représente, suivant toute probabilité, la *naissance d'Adonis*: c'est le sentiment des antiquaires du xviii° siècle, et cette opinion est bien plus plausible que celle de l'antiquaire du nôtre. Les monuments où l'on a cru trouver la *naissance d'Iacchus* ne fournissent donc réellement rien de favorable à cette idée, qui n'est

pas moins dépourvue de l'appui des textes; en sorte que je n'hésite pas à la déclarer illusoire de tout point.

[1] Je partage tout à fait, à cet égard, l'opinion exprimée par M. Lobeck, en ces termes, *Aglaopham.* t. II, p. 822, e) : « Neque unquam futurum arbitror ut Dionysii Phrygii et Thebani discrimina accurate cognoscantur; adeo pauca sunt testimonia, adeo incertus eorum usus, quia non constat quid poetæ turbaverint, quid historici opinati sint, quid a singulis testibus cogitate scriptum vel ex tempore effutitum sit; quæ res me retinuit ne in ea disputatione quæ de Zagreo instituta est, Iacchi mentionem inferrem, quum præsertim fieri possit, ut cantilenæ Eleusiniæ nomen ortum dederit deo Iaccho, etc. » Sur cette incertitude, attachée aux notions qui concernent Iacchus, voyez Creuzer, *Symbolik.* III, p. 335, suiv.; Voss, *Mytholog. Forschung.* II, p. 24, suiv.; Fritzche, *de Carm. Aristoph. myst.* p. 18, sqq.

[2] Schol. Aristophan. *ad. Ran.* v. 326 : Συνίδρυται τῇ Δήμητρι ὁ Διόνυσος· εἰσὶ γοῦν οἵπερ φασὶν αὐτὸν Περσεφόνης εἶναι, οἱ δέ τῇ Δήμητρι συγγενέσθαι, ἄλλοι δέ ἕτερον τοῦ Διονύσου εἶναι τὸν Ἴακχον; cf. Arrian. *Exped. Alex.* II, xvi, 3; Harpocrat. v. Λεύκη; voy. Éd. Gerhard, *Prodromus*, etc., p. 74, 38).

[3] Pindar. *Isthm.* vii, 5: Πάρεδρον Δαμάτερος.... Διόνυσον; cf. Schol. *ad h. l.* : Πάρεδρον Δαμάτερος εἶναι τὸν Διόνυσον,.... ὅτι παρεδρεύει αὐτῇ ὁ ἐκ Περσεφόνης γεγονὼς Ζαγρεὺς Διόνυσος ὁ κατά τινας Ἴακχος.

[4] Diodor. Sic. III, lxii; Schol. Aristid. t. III, p. 648, Dindorf.; Schol. Eurip. *ad Orest.* v. 952. Voy. Éd. Gerhard, *Prodromus*, etc., p. 49.

[5] C'est effectivement en cette qualité que Strabon nous apprend qu'Iacchus était généralement connu des Grecs, tout en ajoutant qu'on appelait aussi Bacchus de ce nom, Strabon, X. p. 468 : Ἴακχόν τε ΚΑΙ τὸν Διόνυσον καλοῦσι, ΚΑΙ τὸν ἀρχηγέτην τῶν μυστηρίων, τῆς Δήμητρος Δαίμονα. Sur ce passage, qui ne me semble pas avoir été employé dans son véritable sens par M. Creuzer, voyez l'observation de son traducteur français, *Relig. de l'antiq.* t. III, p. 233, 2). Strabon a voulu dire que les Grecs avaient fini par donner à Bacchus le nom d'Iacchus, qui était d'abord et proprement celui du *génie* de Cérès; et cette confusion était née, sans doute, à l'époque où le culte de Bacchus et celui des déesses d'Éleusis avaient fini par n'en faire qu'un. On sait, du reste, quel rôle ce génie des mystères, cet Iacchus attique, si différent du Dionysus thébain, joue dans les innombrables représentations des scènes mystiques sur les vases peints, où il n'y a pas moyen de le confondre avec Bacchus.

[6] Je crois qu'en dehors de la religion attique, les images d'Iacchus furent toujours très-rares chez les Grecs de toutes les

au jour par Bacchus de la même manière que Bacchus l'avait été par Jupiter. Le monument où l'on a cru voir cette scène mythologique, par une de ces illusions à l'appui desquelles un homme instruit trouve toujours, à défaut de textes, des raisonnements à produire, ne nous montre, en effet, au lieu d'un enfant nu, sortant à mi-corps de la cuisse de Jupiter, comme on le voit sur nos vases peints, sur le miroir Borgia, sur nos deux plaques d'or et sur les sarcophages romains, qu'un enfant nu, porté sur les bras de deux hommes et déposé sur le genou d'un dieu; et cette représentation, dont il existe d'autres exemples analogues[1], doit s'expliquer, ainsi que l'avait soupçonné M. Welcker, d'après un tout autre ordre d'idées, d'après l'usage de mettre les enfants nouveau-nés sous la protection de quelque divinité tutélaire, soit en les plaçant sur les genoux de cette divinité, soit en les initiant à son culte[2], ainsi que le montre notre vase corinthien, où la scène de l'initiation de l'enfance succède immédiatement à celle de la naissance du dieu.

Les monuments que j'ai cités étaient les seuls connus jusqu'ici où se trouvât exprimé le mythe de la naissance de Bacchus, conformément à la tradition exposée par Euripide sur

---

époques. Iacchus, sous la forme d'un *jeune dadouque*, δᾷδα ἔχων Ἴακχος, Pausan. I, ɪɪ, 4; cf. Clem. Al. *Protrept.* p. 34, 15, figurait, à côté de Cérès et de Proserpine, en un groupe, de la main de Praxitèle, placé dans le temple de Cérès à Athènes : ce devait être là sa forme consacrée et habituelle. Il figurait aussi comme un *adolescent*, κοῦρον Ἴακχον, Nonn. *Dionys.* xɪ.vɪɪɪ, 959, dans les bas-reliefs de la frise du Parthénon, sur la façade orientale; et, à cette occasion, je dois dire que ce bas-relief, dessiné par Carrey en 1674, et qu'on croyait perdu, a été retrouvé dans les décombres du Parthénon, moins cependant la figure d'Iacchus; je l'ai fait dessiner en cet état en 1838. On connaît ces groupes de terre cuite où *Iacchus*, sous les traits d'un *enfant*, est placé *entre les jambes ou sur les genoux* des deux déesses thesmophores, Cérès et Proserpine, Éd. Gerhard, *Antik. Bildwerke*, Cent. I, Taf. ɪɪ, ɪɪɪ; ce devait être encore là une image populaire d'Iacchus, et probablement celle qu'a eue en vue l'antiquaire qui a publié le bas-relief de la naissance d'Iacchus, *Annal. etc.* t. XIV, p. 25, à moins qu'il n'ait voulu désigner les bas-reliefs de terre cuite où un enfant, placé sur le *van mystique*, est porté par deux satyres, *Terracottas in the Mus. British*, pl. xxɪv, nᵒ 44, bas-reliefs qui sont effectivement très-nombreux; auquel cas, il se serait trompé; car ces bas-reliefs ont certainement rapport à l'*éducation de Bacchus*, et non pas à la *naissance d'Iacchus*. M. Otto Jahn paraît être aussi d'avis que la représentation habituelle d'Iacchus fut celle d'un *adolescent*, als *Knabe*, archäol. *Aufsätze*, § vɪɪ, p. 73; et j'avoue que la seule exception à cet usage qu'il ait pu citer, celle d'un *Iacchus barbu*, d'après un vase peint, publié par M. Éd. Gerhard, *Auserles. Vasenbild.* t. I, Taf. ɪxɪx-ɪxx, p. 195, 26); cf. p. 166, 27), me paraît sujette encore à plus d'une difficulté.

[1] Tels que le marbre de Sigée, publié dans les *Antiquit. of Ionia*, t. I, p. 1, où des mères portant leur enfant emmailloté sur les bras s'approchent d'une déesse assise, Hygie ou toute autre. Un bas-relief, qui fit partie d'une composition semblable, et qui venait aussi de la Troade, a été décrit par Visconti, *Descript. des ant.* nᵒ 300; et M. Welcker rapporte à une intention semblable un bas-relief du Vatican, *Mus. P. Clem.* t. V, tav. xxvɪɪ, expliqué dans ce sens par Visconti, *Zeitschrift, etc.*, p. 440, 113). Il existe encore un fragment de bas-relief semblable, dans le *Mus. Worsleyano*, § ɪ, tav. ɪ, et un autre au musée de Berlin, publié par M. Éd. Gerhard, *Ant. Bildwerke*, Cent. II, Taf. cxɪɪɪ, 4. Ce sont aussi des représentations analogues que celles qui offrent un enfant emmailloté porté sur le bras d'une femme, nourrice ou parente, et présenté à une autre femme assise, la mère de cet enfant; composition qui servit de type pour les bas-reliefs de stèles funéraires, de style attique, telles que j'en ai vu plus d'une à Athènes, entre autres celle qui porte une inscription bilingue, grecque et punique, Jahn's, *Archiv für Philologie*, Th. II, Heft 3; Éd. Gerhard, *Lettr. à M. Bunsen sur les monum. figur. de la Grèce*, p. 23; le même type, qui se retrouve sur un célèbre bas-relief de la villa Borghèse, où Winckelmann avait vu la *naissance de Télèphe*, *Monum. ined.* nᵒ 71, avec toute apparence de raison, et où l'on a voulu depuis reconnaître la *naissance d'Hélène*, à l'aide de déductions arbitraires et de rapprochements forcés qui ne méritent aucune confiance, *Annal. dell' Instit. archeol.* t. II, tav. agg. G, p. 154-157. J'ajoute qu'Ott. Müller voyait un sujet analogue, c'est-à-dire une mère offrant son enfant avec une *bandelette*, signe et symbole de l'initiation, à une déesse nourrice (*kourotrophos*) qui tient cet enfant sur ses genoux, dans le célèbre bas-relief de la villa Albani, Winckelmann, *Mon. ined.* nᵒ 56; Zoëga, *Bassiril.* t. I, tav. xɪɪ; voyez ses *Monum. de l'art. antiq.* pl. xɪ, nᵒ 40, p. 5. Pour revenir à notre bas-relief, en se plaçant dans l'hypothèse que je viens de proposer, d'accord avec M. Welcker, le personnage pris pour Silène serait le pédagogue de l'enfant nouveau-né.

[2] La peinture publiée d'après le dessin de P. Santo Bartoli, dans les *Pictur. antiq. crypt. roman.* tab. xɪ, et reproduite dans les *Annal. dell' Instit. archeol.* t. XIV, tav. agg. B, nᵒ 1, avec une autre peinture provenant du même endroit et reproduite aussi ibid. nᵒ 3, a rapport à cette *initiation de l'enfance*, et nullement, comme on l'a cru, à la *naissance d'Iacchus*; il en est de même d'une troisième peinture des Thermes de Titus, publiée dans le même recueil, tab. xɪɪ, où les interprètes du xvɪɪ siècle ont reconnu eux-mêmes une scène de l'initiation aux mystères de Bacchus associés à ceux d'Éleusis.

le théâtre attique [1]; et aucun de ces monuments ne pouvait, à mon avis, prétendre à une antiquité supérieure à l'âge de ce poëte. Notre vase de Corinthe, d'une fabrique qu'on ne risque rien d'attribuer au VIIe siècle avant notre ère, est donc venu ajouter à nos connaissances archéologiques un témoignage figuré qui a toute la valeur d'un texte écrit, jointe à toute l'originalité d'un monument primitif; et ce monument, qui prendra place à la tête de tous ceux qui ont rapport au mythe de Bacchus, acquiert, par toutes ces considérations, une grande importance dans l'histoire de l'art et du culte helléniques.

J'ai peu de chose à dire pour compléter l'explication de ce vase. La femme qui s'apprête à recevoir dans ses bras le dieu sorti de la cuisse de Jupiter est sans doute l'*Ilithyie*, à moins qu'on ne préfère voir en elle l'Artémis-Diane, désignée sur le miroir Borgia par le nom *Thalna*, forme étrusque de *Diana*. Deux autres femmes debout derrière le siége de Jupiter, l'une sans aucun attribut, l'autre avec une *bandelette* qu'elle tient déployée, doivent être les *deux Heures*, qui assistent en effet à la naissance de Bacchus, dans le récit mythologique de Nonnus [2], et qui manquent rarement de se trouver à des scènes pareilles, soit dans les images poétiques [3], soit sur les monuments figurés [4]. Ce premier tableau de notre vase peint n'offre donc rien qui ne soit d'une intelligence facile, en même temps que d'une composition conforme à toutes les traditions de l'art.

La seconde scène, qui vient immédiatement après, se compose pareillement de cinq figures; et elle représente le *lectisterne* de Bacchus et d'Ariane. Les deux personnages principaux, c'est-à-dire le dieu de Naxos et sa compagne déifiée [5], sont assis, à la suite l'un de l'autre, sur une *klinê*, devant laquelle est une table chargée de fruits. Ils tiennent tous les deux de la main droite le *kantharus*, qui est le vase propre à Bacchus, et ils ne se distinguent du reste par aucun signe particulier, si ce n'est qu'Ariane, placée derrière le dieu, apparaît enveloppée tout entière dans un long vêtement. Bacchus, au contraire, est vêtu

---

[1] Suivant une autre tradition, Sémélé avait enfanté elle-même Bacchus; et cette tradition avait fourni le sujet d'une peinture décrite par Philostrate l'Ancien, *Imag.* I, xiv, et d'une autre peinture, imaginée sans doute plutôt que vue par Longus, IV, iii : Σεμέλην τίκτουσαν. Mais il existe une peinture de mur, qui a fait partie de la collection du prince Gagarin, et qui représente Bacchus, sortant du sein de Sémélé; voy. les *Memor. rom. d'antich.* III, tav. xiii, p. 327, et Ed. Gerhard, *Hyperb. Röm. Stud.* p. 105. Sur une peinture des *Terme di Tito*, Mirri, n. 16, on voit Bacchus emmaillotté dans les mains d'une nymphe et allaité par une seconde nymphe, en présence de Mercure. Sur une autre peinture provenant du même lieu, *ibid.* n. 17, Bacchus, nouveau-né, est lavé par une nymphe dans un bassin, au pied du lit où gît Sémélé, la tête ceinte d'un diadème. Je n'ai point parlé d'une autre tradition, suivant laquelle Bacchus, confié à la *Terre*, la même que *Sémélé*, Etymol. magn. v. Σεμέλη· θεός, θεμελίς... Θεμελίς ἡ γῆ προσαγορεύεται, serait sorti du sein de la Terre, et non de la cuisse de Jupiter. Cette tradition, rapportée par J. Lydus, *De Mens.* p. 82, Sch., ne me paraît pas mériter assez de confiance pour qu'on puisse s'en servir, comme l'a fait tout récemment M. Otto Jahn, *Archäol. Aufsätze*, § vii, p. 72, suiv., à l'explication des vases et des bas-reliefs où l'on a cru voir généralement la *naissance d'Érichthonius* où ce savant croit recon-

naître plutôt la *naissance de Bacchus*. Mais les éclaircissements qu'entraînerait cette controverse m'écarteraient trop de mon sujet, et je les réserve pour un autre travail.

[2] Nonn. *Dionys.* ix, v. 11-13 :

Τὸν μὲν ὑπερκύψαντα θεηγενέος τοκετοῖο
ΣΤΕΜΜΑΤΙ κισσόεντι λεχώιδες ἐστέφον ὮΡΑΙ
ἑσσομένων κήρυκες.

[3] Témoins les *Heures* qui assistent à la naissance de Vénus, *Hymn. Homer.* viii in *Ven.* v. 5-13:

Τὴν δὲ χρυσάμπυκες ὮΡΑΙ
Δέξαντ' ἀσπασίως, περὶ δ' ἄμβροτα εἵματα ἕσσαν.

[4] La plupart des antiquaires s'accordent à reconnaître les *deux Heures* attiques, *Thallo* et *Auxo* (ou *Carpo*), Pausan. IX, xxxv, 1; cf. Hygin. *Fab.* clxxxiii, dans les deux figures de femmes, assises à côté l'une de l'autre, dans la partie gauche du fronton oriental du Parthénon, où était représentée la *naissance de Minerve*, Pausan. I, xxiv, 5; voy. Bröndsted, *Voyages et Recherches dans la Grèce*, IIe Part. Préface, p. xi, 4).

[5] Ariane était déjà admise, comme compagne de Bacchus, dans les plus anciennes traditions de la religion grecque; témoins ces vers de la *Théogonie* d'Hésiode, v. 946-7 :

Χρυσοκόμης δὲ Διώνυσος ξανθὴν ΑΡΙΑΔΝΗΝ,
Κούρην Μίνωος θαλερὴν ποιήσατ' ἄκοιτιν.

d'une tunique courte, qui laisse ses deux jambes découvertes, et il présente la jambe gauche à une femme qui se baisse vers lui, dans l'attitude de lui ôter sa chaussure : c'est un trait de mœurs antiques, connu par beaucoup de témoignages classiques[1], et qui se trouve exprimé, dans une circonstance tout à fait analogue, sur la célèbre composition du *festin d'Icarius*, dont il existe tant de répétitions, en marbre et en terre cuite[2], qui toutes attestent l'excellence du monument original. La femme qui remplit, sur notre vase corinthien, l'office attribué au jeune satyre sur les bas-reliefs grecs, est probablement une *ménade, Thaléia*[3], ou toute autre; les deux autres figures qui précèdent sont pareillement deux personnages du thiase bachique, l'un qui se reconnaît pour un homme à sa tunique courte, et qui tient la *prochoé*, le vase de la libation, l'autre qui est une femme vêtue d'une tunique longue, serrée autour du corps et attachée par une ceinture, portant de la main droite un vase muni d'une anse mobile et destiné à contenir de l'eau, de l'autre main un objet indécis. Telle est cette représentation du *lectisterne* de Bacchus et d'Ariane, produite sous la forme la plus simple et la plus archaïque qui nous reste sans doute de toute l'antiquité.

Les scènes qui suivent me semblent avoir rapport à l'*initiation* aux mystères de Bacchus, qui forme le corollaire naturel des images précédentes. Quatre figures, évidemment séparées de celles qui appartiennent à la scène du *lectisterne*, comme elles le sont de celles qui font partie du groupe suivant, représentent, si je ne me trompe, l'acte le plus important de l'initiation, celui qui se nomma *thronôsis*[4], et qu'on pourrait appeler dans notre langue l'*intronisation*. Un jeune homme est *debout*[5] sur un siège bas, qui paraît être un *ochladias*. Il est tourné

---

[1] Aristophan. *Vesp.* v. 103 : Εὐθὺς δ' ἀπὸ δορπηστοῦ κέκραγεν ΕΜΒΑΔΑΣ; cf. Schol. *ad h. l.* Add. Horat. *Serm.* II, v 11, 77; Plaut. *Trucul.* 11, 4, 12, et 5, 26; Plin. Jun. *Epist.* IX, 17; Martial. *Epigr.* III, 50, 3. Dans le célèbre tableau des *noces de Roxane*, ouvrage d'Aétion, c'était l'Amour lui-même qui remplissait cet office de détacher la chaussure, ὡς κατακλίνοιτο ἤδη, Lucian. *Aetion.* § 3, t. IV, 119, Bip. Sur une belle coupe de Vulci que je possède, et qui a été publiée dans les *Monum. dell' Instit. archeol.* t. III, tav. XII, on voit, à l'extérieur, la représentation d'un *Kômos*, où plusieurs des convives ont leurs chaussures placées au bas de la *kliné* sur laquelle ils sont couchés. J'observe, à cette occasion, qu'une belle stèle attique qui se trouvait dans le temple de Thésée et que j'y ai fait dessiner en 1838, la même qui est décrite par M. Éd. Gerhard, *Lettr. sur les monum. figur. de la Grèce*, p. 22, offre une composition de trois figures, que je rapporte à un sujet nuptial, et où une jeune femme est occupée à détacher la chaussure de la mariée, avec une intention analogue à celle qui était exprimée par un groupe semblable dans le tableau d'Aétion.

[2] Le plus beau de ces bas-reliefs est celui qui a été publié dans l'*Admiranda*, tab. 43, et qui est maintenant au Musée Britannique, *A descript. of the anc. marbles in the Bri. Mus.* p. II, pl. IV. Il en existait une répétition à la villa Albani, qui a fait depuis partie des *Monum. du mus. napol.* t. II, pl. 3, et une autre, dans la collection Farnèse, maintenant au musée de Naples. Spon en avait fait connaître une autre répétition, sans indiquer en quelle collection se trouvait le marbre original, *Miscellan.* p. 310. Un autel de la villa Negroni, placé maintenant au Vatican, représente le même sujet, *Mus. P. Clem.* t. IV, tav. xxv; et il se trouvait, au musée des bénédictins de Catane, un fragment d'une composition semblable, qui a été publié par Saint-Non, *Voyage pittoresque*, t. II, pl. cxxxvii. Le même sujet se rencontre aussi sur des terres cuites, dont une fait partie du Musée Britannique, *A descript. of the anc. terracottas in the Brit. Mus.* n. XLVII, et une autre, de la collection de M. le ch. Campana, *Antich. oper. in plastica*, tav. xxix. Voyez, sur ce monument, dont l'importance et le mérite sont suffisamment attestés par ses nombreuses répétitions, les observations de Zoëga, *Abhandlungen*, etc., p. 76, suiv. et 362, suiv., avec les planches II, IV. n. 7, 8, 9, 10.

[3] La *ménade* ΘΑΛΙΑ, Hesych. v. Θαλεία, est connue par deux vases peints, Tischbein, t. II, pl. xliv, et *R. Mus. Borbon.* t. XII, tav. xxi; voy. Otto Jahn, *Vasenbilder*, § III, p. 17,18), et p. 18, 28); cf. *ibid.* p. 20, 86).

[4] Sur cet acte de l'*initiation* et sur les monuments qui s'y rapportent, voy. Boettiger, *Archäolog. der Malerei*, p. 231. Je reconnais, avec M. Quaranta, la même scène mystique sur un vase, de fabrique campanienne, qui se voit au musée des *Studj*, et qui a été publié dans le *R. Mus. Borbon.* t. IX, tav. xxix; et je rappelle, à cette occasion, le vase publié par Millin, *Vases peints*, t. II, pl. xvi, et déjà cité plus haut, p. 44, 2), où Boettiger avait vu l'acte de la θρόνωσις, et que M. Creuzer a expliqué à son tour dans un sens mystique, auquel je ne saurais donner mon assentiment; voy. ses *Religions de l'antiquité*, t. III, p. 352, pl. cxlv bis, n° 491 b.

[5] Il y a peut-être là une allusion à quelque circonstance du mythe de Bacchus. Ce dieu est représenté *debout*, dans l'une des scènes relatives à son éducation, au milieu des nymphes et des silènes, sur un beau bas-relief capitolin, t. IV, tab. ix.

vers une femme qui le touche de sa main droite, et qui porte de l'autre main une branche de lierre; derrière ce groupe est une autre femme, qui tient de la main gauche levée une *couronne* qu'elle s'apprête à placer sur la tête du jeune *myste;* et une troisième femme, enveloppée tout entière dans son long vêtement, et qu'à ce signe on pourrait prendre pour *Mystis,* ou *Télété* personnifiée, assiste à cette scène mystique, où se reconnaît l'*initiation du premier âge,* qui était un usage de plusieurs peuples grecs, consacré sur beaucoup de monuments de l'art[1].

Les figures qui viennent après cette scène de l'*initiation,* et qui sont au nombre de trois, ont rapport aux préliminaires de cette cérémonie. C'est ce qui me paraît surtout sensible par celle de ces figures qui porte sur sa tête une *table* à quatre pieds, sans doute la *table sacrée,* sur laquelle étaient placés, durant les différents actes de l'*initiation,* les vases et ustensiles propres au culte de Bacchus, comme on la voit, en effet, sur quelques vases peints, près d'un de ses anciens simulacres[2]. Le meuble posé sur cette table est certainement la ciste mystique, le symbole le plus caractéristique du culte dionysiaque; et ce nouvel indice me semble ne laisser aucun doute sur le sujet de cette scène. La figure de moindre proportion, qui précède celle qui porte sur sa tête la table surmontée de la ciste, est quelqu'un de ces jeunes ministres, chargés de fonctions sacrées, dont on connaît, par tant de témoignages antiques et de monuments de l'art[3], la présence dans ces sortes de représentations; et la femme debout, vers laquelle se dirigent les deux figures en question, est évidemment la prêtresse qui préside à la cérémonie.

La dernière scène qu'offre notre vase peint, consistant en treize figures, disposées sur une même ligne, en arrière l'une de l'autre, n'en est pas la partie la moins neuve et la moins curieuse. Elle représente la *pompe sacrée,* composée de femmes initiées au culte de Bacchus[4], toutes dans leur costume hiératique, avec les mains cachées sous le long vêtement

---

[1] J'ai publié moi-même deux de ces monuments, *Odysséide,* pl. LXXVIII, p. 409-410, et *Nouv. annal. de l'Instit. archéol.* t. II, pl. XVIII, p. 170, suiv., et j'ai cité, dans un autre ouvrage, les inscriptions qui ont rapport à cet usage, avec plusieurs monuments à l'appui; voy. mes *Lettres archéologiques sur la peint. des Grecs,* I⁰ part. p. 168, 1), 2), 4); cf. *ibid.* p. 155; à quoi j'ajoute que j'ai vu avec plaisir M. Éd. Gerhard exprimer tout récemment son assentiment à mes idées, en citant de nouveaux témoignages qui les justifient, *Auserles. Griech. Vasenbilder,* t. I, *Nachträgliches,* p. 220; et je profite de cette occasion pour dire que j'explique d'après le même sujet, l'*initiation de l'enfance aux mystères d'Éleusis,* un curieux bas-relief attique qui, du musée Grimani de Venise, a passé dernièrement dans le musée public d'Avignon. Ni Pacciaudi, qui a publié le premier ce monument, *Monum. pelopon.* t. II, p. 210; cf. p. 249, 1), ni M. Creuzer, qui l'a reproduit, *Abbildung. z. Symbolik,* Taf. XLIX, § 49, n° 80, n'en ont reconnu le véritable motif, que je me propose d'exposer dans un autre travail, et que je me borne, en attendant, à énoncer ici en peu de mots. C'est une stèle sépulcrale, érigée à une jeune personne morte dans son enfance. Elle s'y voit placée aux mains de Proserpine, comme la jeune initiée, ἡ παῖς ἀφ' ἑστίας, tenue de même par la prêtresse, et une femme, sans doute la mère de cette jeune fille, offre à la déesse d'Éleusis une oie, qui était notoirement l'oiseau consacré à Proserpine, en qualité de reine des morts.

[2] Ces sortes de *tables portatives,* servant à des usages sacrés, se nommaient en grec μαγίδες, Pollux, VI, 83, et X, 81, 82. On voit ce meuble placé près d'un ancien ξόανον de Bacchus, avec des vases servant à la libation posés dessus, sur un célèbre vase, de la collection Vivenzio, publié dans le *R. Mus. Borbon.* t. XII, tav. XXI, et sur deux autres vases, de collections particulières, dont les calques se trouvent entre mes mains. Sur un vase de la collection de M. Durand, dont je possède également le calque, n° 628, une table pareille, où divers objets sacrés, ἀπόρρητα, sont placés sous un *péplus,* se voit devant un prêtre en attitude d'adoration, prononçant le mot ΘΕΟΙ. Un jeune ministre sacré, portant une de ces tables, figure sur une peinture d'Herculanum, *Pittur. d'Ercolan.* t. IV, tav. 1, 3, p. 4, 10).

[3] Voyez, à cet égard, les témoignages que j'ai produits à l'appui d'un de ces monuments, que je publiais dans mes *Peintur. antiq. inéd.* pl. VI, p. 401, suiv.

[4] Cette troupe de femmes, au nombre de *treize,* représente pour moi les l'*epapai,* qui étaient, à Athènes, les femmes chargées de l'accomplissement des rites secrets du culte de Bacchus, Pollux, VIII, 108 : ἐπαποί ἄρρητα ἱερὰ Διονύσῳ ἔθυον; cf. Interprett. *ad h. l.* Sur cette classe de prêtresses, l'*epapai* ou l'*epaupai,*

qui les enveloppe. Cette pompe s'ouvre par un jeune ministre guidant un *bouc*, l'animal spécialement consacré à Bacchus[1], derrière lequel marche immédiatement une femme qui joue de la *double flûte*, l'instrument usité surtout dans les orgies dionysiaques : en sorte qu'ici encore il ne soit pas possible de méconnaître le sujet de notre peinture, dont toutes les parties, si faciles à rattacher à une intention commune, offrent ainsi tout un cycle dionysiaque, sous la forme la plus hiératique et dans le style le plus archaïque que nous ayons encore recouvré, et que, par toutes les raisons qui viennent d'être brièvement exposées, et qui reçoivent de la provenance corinthienne du vase un nouveau degré d'intérêt, je ne saurais trop recommander à l'attention des antiquaires.

αἱ ὑπηρετοῦσαι τοῖς ἱεροῖς, voyez les curieux détails connés par Démosthène, *adv. Neær.* p. 1369-1371, Reisk. Les femmes, au nombre de *treize* sur le vase, ont été réduites à *trois* sur la planche, à cause du défaut d'espace.

[1] On connaît la fable de Bacchus métamorphosé en *bouc*, ou en *chevreau*, par Jupiter, afin de le soustraire au ressentiment de Junon, Apollod. III, iv, 3 ; cf. Nonn. *Dionys.* xiv, 154 : Ἐριτόκῳ δὲ Πῇ μέν ἔην Ἐρίφῳ παχομοῖος. De là le surnom d'Ἔριφος donné à Bacchus chez les Lacédémoniens, Hesych. *h. v.* Sur la médaille des Laodicéens de Phrygie, représentant Jupiter avec Bacchus enfant sur les bras, le *chevreau* qui se voit aux pieds du dieu suprême fait allusion à cette métamorphose, Eckhel, *Num. vet.* tab. xiv, n° 12, p. 249-50, comme la *biche* placée aux pieds d'*Hercule* assis, avec *Augé* debout à ses côtés, sur un bas-relief de Mégare que j'ai publié (voy. plus bas, p. 91, vignette n° vi), offre une allusion anticipée à la naissance de Télèphe.

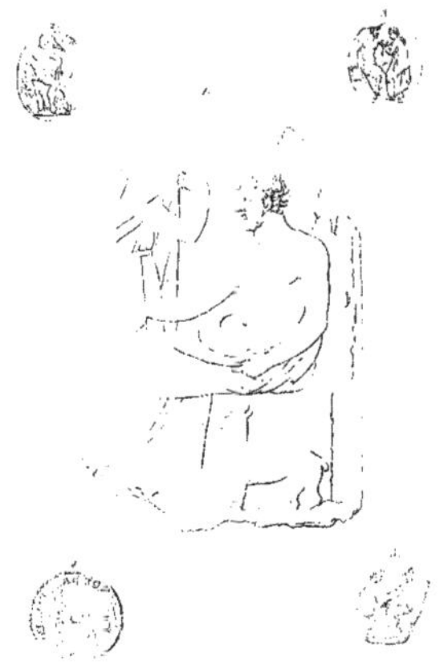

PLANCHE VI.

HERCULE ET IOLE.

Hauteur, 1 m. 37 cent. — Largeur, 1 m. 27 cent.

Hercule, devenu pour les Grecs e type de la force et du courage élevés à une puissance surnaturelle et à une condition divine, n'avait conservé que bien peu des traits de son modèle primitif, puisé dans l'archéologie asiatique[1]. Chez les peuples de race araméenne de l'Asie antérieure, où l'une des personnifications du d eu Soleil avait porté le nom de *Sandan*[2], ce dieu, représentant du principe actif et salutaire qui lutte contre les influences pernicieuses du principe contraire[3], avait eu une légende formée d'éléments en apparence contradictoires

[1] C'est une notion archéologique que je me suis attaché à établir, avec toutes les preuves à l'appui, dans le premier de mes *Mémoires d'archéologie comparée, asiatique, grecque et étrusque*, qui a pour objet *l'Hercule phénicien et babylonien considéré dans ses rapports avec l'Hercule hellénique, principalement à l'aide des monuments de l'antiquité figurée*.

[2] Ce nom de *Sandan*, le même que celui de *Sardan*, se don-

nait à l'une des formes du dieu Soleil, adoré à Ninive et à Tyr, à Tarse et à Sardes. C'est un point que je crois avoir démontré dans le mémoire cité à la note précédente.

[3] Ce dogme fondamental était exprimé, dans le langage figuré les peuples de l'Asie antérieure, par le groupe symbolique du *Dieu terrassant le lion*, groupe dont j'ai fait connaître le type, essentiellement asiatique, avec ses principales variantes, d'après

12.

et un culte où l'on remarquait un mélange bizarre de cérémonies empreintes d'un double caractère de force et de faiblesse, de deuil et de dissolution. C'est ce caractère, tout à fait conforme au génie des religions asiatiques, qui se retrouve dans une circonstance du mythe de l'Hercule grec, celle de son esclavage auprès d'Omphale, reine de Lydie; et c'est aussi à ce trait que se reconnaît le plus sensiblement la provenance orientale de ce mythe et celle du dieu dont il contenait l'histoire, appropriée plus tard au goût de la civilisation grecque.

Le même caractère de force et de faiblesse, de courage viril et de mollesse efféminée, se rencontre également dans les fables relatives aux nombreuses amours d'Hercule, dont la plupart offrent des circonstances où l'on ne sait ce qui doit étonner le plus, de l'effronterie d'une société qui déifiait l'auteur de pareils excès, en produisant, sous la forme d'aventures réelles, ce qui n'avait, dans le principe, qu'un sens astronomique, ou de la valeur morale d'une nation qui savait allier avec un pareil culte tant de vertus publiques et privées. Telle est, pour n'en pas citer d'autres exemples, que je me réserve de faire connaître en détail dans un autre travail [1], la fable des *cinquante* fils donnés à Hercule par les *cinquante* filles de Thespius [2], qui, comme celle des *cinquante fils* nés du commerce de *Séléné* et d'*Endymion* [3], se rapporte, suivant toute apparence, à une période de *cinquante mois lunaires*, ou de *quatre années* olympiques [4], et qui, par la circonstance de *quarante* de ces *Thespiades* envoyés par Hercule en *Sardaigne* [5], offre une relation si curieuse avec l'histoire des établissements phéniciens dans cette île. Mais, sans entrer ici dans des éclaircissements qui ne seraient point à leur place, bornons-nous à expliquer un de ces traits des amours d'Hercule, représentés dans leur sens positif et littéral, tels que la société grecque aimait à les contempler dans les œuvres de l'art d'une belle époque, et tels que nous les offrent encore quelques réminiscences dues à la peinture du dernier âge de l'antiquité.

Une des plus curieuses de ces peintures, exhumées en dernier lieu des ruines de Pompéi, est certainement celle dont je présente ici un dessin aussi fidèle que possible [6]. Cette peinture se trouvait dans une maison contiguë à celle dite *École de Verna*, et elle décorait une paroi d'une des chambres situées, à droite du péristyle, dans le fond de cette habitation, qui est d'ailleurs de peu d'importance [7]. L'exécution de cette peinture ne s'élève pas non plus au-dessus de cette mesure de médiocrité commune à tant de fresques de Pompéi; les incorrections qui y abondent, et qu'il serait superflu de relever, indiquent assez qu'elle provient de la main de quelqu'un de ces artistes du dernier ordre, dont la profession s'alliait de si près et se confondait presque avec celle de *stucateur* [8]. Mais la composition en était

---

des monuments originaux d'un art asiatique, tels que des cylindres, des cônes, des sceaux, des pierres gravées et des médailles, de travail babylonien et phénicien, dans le mémoire déjà cité.

[1] Dans la ive de mes *Lettres archéologiques*, où un chapitre spécial sera consacré aux *Amours d'Hercule*.

[2] Apollod. II, iv, 10; cf. Heyn. *ad h. l.*; Diod. Sic. IV, xxix; Athen. XIII, 556; Hygin. *Fab.* clxii. Apollodore a donné, II, vii, 8, le catalogue des *cinquante* fils d'Hercule, avec les noms de leurs mères.

[3] Pausan. V, 1, 2.

[4] Boeckh, *Explic. Pindar. ad Olymp.* iii, 18, t. III, p. 138; Ott. Müller, *die Dorier*, t. I, p. 435.

[5] Apollodor. II, vii, 6. C'est un point que j'ai traité dans mon *Mémoire sur l'Hercule assyrien et phénicien*, et par où la légende de l'Hercule hellénique se rattache le plus sensiblement à l'histoire des colonies phéniciennes.

[6] Elle a été publiée dans une gravure au simple trait, jointe à une dissertation de M. Minervini intitulée: *Il mito di Ercole e di Iole illustrato cogli antichi scrittori* (Napoli, 1842, 4°), p. 1-90. Le dessin que j'en donne a été exécuté d'après un calque colorié avec soin sur l'original, au moment de la découverte.

[7] Voy. les détails donnés sur cette peinture, au moment où elle venait d'être découverte, par M. le D. Schulz, dans le *Bullet. archeolog.* 1841, p. 119-120.

[8] Ces sortes d'artistes, d'un ordre subalterne, s'appelaient

certainement empruntée de quelque original célèbre de la haute peinture grecque[1]; et, dans tous les cas, le sujet en est neuf et intéressant, entre tous ceux que nous ont fait connaître les peintures des maisons de Pompéi.

Ce sujet est certainement relatif à Hercule; car ce dieu s'y trouve représenté d'une manière qui ne permet pas de le méconnaître, sous des formes qui ne peuvent convenir qu'à lui : vêtu de sa *peau de lion*, qui lui couvre une partie du corps, avec son *arc* et son *carquois* dont il vient de se débarrasser et qu'il a jetés sur le sol; avec sa *massue*, sur laquelle il s'appuie de la main gauche, tandis que, de la droite, il saisit par son vêtement une femme qui a cherché à lui échapper par la fuite. C'est donc ici une de ces scènes de rapt et de violence, si communes dans l'histoire des amours des dieux, dont Hercule était le héros; mais quelle en était l'héroïne? C'est une question qu'il n'est pas aussi facile de résoudre; et j'avoue qu'en me décidant pour Iole, à l'exemple d'un jeune et savant antiquaire napolitain, M. Minervini, qui a publié sur cette peinture un travail plein d'érudition et de critique[2], je suis plutôt une opinion rendue plausible par le savoir de son auteur que je n'obéis à une conviction pleine et entière. Effectivement, les circonstances du mythe d'Hercule et d'Iole, telles qu'elles ont été exposées avec beaucoup de soin par M. Minervini, ne s'accordent pas tellement avec la composition de notre peinture, qu'on puisse les y reconnaître en toute assurance; et, d'un autre côté, il se trouve dans cette peinture des particularités qui n'ont pas encore été expliquées, bien qu'elles aient une importance véritablement caractéristique.

La tradition relative à la blonde Iole[3], fille d'Eurytus, roi d'Œchalie, et à la destruction de cette ville par Hercule, suivie de l'enlèvement d'Iole, avait formé le sujet d'une épopée homérique[4], qui devint plus tard la source de récits mythologiques, tels que ceux de Phérécyde[5], et qui fournit aussi matière à plusieurs des tragédies du théâtre grec[6]. Selon la ver-

---

chez les Grecs κονιαταί, et chez les Romains *tectores*. C'étaient ceux qui exécutaient, au moyen d'enduits blancs ou diversement colorés, avec lesquels ils faisaient des corniches, des ornements d'architecture, des bas-reliefs et jusqu'à les figures, la décoration des maisons gréco-romaines de la dernière période de l'antiquité, telles que nous les ont fait connaître les fouilles d'Herculanum et de Pompéi. J'avais donné, dans mes *Peintures antiques inédites*, p. 420-421, 3), sur ce point d'antiquité, des éclaircissements que j'ai complétés dans ma *Lettre à M. Schorn*, 2ᵉ édit., p. 438-440, et je ne puis faire autre chose que d'y renvoyer mes lecteurs.

[1] C'est le cas où se trouvent, suivant moi, la plupart de ces peintures de Pompéi, où le mérite de l'exécution est loin d'être en rapport avec celui de la composition. Mais ce serait une chose bien hasardée que de chercher à reconnaître, dans les courtes indications données par Pline ou par d'autres auteurs, les œuvres originales de la *mégalographie* grecque qui purent servir de modèles aux décorateurs de Pompéi; et je m'expliquerai plus bas sur une conjecture de ce genre qui se rapporte à notre peinture, et qui ne me paraît pas admissible.

[2] M. Minervini, auteur de la dissertation citée plus haut, p. 92, 6).

[3] Hesiod. *apud* Schol. Sophocl. *ad Trachin.* v. 264 : Ξανθὴν Ἰόλειαν.

[4] Cette épopée, intitulée : Οἰχαλίας ἅλωσις, avait pour auteur Créophylos, un de ces anciens chantres de l'époque homérique, que la tradition vulgaire faisait contemporains de l'auteur de l'Iliade, ou qu'elle confondait même avec lui; voy., à ce sujet, les témoignages de Proclus, *Homer. vit.* ed. Allat., de Suidas, v. Κρεώφυλος, et de Callimaque, *apud* Strabon. XIV, 638; cf. *Fragm.* vi, p. 280, ed. Ernest., rassemblés et discutés dans une savante note de la *Dissertation* de M. Minervini, *Il mito di Ercole*, etc., § v, p. 45-47. Cette *prise d'Œchalie*, grâce, sans doute, aux poëmes dont elle avait été l'objet, passait, dans l'opinion des Grecs, pour un des événements les plus mémorables de l'époque héroïque; elle dut être un des principaux sujets des anciennes *Héraclées*; et c'était là, sans doute, la source d'où avait été tirée la tradition mise en œuvre par les tragiques; voy. Welcker, *der epische Cyclus* (Bonne, 1835, 8°), p. 219, suiv.

[5] Phérécyd. *apud* Schol. Homer. *ad Odyss.* v. Φ, 23, et *apud* Schol. Sophocl. *ad Trachin.* v. 354; cf. *Fragm.* xxxvv, p. 172-178, ed. Stürz.

[6] La prise d'Œchalie et l'extermination de la famille d'Eurytus paraît avoir été le sujet de la tragédie d'Ion, de Chios, intitulée : Εὐρυτίδαι, suivant une ingénieuse conjecture de M. Minervini, *Il mito di Ercole*, etc., p. 12-15; voy. Köpke, *de Ionis poetæ Chii vita et fragmentis* (Berol. 1836, 8°), p. 56.

sion qui paraît la plus ancienne, Hercule avait demandé pour son fils Hyllus, ou bien, d'après une autre tradition, il avait disputé pour lui-même, dans une lutte où il avait été vainqueur, la main de la jeune Iole; mais, dans l'une et l'autre circonstance, il n'avait éprouvé qu'un refus offensant; et, pour s'en venger, il était venu avec une armée assiéger la ville d'Eurytus, OEchalie, l'avait prise d'assaut, et, après la mort d'Eurytus et de ses fils[1], s'était emparé d'Iole, comme du prix de sa victoire. A ces traits principaux de la tradition primitive, les tragiques avaient ajouté des circonstances qui pouvaient bien n'être, dans le principe, qu'un reflet de la légende orientale, mais qui, admises dans leur sens littéral et positif, présentaient le caractère du héros et du dieu hellénique sous un jour bien peu honorable. On racontait[2] qu'Hercule, reçu, comme un ancien hôte, dans la maison d'Eurytus, et voulant abuser de cette hospitalité au point d'entrer en secret dans la couche d'Iole[3], en avait été repoussé avec mépris, et chassé même honteusement de la maison dans un état d'ivresse[4]. Le ressentiment qu'il avait conçu de cette injure durait encore, lorsque Iphitus, un des fils du roi d'OEchalie, étant venu à Tirynthe à la recherche de chevaux qui lui avaient été dérobés, Hercule, qui s'était approprié ces chevaux, fit périr son hôte, *en le précipitant du haut d'un mur élevé*[5]; et ce fut pour le punir d'un crime aussi lâche, le meurtre d'un hôte exécuté en trahison, que Jupiter donna l'ordre à Mercure d'emmener Hercule et de le vendre comme un esclave à Omphale, reine de Lydie, au service de laquelle il demeura une année entière[6]; en sorte que, dans cette tradition, accréditée au théâtre, l'histoire des malheurs d'Iole se liait à celle des amours d'Omphale. Sans m'arrêter aux détails de cette fable, qui m'éloigneraient trop de mon sujet, je me bornerai à signaler le trait principal qui se retrouve dans les diverses traditions épiques et tragiques concernant Iole : c'est à savoir qu'Hercule ne put s'assurer la possession de la fille d'Eurytus que par la violence. C'est après la destruction de sa ville et l'extermination de sa famille qu'elle tombe *prisonnière* entre les mains d'Hercule[7]; c'est *à la pointe de la lance* que le héros de Tirynthe s'empare de la *nymphe d'OEchalie, au pied rapide*[8]; et c'est enfin *au travers du sang et de la fumée* que s'accomplit, sous les plus sinistres auspices, cet hyménée funeste[9]. Un dernier trait à cette scène de rapt et de violence est celui que nous fournit un auteur peu connu, Nicias de Malea[10],

---

[1] Hesiod. apud Schol. Sophocl. *ad Trachin.* v. 266; Diodor. Sic. IV, xxxvii; cf. Wesseling. *ad h. l.*; Plutarch. *in Thes.* § vi; Senec. *Hercul. Oet.* v. 214.

[2] Sophocl. *Trachin.* v. 274.

[3] *Ibidem*, v. 437 :

Κρύψων δὲ ἔχοι λέχος.

[4] *Ibidem*, v. 272 :

Δείπνοις δ' ἀνὴρ ἐν ΟΙΝΩΜΕΝΟΣ.

[5] *Ibidem*, v. 274 :

Ἀπ' ἄκρας ἧκε πυργώδους πλακός.

cf. Pherecyd. apud Schol. Homer. *ad Odyss.* Φ, v. 23; *Fragm.* xlvi, p. 172, ed. Stürz.: Εἰς ἐπίκρημνον τεῖχος: Apollodor. II, vi, 2 : Ἀπὸ τῶν Τιρυνθίων τειχῶν; Tzetz. *Chil.* II, 36, v. 423 : Ἐκ τῶν τειχῶν τῆς Τίρυνθος.

[6] *Ibidem*, v. 253.

[7] Schol. Homer. *ad Iliad.* E, v. 392: Ἐπόρθησε (Ἡρακλῆς) τὴν Οἰχαλίαν, τὴν δὲ Ἰόλην ΑΙΧΜΑΛΩΤΟΝ ἤγαγεν; cf. Apollodor. II, vii, 7 : Ἦγεν Ἰόλην ΑΙΧΜΑΛΩΤΟΝ; Tzetz. *Chil.* II, 36. v. 470 : Πορθήσας Οἰχαλίην δέ, λαβὼν καὶ τὴν Ἰόλην; Serv. *ad Æn.* viii, 291 : Iolen sustulit.

[8] Sophocl. *Trachin.* v. 861-867 :

Ἰὼ κελαινὰ λόγχα προμάχου δορός,
Ἃ τότε θοὰν νύμφαν
Ἄγαγες ἀπ' αἰπεινᾶς
Τάνδ' Οἰχαλίας αἰχμᾷ·
Ἃ δ' ἀμφίπολος
Κύπρις ἄναυδος φανερὰ
Τῶνδ' ἐφάνη πράκτωρ.

[9] Euripid. *Hippolyt.* v. 552-554, ed. Valcken. :

Φοινίοις δ' ὑμεναίοις
Ἀλκμήνης τόκῳ Κύπρις ἐξέδωκεν.
Ὦ τλᾶμον ὑμεναίων.

[10] Sur cet historien, voy. la savante note de M. Minervini, *Il mito di Ercole*, § xxi, p. 60-62.

dont la narration nous a été conservée en extrait par un écrivain apocryphe[1]; il
était dit, dans les *Arcadiques* de cet auteur[2], qu'Hercule, irrité de n'avoir pu obtenir la main
de la fille d'Eurytus, avait détruit Œchalie, et qu'Iole, plutôt que de se soumettre à la loi
du vainqueur, s'était précipitée du haut des murs de la ville, mais que son vêtement,
s'étant gonflé par le vent, avait amorti la chute, de manière qu'elle n'en avait éprouvé
aucun mal.

C'est cette circonstance qui semble aussi renfermée implicitement dans la courte narration d'Hygin[3], la circonstance du refus opiniâtre qu'oppose Iole aux désirs d'Hercule,
même après le meurtre de ses parents, et celle de sa *fuite rapide*[4], qui ne l'empêcha pas de
tomber captive dans les mains d'Hercule, que ce savant antiquaire napolitain, M. Minervini,
a cru trouver représentée dans notre peinture de Pompéi, à laquelle je reviens maintenant,
pour y faire l'application des traits fournis par la tradition mythologique.

Cette peinture nous offre quatre personnages évidemment occupés à une même action;
de ces quatre personnages, le seul qui soit caractérisé d'une manière indubitable, c'est certainement Hercule. Le héros de Tirynthe apparaît comme au terme d'une longue course,
au point qu'il en avait perdu l'équilibre; et l'on ne sait si l'on doit mettre le défaut d'aplomb
qui se remarque dans son attitude sur le compte de la maladresse de l'artiste, comme je
serais porté à le croire, ou bien s'il faut y voir un *indice d'ivresse*, ainsi que l'a soupçonné
M. Welcker[5], qui avait sans doute en vue le passage des *Trachiniennes* de Sophocle[6], où il
est dit qu'Hercule, *enivré à la table* d'Eurytus, fut chassé de sa maison; et, si l'on admettait
cette conjecture, peut-être plus ingénieuse que solide, ce serait une circonstance du mythe
d'Hercule et d'Iole, négligée par l'antiquaire napolitain, qui viendrait à l'appui de son explication, mais qui exigerait un changement de temps dans cette explication, attendu que cette
circonstance se rapporte à l'hospitalité reçue par Hercule dans la maison d'Eurytus, et
qu'elle est, par conséquent, antérieure à la prise d'Œchalie. Mais j'avoue que, dans l'attitude
d'Hercule privé d'équilibre, comme il l'est ici, je ne puis voir que l'impéritie du peintre,
et non l'ivresse du héros: de sorte que je ne m'arrête pas à cette circonstance.

Hercule, à peine soutenu par sa massue qu'il appuie en terre et qu'il tient de la main
gauche, a saisi par son *péplus* une femme qui est renversée sur le genou gauche, et qui
semble avoir cherché à se dérober par la fuite à la poursuite du héros. Cette femme n'a, du
reste, ni dans son attitude, ni dans son costume, rien qui la caractérise particulièrement,
si ce n'est le mouvement de terreur faiblement exprimé dans son attitude encore plus que
dans sa physionomie, qui indique l'aversion qu'elle éprouve pour Hercule. Elle a près d'elle
une autre femme, sans doute une de ses compagnes, qui semble accourir à son secours, et

---

[1] L'auteur des *Petits parallèles* attribués à Plutarque, mais
trop sévèrement jugés par Wyttenbach, *Plutarch. opp.* t. I,
p. CLXI, et *Animadv.* t. II, p. I, p. 77-79; voy. Plutarch. t. VII,
p. 229, éd. Reisk. : Ἡρακλῆς τοῦ Ἰόλης γάμου ἀποτυχὼν, τὴν
Οἰχαλίαν ἐπόρθησεν. Ἡ δ' Ἰόλη ἀπὸ τοῦ τείχους ἔρριψεν ἑαυτήν·
συνέβη δὲ κολπωθείσης ὑπὸ ἀνέμου τῆς ἐσθῆτος, μηδὲν παθεῖν.

[2] Ces Ἀρκαδικά sont cités par Athénée, l. XIII, p 609, comme
l'ouvrage d'un Nicias, le même, sans doute, que le Nicias de
Maléa dont il est ici question; c'est, du moins, l'opinion très-
probable de M. Minervini, dans l'éclaircissement cité à l'une
des notes précédentes.

[3] Hygin. *Fab.* xxxv.

[4] C'est la même particularité que semble avoir eue en vue
Sophocle, lorsqu'il qualifie Iole θοὰν νύμφαν, *Trachin.* v. 862,
aussi bien qu'Euripide, lorsqu'il la désigne, *Hippol.* v. 549, par
l'épithète δρομάδα.

[5] *Bullet. archeolog. napolet.* 1843, n. v, p. 35.

[6] Voy. plus haut, p. 94, 4).

qui se montre debout sur un quartier de roc, dressée sur la pointe du pied, dans une attitude où il y a quelque chose de forcé, qu'on peut attribuer aussi bien à la maladresse du peintre qu'à la précipitation de la course. Cette seconde femme repousse le bras droit d'Hercule, qu'elle a saisi de sa main gauche, tandis qu'elle tient de l'autre main abaissée un pan d'une draperie que la femme poursuivie relève du bras droit, en étendant l'autre main vers sa compagne. Ce voile ainsi tenu par ces deux femmes, dans une circonstance aussi critique, a certainement une intention particulière, et, sans décider qu'elle soit aussi caractéristique du sujet qu'elle l'a paru à M. Welcker[1], je ne saurais nier qu'elle ne dût avoir, dans la pensée de l'auteur du tableau, une importance réelle[2]; mais j'avoue que je ne connais aucune circonstance du mythe d'Iole ni d'aucun autre trait des amours d'Hercule qui rende compte de cette particularité; et c'est, sans doute, par le même motif que l'habile interprète de notre peinture, M. Minervini, si exact et si ingénieux à en relever les moindres détails, a passé complétement celui-ci sous silence.

Reste à expliquer une quatrième figure, celle d'une femme qui se tient debout à la droite d'Hercule, dans une attitude tranquille, mais évidemment comme auxiliaire du héros dans son audacieuse entreprise; car elle repousse du bras droit la compagne de la femme assaillie par Hercule, dont elle cherche ainsi à assurer la conquête. Cette intention, d'accord avec cette attitude, me semble effectivement évidente, comme elle l'a paru à M. Minervini; mais je m'éloigne de cet antiquaire dans l'explication qu'il donne de cette figure: il y voit la personnification, soit de l'*OEchalie*, soit du *chœur de femmes*, compagnes d'Iole, dans quelqu'une des tragédies grecques, dont avait pu être tiré le sujet de notre peinture; et il rappelle, à cette occasion, qu'il exista un tableau célèbre, cité par Pline[3], comme ouvrage de Ctésidème, qui avait pour objet la *prise d'OEchalie*, *OEchaliæ expugnatio*, et dont il serait possible, suivant lui, que notre peinture de Pompéi nous eût conservé une copie. Sans m'arrêter à réfuter cette supposition, qui ne me semble pas fondée, je me contenterai de dire que la femme qui se tient debout à côté d'Hercule, évidemment pour l'assister dans son entreprise, ne saurait être, à mes yeux, un personnage fictif ou allégorique, comme l'*OEchalie* ou le *chœur* personnifiés, mais qu'elle doit être un personnage réel, qui prend une part effective à l'action. Cela posé, je trouve qu'en se plaçant dans l'hypothèse adoptée par le savant antiquaire napolitain, ce personnage est naturellement indiqué par les témoignages poétiques qui se rapportent à la fable d'Iole. Nous voyons, en effet, dans le chœur des *Trachiniennes* de Sophocle[4], apparaître *Vénus* à côté d'Hercule, précisément sous les mêmes traits

---

[1] *Bulletin. archeol. Napolet.* 1843, n. v, p. 35 : *un panno, il cui significato forma appunto l'enimma del quadro.* Le savant antiquaire ne s'arrête pas à l'idée qu'on ait voulu représenter ainsi les deux femmes occupées à laver le linge à une fontaine, et il a raison. Peut-être pourrait-on voir ici l'intention d'offrir au désespoir d'Iole une ressource contre l'attentat dont elle est menacée. Rien n'était plus conforme aux habitudes de l'âge héroïque que l'espèce de mort volontaire qui résultait de la suspension, et Déjanire elle-même en offre un exemple qui me dispense d'en citer d'autres; Apollodor. II, vii, 7 : Δηϊάνειρα δέ, αἰσθομένη τὸ γεγονός, ἐαυτὴν ΑΝΗΡΤΗΣΕΝ.

[2] Sur une peinture du *tombeau des Nasons*, représentant *Europe ravie par Jupiter métamorphosé en taureau*, tav. xvii, deux des compagnes d'Europe, debout sur le rivage, tiennent à peu près de la même manière un voile déployé entre leurs mains; et cette circonstance pouvait avoir la même intention que sur notre peinture. Mais quelle était cette intention? M. l'abbé Cavedoni, qui a fait ce rapprochement, *Bullet. archeolog. napolet.* 1844, n. xxiv, p. 53, s'est contenté de le signaler à l'attention des antiquaires, sans en hasarder l'explication.

[3] Plin. XXXV, xi, 40. Cf. Sillig. *Catalog. veter. artific. v. Ctesidemus*, p. 165.

[4] Sophocl. *Trachin.* v. 865-867.

et avec la même intention que la femme de notre peinture. C'est encore *Vénus* qu'Euripide, dans la même circonstance, donne pour auxiliaire au fils d'Alcmène[1] : en sorte que rien ne serait plus conforme aux traditions du théâtre, de même qu'aux convenances du sujet, que de reconnaître ici *Vénus* près d'Hercule, dont elle favorise l'action, en écartant de lui tout obstacle. On sait, d'ailleurs, que rien n'était plus dans les habitudes de l'art antique que de représenter en un sujet semblable soit *Vénus* elle-même[2], soit *Pitho*, sa compagne[3], et je me crois dispensé d'en citer les exemples, familiers à tout antiquaire. Il existe encore, dans notre peinture, deux particularités sur lesquelles il me semble que M. Minervini a glissé trop légèrement, et dont il n'a donné peut-être ni une idée suffisamment juste, ni une explication tout à fait satisfaisante : l'une, c'est cette *couronne de fleurs* dont les quatre personnages ont la tête ceinte, et qui a certainement sa signification propre au sujet, et non indifférente ou commune ; l'autre, c'est le *lieu même de la scène*, qui offre un site agreste, compris entre des masses de rochers et des pans de murs peints et une *voie publique*, pavée de grandes dalles de pierre. M. Minervini voit dans la *couronne* le signe habituel auquel se reconnaissent les personnes illustres et divines ; mais ce n'est pas là, à mon avis, la véritable explication. La *couronne* qui se voit ici sur la tête des quatre personnages de notre peinture me paraît être la *couronne de fleurs* qu'on employait dans les banquets : elle indiquerait donc que c'est ici une scène de violence qui succède à une scène d'orgie ; et ce serait une circonstance tout à fait d'accord avec l'aventure d'Iole, telle qu'elle était connue de Sophocle et exposée sur le théâtre attique[4], mais dans un tout autre ordre de faits et de temps que celle qui a été prise par l'antiquaire napolitain pour le sujet de notre peinture, et qui fut un des actes tragiques du drame sanglant de la prise d'Œchalie.

Quant au *lieu de la scène*, c'est encore un des éléments de la composition de notre peinture dont il n'a pas été tenu assez de compte, et qu'il me paraît difficile de concilier avec l'explication de M. Minervini. Cet antiquaire suppose qu'après s'être précipitée du haut des *murs élevés* d'Œchalie[5], la nymphe fugitive a été poursuivie et atteinte par Hercule dans le lieu où se passe l'action. Mais, avec quelque négligence que soient généralement exécutés les *fonds de tableaux* dans nos peintures de Pompéi, il n'est guère possible d'admettre que ce soit une *enceinte de murs de ville* que l'artiste ait voulu représenter ici dans cette masse de rochers entremêlés de pans de murs peints. Si l'on suppose, au contraire, que ce soit à une

---

[1] Euripid. *Hippol.* v. 553-554 ; voy. plus haut p. 94, 9).

[2] Vénus intervenait personnellement dans les unions amoureuses : de là le surnom de Πρᾶξις, sous lequel elle était adorée dans un temple qu'elle avait à Mégare, et où son simulacre en ivoire, ἄγαλμα ἐλέφαντος, appartenait à une très-ancienne époque, ἀρχαιότατον, Pausan. I, xliii, 3. C'est à ce titre qu'on l'avait figurée sur d'anciens monuments de l'art, tels que le beau bas-relief grec du Musée de Naples, Winckelmann, *Monum. ined.* n. 115, où elle opère la séduction d'Hélène en faveur de Pâris ; tels encore que le beau vase attique publié par Wilkins dans Walpole's *Memoirs relating to the Turkey*, p. 409, où elle assiste au mariage de Thétis et de Pélée, fruit de la surprise que l'on connaît ; voy. mes *Monuments inédits, Achilléide*, p. 7-8.

[3] Sur *Pitho*, suivante de Vénus, Pindar. *Pyth.* ix. 70 (40) ; cf. Boeckh. *ad h. l.*, et, à ce titre, compagne de Junon dans les *hiérogamies*, Hermesianax, *apud* Pausan. IX, xxxv, 1, voy. les témoignages que j'ai rassemblés, *Achilléide*, p. 40-41, avec les monuments que j'ai cités et publiés à l'appui, *ibid.* et *Odysséide*, p. 262, voy. pl. viii, 2, et qui ont été rappelés en dernier lieu par mon savant ami, M. Creuzer, *Zur Gallerie*, etc., n. 97, 89), 90).

[4] Sophocl. *Trachin.* 372-3 :

Δείπνοις δ' ἡνίκ' ἦν οἰνωμένος,
Ἔρριψεν ἐκτὸς αὐτόν.

Cf. Idem, *ibidem*, v. 363-4 :

Ἀλλ' ἡνίκ' οὐκ ἔπειθε τὸν φυτοσπόρον
Τὴν παῖδα δοῦναι, κρύφιον ὡς ἔχοι λέχος.

[5] Idem, *ibidem*, v. 358 : Τὴν δ' ὑψίπυργον Οἰχαλίαν, et v. 871-2 : Ἀπ' αἰπεινᾶς Οἰχαλίας.

autre circonstance du mythe d'Iole que se rapporte notre peinture, à celle où Hercule, enivré à la table d'Eurytus, poursuit d'un amour effréné la fille du roi d'OEchalie, il ne paraîtra pas invraisemblable que le lieu de la scène, tel qu'il est ici représenté, offre, dans le fond, le palais du roi, bâti sur des rochers, et sur le devant une voie publique : en sorte que les principaux accessoires de notre peinture répondraient assez bien à la circonstance indiquée.

Je ne me dissimule cependant pas que l'explication de cette peinture, même en la rapportant à la circonstance que j'ai exposée et qui était antérieure à la prise d'OEchalie, reste encore sujette à beaucoup d'incertitude. M. Welcker, qui a fait contre l'interprétation de M. Minervini des objections très-judicieuses, et qui s'étonne avec raison qu'un sujet relatif à Hercule et rendu d'une manière assurément très-significative nous reste ainsi inconnu, soupçonne qu'il pourrait bien y avoir dans les poëtes latins quelque allusion à ce sujet qui nous le ferait comprendre, pour peu qu'on réussît à découvrir cette allusion cachée; et c'est là une idée, certainement aussi juste qu'ingénieuse, sur laquelle je reviendrai tout à l'heure, après que j'aurai examiné une autre explication proposée par un savant antiquaire, M. l'abbé Cavedoni, qui préfère de voir dans notre peinture l'aventure d'Hercule et Augé[1].

Ce mythe, sur lequel j'ai déjà eu occasion de citer, dans un autre travail[2], les monuments de l'art qui s'y rapportent, y compris le célèbre *torse du Belvédère*, en quoi je m'estime heureux d'avoir obtenu l'assentiment de M. Otto Jahn[3]; ce mythe est si généralement connu des antiquaires, surtout depuis les savantes observations qu'il a fournies à celui d'entre eux que je viens de nommer[4], qu'il serait superflu de s'y arrêter. Or c'est cette scène de violence exercée par Hercule *en état d'ivresse*[5] sur la personne d'Augé, fille d'Aleus, dans un lieu découvert, près d'une fontaine, à peu de distance du temple de Minerve, dont Augé était la prêtresse[6], que M. l'abbé Cavedoni a cru trouver sur notre peinture. Il explique, d'après ces circonstances de lieu, le site qu'elle présente, de même que par l'ivresse d'Hercule les indices de délire et d'égarement qui semblent se montrer dans sa personne. Il rapporte au même sujet la particularité des *couronnes de fleurs* que portent toutes les figures de notre fresque, sans dire pourtant par quel motif cette particularité pourrait convenir au mythe

---

[1] *Bullet. archeol. napolet.* 1844, n. XXIV, p. 53.

[2] Dans un mémoire intitulé : *Conjectures archéologiques sur le groupe antique dont faisait partie le torse du Belvédère*, p. 39-55.

[3] Voy. la dissertation intitulée : *Telephos und Troilos* (Kiel. 1841, 8°), p. 48, 49).

[4] Otto Jahn, *Telephos, etc.*, p. 47-64.

[5] Cette circonstance, qui manque dans le récit de Pausanias, VIII, IV, 6; XLVII, 3, et XLVIII, 5; cf. *ibid.* IX, XXXI, 2, de même que dans la narration des mythographes grecs et latins, Hecat. *Fragm.* 345, ed. Klausen; Apollodor. II, VII, 4, et III, IX, 1; Ovid. *Heroïd.* IX, 49; Hygin. *Fab.* XCIX, C, CI, est indiquée dans ce passage d'un des poëmes de Stace, *Sylv.* III, 4 :

> Quem Mænalis Auge
> Confectum thiasis et multo fratre madentem
> Detinuit.

et, d'après la tradition qu'Euripide avait mise en œuvre dans sa tragédie d'*Augé*, il semblerait que la prêtresse de Minerve elle-même aurait pris part à cette orgie bachique, puisqu'elle allègue l'*ivresse* comme l'excuse de sa faute, dans ces vers qu'elle adressait peut-être à son père, *Aug. fragm.* 1 :

> Σὺ δ᾽ ΟΙΝΟΣ ἐξέστησά μ᾽· ὁμολογῶ δέ σε
> Ἀδικεῖν· τὸ δ᾽ ἀδίκημ᾽ ἐγένετ᾽ οὐχ ἑκούσιον.

Cependant il est bien plus probable, suivant la conjecture de Matthiæ, approuvée par M. Welcker, *Die Griechisch. Tragöd.* t. II, p. 763-4, que ces vers appartenaient au *prologue* de la tragédie, et qu'Augé les mettait dans la bouche d'Hercule, s'excusant auprès d'elle de l'attentat que le vin lui avait fait commettre: ce qui revient à la tradition suivie par Stace; voy. aussi Otto Jahn, *Telephos, etc.*, p. 54.

[6] Christodor. *Ecphras.* v. 139: Παλλάδος Ἀρήτειρα. C'est sur cette circonstance, qu'Augé était prêtresse de Minerve, qu'était fondée la fable de la tragédie d'Euripide, et le sacrilége commis par cette héroïne, qui avait caché son enfant nouveau-né dans le temple même de la déesse, Schol. Aristophan. *ad Ran.* v. 1112; cf. Euripid. *Aug. apud* Clem. Alex. *Stromat.* VII, p. 841, ed. Potter. Cf. Ott. Jahn, *Telephos, etc.*, p. 52-53.

d'Augé. Enfin, il présume qu'Augé et l'une de ses compagnes étaient occupées à laver le *péplus* de Minerve, lorsqu'elles furent surprises par Hercule, et c'est ainsi qu'il rend compte du voile que les deux femmes tiennent suspendu entre leurs mains, mais, sans pouvoir s'autoriser d'un témoignage classique pour cette explication, qui ne s'accorde pas trop bien non plus, je dois en convenir, avec le mouvement et l'expression des deux figures. C'est à mes lecteurs à décider si cette explication, d'ailleurs très-ingénieuse, de M. l'abbé Cavedoni, a donné la solution du problème. Quant à moi, je persiste à croire que c'est plutôt le personnage d'Iole que celui d'Augé qui figure sur notre peinture, et ma principale raison, c'est que, dans tous les monuments connus jusqu'ici de la fable d'Hercule et Augé, le héros est constamment représenté *assis*[1], *ayant près de lui* ou *attirant à lui une femme qui lui résiste*, tandis que, sur notre peinture de Pompéi, de même que sur les deux autres monuments que M. Minervini croit, avec plus ou moins de raison, pouvoir rapporter au même sujet[2], Hercule apparaît *debout*, dans une attitude qui indique un acte de violence. Or il est contraire, suivant moi, à toutes les traditions de l'art antique que l'on ait admis sur les monuments deux manières aussi différentes l'une de l'autre de représenter le même sujet.

Cette considération, qui me paraît, je l'avoue, d'une assez grande valeur, me détermine à voir aussi l'acte de violence exercé par Hercule sur la personne d'*Iole*, dans une gravure antique qui avait dès longtemps attiré mon attention[3], et qui représente *Hercule debout* saisissant des deux mains une femme renversée sur les deux genoux et déjà en partie dépouillée de ses vêtements. C'est une idée qu'a proposée M. Minervini[4], et qui rentre assez

[1] On peut présumer qu'il était *assis*, même dans le célèbre groupe du gymnase de Zeuxippe, décrit par Christodore, *Ecphras.* v. 136-143; du moins n'y a-t-il, dans la description du poëte, aucune expression qui indique qu'Hercule fût autrement, tandis qu'il est certain que la figure d'Augé *était debout près de lui* : Ἐγγύθι δ' αὐτοῦ ΠΑΡΙΣΤΑΤΟ. Or il est bien probable que c'est ce groupe du gymnase de Zeuxippe qui a fourni le type d'une médaille de Pergame, Vaillant, *Numism. gr* p. 72; Mionnet, *Supplément*, t. V, p. 445, n° 1026, où se voit *Hercule nu, assis sur un rocher, ayant devant lui une femme dem-nue,* qui, sur un monument de Pergame, ne peut évidemment être qu'*Augé*, ainsi que l'a reconnu M. l'abbé Cavedoni, *Spicileg. numism.* p. 146, 145). Il y a pourtant une distinction importante, et quelquefois difficile à faire, entre les monuments où figure cet *Hercule assis*, avec une *femme debout* devant lui, et où l'on ne saurait voir *Hercule et Augé*, mais bien plutôt *Hercule et Hébé*, ou bien *Hercule et Omphale*; je citerai, pour exemple de la première de ces représentations, le bas-relief Borgia, Guattani, *Monum. ined.* 1788, p. xlvii, tav. ii, dont il existe, au musée de Naples, *R. Mus. Borbon.* t. XIII, tav. li, 1, une répétition provenant de Pompéi, où l'on a voulu voir, sans aucune raison, un *athlète assis*, et pour exemple de la seconde, une peinture de Pompéi, publiée dans le *R. Mus. Borbon.* t. III, tav. xix, et rapportée avec toute espèce de fondement par M. Minervini, *Il mito di Ercole, etc.,* p. 31, au mythe d'*Hercule* et d'*Omphale*.

[2] Ces deux monuments sont la pierre gravée publiée par Guattani, *Monum. ined.* 1785, p. lxxxvii-lxxxvii, tav. ii, et le groupe en marbre, appartenant à M. Campana, dont on doit la connaissance à M. Minervini, *Mito di Ercole, etc.,* tav. ii, p. 27-28.

Le jeune et savant antiquaire napolitain revendique pour le mythe d'Iole tous les monuments, pierres gravées et médailles, que j'avais cru pouvoir rapporter à celui d'Augé, et il oppose à mon explication quelques difficultés qui ne manquent pas d'une certaine apparence de fondement. Mais, sans m'arrêter à discuter ici ces objections, auxquelles il ne me serait pas impossible de répondre, je me bornerai à dire que je maintiens mon opinion, qui avait été soutenue par M. Otto Jahn, *Telephos, etc.,* p. 47-48, 49), et qui a obtenu depuis encore l'assentiment de M. Cavedoni, *Bullet. archeol. napolet.* 1844, n° xxiv, p. 53; et mon principal argument se tire du bas-relief de Mégare, qui représente certainement *Augé debout* près d'*Hercule assis*, d'après la particularité de la *biche*, ajoutée aux pieds de la figure d'Hercule; voy. ce bas-relief reproduit sur la vignette n° vi, p. 91, et accompagné de pierres gravées qui concourent à en expliquer le sujet, tel que je l'ai exposé dans mon *Mémoire sur le torse du Belvédère*, p. 39-55.

[3] Publiée dans Guattani, *Monum. ined.* 1785, p. lxxxvii-lxxxviii, tav. ii.

[4] *Mito di Ercole, etc.,* p. 24, 4). Mais, tout en approuvant cette conjecture du savant auteur, je ne puis partager son idée que notre peinture de Pompéi et que le groupe de la pierre gravée soient tirés d'un seul et même original, qui serait le célèbre tableau de la *Prise d'Œchalie, Œchaliæ expugnatio,* ouvrage de Ctésidème. Il est, sans doute, assez difficile de se représenter comment était conçu ce tableau; et toutes les conjectures qu'on pourrait faire à cet égard auront toujours le défaut de manquer d'une base certaine. Tout ce que je puis dire, c'est qu'une composition aussi considérable que paraît l'avoir été celle-ci, dont

bien, en effet, dans les conditions principales du sujet; mais je n'oserais pas assurer qu'il en fût ainsi d'un autre monument qu'il rapporte aussi à la fable d'Iole. C'est un groupe en marbre, de demi-nature, d'un travail romain [1], qui consiste en une figure nue d'Hercule en marche, emportant sur ses épaules une femme qu'il a ravie et qui lève vers le ciel la tête et le bras droit [2], comme pour implorer du secours. A de pareils signes, il n'y a rien dans le groupe en question qui puisse être reconnu pour appartenir au sujet d'Iole; et, si la considération que j'exposais plus haut est fondée, on devrait plutôt voir dans ce groupe l'*enlèvement* de quelqu'une des femmes ravies par Hercule, telles qu'*Astydamie* [3], ou *Chalciopé* [4], ou *Astyoché* [5], ou toute autre de ces maîtresses du fils d'Alcmène, dont la conquête fut pour lui le résultat d'une violence, mais dont la perte de tant d'ouvrages mythologiques nous a laissé ignorer l'histoire, avec ses principales circonstances. Dans tous les cas, je rapporte à la même aventure d'une *femme ravie par Hercule*, rendue comme elle l'est dans ce groupe en marbre, une représentation à peu près semblable qui se trouve sur un beau miroir de style grec, du musée des *Studj*, à Naples [6]. Hercule s'y voit enlevant dans ses bras une femme dont l'ample vêtement, dérangé à la suite de la lutte qui a précédé, laisse le corps en partie découvert. Ce groupe est conçu à peu près comme celui qui représente *Pélée ravissant Thétis*, sur des miroirs [7] et sur d'autres monuments de l'art antique [8], au point qu'au premier abord on pourrait être tenté de reconnaître, sur le miroir en question, ce trait si célèbre et si populaire dans l'antiquité de *Pélée* et *Thétis*. Mais Hercule est trop bien

---

la *prise d'Œchalie* était le sujet, ne saurait avoir été réduite à l'acte de violence exercé sur Iole.

[1] Ce groupe, qui fait partie de la collection de M. le Ch. Campana, à Rome, a été publié par M. Minervini, *Mito di Ercole*, tav. II. Il s'y trouve quelques restaurations modernes, qui sont indiquées dans le texte de l'antiquaire napolitain, p. 27-28.

[2] Cette tête et ce bras sont de travail moderne; mais le mouvement, et conséquemment l'expression, étaient indiqués suffisamment dans le marbre antique.

[3] Pindar. *Olymp.* VII, 45; cf. Sch. *ad h. l.*; Diod. Sic. IV, XXXVII; Apollod. II, VII, 6 et 8; cf. Heyn. *ad h. l.*; Philostrat. *Heroic.* II, 14.

[4] Apollodor. II, VII, 1; Pherecyd. *apud* Schol. Homer. Villoison. *Iliad.* Ξ, 255; Callimach. *Hymn. ad Del.* v. 161; cf. Spanheim. *ibid.* t. II, p. 439; Schol. Pindar. *ad Nem.* IV, 40. Voy. Cavedoni, *Annal. dell' Instit. archeol.* t. VII, p. 263; Otto Jahn, *Telephos*, etc., p. 61, 68).

[5] Homer. *Iliad.* II, 658; Apollodor. II, VII, 6; Schol. Pindar. *ad Olymp.* VII, 48.

[6] R. *Mus. Borbon.* t. XII, tav. XLIII, 2. J'ai peine à comprendre comment l'habile interprète de ce monument, M. Quaranta, a pu y voir la lutte d'Hercule et d'Antée. Le costume seul de la personne enlevée s'oppose à cette explication; et le *casque* qui couvre sa tête n'est pas même une difficulté : car cette pièce d'armure convient à Minerve, dont l'enlèvement pourrait très-bien être représenté sur ce miroir. On connaît les rapports de ce genre qui existèrent entre Hercule et Minerve, et c'est un point d'archéologie que je me propose de discuter particulièrement dans la IVe de mes *Lettres archéologiques*. En attendant, je remarque que mon savant ami, M. Éd. Gerhard, qui s'est occupé aussi des monuments relatifs à l'union d'Hercule et de Minerve, *Auserles. Griechisch. Vasenbild.* t. I, taf. CXLV-CXLVII, p. 180-184, ne me semble pas fondé dans le reproche qu'il me fait, *Nachträgliches*, p. 189, d'avoir songé à *Iole*, ou à *Augé*, plutôt qu'à *Omphale*, pour le choix de la maîtresse d'Hercule. Les considérations développées à ce sujet par M. Minervini auront dû modifier, sur ce point, l'opinion de l'illustre antiquaire de Berlin, et justifier à ses yeux la mienne.

[7] L'un de ces miroirs, publié d'abord à la suite de l'ouvrage de Dempster, *Etrur. Reg.* t. II, tab. LXXXI, a été reproduit dans mon *Achilléide*, pl. III, n° 2, avec une explication nouvelle. J'ai rapporté au même sujet un autre miroir publié par la Chausse, *Mus. roman.* sect. III, tab. XXVI; voy. *Achilléide*, p. 5-6; et j'étais disposé d'abord à expliquer, d'après le même trait mythologique, un troisième miroir, acquis par Hamilton et cité par Lanzi, *Saggio*, etc., t. II, p. 163, qui pourrait bien être le même que celui qui se trouve maintenant au musée de Naples, et dont il est ici question. Quant au miroir publié par Lanzi, *ibidem*, tav. XI, n° 2, t. II, p. 163, comme possédé alors par Byres et passé depuis en Angleterre, miroir dont la représentation était absolument semblable à celle du précédent, les inscriptions, ΜΕΜΕΟΓΑ, ΗΕΟΚΥΕ, ne permettaient pas d'y méconnaître *Minerve* et *Hercule*, que je pencherais aussi à voir sur le miroir de Naples. C'est une question que j'examinerai dans le travail cité à la note précédente.

[8] Tels que les vases peints que j'ai publiés, *Monuments inédits, Achilléide*, pl. I, 1 et 2, sans parler de tant d'autres, acquis depuis à la science, sur lesquels on peut consulter le travail savant et curieux de M. de Witte, publié dans les *Annal. dell' Instit. archeol.* t. IV, p. 91-128, auquel je serai dans le cas de faire quelques additions, dans la IVe de mes *Lettres archéologiques*, d'après des monuments récemment découverts.

caractérisé ici, non-seulement par la *massue* qu'il tient de la main droite, et par l'*arc* et le *carquois* indiqués dans le champ, mais encore par la *peau de lion* qu'il porte nouée autour des hanches, d'une manière tout à fait particulière, à la vérité, et bien peu commune, pour qu'on puisse le confondre avec *Pélée*, qui a bien pu quelquefois, comme *Thésée* et d'autres héros, être armé de la *massue*[1], mais qui n'a jamais été revêtu de la *peau de lion*, qui convient exclusivement à Hercule.

Il s'agirait maintenant de rechercher s'il n'existe pas, dans les poëtes ou sur les monuments, quelque tradition relative à Hercule qui puisse mieux rendre compte de notre peinture de Pompéi que la fable d'Iole, ainsi que l'a soupçonné un docte et ingénieux antiquaire[2]. Une première observation qui se place naturellement ici, c'est que le personnage d'Hercule fut souvent introduit dans les scènes dionysiaques d'une manière plus ou moins licencieuse, et cela non-seulement en des temps romains et sur des monuments romains, mais encore dès une assez haute époque de l'antiquité grecque et sur des monuments du pur style grec. Il suffira de rappeler le beau vase peint, publié par Millin[3], où se voit Hercule assis sur la couche nuptiale de Bacchus et d'Ariane, comme témoin de cette *hiérogamie*, la même image qui s'est reproduite, avec des variantes de détails, sur un superbe vase de *Ruvo*, du musée des *Studj*[4]. Il existe encore d'autres monuments de ce genre, où Hercule et Bacchus apparaissent associés l'un à l'autre dans des rapports, soit d'hospitalité[5], soit d'apothéose[6], qui montrent que cette association, presque toujours accompagnée de circonstances licencieuses, devait être un des sujets les plus fréquents des représentations des fêtes dionysiaques. C'est ce que prouve, d'ailleurs, la présence d'Hercule dans des scènes d'orgies bachiques que nous offrent aussi des vases peints, pour ne point parler de ceux où les actions héroïques d'Hercule, opposées, sur un même vase, à des scènes de Bacchanales d'une extrême licence, tiennent à un autre ordre d'idées, que je me propose d'exposer en détail dans un autre ouvrage[7]. Mais, pour ne pas nous écarter de notre sujet, je citerai, en fait

---

[1] Cette assertion comporte cependant quelques restrictions que j'ai indiquées ailleurs; voy. mes *Monuments inédits, Achilléide*, p. 6, 3). Je remarque, à cette occasion, que la peinture du tombeau des Nasons, que je citais à cet endroit et que j'expliquais par la fable de Thétis et Pélée, a été rapportée par M. Otto Jahn, *Telephos, etc.*, p. 48, 50) à l'aventure d'Hercule et Augé; mais je ne connais aucune circonstance de ce mythe qui nous apprenne que la fille d'Aléus, la prêtresse de Minerve, ait été surprise par Hercule *durant son sommeil*, et je maintiens mon explication.

[2] M. Welcker, *Bullet. archeol. napolet.* 1843, n° v, p. 35.

[3] *Vas. peints*, t. 1, pl. xxxvii.

[4] Publié dans les *Monum. dell' Instit. archeol.* t. III, tav. xxxi; voy. ce qui a été dit plus haut de ce vase, p. 29, 5), et p. 40,8).

[5] Tel est, entre autres, le vase de Canino, décrit par M. de Witte, *Catalog. étrusq.* n° 94, et *Cabinet Magnonc.* n° 49 et publié par M. Éd. Gerhard, *Auserles. Griechisch. Vasenbild.* t. 1, Taf. lix-lx, p. 188-189, où Hercule se montre debout à côté de Bacchus, avec six satyres ithyphalliques.

[6] Je citerai pour exemple de ce genre de représentations une peinture, d'ancien style, d'un vase de *Vulci*, où l'apothéose d'Hercule est associée à une image de Bacchus, assis sur un trône, entre deux satyres ithyphalliques. Ce vase, qui a fait partie du cabinet Magnoncourt, où il est décrit, n° 48, a passé depuis dans la collection de M. Hope, à Paris. Je rapporte encore au même sujet les vases qui offrent *Hercule*, tantôt sur le char de Minerve, tantôt à côté de ce char, accompagné de Bacchus, d'Apollon et de Mercure, vases dont je crois que la représentation, presque toujours de style archaïque, s'explique par l'apothéose d'Hercule, ou, ce qui revient au même, par son admission aux mystères de Bacchus infernal, plus naturellement que de toute autre manière; deux de ces vases ont été récemment publiés par M. Éd. Gerhard, *Auserles. Griech. Vasenbild.* t. II, Taf. cxxxvii, cxxxix. Je reconnais aussi, avec le même antiquaire, l'initiation d'Hercule aux mystères de Bacchus, accomplie en présence de Minerve, sur un autre vase qu'il a publié, *ibidem*, Taf. cxli, 1, a. C'est encore, à mon avis, une image de l'apothéose d'Hercule, liée à son initiation aux mystères bachiques, que celle que nous offrent les vases où *Hercule*, portant la *couronne d'initié* et tenant une *patère*, est couché sur un lit, entouré de pampres, avec Minerve et Mercure debout à ses côtés; voyez un de ces vases publié par le même antiquaire, *ibidem*, Taf. cxlii, et ajoutez-y l'indication d'autres vases pareils donnée, *ibidem*, t. 1, p. 143-144, 216), et 218).

[7] Dans la iv° de mes *Lettres archéologiques*, où un article spé-

de vases peints où paraît Hercule dans des scènes dionysiaques, un vase inédit de la collection du prince de Canino[1], un autre vase de *Vulci*, où *Hercule* et *Hébé* se montrent associés à *Bacchus* et *Ariane*[2], et, pour ne pas trop multiplier ces citations, toute une classe de vases représentant *Hercule citharœde entre des satyres*[3], type certainement fourni par les représentations dionysiaques, avec une autre classe de vases peints, produits sous l'inspiration de drames satyriques, où Hercule apparaît dans des scènes comiques au milieu de compagnons de Bacchus[4]. Fondé sur la connaissance de pareils monuments, on ne doit pas craindre d'affirmer qu'il exista, à une certaine époque de l'antiquité, une relation intime entre Hercule et Bacchus, qui donna lieu à l'invention de scènes licencieuses, représentées dans les Bacchanales, dont Hercule était le héros ou le témoin, telles que cette aventure du Faune décrite avec tant de complaisance par le poëte des *Fastes*[5]; et je n'hésite pas à rapporter à de pareilles inventions, qui doivent avoir eu leurs modèles dans les monuments de l'art grec, plus d'un bas-relief romain, qui n'a pas encore reçu une explication complète.

Un des monuments les plus remarquables en ce genre[6] est certainement le grand vase en forme de conque de la villa Albani[7], orné, sur toute sa circonférence, d'un bas-relief qui représente *Hercule assis*, le *scyphus à la main*, parmi les compagnons de Bacchus : c'est une scène d'orgie, dont plusieurs groupes offrent des images d'une licence telle, qu'elle ne pouvait avoir lieu que dans la célébration des Bacchanales. Le célèbre bas-relief du *repos d'Hercule*[8], de la même villa Albani, est certainement conçu dans le même ordre d'idées, et il offre des images du même genre. Il existe des bas-reliefs où Hercule, avec son fils Télèphe et la

---

cial sera consacré à Hercule, considéré dans ses rapports avec Bacchus.

[1] Décrit dans la *Notice des vas. du pr. de Canino*, par M. Dubois, n° 92, p. 27. On y voit Hercule, à demi couché sur un lit, tenant une phiale de la main droite, entre Minerve et Mercure debout. Cette scène est opposée à une représentation de Vulcain, monté sur un mulet ithyphallique et précédé de deux silènes. Il convient de rapprocher ce vase d'un autre vase de la même collection décrit par M. de Witte, n° 48, où une représentation à peu près semblable est opposée à un lectisterne bachique.

[2] *Cabinet Durand*, n° 302, page 101. Ce vase a passé depuis dans le cabinet de M. le comte de Pourtalès-Gorgier, où il est décrit, n° 196, p. 47.

[3] Tel est un de ces vases, d'ancien style, de *Vulci*, du cabinet de M. le comte de Pourtalès-Gorgier, n° 200, p. 48, où Hercule citharœde, marchant à la suite d'un satyre ithyphallique jouant de la double flûte, est accompagné d'un autre satyre et de Mercure. Je possède le calque d'un vase qui a fait partie de la collection de M. Depoletti, à Rome, où se montre Hercule citharœde en compagnie de Bacchus.

[4] Tel est un vase de Lamberg, t. II, pl. XII, où Hercule, vêtu d'un costume de théâtre, joue de la *double flûte*, entre deux satyres qui dansent. Tel est encore un vase, du second recueil d'Hamilton, Tischbein, t. III, pl. 37, où Hercule, affublé d'une peau de daim, poursuit un satyre qui lui a dérobé son carquois. Quant aux vases qui représentent un *Hercule citharœde*, ou, suivant l'expression de M. Éd. Gerhard, un *Hercule apollinéen (Apollinischer Herakles)*, je me contente d'en citer pour exemple celui qu'a publié récemment ce savant antiquaire, *Auserles. Griech.*

Vasenbild. t. I, taf. LXVIII, et j'avertis que j'exposerai mes idées au sujet de cette représentation, en publiant un de ces vases, en forme d'amphore, d'ancien style, de *Vulci*, qui fait partie de ma collection. Voy. l'indication des vases en question donnée par M. Éd. Gerhard, *ibidem*, p. 140-141, 207.

[5] Ovid. *Fast.* II, 307, sqq.

[6] Plusieurs de ces monuments ont été cités par Ott. Müller, et rapprochés sous le même point de vue, celui du rapport établi entre Hercule et Bacchus, par suite de l'introduction du fils d'Alcmène dans les thiases bachiques; voy. son *Handbuch*, § 411, 2, p. 639. Il faut joindre encore à ces monuments quelques miroirs où Hercule paraît, tantôt soutenu par un satyre et accompagné de Pan, tantôt entouré de personnages du thiase bachique, tels que ceux qui sont cités par M. Éd. Gerhard, *Ueber die Metallspiegel der Etrusker*, S. 22, 110), 111). Je signalerai, en outre, à cause de la singularité du monument, la patère d'argent trouvée à Budukshan, dans l'Inde, représentant, en bas-relief, la pompe triomphale de Bacchus, derrière le char duquel est Hercule, en attitude de danse. Cette patère, d'un travail grec barbare, a été publiée dans le *Journ. Asiat. Societ.* t. VII, 1838, pl. XXXI, p. 1049-50.

[7] Zoëga, *Bassirilievi*, t. II, tav. LXXI, LXXII.

[8] ΗΡΑΚΛΗΣ ΑΝΑΠΛΑΟΜΕΝΟΣ ; voyez Corsini, *Herculis Quies, etc.*; Zoëga, *Bassirilievi*, t. II, tav. LXX, p. 117-131. A la liste des antiquaires qui se sont occupés de ce monument, et qui ont été cités par Zoëga, p. 117, 1), il faut ajouter Heyne, *Antiq. Aufsätze*, I, 30-31; Boettiger, *Andeutungen*, p. 60: Millin, *Monum. inéd.* t. I, p. 250; Ott. Müller, *Handbuch*, § 411, § 42.

biche, se montre près de Bacchus soutenu par Ampélos[1] : double image qui ne peut avoir été puisée qu'à une pareille source. On connaît aussi des bas-reliefs, tels que celui du musée du Vatican[2], où *Hercule* est assis à côté de *Bacchus* sur le même char, traîné par deux centaures, dans une pompe dionysiaque, de manière à rendre aussi évidente, aussi sensible que possible, l'union des deux personnages dans un même ordre de représentations[3]. Mais je citerai surtout les bas-reliefs produits, à n'en pas douter, sous l'inspiration de légendes telles que celle de la célébration des fêtes bachiques par Hercule et Omphale, qui jouissait d'une si grande faveur à Rome, à en juger par le témoignage d'Ovide[4], et dont je peux citer, entre autres monuments du premier ordre, sous le rapport de l'art, un superbe camée du musée Worsley[5]. Ce ne peut être qu'une pareille légende qui ait fourni le motif d'un bas-relief du musée Chiaramonti[6], où Hercule assis, avec le *scyphus* dans la main gauche et le bras droit posé sur la tête, a devant lui une ménade qui joue du *tympanum*[7]. C'est enfin d'après de semblables representations, provenant originairement d'un art grec, que durent être exécutés les bas-reliefs tels que celui de la villa Albani[8], où Hercule, succombant sous le poids de l'ivresse et soutenu par deux satyres[9], s'efforce d'attirer à lui une femme, où Zoëga n'a pas trouvé de difficulté à reconnaître *Omphale*, ou bien, à défaut de la reine de Lydie, une de ses esclaves avec laquelle Hercule eut un commerce attesté par l'histoire[10] et indiqué sur des monuments du plus haut style grec[11]; et cette dernière supposition est celle qui me paraît la plus probable, d'après le costume de la

---

[1] Ce bas-relief est encastré dans un mur du musée du Vatican ; il est décrit dans l'*Indicaz. antiq. del Mus. P. Clem.* p. 204, n. 38, et cité dans le *Mus. Chiaram.* t. I, p. 100, 3), et il vient d'être publié par M. Éd. Gerhard, *Antike Bildwerke*, Cent. IIe, Taf. CXIII, 1.

[2] *Mus. P. Clem.* t. IV, tav. XXVI; *Woburn marbles*, pl. 6.

[3] Hercule assis, en attitude de repos, sur un *bige de lions*, accompagné d'un satyre jouant de la *double flûte* et de Pan portant sa *massue*, est un sujet, appartenant au même ordre de représentations, qui se trouve sur une terre cuite du recueil de M. Campana, *Antiche opere in plastica*, tav. XXVI.

[4] Ovid. *Fast.* II, 307, sqq.

[5] *Mus. Worsleiaa.* tav. XX, n. 4, p. 93-94, ed. Milan. Ce camée, malheureusement fragmenté, représente Hercule tenant sur ses genoux Omphale demi-nue, l'un et l'autre portés sur un char, accompagné d'un satyre à pied, dont l'action équivoque pourrait bien avoir rapport à l'aventure racontée par Ovide.

[6] *Mus. Chiaram.* t. I, tav. XLII. Ce bas-relief décore la face principale d'un cippe, dont les deux autres faces offrent un satyre armé du *pedum* et un Pan ityphallique agitant des *cymbales*.

[7] On peut juger à quel point cette image d'Hercule, enivré dans la célébration des Bacchanales, était devenue populaire, en même temps que sacrée, à Rome, par un exemple bien significatif, celui que nous offre le chapiteau de l'ancien temple d'Hercule, au *Forum Boarium*, où se voit le buste d'Hercule ivre, demi-couché et tenant le *scyphus*; voyez ce chapiteau publié par M. Éd. Gerhard, *Antik. Bildwerke*, Cent. IIe, Taf. CXIV.

[8] Zoëga, *Bassirilievi*, t. II, tav. LXVII.

[9] Un groupe à peu près semblable, mais réduit à la figure d'Hercule ivre soutenu par deux satyres, fait partie de la représentation sculptée dans la frise circulaire qui décore le fond de a célèbre patère d'or de notre Cabinet des antiques, Millin, *Monum. inéd.* t. I, pl. XXI, p. 225, et *Galer. mythol.* pl. CXXVI, n. 469; le sujet principal est un défi entre Bacchus et Hercule, où l'avantage reste au premier. C'est encore là une de ces compositions relatives à l'union des deux divinités, où l'analogie du groupe que j'ai signalé avec celui du bas-relief Albani prouve qu'elles dérivaient de quelque original célèbre. Cette notion résulte aussi du fait pareillement acquis à la science, qu'il exista des groupes en ronde bosse, d'Hercule ivre, soutenu par un satyre, tels que celui du musée Jenkins, passé depuis dans la collection Poniatowski, qui était un ouvrage de style grec; voyez-en la gravure publiée par Guattani, *Monum. ined.* 1786, p. XXIV, tav. III.

[10] Herodot. I, VII; Diodor. Sic. IV, XXXI. Cette esclave porte le nom de *Jardanis* dans Hérodote; Hellanicus la connaissait sous celui de *Malis*, *apud* Stephan. Byz. *v.* Ἀκέλη. Le fils né de cette union clandestine, et nommé *Alcæus* par le premier de ces historiens et *Akélès* par le second, s'appelait *Agelaus*, suivant Diodore, ou *Laomédès*, selon Palæphate, *apud* Eudoc. p. 315. La mère était, suivant toute apparence, la femme lydienne qui jouait de la *flûte phrygienne*, debout près d'Hercule assis, sur le coffre de Cypsélus, Pausan. V, XVII, 4, où il faut certainement lire : Ταύτης τῆς γυναικὸς ἐπίγραμμα μὲν [οὐκ] ἔπεστιν ἥτις ἐστί, ainsi que l'avait proposé Zoëga, *Bassirilievi*, t. II, p. 107, 12), avant Clavier; cf. Siebelis *ad h. l.* Je reviendrai sur toutes ces questions dans la IVe de mes *Lettres archéologiques*.

[11] Tels que le coffre de Cypsélus, Pausan. V, XVII, 4; voyez la note précédente.

femme en question et d'après le caractère licencieux de ces orgies bachiques célébrées par Hercule et Omphale[1], où une méprise pareille à celle du faune décrite par Ovide avait bien pu avoir lieu de la part d'Hercule égaré par l'ivresse.

C'est au même sujet que je rapporte un monument qui appartient aussi à une haute époque de l'art, et dont la découverte est toute récente : il s'agit d'un beau trépied, de style étrusque, provenant des fouilles de *Canino*, au haut duquel est figuré un groupe d'*Hercule, qui tient embrassée une femme, entre deux satyres*[2]; certainement un motif qui ne pouvait avoir été puisé que dans la licence des Bacchanales, qui se célébraient dans l'Étrurie à l'exemple de la Campanie et de la Grèce. Mais le monument de cette licence dionysiaque le plus considérable et le plus complet que je connaisse est un bas-relief du musée du Capitole[3], que je crois devoir, à cette occasion, rappeler à l'attention des antiquaires, parce qu'il me semble que l'explication qui en a été donnée laisse encore beaucoup à désirer.

Ce bas-relief représente le *triomphe de Bacchus*, avec la plupart des circonstances qui se rencontrent dans ces sortes de représentations, et, de plus, avec quelques éléments nouveaux qui distinguent celle-ci de toutes les autres. Tel est le groupe de trois personnes placé à l'extrémité de la composition, et où l'on ne peut méconnaître Hercule ivre, aidé dans sa marche chancelante par un jeune satyre, et tenant d'une main le *canthare* qu'il vient de vider, tandis que de l'autre main il cherche à enlever la draperie d'une femme qui ne semble lui opposer aucune résistance. Cette intention, qui devient sensible par la comparaison avec le bas-relief Albani, n'a pas été comprise par l'éditeur du musée du Capitole, qui s'est également trompé dans la détermination de la femme, en y voyant une des Hespérides, à cause de la *pomme* qu'elle présente à un enfant. Cette *pomme* est ici un symbole aphrodisiaque, connu par de nombreux témoignages classiques[4]; et la femme qui semble l'offrir à un génie bachique n'a rien de commun avec la nymphe des Hespérides. C'est ici,

---

[1] Je n'ignore pas que d'autres antiquaires, notamment l'illustre Boettiger, ont expliqué différemment les bas-reliefs et les pierres gravées où figure Hercule, en proie au délire bachique, caressant une femme, que ce savant prenait pour *Hébé*, en regardant les monuments en question comme produits sous l'inspiration du drame satyrique d'Épicharme, Ἥβας γάμος, Fabric. *Bibl. Gr.* t. II, p. 300, ed. Harles.; voy. son *Excurs über den Cyclus der Verheirathung des Hercules mit der Hebe*, dans ses *Ideen zur Kunstmythologie*, t. II, p. 70-73. Mais je persiste à croire que l'explication du mythe d'Hercule et Omphale est préférable; et c'est, d'ailleurs, une question que je me propose de discuter, dans la iv⁰ de mes *Lettres archéologiques*, à l'article des *Amours d'Hercule*.

[2] Ce trépied, trouvé dans les fouilles du prince de Canino, en 1839, est décrit, comme le plus beau monument qui soit connu en son genre, dans le *Bullet. archeol.* 1839, p. 22.

[3] *Mus. Capitolin.* t. IV, tab. LXIII.

[4] Le fruit que les anciens appelaient μῆλον, *malum*, et que les modernes ont interprété, suivant l'occasion, par *pomme, grenade, coing, citron et orange*, Boettiger, *Kl. Schrift.* t. III, p. 99; Creuzer, *Zur Galler. der alt. Dramatik.* p. 68, recevait, dans le langage de l'art, des applications aussi variées que l'étaient les acceptions du mot qui l'exprimait. L'une des plus usuelles était d'en faire un signe de la fécondité : c'est ainsi qu'on le voit aux mains de l'*Automne*, ΟΠΩΡΑ, sur un vase peint, Millingen, *Vas. peints*, pl. XXII, et sur une peinture d'Herculanum, *Pittur. d'Ercolan.* t. III, tav. XI; et c'est aussi par suite de la même idée que ce fruit est placé aux pieds de la figure d'*Hyménée*, sur une peinture de Pompéi, *H. Mus. Borbon.* t. XII, tav. XVII. Mais ce que les Grecs appelaient μῆλον était surtout un symbole de Vénus, un ornement de sa couronne, ainsi que l'atteste Philétas, dans ces vers cités par le scholiaste de Théocrite, *ad Idyll.* II, 120; cf. Philet. *Reliq.* ed. Bach. p. 50-51; et Philet. *Fragm.* ed. Kayser. p. 60, sqq. :

Τὰ οἴποτε Κύπρις ἐλοῖσα
Μῆλα Διωνύσου δῶκεν ἀπὸ κροτάφων.

Et c'est, sans doute, à ce titre que la statue de Vénus, ouvrage d'Agoracrite, portait à la main une *branche de cet arbre*, κλάδῳ μηλέας, Pausan. I, XXXIII, 3; cf. Phot. *Lexic.* p. 416, ed. Lips. De là, aussi, l'usage que les amants avaient d'envoyer de ces fruits, Theocrit. *Idyll.* III, 10, et XI, 10, comme présents destinés à produire l'amour, μῆλα τὰ ἐράσμια καὶ ἐρωτοποιητικά, Theocrit. *Idyll.* II, 120; cf. Schol. *ad h. l.*, usage auquel se rapporte ce trait de Théocrite, imité par Virgile, *Eclog.* III, 50, pour ne point parler de tant d'allusions à cet usage qui se rencontrent chez les écrivains et sur les monuments de l'antiquité. Il me suf-

comme sur le bas-relief Albani, *Omphale* ou sa *servante*, à laquelle Hercule, livré au délire bachique, veut faire violence; la même scène, par conséquent, que nous devons croire empruntée des représentations de Bacchanales, qu'avait en vue l'auteur des *Fastes*. Une autre particularité que nous offre le bas-relief capitolin, et qui ne me paraît pas non plus avoir été bien saisie, c'est celle du personnage barbu, vêtu d'un costume de *philosophe*, et appuyé des deux mains sur un *bâton noueux*, qui marche en tête des compagnons de Bacchus. Le savant interprète des marbres capitolins a vu dans ce vieillard le *devin Tirésias*, dont il a cherché à expliquer la présence dans une scène pareille par des rapprochements qui me semblent trop forcés; il est plus naturel de reconnaître dans ce personnage *Silène*, vêtu en *philosophe*, d'accord avec le caractère que lui attribuait la tradition antique[1], et conformé-

fira de rappeler que, dans le langage des amants, τὸ μηλοθολεῖν était synonyme de τὸ εἰς ἀφροδίσια δελεάζειν, Aristophan. *Nub.* 993; cf. Schol. *ad h. l.*; voy. Creuzer, *Symbolik*, II, 220; III, 495 et 503; et, en fait de monuments qui ont rapport à ce trait de mœurs antiques, je me contenterai de citer le curieux vase peint qui représente Vénus et l'Amour dans les jardins d'Adonis, où ils sont occupés à cueillir des *pommes* et à en remplir des corbeilles; voy. ce vase, publié par M. Creuzer, avec de savantes observations, *Zur Gallerie der alten Dramatiker* (Heidelberg, 1839, 8°), **Taf.** VIII, p. 66, suiv. Quant au motif qui fit placer cet attribut aphrodisiaque à la main de la femme, objet des désirs d'Hercule, dans une scène de Bacchanales, telle que celle qui est représentée sur notre bas-relief capitolin, il s'explique aisément par la tradition qui attribuait à Bacchus l'invention de ces fruits, dont il avait fait présent à Vénus, Athen. III, p. 82, D; cf. Orph. *Fragm.* n. XVII. De là, aussi, la présence de ces fruits, μῆλα, au nombre des symboles dionysiaques déposés dans la ciste mystique, Clem. Alex. *Protrept.* p. 15, ed. Potter., notion trop familière à tout antiquaire, pour que j'aie besoin de m'y arrêter.

[1] Cette face du personnage de *Silène* a été très-bien expliquée par M. Quaranta, dans sa *Mitologia di Sileno* (Napoli, 1828, in-4°), p. 14-27, que j'ai déjà citée plusieurs fois; voy. plus haut, p. 49, 3), et p. 53, 6). Je rappelle ici la médaille, représentant Bacchus et Ariane à Naxos, où Eckhel a reconnu *Silène en costume de philosophe*, *D. N.* t. II, p. 40, le même *Silène* qui se voit sur une pâte antique décrite par Winckelmann, *Pierr. de Stosch*, p. 236, n° 1470; et je citerai encore un monument où *Silène* paraît également *en costume de philosophe*, mais où cette détermination, due au docte antiquaire napolitain, M. Avellino, a été contestée par un autre savant, M. Otto Jahn : ce qui me donne lieu de revenir sur ce point. Le monument dont il s'agit est un bas-relief en bronze qui décorait la face antérieure d'un coffre de bois placé dans l'*atrium* d'une des maisons récemment découvertes à Pompéi, et il a été publié par M. Avellino, dans une description très-savante et très-détaillée de cette maison, intitulée : *Descrizione di una casa pompeiana con capitelli figurati all' ingresso* (Napoli, 1837, 4°), tav. VII; voy. aussi le *R. Mus. Borbon.* t. IX, tav. LIX. On y voit trois personnages, savoir, à la gauche du spectateur, une femme assise, dans une attitude familière, la jambe droite placée sur la gauche, et le bras droit appuyé sur la cuisse, avec un geste qui devait accompagner sa parole; en face de cette femme, un homme debout, qui offre, dans sa figure et dans sa personne, tous les traits, toutes les formes de *Silène* : il est vêtu de l'espèce de manteau, nommé *tribon*, qui était propre aux philosophes, et il s'appuie sur un gros bâton noueux placé sous son aisselle droite. Entre ces deux figures, s'en trouve une troisième, qui a malheureusement beaucoup souffert par suite de l'oxydation du métal, mais qui était, à n'en pouvoir douter, un jeune homme nu et ailé, portant de la main gauche un coffret, et sur le bras droit une bandelette : telle est cette composition, assurément très-remarquable par le choix et par la disposition des personnages, et qui n'est pas moins recommandable sous le rapport du style et de l'exécution.

Tous les antiquaires qui se sont occupés de ce curieux bas-relief y ont reconnu *Silène* dans le personnage qui en offre, avec les traits du visage, les formes du corps, tout en différant entre eux sur le sujet de la représentation. Ainsi, M. Avellino y a vu l'Amour, ou un génie généthliaque, présentant à Silène et à une nymphe bachique un coffret, peut-être le meuble célèbre où Bacchus avait été renfermé, Avellino, *Dissert. cit.* p. 54, suiv. M. Braun croit que c'est ici un génie bachique, plutôt que l'Amour, *Die Kunstvorstellungen des geflügelten Dionysos* (Munich, 1839), S. 5, ff., et M. Éd. Gerhard est d'avis que cet enfant ailé est Bacchus lui-même, présentant la ciste mystique à Silène et à une nymphe. S'il est vrai qu'aucune de ces explications ne pouvait paraître bien satisfaisante, dira-t-on que la solution de ce problème ait été donnée par M. Otto Jahn, qui, s'écartant tout à fait des données mythologiques pour se placer sur un terrain historique, a vu dans notre bas-relief Diotime initiant Socrate aux mystères de l'Amour, d'après des idées exposées dans le *Banquet* de Platon, Platon, *Sympos.* p. 201, D, sqq.? Voy. cette dissertation de M. Otto Jahn, publiée dans les *Annal. dell' Instit. archeol.* t. XIII, p. 272-295, tav. agg. H. J'avouerai que cette explication, tout ingénieuse qu'elle est, et soutenue par son auteur avec le savoir archéologique dont il a déjà donné tant de preuves, me semble tout à fait contraire à la vérité; et, sans entrer ici dans une réfutation détaillée, qui m'écarterait trop de mon sujet, je dirai en peu de mots ce que je pense de ce bas-relief, où je vois *Silène philosophe*, en face de *Télété personnifiée*, avec le *génie des mystères* entre eux.

Le principal défaut de l'argumentation de M. Otto Jahn, c'est que l'assimilation de Socrate à Silène, qui était réelle et admise par toute l'antiquité *pour les traits du visage*, ne s'y trouve pas également justifiée *pour les formes du corps*. Or il est contraire à toute probabilité qu'un artiste, voulant représenter Socrate, oc-

ment à un ordre d'idées qui n'a rien de contradictoire avec une scène dionysiaque. Je ne parle pas des figures de petite proportion sculptées dans le haut de cette partie du bas-relief, où l'éditeur du musée du Capitole a vu Bacchus et Ariane se donnant la main en gage d'hyménée : il est trop évident que ce sont ici des nymphes et des génies du lieu, sans doute le *Tmole* et sa compagne, figurés sous les traits et à la place qui conviennent à ces sortes de personnages accessoires. À l'appui de l'explication que je viens de donner du sarcophage capitolin, je rappelle qu'il existe, dans le musée des *Sturlj*, à Naples, un monument du même genre et du même sujet, où la pompe dionysiaque, représentée avec ses personnages ordinaires, offre pareillement, au-devant du char de Bacchus, un groupe d'Hercule ivre, placé entre un satyre qui le soutient par le bras, en portant sa *massue*, et une femme, que le savant antiquaire, M. Éd. Gerhard, a reconnue pour *Omphale*, à sa position, à son costume, et à son

cupé dans un entretien sérieux avec Diotime, ait donné au philosophe l'aspect entier du Silène, la stature courte, le corps trapu, les membres gras, l'embonpoint excessif, toutes conditions qui ne se trouvaient certainement pas dans la personne de Socrate, ou, du moins, sur lesquelles il n'existe aucun témoignage classique, ni dans Platon, *Sympos.* p. 215. B (t. V, p. 96-97, ed. Bekker), ni dans Xénophon, *Sympos.* IV, xix, 6, ni ailleurs. C'est donc véritablement *Silène* que l'artiste a voulu représenter ici, le *Silène* versé dans la connaissance des choses divines, ἔνδοθεν ἀγάλματα ἔχων Θεῶν, comme dit Platon, et c'est pour cela qu'il lui a donné pour vêtement le *tribon*, τρίβων, le manteau propre aux philosophes. Ce point établi, rien ne s'oppose à ce que la femme assise avec la jambe droite croisée sur la gauche ne soit reconnue pour une nymphe bachique, telle que *Mystis*, la nourrice de Bacchus, qui présidait à l'enseignement de ses mystères, Μύστις παιδοκόμος, Nonn. *Dionys.* ix, 97; cf. H. Moser, *Comment. ad h. l.*; Welcker, *Zeitschrift, etc.*, p. 508; Creuzer, *Zur Gallerie, etc.*, p. 109, 196); ou bien pour un personnage allégorique, l'*Initiation personnifiée, Télété*, Τελέτη, telle que nous la connaissons par un célèbre bas-relief publié dans les *Annal. dell' Instit. archeol.* t. I, tav. agg. C, p. 133; cf. Pausan. IX, xxx, 3; voy. Brøndsted, *Voyages et Recherches, etc.*, t. II, p. 236, 1). L'attitude des *jambes croisées*, que M. Otto Jahn croit avoir été, dans l'antiquité, une *posture indécente, surtout pour les femmes*, n'a rien de contraire à cette supposition. L'opinion de Winckelmann et de Bœttiger, dont il s'autorise au sujet de cette attitude, n'est, en effet, rien moins que prouvée; elle a été réfutée par les commentateurs du premier, *Werke*, t. IV, P. II, *Anm.* 415, p. 366, et *Anm.* 420, p. 368, et le second, qui s'appuie sur des témoignages de Pline, XXVIII, vi, 17, et de Plutarque, *De aud. poët.* p. 45, D, a fourni lui-même des preuves du contraire, tirées de l'étude des monuments, entre autres cette figure d'*Ilithyie*, avec les jambes croisées l'une par-dessus l'autre, qu'il a publiée; voy. son *Ilithyia, oder die Hexe*, Taf. 1, 2, reproduite dans ses *Kleine Schriften*, t. I, p. 86 †.). On connaît, sur les monuments, plusieurs exemples de cette même attitude donnée à des personnages divins ou héroïques, soit mâles, soit femelles, tels que *Jupiter*, sur un bas-relief romain, *Admiranda*, tab. 27; *Homère*, sur un beau sarcophage antique, *Mus. Capitol.* t. IV, tav. xxvii; *Parthénopée*, sur le célèbre scarabée étrusque des cinq chefs devant Thèbes; la muse *Clio*, d'une peinture antique, *Pittur. d'Ercolan.* t. II, tav. ii; auxquels j'ajouterai la figure de *Pâris*,

sur un beau vase peint, publié par M. Éd. Gerhard, *Antik. Bildwerke*, Cent. Ire, Taf. xxxii; la femme assise, parlant à un adolescent debout près d'elle, sur une peinture des *Terme di Tito*, tav. 30, Mirri, et surtout la statue de *Pénélope*, d'ancien style grec, du musée du Vatican, que j'ai publiée moi-même, *Orestéide*, pl. xxxii, 1, et qui se trouve reproduite, absolument dans la même attitude, sur plusieurs terres cuites antiques, Millin, *Monum. inéd.* t. II, pl. xli; *Terracott. in the Mus. Brit.* viii, 12. Dans tous ces exemples, et dans beaucoup d'autres fournis par les médailles, où cette attitude est fréquemment donnée à des personnages allégoriques, tels que *Providentia, Securitas perpetua, Felicitas publica, Pax Augusti*, elle exprime généralement l'idée d'une forte application de l'esprit, d'une méditation profonde, d'une contemplation ou d'une attention portée jusqu'à l'oubli des convenances extérieures. Ainsi la trouve-t-on, avec cette intention signalée par M. Otto Jahn lui-même, dans une charmante figure de femme, d'une des plus jolies peintures de Pompéi, *Pittur. d'Ercolan.* t. IV, tav. xliv; *R. Mus. Borbon.* t. I, tav. xxxi, et dans la figure de *Thétis*, d'une autre peinture de Pompéi, *R. Mus. Borbon.* t. X, tav. xviii. Mais où cette intention se montre surtout sensible, c'est dans une figure de *femme assise*, la jambe droite placée sur la gauche, et tenant l'index de la main gauche posé sur ses lèvres, sujet d'une charmante peinture de Pompéi, *Pittur. d'Ercolan.* t. V, tav. li; *R. Mus. Borbon.* t. IX, tav. xviii, 2, où je reconnais la muse *Caméné*, ou *Tacita* des Romains, Plutarch. *in Num.* § viii, nommée aussi *Angeronia*, Macrob. *Sat.* iii, 9; S. August. *de Civ. D.* iv, 6, la même que la Σιγή des Grecs, la *Taciturnité* personnifiée, telle qu'on la voit encore sur une autre peinture de Pompéi, *R. Mus. Borbon.* t. XII, tav. xix. J'ajoute un dernier exemple d'une figure dans une attitude analogue, avec les pieds croisés l'un par-dessus l'autre, pris d'un monument dont on ne contestera pas la haute autorité, en fait de style et de goût : c'est celui du *Thésée*, assis près de *Neptune*, sur la frise orientale du Parthénon; admirable bas-relief qu'on croyait perdu, et que j'ai fait dessiner à Athènes, d'après le marbre récemment retrouvé, qu'on peut comparer aujourd'hui avec l'esquisse de Carrey.

Il n'y aurait donc rien d'invraisemblable en soi, rien de contraire aux habitudes de l'art antique, à ce que la *femme assise* de notre bas-relief fût *Télété*, représentée dans cette attitude caractéristique; et la présence du *génie des mystères*, sous les traits d'un *enfant nu* et *ailé*, avec la *ciste* et la *bandelette*, sym-

rapport si connu d'ailleurs avec Hercule[1], au lieu d'*Iole*[2], ainsi que l'avait qualifiée à tort un interprète napolitain. Une composition du même genre, avec le groupe d'Hercule et d'Omphale, se trouve sur un beau sarcophage de Bolsène[3], cité aussi par M. Éd. Gerhard, sans compter le grand sarcophage du palais Altemps, à Rome, et le petit côté d'un autre grand sarcophage, provenant de la collection Orsini, que j'ai vu, il y a quelques années, placé dans le *cortile* du palais Torlonia. Ce sont là autant de monuments produits évidemment d'après la tradition des Bacchanales, où Hercule jouait un rôle avec Omphale ou sa servante, qui montrent à quel point ces sortes d'idées avaient pu devenir familières à cette période de l'antiquité, et qui doivent nous tenir lieu des témoignages écrits qui nous manquent.

Maintenant, pour revenir à notre peinture de Pompéi, serait-il permis de supposer qu'il s'agit aussi, sur ce monument d'une époque romaine, de l'acte de violence exercé par Hercule sur une des esclaves d'Omphale, au milieu de la licence des fêtes de Bacchus? L'attitude du principal personnage s'expliquerait assez bien dans cette hypothèse, ainsi que la *couronne de fleurs* que portent les quatre figures; mais il resterait encore plus d'une grave difficulté contre cette idée, qui m'a été suggérée par l'observation de M. Welcker, et que je soumets à son jugement, tout en convenant qu'elle ne me satisfait guère plus que celle de M. Minervini, et tout en regrettant de ne pouvoir en proposer une meilleure.

boles si notoires de l'*initiation*, s'accorde si bien avec cette explication, que je ne vois pas quelle difficulté elle pourrait encore rencontrer.

[1] Ed. Gerhard's, *Neapels antike Bildwerke*, t. I, p. 58-60, n° 191. Je suis surpris que, dans la description, très-détaillée et très-exacte d'ailleurs, qu'il donne de ce curieux monument, M. Éd. Gerhard n'ait fait aucune mention du bas-relief Albani, où Zoëga avait déjà reconnu *Omphale*, non plus que du bas-relief capitolin offrant un groupe semblable d'Hercule ivre, soutenu par un satyre et rapproché d'une femme que tout tend à faire considérer comme Omphale ou son esclave.

[2] Au sujet de cette méprise, relevée ici par M. Éd. Gerhard, je rectifie à mon tour l'erreur que j'avais commise, dans mon *Odysséide*, p. 270, 4), en voyant le mariage d'Hercule avec Iole sur le beau vase du musée de Berlin, qui représente effectivement les noces d'Hercule et d'Hébé; voyez Levezow, *Verzeichniss der antik. Denkmäler*, etc., n° 1016, p. 267-271; c'est sur la foi d'un dessin où se lisait IOAE, que j'avais admis cette explica-

tion; et je remercie M. Éd. Gerhard de m'en avoir averti, *Berlin's antike Bildwerke*, n° 1016, p. 303.

[3] Ce sarcophage a été publié par le même antiquaire, *Antik. Bildwerke*, Cent. II°, Taf. cxii, 2, 3, aussi bien que celui de Naples, *ibidem*, 1. La *couronne de fleurs* qu'Hercule porte autour du col, sur le second de ces monuments, et qu'il tient à la main, sur le premier, est regardée comme une *couronne funéraire* par M. Éd. Gerhard : en quoi, je regrette de ne pouvoir être de son avis. C'est bien plutôt ici, dans une scène de Bacchanales, une *couronne bachique*, telle qu'on la voit portée, de la même manière, *autour du col*, à la figure du poëte comique d'un célèbre bas-relief antique, Buonarotti, *Medaglioni*, etc., p. 447; Bellori, *Pictur. antiq. crypt. roman.* tab. xv; Visconti, *Mus. P. Clem.* t. II, tav. agg. B, 7; Panofka, *Cabin. Pourtal. Gorg.* pl. xxxviii. Au reste, je me propose de revenir, dans la iv° de mes *Lettres archéologiques*, à l'article qui sera consacré à l'*hiérogamie* de Bacchus et d'Ariane, sur ces deux curieux monuments, que nous devons savoir beaucoup de gré à M. Éd. Gerhard de nous avoir fait connaître.

PLANCHE VII.

ADONIS MOURANT DANS LES BRAS DE VÉNUS.

Hauteur, 3 m. 06 cent. — Longueur, 2 m. 57 cent.

La peinture dont je présente ici un dessin fidèle, et qui peut passer pour inédite [1], est
en tout cas une des plus remarquables qui aient encore été trouvées à Pompéi, et elle est
certainement unique, entre toutes les peintures connues jusqu'ici de Pompéi, par la dimension des figures, qui surpasse a grandeur naturelle. La surprise que cause le premier
aspect de cette peinture aux yeux familiarisés avec les peintures de Pompéi, toutes de petite
proportion, en quelque sorte comme les habitations mêmes dont elles formaient la décoration, cette surprise s'augmente par la considération que la maison à laquelle elle appartient
est elle-même une des plus petites de Pompéi, conséquemment une de celles où l'on devait
le moins s'attendre à trouver des peintures de quelque importance, encore moins un tableau
de proportion colossale et de style héroïque, tel que celui-ci. Cette maison ne consiste qu'en

[1] Elle a été publiée dans l'*Archäologische Zeitung* de M. Éd. Gerhard, IIe L., Taf. v, 2, p. 88-89, mais dans un dessin très-réduit, et au simple trait, qui ne peut passer que pour une in-dication. Il est permis d'en dire autant de l'explication, dont il n'a paru encore qu'un commencement qui laissait beaucoup à désirer, et dont la continuation, annoncée par le savant éditeur, répondra sans doute au mérite du monument et au savoir de l'auteur.

un petit *atrium* toscan, flanqué, seulement du côté gauche, de chambres d'habitation; elle manque du *tablinum*, qui est la partie essentielle de toute maison antique tant soit peu considérable; et c'est sur la paroi du fond d'un petit péristyle, formé de cinq colonnes liées jusqu'à une certaine hauteur par un mur d'appui, que se trouve cette peinture, qui en couvre toute la superficie. Elle fut découverte au mois d'octobre 1835[1], et je la vis en 1838[2], presque dans tout l'état d'intégrité où elle nous était parvenue, mais qui avait déjà beaucoup perdu, dans l'intervalle de six années, quand je la revis en octobre 1844.

Le sujet de cette peinture ne pouvait donner lieu à aucune difficulté : elle représente évidemment *Adonis mourant entre les bras de Vénus*, motif de composition pittoresque que nous avaient déjà offert plusieurs peintures de Pompéi[3], chacune avec des différences de composition et des variantes de détail qui prouvent qu'il dut exister, dans l'antiquité romaine, un grand nombre de représentations de ce trait mythologique, certainement dérivées de l'art grec. Celle-ci diffère pareillement des autres peintures du même sujet, non-seulement par la dimension des figures, mais encore par leur ordonnance et par le style, lequel a quelque chose de plus élevé, de plus sévère, qui semble tenir à une école plus ancienne, et qui ajoute ainsi au mérite archéologique de cette peinture. D'ailleurs, elle s'explique si bien d'elle-même, qu'il me suffira de peu de paroles pour en donner l'intelligence.

Le jeune héros, objet de la tendresse de *Vénus*, est assis sur des rochers près de la déesse, qui lui prodigue ses soins. Il est entièrement nu, à la réserve d'un manteau, tombé de son épaule gauche, qui lui couvre une partie du bras et qui est rejeté par-dessus sa cuisse droite. Il a reçu, à l'intérieur de la cuisse gauche[4], la blessure fatale qui doit causer sa mort, et sur laquelle un petit *Amour ailé*, debout à ses pieds, est occupé à placer un bandage. L'attitude entière d'*Adonis* indique la défaillance qu'il éprouve : du bras gauche, il s'appuie sur les genoux de *Vénus*; son bras droit, qu'il abandonne, est soutenu par la déesse elle-même et par un second *Amour*, monté sur le rocher où le groupe divin est assis, et il penche sa tête du côté de *Vénus* avec une expression où se peignent la douleur, la prière et la reconnaissance.

Vénus se montre assise sur un plan un peu plus élevé et un peu en arrière, comme si l'artiste, en donnant à ce personnage une situation d'accord avec sa condition supérieure, se fût conformé à quelque prescription hiératique. Elle est vêtue d'une tunique longue à mi-manches et d'un *péplus* qui lui couvre la tête; son front est orné d'un diadème, et elle porte un *sceptre* de la main gauche, tandis que, de l'autre main, elle soutient le bras défaillant du jeune héros. Il ne manque à la déesse de la beauté aucun des bijoux qui doivent composer sa parure; son pied même est serré par des liens d'or garnis de pierres précieuses. Ce n'est donc pas ici l'amante passionnée d'*Adonis*, comme nous la représentent les poëtes grecs[5], volant au secours de son amant, avec les vêtements en désordre, les cheveux épars,

---

[1] Voyez-en l'indication donnée par M. Schulz dans son *Rapporto intorno gli scavi Pompeiani negli anni 1835-1836*, p. 24-27.

[2] J'en ai rendu compte dans ma *Lettre à M. de Salvandy*, p. 19-20.

[3] *R. Mus. Borbon.* t. IV, tav. XVII, et t. IX, tav. XXXVII. Il en sera parlé plus bas avec quelque détail.

[4] Bion. *Idyll.* I, v. 7-8 :

Κεῖται καλὸς Ἄδωνις ἐν' ὤρεσι, μηρὸν ὀδόντι
Λευκῷ λευκὸν ὀδόντι τυπείς.

Cf. Theocrit. *Idyll.* XXX, 19; Ovid. *Metam.* X, 715.

[5] Bion. *Idyll.* I, v. 19-21 :

Ἁ δ' Ἀφροδίτα,
Λυσαμένα πλοκαμίδας, ἀνὰ δρυμὼς ἀλάληται,
Πενθαλέα, νήπλεκτος, ἀσάνδαλος.

Cf. Ovid. *Metam.* X, 721-23.

les pieds nus, en proie à la plus cruelle anxiété; c'est la déesse dans toute la majesté de son caractère divin, et sa physionomie, où sa douleur a quelque chose de grave et de sérieux, s'accorde ainsi avec son costume pour nous offrir une image toute différente de celle que nous connaissions par les autres peintures du même sujet : nouveau motif de croire que celle-ci procède de quelque modèle d'ancien style.

Les personnages accessoires de cette peinture n'y figurent également que dans des proportions et à des places subordonnées, d'après un système de convention qui doit avoir été celui de l'ancienne école. Ce sont d'abord les *Amours*, témoins de cette scène de deuil, au nombre de cinq, qui expriment, chacun à sa manière, la part qu'ils prennent à la situation d'*Adonis* et à la douleur de *Vénus*. J'ai déjà parlé des deux *Amours* qui tiennent de plus près au groupe principal; un troisième, dont la figure presque entière est détruite, était occupé à exprimer de ses deux mains le suc de quelque fruit bienfaisant, qui devait tomber dans un bassin placé au-dessous et rempli d'eau pure; un quatrième, relégué un peu plus loin, tient à la main un vase d'argent où se trouvait sans doute quelque baume, quelque médicament salutaire, et il porte l'autre main à ses yeux pour en recueillir les larmes; le cinquième, enfin, placé sur le plan le plus éloigné, témoigne, par sa physionomie et par le geste qu'il fait de la main gauche, une douleur muette; et le *pedum* qu'il porte de la main droite montre que le fatal événement a surpris cette troupe d'*Amours* dans une occupation pastorale. Reste un sixième *adolescent ailé*, que l'on a pris pour un *Amour*, mais qui, s'il est un personnage du même ordre, appartient certainement à une classe différente: c'est celui qui se trouve placé derrière *Vénus*, et qui à sa taille plus élevée que celle des cinq petits *Amours*, à l'expression sévère de sa physionomie, et surtout au geste de reproche plutôt que de consolation qu'il fait de la main droite, s'annonce pour un témoin plutôt contraire que favorable aux vœux et aux sentiments de *Vénus*. A tous ces traits, je reconnais en lui *Antéros*, l'Amour adversaire, l'Amour antagoniste[1], dont la présence indique sans doute ici que la vengeance de *Mars*, sacrifié au jeune héros syrien, est la cause de la mort d'*Adonis*.

Je n'ai plus à rendre compte que du personnage de la *femme* assise à l'écart, dont le costume consiste en une tunique longue laissant à découvert les bras, à demi cachés dans des manches rapportées[2], pièce de costume du même genre que les *anaxyrides*, certainement

---

[1] Sur le sens de ce mythe et sur les représentations figurées qui en existent, voyez la dissertation de Boettiger, réimprimée dans ses *Klein. Schrift.* t. 1, § vi, p. 159-163. Le culte d'*Antéros* existait à *Athènes*, Pausan. I, xxx, 1; à *Élis*, Idem, VI, xxiii, 4 et encore ailleurs. Une des bandelettes qui se distribuaient aux athlètes vainqueurs avait pour type en broderie *Éros* et *Antéros* luttant ensemble, Pausan. VI, xxiii, 4. Cet adversaire de l'Amour est aussi l'Ἔρως κολαστὴς τῶν ὑπερηφάνων, dont il est parlé dans Plutarque, *Erotic.* c. xx, t. IV, p. 72, ed. Wyttenbach., le *Deus ultor*, auquel il est fait allusion dans une des *Métamorphoses* d'Ovide, XIV, 750, l'ἀλάστωρ que nomme Pausanias, I, xxx, 1, dans une circonstance à peu près semblable. Les *Érotiques* de Parthénius fournissent plus d'un trait du même genre, et ce serait un sujet de recherches curieux, et loin encore d'être épuisé, que ce culte d'*Antéros* et ses diverses acceptions. J'observe à cette occasion que la lutte d'*Éros* et d'*Antéros*, sujet du bas-relief attique mentionné par Pausanias, I, xxx, 1, dont il nous est parvenu une répétition antique au musée de Naples, Hirt, *Bilderbuch*, II, xxxi, 3, p. 221-222, avait été exprimée de plusieurs manières, dont l'une est représentée sur un bas-relief Colonna, qui fit partie du même monument que le bas-relief de Naples, et qui vient d'être publié par M. Ém. Braun, *Antik. Marmorwerke*, *Decad.* IIe, Taf. v.

[2] J'ai déjà eu l'occasion d'expliquer cette particularité du costume antique, que nous avait fait connaître une peinture de Pompéi, celle du *Sacrifice d'Iphigénie*, publiée dans mes *Monuments inédits*, *Orestéide*, pl. xxvii; voy. l'observation faite, *ibid.* p. 137, 4), au sujet de ces manches de rapport, χειρῖδες, Xenophon. *Cyropæd.* VIII, viii, 17; cf. Pollux, II, cli, et VII, lxii, qu'on peut regarder comme faisant partie du vêtement des peuples de cette partie de l'Asie, d'où elles avaient passé dans la garde-robe tragique.

propre au système de vêtement asiatique, et en une espèce de *mitre*, qui lui couvre la tête et le dos, et qui n'est pas un élément moins caractéristique de costume oriental. A de pareils signes, on ne risque rien de reconnaître ici la *nymphe du lieu*, la *nymphe du Liban*, ou celle de *Byblos*, témoin naturel d'une pareille scène; et l'attitude dans laquelle elle se montre, la tête appuyée sur sa main gauche, dont le coude ployé repose sur son autre main, attitude dont j'ai expliqué ailleurs l'intention[1], s'accorde parfaitement avec cette détermination.

Les objets accessoires qui complètent la représentation méritent que j'en dise aussi quelques mots. Le lieu de la scène présente un amas de rochers, parmi lesquels se dressent quelques arbres en partie dépouillés de leur feuillage ou privés de leurs rameaux : c'est bien là la retraite sauvage du farouche *sanglier*, indiquée sur les bas-reliefs romains par une caverne de rochers; et il peut y avoir aussi dans cette végétation défaillante une allusion au mythe oriental d'*Adonis*, emblème de la germination des plantes et des productions de la terre arrêtée dans son cours par l'effet des rigueurs de l'hiver, dont le *sanglier* était le symbole[2]. Les étoffes, sous forme de *bandelettes*, suspendues aux branches de l'arbre, indiquent le *culte des arbres*, qui était essentiellement propre aux religions asiatiques[3]. Les fruits placés, au nombre de trois, au-dessus d'une espèce d'*autel rustique*, sur le devant duquel pendent des *bandelettes*, n'ont pas un rapport moins direct avec le culte d'*Adonis* : ce sont une *pomme* et des *grenades*, fruits compris sous une dénomination commune[4], et dont on connaît, par une foule de témoignages[5], la signification symbolique, comme gages ou présents d'amour et comme emblèmes de fécondité, deux idées certainement liées au mythe d'*Adonis*. La même allusion se montre d'une manière plus sensible encore dans un objet qui n'est peut-être pas rendu assez distinctement sur notre dessin, mais qui est parfaitement reconnaissable sur la peinture originale : c'est un de ces grossiers simulacres en bois de *Priape*[6], au *phallus* duquel est attachée une *guirlande flétrie*, indice d'un sanctuaire rustique, comme on en voit sur beaucoup de peintures et de bas-reliefs antiques, dont l'image est complétée ici par le *bucrâne* suspendu tout auprès. C'est d'ailleurs une notion établie par d'autres monuments relatifs à *Adonis*, que le rapport du *phallus* avec la nature de ce culte syrien.

---

[1] Voyez mes *Monuments inédits*, *Orestéide*, p. 132-3.

[2] C'est comme symbole de l'*hiver* que le *sanglier* figure dans le mythe d'*Adonis*, selon Macrobe, *Sat.* 1, 21, et c'est ainsi que l'ont entendu la plupart des critiques modernes, tels que M. Creuzer, *Relig. de l'antiq.* t. II, p. 50, et M. Roulèz, *Notice d'un bas-relief représentant Vénus et Adonis*, p. 7, 1). Suivant une autre tradition, Lyd. *de Mens.* IV, xLIV, p. 77; cf. Movers, *Die Phœnicier*, t. I, p. 209, 216, 222, etc., c'était, au contraire, comme emblème des chaleurs de l'été que le *sanglier*, animal de Mars, intervenait dans la mort d'*Adonis*; deux points de vue qui se concilient aisément.

[3] Voyez les éclaircissements que j'ai déjà eu l'occasion de donner à ce sujet dans mes *Peintures antiques inédites*, p. 403-406.

[4] Celle de μῆλον, *malum*, qui désignait, chez les Grecs et chez les Romains, ce que nous appelons, de noms différents, *pomme*, *grenade*, *coing*, *citron* et *orange*; j'en ai déjà fait plus haut l'observation, p. 104, 4).

[5] Philet. *apud* Schol. Theocrit. *Idyll.* 11, 120; Theocrit. *Idyll.* 111, 10, et x1, 10; Virgil. *Eclog.* 111, 50. Sur un vase peint dont il sera parlé plus bas, Vénus est occupée à cueillir des *pommes*, μῆλα, pour en remplir les vases où se dressaient les *jardins d'Adonis*, Ἀδώνιδος κῆποι. On sait aussi que ces mêmes fruits, μῆλα, figuraient au nombre des symboles dionysiaques déposés dans la ciste mystique, Clem. Alex. *Protrept.* p. 15, ed. Potter. En ce qui concerne le rapport de la *pomme de grenade* avec *Adonis*, j'ajouterai encore, sur la foi de M. Movers, *Die Phœnicier*, t. I, p. 197, que le nom phénicien qui signifiait ce fruit, רמּוֹן, avait servi de surnom à un dieu solaire syrien, *Hadad-Rimmon*, le même qu'*Adonis*.

[6] Un de ces *Priapes en bois*, ornement rustique d'un paysage grec, se voit sur une peinture de la *maison des Dioscures*, publiée dans le *R. Mus. Borbon.* t. VI, tav. LV; et cet exemple me dispense d'en citer d'autres, tant ils sont communs dans les peintures antiques de Pompéi. Sur une autre peinture de Pompéi, qui sera citée plus bas, un simulacre de *Priape* est adossé au *tombeau d'Adonis*, ibid. t. I, tav. xxxII; et le même simulacre se voit aussi, près du *tombeau d'Adonis*, sur un des bas-reliefs du vase Chigi, *Zoëga's Abhandlungen*, etc., Taf. v, n. 13. Quant au

Il ne me reste plus à rendre compte que d'un dernier élément de cette représentation, qui n'en est pas l'objet le moins curieux : c'est le *chien* qui se voit couché aux pieds d'*Adonis*, près des deux javelots brisés, armes impuissantes de l'infortuné chasseur. Le *chien*, ce fidèle compagnon des héros, pour qui la chasse était l'image de la guerre[1], ne manque jamais près de la figure d'*Adonis*, dans les représentations, soit peintes, soit sculptées, qui ont rapport soit à son départ pour la chasse, soit à sa mort; mais il s'y montre toujours sous sa forme ordinaire, tandis qu'ici le caractère de sa tête, qui a quelque chose de celle du *lion*[2], et surtout le *collier garni de pointes* qu'il porte, à peu près comme on le voit à la célèbre tête de face du *chien Sirius*, ouvrage du graveur Gaies[3], tendent à lui assigner un caractère astronomique, certainement en rapport avec le mythe d'*Adonis*, une des formes du dieu solaire asiatique.

Ce serait ici le lieu d'entrer dans quelques explications sur ce culte tout oriental d'*Adonis*, qui a récemment exercé le savoir d'habiles antiquaires, sans que ce sujet soit encore épuisé; mais je dois réserver ces éclaircissements pour un travail spécial[4], où ils se trouveront plus à leur place, et me borner ici à faire un examen critique des monuments qui nous restent de l'antiquité figurée concernant le sujet d'*Adonis*.

Le culte d'*Adonis* dut être connu de bonne heure des Grecs, je veux dire, dès cette première époque de leur civilisation où ils reçurent, par l'intermédiaire des Phéniciens, tant d'idées et de croyances propres aux religions asiatiques. C'est ainsi que je m'explique la tradition attribuée à Hésiode[5], qui faisait *Adonis fils de Phénix*, et le nom même d'*Adonis*[6], qui, sous

---

rapport du *phallus* avec le culte syrien d'*Adonis*, j'aurai lieu de traiter ce point d'antiquité dans la iv⁰ de mes *Lettres archéologiques sur la peinture des Grecs*.

[1] Le *chien*, près de la figure du héros partant pour la chasse ou pour la guerre, était une des images favorites de l'art attique; de là, la présence de cet animal domestique sur tant de vases peints, dont un, de fabrique proprement attique, et trouvé presque sous mes yeux dans un tombeau du Céramique, est le monument le plus précieux de mon cabinet. Cette image était si chère à la civilisation athénienne, qu'elle avait trouvé place jusque dans le tableau de la *bataille de Marathon*, ouvrage de Panænus, où se voyait, dit un auteur ancien, un *chien* combattant à côté d'un Cynægire, d'un Épizélos et d'un Callimaque, Ælian. *H. A.* VII, xxxviii : Συσͅρατιώτην δέ τις Ἀθηναῖος... ἐπήγετο κύνα,... ἔσͅι δὲ καὶ οὗτοι καὶ ὁ κύων Μίκωνος γράμμα. Les critiques ont relevé cette erreur d'Élien, qui attribuait à Micon, comme d'autres à Polygnote, ce tableau, qui était de Panænus.

[2] Éd. Gerhard, *Archäol. Zeitung*, n. ii, p. 89.

[3] Winckelmann, *Pierres grav. de Stosch*, p. 206, n. 1240. Voy. ma *Lettre à M. Schorn*, S ii, p. 138, n. 43, 2⁰ édit.

[4] Pour la iv⁰ de mes *Lettres archéologiques*, où l'article consacré à *Vénus* et *Adonis* sera l'un des plus considérables du chapitre des *Amours des dieux*. Indépendamment des mythographes qui se sont occupés du *mythe d'Adonis*, et à la tête desquels il faut placer M. Creuzer, *Relig. de l'antiq.* t. 1, p. 42, suiv., *Symbolik und Mythologie*, t. II, p. 417, suiv., et p. 473, suiv., 3⁰ édit., le *mythe d'Adonis* a exercé récemment plusieurs savants, notamment M. de Witte, *Nouv. annales de l'Instit. archéol.* t. I, p. 507, suiv., M. Roulèz, *Notice d'un bas-relief en terre cuite* représentant *Vénus et Adonis*, extraite du tome VII des *Bulletins* de l'Académie royale de Bruxelles, p. 1-17, et surtout M. Movers, *Die Phœnicier*, t. I, p. 191, suiv. Il avait aussi fourni la matière de recherches savantes à Manso, *Versuche über einige Gegenstände aus Mythologie* (Leipzig, 1794, 8⁰), p. 112, suiv., p. 242, suiv.; à Hug, *Untersuch. über den Mythos, etc.*, p. 82, suiv., et à Groddek, *antiquar. Versuch.* I⁰, 83, suiv.; et il a été le sujet de plusieurs dissertations spéciales, de Ch. Moinichen, *De Adonide*, Hafn. 1702, 4⁰, de Maurer, *Dissert. de Adonide*, Erlang. 1782, 4⁰. et du D⁰ Fikenscher, *Erklärung des Mythus Adonis* (Leipzig, 1799), p. 1-140. Mais on ne doit pas oublier l'article que Bayle a consacré, dans son *Dictionnaire*, à *Adonis*, t. I, p. 223-231 (Paris, 1820, in-8⁰), et qui renferme, sous cette forme familière qui lui était propre, une érudition très-solide, exprimée souvent d'une manière très-piquante.

[5] Hesiod. *apud* Apollodor. III, xiv, 4; et *apud* Prob. *ad* Virgil. *Eclog.* x, 18. Ce témoignage a été admis par Ott. Müller, *Orchom.* p. 117, 5); ce qui ne rend pas inutile la sage réserve de M. Creuzer, *Zur Galler. d. alt. Dramat.* p. 144, 232).

[6] Personne n'ignore que le nom Ἄδωνις répond, par tous ses éléments, au nom phénicien *Adoni*, qui signifiait *mon seigneur, mon maître*, et les anciens eux-mêmes ont pris soin de nous en instruire, Hesych. v. Ἄδωνις· δεσπότης ὑπὸ Φοινίκων; cf. Joseph. *Bell. Jud.* V, ii, 2 : Ἄδων γὰρ τῇ Ἑβραίων γλώττῃ κύριος λέγεται; cf. Gesen. *Monum. Phœnic. etc.*, II, 400. La forme Ἄδωνις, qui était sans doute la plus ancienne, est restée aussi la plus usuelle chez les Grecs. On trouve Ἀδωναῖος chez Plutarque, *Erotic.* p. 756, C., leçon corrigée par M. Th. Bergk en Ἀδώνιος, mais qui paraît justifiée par les gloses

cette forme purement phénicienne, n'avait pu parvenir aux Grecs que par la voie des Phéniciens. Mais de bonne heure aussi ce culte oriental avait dû perdre chez les Grecs sa signification primitive, qui était celle du *dieu soleil*, envisagé principalement sous le double rapport de son affaiblissement ou de sa *disparition* [1] en hiver, de son rajeunissement, ou de sa *découverte* [2], ou de son retour, au printemps, idée proprement phénicienne, qui faisait le fond du culte célébré à *Byblos* [3] et en *Chypre* [4], et qui s'effaça promptement chez les Grecs, dans la tendance à l'anthropomorphisme qui signala, dès avant l'époque homérique, le développement de la religion hellénique. On en a la preuve par cette curieuse anecdote rapportée sur le compte d'Hercule, qui, se trouvant à *Dium*, en Macédoine, et voyant le peuple revenir en foule de la célébration des *Adonies*, se serait écrié avec colère qu'*il ne connaissait point d'Adonis parmi les Dieux* [5] : tant le fils d'Alcmène, en se montrant aussi ennemi d'*Adonis*, avait oublié sa propre origine, et tant la Grèce s'était déjà éloignée des traditions de son berceau. Du reste, cette anecdote est encore curieuse par l'indication de la localité,

d'Hésychius et de Suidas, v. Ἀδωναῖος, ὁ ὑπὸ τὸν ᾅδην. Suivant quelques grammairiens, on aurait dit aussi Ἀδώνιος, Bekker, *Anecdot.* p. 346, 1; mais il est probable, comme l'a proposé M. Meinecke, *Fragm. comic. Græc.* t. II, p. 604, qu'il faut lire : τὴν αἰτιατικὴν τὸν Ἄδωνιν, au lieu de τὸν Ἀδώνιον. J'admets aussi la correction proposée par ce savant critique sur la fin du même passage : λέγουσι δὲ καὶ Ἄδωνα, au lieu de Ἄδωνιν; car cette forme Ἄδων, Stephan. Byz. v. Ἀμαθοῦς, sur laquelle on peut consulter les remarques de M. Meinecke lui-même, *ad* Theocrit. *Idyll.* xv, 149, avait passé chez les Latins, témoin les exemples qu'en offrent Martianus Capella, II, cxcii, Venantius Fortunatus, VII, xii, 18, Apulée, *Metam.* l. VIII, Servius, *ad* Virg. *Ecl.* viii, 37, et x, 10, et le mythographe du Vatican, t. 200, p. 60, ed. Bode; et M. Creuzer, qui remarque avec raison que cette forme était la plus élémentaire, *Symbolik, etc.*, t. II, 423, et M. Roulez, qui la relève pareillement, *Notice, etc.*, p. 2, 3), auraient pu observer qu'elle avait été employée par les Grecs. La forme *Adoneus*, qu'on trouve dans Plaute, *Menechm.* I, ii, 3, dans Apulée, *Metam.* II, et dans Ausone, *Epigramm.* xxx, 6, me paraît dérivée de la confusion qui s'était établie de bonne heure entre le *dieu infernal* Pluton, Ἀϊδωνεύς, et *Adonis*, aussi *dieu infernal*; et c'est cette même confusion qui explique la glose des grammairiens citée plus haut, Ἀδωναῖος, ὁ ὑπὸ τὸν ᾅδην.

[1] Cette *disparition* du dieu, ἀφανισμός, était suivie de sa recherche, ζήτησις, et c'était là généralement la première période de la fête des *Adonies*, Ἀδώνια ou Ἀδώνεια, Suid. et M. Etymol. *hh. vv.*, qui durait sept jours en Orient, Amm. Marcell. XX, 1; cf. Movers, *Die Phœnicier*, t. I, p. 200.

[2] Cette seconde période de la fête, nommée εὕρησις, était proprement la fête de deuil, occasionnée par la découverte d'*Adonis* trouvé mort dans une laitue, Athen. II, p. 69 : de là l'exposition de simulacres en buis d'*Adonis*, Ἀδώνιον, Suid. *h. v.*, qui se faisait dans des vases d'argile remplis de végétaux divers, d'une nature tendre et délicate, nommés *jardins d'Adonis*, Ἀδώνιδος κῆποι, Schol. Theocrit. *ad Idyll.* xv, 113; Hesych. et Suid. *h. v.* C'était seulement après l'accomplissement des cérémonies funèbres que le retour à la vie d'*Adonis* était célébré avec tous les excès de licence que comportait le génie des religions asiatiques, et dont on sait, par de nombreux témoignages, que la

prostitution sacrée des femmes était le trait principal, Lucian. *De dea Syr.* § 6 : Μετὰ δὲ τῇ ἑτέρῃ ἡμέρῃ ζώειν τέ μιν μυθολογέουσι καὶ ἐς τὸν ἠέρα πέμπουσιν; S. Hieronym. *ad* Ezechiel. c. viii : « Anniversariam ei celebrant solemnitatem in qua « REVIVISCENS canitur et laudatur; » cf. S. Cyrill. *ad* Iesaï. c. xviii, 1 et 2 : Ἀνελθούσης (Ἀφροδίτης) δὲ ἐξ Ἄδου καὶ μὴν ΗΓΥΡΠΣΘΑΙ λεγούσης τὸν ζηλούμενον, κ. τ. λ. Add. Procop. Gaz. *Comment. in* Iesaï. c. xviii.

[3] *Byblos* est nommée par Strabon la *ville sacrée d'Adonis*, Ἀδώνιδος ἱερά, xvi, p. 755; cf. Eustath. *ad* Dionys. *Perieg.* v. 919; et nous avons dans le *Traité de la déesse de Syrie* attribué à Lucien, § 6, le témoignage classique le plus complet sur les cérémonies du culte d'*Adonis* à *Byblos*; voy. Hamaker, *Miscell. Phœnic.* p. 125.

[4] On pourrait se croire suffisamment autorisé à regarder l'île de *Chypre* comme un des siéges principaux du culte d'*Adonis*, d'après la tradition qui faisait *Adonis* fils de Cinyras, Apollodor. III, xiv, 3; cf. Plato Comic. *apud* Athen. X, p. 456 A; Meinecke, *Fragm. poët. comœd. ant.* T. II, p. 615; Bion. *Idyll.* i, 91; cf. Fikenscher, *Erklärung, etc.*, § 2, p. 11, suiv. Mais d'ailleurs la notion du culte d'*Adon*, le même qu'*Osiris*, à Amathonte, notion que nous devons à Étienne de Byzance, v. Ἀμαθοῦς, et celle du temple consacré, dans cette même ville, à *Vénus* et à *Adonis*, que nous devons à Pausanias, IX, xli, 2, suffisent pour nous en donner la preuve. A ces témoignages employés par M. Movers, *Die Phœnicier*, t. I, p. 192, les seuls qu'ait fait valoir aussi M. de Witte, *Nouv. annales*, I, 529, 6), j'ajouterai une preuve directe bien autrement décisive : c'est celle que nous fournit un paroemiographe grec, relative à la manière dont se célébrait en *Chypre* le culte d'*Adonis*, au moyen d'un *bûcher*, qui l'assimilait, sous ce rapport, à l'*Hercule* assyrien et phénicien, autre dieu solaire; voici ce témoignage précieux à beaucoup d'égards, Diogenian. *Præfat.* p. 180, ed. Schneidewin. : Καὶ γὰρ τῷ Ἀδώνιδι τιμηθέντι ὑπὸ τῆς Ἀφροδίτης μετὰ τὴν τελευτὴν οἱ Κύπριοι ζώσας ἐνίεσαν περιστεράς, κ. τ. λ. J'ai fait usage de ce texte important dans mon *Mémoire sur l'Hercule assyrien et phénicien*.

[5] Clearch. *apud* Schol. Theocrit. *ad Idyll.* v, 21; Suid. et Hesych. v. οὐδὲν ἱερόν Zenob. *Prov.* v, 47; cf. Schneidew. *ad h. l.* Ott. Müller, *Die Dorier*, II, 474.

Dium, ville si voisine de *Thasos*, principal établissement des Phéniciens, et si rapprochée des côtes de la *Thrace* et de celles de la *Bithynie*, où le culte d'*Adonis*, aussi bien que celui d'*Hercule*, avait été porté de bonne heure par des colons phéniciens, qui nous montre ainsi la voie par laquelle ce culte avait pénétré dans la Grèce.

Mais le *dieu soleil, perdu* et *retrouvé*, de *Byblos*, ne pouvait rester cet être symbolique pour les Grecs, qui l'avaient connu sous le nom d'*Adonis*. Avec le progrès des temps et celui des idées qui métamorphosèrent tous ces dieux abstraits des religions naturelles de l'Orient en personnages réels, doués des formes et des passions de l'humanité, ils firent de celui-ci un jeune héros d'une beauté accomplie, d'une jeunesse charmante, favori de *Vénus* et rival de *Mars*, et dont la passion pour la chasse désolait la tendresse de l'une, en servant la vengeance de l'autre; et, sur ce motif intéressant, ils arrangèrent une fable voluptueuse, qui ne conservait plus du mythe originaire que ce trait même d'une licence qui lui était propre, joint à celui de la mort violente du jeune héros, opérée par la dent du *sanglier*, animal qui joua toujours un grand rôle dans la symbolique de l'Orient, et, par suite, dans celle de la Grèce. Mais, sous cette forme qu'il reçut de la poésie grecque, fut-ce d'abord par les mains de Panyasis[1], de Sapho[2], de Praxilla[3] et d'Antimachus[4], ou par le concours des poëtes dramatiques[5], et qui se montre accomplie dans la charmante idylle de Théocrite[6] et dans celle de Bion[7], le mythe d'*Adonis* ne paraît pas avoir été jamais bien populaire dans la Grèce, ni avoir jamais occupé une grande place dans ses traditions religieuses, sans doute parce que son nom oriental l'avait tenu constamment en dehors des croyances nationales. Les *Adonies* mêmes, dans la

---

[1] Nous savons par Apollodore, III, xiv, 4, que le poëte cyclique Panyasis avait traité la fable d'*Adonis*; mais c'est là tout ce que nous en savons.

[2] Pausan. IV, xxix, 3.

[3] Sur le poëme de *Praxilla*, dont il nous a été conservé par un parœmiographe grec trois vers qui avaient donné lieu à un proverbe, Zenob. *Cent.* IV, xxi, voy. un article de M. Rossignol inséré au *Journ. des Savants*, 1837, p. 36-47, article plein de vues ingénieuses, mais dont je n'admets pourtant pas la conclusion; voyez aussi les remarques de M. Preller, *ad* Polemon. *Fragm.* c, p. 150-151.

[4] Ce poëte est allégué par Probus, *ad* Virg. *Eclog.* x, 18, comme auteur d'une des légendes qui avaient cours sur *Adonis*. Cette indication a échappé aux recherches de M. Schellenberg, Antimachi *Reliquiæ*, Hal. Sax. 1786, 8°. Callimaque est cité aussi par Athénée, l. II, p. 69, D, pour avoir employé une des traditions qui étaient devenues les plus populaires sur le théâtre attique.

[5] *Adonis* avait fourni le sujet et le titre de plusieurs pièces de l'ancienne et de la nouvelle comédie, telles que celles que nous connaissons sous les noms d'Antiphanès, d'Araros, de Nicophon, de Philiscus et de Platon le Comique, sur lesquels il me suffit de renvoyer aux recherches récentes et exactes de M. Meinecke, *Fragm. comic. græc.* t. I, p. 314, 344, 245 et 256, 423 et 167. Il y eut aussi des comédies portant le titre d'Ἀδωνιάζουσαι, dont deux sont citées sous les noms de Philétære et de Philippide, Meinecke, *ibid.* p. 349 et 472; et l'on sait que quelques grammairiens donnaient à la *Lysistrate* d'Aristophane ce titre d'Ἀδωνιάζουσαι

Schol. *ad Lysistr.* v. 390; sans compter les allusions au mythe d'*Adonis* qui durent se trouver dans d'autres comédies, telles que celle-ci, tirée d'une pièce d'Eubulus et citée par Athénée, l. II, p. 69, C; cf. Meineck. *Fragm. poët. comic. græc.* t. III, p. 210-211 :

> Μὴ παράτιθει μοι θριδακίνας, ὦ γύναι,
> Ἐπὶ τὴν τράπεζαν, ἢ σεαυτὴν αἰτιῶ.
> Ἐν τῷ λαχάνῳ τούτῳ γάρ, ὡς ὁ λόγος, ποτέ
> Τὸν ΑΔΩΝΙΝ ἀποθανόντα προὔθηκεν Κύπρις·
> Ὥστ' ἐστὶ νεκύων βρῶμα.

Telle encore que cette autre, d'une pièce incertaine de Phérécratès, poëte de l'ancienne comédie, *apud* Suid. v. Ἀδώνια ; cf. Meineck. *ibid.* t. II, p. 358 :

> Ἀδώνι' ἄγομεν καὶ τὸν Ἄδωνιν κλάομεν.

Dans tous ces drames comiques du théâtre attique, il est probable que les licences auxquelles donnait lieu la célébration des *Adonies* à *Athènes* étaient mises en scène avec toute la liberté que comportaient à la fois et ce genre de spectacle et cette nature de culte; car c'était le côté satirique du sujet, et non le côté pathétique, qu'avaient en vue les poëtes athéniens. Les tragédies de Denys le Tyran, Athen. IX, 401, F, et de Ptolémée Philopator, Schol. Aristophan. *ad Thesmoph.* v. 1059, ne font pas exception à cette remarque : c'étaient des fantaisies de princes sans conséquence littéraire.

[6] Theocrit. *Idyll.* xv, v. 1-149, cum *Adnotat.* Valckenar. Lugd. Bat. 1810, 8°, ed. alter.

[7] Bion. Smyrn. *Idyll.* 1, v. 1-98.

célébration desquelles s'était seulement conservé le caractère primitif du culte phénicien, ne semblent pas non plus avoir été jamais très-répandues dans la Grèce; on les trouve à *Sestos*[1], à *Dium*[2], à *Argos* et à *Némée*[3], peut-être à *Lacédémone*[4], surtout à *Athènes*[5], ville profondément imprégnée d'éléments d'une civilisation phénicienne; mais, même dans ce petit nombre de cités grecques, ce culte local, resté toujours empreint d'une physionomie étrangère, demeura constamment en dehors de la religion publique; d'où il suit qu'il dut rarement exercer les talents des artistes grecs, et seulement à l'époque où les cultes de l'Orient reprirent l'ascendant qu'ils avaient perdu durant toute la période hellénique.

C'était sur ces motifs que je me fondais, il y a quelques années, pour assurer que le sujet d'*Adonis* avait été étranger à la belle antiquité grecque[6]; et, bien que le nombre des monuments qui appartiennent à cette fable se soit considérablement accru par le fait des découvertes opérées de nos jours, et que quelques-uns de ces monuments puissent être regardés comme provenant d'une école grecque, c'est encore l'opinion que je me crois fondé à soutenir, sauf un très-petit nombre d'exceptions que j'indiquerai, après avoir soumis à un examen critique une certaine quantité de représentations qui ont été rapportées, avec plus ou moins de probabilité, au sujet d'*Adonis*.

Il s'agit principalement ici de celles que nous offrent des vases peints, où l'on a cru trouver ce sujet, mais sans raison suffisante, à mon avis[7]. Tels sont deux vases du recueil de Millin[8], deux autres de la première et de la seconde collection d'Hamilton[9], un vase du recueil de M. Millingen[10], trois de celui de M. Inghirami[11], et trois enfin du musée de Berlin[12]. Le trait commun de toutes ces représentations, qui appartiennent certainement à un même ordre d'idées, est la présence d'un *génie nu et ailé* près d'une *femme assise*, avec divers accessoires d'un caractère à la fois mystique et nuptial. Je ne doute pas qu'il ne faille voir, sur la plupart de ces vases, une *scène d'initiation*, sur d'autres, une *scène de toilette*, ou *d'amour*, ou *de mariage*, rendues tantôt sous une forme héroïque, tantôt sous une forme familière, mais, d'ailleurs, sans aucun des caractères qui seraient nécessaires pour y reconnaître *Vénus* et *Adonis*. Le même antiquaire qui a cru pouvoir hasarder cette explication a compris, dans

---

[1] Mus. *Her. et Leandr.* v. 42, sqq.

[2] Schol. Theocrit. *ad Idyll.* v, v. 21; Suid. et Hesych. οὐδὲν ἱερόν; voy. Creuzer, *Symbolik, etc.*, t. II, p. 435, 3ᵉ édit.

[3] Pausan. II, xx, 3; voy. mon *Orestéide*, p. 170, 4).

[4] C'est ce que l'on peut induire avec une probabilité suffisante du fait qu'*Adonis* était connu en Laconie sous le nom de *Kiris*, le même nom, à ce qu'il semble, qu'il portait aussi en *Chypre*, Hesych. v. Κίρις· Ἄδωνις, Λάκωνες, et v. Κύρις, ὁ Ἄδωνις; cf. M. Etymol. v. Κίρρις· . . . λέγεται παρὰ Κυπρίοις Κίρρις ὁ Ἄδωνις, παρὰ δὲ Λάκωσι, λύχνος. On appelait Ἀδώνιον, en Laconie, un certain chant qui s'accompagnait avec la flûte : nouvel indice du culte d'*Adonis* à *Sparte*, que nous devons à Hésychius, h. v.; voy. Movers, *Die Phœnicier*, t. I, p. 198.

[5] L'ancienneté et la popularité du culte d'*Adonis*, à *Athènes*, peuvent se présumer d'après le fréquent usage qui s'en faisait au théâtre dès le temps de la vieille comédie, et dont nous avons des témoignages si curieux dans deux des comédies d'Aristophane, la *Paix*, v. 412, et surtout la *Lysistrate*, v. 389, sqq.; cf. Schol. *ad h. l.* On peut se faire une idée de la licence qui

régnait dans ces pièces du théâtre attique, d'après ce que nous savons du sujet de la comédie d'*Adonis*, de Platon le Comique, qui était la contestation entre Vénus et Bacchus, pour la possession d'*Adonis*, Athen. l. X, p. 456, B.

[6] Dans mes *Monuments inédits, Orestéide*, p. 170, 4) et 6). C'était aussi l'opinion qu'à la même époque exprimait Ott. Müller, *Handbuch*, § 378, p. 556.

[7] C'est M. de Witte, l'habile et savant interprète des collections Durand, Beugnot, Magnoncourt, et de celle du Pr. de Canino, qui a dressé cette liste de vases peints rapportés au sujet de *Vénus* et *Adonis*; voy. son *Catal. Magnonc.* n. 4, p. 5, 1).

[8] *Peint. de Vas.* I, L, et II, LVII.

[9] D'Hancarville, *Antiq. étrusques*, t. I, pl. LXXI, et Tischbein, *Vas. d'Hamilt.* t. II, pl. XXXII.

[10] *Vas. grecs*, pl. XLV.

[11] *Vas. fittil.* t. I, tav. XXII; t. II, tav. CLXXIX et CXCII; ce dernier vase est celui du recueil d'Hamilton cité en premier lieu.

[12] Éd. Gerhard, *Berlin's antik. Bildwerke*, nᵒˢ 804, 892 et 995.

les représentations du même sujet, le vase de la collection Iatta que j'ai publié moi-même[1], et où j'avais cru voir le sujet d'*Hélène à sa toilette*, librement traité, d'après une peinture de Polygnote[2], conjecture qui a récemment encore obtenu l'assentiment de MM. Ott. Jahn et Éd. Gerhard[3], et que je persiste à croire plus près de la vérité que celle du savant antiquaire, si disposé à voir sur tant de vases peints les amours de *Vénus* et d'*Adonis*. L'illusion qu'il s'est faite à cet égard me paraît surtout sensible dans l'explication qu'il a donnée d'un vase de la collection Beugnot[4], qui représente certainement une *scène d'initiation*, avec le *génie hermaphrodite ailé*, volant entre la *prêtresse assise* et le *myste debout*, la même scène qui se rencontre, différemment traitée, sur un autre vase de la même collection[5], que l'auteur avait d'abord rangé avec toute raison, suivant moi, dans la classe des *vases de mystères*[6], et où une inspiration moins heureuse lui a fait trouver plus tard *Adonis* et *Vénus* avec les *Grâces*. La même préoccupation paraît s'être aussi exercée sur l'esprit d'un autre antiquaire, M. Roulèz, à qui nous devons une courte, mais excellente étude sur le mythe d'*Adonis*. Ce savant est aussi d'avis qu'un sujet si favorable a dû figurer sur les vases peints, et, après avoir rappelé, entre autres exemples qu'il en admettait, sur la foi de M. de Witte, les deux vases Beugnot cités plus haut, il ajoutait, pour son propre compte[7], un vase attique de notre Cabinet des antiques[8], publié par feu M. de Stackelberg[9], où il ne faut voir qu'une de ces scènes voluptueuses propres à orner un de ces vases donnés par des parents ou des amis, à l'occasion de *noces*, γαμηλία[10], et rien qui ait véritablement rapport au mythe de *Vénus* et *Adonis*. Quant au vase du *Musée Blacas*, cité aussi par M. Roulèz, comme étant relatif au même sujet, et que M. de Witte explique de la même manière, je ne saurais dire jusqu'à quel point cette opinion est fondée, attendu que je n'en possède pas de dessin; mais, d'après la seule indication qu'en donne M. Roulèz[11], celle d'une *femme assise* et d'un *jeune homme debout*, avec *trois autres femmes* et un *génie ailé*, j'avoue que je ne puis encore y reconnaître qu'une *scène d'initiation* conçue comme sur tous les autres *vases de mystères*.

Aux vases que je viens d'écarter, comme ayant été rapportés sans raison suffisante à la fable d'*Adonis*, je me permettrai d'ajouter encore celui de la première collection d'Hamilton[12], reproduit dans l'*Élite de monuments céramographiques*[13], où l'on a cru voir *Héra-Aphrodite* et *Vénus-*

---

[1] *Monuments inédits, Odysséide*, pl. xlix A, p. 270-272. Je ne parle pas de l'opinion de M. Iatta lui-même qui croyait voir sur son vase *Vénus et Anchise*; cette opinion, dont j'ai eu connaissance par le *Bullet. archeol. napolet.* I, xii, p. 103, 1), ne me semble réellement pas admissible.

[2] Pausan. X, xxv, 2.

[3] Otto Jahn, *Die Gemälde des Polygnotos in der Lesche zu Delphi*, S. 8, et Éd. Gerhard, *Die Schmückung der Helena*, S. 6, 23).

[4] *Catalogue Beugnot*, n. 8, p. 13-14.

[5] *Ibidem*, n. 59, p. 61.

[6] Dans son *Catalogue Durand*, n° 435.

[7] *Notice sur un bas-relief en terre cuite, représentant Vénus et Adonis*, extraite du tome VIII, n. 12, du *Bulletin de l'Académie royale de Bruxelles*, p. 14, 2).

[8] Il appartenait à feu M. le ch. Bröndsted, qui en fit don à notre Cabinet des antiques.

[9] *Gräber der Hellenen*, Taf. xliii.

[10] Il sera publié de nouveau, avec une explication complète qui embrassera toute cette classe de vases, dans la iv⁰ de mes *Lettres archéologiques sur la peinture des Grecs*.

[11] *Notice*, etc., p. 14, 3), 4).

[12] D'Hancarville, *antiq. étrusques*, t. II, pl. lxxxix; Inghirami, *Vas. fittil.* t. II, tav. clxxx.

[13] T. I, pl. xxxiv, p. 83-85. On remarquera la manière dont les deux déesses sont désignées, l'une, par ses noms grecs, *Héra-Aphrodite*, l'autre, par ses noms latins, *Vénus-Proserpine*, d'où il résulte qu'*Aphrodite* et *Vénus* sont deux déesses différentes. Quant aux preuves alléguées à l'appui de l'explication, elles consistent en ce que l'*encens* (λίβανος) qui brûle sur l'autel rappelle la *localité*, le *Liban*, principal siége du culte d'*Adonis*, et en ce que l'*encens* fait aussi allusion au nom de *Smyrna* ou *Myrrha*, mère d'*Adonis*. A ce titre-là, le sujet d'*Adonis* est encore plus commun sur les vases peints que ne le pensent les savants auteurs.

Proserpine se disputant la possession d'*Adonis*, en se fondant principalement, pour l'explication de cette peinture, sur celle qu'on avait donnée, dans le même sens, du célèbre miroir du *Museo Gregoriano*[1], dont je parlerai plus bas; mais cette explication, qui n'est pas encore admise pour le miroir, est bien plus problématique pour le vase peint.

Il ne résulte cependant pas de l'examen rapide que je viens de faire d'une classe de vases rapportée abusivement au mythe d'*Adonis*, que ce sujet n'ait pu figurer sur des vases peints, ou qu'il ne puisse s'y produire quelque jour. Dès à présent, je serais disposé à reconnaître ce sujet sur une peinture de vase du *Cabinet Durand*[2], dont l'objet principal est un groupe d'*Adonis imberbe*, *assis* sur un char attelé de *deux cygnes*, ayant sur ses genoux *Vénus* entièrement nue qu'il embrasse. Mais le doute qu'on pourrait conserver encore au sujet de cette peinture n'est pas permis à l'égard d'un vase que j'ai eu occasion d'examiner à Naples, dans la belle collection de MM. Santangelo, et sur lequel les renseignements qu'a bien voulu me communiquer M. de Witte s'accordent tout à fait avec les souvenirs que j'en ai conservés. Ce vase est une amphore de fabrique apulienne, à plusieurs rangs de figures, qui sont rouges sur un fond noir. C'est dans le rang du milieu que se voit représenté *Adonis*, étendu sur un *lit funèbre*, avec *Hécate*, tenant *deux flambeaux*, *Éros*, présentant une *phiale*, et *deux Parques*, dont l'une tient le *rameau lustral*[3]. Le revers de cette peinture offre l'*apothéose d'Adonis*, dans une composition qui consiste en plusieurs figures de femmes, telles qu'on pourrait les imaginer d'après les *Adoniazousæ* de Théocrite, rapprochement que je fais à dessein, d'après les rapports de style et de goût, et sans doute aussi de temps, qui existent entre l'idylle du poëte de *Syracuse* et cette peinture de vase de *Ruvo*[4]. Je serais également disposé à voir le sujet des *Amours de Vénus et d'Adonis* sur un vase inédit du musée Blacas, que M. de Witte doit publier prochainement, et dont il m'a montré le dessin : le jeune dieu phénicien s'y voit représenté *assis* sur le même siége, près de Vénus qu'il tient embrassée; derrière le couple divin est l'*Amour ailé*, sous les traits d'un *adolescent*, et non sous ceux du *génie androgyne des mystères*, et une *femme* debout, en face du siége, sans doute *Pitho*, la fidèle compagne de *Vénus*, achève de caractériser cette représentation.

Un autre vase peint, de la même fabrique de *Ruvo*, qui se rapporte aussi, sans le moindre doute, au mythe d'*Adonis*, c'est celui de la collection de S. A. R. le grand-duc de Bade, qui a été publié par M. Creuzer[5], et où ce savant illustre a reconnu, avec la sagacité qui le distingue au même degré que le savoir, *Vénus*, en compagnie des *deux Heures* de la religion

---

[1] T. I, tav. xxv. Il avait été publié précédemment dans les *Monum. dell' Instit. archeol.* t. II, tav. xxviii.

[2] *Catalogue Durand*, n. 115, p. 39-40; mais, tout en admettant cette partie de l'explication, je proteste contre la désignation de *Bacchus-Orphée* donnée au *personnage assis*, et surtout contre celle de *Prosymnus* donnée au *satyre*. Il y a là un abus de l'assimilation familière à l'auteur, contre laquelle je ne saurais trop m'élever, parce qu'elle tend à tout brouiller et à tout confondre.

[3] C'est ce *rameau* qui se nommait καθάρσιος, quand il servait à la *lustration*, et λιτήρ, quand il servait aux *supplications*, Hesych. v. Λιτῆρα, θαλλὸν τὸν ἱκέσιον. Ce rameau se voit souvent à la main d'Apollon dans l'une et l'autre circonstance; et j'en puis citer, pour exemples de la seconde, la médaille de *Ma-gnésie* du Méandre, où Apollon est désigné par l'épithète ΛΙΤΑΙΟC, Cavedoni, *Balletin. archeol.* 1837, p. 41, et de la première, la série des monnaies primitives de *Caulonia*, où cette explication que j'avais proposée finira par prévaloir sur les contradictions qu'elle a rencontrées, attendu qu'elle est certainement celle qui satisfait le mieux à toutes les conditions du problème.

[4] J'espère pouvoir enrichir ce recueil d'un dessin de ce beau vase de la collection de MM. Santangelo, que j'attends de leur bonté, et à qui je rends grâce d'avance pour ce nouveau témoignage de l'intérêt qu'ils accordent à mes travaux.

[5] Creuzer, *Zur Gallerie der alten Dramatiker* (Heidelberg, 1839, 8°), § vi, p. 66-75; p. 112-116, Taf. viii.

attique et de l'*Amour*, occupé à remplir de *fruits* et de *fleurs* des *vases d'argile* que l'on consacrait à *Adonis*, et qui se nommaient, à raison de cet usage, les *jardins d'Adonis*[1]. Il est généralement connu que cette sorte de jardins artificiels, dressés dans des vases d'argile, qui n'avaient qu'une vie factice et une durée éphémère, constituaient le trait principal de la célébration des *Adonies*, telle qu'elle avait eu lieu chez les Assyriens d'abord[2], puis chez les Phéniciens, qui l'avaient transmise aux Grecs; et nous savons qu'à *Athènes* particulièrement, où cette fête était célébrée par les femmes, surtout par celles de la profession d'*hétæres*[3], dès avant le siècle de Périclès, la manière dont on y procédait, à en juger d'après quelques traits de main de maître tracés par Aristophane[4], avait dû conserver presque toute sa physionomie orientale. Il n'est donc pas étonnant que la représentation des *jardins d'Adonis* se trouve sur un vase peint de *Ruvo*, d'une fabrique qui annonce la décadence, et d'après un modèle qui provenait sans doute de l'art attique.

Après les vases peints, je rangerais parmi les monuments de l'art grec, d'une époque plus ou moins inférieure à la haute antiquité, les terres cuites, consistant, soit en figurines, soit en bas-reliefs, que l'on pourrait rapporter à la fable d'Adonis. De ce nombre est un groupe de petite proportion trouvé dans l'île de *Nisyros* et possédé par M. Thiersch, qui l'a publié[5], où je reconnais sans peine, avec le savant professeur de Munich, *Adonis debout* s'appuyant sur l'épaule de *Vénus assise*, tels qu'ils devaient être représentés l'un et l'autre dans quelqu'un des actes de la célébration des *Adonies*[6]. Je possède moi-même un groupe, pareillement de

---

[1] La plupart des textes classiques qui concernent ces *jardins d'Adonis*, Ἀδώνιδος κῆποι, qui avaient donné lieu à un proverbe grec, Suidas et Hesychius, *h. v.*; cf. Platon. *Phædr.* p. 99, ed. Bekker.; Zenob. *Cent.* I, xlix; Diogen. I, xiv; cf. Schneidewin, *ad hh. ll.* p. 19-20, 183, ont été cités par M. Creuzer, *Relig. de l'antiq.* t. II, p. 49, 3), et *Zur Galler. d. alt. Dramat.* p. 115-116, 243). Mais il existe encore plus d'une particularité curieuse à expliquer concernant les *jardins d'Adonis*, tels qu'ils avaient lieu à *Athènes*, certainement à l'imitation de l'usage asiatique. Un trait négligé par tous les critiques est celui qui nous est indiqué par Aristophane, *Lysistrat.* v. 388-389, en ces termes : ὅ τ' Ἀδωνιασμὸς οὗτος οὑπὶ τῶν τεγῶν, et qui nous est expliqué par les scholiastes; il consistait en ce que les vases d'argile, ὄστρακια, remplis de plantes promptes à se faner aux ardeurs du soleil, telles que le *froment*, le *fenouil* et la *laitue*, étaient exposés à l'air, *sur les toits en terrasse* des maisons attiques; c'est ce que le scholiaste exprime de cette manière : Κήπους τινὰς εἰς τὰ δώματα ἀνέφερον. Le même usage avait dû se pratiquer dans l'Orient, d'où cette fête était originaire, notamment chez les Assyriens et les Phéniciens. J'en trouve la preuve dans ce passage de Philostrate, *Vit. Apollon.* VII, xxxii, p. 111, dont une fausse leçon a empêché jusqu'ici de bien saisir ce sens : Ἡ δὲ αὐλὴ ἀνθέων ἐτεθήλει κήποις, οὓς Ἀδώνιδι Ἀσσύριοι ποιοῦνται, ὑπὲρ ΟΡΓΙΩΝ, ὁμωροφίους αὐτοὺς φυτεύοντες. Ces mots, ὑπὲρ ὀργίων, n'offrent véritablement aucun sens, quoique M. Creuzer ait cru, *Zur Gallerie, etc.*, p. 116, 243), qu'ils pouvaient, dans le langage ordinaire de Philostrate, être synonymes de ἑορτῆς χάριν. La correction proposée par M. Jacobs, *Antholog.* t. XI, p. 165, ὑπὲρ ὀστρακίων, ne peut être admise en présence des mots ὁμωροφίους αὐτοὺς (κήπους), qui prouvent que les *jardins*

en question se dressaient *sous le même toit* qu'habitaient les adorateurs d'*Adonis*. Je propose donc de lire : ὑπὲρ οἰκίων, mots qui reviennent aux expressions d'Aristophane, οὑπὶ τῶν τεγῶν; cf. *ibid.* v. 395 : Ἡ δ' ὑποπεπωκυῖ', ἡ γυνὴ 'πι τοῦ τέγους, et qui nous apprennent que l'exposition des *jardins d'Adonis* avait lieu en Assyrie comme à Athènes, et sans doute partout où se célébraient les *Adonies*, *sur les toits en terrasse* des maisons, où l'ardeur du soleil s'exerçait avec plus de force, et où ces plantes légères se fanaient plus promptement.

[2] Témoin le passage de Philostrate, *Vit. Apollon.* VII, xxxii, p. 111, cité à la note précédente.

[3] C'est ce qui résulte du témoignage d'Alciphron, *Epistol.* 1, 39, p. 242, ed. Wagner.; cf. Creuzer, *Zur Gallerie, etc.*, p. 116, 243); Jacobs, *Animadv. ad Anthol. pal.* t. XI, p. 165-166; et surtout du fragment du poëte comique Diphile, cité par Athénée, l. VII, p. 292, D; cf. Meinecke, *Fragm. poët. comic.* t. IV, p. 394-397, où se lisent les vers suivants, 38-40 :

> ....Οὗ δὲ νῦν σ' ἄγω,
> ΠΟΡΝΕΙΟΝ ἐστι, πολυτελῶς ΑΔΩΝΙΑ
> Ἄγουσ' ΕΤΑΙΡΑ μεθ'ἑτέρων ΠΟΡΝΩΝ χύδην.

[4] Aristophan. *Lysistrat.* v. 389-398; cf. Schol. *ad h. l.* et *ad Pac.* v. 419.

[5] *Dissert. qua probat. vet. artific. oper. poet. carmin. opt. explicari*, § 5, tab. v, p. 25-27 (Monachi, 1835, fol.). Je ne cite pas un groupe en bronze du *Cabinet Magnoncourt*, n. 145, p. 79, où l'on a vu *Vénus* et *Adonis* dans un homme et une femme appuyés l'un sur l'autre, sans rien qui les caractérise, parce que cette désignation manque de la certitude nécessaire.

[6] C'est celui que paraît avoir eu en vue Théocrite dans ce vers de ses *Adoniazuses*, 131 :

> Νῦν μὲν Κύπρις ΕΧΟΙΣΑ τὸν αὑτᾶς χαιρέτω ΑΝΔΡΑ.

terre cuite, et que je crois provenir aussi de quelqu'une des îles de l'archipel grec[1], où se voient représentés *Vénus* et *Adonis* debout et se tenant embrassés, tels qu'on pouvait les figurer dans une occasion semblable, mais avec une particularité nouvelle et curieuse, celle de l'*oie* portée sur les deux bras de la déesse, et qui, à raison de la signification symbolique de cet oiseau, consacré à *Proserpine*[2] et à *Priape*[3], me paraît faire ici allusion à la circonstance du retour d'*Adonis* auprès de *Vénus*. Une autre terre cuite qui se rapporte à la même intention, et sur laquelle le groupe de la déesse et de son favori se montre conçu de la manière voluptueuse qui était propre à ce sujet, et qui avait eu ses modèles dans l'archéologie assyrienne[4], est le bas-relief de la collection Pizzati, publié par M. Roulèz[5], où le *héros syrien*, *assis* sur un *siége* que recouvre une draperie, tient sur ses genoux *Vénus* presque nue qu'il embrasse, et où la présence de l'*Amour ailé* achève de caractériser cette scène érotique. L'explication donnée de ce monument par M. Roulèz ne me paraît susceptible d'aucune difficulté, et elle s'était présentée à mon esprit, d'après un dessin que j'avais reçu de la terre cuite de M. Pizzati, à une époque où elle était encore inédite. Fondé sur cette explication, je crois pouvoir proposer la même interprétation pour le célèbre bas-relief en bronze trouvé à *Paramythia* en Épire, et maintenant conservé au musée britannique. L'antiquaire à qui l'on doit la première publication de ce beau monument de l'art grec, de l'époque macédonienne, M. Millingen, crut y voir *Vénus* et *Anchise*[6], et cette explication, adoptée aussi par Hirt[7], fut suivie par feu L. Schorn, qui reproduisit ce bas-relief dans son choix de *Monuments homériques*[8], mais avec une modification assez grave, en substituant *Pâris* à *Anchise*. La même alternative de *Vénus* et *Anchise*, ou de *Vénus* et *Pâris*, fut admise par Ott. Müller[9], sans qu'il

---

[1] Ce monument faisait partie de la *Collection Magnoncourt*, où il est décrit sous le n° 133, p. 75-76. On le trouvera gravé sur la vignette n. VIII, p. 135.

[2] J'ai déjà eu, dans un autre travail, *Monuments inédits, Orestéide*, p. 179, 3), l'occasion de citer quelques monuments qui justifient sur ce point le témoignage de Pausanias, IX, XXXIX, 2, et j'ai rappelé plus haut, p. 88, 1), un de ces monuments, que j'explique d'après cette donnée, non comme l'entendait Boettiger, *Ideen zur Kunstmythologie*, II, 442, †), mais comme l'avait proposé depuis longtemps Passeri, *Osservaz. sopr. alc. ant. monum.* t. I, p. XX.

[3] Le témoignage classique à ce sujet, c'est celui de Pétrone, *Sat.* c. 137 : «Occidisti Priapi delicias, ANSEREM omnibus matronis acceptissimum;» voy. Boettiger, *Ideen zur Kunstmythologie*, II, 442. De là, la présence de l'*oie* sur beaucoup de monuments qui ont un caractère bachique et funéraire à la fois. L'un des plus curieux de ces monuments est une stèle funèbre du *Mus. Brit.* part. II, pl. III, où se voit un *tombeau*, représenté par une *colonne* surmontée d'un *vase cinéraire*, près d'un *simulacre de Priape* érigé sur des rochers, au bas desquels sont *deux oies*. Sur un bas-relief Chiaramonti, tav. XXXV, c'est une *oie* (et non un *coq*) que l'on brûle au-dessus d'un autel, dans une composition de sujet bachique, le même motif qui se rencontre sur un bas-relief Giustiniani, t. II, tav. 122. J'aurai lieu de traiter ce point d'archéologie dans la IVe de mes *Lettres archéologiques*, à l'article où il sera question des représentations sculptées ou peintes dans les tombeaux, où les images relatives à *Priape* ou à *Bacchus* s'associent à celles qui regardent les divinités infernales. En attendant, je rappelle le vase peint, publié dans les *Annal. dell' Instit. archeol.* t. XIII, tav. agg. F, où *Bacchus* présente une *oie* à sa compagne infernale, *Kora-Libera*, et j'y ajoute la mention du beau vase sicilien de ma collection, publié par M. Otto Jahn, *Vasenbilder*, Taf. II, où l'une des *nymphes*, ΕΡΑΤΩ, de la suite de *Bacchus*, ΔΙΟΝΥΣΟΣ, porte à la main une *oie*, et non un *cygne*, comme le dit le docte interprète de cette peinture, p. 15, 8). J'en ai publié un trait réduit à la suite de mes *Lettres archéologiques*, pl. II, et j'en donnerai l'explication complète dans la IVe de ces *Lettres*.

[4] Témoin la pierre gravée, de forme hémisphéroïde et de travail oriental, citée par M. de Witte, d'après une empreinte que lui en avait communiquée M. Lajard, *Nouv. annales de l'Instit. archéol.* t. I, p. 509, 2). On y voit un *personnage barbu*, *assis* sur un *lit*, et tenant sur ses genoux une *femme*, à qui il présente une *fleur*, certainement *Adonis* et *Mylitta*, la même qu'*Astarté*; et nous retrouvons le même groupe, probablement puisé à une source semblable, sur un miroir étrusque de notre Cabinet des antiques, publié par M. de Witte, *ibid.* pl. XII, n. 1, t. I, p. 510, et par M. Éd. Gerhard, *Etruskische Spiegel*, Taf. CXIV.

[5] *Notice, etc.*, p. 1-17, avec la gravure qui y est jointe, et où le sujet est réduit aux deux tiers de l'original.

[6] *Anc. uned. Monum.* P. II, pl. XII, p. 21-24.

[7] *Amalthea*, t. I, p. 251, suiv. M. Creuzer admet encore la même explication, *Zur Gallerie, etc.*, p. 89, 11).

[8] *Homer nach Antiken*, VII, 3, p. 35-40.

[9] *Handbuch*, § 311, 5, p. 417, et § 369, 3, p. 557.

pût s'autoriser d'autres monuments relatifs à l'amour de *Vénus* et *Anchise*, que la médaille des *Iliens* de la Troade[1], qui est d'une époque romaine si basse, et une peinture de Pompéi[2], où l'on doit bien plutôt reconnaître *Diane-Sélênê guidée par un Amour vers Endymion endormi*, que *Vénus se rendant auprès d'Anchise*. Aucun de ces antiquaires n'avait eu l'idée qui s'offre le plus naturellement, celle que le bas-relief en question représente *Vénus* et *Adonis* couchés à côté l'un de l'autre, et ayant à leur côté *Pothos* et *Himéros;* or cette idée, qu'a déjà exprimée l'interprète britannique[3], est certainement celle qui, dans l'état des monuments acquis de nos jours à la science, offre le plus de probabilité. Le *chien de berger* qui se voit aux pieds du favori de Vénus, et que l'on a cru propre à désigner *Pâris*, peut tout aussi bien appartenir à *Adonis*, qui, suivant une tradition de l'antiquité[4], était *pasteur* en même temps que *chasseur;* et, dans l'absence de monuments relatifs à *Anchise*[5] ou à *Pâris*, jointe au grand nombre de ceux que nous avons recueillis pour *Adonis*, il semble qu'il ne doive y avoir aucune difficulté à préférer plutôt ce dernier sujet.

Une idée qui, au premier aperçu, pourra paraître plus hasardée, mais à laquelle je n'hésite pas à donner mon assentiment, est celle qu'a eue M. Roulèz, au sujet d'un groupe de terre cuite, de travail attique, publié par feu M. de Stackelberg[6], où ce savant a reconnu *Vénus* assise sur un banc et s'appuyant sur *Adonis* figuré en *Hermaphrodite*. Cette manière de représenter le fils de Cinyras était en effet un trait essentiel de la tradition orientale, et il n'est pas étonnant qu'elle se soit rencontrée sur un monument attique.

Il n'y a, suivant moi, aucune difficulté dans l'interprétation d'un monument de la plastique étrusque, qui doit avoir été modelé d'après un original grec, et qui se voit au *Museo Gregoriano*[7] : c'est une statuette en terre cuite, d'une grandeur de demi-nature, qui représente *Adonis étendu sur un lit funèbre*, tel qu'on avait coutume de le montrer dans la solennité des *Adonies*. La blessure qu'on lui voit à la cuisse gauche, et son *chien*, accroupi au pied du lit, ne permettent pas de douter que ce ne soit le héros chéri de Vénus qu'on ait voulu représenter dans cette figure couchée; et quant à la destination de ce monument, qui ne peut avoir été une urne cinéraire, ni même un couvercle d'urne, il me semble qu'elle se trouve naturellement dans la célébration des *Adonies*, où nous savons, par le témoignage de Plutarque[8], qu'il était d'usage d'exposer des *images en terre cuite d'Adonis mort*, auprès desquelles

---

[1] Pellerin, *Recueil* III, pl. cxxxiv, 7.

[2] Zahn, *Ornam. aus Pompei*, Taf. 28.

[3] *Specimens of ant. sculpture*, t. II, pl. xx.

[4] Theocrit. *Idyll.* iii, v. 46-7 :

Ἐν ὄρεσι μᾶλα νομεύων Ἀδώνις·

Virgil. *Eclog.* x, 18; cf. Movers, *Die Phœnicier*, t. 1, p. 234.

[5] Ce n'est pas que la fable des *Amours de Vénus et d'Anchise* ne fût très-anciennement connue des Grecs puisqu'elle es dans Hésiode, *Theogon.* v. 1007-1008, et qu'elle forme le principal sujet de l'*Hymne homérique à Vénus, Hymn.* iv, v. 53, sqq Il n'en est pas moins constant que rien n'est plus rare ou plu incertain, dans l'antiquité figurée, que les monuments relatif à *Vénus* et à *Anchise*. On a voulu voir ces deux personnages su un miroir étrusque de notre Cabinet des antiques, *Catalogue Durand*, n. 1967 ; mais ce n'est encore là qu'une supposition.

[6] *Gräber der Hellenen*, Taf. lxi.

[7] *Mus. Gregorian.* t. I, tav. xciii, 1, 1 *a* et 1 *b.* Ce monument, unique dans son genre, provient des fouilles de Toscanella ; voy. le *Bullet. dell' Instit. archeol.* 1837, p. 4-5. La figure, qui avait été peinte entièrement, conserve encore beaucoup de traces de cette peinture, et peut servir à montrer de quelle manière avait lieu, à une certaine époque de l'antiquité, cette coloration des statues d'argile, qu'on aurait tort d'étendre pourtant à celles de marbre.

[8] Plutarch. *in Alcibiad.* § xviii : Ἀδωνίων γὰρ εἰς τὰς ἡμέρας ἐκείνας καθηκόντων, ΕΪΔΩΛΑ πολλαχοῦ νεκροῖς ἐκκομιζομένοις ΌΜΟΙΑ προύκειτο ταῖς γυναιξί, καὶ ταφὰς ἐμιμοῦντο κοπτόμεναι, καὶ θρήνους ᾖδον; Idem, *in Nic.* § xiii: Ἀδώνεια γὰρ ἦγον αἱ γυναῖκες τότε, καὶ προύκειτο πολλαχόσε τῆς πόλεως ΕΪΔΩΛΑ, καὶ ταφαὶ περὶ αὐτὰ καὶ κοπετοὶ γυναικῶν ἦσαν. Ces sortes de *figurines, semblables aux morts* exposés sur le lit funèbre, sont

les femmes athéniennes accomplissaient toutes les cérémonies d'un deuil sacré, imitées de ce qui se pratiquait à *Byblos* et ailleurs. Cette statue d'*Adonis* sur son *lit funèbre*[1] est donc un monument de la célébration des *Adonies*, et elle devient la preuve de l'existence de ce culte en Étrurie.

D'après ces monuments de la plastique grecque et étrusque relatifs à *Adonis*, il semble qu'il y ait maintenant moins de difficulté à admettre qu'il pût exister chez les Grecs des statues d'*Adonis*, soit seul, soit groupé avec *Vénus*, exécutées à une belle époque de l'art. Telle dut être celle qu'un auteur ancien attribue à Praxitèle[2], et qui fut destinée pour l'*Adonion*, ou *temple d'Adonis*, à Alexandrie du Latmus, en Carie. Telle serait aussi la statue du musée du Vatican[3], où Visconti crut reconnaître *Adonis*, au lieu de *Narcisse*, d'après la blessure à la cuisse droite que l'on voit à cette figure; et, bien que cette interprétation ait été récemment contestée par un habile antiquaire[4], c'est encore celle qui me paraît la plus plausible. Quant à l'autre statue du même musée[5], que Visconti crut pouvoir expliquer d'abord par *Adonis*, et plus tard par *Apollon*[6], je persiste à croire que c'est un *Oreste*, comme je l'ai proposé[7]; et quant à la statue du prétendu *Adonis*, du musée de Naples[8], il est évident, au seul aspect de cette figure, dont il n'y a d'antique que le torse, dans un mouvement qui rappelle celui de l'*Apollon Sauroctone*, il est, dis-je, évident que c'est une dénomination tout à fait arbitraire. J'en dis autant d'un *torse* attribué, sans raison suffisante, à *Adonis*, dans le musée de Mantoue[9].

De ces monuments purement grecs, nous passons aux monuments étrusques, sans cesser de nous trouver encore sur le domaine de l'art grec; je veux parler des miroirs, dont plusieurs représentent *Vénus* et *Adonis*, d'une manière à ce qu'on ne puisse s'y méprendre,

---

indiquées dans ce passage d'Ammien Marcellin, XIX, 1, où il est question de la fête des *Adonies* à *Antioche* : « PIGMENTA HOMINUM MORTUORUM ita curate pollincta, ut et *imagines* essent corporibus similes jam *sepultis*; » et c'est ce qu'Ovide avait en vue, *Metam.* x, 726-7 : « Repetitaque MORTIS IMAGO ANNUA plangoris peraget SIMULAMINA nostri. » Ces statuettes d'*Adonis mort* se faisaient sans doute *en terre cuite*, non *en bois*, comme le croit M. Movers, *Die Phœnicier*, t. I, p. 200, et on les peignait *en rouge*, de manière à imiter le *cornil*; d'où vient le nom de κοράλλιον, dont se sert Alciphron, *Epistol.* I, 39, pour désigner une de ces *images d'Adonis* placée dans le *jardin*, c'est-à-dire dans le *vase garni de laitues* : Φέρουσα κήπιον καὶ κοράλλιον, où la leçon, κοράλλιον, bien expliquée par Bast, *Lettr. crit.* p. 74, et corrigée à tort en κεράμιον par M. Jacobs, *Animadv. ad Anthol.* t. XI, p. 165, est suffisamment confirmée par le mot κοραλλιοπλάσθης, synonyme de κοροπλάσθης, signifiant l'artiste qui exécutait, *en terre* ou *en cire*, ces sortes de petites figures que nous nommons *poupées*; voy. Ruhnken. *ad Tim. Lexic.* v. Κοροπλάθοι, p. 165-166. Nous voyons, dans le poëme de Théocrite, de quelle manière ces *statuettes d'Adonis* se plaçaient sur un lit funèbre, *Idyll.* xv, 84-86; et rien n'est plus naturel que d'admettre la même destination pour notre statuette étrusque. On donnait aussi, chez les Grecs, le nom d'Ἀδώνιον à de petites figures en terre cuite, qui se plaçaient sous des laitues dans les *jardins dits d'Adonis* : c'est une particularité dont nous devons la connaissance à Suidas, v. Ἀδώνια : Καλοῦσι καὶ τὸ εἴδωλον Ἀδώνιδος Ἀδώνιον.

[1] Les trous dont est semée la surface de ce lit sur les petits côtés, et dont on n'a pas su donner d'explication, ont dû servir à y attacher des *guirlandes de fleurs*, ornement en rapport avec les *jardins d'Adonis*; ce qui devient un nouvel élément de cette représentation d'*Adonis sur son lit funèbre*.

[2] Stephan. Byz. v. Ἀλεξάνδρεια· δεκάτη, πρὸς τῷ Λάτμῳ τῆς Καρίας, ἐν ᾗ Ἀδώνιον ἦν, ἔχον Πραξιτέλους Ἀφροδίτην. On ne supposera pas que l'auteur ait confondu ici la *Vénus de Cnide* avec cette *Vénus d'Alexandrie*. C'est donc une autre *Vénus*, aussi de la main de Praxitèle, et, suivant toute apparence, une *Vénus* groupée avec *Adonis*, qui était érigée dans cet *Adonion*, ainsi que l'a conjecturé M. Roulèz, *Notice, etc.*, p. 13, 1); et c'est en tout cas un ouvrage de plus à joindre à la liste des travaux connus de Praxitèle.

[3] *Mus. P. Clem.* t. II, tav. xxxi.

[4] Éd. Gerhard, *Beschreibung der Stadt Rom*, B. II, Abth. II, S. 772, n. 32. Voyez aussi ce que dit le même antiquaire, au sujet d'une tête antique réputée d'*Adonis*, à cause de sa ressemblance avec celle de la statue du Vatican, tête qui se voit au musée de Berlin, *Berlin's ant. Bildwerke*, p. 72, n. 87.

[5] *Mus. P. Clem.* t. II, tav. xxxi; Bouillon, *Mus. des ant.* t. II.

[6] Voy. ses *Explications du Musée français*, reproduites dans ses *Opere varie*, t. IV, § x, pl. viii, p. 36-39.

[7] *Monuments inédits*, Orestéide, p. 170-171.

[8] *Real Mus. Borbon.* t. II, tav. xxiv. Cette statue, d'une belle sculpture romaine du siècle d'Hadrien, fut trouvée dans l'amphithéâtre de Capoue.

[9] *Mus. di Mantov.* t. III, tav. xlv, p. 258.

puisque, sur quatre au moins de ces monuments, le nom oriental d'*Adonis* s'y lit sous sa forme étrusque, ᛘᛁᚼᚡᛏᚱ (*Atunis*)[1]. Le premier de ces miroirs, qui fut connu et expliqué, mais d'après une communication imparfaite[2], par l'abbé Lanzi, qui modifia depuis son explication à la vue d'un dessin exact qu'il en reçut[3], est le célèbre miroir de la collection Borgia, qui se trouve aujourd'hui au musée de Naples, et qui a été publié en dernier lieu dans le *Real Museo Borbonico*[4] et dans le *Recueil* de M. Éd. Gerhard[5]. *Adonis* s'y voit représenté *assis*, s'appuyant des deux mains sur un *bâton noueux*, et *Vénus*, debout en face de lui, avec une *branche de myrte* qu'elle lui présente, est accompagnée de l'*Amour ailé*, témoin naturel de cette scène mystérieuse. Le second de ces miroirs étrusques qui ait été acquis à la science est celui de la collection Durand[6], passé depuis dans notre Cabinet des antiques, qui a fourni à M. de Witte le sujet d'une savante dissertation[7]. *Adonis* et *Vénus*, désignés chacun par son nom, sous sa forme étrusque, s'y montrent assis sur les genoux l'un de l'autre, avec l'intention que nous connaissons déjà par le bas-relief en terre cuite de M. Pizzati. Le héros syrien, couronné de *myrte*, tient à la main un objet de forme indécise qu'il offre à *Vénus*, et qui a paru au docte interprète une *baie de myrte*, ou bien une *boule de suc résineux*, par allusion à la *myrrhe* et au nom de la mère d'*Adonis*, mais que je croirais être tout simplement une *grenade*, fruit dont on connaît la signification symbolique, sur laquelle j'ai déjà eu l'occasion de m'expliquer plus haut. Des deux côtés du lit, où les deux amants sont assis, s'élèvent des *branches de myrte*, et une *caille*, oiseau qui joue un grand rôle dans les traditions phéniciennes relatives au *dieu soleil*, dont *Adonis* était une des personnifications[8], est placée derrière le jeune dieu, certainement avec la même intention qu'elle avait dans le mythe de l'*Hercule phénicien*, autre *dieu soleil*, celle de le rappeler à la vie; en sorte que tous les éléments de cette représentation s'accordent parfaitement avec cette donnée et s'expliquent aisément d'après elle.

---

[1] La leçon ᛘᚪᚼᚡᛏᚱ, que M. de Witte citait, *Nouv. annales* t. I, p. 569, sur un miroir possédé par M. Éd. Gerhard, provenait d'une erreur commise dans le *Bullet. archéol.* 1834, p. 10.

[2] Voy. cette explication dans le *Saggio, etc.*, t. II, p. 180-185 n. xxi.

[3] Cette nouvelle explication a été publiée, d'après les *notes* de l'auteur, par M. Inghirami, *Monum. etrusch.* ser. II, tav. xv, p. 266-272.

[4] T. XIII, tav. liii. L'auteur de l'explication jointe à ce miroir, M. Quaranta, y a donné un extrait de l'opinion de Lanzi, p. 1-11, à la suite duquel il propose, p. 11-16, ses propres idées, desquelles il résulte qu'il faut voir sur ce monument *Adonis*, ᛘᚢᚼᚡᛏᚱ (sic), *Vénus*, la *déesse syrienne* ᚼᚪᚪᚡᛏ, *Turan* pour *Suran*, et une *Lara Sitmisa*, ᚱᛁᚢᛘᛏᚱ ᚪᛁᚪᛃ ce dernier nom pour sisimisa, dérivé de σεισις et de μυσα, pour μωσα (sic) nom composé, qui signifierait *desidera-scosse*. Une science qui produit de pareils résultats est jugée par ses propres œuvres.

[5] *Etrusk. Spiegel*, Taf. cxv. Le texte du savant auteur n'a pas encore paru; mais on voit qu'il a lu les inscriptions étrusques ᛁᚼᚢᚡᛏᚱ, ᚼᚪᚪᚡᛏ, *Atanis*, *Turan*, pour *Adonis* et *Vénus*; ce qui est indubitable. Quant à la figure accessoire, qui est celle d'un *adolescent vêtu* et *ailé*, dont le nom se lit ᚪᛃᛁᛘᛏᛁᚱᚪᛁᛃ, *Lasa Sitmica* M. Éd. Gerhard la prend pour celle de l'*Amour*; ce qui est certainement l'opinion la plus probable. Il y a quelques lettres étrusques éparses sur le champ du miroir dont personne encore n'a tenté l'explication.

[6] *Catalogue Durand*, n. 1943, p. 412.

[7] Publié dans les *Nouv. annales de l'Instit. archéol.* t. I, p. 507, suiv., avec une gravure du miroir, pl. xii, n. 1. Notre miroir a été reproduit par M. Éd. Gerhard, *Etrusk. Spiegel*, Taf. cxiv.

[8] Nous devons à Eudoxe, *apud* Athen. l. IX, p. 392, D, E, la connaissance d'une curieuse légende phénicienne, suivant laquelle l'*Hercule tyrien*, mortellement blessé par Typhon, fut ressuscité par l'odeur d'une *caille* que lui fit respirer Iolas. Nous savons d'autre part, Apollodor. l, iv, 1; Hygin. *Fabul.* liii; Serv. *ad Æn.* iii, 73; Mythogr. Vat. I, xxxvii; Lactant. *ad* Stat. *Theb.* iv, 796, qu'*Asteria*, mère de cet Hercule, fut changée en *caille*, et qu'elle devint plus tard l'île même de *Délos*, nommée, à raison de cette origine, *Ortygia*. Ces traditions, jointes à d'autres légendes du même genre, que j'ai développées dans mon *Mémoire sur l'Hercule assyrien et phénicien*, suffisent pour établir le rôle important assigné à la *caille* dans la symbolique orientale, et sa signification, comme oiseau consacré à cet *Hercule*, dieu solaire; et les mêmes considérations peuvent s'appliquer à *Adonis*, qui était un dieu du même ordre.

Deux autres miroirs, récemment publiés par le savant même qui en est le possesseur, nous ont offert encore *Vénus* et *Adonis*, l'un et l'autre désignés pareillement par leur nom étrusque[1], mais dans une composition différente et sous des formes nouvelles. Sur l'un de ces miroirs, où le groupe des deux amants est représenté *debout*, *Vénus* et *Adonis* se tiennent embrassés, le visage de l'un appuyé sur celui de l'autre, et deux personnages accessoires, dont l'un est une *femme*, tenant de chaque main les attributs propres à cette classe de divinités secondaires qu'on est convenu d'appeler des *divinités du Destin*, l'autre, un *homme* portant une *lyre*, sont *assis* de chaque côté du groupe principal, avec l'intention évidente d'assister à cette union mystique. Sur l'autre miroir, où la composition est réduite aux deux figures principales, *Adonis*, toujours appelé de son nom étrusque, est représenté sous les traits d'un *adolescent nu* et *ailé*, s'appuyant de la main gauche sur les genoux de *Vénus*[2], *assise* en face de lui sur un *siége*, tandis que de l'autre main il cherche à saisir une *colombe* qui vient de s'échapper de la main de la déesse. Une *tige de myrte* se dresse dans le champ du miroir, et une *corbeille à ouvrage*, *kalathus*, placée sous le siége de la déesse, ainsi qu'un *miroir* suspendu derrière, sont deux accessoires parfaitement appropriés à cette scène, où l'élégance du goût grec a laissé son empreinte sur l'œuvre de l'artiste étrusque.

A ces quatre monuments d'un art étrusque, où le sujet de *Vénus* et *Adonis* est représenté sans qu'il puisse y être l'objet d'aucun doute, je crois pouvoir en ajouter un cinquième, trouvé à Arezzo et publié par M. Inghirami[3], où l'on a vu *Vénus*, ᴜᴀᴄᴠᴛ, et *Mars*, ᴜᴠᴐᴙ, debout en face l'un de l'autre, mais où M. l'abbé Cavedoni a reconnu[4], avec bien plus de probabilité, *Vénus* et *Adonis*, ce dernier désigné par le nom ᴜᴠᴐᴙ, qui serait la transcription étrusque du nom grec ΑΩ, un des surnoms d'*Adonis*[5]. Cette explication, puisée dans les doctrines de Lanzi, n'a certainement rien que de très-plausible, et elle est en tout cas fort ingénieuse; mais je penche plutôt à croire que les lettres ᴜᴠᴐᴙ ont été mal lues sur le miroir ou mal représentées dans la gravure, soit par la faute du dessinateur, soit par suite de l'oxydation dont le monument avait pu souffrir, et que l'inscription originale était [ᴍɪ] ᴜᴠᴛᴙ, comme sur les autres miroirs que nous possédons avec cette légende indubitable. En tout cas, et quelle que soit l'opinion qu'on adopte sur la représentation de ce miroir, on peut se croire suffisamment autorisé à expliquer, d'après la même fable, d'autres représentations de miroirs étrusques qui offrent une scène analogue, avec une composition différente, mais sans les inscriptions qu'il serait nécessaire d'y trouver, pour que cette explication acquît toute la certitude désirable. De ce nombre est un miroir appartenant au marquis de Northampton et publié par M. Éd. Gerhard[6], où le groupe de *Vénus* et *Adonis* se tenant embrassés est représenté *debout*,

---

[1] *Etrusk. Spiegel*, Taf. cxɪ, cxvɪ.

[2] La déesse est accompagnée de son nom écrit, de gauche à droite, ɪᴦᴀʜᴙꙨʟᴛ, *Ipanaphlt*, dont l'interprétation ne causera pas un médiocre embarras aux savants qui s'obstinent, avec si peu de succès jusqu'ici, à expliquer par le grec ou par le latin les noms propres d'un idiome entièrement perdu pour nous, sans que nous sachions même à quelle famille de langues il convient de le rattacher.

[3] *Lettere di etrusca erudizione*, tav. ɪɪɪ, p. 37-47.

[4] *Bulletin. archeol.* 1841, p. 139-140.

[5] Effectivement, suivant l'auteur du *Grand étymologique*, Adonis se nommait Ἄως, en Chypre, *h. v.*; et ce nom, sous d'autres formes, Ἴλοης, Apollodor. III, xɪv, 4, Γαύας, Schol. Lycophr. *ad* v. 831, ou Ζαυάνας, et Ἀβώβας, Hesych. *h. v.*, a paru à la plupart des critiques, Creuzer, *Zur Gallerie*, etc., p. 116, 245); Movers, *Die Phœnicier*, t. 1, p. 199, 539, 542 et 554; de Witte, *Nouv. annal.* t. 1, p. 549; Roulèz, *Notice*, etc., p. 3, 4), le même nom que celui d'Ἰάω, Ἰαώ, Macrob. *Sat.* ɪ, 18, le même que le *Jehovah Adonaï* des Hébreux.

[6] *Etrusk. Spiegel*, Taf. cxɪɪ.

entre *Minerve*, aussi *debout*, et une *déesse assise*, d'une signification encore incertaine[1]. Un autre miroir, du *Musée Kircher*[2], présente la même scène, mais rendue d'une manière familière et voluptueuse, qui s'éloigne des traditions généralement suivies sur cette classe de monuments. *Vénus* s'y montre accroupie, dans un désordre de vêtement qui indique bien le motif de cette représentation; de la main droite, étendue vers le visage d'*Adonis*, elle semble attirer à elle le jeune héros, qui est debout devant elle, entièrement nu, et qui se dispose à l'embrasser, et l'*Amour ailé*, tenant une *branche de myrte*, vole derrière *Adonis*, sur la tête duquel il va poser une *couronne*. Ici encore tous les éléments de la représentation paraissent bien d'accord avec le sujet en question. Mais il n'en est pas de même, à mon avis, d'un autre miroir que j'ai fait connaître le premier[3], et que M. Éd. Gerhard a reproduit[4], pour y voir un *Amour-Adonis* sous les traits d'un *enfant nu* et *ailé* porté sur les bras de *Vénus*, dont les traditions ni les monuments ne nous ont encore offert aucun exemple. J'avais cru reconnaître dans ce groupe l'*Amour enfant* et *ailé* sur les bras de *Vénus*, et j'y étais autorisé par plus d'un monument antique, où l'*Amour*, figuré de même, comme un *enfant nu* et *ailé*, est porté de la même manière, tantôt *sur l'épaule*[5], tantôt *sur la main*[6] de sa mère. C'est encore à présent ma conviction intime, et je pense qu'il faut se garder de confondre, avec cette représentation qui a bien pu se produire sur des miroirs étrusques, à l'exemple des bas-reliefs et des vases peints, celle de *Vénus* et *Adonis*, où ce dernier, toujours représenté comme un *adolescent*, ne pourrait se montrer sous les traits d'un *enfant*[7], sans manquer à la première condition du sujet.

Je ne puis me dispenser de parler d'un autre miroir, où un savant antiquaire a cru reconnaître *Vénus et Proserpine se disputant la possession d'Adonis*, suivant la légende grecque[8], qui nous a conservé, sous la forme anthropomorphique, propre au génie grec, le trait le plus essentiel du mythe oriental d'*Adonis*, le *dieu soleil*, passant alternativement, dans sa course annuelle, de l'hémisphère inférieur à l'hémisphère supérieur. Ce miroir, un des plus remar-

---

[1] Le savant auteur y voit une *divinité du Sort, Schicksalsgöttin*. Mais, au lieu des deux attributs propres à cette classe de personnages, le *style* et le *vase*, cette femme-ci s'appuie sur un *sceptre*, et elle est *vêtue* et *diadémée* comme *Vénus*; ce qui annonce une déesse du même ordre. Les explications que nous devons attendre du savant éditeur répondront sans doute aux difficultés que nous nous permettons d'élever.

[2] *Etrusk. Spiegel*, Taf. CXIII. Voy. aussi *Mus. Kircher*. tav. XIV, 2.

[3] *Monum. inéd. Odysséide*, pl. LXXVI, 3, p. 26, note.

[4] *Etrusk. Spiegel*, Taf. CXVII.

[5] L'*Amour ailé*, voltigeant sur l'épaule de *Vénus*, dont il arrange la chevelure, se voit sur un beau bas-relief Chiaramonti, tav. XXXVI, où les interprètes ont cru voir la célébration des *Adonies*, p. 91-92. Je rappelle, à cette occasion, que M. Millingen a publié, *Peint. de Vas*. pl. XLII, un vase où il a vu *Hélène* assise sur un siége, en face de *Pâris* debout, et tenant sur ses deux bras l'*Amour ailé*, explication admise et soutenue par Boettiger, *Kl. Schrift*. t. II, p. 252, suiv., Taf. V, mais où l'on pourrait, avec plus de vraisemblance encore, voir *Vénus* et *Adonis*. L'*Amour ailé* porté sur la main de *Vénus* est un type numismatique qui se rencontre, entre autres exemples, à *Aphrodisias* de Carie. Le *génie des mystères* se voit quelquefois sur les vases peints porté de la même manière par une prêtresse, témoin le vase du musée des *Studj*, publié dans le *R. Mus. Borbon*. t. I, tav. XXXV. Je rappelle aussi la terre cuite de *Pæstum*, publiée par M. Éd. Gerhard, *Antik. Bildwerke*, Cent. Ire, Taf. XVIII, où ce savant a vu le *génie des mystères* porté sur l'épaule de *Korê*; cf. *ibidem*, Taf. XX.

[6] Voyez, entre autres exemples, le vase du *Musée Blacas*, publié par M. Éd. Gerhard lui-même, *Antik. Bildwerke*, Cent. Ire, Taf. XXXII; le savant auteur y reconnaissait, comme moi, *Éros* porté sur la main de *Vénus*; voy. son *Prodrom. mytholog. Kunsterklärung*, p. 276; cf. *Hyperbor. Studien*, t. I, p. 157. Comment se fait-il que, dans une représentation toute semblable, il trouve aujourd'hui un *Éros-Adonis*, inconnu d'ailleurs à toute l'antiquité? Je m'en tiens à sa première manière de voir, qui me paraît plus sûre à suivre.

[7] Cette représentation d'*Adonis enfant* ne pourrait s'expliquer que dans la circonstance du mythe où *Vénus*, ayant recueilli *Adonis*, à peine sorti des flancs de l'arbre dans lequel avait été métamorphosée sa mère, le place *dans un coffre*, pour le cacher à tous les dieux, Panyas. *apud* Apollodor. III, XIV, 4.

[8] Panyas. *apud* Apollodor. III, XIV, 4; cf. *Hymn. Orph.* LVI; Hygin. *Astron.* II, VII; voy. de Witte, *Nouv. ann.*, t. I, p. 532, 6).

quables assurément que nous possédions dans toute cette classe de monuments, est celui du *Museo Gregoriano*[1], publié d'abord dans le *Recueil de l'Institut archéologique*[2]; et c'est M. de Witte qui a proposé l'interprétation que je viens d'indiquer[3], en se fondant principalement sur le nom ѴᴀѺ, où il a cru reconnaître le nom syrien *Thammuz*, qui se lit dans un passage célèbre de la prophétie d'Ézéchiel[4], et par lequel les anciens interprètes de l'Écriture se sont accordés à croire qu'*Adonis* avait été désigné[5]. Des explications bien diverses avaient été données de ce miroir, où l'on avait vu, tantôt la *dispute de Thamyris et des Muses*[6], tantôt *Apollon avec trois Muses*[7]; et il s'en faut de beaucoup encore que l'opinion des antiquaires[8] soit fixée sur le véritable sujet de ce miroir, dont il est si difficile de faire cadrer les inscriptions[9] avec les figures qu'elles accompagnent. Une explication encore différente, celle de M. l'abbé Cavedoni[10], qui voyait ici la *dispute d'Apollon et de Marsyas*, et qui essayait, de la manière ingénieuse qui le distingue, de rendre compte des inscriptions étrusques d'après cette donnée, ne me paraît pas avoir non plus obtenu l'assentiment des antiquaires; et, même après les nouvelles observations publiées par M. de Witte, à l'appui de sa première explication[11], la question est restée presque aussi obscure, presque aussi indécise qu'elle l'était le premier jour. Par une circonstance singulière, la principale difficulté vient ici des inscriptions, sur la lecture desquelles on n'est pas d'accord, et dont l'interprétation, tirée du grec, de l'osque et du syrien, n'est complétement satisfaisante pour personne[12]. Dans cet état de choses, j'avouerai que l'explication de M. de Witte, qui m'avait paru d'abord très-ingénieuse, me semble encore la plus plausible. Le sujet du miroir est, à n'en pouvoir douter, une *contestation*; car c'est ce qui résulte de la présence d'*Éris*, telle qu'elle est figurée sur des monuments grecs et étrusques, et désignée par le même nom sur les uns et sur les autres. Le *jeune homme*, placé au milieu de la composition, *entre deux femmes nues*, est certainement l'objet de

---

[1] *Mus. Gregorian.* t. I, tav. xxv, p. 4.

[2] *Monum. dell' Instit. archeol.* t. II, tav. xxviii.

[3] *Nouv. annales*, t. I, p. 517, suiv.

[4] Ezechiel. c. viii, § 14 : Καὶ εἰσήγαγέ με ἐπὶ τὰ πρόθυρα τῆς πύλης οἴκου Κυρίου τῆς βλεπούσης πρὸς βορρᾶν, καὶ ἰδού, ἐκεῖ γυναῖκες καθήμεναι θρηνοῦσαι τὸν ΘΑΜΜΟΥ̃Σ.

[5] S. Hieron. *ad Ezechiel. l. l.*; cf. Idem, *Epist. ad Paul.* t. IV, *Oper.* p. 564; S. Cyrill. Alex. *in* Esaiam, II, iii, t. II, p. 275; Auct. *Chron. Alex.* p. 130; Procop. Gaz. *ad* Esaiam, xviii, p. 258, ed. Paris.

[6] C'est l'opinion de M. Bunsen, exposée dans les *Annal. dell' Instit. archeol.* t. VIII, p. 282, sgg.

[7] C'est ainsi que les interprètes du *Museo Gregoriano*, le P. Marchi et M. Gennarelli, expliquent cette représentation, sans s'être, du reste, mis en peine de rendre compte des inscriptions. Il est vrai que l'un de ces savants, M. Gennarelli, avait déjà donné, dans le *Giornale arcadico*, t. LXXXV, p. 168, sgg., une analyse des noms étrusques, qu'il lisait: ѴᴀѺ (et non ѴᴍᴀѺ) expliqué par *Phanès*, pour *Apollon*; ᴀᴈѺѴᴛѴᴈ, *Euturpa*, pour *Euterpe*; ꙅᴏᴈ, *Éris*, pour *Érato*; Ѵᴀᴈᴧᴀ, *Alpnu*, dérivé d'ἀλπνός, pour *Polymnie*, et ᴈᴈᴀᴧᴏᴀ, *Archate*, pour *Arcas;* et je laisse à juger jusqu'à quel point cette manière de lire et d'expliquer les inscriptions étrusques s'accorde avec les règles de la critique et avec les éléments du sujet.

[8] M. Éd. Gerhard paraît suivre l'opinion de M. Bunsen, *Ueber die Metallspiegel der Etrusker*, p. 19, 64); et, conformément à cette manière de voir, il n'a point rangé le miroir du Vatican à la suite de ceux qu'il rapporte à la fable d'*Adonis*. M. Roulèz, *Notice, etc.*, p. 4, 2), 3), 4), rapporte les explications contradictoires de MM. Bunsen et de Witte, sans se prononcer entre elles.

[9] On a pu voir, dans l'une des notes précédentes, quelques-unes des variantes auxquelles peut donner lieu le déchiffrement de ces inscriptions. Une nouvelle variante est celle de ᴊѴᴍᴀѺ (au lieu de ѴᴀѺ et de Ѵᴍᴀᴏ), proposée par M. Cavedoni, et dérivée de l'osque *famel*, du latin *famulus*, Festus, *h. v.*, et appliquée à la figure du *satyre*, tandis que le nom ѴᴀᴈѴᴀ, *Alpnu*, désignerait *Apollon*, et que le nom ᴈᴈᴀᴧᴏᴀ, *Archaxe* (au lieu de ᴈᴈᴀᴧᴏᴀ, *Archate*), dérivé d'ἄρχω, désignerait *Midas*, comme présidant à la contestation entre *Apollon* et *Marsyas*, entre le *Dieu* et le *satyre*.

[10] Dans le *Giornal. letter. scient. di Modena*, Febb. 1841.

[11] Dans le *Bulletin. archeolog.* 1842, p. 149-155.

[12] M. Roulèz a fait lui-même remarquer que le nom *Thamu*, pour *Thammuz*, n'existait pas chez les Phéniciens, mais bien en Syrie, où il désignait un mois de l'année. Suivant M. de Sacy, *Notes sur Ste Croix, Rech. sur les mystères du paganisme*, p. 101, ce nom même serait *égyptien* ou *hébreu*; voyez, sur l'identité de *Thammuz* et d'*Adonis*, les nouvelles observations de M. Creuzer, *Symbolik, etc.*, t. II, p. 417, suiv. 3e édit.

cette dispute, et le nom de *Thamu*, qui accompagne ce personnage, rapproché du nom syrien d'*Adonis*, *Thammuz*, offre certainement aussi un grand élément de probabilité à l'appui de cette explication, que mon savant et illustre ami, M. Creuzer, semblait disposé à admettre [1]. L'objection qui a été faite contre la connaissance du nom syrien de *Thammuz*, importée chez les Étrusques [2], n'a rien de sérieux pour quiconque a pu se rendre compte des nombreux éléments de l'archéologie asiatique introduits dans l'archéologie étrusque, très-certainement par la colonie tyrrhénienne, et constatés aujourd'hui par les monuments; et c'est une notion que je me flatte de porter jusqu'à l'évidence dans un travail dont je m'occupe depuis plusieurs années à recueillir les matériaux [3]. L'opinion de M. de Witte, je le répète, me paraît donc de beaucoup la plus probable; mais les difficultés qui l'environnent, et dont la principale réside dans la lecture même des inscriptions étrusques, empêcheront peut-être longtemps encore qu'elle ne soit généralement admise.

A mesure que la célébration des *Adonies* se répandit dans l'ancien monde, sans doute à partir de l'époque alexandrine, les monuments de l'art qui y avaient rapport dûrent se multiplier sous la forme qu'ils pouvaient recevoir de la sculpture et de la peinture, grâce aux nombreuses applications dont ce sujet était susceptible. Une de ces applications, la plus intéressante et la plus populaire, fut sans doute celle qui fit servir la *fable d'Adonis* à l'ornement des urnes sépulcrales; car il eût été difficile de trouver un sujet qui s'adaptât mieux à cette destination que celui du jeune dieu, objet alternatif de la tendresse de *Proserpine* et de *Vénus*, qui représentait si bien dans toute sa destinée, ces vicissitudes de vie et de mort, de destruction et de renaissance, idée fondamentale des religions anciennes, et principal motif de la décoration des tombeaux. De là, sans nul doute, l'emploi qui se fit d'assez bonne heure, dans l'antiquité, de la *fable d'Adonis*, pour en orner le devant des sarcophages [4]. Un des exemples les plus anciens que nous en possédions est une urne étrusque de Volterra [5], d'un travail grossier, mais d'une composition qui doit appartenir à une assez haute époque, où se voit représenté *Adonis* renversé par terre, au-dessous d'un *sanglier* qui est attaqué par *deux Amours ailés* : représentation qui semble empruntée du même motif que l'idylle si connue et si gracieuse de Théocrite [6], et qui pourrait bien, à ce titre, avoir été exécutée d'après un modèle grec contemporain.

C'est sans doute aussi le cas des bas-reliefs qui nous restent, en assez grand nombre, de sarcophages romains, lesquels représentent les principales circonstances de la *mort d'Adonis*, distribuées en plusieurs scènes, tous avec quelques variantes de détail, mais avec une composition semblable, qui prouve que ces bas-reliefs dérivaient d'un original célèbre. Un

---

[1] *Symbolik, etc.,* t. II, p. 473-474, a), 3ᵉ édit.

[2] W. H. Engel, *Kypros*, Th. IIᵉʳ, S. 643, Anm. 196; cf. S. 537, Anm. 1.

[3] Dans mes *Mémoires d'archéologie comparée, asiatique, grecque et étrusque,* dont le second, traitant *de la croix ansée sur des monuments asiatiques et étrusques,* s'imprime actuellement dans le recueil de l'Académie.

[4] Le motif *d'apothéose* qu'offrait le mythe d'*Adonis*, et qui convenait si bien sur un tombeau, est indiqué dans ces vers d'une épitaphe de l'*Anthologie latine,* IV, XIII, 27-28 :

> Nam me sancta VENUS sedes non nosse silentum
> Jussit et in cœli lucida templa tulit.

et par ceux qui suivent :

> Dic, Nepos, seu tu turba stipatus AMORUM
> Lætus ADONEIS lusibus insereris….

[5] Publiée par M. Inghirami, *Monum. etrusch.* ser. I, tav. LXIX, p. 185, sqq.

[6] Théocrit. *Idyll.* XXX.

de ces sarcophages a été publié dans la *Galleria Giustiniani*[1], d'une manière trop peu fidèle, comme tous les monuments de cette collection, aujourd'hui dispersée; il s'en trouve un autre dans notre musée du Louvre[2], sur le sujet duquel Visconti avait paru hésiter entre *Méléagre* et *Adonis*, doute qui n'était réellement pas fondé, ainsi que l'a justement observé M. Welcker[3]. Ce bas-relief est effectivement un de ceux où le sujet d'*Adonis*, distribué en trois scènes, est rendu de la manière la plus complète et la plus significative, au moyen des deux groupes où figure *Vénus*, au commencement et à la fin. Cette intention devient encore plus sensible sur des bas-reliefs, tels que celui du musée de Mantoue[4], où *Vénus* apparaît, guidée par un *Amour*, sur le lieu même où son favori vient d'être renversé par le sanglier[5]. A ces trois monuments, entrés dans le domaine de la publicité, j'en ajouterai deux autres encore inédits, tous les deux encastrés dans un des murs extérieurs du *Casino* de la villa *Rospigliosi*, à Rome, dont j'ai fait exécuter depuis longtemps des dessins que je me proposais de publier, l'un desquels, divisé en trois actions, reproduit à peu près la composition de celui de notre musée du Louvre, l'autre, distribué en cinq scènes, a été décrit par Zoëga[6]. On en connaît encore quatre autres à Rome, savoir, un à la *villa Pamfili*, un second à la *villa Borghese*, qui n'est, à la vérité, qu'un fragment, et les deux autres à la *villa Giustiniani* et à la *villa Rospigliosi*[7]. Indépendamment de ces sept bas-reliefs de diverses collections de Rome, il en existe encore deux, qui ne sont que des fragments de compositions du même genre, au musée Chiaramonti[8], l'un desquels représente la scène où *Adonis* blessé expire dans les bras de *Vénus;* et je puis citer, en outre, un monument plus curieux encore, négligé par Zoëga et omis par M. Welcker : c'est un petit sarcophage qui se trouvait dans la vigne des Pères de Santa Maria del Popolo, et qui représente, à côté du groupe de *Vénus assise* et d'*Adonis partant pour la chasse,* la particularité, qui manque sur tous ces bas-reliefs, de la naissance d'*Adonis* sorti des flancs de *Myrrha changée en arbre*[9]. Si à ce monument on ajoute le *puteal* Colobrano, passé en Angleterre, et décrit par Dallaway[10], on connaîtra tout ce qui existe de bas-reliefs, de sculpture romaine, relatifs au mythe d'*Adonis*.

---

[1] *Galler. Giustinian.* t. II, tav. 116.

[2] Clarac, *Mus. de sculpt.* pl. 116, n. 85.

[3] *Annal. dell' Instit. archeol.* t. V, p. 155.

[4] *Mus. di Mantova,* t. III, tav. xxi, p. 129-134.

[5] Il n'est pas toujours facile de distinguer les bas-reliefs de sarcophage qui appartiennent aux sujets d'*Adonis*, d'*Hippolyte* et de *Méléagre;* et peut-être qu'au lieu de se borner à reprendre l'hésitation qu'avait témoignée Visconti entre *Méléagre* et *Adonis*, M. Welcker eût dû indiquer les particularités qui peuvent servir à les distinguer; c'est ce que, au défaut de cet habile et savant antiquaire, je vais faire en peu de mots. La *chasse de Méléagre* se distingue de celles d'*Adonis* et d'*Hippolyte*, en ce que, dans le groupe de chasseurs qui attaquent le sanglier, on voit figurer une *femme* en costume d'*Amazone* ou de *chasseresse*, qui ne peut être qu'*Atalante*, personnage exclusivement propre au mythe de *Méléagre*. La *chasse d'Adonis* est toujours précédée d'un groupe où le *héros syrien* est assis près de *Vénus* qui le caresse, et entouré d'*Amours*, quelquefois suivie d'un autre groupe où *Vénus assise* reçoit la funeste nouvelle de la mort de son favori, et où des *Amours* la consolent; mais il n'est pas exact de dire, comme le fait M. Labus, *Mus. di Mantov.* t. III, p. 131, que la nourrice ne figure jamais près de *Vénus:* car une *femme* en costume d'esclave, comme la *nourrice*, se trouve à côté de *Vénus* sur notre bas-relief du Louvre. Mais ce qui ne permet pas de confondre le sujet d'*Hippolyte* avec celui d'*Adonis*, c'est la manière dont est conçu le groupe d'*Hippolyte, debout,* s'éloignant de *Phèdre assise*, malgré les supplications de la *nourrice*, et qui ne ressemble en rien au groupe de *Vénus* et d'*Adonis*, entourés d'*Amours*.

[6] Cité par M. Welcker, *Annal. dell' Instit. archeol.* t. V, p. 156.

[7] Zoëga, cité par M Welcker, au même endroit, p. 155-156.

[8] Ces deux bas-reliefs sont décrits par M. Éd. Gerhard, *Beschreib. der Stadt Rom,* B. II, Abth. II*, p. 61, n. 348, et p. 67, n. 453, †). Le second avait été vu par Zoëga, lorsqu'il était en la possession de M. Ant. d'Este; voy. Welcker, *Annal. etc.*, t. V, p. 156.

[9] C'est sur la foi de Visconti, *Mus. P. Clem.* t. IV, p. 36, a), que je cite ce bas-relief, dont je n'ai pu me procurer encore un dessin.

[10] *Anecdot. of the arts in England,* p. 356 (t. II, p. 106, de la tr. fr. de Millin).

Mais il est probable qu'il se fit à l'époque romaine où le sujet d'*Adonis* était devenu un des motifs les plus populaires des représentations mimiques[1], bien d'autres applications de ce sujet, pour orner à la fois la demeure des morts et celle des vivants. C'est dans le premier cas que se trouvaient de charmants bas-reliefs en stuc appartenant au tombeau de la famille *Manilia*, dont un fragment représentant *Adonis blessé*, un *Amour* occupé à bander sa blessure à la cuisse gauche, et *Vénus* debout posant sa main sur la poitrine de son amant, comme pour s'assurer si son cœur bat encore, a été plusieurs fois publié[2]; et je rapporte à la même destination un fragment de bas-relief inédit placé dernièrement au nouveau musée de Saint-Jean-de-Latran, où se voit *Adonis assis* entre *deux Amours*, dont l'un étanche le sang qui coule de sa blessure, et *Vénus* debout près d'*Adonis*, à qui elle prodigue ses soins[3].

La peinture avait dû s'emparer de bonne heure d'un sujet si favorable, et c'est ce que nous pourrions admettre d'après la seule vraisemblance, au défaut de témoignages directs. Mais nous possédons, dans un passage d'une comédie de Plaute[4], un de ces témoignages qui peut s'appliquer à l'antiquité grecque, bien qu'il soit fourni par la littérature latine, puisque, dans cette comédie de Plaute, tout est grec, le lieu de la scène, l'action, les personnages et les mœurs. Or il y est dit que les *Amours de Vénus et d'Adonis* formaient le sujet ordinaire des peintures employées à la décoration des maisons de cet âge. Ce sujet comprenait sans doute les principales circonstances du mythe d'*Adonis*, c'est à savoir sa *naissance*, rapportée à la métamorphose de *Myrrha* en l'arbre qui produit la *myrrhe*, la passion qu'il inspire à *Vénus*, sa *chasse au sanglier*, sa *blessure* et sa *mort*; et il nous reste en effet plusieurs peintures, toutes d'époque romaine, mais sans doute d'invention grecque, qui ont rapport à ces diverses circonstances.

Sans parler de *Myrrha* elle-même, l'héroïne infortunée d'une passion incestueuse, dont j'ai fait connaître une image peinte[5], destinée à l'ornement de quelque ancienne *villa* romaine, nous trouvons la *naissance d'Adonis* figurée sur une peinture des *Thermes de Titus*[6], où l'on a voulu voir, sans aucune raison, la *naissance d'Iacchus*[7]. En se plaçant dans la première hypothèse, qui est celle des antiquaires du xviiᵉ siècle, et qui a obtenu tout récemment l'assentiment de M. Welcker[8], tout s'explique, dans cette peinture, de la manière la plus natu-

---

[1] C'est ce qui résulte du témoignage de Lampride, *in Elagabal.* § vi, p. 807 : « *Salambonem* etiam omni planctu et jactatione syriaci cultus exhibuit; » à l'appui duquel on peut citer encore celui-ci d'Arnobe, *adv. Gent.* VII, xxxiii : « Obiterabit offensam *Venus*, si *Adonis* in habitu gestum agere viderit *saltatoris* in motibus *pantomimum?* » et cet autre de Prudence, *Hymn.* xiv, *peristephan* v. 228 : « Meretrix ADONEM vulneratum *scænica* libidinose plangit affectu palam, » où je remarque l'exemple du nom *Adon* à joindre à ceux qui ont été cités plus haut, p 113-114, 6).

[2] Guattani, *Memor. Enciclop. etc.*, t. V, ann. 1305, p. 56; *Mus. Chiaramont.* t. I, p. 92, 14), tav. agg. A, 9; cf. p. 110, 9).

[3] Voyez, vignette vii, p. 109, une gravure de ce bas-relief, d'après un dessin que j'en ai dû à la bonté de M. le ch. de Fabris, directeur des musées pontificaux du Vatican et de Saint-Jean-de-Latran. Il est seulement bien fâcheux que ces figures d'*Adonis* et de *Vénus* soient mutilées de toute la partie supérieure.

[4] Plaut. *Menæchm.* 1, ii, 34, sqq. :

    Me. Dic mihi, nunquam tu vidisti tabulam pictam in pariete,
    Ubi aquila Catamitum raperet aut ubi Venus Adoneum?

J'ai déjà fait usage de ce passage important dans mes *Peintures antiq. inéd.* p. 266. Je ne crois pas que les mots *Venus Adoneum* (raperet) doivent s'entendre ici d'un véritable *enlèvement*, comme celui de *Ganymède* par l'aigle, bien que cette interprétation ait été admise par un critique; car le motif qu'elle suppose ne se trouve sur aucun monument de l'art antique. Des groupes, tels que ceux que nous possédons sur les miroirs et dans les terres cuites, où *Vénus* et *Adonis* debout se tiennent embrassés, répondent tout aussi bien à la pensée de Plaute.

[5] Voy. mes *Peint. antiq. inéd.* pl. iv, p. 400.

[6] *Pictur. antiq. crypt. roman.* (Rom. 1750, fol.), tab. iii, p. 3-4.

[7] *Annal. dell' Instit. archeol.* t. XIV, p. 35, tav. d'Agg. A. Voy. ce qui a déjà été dit de cette peinture, plus haut, p. 84, note.

[8] *Annal. etc.*, t. V, p. 157. Ce ne peut être que la peinture

relle et la plus plausible. *Adonis enfant* est présenté par la *nymphe* qui vient de le recevoir à *Vénus*, qui paraît déjà charmée de la beauté de cet enfant [1]. La déesse s'appuie de la main gauche sur l'*arbre* dans lequel l'infortunée *Myrrha* vient d'être transformée : c'est une particularité tellement caractéristique, qu'il semble qu'elle ne puisse trouver une autre explication; et nous avons déjà vu que la même scène était représentée sur un sarcophage romain [2]. Enfin, la *femme* qui est debout près de *Vénus* ne peut être que *Pitho*, sa compagne habituelle dans des scènes de ce genre, dont l'attitude, le costume et l'expression répondent parfaitement à cette désignation.

La réunion des trois autres peintures qui formaient avec celle-ci la décoration d'une même chambre des *Thermes de Titus* [3] est sans doute un motif assez grave pour croire qu'elles avaient aussi rapport à *Adonis*. C'est d'après cette idée qu'elles ont été expliquées, et il est certain, à mon avis, que cette explication est plus probable que la nouvelle interprétation qui a été proposée pour deux de ces peintures, en ne tenant aucun compte de la quatrième [4]. *Adonis*, sous les traits de *Bacchus*, assimilation qui n'a rien que de très-conforme aux idées antiques [5], se montre, dans une de ces peintures, debout, dans une attitude de repos, entre deux *bassarides*, dont l'une tient le *thyrse* et le *tympanum*, l'autre joue de la *double flûte*, instrument tout à fait propre au culte d'*Adonis* [6]. Un groupe des *trois Grâces* ou des *trois Heures*, qui forment un chœur de danse, est encore une image, sujet d'une autre de ces peintures, qui s'allie très-convenablement au mythe d'*Adonis*. Reste la quatrième peinture, où l'on a cru voir, avec une probabilité suffisante, *Adonis* partant pour la chasse et s'arrachant à l'amour de *Vénus*, malgré les sollicitations d'une *esclave* en costume de *nourrice*, qui s'efforce de l'arrêter. Ici, l'analogie de la scène avec celle des représentations relatives au sujet de *Phèdre* et *Hippolyte* pourrait faire naître des doutes sur la justesse de cette explication. Mais la présence de la *nourrice*, si caractéristique dans le sujet de *Phèdre* et *Hippolyte*, n'est pas non plus sans exemple dans celui de *Vénus* et *Adonis* [7]; et l'accord des autres peintures, toutes relatives à *Adonis*, porte à croire que celle-ci appartient au même sujet.

---

en question que le docte antiquaire ait eue en vue, en citant, comme relative au sujet d'*Adonis* et de *Vénus*, *une peinture des Thermes de Titus*.

[1] Panyas. *apud* Apollodor. III, xiv, 4 : Δεκαμηνιαίῳ δὲ ὕσ⁷ερον χρόνῳ, τοῦ δένδρου ῥαγέντος, γεννηθῆναι τὸν λεγόμενον Ἄδωνιν, ὃν Ἀφροδίτη διὰ κάλλος ἔτι νήπιον, κρύφα θεῶν, εἰς λάρνακα κρύψασα, κ. τ. λ.

[2] Voy. plus haut, p. 128, 9).

[3] *Pictur. ant. crypt. rom.* tab. iv, v, vi, p. 4-7.

[4] *Annal. etc.*, t. XIV, p. 25. En parlant de ces *trois peintures*, comme les seules qui fissent partie d'un même ensemble de décoration, il est dit qu'*elles ornaient probablement les trois murs d'une seule et même chambre*; or c'est ce qui est positivement assuré, *pour les quatre peintures*, par les antiquaires du xviie siècle, Bellori et Michel-Ange de la Chausse, en ces termes : « In altero conclavi, in eisdem Titi Thermis, quatuor, quae sequuntur, spectabantur depictæ tabulæ. »

[5] A Rhodes, où son culte avait été porté de bonne heure par les Phéniciens, il était assimilé, d'une part à *Bacchus*, de l'autre à *Atys*. Euseb. *H. E.* III, xxiii. Cette assimilation a trouvé aussi plus d'une autorité chez les Grecs, Phanoel. *apud* Plutarch. *Sympos.* IV, v; Auson. *Epigr.* xxix et xxx; et ces témoignages, admis encore en dernier lieu par M. Movers, *Die Phœnicier,* t. I, p. 541, suiv., avaient déjà été allégués par les interprètes de notre peinture.

[6] Deux des noms orientaux d'*Adonis*, celui de *Gingras*, que lui donnaient les Phéniciens, Pollux, IV, lxxvi; cf. Athen. l. IV, p. 174; Eustath. *ad* Homer. *Il.* p. 1157, désignait aussi une *espèce de flûte*, aussi bien que le nom d'*Abobas*, sous lequel il était adoré à *Perga* de Pamphylie, Hesych. v. Ἀβώβας; cf. M. Etymol. *h. v.* Il en était de même du nom de *Cinyras*, qui se donnait à la fois au père d'*Adonis* et à un instrument de musique, Guigniaut, chez Creuzer, *Relig. de l'antiq.* t. II, p. 45, 4). Il existe, dans l'antiquité, de nombreux exemples de cet usage, dérivé de l'Orient, d'appliquer aux êtres divins des dénominations tirées des instruments et des chants employés dans leur culte.

[7] Voy. plus haut, p. 128, 5), l'observation qui a été faite à ce sujet.

En fait de peintures du mythe d'*Adonis* découvertes à Rome, je ne trouve plus à citer que celle de la *villa Negroni*[1], qui représente *Adonis blessé*, expirant entre les bras de *Vénus*. L'infortuné chasseur est assis sur un rocher, la tête penchée sur sa poitrine, avec la terrible blessure à sa cuisse gauche qui doit causer sa mort. *Vénus*, qui est *assise* au-dessus de lui, le soutient de ses deux bras en lui adressant des consolations impuissantes, et son chien fidèle est à ses pieds : c'est la scène la plus ordinaire, réduite à sa plus simple expression, mais avec une dignité de composition et une noblesse de style qui ne peuvent appartenir qu'à une belle époque de l'art grec.

C'est à Pompéi qu'on a trouvé le plus de peintures du sujet d'*Adonis*, dans les deux principales circonstances qui s'y rapportent, son *amour* et sa *mort*. Je citerai en premier lieu une peinture dont je regrette infiniment de ne pouvoir parler que d'après le témoignage d'autrui, attendu que, par son sujet comme par le mérite de son exécution, elle devait être la plus curieuse que nous connussions. Cette peinture, donnée par l'avant-dernier roi de Naples à M. Clermont d'Amboise, ambassadeur de France à sa cour, et acquise, à la mort de celui-ci, par M. Martin, ancien membre de l'Académie de peinture, avec une autre peinture d'un sujet très-difficile à expliquer et d'une rare beauté d'exécution, maintenant en la possession de notre célèbre graveur, M. Desnoyers, qui l'a publiée[2], représentait *Vénus* et *Adonis* dans une situation que la parole ne peut exprimer, mais que l'art des anciens, habitués aux libertés de leur mythologie et de leur théâtre, ne se faisait aucun scrupule de rendre dans toute sa nudité, ainsi que nous en avons plus d'un exemple à Pompéi[3]. Ce sujet si licencieux de *Vénus* et *Adonis* était d'ailleurs exécuté avec une pureté de dessin et une vigueur de pinceau, qui faisaient de cette peinture une des plus belles qui fussent sorties de Pompéi, aux yeux de M. Desnoyers, assurément un des juges les plus compétents en pareille matière; et c'est sur son témoignage que je cite cette peinture, tombée depuis en des mains inconnues, dans l'espoir que cette indication que j'en donne ici fera retrouver le monument original.

Il serait difficile d'analyser les nombreuses peintures de Pompéi, qui représentent *Vénus* et *Adonis* dans les principales circonstances relatives à la *vie* et à la *mort* du héros syrien; et il suffira, pour l'objet que je me suis proposé, d'indiquer celles de ces peintures qui peuvent donner lieu à quelque observation nouvelle.

Le nom de *Maison d'Adonis* a été donné à une petite habitation fouillée en 1813, au voisinage du *forum*[4], qui a offert, entre autres jolies peintures dont elle était décorée, un tableau dont la composition a été rapportée à *Adonis*[5], et qui se recommande par plusieurs particularités neuves et intéressantes. Le jeune chasseur du Liban est assis sur un siège de

---

[1] *Pariet. pictur. inter Esquil. et Vimin. coll. super. ann. detect. in ruder. privat. domus*, ed. C. Buti, del. Raph. Mengs, sc. Campanella, Rom. 1778, tab. 11; voy. Millin, *Galer. myth.* pl. xlix, n. 170. Cette peinture a été omise par M. Welcker, aussi bien que par M. Roulez; et M. de Witte ne semble connaître que les peintures de Pompéi, bien qu'il cite, *Nouv. ann. etc.*, t. I, p. 510, 8), cette peinture de la *Villa Negroni*, d'après la gravure de Millin. Mais elle n'avait pas échappé à l'attention de M. Creuzer, qui la cite aussi d'après Millin, *Zur Gallerie, etc.*, p. 114, 235).

[2] *Recueil d'estampes gravées d'après des peintures anciennes, etc.*, par Aug. Boucher Desnoyers (Paris, 1821, folio), pl. xxxiv, p. 32.

[3] Entre autres, la peinture de *Mercure* et d'*Hersé*, qui orne une des parois d'une des chambres de l'*atrium* de la *Maison du poëte tragique*, et qui a été laissée en place, mais couverte d'un volet de bois : peinture d'une telle licence, qu'il est impossible même d'en donner une idée.

[4] *Pompei descritta* da C. Bonucci (Napoli, 1827, 3° ediz.), p. 158-159.

[5] Elle a été publiée par S. W. Gell, dans son *Pompeiana* (London, 1821, in-8°), pl. xlii, p. 195-196, avec une explication de *Diane et Endymion*, qui ne peut véritablement se soutenir.

marbre à plusieurs assises, qui paraît figurer une portion d'une pyramide à degrés[1]; il a sa *chlamyde* rejetée derrière lui, de manière à couvrir le siége qu'il occupe en passant sur sa cuisse droite; il tient de la main gauche *deux javelots*, la pointe tournée vers la terre, et sa tête est entourée d'un *nimbe radié*, qui fait sans doute ici allusion à la nature de ce dieu solaire des Syriens[2]. En face de lui apparaît *Vénus, debout*, la partie antérieure du corps entièrement nue, tenant de la main droite, levée à la hauteur de l'épaule, l'extrémité de son vêtement qui flotte par derrière, et comme se manifestant dans tout l'éclat de sa beauté divine. Cette intention, qui se révèle dans l'attitude même de la déesse, est rendue sensible par la présence de l'*Amour*, qui est placé, sous la forme d'un *enfant nu* et *ailé*, entre *Vénus* et *Adonis*, et qui tient, d'une main, la *palme*, symbole de sa victoire, et, de l'autre, un *flambeau allumé*.

Je n'oserais pas assurer qu'une peinture d'une maison fouillée en 1839, la dernière à main gauche, dans la *rue de Mercure*, peinture où l'on a vu *Apollon*, dieu solaire, placé entre *Vénus* et *Adonis*, divinités du même ordre[3], ait effectivement cette signification, qui me paraît un peu recherchée pour le système de représentation généralement suivi à Pompéi. Il en est de même d'une peinture de la *Maison des Dioscures*[4], où l'on a cru trouver *Adonis*, fatigué de la chasse, se disposant à prendre un bain que lui apprête un *Amour*, avec *Vénus*, debout à ses côtés, et *Pitho*, assise dans le fond, mais où je serais plutôt disposé à reconnaître *Narcisse*, représenté à peu près comme il l'est sur une peinture d'Herculanum[5]. Quant à la peinture qui orne la paroi principale de l'*exèdre* de la *Maison du poëte tragique*, et que j'ai publiée moi-même[6], en y reconnaissant, d'accord avec les antiquaires napolitains[7], *Léda assise* près de *Tyndare*, et tenant à la main un *nid* où sont trois petites figures d'enfants nouveau-nés, *Castor, Pollux* et *Hélène*, j'ignore d'après quels motifs on a pu la rapporter à *Vénus* et *Adonis*, comme nous l'apprend M. de Witte[8]. La qualité de *chasseur*, qui convient à *Adonis*, appartient tout aussi bien à *Tyndare*, comme à tous les personnages de l'âge héroïque; et cette explication paraît si bizarre, dénuée comme elle l'est de toute considération qui l'appuie, que je m'abstiens de la réfuter, persuadé qu'il suffit de l'énoncer pour en faire apprécier le peu de vraisemblance.

Mais, où il n'est pas possible de méconnaître *Vénus* et *Adonis*, dans la circonstance qui devait rendre ce sujet si agréable à des yeux antiques, et qui en fit, dès le temps de Plaute, un des motifs favoris de la décoration des maisons grecques et romaines, c'est-à-dire dans l'abandon de deux amants qui se livrent aux témoignages de leur tendresse, c'est sur une charmante peinture récemment découverte à Pompéi[9], où *Adonis assis* s'appuie mollement sur les genoux

---

[1] Sur ce genre d'édifice, particulier à l'antiquité assyro-phénicienne, et sur son rapport symbolique avec le culte des dieux solaires, tels qu'était *Adonis*, je renvoie aux éclaircissements que j'ai donnés dans mon *Mémoire sur l'Hercule assyrien et phénicien*.

[2] Macrob. *Sat.* 1, 19; cf. *ibid.* 1, 21. M. le Dr Schulz a fait, sur l'emploi du *nimbe*, dans les peintures de Pompéi, des observations ingénieuses, mais dont le résultat, pour être admis, aurait encore besoin d'un examen critique plus approfondi. En tout cas, il n'a point compris, dans les exemples qu'il en cite, la peinture qui nous occupe, et qui me paraît pourtant une de celles où cette particularité est le plus caractéristique; voyez le *Bullet. archeol.* 1841, p. 102-106.

[3] C'est M. le Dr Schulz qui a proposé cette explication; voy. son *Rapport sur les fouilles de Pompéi*, de 1839 à 1841, dans le *Bullet. archeol.* 1841, p. 102, et 106.

[4] *R. Mus. Borbon.* t. VII, tav. iv.

[5] *Pittur. d'Ercolan.* t. V, tav. xxix.

[6] *Maison du poëte tragiq.* pl. xi et xv, p. 22-23. Elle avait été publiée déjà, mais au simple trait, par M. Zahn, *Ornamente aus Pompeii*, Taf. xxiii.

[7] *R. Mus. Borbon.* t. I, tav. xxiv.

[8] *Nouv. ann. etc.*, t. I, p. 510-511, 8).

[9] Publiée dans le *R. Mus. Borbon.* t. XI, tav. xlix.

de *Vénus*, qui lui présente une *couronne de fleurs*, moyen de séduction si connu de l'antiquité[1]. Ce groupe voluptueux a pour témoins *deux petits Amours*, dont l'un tient une *pomme*, non pas celle que *Vénus* avait obtenue par le jugement de *Pâris*, idée de l'interprète napolitain qui me paraît trop recherchée, mais la *pomme* qui servait de présent habituel entre les amants[2], et qui était devenue, à ce titre, le symbole érotique par excellence. Cette scène se passe dans un paysage solitaire, au fond duquel se dresse une *stèle funèbre*, image de mort rapprochée d'une scène de volupté qui entrait tout à fait dans le génie de l'antiquité, et qui ne convenait pas moins bien au mythe d'*Adonis*. Un groupe à peu près pareil, trouvé dans une des maisons à main gauche de la *rue de la Fortune*, et resté encore inédit, avait pour pendant, dans la même chambre un groupe licencieux d'un *satyre barbu qui embrasse une nymphe*[3]; et c'était aussi une manière d'exprimer pour les yeux l'idée sensuelle qui s'attachait au mythe d'*Adonis*, à cette époque de l'antiquité.

Mais le plus grand nombre des peintures de Pompéi relatives à *Adonis* sont celles qui le représentent *blessé* et *mourant entre les bras de Vénus*, tel que nous le montre une peinture de la maison que je citais tout à l'heure, et où cette peinture a pour pendant, par une intention facile à saisir, le groupe de *Léda caressée par le cygne*[4]. De ces représentations de la *mort d'Adonis*, une des plus remarquables, sous le rapport de l'exécution, est celle qui fut trouvée en 1828 dans la *maison de Méléagre*[5]. *Adonis*, blessé à la cuisse gauche, s'y voit *assis* sur un rocher, près de *Vénus*, qui le tient dans ses bras et qui relève sa tête en la rapprochant de la sienne, tandis qu'un petit *Amour* soutient de ses deux mains son bras gauche défaillant. Le lieu, où se passe la scène est un site agreste du *Liban*[6], où l'idée du *tombeau* apparaît aussi sous la forme d'un *pilier carré*, comme on en a plus d'un exemple dans les monuments funéraires de la Lycie[7], contrée voisine et tout imprégnée d'éléments d'une civilisation phénicienne. Sur une autre peinture de la *maison* dite *du chirurgien*[8], le sujet est traité d'une manière plus pathétique : *Adonis*, entièrement nu, avec la blessure à la cuisse, dont le sang coule encore malgré le bandage qui la couvre, est à demi couché sur *les genoux de Vénus;* son visage exprime la souffrance, et la douleur se peint sur celui de la déesse, qui, dans le trouble qu'elle éprouve, se montre dépouillée de tout vêtement dans la partie supérieure du corps. *Deux Amours* s'associent à cette scène de deuil, l'un en cachant dans sa main son visage inondé de pleurs, l'autre en adressant au ciel des supplications inutiles. Le *chien* du

---

[1] Témoin ce passage de Lucien, *Toxaris*, § xiii, t. VI, p. 71, Bip. : Καὶ γραμματεῖά τε εἰσεφοίτα παρὰ τῆς γυναικὸς αὐτῷ, καὶ ΣΤΈΦΑΝΟΙ ἡμιμάραντοι, καὶ μῆλά τινα ἀποδεδηγμένα, καὶ ἄλλα ὁπόσα αἱ μασ͞τροποὶ ἐπὶ τοῖς νέοις μηχανῶνται, et cet autre d'Aristophane, *Thesmophor.* v. 399-401 :

Τοιαῦθ' οὗτος ἐδίδαξεν κακά
Τοὺς ἄνδρας ἡμῶν· ὥσ͞τ' ἐάν γέ τις πλέκῃ
Γυνὴ ΣΤΈΦΑΝΟΝ, ἐρᾶν δοκεῖ.

C'est à ce titre que *Vénus* donna aussi une *couronne* à *Bacchus*, Hygin. *Astronom.* II; voy. plus haut, p. 42, 1; et sur le rôle important que jouaient les *couronnes* dans la galanterie antique, consult. les détails curieux donnés par Boettiger, *Sabine*, § III, p. 140, suiv.

[2] Voy. l'exemple qui en est donné, à la note précédente, à l'appui de ceux qui ont été déjà cités plus haut, p. 112, 5), et auxquels je puis ajouter encore ceux que fournissent Lucien, *Dialog. Meretr.* XII, t. VIII, p. 251, Bip.; Diogène de Laërte, III, xxxii; Longus, *Pastor.* 1, 23, et III, 33; Héliodore, *Æthiop.* III, p. 132; Alciphron, *Epist.* III, 62; voy. encore Boissonade, *sur Nicétas*, p. 324, suiv., et *sur Aristénète*, p. 563.

[3] Schulz, *Intorno gli scavi Pompeiani eseguiti negli anni 1835-1838* (Roma, 1839), p. 16.

[4] Id. *ibid.* p. 15.

[5] R. *Mus. Borbon.* t. IX, tav. xxxvii.

[6] Suid. v. Ἄδωνις· . . . Καὶ πένθος ἦν ἱερόν, οἷον ἐν Λιβάνῳ τὸ ἐπ' Ἀδώνιδι καὶ Βύβλῳ.

[7] Ch. Fellows, *An account of discoveries in Lycia*, pl. v, p. 104.

[8] R. *Mus. Borbon.* t. IV, tav. xvii.

héros est accroupi à ses pieds, et le lieu de la scène, où se dresse un amas de rochers, est aussi indiqué par un *tombeau*, sous la même forme d'un *pilier carré*.

Cette image du *tombeau*, qui s'alliait si naturellement au mythe d'*Adonis*, et qui manque si rarement sur les diverses représentations que nous en possédons, se montre d'une manière plus significative encore sur une peinture qui décorait un pilier au voisinage du *forum*[1]. C'est le *tombeau* d'*Adonis* lui-même qui forme le principal accessoire de cette curieuse peinture, et qui s'y montre sous la forme d'une *stèle* érigée sur un amas de rochers, surmontée d'une *couronne radiée*, au-dessus d'une espèce de *vase* ou de *panier à deux anses*, dans un style d'architecture qui accuse un système d'art asiatique, et dont les éléments s'expliquent très-bien d'après ce que nous savons du culte d'*Adonis*. Adossée à cette *stèle*, est une petite figure de *Priape*[2], ce fruit monstrueux des amours de *Vénus* et d'*Adonis*[3], dont la présence achève de caractériser le *tombeau d'Adonis*. En avant de ce monument sont deux personnages, debout l'un et l'autre, engagés dans un entretien mystérieux, *Vénus*, appuyée à droite sur un pilier, et *Mercure*, dans une attitude qui indique la tristesse[4], et tenant son *caducée* élevé de la main droite, comme s'il apportait à l'amante affligée d'*Adonis* l'arrêt suprême qui la condamne à rester six mois de l'année veuve du héros qu'elle a perdu. Cette peinture de Pompéi donne beaucoup de probabilité à l'ingénieuse explication proposée par Zoëga[5] et admise par M. Creuzer[6], pour l'un des bas-reliefs du célèbre vase Chigi, où l'on a vu *Vénus*, avec la *nymphe de Byblos*, occupée à laver la blessure que s'était faite au pied la déesse, près du *tombeau d'Adonis*, représenté à peu près avec les mêmes éléments[7] que sur la peinture précédemment citée.

[1] *Real Mus. Borbon.* t. I, tav. XXXII.

[2] Il semble que ce soit plutôt *Priape* en personne, dans une attitude qui s'exprimait en grec par le mot χειρουργιῶν, et dont on a des exemples jusque sur des monnaies grecques, qui soit représenté ici, plutôt qu'une statuette de ce dieu. C'est, d'ailleurs, une question que je me propose de traiter, au sujet des monnaies dont je viens de parler, dans la IVe de mes *Lettres archéologiques*.

[3] On sait que, suivant une des traditions qui avaient cours dans l'antiquité, *Priape* était le fruit de la double union de *Vénus* avec *Bacchus* et avec *Adonis*, Schol. Apollon. Rh. *ad.* v. 1, 932; cf. M. Etym. *v.* Ἀβαρνίδος. C'est encore là une des questions que je me propose de traiter dans le plus grand détail, à l'article des *Amours des dieux*, dans l'ouvrage cité à la note précédente.

[4] Cette attitude, exprimée par les mots *complicitis pedibus*, Apul. *Met.* III, XIII, avait effectivement cette intention, d'après la description que nous donne Philostrate, *Imag.* II, VII, de la situation où étaient représentés les héros grecs affligés de la mort d'Antiloque, sujet d'une peinture antique; voy. Labus, *Mus. Bresc. illustr.* tav. XLVI, p. 169. C'est par cette raison que, sur un beau vase que j'ai publié, *Orestéide*, pl. XLV, j'ai reconnu Charon, à son attribut et à cette même attitude, p. 179, 3).

[5] *Abhandlungen*, etc., Taf. V, 13, p. 387.

[6] *Abbildung. zu Symbolik*, Taf. XXXVII, 39, p. 24; voy. *Zur Gallerie*, etc., p. 113, 230).

[7] Ce monument avait été publié d'abord par Guattani, *Monum. ant. per l'ann.* 1784, p. XXV. On y voit le *tombeau d'Adonis* figuré par une *colonne ionique*, près de laquelle est un arbre, et, dans le haut, un simulacre rustique de *Priape*.

PLANCHE VIII.

TOILETTE DE L'HERMAPHRODITE.

Hauteur, 0,830 millim. — Largeur, 0,567 millim.

Dans cette peinture, connue vulgairement sous le nom de la *Toilette de l'Hermaphrodite*[1], nous retrouvons encore *Vénus et Adonis;* mais nous les retrouvons sous des traits tout différents de ceux que nous venons de voir, sous une forme qui tient aux plus anciennes conceptions de l'archéologie asiatique, et qui ne s'etait encore montrée sur aucune peinture antique d'une manière aussi remarquable que sur celle-ci. C'est cette circonstance, ainsi que le mérite de la peinture elle-même, le soin extrême qui brille dans son exécution, et sa conservation, qui, au moment de sa découverte, ne laissait absolument rien à désirer, qui en font un des monuments les plus intéressants à tous égards sortis en dernier lieu des fouilles de Pompéi.

[1] Il n'en a été publié jusqu'ici qu'un trait réduit à une très-petite dimension, dans l'*Archäologische Zeitung* de M. Éd. Gerhard, L. II\ue, Taf. v, 1. On a commis, au même endroit une légère erreur, en annonçant cette peinture comme trouvée dans la maison cite de' *Capitelli colorati*. Le fait est qu'elle ornait une des parois d'une des petites pièces situées en face du péristyle de la *maison d'Adonis*, ainsi qu'en fait foi le *Rapporto* de M. le docteur Schulz, p. 28. Je vis moi-même, en septembre 1838, cette peinture récemment découverte et laissée en place, et j'en donnai une courte indication dans ma *Lettre à M. de Salvandy*, p. 20. En la revoyant, au mois d'octobre 1844, à six années d'intervalle, j'ai eu le chagrin de la trouver déjà très-endommagée; ce qui tient, sans nul doute, au peu de précautions qu'on prend pour la conservation de ces peintures; celle-ci était intacte au moment de la découverte, et telle absolument que la représente le dessin que j'en publie ici, et que je dois à la munificence de S. M. le roi des Deux-Siciles.

18.

L'objet principal de cette représentation est un personnage dont le double sexe est la particularité qui frappe au premier aspect, en même temps que la manière dont cette figure, presque entièrement nue, se présente à peu près de face au spectateur, assise sur un siége, dans une attitude qui montre avec une sorte de complaisance tous les charmes de sa personne. Effectivement, cet *Hermaphrodite* est occupé à se parer. Du bras droit, autour duquel est passée une partie de son vêtement, dont l'autre extrémité est déployée sur ses genoux, il s'appuie nonchalamment sur le dossier du siége qui le porte, tandis que, de la main gauche, il relève une tresse de ses blonds cheveux, disposés sur le devant de la tête en petites boucles, avec un soin, une régularité, qui indiquent que l'art a présidé à cette coiffure. La présence des autres figures qui entourent de chaque côté l'*Hermaphrodite* complète l'idée de parure qui se manifeste dans toute sa pose. Des deux femmes qui se tiennent debout à sa gauche, l'une est occupée à lui attacher une chaîne d'or qui descend sur sa poitrine, l'autre tire d'une *pyxis* qu'elle tient sur sa main gauche et dont le couvercle est levé, un *collier*[1], cet objet du luxe asiatique qui avait été un des moyens de séduction employés par Pâris sur le cœur de la fragile Hélène. Le dernier des témoins de cette scène de toilette, qui n'en est pas le moins remarquable, est un personnage d'une nature presque aussi équivoque que l'*Hermaphrodite*: à sa barbe rare, qui couvre le bas de son visage, et à sa haute stature, on ne peut s'empêcher de le prendre pour un homme; mais, à ses cheveux qui descendent en boucles sur ses épaules, à son vêtement qui consiste en une longue tunique relevée au-dessus des hanches, comme c'était l'usage pour les femmes, à ses manches de rapport qui laissent l'épaule en partie découverte, et qui étaient, d'après l'exemple que nous en connaissons déjà[2], une pièce de vêtement asiatique propre aux femmes de *Byblos*, au morceau d'étoffe ployée qui couvre le haut de la tête, et dont l'usage était particulier aux femmes et à une certaine classe d'hommes efféminés[3]; enfin, au *miroir* qu'il tient de la main droite, et qui est notoirement un meuble de femme, porté ordinairement par une femme, on reste indécis sur le sexe de cet étrange personnage, que, du reste, son action, la direction de son regard et l'expression de sa physionomie, mettent dans un rapport direct avec l'*Hermaphrodite*.

La scène que nous avons ici sous les yeux, et qui, malgré son motif, frivole en apparence, semble emprunter de la dignité des personnages et de la noblesse de leur attitude une sorte de caractère auguste, ne peut être une de ces scènes familières telles qu'il en existe plus d'un exemple sur les peintures mêmes de Pompéi[4]. L'aspect héroïque des personnages s'oppose à cette interprétation, qui serait d'ailleurs détruite par la présence de ce petit *Amour ailé* occupé à verser le contenu d'un *balsamaire*, qu'il tient élevé de la main gauche, dans un *bassin* rempli d'eau placé sur le sol, en avant du siége de l'*Hermaphrodite*. C'est une circonstance de toilette qui n'a, suivant moi, aucun rapport avec la fontaine de *Salmacis*[5], même dans

---

[1] Euripid. *Cyclop.* v. 182 : Τὸν χρύσεον κλοιὸν φοροῦντα περὶ μέσον τὸν αὐχένα. Cf. Schorn, *Homer nach Antiken*, VII, III, p. 40, 6).

[2] Voyez les éclaircissements donnés plus haut, p. 111, 2), sur cette pièce de vêtement, que porte la *nymphe de Byblos*, sur la peinture précédemment décrite.

[3] Je reviendrai plus bas sur cette particularité du costume antique, qui paraît avoir été approprié à toute une classe de figures d'*Hermaphrodite*. En attendant, je renvoie aux éclaircissements que j'ai déjà donnés à ce sujet, dans mes *Monuments inédits, Orestéide*, p. 180, 4), et *Odysséide*, p. 314, 2).

[4] Entre autres, la charmante peinture de la *Toilette d'une mariée*, publiée dans les *Pittur. d'Ercolan.* t. IV, tav. XLIII.

[5] C'est une idée de l'antiquaire allemand, qui a donné une courte explication de notre peinture dans l'*Archäolog. Zeitung* de M. Éd. Gerhard, L. II°, p. 84-85.

l'hypothèse que la figure principale de notre peinture représenterait l'*Hermaphrodite* par excellence, le fils d'*Hermès* et d'*Aphrodite*[1]; mais, d'après l'acte auquel participe cet *Amour*, ce ne peut être ici qu'une toilette divine, par la qualité des personnages, et c'est là conséquemment une donnée essentielle pour l'explication du sujet. Le lieu où se passe l'action exclut aussi toute idée qu'il s'agisse ici d'une scène domestique. Les personnages sont placés dans un site montagneux qu'une draperie attachée à une colonne dérobe au regard des profanes; et le vase de bronze érigé sur cette colonne lui donne un caractère funèbre, dont l'intention se lie naturellement, comme nous le verrons bientôt, au sujet de *Vénus* et d'*Adonis*.

D'après ces considérations, il ne doit pas paraître douteux que notre peinture de Pompéi ne nous représente une scène d'un ordre plus élevé que la *toilette d'un Hermaphrodite*. En y reconnaissant, dans ce personnage à double sexe, la personnification la plus haute du principe divin, qui, dans les croyances les plus anciennes des peuples asiatiques, réunissait en soi les deux natures, et dans cet homme vêtu d'un costume de femme, l'antique *Vénus* de l'Orient, qui était aussi mâle et femelle, conséquemment une autre expression de la même pensée, un savant antiquaire allemand[2] a donné la véritable interprétation de cette peinture. Mais, tout en admettant le sens général de cette représentation, il reste encore sur les personnages mêmes qui y figurent, sur la fable de l'*Hermaphrodite*, dérivée des religions orientales, et sur les monuments de l'art antique qui s'y rapportent, plus d'un éclaircissement à donner, et ce doit être là l'objet du travail que me fournira notre peinture.

La présence de l'*Hermaphrodite*, qui en forme le personnage principal, suggère aussitôt la pensée d'*Adonis*, tel qu'on le concevait dans les mystères orphiques, ancienne émanation des cultes de l'Orient. Effectivement, *Adonis*, en tant que représentant le soleil dans ses vicissitudes de force et de faiblesse, être à la fois actif et passif, était regardé comme *androgyne*, ou comme *fille* et *garçon*[3], pour me servir de l'expression hiératique; et c'était là, sans nul doute, l'idée primitive attachée à cet être divin, bien que plus tard, à mesure que l'esprit de l'anthropomorphisme se développa dans la société religieuse, le sexe mâle prévalût dans la représentation d'*Adonis*, en même temps que, suivant l'ingénieuse observation de M. Creuzer[4], son culte conservait, dans tous ses détails, quelque chose de mou, de tendre et d'efféminé, qui rappelait son origine. C'est donc cet être divin, réunissant en soi les propriétés et les charmes des deux sexes, tel que l'art grec avait pu l'emprunter à la mythologie orientale,

---

[1] C'est la tradition suivie par Ovide, *Metam.* IV, 384, qui se retrouve dans Diodore de Sicile, IV, vi, dans Lucien, *Dial. D.* xv, 2, et dans beaucoup d'autres auteurs Christodor. *in* Brunck. *Analect.* t. III, p. 460, v. 104; Auson. *Epigr.* c, v. 1; Lactant. *Instit. div.* I, xvii : « Hæc (*Venus*) genuit ex *Mercurio Hermaphroditum*, qui est natus *androgynus.* » Hygin, qui fait aussi *Hermaphrodite* fils d'Hermès et d'Aphrodite, *Fab.* cclxxi, l'appelle *Atlantius*; mais ce n'es pas là un nom propre, comme l'a cru un antiquaire français, *Annal. dell' Instit. archeolog.* t. VI, p. 262, 2); ce n'est qu'une épithète, comme celle d'*Atlantiades* employée par Ovide, *Met.* IV, 368, l'une et l'autre faisant allusion à la naissance d'*Hermaphrodite*, fils d'*Hermès*, fils de *Maia*, fille d'*Atlas*.

[2] C'est M. Panofka qui est l'auteur de cette explication, insérée au *Journal archéologique* de M. Éd. Gerhard, IIe livr.. p. 86-88, et avec lequel j'ai eu trop souvent le regret de me trouver en dissentiment dans l'interprétation des monuments antiques, pour n'avoir pas à me féliciter de l'accord qui règne entre nos idées au sujet de cette peinture de Pompéi, qu'il a eu le mérite de faire connaître le premier.

[3] *Hymn. orph.* lv, 4 : Κούρη καὶ Κόρε· πᾶσι καλὸν θάλος αἰὲν Ἄδωσι. Un auteur ancien développe cette idée d'une manière qui ne peut être exprimée, pour des lecteurs français, que dans la langue même qu'il emploie, Ptolem. Hephæst. l. V, p. 33, ed. Roulèz : Ὡς Ἄδωνις ἀνδρόγυνος γενόμενος τὰ μὲν ἀνδρεῖα πρὸς Ἀφροδίτην πράσσειν ἐλέγετο, τὰ θηλυκὰ δέ πρὸς Ἀπόλλωνα; cf. Roulèz, p. 122; Voss, *Brief. Myth.* lxxiii, p. 332, et lxxiv, p. 341; Movers, *Die Phœnicier*, t. I, p. 233-234.

[4] *Relig. de l'antiq.* t. II, p. 52-53.

que nous voyons représenté dans notre peinture de Pompéi, où cette représentation, tout à fait en dehors des données purement grecques, constitue certainement une apparition aussi neuve que curieuse et intéressante.

En continuant à se placer dans les mêmes idées, le personnage doué aussi en apparence d'une double nature, et placé dans un rapport si intime avec *Adonis androgyne*, devrait être, ainsi que l'a proposé M. Panofka, la *Vénus* orientale, qui, dans l'île de Chypre, un des principaux sièges de son culte, se représentait *avec la barbe* et *avec la stature virile*, en même temps qu'*avec un costume de femme*, de manière à répondre, aussi exactement que possible, à l'image que nous offre notre peinture de Pompéi. Les témoignages de l'antiquité classique[1], qui concernent ce point si curieux d'archéologie orientale, avaient déjà été rassemblés par Heinrich[2], qui ne craignit point de soutenir l'autorité de ces textes contre les sarcasmes de Voss[3]. Depuis, la même opinion, puisée aux mêmes sources, a reçu une nouvelle valeur par le résultat des recherches de M. Lajard, qui a fait connaître un curieux monument de l'art asiatique, où la *Vénus assyrienne*, modèle de celle de Phénicie et de Chypre, était représentée avec une *double tête* et avec les attributs des deux sexes[4]. L'opinion exposée par M. Panofka repose donc sur un ensemble de preuves que j'admets avec toute leur autorité; et l'idée qui résulte de son explication, c'est à savoir que l'antique *Vénus* de l'Orient, *avec la barbe* et *la stature d'homme* et *dans un costume féminin*, se montre près d'*Adonis androgyne*, cette idée rend si bien compte de tous les éléments de notre peinture, que je ne verrais aucune difficulté à l'adopter pour mon propre compte. Toutefois il se pourrait qu'une pareille explication, pour un monument tel que notre peinture de Pompéi, parût un peu trop hardie, trop en dehors des données de l'art grec, bien que cette conception même d'*Adonis androgyne*, telle qu'on la voit ici réalisée, ne soit pas restée étrangère à cet art[5]. Mais, en ce cas, il serait possible de proposer, pour le personnage problématique qui nous occupe, une explication qui pourrait paraître plus simple et plus naturelle.

On sait, par le témoignage de Vitruve[6], que le culte d'*Hermaphrodite*, sans doute dérivé

---

[1] Macrob. *Sat.* iii, 8 : « Signum etiam ejus (*Veneris*) est Cypri barbatum, corpore et veste muliebri, cum sceptro ac statura virili, et putant eamdem *marem* ac *feminam* esse. Aristophanes cam Ἀφρόδιτον appellat. *Philochorus* quoque in *Atthide* eamdem affirmat esse *Lunam*, et ei sacrificium facere viros cum veste muliebri, mulieres cum virili : quod eadem et *mas* æstimatur et *femina*; » cf. Serv. *ad* Virgil. *Æn.* ii, 632; Suid. v. Ἀφροδίτη·... Τιμῆσαι τε αὐτὴν (Ἀφροδίτην) ἀγάλματι, κτένα φέρουσαν (lis. φέροντι), καὶ γένειον ἔχουσαν (lis. πλάτίουσι δὲ αὐτὴν καὶ γένειον ἔχουσαν), διότι καὶ ἄῤῥενα καὶ θήλεα ἔχει ὄργανα; add. Codin. de *Origg. Constant.* p. 14, n. 28; Schol. Venet. *ad Iliad.* ii, 820; J. Lyd. *de Mensib.* ii, x, p. 68 : Ὡς καὶ αὐτὴ Ἀφροδίτη τὴν τοῦ ἄῤῥενος καὶ τοῦ θήλεος ἔχουσα φύσιν; cf. *ibid.* IV, xliv, p. 212: Ἔνθεν Ἑρμῆς ἐν Κοσμοποιᾷ τὰ μὲν ὑπὲρ ὀσφὺν ἄῤῥενα τῆς Ἀφροδίτης, τὰ δὲ μετ' αὐτὴν (lis κάτωθεν) θήλεα παραδίδωσιν· ὅθεν Πάμφυλοι καὶ πώγωνα ἔχουσαν ἐτίμησαν Ἀφροδίτην ποτέ; Hesych. v. Ἀφρόδιτος· Θεόφραστος μέν, τὸν Ἑρμαφρόδιτόν φησιν· ὁ δὲ τὰ περὶ Ἀμαθοῦντα γεγραφὼς, Παιάνισον (lis. Παίων, ὡς) ἄνδρα τὴν θεὸν ἐσχηματίσθαι ἐν Κύπρῳ λέγει.

[2] Heinrich, *Hermaphroditorum origines et causæ* (Hamburgi, 1805, 4°), p. 26-30.

[3] *Mythol. Brief.* lxxiv, t. II, p. 333-343, 2ᵉ édit. Stuttgart, 1827.

[4] *Recherches sur le culte de Vénus*, IIᵉ *Mémoire*, p. 65-68. Le savant auteur a consacré une note entière, p. 68, 4), à l'indication des principaux témoignages qui concernent l'*hermaphroditisme*, tant de *Vénus* et des autres dieux de la mythologie grecque et orientale, au nombre desquels il a pourtant omis de comprendre *Adonis*, que d'*Hermaphrodite* lui-même, dont il regarde le culte à Athènes et dans le reste de la Grèce comme prouvé par les passages de Théophraste, d'Alciphron et de Vitruve, auxquels il ajoute le témoignage de Patareus, *apud* Schol. Lucian. *ad Dial. D.* xxiii. Cette citation prouve que M. Lajard a eu en vue la phrase suivante, rapportée effectivement par le scholiaste : Μνασέας δὲ ὁ Παταρεὺς Ἑρμαφρόδιτον τὸν Πρίαπον λέγει; et il est clair qu'il devait en conséquence nommer Mnaséas de Patares. Il y aurait, d'ailleurs, plus d'une observation à faire sur quelques-uns des points indiqués, plutôt que traités, dans cette note; mais ces rectifications trouveront plus convenablement leur place dans la suite de ce travail.

[5] Témoin le groupe attique en terre cuite, représentant *Adonis hermaphrodite* près *de Vénus*, Stackelberg, *Gräber der Hellenen*, Taf. lxi; voy. plus haut, p. 121, 6.)

[6] Vitruv., II, viii, 12 : « In cornu autem summo dextro Veneris et *Mercurii* fanum ad ipsum Salmacidis fontem. » La conjecture

de celui d'*Adonis*, avait son principal sanctuaire à *Halicarnasse*, en Carie, où il existait un temple de ce dieu asiatique, près de la fontaine *Salmacis*, et où régnait une légende dont Ovide, à l'époque romaine, s'est rendu l'élégant et ingénieux interprète[1]. Il est probable que, suivant un usage attesté pour d'autres divinités du même ordre qui réunissaient le double sexe, et auxquelles les hommes sacrifiaient en habits de femme et les femmes en habits d'homme[2], ce dieu *Hermaphrodite* avait pour prêtresses des femmes qui, en accomplissant les cérémonies sacrées, s'attachaient une barbe postiche, ainsi qu'Hérodote[3], qui était d'*Halicarnasse*, et, d'après lui, Strabon[4], le déclarent expressément pour la prêtresse de *Pédasa* de Carie, et qu'Aristote l'affirme pour les prêtresses de Carie, en général[5]. Fondé sur ces témoignages, un ingénieux et docte antiquaire, M. Rathgeber, a proposé une explication, qui me paraît excellente[6], d'une médaille d'*Halicarnasse*[7], dont le type avait offert une énigme restée jusqu'ici indéchiffrable, même à Eckhel[8], et, en dernier lieu encore, à M. Streber[9]. Il reconnaît dans ce type, qui présente une *figure barbue*, à tête radiée, *vêtue d'habits de femme*, et placée entre deux *arbres* où niche un *oiseau* qu'il croit être une *colombe*, la *prêtresse du dieu Hermaphrodite*, adoré à *Halicarnasse;* et il est certain que tous les éléments de cette représentation extraordinaire s'expliquent aisément d'après cette donnée. Or la même explication peut très-bien s'appliquer aussi au *personnage barbu* et vêtu *d'habits de femme* qui se montre, dans notre peinture de Pompéi, placé dans un rapport si intime avec l'*Hermaphrodite*. Ce serait donc la prêtresse de ce dieu telle qu'elle figurait sur la monnaie d'*Halicarnasse*, qu'il faudrait voir aussi sur notre peinture; et peut-être jugera-t-on que le *miroir* que tient ce personnage est plus convenablement placé à la main d'une prêtresse, qu'il ne le serait, dans la première hypothèse, à celle de *Vénus* elle-même. C'est au lecteur, placé entre ces deux explications, à choisir celle qui lui paraîtra préférable.

J'aurai achevé d'exposer ce qui tient à l'intelligence de notre peinture, en complétant la notion de l'*Hermaphrodite*, envisage sous le double rapport de la pensée religieuse qu'il exprimait et des monuments figurés venus jusqu'à nous qui en offrent la représentation.

Écartons d'abord l'idée qu'une exception dans l'ordre naturel, dont les exemples ne manquèrent pas plus chez les anciens que chez les modernes[10], ait fourni le type de l'*Herma-*

---

de Schneider, *ad h. l.*, p. 129, que Vitruve avait tiré cette notion d'un auteur grec, où se lisait : Ἑρμαφροδίτου ἱερόν, a été admise par Heinrich, *Hermaphroditorum*, etc., p. 11-12, et par M. Rathgeber, *Bulletin. archeol.*, etc., 1839, p. 181; et je regarde la chose comme avérée.

[1] Ovid. *Metam.* IV, 288-388; cf. Fest. v. Salmacis.

[2] C'est une notion que j'ai cherché à établir dans mon *Mémoire sur l'Hercule assyrien et phénicien*, à l'aide de tous les témoignages classiques et bibliques qui s'y rapportent, et j'y renvoie d'avance mes lecteurs.

[3] Herodot. I, CLXXV : Τοῖσι (Πηδασέεσσι) ὅκως τι μέλλοι ἀνεπιτήδεον ἔσεσθαι,... ἡ ἱερείη τῆς Ἀθηναίης πώγωνα μέγαν ἴσχει; cf. Idem, VIII, CIV.

[4] Strabon. l. XIII, p. 611.

[5] Aristot. *Hist. Animal.* III, XI : Γύνη δὲ τὰς ἐπὶ τῷ γενείῳ οὐ φύει τρίχας, πλὴν ὀλίγαι ἐνίαις γίγνονται ... καὶ οἷον ἐν Καρίᾳ ταῖς ἱερείαις.

[6] *Bulletin. archeol.* 1839, p. 181-184.

[7] Mionnet, *Description*, etc., t. III, p. 350, n. 270, et *Supplément*, t. VI, p. 501, n. 325; Sestini, *Letter. numism.* t. IV, p. 80, et *Nuov. letter.* t. VI, p. 48, n. 9; *Mus. Arigon.* II, *num. max. mod.* tab. IIII, n. 11.

[8] Eckhel, *D. N.* t. II, p. 382.

[9] Streber, *Numism. Gr.* tab. IV, f. 4, p. 226-231.

[10] Il ne faut sans doute pas attacher trop d'importance à la fable rapportée par Platon, *Sympos.*, § 16, t. V, p. 46, ed. Bekker., sur l'existence primordiale d'une race humaine qui tenait des deux sexes, et qui s'appelait *androgyne* : Ἀνδρόγυνον γὰρ ἓν τότε μὲν ἦν καὶ εἶδος καὶ ὄνομα ἐξ ἀμφοτέρων κοινὸν τοῦ τε ἄρρενος καὶ θήλεος. Mais il est certain que l'antiquité connut des individus qui offraient les organes plus ou moins imparfaits de l'un et de l'autre sexe, et que plus d'une fois ces sortes d'apparitions donnèrent lieu à la croyance populaire de l'*épiphanie* du dieu *Hermaphrodite*, dont ces individus passaient pour la personnification; le fait est attesté d'une manière générale par Diodore de Sicile, IV, VI, et un exemple particulier en est rapporté

phrodite. Bien que cette exception, surtout en lui donnant l'étendue que semble comporter un passage de Pline[1], ait pu n'être pas sans quelque influence sur les œuvres de l'imitation, à l'époque où l'art des Grecs s'exerça sur ce motif, à partir des temps de Praxitèle et de Scopas, je suis convaincu, pour mon propre compte, que l'invention de l'*Hermaphrodite* est due à une croyance religieuse puisée dans la mythologie orientale[2]. C'était effectivement un dogme fondamental de ces cultes fondés sur la religion naturelle, que la divinité se représentât douée du principe actif et du principe passif, conséquemment, pourvue des organes des deux sexes; ce qui avait lieu à l'aide de symboles. Cette notion, depuis long-temps énoncée par Spon[3], par Selden[4] et par d'autres critiques[5], a été mise par Heinrich[6], par Boettiger[7], et par plus d'un savant de nos jours[8], au-dessus de toute contestation; et il est certain que l'*androgynie* attribuée à la plupart des dieux dans les religions des peuples de l'Asie antérieure, à la *Mylitta* babylonienne, la même que *Mitras* et *Mithra*, mâle et femelle[9], à l'*Astarté Astartos* des Phéniciens, à l'*Aphrodite Aphroditos* de Chypre, à *Adonis*, *fille et garçon*, à la *Lune*, à la fois *mâle* et *femelle*, sous les noms grecs de *Mèn* et de *Mènè*, qui répondent aux noms orientaux de *Mithro* et de *Mao* des médailles de la Bactriane[10], à l'*Agdistis* de Phrygie[11], à l'*Adagous*, autre dieu des Phrygiens qualifié *Hermaphrodite*[12], à l'*Atys*, qui remplissait, dans les mystères phrygiens, le même rôle qu'*Adonis* dans ceux de Chypre et de Phénicie, et qui était pareillement *androgyne*[13], aux *Cabires* de Samothrace, dieux à la fois *mâles* et *femelles*, au témoignage de Varron[14], aussi bien que les *Dioscures*, suivant l'expression d'un auteur ancien[15]; il est certain, dis-je, que cette *androgynie*, dont je n'ai fait encore

---

par le même écrivain, *Eclog.* I, l. xxxii, p. 520. Ce qui n'est pas moins certain, c'est que, par une conformation propre à la race grecque, et qu'on observe encore même chez les Grecs modernes, il arriva souvent que les adolescents offrissent des formes féminines, qui contribuèrent beaucoup à produire ces habitudes de la société grecques connues, qui faisaient dire à la courtisane Glycère, *apud* Athen. XIII, p. 605, D : Τότε γάρ καὶ οἱ παῖδές εἰσι καλοί, ὅσον ΕΟΙΚΑΣΙ ΓΥΝΑΙΚΙ χρόνον. Voyez, du reste, sur cette particularité d'histoire naturelle, les traités de Bauhin, *de Hermaphroditis*, et d'Alb. van Haller. dans les *Commentat. Soc. Gotting.* ann. 1751, p. 1, sqq.; et consultez aussi les interprètes du *Cabinet d'Orléans*, t. I, p. 105, suiv.; Heinrich, *Hermaphroditorum*, etc., p. 41; Zannoni, *Galler. di Firenze*, ser. IV, t. II, p. 1, sgg.; Visconti, *Oper. var.* t. IV, p. 61, 1).

[1] Plin. VII, iii : « Gignuntur et utriusque sexus quos *Hermaphroditos* vocamus, olim *androgynos* vocatos et in prodigiis habitos, nunc vero IN DELICIIS. » On se tromperait beaucoup si l'on croyait que l'espèce de dépravation indiquée dans cette phrase de Pline fût particulière à l'époque de cet écrivain, c'est une opinion pareillement très-fausse, quoique assez généralement établie, que celle qui regarde les images déshonnêtes sur les monuments de l'art, comme appartenant au dernier âge de l'antiquité. Les traits les plus frappants de ce genre de licence sont, au contraire, ceux que nous ont offerts les monuments les plus anciens, surtout dans la classe des vases peints, et j'en puis citer pour exemple un de ces vases, trouvé à *Vulci*, dont le sujet se rapporte précisément à l'*Hermaphrodite, habitus in deliciis*, comme dit Pline, et dont la représentation est d'une telle obscénité, qu'il me serait impossible de l'expliquer par des paroles. Ce vase sera publié dans les monuments à l'appui de la iv⁰ de mes *Lettres archéologiques*, et il a été cité par M. de Witte à qui j'en avais montré le calque, à l'occasion d'un autre vase du *Cabinet Durand*, n. 665, passé depuis dans le *Cabinet Magnoncourt*, n. 32, p. 23-24, vase pareillement obscène, et d'un style et d'une fabrique absolument semblables.

[2] C'est une idée qui avait déjà frappé Caylus, *Recueil* V, p. 220, dont on ne lira pas sans intérêt, même aujourd'hui, les judicieuses observations sur les figures d'*Hermaphrodite*, *Recueil* III, p. 116.

[3] Spon, *Miscellan.* S. 1, A. iv, p. 15.

[4] Selden, *De D. Syr.* II, iv.

[5] Cuper, *Observat.* etc., p. 149.

[6] *Hermaphroditorum*, etc., p. 18, sqq.

[7] *Amalthea*, t. I, p. 352, suiv., § iii, *Ueber die Hermaphroditen-Fabel und Bildung*.

[8] Creuzer, *Symbolik*, t. I, p. 728, ff., et t. II, p. 106, ff., 2⁰ éd.; Quaranta, *R. Mus. Borbon.* t. VII, tav. viii, p. 7, sgg.

[9] Herodot. I, cxxxi; cf. Creuzer, *Das Mithreum*, etc., p. 69, 19), et *Symbolik*, t. I, p. 328, suiv., 3⁰ édit.

[10] Voy. mon IIᵉ *Supplém. à la Notice sur quelques méd. grecques de la Bactriane*, p. 50.

[11] Pausan. VII, xvii, 5; cf. I, iv, 5.

[12] Hesych. v. Ἀδαγοούς· θεός τις παρὰ Φρυξὶν, Ἑρμαφρόδιτος.

[13] Pausan. VII, xvii, 5; cf. Arnob. *adv. Gent.* V, iv.

[14] Varron. *de L. L.* IV, p. 17-18, Bip. Cf. Hemsterhuis ad Lucian. *Dial. deor.* xxvi.

[15] Epimenid. *apud* Lyd. *de Mens.* IV, xiii, p. 164, ed. Roether.

que citer les principaux exemples, ne peut s'expliquer que par la croyance des deux principes unis et combinés dans le même être divin. Que cette doctrine orientale ait passé de bonne heure chez les Grecs, et qu'elle y ait été enseignée dans les mystères orphiques, c'est ce qui ne me paraît non plus sujet à aucune contestation; et, quelque récente que soit la rédaction des *Hymnes orphiques* où se trouve cette notion, rien n'empêche d'admettre que l'idée même de la double nature attribuée à l'être divin, telle qu'elle est exprimée pour la *lune* chez Platon[1], d'accord avec la doctrine égyptienne[2] et orphique[3], de même que pour la *monade* des Pythagoriciens[4], que cette idée ne soit très-ancienne chez les Grecs, et ne date parmi eux de l'époque même de leurs communications primitives avec l'Orient. Je n'accorde donc pas à Voss[5] que le caractère d'*hermaphroditisme* attribué, dans les poésies orphiques, à *Jupiter*[6], à *Sélêné*[7], à *Athênê*[8], à *Éros*[9], à *Protogonos*[10], à *Misé*[11], à *Corybas*[12], à *Dionysos*[13], à *Adonis*[14], à *Iacchus*[15], et à d'autres encore, dans d'autres textes antiques, soit une invention récente, et je crois fermement que Winckelmann et Heyne, en l'admettant comme une idée ancienne, dérivée de l'Asie, étaient plus dans le génie de l'antiquité que leur docte et ingénieux contradicteur.

Les monuments figurés viennent encore ici à l'appui des témoignages littéraires. L'idée de la double nature et du double sexe n'avait pu s'exprimer d'une manière à la fois plus simple et plus sensible qu'au moyen d'une *double tête*, l'une *mâle*, l'autre *femelle*, adossées l'une à l'autre et portées sur un tronc unique[16]. Or c'est là l'image que nous offre toute une classe de monuments dont l'invention appartient certainement à une époque ancienne[17],

---

[1] Platon. *Sympos.* t. IX, p. 202, Bip.

[2] Plutarch. *de Is. et Osir.* t. IX, p. 163, Hutten.

[3] *Hymn. orph.* VIII, 4.

[4] Sur la *monas* ἀρσενόθηλυς des pythagoriciens, voy. les témoignages rassemblés par Meursius, *Den. Pythag.* c. III et VII, et par Tiedemann, *Griechenl. erste Philosophie*, p. 392.

[5] Voss, *Myth. Brief.* LXXIII, t. II, p. 327, ff.

[6] *Hymn. orph.* fragm. VI, 11.

[7] *Ibid.* VIII, 4.

[8] *Ibid.* XXXI, 10.

[9] *Argon.* 14.

[10] *Hymn. orph.* V, 1.

[11] *Ibid.* XLI, 4.

[12] *Ibid.* XXXVIII, 5.

[13] *Ibid.* XXIX, 3; cf. Aristid. *Orat. in Dionys.* t. I, p. 29, ed. Jebb.

[14] *Hymn. orph.* LV, 4.

[15] *Ibid.* XXIX, 2; et XLI, 4.

[16] Voy. à ce sujet de judicieuses observations de Zoëga, *De or. et us. obel.* p. 221, 34). Ce savant admettait pourtant aussi l'opinion que les noms composés, tels que ceux d'*Hermeracle*, d'*Hermathene*, d'*Hermerotes*, et autres pareils, pouvaient désigner simplement des bustes d'*Athênê*, d'*Héraclès*, d'*Éros*, érigés sur un *Hermès*. Cette opinion, soutenue par Mazocchi, *Ad. tab. Heracl.* p. 149-150, et admise encore en dernier lieu par Gurlitt, *Versuch über die Bustenkunde*, dans ses *Archäol. Schrift.* § 1, p. 194 (Altona, 1831, 8°), ne saurait cependant être adoptée d'une manière absolue, ainsi que l'a reconnu Visconti lui-même, qui était pourtant disposé à la suivre, *Mus. P. Clem.* t. VI, p. 21,

[*] b); cf. t. III, p. 48, d). Il est certain qu'il nous est parvenu des *Hermès à double tête*, tels que celui du Vatican, *Mus. P. Clem.* t. VI, tav. XIII, 2, véritable *Herméraclès*, à têtes opposées de *Mercure* et d'*Hercule*, comme celui qui forme le type d'un *as* de la famille *Rubria*, Riccio, *Monet. Consol.* tav. LXIII, 2, p. 198; voy. à ce sujet les judicieuses observations d'Eckhel, *Doctr. num. vet.* t. V, p. 297. Mais cette question est trop vaste, et elle touche à trop de points d'antiquité, pour pouvoir être épuisée dans une note; je me borne à dire qu'elle ne saurait être posée aujourd'hui dans les termes où l'avait résolue Spon, *Miscellan.* § 1, art. IV, p. 9, sqq.; et je me réserve de la discuter ailleurs avec les développements qu'elle comporte.

[17] Les antiquaires, tels que Boettiger, qui ont cherché à expliquer la *double tête* du *Janus* latin, le *Zân* des anciens Grecs éoliens, d'après le dogme des religions orientales, qui attribuait le double sexe à la divinité, voy. les *Ideen zur Kunstmythologie*, I, 249, ff., n'ont allégué jusqu'ici, à l'appui de cette explication, très-plausible d'ailleurs, que les monnaies onciales des Romains, en y joignant des *as* étrusques et italiques qui offrent ce type, avec la *double tête*, tantôt *barbue*, tantôt *imberbe*, voyez *Journ. des Savants*, décembre 1840, p. 726 et 738, 1); monuments d'une antiquité fort respectable sans doute, mais trop éloignés en apparence du domaine de l'archéologie orientale. Les monnaies de *Ténédos* ont bien plus d'autorité à cet égard, puisqu'elles appartiennent à une localité asiatique; et il existe toute une classe de médailles bien plus importantes encore, par leur type et par leur provenance, qui méritaient d'être citées en premier lieu dans cette discussion : ce sont les médailles publiées parmi les *incertaines* du *Musée de Hunter*, tab. 66.

bien que ces monuments mêmes, dans la plupart des combinaisons qu'ils nous présentent, soient presque tous du dernier âge de l'antiquité. Je veux parler de ces *Hermès à double tête* connus dans la Grèce sous les noms d'*Hermathene*, d'*Hermeracle*, d'*Hermerotes* et autres pareils, qui consistaient en têtes géminées d'*Hermès* et d'*Athênê*, d'*Hermès* et d'*Héraclès*, d'*Hermès* et d'*Éros*, ou bien de divinités liées entre elles par des rapports de culte[1], telles que *Dionysos* et *Ariadne*[2], *Apollon* et *Diane*[3], *Posidon* et *Amphitrite*[4], *Sérapis* et *Ammon*[5], ainsi que nous en avons des exemples. De cette association de deux divinités jumelles et de sexe différent naquit plus tard l'idée de réunir sur un même cippe les têtes de personnages qui avaient entre eux des rapports d'étude, de gloire ou d'amitié; et l'on sait de combien de portraits d'hommes célèbres de l'antiquité nous sommes redevables à cet usage, qui ne régna pourtant que dans la dernière période de l'art antique, mais qu'on doit considérer encore comme un dernier reflet de la tradition primitive. Ce qui le prouve, du moins pour les têtes de divinités mâle et femelle géminées et placées sur une même base, ce sont les monuments numismatiques qui offrent pour type cette *double tête*, l'une *barbue*, l'autre *imberbe*, comme on le voit sur les médailles de *Ténédos*[6] et d'autres villes grecques[7], où cette *double tête* est tantôt du sexe mâle, tantôt du sexe féminin, sans que cette circonstance change rien à la signification primitive du signe symbolique en

---

n. XXI, XXII, dont le type principal consiste en une demie figure d'*homme barbu*, *à double tête* et *à quatre ailes*, où j'ai reconnu le dieu suprême des Phéniciens. Je me suis occupé de ces médailles, que l'on croyait généralement appartenir à *Camarina* de Sicile, fausse attribution admise encore en dernier lieu par M. Creuzer, *Symbolik*, etc., *allgem. Theil*, p. 56-59, sur la foi de Visconti, *Mus. P. Clem.* t. VI, tav. agg. B, n. 4, p. 88, mais que j'ai restituées à *Marathus* de Phénicie; voy. mon *Mémoire sur la Croix ansée asiatique*, pl. II, n. 15, 16, 17, 18, p. 66, suiv.; je m'en suis, dis-je, occupé dans un *Mémoire sur le dieu suprême des Phéniciens comparé au dieu Temps des Grecs et des Romains*, qui fera partie de mes *Mémoires d'archéologie comparée*. En attendant, je signalerai à l'attention de mes lecteurs un monument curieux, publié par M. Éd. Gerhard, *Etrusk. Spiegel*, Taf. XIII, 5, 6, et dont je crois que la véritable explication doit se trouver dans l'ordre d'idées en question : c'est une figurine en bronze, de la collection de Cassel, représentant un *Hermaphrodite* debout, qui porte sur sa main gauche une petite idole *à double tête*, l'une d'*homme*, l'autre de *lion*. Le savant antiquaire de Berlin voit ici un *demon bachique androgyne*, d'après le double sexe attribué à Bacchus, Suid. v. Ἀνδρόγυνος; mais cette manière de considérer l'*Hermaphrodite* en général, et ce monument en particulier, me paraît beaucoup trop restreinte, et c'est là une question que je me réserve de traiter en détail dans le mémoire cité plus haut.

[1] C'est ce qu'on désignait par les mots σύνναοι, σύμβωμοι, πάρεδροι, et dont la notion a été l'objet d'une savante dissertation d'Arnauld, *De diis assessoribus*, où la plupart des textes antiques sont rapportés et expliqués. D'autres dénominations, telles que celles d'*Heraclammon* et de Ζηνοποσειδῶν, Machon. *apud* Athen. VIII, p. 337, C, indiquent manifestement une combinaison de deux têtes, d'*Hercule* et d'*Ammon*, de *Jupiter* et de *Neptune*, sur un même cippe. Heinrich, *Hermaphroditorum*, etc., p. 14. Nous possédons en effet de ces *Hermès doubles*, de *Mercure* et d'*Hercule*, *Mus. P. Clem.*, t. VI, tav. XIII, répondant à l'indication donnée par Aristide, t. I, p. 3 : Ἀλλὰ μὴν Ἑρμοῦ γε καὶ Ἡρακλέους ἐστὶ νῦν ἀγάλματα κοινά; et l'on ne peut douter que ce ne soient des *Hermès* de cette sorte que Cicéron ait eus en vue, *ad Attic.* 1, 10, et qu'il appelait *Hermeraclæ*, de même que l'*Hermathena*, dont il parle dans une autre lettre, 1, 1, cf. 4, était certainement, de l'avis de Gurlitt lui-même, p. 219, un *Hermès double*, de *Mercure* et de *Minerve*, tel que celui qui existe au *Musée du Capitole*, t. I, p. 19, tav. agg. VI, n. 1; voy. Visconti, *Mus. P. Clem.* t. III, p. 48, d), et t. VII, p. 101.

[2] L'un de ces *Hermès* faisait partie du *Musée Kircher*, où il est publié, t. II, tab. XI, 1. Il s'en trouve un autre au *Musée du Capitole*, t. I, p. 19, tav. agg. VI, 2. M. Éd. Gerhard en a publié récemment un troisième, d'un caractère asiatique fortement prononcé, *Antik. Bildwerke*, Cent. IVe, Taf. CCCXX, 4, 5, 6.

[3] Tel que le *double Hermès*, qui avait appartenu à feu Dodwell, et qui se trouve maintenant à la *Glyptothèque* de Munich; voy. Éd. Gerhard, *Antik. Bildwerke*, Cent. IVe, Taf. CCCXX, 7, 8.

[4] Un de ces *doubles Hermès*, de divinités marines, existe au *Musée du Capitole*, Stanza del Vaso, n. 83. Tel est aussi le *double Hermès* de Triton et de Tritonine, de la *villa Albani*, publié par M. Éd. Gerhard, *Ant. Bildw.* Cent. IVe, Taf. CCCXX, 1, 2.

[5] Un *Hermès* de ce genre se trouve au *Musée du Vatican*, et vient d'être publié par M. Éd. Gerhard, *ibidem*, Taf. CCCXX, 3.

[6] Voy. les explications données par Boettiger, *Ideen*, etc., t. I, p. 250, Taf. II, 9, sur ces médailles, au sujet desquelles il reste encore plus d'un éclaircissement à fournir.

[7] Telles qu'*Athènes*, *Syracuse*, *Pergame*, sans compter les médailles romaines d'argent si connues et si nombreuses, frappées dans la Campanie, probablement à *Capoue*, avec une *double tête imberbe*. De pareilles têtes, tantôt *barbues*, tantôt *imberbes*, forment le type de médailles consulaires, telles que les *as* des familles *Fonteia*, Eckhel, *D. N.* t. V, p. 218, et *Rubria*, ibid. p. 296.

question, dont nous possédons, dans le cône assyrien publié par M. Lajard, un type certainement puisé à une source originale, quel que soit l'âge de ce monument.

Mais de tous ces *Hermès à double tête* de sexe différent, celui qui fut le plus répandu dans l'antiquité, à raison même de ce qu'il répondait plus exactement à la conception primitive, ce fut certainement celui d'*Hermaphrodite*, réunissant les têtes d'*Hermès* et d'*Aphrodite*, par une combinaison qui réalisait pour les yeux l'union de deux divinités admise de plus d'une manière dans la croyance publique et dans le culte[1]. Je regarde donc cette association des deux têtes d'*Hermès* et d'*Aphrodite* sur un même cippe comme un fait réel qui donna naturellement lieu au mot *Hermaphrodite*, bien que je ne nie pas que la même idée religieuse n'ait pu être exprimée en certaines circonstances d'une manière différente, par exemple, au moyen d'une *tête d'Aphrodite* placée sur un *Hermès*, ou cippe, portant un *phallus*, comme c'était sans doute le cas de l'antique *Vénus aux jardins* d'Athènes[2], ou bien encore, par un *buste de femme*, sur la tête de laquelle s'attachaient les *ailes de Mercure*, ainsi que nous en avons un exemple dans le petit buste panthée, en argent, de notre Cabinet des antiques, reconnu pour un *Hermaphrodite*[3]. Mais ce ne pouvaient être là que des exceptions à l'usage le plus général, et je suis convaincu que le nom d'*Hermaphrodite* s'appliqua, dans le principe, à un *Hermès à deux têtes*, sorte de monuments qui fut toujours aussi la plus commune à toutes les époques de l'antiquité.

Ce point établi, rien ne paraît plus vraisemblable que l'hypothèse admise par le savant Heinrich[4] : c'est à savoir, que la vue de ces *Hermès à double tête* fournit aux artistes le motif d'une figure qui réunit en soi les propriétés d'un beau corps d'*éphèbe* ou d'*adolescent* et celles d'un corps de femme, et que cette création de l'art, une fois qu'elle eut été réalisée par une main habile, produisit à son tour le culte d'un dieu *Hermaphrodite* et sa légende, qui n'existaient sans doute pas dans la religion générale. Ce ne serait pas là, en effet, le seul exemple

---

[1] Le fait que, dans l'antiquité grecque, il existait un culte commun de *Mercure* et de *Vénus*, est exprimé en ces termes par Plutarque, *Conjug. Præc.* t. VII, p. 411, ed. Hutten : Καὶ γάρ οἱ Παλαιοὶ τῇ Ἀφροδίτη τὸν Ἑρμῆν συγκαθίδρυσαν, ὡς τῆς περὶ τὸν γάμον ἡδονῆς μάλιστα λόγου δεομένης; et ce témoignage peut servir de réponse à un doute soulevé par M. Lobeck, *Aglaophamus*, t. II, p. 1007, b); voyez plus bas, p. 144. *Mercure* est donné pour compagnon à *Vénus* dans une ode bien connue d'Horace, *Carm.* I, xxx, 8; et les amours de ces deux divinités avaient donné lieu à des légendes, telles que celle qui est rapportée par Hygin, *Poët. Astron.* II, xvi, et qui est étrangère à la naissance d'*Hermaphrodite*. Plusieurs des témoignages qui concernent la relation mythologique de ces deux divinités ont été recueillis et commentés avec beaucoup de sagacité par M. Lenormant, dans une dissertation particulière, *Annal. dell' Instit. archeol.* t. VI, p. 249, suiv., où il a surtout fait usage de quelques-uns des monuments de Bernay qui attestent cette union d'*Hermès* et d'*Aphrodite*, tels qu'un *embléma* de patère représentant les bustes de face de ces deux divinités, séparés (ou plutôt réunis) par un *caducée*, symbole de *l'hermaphroditisme*, et une inscription incrustée sur le manche d'une patère votive : M[ercurio] VENERI.

[2] Pausan. I. xix, 2 : Ταύτης γὰρ σχῆμα μέν τετράγωνον κατὰ ταῦτα καὶ τοῖς Ἑρμαῖς. Mais ni Pausanias, ni aucun auteur ancien, ne dit que cet *Hermès* portait un *phallus*; c'est une supposition de Boettiger, qui n'est justifiée par aucun témoignage. Il cite comme exemple un *Hermès à tête de femme voilée* publié dans les *Specimens of anc. sculpture*, t. I, pl. 58, où sir R. Payne Knight avait cru reconnaître, *Inquiry*, etc., § 199, ce qu'il appelait une *Vénus primitive* ou *élémentaire*, Ἀφροδίτη ἀρχῖτις. Mais, même en admettant cette interprétation, l'opinion de Boettiger n'y gagne rien, puisque cet *Hermès* n'a point de *phallus*. Je ne crois pas qu'il ait jamais existé d'*Hermès phallique à tête de Vénus*; du moins, la connaissance que j'ai de l'antiquité figurée ne m'en offre-t-elle aucun exemple, et le *triple Hermès du musée du Vatican*, Éd. Gerhard, *Antik. Bildwerke*, Cent. Ier, Taf. xII, 1, 2, 3, fournit-il une présomption contraire.

[3] C'est un petit buste d'argent massif, qui offre une *tête de femme* coiffée de la manière propre à *Vénus*, et quelquefois à *Apollon*, avec les ailes de *Mercure*; il a été publié par M. Lenormant dans la dissertation citée à l'une des notes précédentes, *Annal. etc.*, t. VI, p. 249, où je pourrais trouver quelques rapprochements hasardés, mais où j'aime mieux louer plus d'un aperçu neuf et ingénieux.

[4] *Hermaphroditorum*, etc., p. 139, sqq.

que nous aurions d'un dieu grec qui devrait sa naissance et son nom aux œuvres de l'art ; et le culte d'*Hermaphrodite* ayant toujours été très-borné, et n'apparaissant qu'à une époque de l'antiquité où l'imitation s'était déjà signalée par quelqu'un des chefs-d'œuvre dont la figure d'*Hermaphrodite* avait fourni le sujet, rien ne serait plus conforme à tout ce que nous connaissons du génie de l'antiquité grecque, que de regarder le dieu *Hermaphrodite* comme une invention récente, due surtout aux merveilles de l'art qui le représentaient.

Effectivement, les savants qui ont admis le culte d'*Hermaphrodite* dans la Grèce n'ont pu en fournir la preuve qu'au moyen du témoignage de Vitruve, qui s'applique, comme nous l'avons vu, à un temple d'*Halicarnasse*, conséquemment à une localité asiatique, en y joignant un passage d'une *Lettre* d'Alciphron [1], où il est question d'un temple d'*Hermaphrodite* à Athènes, et un autre passage, tiré des *Caractères* de Théophraste [2], qui a rapport au procédé du *Superstitieux employant toute une journée à couronner les* Hermaphrodites *de son habitation*. Ces deux témoignages, à peu près contemporains, puisque le trait de mœurs indiqué par Alciphron peut très-bien être tiré du théâtre de Ménandre, dont l'âge s'éloigne peu de celui de Théophraste, semblent prouver qu'à cette époque au moins le culte d'*Hermaphrodite* devait être assez populaire à Athènes, et qu'il y avait même pénétré dans la vie privée ; et c'est en effet dans ce sens et avec cette portée que les textes d'Alciphron et de Théophraste ont été admis par la plupart des antiquaires [3], à l'exemple de Heinrich, qui le premier en avait fait l'application à ce sujet. Toutefois il a été fait par un grand critique de nos jours, M. Lobeck [4], des objections contre cette manière de voir qui méritent qu'on en tienne compte, et qu'il importe à l'intelligence complète de la notion de l'*Hermaphrodite* de soumettre à une discussion.

M. Lobeck ne voit pas clairement, dans le texte d'Alciphron, que le nom d'*Hermaphrodite* soit plutôt le *nom d'un dieu* que celui *d'un homme*, et il se demande quelle peut être la raison pour laquelle une femme, une veuve, allait faire une offrande au dieu *Hermaphrodite*. Sur ce premier point, j'avoue que l'opinion du savant critique me paraît tout à fait en défaut ; les paroles d'Alciphron [5] ne peuvent s'entendre que d'un *temple d'Hermaphrodite* où l'on dédiait des *couronnes*, et cet *Hermaphrodite*, qui avait un *temple* à Athènes, ne pouvait être qu'un *dieu*, de quelque ordre qu'il fût. Quant au motif qui déterminait l'action de cette femme, rien n'est encore plus facile à expliquer, d'après les mœurs grecques, que cette *dédicace de couronnes*, soit qu'on la considère comme une offrande funéraire, soit qu'on la regarde comme un souvenir d'affection conjugale [6]. Mais, sur le second point, sur le témoignage de Théophraste, les difficultés élevées par M. Lobeck me semblent bien autrement

---

[1] Alciphron. *Epistol.* III, 37 : Εἰρεσιώνην ἐξ ἀνθῶν πλέξασα, ᾔειν εἰς ἙΡΜΑΦΡΟΔΙΤΟΥ, τῷ Ἀλωπεκῆθεν ταύτην ἀναθήσουσα.

[2] Ce passage, qui ne se trouvait point dans les éditions exécutées d'après les manuscrits ordinaires, a été tiré d'un manuscrit du Vatican et publié par Amaduzzi, *Duo novi characteres in MS. Bibl. Vatic. reperti*, gr. et lat. Parmæ, 1786, 4° ; il appartient au chap. XVI, περὶ Δεισιδαιμονίας, et il est ainsi conçu dans la partie qui le termine : Καὶ εἰσελθὼν εἴσω στεφανοῦν τοὺς Ἑρμαφροδίτους ὅλην τὴν ἡμέραν. Voyez, sur ce passage capital, admis par Schneider dans son excellente édition de Théophraste, c. XVI, p. 20, les observations de ce savant, en y ajoutant celles de Heinrich, *Hermaphroditorum*, etc., p. 91, sqq. et de Boettiger, *Amalthea*, t. I, p. 363.

[3] Même par Zannoni, malgré la restriction avec laquelle il admettait la notion de ces *Hermaphrodites* domestiques, *Galler. di Firenze*, ser. IV, t. II, p. 3-4, 11).

[4] *Aglaophamus*, t. II, p. 1007, b) : « Mihi parum exploratum videtur *Hermaphroditum* dei potius quam hominis esse nomen. »

[5] Alciphr. *l. l.* : Εἰς Ἑρμαφροδίτου, avec lesquelles on ne peut sous-entendre que le mot ἱερόν, ou un terme équivalent.

[6] Voy. plus haut, p. 143, 1), l'observation faite relativement au culte commun de *Mercure* et de l'*éaus*, en qualité de dieux protecteurs de l'union conjugale.

sérieuses. Il est question, dans ce passage, d'un superstitieux qui, après avoir fait au marché sa provision de *myrte* et d'*encens*, rentre *chez lui*, et y passe *tout un jour* à *couronner des Hermaphrodites*. Ici, il me paraît évident, comme au savant auteur de l'*Aglaophamus*, qu'il ne peut s'agir *d'un dieu Hermaphrodite*, encore moins *d'un dieu Hermaphrodites*, comme l'entend M. Lajard[1], dont les images, sous quelque forme qu'on se les représente, ne pouvaient être assez multipliées dans cette maison d'un seul particulier, quelque opulent qu'on le suppose, pour que l'acte de *couronner ces images* employât *une journée entière*. Le mot d'*Hermaphrodites*, au pluriel, est donc une expression générique qui désigne toute une classe de monuments domestiques, qu'il n'y a aucune difficulté à se représenter comme des *Hermès* à *double tête*, appartenant à des divinités diverses, que ce superstitieux honorait d'un culte domestique. C'est du moins de cette manière que je me rends compte de ces *Hermaphrodites* de Théophraste, en m'éloignant, sur ce point, de l'idée de M. Lobeck, qui y voit des portraits d'ancêtres de l'un et de l'autre sexe exécutés sous la forme d'*Hermès à deux têtes*[2]. Il est bien plus naturel de croire que ces *doubles Hermès* représentaient des divinités mâles et femelles adossées sur un même cippe[3], et j'en trouve la preuve dans un curieux passage de Théopompe, que me fournit M. Lobeck lui-même[4].

S'il résulte de cette discussion qu'il ne reste plus, pour le culte du *dieu Hermaphrodite* à Athènes, que le passage d'Alciphron, admis au reste, comme il est permis de le faire, pour le siècle de Ménandre, nous n'en acquérons pas moins, par le texte de Théophraste ainsi entendu, un témoignage précieux sur la vogue qu'obtenaient alors à Athènes ces *Hermès* à *double tête*, combinaison de deux divinités de sexe différent, qui se nommaient *Hermaphrodites*, et dont le culte, introduit pour ainsi dire dans chaque maison attique, dut contribuer puissamment à produire la croyance d'un *dieu Hermaphrodite*, et à le réaliser sous une forme plastique. Telle est, suivant moi, la marche naturelle des idées, de laquelle résulta l'invention de l'*Hermaphrodite*, figuré comme il nous est parvenu, dans les œuvres de l'art dont il me reste à parler.

Les figures d'*Hermaphrodite* que nous possédons aujourd'hui, et qui appartiennent, sauf un petit nombre, à la statuaire, peuvent se ranger en deux classes principales, comprenant

---

[1] *Recherches sur le culte de Vénus*, p. 68, 4). Suivant l'interprétation donnée au passage de Théophraste par un savant français, feu Schweighäuser fils, *Lettres sur quelq. pass. de Théophraste*, etc., dans le *Magas. encycl.* de Millin, an X, t. I, p. 439, suiv., les *Hermaphrodites* de cet auteur auraient été des *Hermès à tête de Vénus*; et Boettiger complétait cette notion, en ajoutant que l'*Hermès* en question devait porter un *phallus* pour exprimer l'idée des deux divinités, *Amalthea*, t. I, p. 363, :). Zannoni admettait l'opinion de l'antiquaire français comme tout à fait avérée, *l. l.*, p. 3-4, 11). A mon avis, ce ne sont là que des suppositions dénuées de preuves.

[2] *Aglaophamus, l. l.*: « In Theophrasti char. XVI Hermaphroditi dici videntur majorum utriusque sexus effigies cubiculares sub specie *Hermarum biformium* consecratæ. » En admettant ce culte d'images domestiques sous la forme d'*Hermès*, M. Lobeck attribue aux Athéniens un usage qui est connu pour les Romains : c'est là une supposition que rien n'autorise, à mon avis. Il

en est de même d'une autre conjecture du savant philologue, qui croit que ces *Hermès à double tête* procédaient des cippes érigés anciennement sur les tombeaux, avec les indices des deux sexes, selon qu'ils appartenaient à des hommes ou à des femmes. Je ne connais, en fait de stèles attiques venues jusqu'à nous, rien qui justifie cette manière de voir.

[3] Tels que les *cinq* monuments de ce genre, en marbre, réputés des *Janus à tête d'homme et à tête de femme*, qui existaient dans diverses collections de Pesaro, et qui sont décrits par Passeri, *Lucern. fictil.* t. I, tav. IV, p. 7.

[4] Theopomp. *apud* Porphyr. *De abstin.* II, XVI, p. 127 : Θύειν γὰρ αὐτὸν ἐν τοῖς προσήκουσι χρόνοις κατὰ μῆνα ἕκαστον ταῖς νουμηνίαις στεφανοῦντα καὶ φαιδρύνοντα τὸν Ἑρμῆν καὶ τὴν Ἑκάτην (on peut entendre ici une tête d'*Hermès* et une tête d'*Hécate* géminées sur un seul tronc), καὶ ΤΑ ΛΟΙΠᾺ ΤΩΝ ἹΕΡΩΝ, ἃ δὴ τοὺς προγόνους καταλιπεῖν. Cf. Lobeck, *l. l.* p. 1006.

les *statues couchées* et les *statues debout*, en y ajoutant, en troisième lieu, les statues faisant partie d'un groupe, qui se rattachent à la première classe. C'est dans cet ordre que je vais les examiner, en laissant de côté et en réservant pour un autre travail[1] toute une classe de figures *hermaphrodites* que nous connaissons par les vases peints. Je veux parler de ces figures d'un *adolescent androgyne ailé* qu'on désigne communément sous le nom de *génie des mystères*, que d'autres antiquaires appellent *Éros*, mais qui ont en tout cas, et dans l'une comme dans l'autre hypothèse, un caractère mystique d'accord avec les scènes d'initiation où ils interviennent. Le double sexe, empreint dans toute cette classe de figures d'un ordre hiératique particulier, les rattache indubitablement aux plus anciennes conceptions des mystères orphiques émanés de l'Asie, bien que les monuments où ils apparaissent appartiennent généralement, par leur fabrique, à une époque récente de l'antiquité.

C'est aussi à l'occasion des mystères, spécialement de ceux de *Bacchus*, qui finirent, à ce dernier âge de l'antiquité, par envahir presque tout le domaine du polythéisme, que fut réalisé, à mon avis, le premier type de l'*Hermaphrodite* produit par la plastique; du moins, la statue de l'*Hermaphrodite couché et endormi*, dont il nous est parvenu au moins cinq répétitions antiques[2], qui procèdent indubitablement de quelque original célèbre, fut-elle primitivement conçue pour faire partie d'une composition représentant une *pompe bachique*. C'est effectivement ce qui semble résulter de l'observation d'un bas-relief Albani[3], qui a pour sujet une de ces Bacchanales dont l'original dut être une œuvre excellente du ciseau grec, et où se voit un *Hermaphrodite couché et endormi* que *Pan* découvre aux yeux des compagnons de Bacchus, figure dont la ressemblance avec la statue citée plus haut avait frappé Zoëga, comme elle ne peut manquer de frapper tous les antiquaires. Que d'ailleurs la présence d'un *Hermaphrodite couché et endormi* fût devenue, à une certaine époque de l'antiquité, un des éléments habituels de ces sortes de représentations, c'est aussi ce que nous apprend un autre monument de la *villa Albani*[4], où se voit la même figure d'*Hermaphrodite*, couchée sur le dos et découverte par trois des compagnons de Bacchus, qui témoignent, chacun à sa manière, la surprise que leur cause cette apparition inattendue; et qu'il eût été fait encore plus d'une application de ce motif si favorable à l'imitation et si propre à flatter les instincts voluptueux d'une société toute sensuelle, telle que celle des Grecs, c'est ce qui résulte d'une autre composition, dont il nous est parvenu de nombreuses répétitions, sur les pierres gravées[5]

[1] Pour la IVe de mes *Lettres archéologiques*, où un article spécial sera consacré au mythe d'*Hermaphrodite* et à ses images, au sujet d'un bas-relief inédit du palais Grimani, à Venise, que je ferai connaître, d'après un dessin que j'en possède depuis longtemps.

[2] Visconti connaissait effectivement quatre répétitions antiques de l'*Hermaphrodite couché*, c'est à savoir, celui de la galerie de Florence, *Mus. Florent.* t. III, tab. XL, XLI; celui de la *villa Borghese*, maintenant au musée du Louvre, *Scult. scelt. Borghes.* t. I, tav. XXVI, un troisième, qui se trouvait dans la même *villa*, et qui est cité par Visconti, *Oper. var.* t. IV, p. 62, 2), et le quatrième, trouvé à Velletri, et publié par Visconti, *ibid.* § XVI, pl. X, p. 59-63. Indépendamment de ces quatre statues, il s'en trouvait une cinquième en France, publiée dans les *Monum. du mus. napol.* t. II, pl. 49, et citée par H. Meyer dans une de ses Notes sur *l'Hist. de l'art*, de Winckelmann, *Werke*, t. IV, p. II, p. 270-274, 186), où il donne une description détaillée des statues en question.

[3] Zoëga, *Bassiril. di Roma*, t. II, tav. LXXVII, p. 157.

[4] Idem, *ibidem*, t. II, tav. LXXII, p. 135.

[5] L'une de ces pierres est le célèbre camée d'Agostini, *Gemm.* p. II, tav. 52, dont les principales répétitions antiques sont un camée de la galerie de Florence, Zannoni, *Galler. di Firenze*, ser. V, t. I, tav. XV, 2, un autre camée, qui a fait partie du cabinet d'Orléans, t. I, pl. 25, et un troisième camée de notre Cabinet des antiques, sans compter deux intailles du même sujet, l'une sur sardoine, l'autre sur jaspe vert, cette dernière publiée par Mariette, t. I, pl. XXVI. Voyez, sur ces sortes de pierres, les *Catalogues* de Stosch, Winckelmann, n° et n° 434, et de Tassie, n° 2507-2522, pl. XXXI, 2509, en y joignant

et sur les lampes[1], représentant un *Hermaphrodite couché* et *endormi*, entouré de *trois Amours*, dont l'un tient un *éventail*, les deux autres jouent de la *syrinx* et de la *cithare*. Mais, pour revenir au groupe de l'*Hermaphrodite endormi* découvert par *Pan*, j'ai déjà eu occasion de remarquer que, dans la pensée primitive de ce groupe, c'était *Ariane* qui remplissait le rôle assigné plus tard à l'*Hermaphrodite*[2]. Or, de même que la belle statue d'*Ariane* du Vatican paraît bien avoir été conçue, dans le principe, pour faire partie d'un groupe de figures de ronde bosse, représentant le sujet en question[3], de même on peut supposer, avec toute raison, que la statue d'*Hermaphrodite couché* et *endormi* fit primitivement partie d'une composition analogue; et c'est, je crois, le cas de la plupart des *statues couchées*, et même *assises* qui nous restent de l'antiquité, et qui ne semblent pas avoir été d'abord conçues isolément, mais qui furent traitées plus tard de cette manière, grâce au motif heureux qu'elles fournissaient, et sans doute aussi à la célébrité du modèle qui en avait offert la première application.

Si cette conjecture, qui se fonde sur tout un ensemble de considérations relatives à l'histoire de l'art et que je me borne à indiquer ici, est fondée en principe, il en résultera que la statue d'*Hermaphrodite couché* et *endormi* que nous possédons, dans plusieurs de ses répétitions antiques, ne peut être la statue célèbre que Pline cite[4] comme un des chefs-d'œuvre de son auteur, Polyclès, et qu'il désigne de cette manière : *Hermaphroditum nobilem*. Cette idée de Visconti[5], qui a pourtant obtenu l'assentiment de la plupart des antiquaires[6], me paraît d'ailleurs contraire au génie de l'art, dans les conceptions duquel une figure couchée, qui ne pouvait offrir un type véritablement statuaire, n'entrait que comme personnage accessoire et épisodique, dans une composition de plusieurs figures. L'*Hermaphroditus nobilis* de Polyclès devait donc être une *statue debout*, une *statue de temple*, et je suis tout à fait, sur ce point, de l'avis de M. Osann[7], qui a combattu l'opinion de Visconti.

Le même motif de licence dionysiaque, qui avait fait introduire dans la représentation des Bacchanales le personnage d'*Hermaphrodite* à la place de celui d'*Ariane*, donna lieu à l'invention de ces groupes d'un *Hermaphrodite assailli par un satyre*, motif licencieux, sur lequel s'exerça l'art de la peinture[8] aussi bien que celui de la statuaire, dans les principales circonstances qu'il fournissait à l'imitation. Ainsi, l'*Hermaphrodite debout*, qu'un *satyre assis* attire à lui et qui résiste mollement, est le sujet d'une peinture antique de Cività[9]; au contraire, l'*Hermaphrodite assis*, qui cherche à repousser l'attaque d'un *satyre debout*, est le sujet d'un groupe en bronze, de la galerie de Florence[10], conçu à peu près de la même manière qu'un

---

les observations des interprètes du cabinet d'Orléans, t. I, p. 110, suiv.

[1] Bartoli, *Lucern. Sepulcr.* t. I, tav. 8. Voy. Boettiger, *Amalthea*, t. I, p. 356.

[2] Voy. plus haut, p. 50, 9), et p. 52, 1), 2), 3).

[3] C'est aussi ce que je crois avoir démontré plus haut, p. 49.

[4] Plin. XXXIV, viii, 19. Sur les deux statuaires du nom de Polyclès, l'un de la cii[e], l'autre de la ci.v[e] olympiade, voy. l'article de M. Sillig, *Catalog. vet. artific.* p. 360; cf. Osann. *Amalthea*, t. I, p. 348, et sur l'*Hermaphrodite* de Polyclès, voy. le même savant, *Amalthea*, t. III, p. 289-290.

[5] *Oper. var.* t. IV, § xvi, p. 62.

[6] Boettiger, *Amalthea*, t. I, p. 356; Petit-Radel, *Monum. du* mus. napol. t. II, p. 106. H. Meyer n'admettait cette opinion de Visconti qu'avec réserve, Winckelmann's *Werke*, IV, ii, p. 270, 186).

[7] *Amalthea*, t. I, p. 347, ff.

[8] Je ne comprends cependant pas dans le nombre des peintures antiques de ce sujet celles que Boettiger a cru pouvoir y rapporter, *Archäol. Museum*, p. 50, et où l'on doit voir plutôt un *satyre* et une *ménade*, ou une *nymphe*; ce sont celles qui sont publiées dans les *Pittur. d'Ercolan.* t. V, tav. xxxii, xxxiii, xxxiv et xxxv. J'aurai lieu de m'expliquer complétement sur ce sujet dans la ive de mes *Lettres archéologiques*.

[9] *Pittur. d'Ercolan.* t. I, tav. xvi.

[10] Zannoni, *Galler. di Firenze*, ser. IV, t. II, tav. 61.

groupe en marbre, qui fut trouvé en 1760, non loin de Tivoli, dans les ruines de thermes antiques[1], et qui est maintenant déposé dans les magasins du Vatican, où la vue n'en est plus permise ; et le même motif avait été traité d'une manière peu différente dans un troisième groupe, qui de la *villa Aldobrandini* a passé récemment au musée de Berlin[2]. Enfin, la *lutte*[3] entre l'*Hermaphrodite* et le *satyre* avait fourni aussi le motif d'un groupe qui doit avoir eu pour auteur un des plus grands statuaires de la période alexandrine, à en juger par le mérite de deux des répétitions antiques qui nous en sont parvenues, et qui se trouvent dans la galerie de Dresde[4] ; sans compter les imitations qui nous en restent en peinture[5], avec la substitution d'une *nymphe* à l'*Hermaphrodite*, qui prouvent à la fois la célébrité du modèle et la licence d'une société, qui se complaisait à voir de pareilles images reproduites sous toutes les formes et par tous les moyens de l'art.

Mais la classe principale des statues d'*Hermaphrodite* se composait de celles qui représentaient le dieu androgyne *debout*, tel qu'il avait pu être érigé dans son temple à Athènes, et je mets à la tête de ces statues l'*Hermaphroditus nobilis* de Polyclès, sans pouvoir décider si cet ouvrage du premier ou du second des artistes de ce nom appartint au siècle de Praxitèle, comme j'inclinerais à le croire, ou s'il fut produit à une époque plus récente. Quoi qu'il en soit, il nous est peut-être parvenu une copie ou une imitation de ce bronze célèbre, dans la statue en marbre d'*Hermaphrodite*, qui fut trouvée en 1817, dans le temple de Vénus, sur le forum de Pompéi[6], et qui reproduit certainement quelque bel original de la sculpture grecque. Nous savons aussi qu'il exista dans le *gymnase de Zeuxippe*, à Constantinople[7], une statue d'*Hermaphrodite*, dont nous pouvons présumer le mérite, d'après le choix qui avait présidé à cette superbe collection, et qui était *debout :* notion qui résulte de l'expression dont se sert le poëte à qui nous en devons la description. Tel devait être aussi l'*Hermaphrodite* en marbre dont parle Martial[8], aussi bien qu'un autre *Hermaphrodite*, placé dans un bain public de Constantinople, qui nous est connu par un des petits poëmes de l'*Anthologie*[9]. D'après la place assignée à ces deux dernières statues, et aussi à celle du *gymnase de Zeuxippe*, nous devons croire que les statues d'*Hermaphrodite* servaient généralement, au moins dans cette dernière période de l'antiquité, à la décoration des bains publics, et cela, par une raison qui est exprimée dans l'*épigramme de l'Anthologie*, à cause du double sexe de ces figures qui les rendait propres à décorer l'entrée et à indiquer l'usage de ces établissements com-

[1] Visconti, *Oper. var.* t. II, p. 444-5, 1).

[2] Éd. Gerhard, *Berlin's ant. Bildwerke*, p. 72, n. 88.

[3] C'est ce qui s'appelait κλινοπάλη, ou ἀνακλινοπάλη, terme emprunté à la gymnastique, et appliqué à une autre sorte d'exercice érotique, sur lequel les témoignages antiques ne manquent pas ; consult. les interprètes de Suétone, *ad Domitian.* § XXII, en y joignant les observations de Saumaise, *ad Solin.* p. 206.

[4] Bekker's *Augusteum*, Taf. XCV, XCVI ; en y joignant les nouvelles observations de Boettiger, d'Ott. Müller et de G. Hase, dans l'*Archäologie und Kunst* (Breslau, 1828, 8°), p. 165-174.

[5] Entre autres, une peinture de Pompéi qui fait partie du cabinet réservé de Naples, et qui offre un groupe presque absolument semblable au *Symplegma* de Dresde, mais où la *nymphe* remplace l'*Hermaphrodite*, comme, dans le principe, l'*Hermaphrodite* avait été substitué à *Ariane*.

[6] Finati, *Il R. Mus. Borbon. descritto*, t. II, p. 427, n. 21 ; Éd. Gerhard und Panofka, *Neapels ant. Bildwerke*, t. I, p. 118. Voy. surtout la description détaillée qu'en a donnée M. Osann, dans l'*Amalthea*, t. I, p. 342-351.

[7] Christodor. *in* Brunck. *Analect.* t. II, p. 460, v. 102-107 : ΊΣΤΑΤΟ δ'Ἑρμαφρόδιτος ἐπήρατος, κ. τ. λ. Cf. Heyn. *Comment. societ. Gotting.* t. XI, p. 18.

[8] Martial. *Epigr.* XIV, 174 : *Hermaphroditus marmoreus :*
   Masculus intravit fontes ; emersit utrumque ;
   Pars est VNA patris ; cætera matris habet.

[9] Brunck, *Analect.* t. III, p. 202, *carm. adesp.* CCLII, εἰς Ἑρμαφρόδιτον ἐν λουτρῷ ΊΣΤΆΜΕΝΟΝ ; cf. Jacobs. *Animadv.* t. XII, p. 18.

muns aux hommes et aux femmes. A ce titre, je crois pouvoir regarder aussi comme ayant servi à l'ornement de *thermes*, et comme reproduisant le même type que la statue de Constantinople, décrite dans l'*Anthologie*, la belle statue d'*Hermaphrodite debout*, qui avait appartenu au comte de Caylus [1], et qui forme maintenant un des principaux ornements du musée de Berlin [2]. Cette charmante statue du meilleur travail grec, du siècle d'Hadrien, devait avoir eu un modèle bien célèbre dans l'antiquité, puisqu'il nous en est parvenu une autre répétition, légèrement variée, dans un bronze de la galerie de Florence [3], qui offre, à très-peu de chose près, le même mouvement, avec une particularité de costume qui ne me semble pas avoir été bien comprise : c'est cette pièce d'étoffe, carrée et ployée sur elle-même, qui couvre le haut de la tête. L'antiquaire de Florence y voyait le *crédemnon*, et c'est aussi l'opinion de M. Éd. Gerhard ; mais le *crédemnon*, quelle que fût sa véritable forme, dont il dut y avoir plus d'une variante, suivant les personnes et surtout suivant les temps et les lieux, était nécessairement un *lien*, un *bandeau*, comme le nom même l'indique, et il est évident que la pièce d'étoffe carrée dont il s'agit ne fait pas l'office d'un *bandeau* sur la tête de l'*Hermaphrodite* de Florence et de Berlin. J'en connais un troisième exemple, tout aussi sensible, sur la tête d'un *Hermaphrodite* qui forme la figure principale d'un bas-relief du palais *Grimani*, à Venise [4] ; et c'est une coiffure à peu près semblable qu'offrait une figurine en bronze d'*Hermaphrodite*, du cabinet de Caylus [5] : d'où il suit que cette espèce de coiffure devait avoir été appropriée, par un motif quelconque, aux figures d'*Hermaphrodite*. Boettiger, qui en avait été frappé comme d'un trait de costume qui devait avoir un sens particulier [6], y voyait le *palliolum*, c'est-à-dire la pièce d'étoffe dont les personnes délicates ou efféminées se couvraient habituellement la tête [7], et en cela, il était bien près de la vérité ; car c'est réellement l'objet en question qu'il faut voir sur la tête de notre *Hermaphrodite*, dans quatre des figures antiques qui nous ont offert cette particularité de costume, et auxquelles il faut joindre celle d'*Aphrodite mâle* ou de *prêtresse barbue* de notre peinture, qui tient elle-même du caractère de l'*Hermaphrodite*. J'en puis citer un autre exemple bien remarquable ; c'est l'*Hercule habillé en femme*, debout près d'*Omphale*, vêtue de *la dépouille du lion*, du célèbre groupe Farnèse [8],

---

[1] Caylus, *Recueil* III, pl. XXVIII, XXIX, XXX; Millin, *Galer. mythol.* pl. I, n. 217.

[2] Éd. Gerhard, *Berlin's ant. Bildwerke*, p. 76, n 111.

[3] Zannoni, *Galler. di Firenze*, ser. IV, t. II, tav. 30, p. 16-19. Le savant antiquaire de Florence pensait, de même que son illustre prédécesseur, l'abbé Lanzi, que cette figure avait dû tenir de la main gauche un *miroir* et s'appuyer de la droite sur un *thyrse*. C'est aussi un *thyrse*, ou un *flambeau*, que M. Éd. Gerhard pense avoir été placé à la main droite de la statue de Berlin ; il se pourrait encore que c'eût été tout simplement une *haste*, comme on en voit une auprès d'un *Hermaphrodite couché*, sur une peinture de Pompéi, *R. Mus. Borbon.* t. X, tav. LV. Mais il me paraît bien plus probable que ce soit le *manche d'un éventail* que portât cet *Hermaphrodite* ; car c'est un instrument de ce genre, figuré comme une *feuille*, qu'on voit à la main d'un *Hermaphrodite*, sur une peinture célèbre de Portici, *Pittur. d'Ercolan.* t. II, tav. XXXIV, p. 201-202, 4) ; le même instrument que tient aussi à la main un des *Amours* qui veillent auprès de l'*Hermaphrodite endormi*, sujet de plusieurs camées antiques cités plus haut. Quant à la main gauche de la statue de Berlin, qui paraît avoir éprouvé plus d'une restauration, il se pourrait bien qu'elle eût tenu aussi un *miroir* : ce qui s'accorderait avec l'inclinaison de la tête.

[4] C'est celui qui a été cité plus haut, p. 146, 1).

[5] Caylus, *Recueil* V, pl. LXXX, n. I et II, p. 220.

[6] *Amalthea*, t. I, p. 365.

[7] Senec. *Quæst. nat.* IV, XIII, 9 ; Quintil. *Inst. orat.* XI, VIII ; Ovid. *de Art. am.* I, 733. La même pièce de vêtement est celle qui est appelée *sudarium* par Catulle, *Carm.* XII, 14, et *fasciola* par Pétrone, c. XCIV. On la nommait aussi *linteolum* ; voy. les témoignages à ce sujet rassemblés par Bottari, *Pittur. e scult. sacr.* t. I, p. 44. L'analogie que M. Éd. Gerhard a cru trouver entre le *krédemnon*, *bandeau bachique*, et cette *pièce d'étoffe carrée*, *einem viereckten Tuche*, *Berlins ant. Bildwerke*, p. 373, n'a réellement aucun fondement ; et je m'étonne que M. Otto Jahn, *Paris und Oinone*, p. 3, 9), ait pu admettre une pareille assimilation.

[8] Publié par M. Éd. Gerhard, *Antik. Bildwerke*, 1er Cent., Taf. XXIV.

où la pièce d'étoffe en question couvre la tête d'*Hercule*, à la fois parce qu'*Hercule* tient ici du caractère de l'*Hermaphrodite*, et parce qu'il a pris le costume d'une femme de l'Asie. Effectivement, et c'est encore là une remarque déjà faite par Winckelmann [1], cette pièce de costume, propre aux femmes de l'Ionie [2], appartenait ainsi au vêtement asiatique; et c'est à ce titre qu'elle était devenue un trait de costume caractéristique pour *Hermaphrodite*, personnage d'invention et d'origine asiatiques. C'est par la même raison que l'*Hermaphrodite* couché, d'une autre peinture de Pompéi [3], est coiffé d'une *mitre phrygienne*, évidemment pour rappeler sa patrie asiatique; et c'est sans doute aussi par ce motif qu'on lui avait mis à la main, en qualité de symbole, l'*éventail*, meuble d'origine phrygienne [4], qui convenait d'ailleurs très-bien à la mollesse d'un personnage efféminé tel que celui-là [5].

J'ai encore à parler de quelques figures d'*Hermaphrodite* qui nous restent de l'antiquité, dont quelques-unes ont perdu, par le fait de la restauration moderne, leur caractère primitif, telles qu'une statuette d'*Hermaphrodite*, en marbre, de la *villa Albani* [6], dont on a fait un *Apollon*, la même méprise qui a fait prendre pour un *Apollon androgyne* un véritable *Hermaphrodite*, charmante figure en bronze, de pur style grec, qui avait appartenu à feu sir Rich. Payne Knight, et qui orne aujourd'hui le musée britannique [7]. Le caractère d'*hermaphroditisme* propre à *Apollon*, et dont la raison se trouve, pour *Apollon* comme pour *Adonis*, dans les anciennes religions asiatiques, où le dieu qui devint plus tard l'*Apollon* hellénique était une des personnifications du *dieu Soleil*, ce caractère, sur l'essence duquel j'aurai plus d'une occasion de m'expliquer ailleurs [8], a produit plus d'une méprise de ce genre; et ce même caractère peut servir à rendre compte de toute une classe de monuments antiques qui n'ont pas encore reçu une explication complète.

Je veux parler de statues de dieux, tels que *Bacchus* et *Apollon*, qui devaient au motif religieux dont ils étaient devenus, chez les Grecs, l'expression figurée, une forme primitivement androgyne, et qui, par cette raison, se représentaient d'une manière qui rappelait, plus ou moins directement, les propriétés des deux sexes, certainement par allusion au double principe ou au dualisme personnifié originairement dans ces divinités. Le moyen que l'art avait le plus communément employé pour exprimer cette double nature, qui tenait de l'homme

---

[1] *Geschicht. der Kunst*, VI, II, § 2, *Werke*, t. V, p. 39; cf. *Monum. ined.* n. 66.

[2] C'est en effet ce qui résulte du témoignage d'Hécatée, au sujet de l'usage que les femmes de l'Asie faisaient de cette pièce de vêtement, nommée χειρόμακτρον, *apud* Athen. IX, p. 410, E: Γυναῖκες δὲ ἐπὶ τῆς κεφαλῆς ἔχουσι χειρόμακτρα; cf. Herodot. II, CXXII, et Interpr. *ad h. l.*; et nous avons, par un passage de Sappho, où il est question de χειρόμακτρα πορφυρᾶ, Sapphon. *Fragm.* XXV, p. 50, ed. Neue, la preuve que cet usage était surtout propre aux femmes de l'Ionie.

[3] *R. Mus. Borbon.* t. X, tav. LV.

[4] Euripid. *Electr.* v. 1328; voy. *Vas. de Lamberg*, t. I, pl. XIII, p. 12, 6).

[5] Les motifs de convenance qui avaient fait approprier l'*éventail* aux figures d'*Hermaphrodite*, ainsi qu'à celles de Bacchus, et qui en expliquent la présence sur tant de vases peints, de sujet dionysiaque, ont été exposés par Zannoni, *Galler. di Firenze*, ser. IV, t. II, p. 10-13, où il rectifie quelques erreurs commises par les antiquaires au sujet de ce meuble, et où il montre que l'éventail tenu à la main de l'*Hermaphrodite* et à celle de l'un des *Amours* qui l'accompagnent devait être formé de quelque membrane ou tissu mince et d'un manche, probablement d'ivoire.

[6] *Indicaz. antiquar.* (Roma, 1803), p. 43, n. 418. Il en est fait mention par Winckelmann, qui l'avait sous les yeux, *Werke*, t. IV, p. 69, et t. VI, p. 136; et elle est citée aussi par M. Osann, *Amalthea*, t. I, p. 351.

[7] Elle est publiée dans les *Specimens of ancient sculpture*, t. I, pl. XLIII, XLIV, et l'idée que s'en était faite l'antiquaire anglais est exposée dans son *Inquiry into the symbolical language*, § 133, t. II, p. 42. Mais cette figure a été reconnue avec toute raison pour un *Hermaphrodite* par Boettiger, *Amalthea*, t. I, p. 365.

[8] Particulièrement, dans mes *Mémoires d'archéologie comparée, asiatique, grecque et étrusque*, dont l'un sera consacré à la *déesse de Comana*, et un autre au *dieu Mên*, deux de ces divinités androgynes des religions asiatiques.

et de la femme, était l'*habit de femme* donné, comme on le voit assez souvent, à des figures de *Bacchus*[1]; et j'en puis citer pour exemples deux statues, l'une du musée de Naples[2], l'autre de celui du Vatican[3], au sujet desquelles il reste encore plus d'un éclaircissement à donner. La même particularité eut lieu pour une certaine classe de figures d'*Apollon* vêtues d'habits de femme, et portant sous ce costume des indices non équivoques d'un autre sexe; et l'on connaît, dans le seul musée du Vatican, deux de ces statues, dont l'une a suggéré à l'illustre Visconti, qui l'a publiée[4], plusieurs explications différentes, dont aucune, à mon avis, n'est satisfaisante, même celle à laquelle il s'était arrêté en dernier lieu, et qui consistait à voir dans cette statue, d'ancien style grec d'imitation et de manière hiératique, un *Apollon vêtu en Diane*[5]. Ces statues d'*Apollon* ainsi vêtu aussi bien que celles de *Bacchus* dans le même costume, sont toutes autant de monuments d'une tradition primitive, dont le siège était en Asie, et c'est uniquement dans ces idées de la mythologie orientale qu'il en faut chercher l'interprétation.

Je terminerai ces considérations en ajoutant quelques éclaircissements sur un monument très-curieux, qui représente un *Hermaphrodite* dans des circonstances nouvelles et caractéristiques : c'est un bas-relief du palais Colonna, qui avait été publié par Montfaucon[6] et cité par M. Heinrich[7], et qui vient d'être rappelé à l'attention des antiquaires par M. Éd. Gerhard, au moyen d'une explication que je me permettrai de trouver trop exclusivement puisée dans un ordre d'idées bachiques[8]. Ce bas-relief représente un *Hermaphrodite debout*, de face, vêtu d'une *chlamyde* rejetée par derrière, et la tête couverte de cette *pièce d'étoffe carrée* que l'antiquaire allemand continue d'appeler le *krêdemnon*, mais que nous avons reconnue pour

[1] Le fait que *Bacchus* se représentait habituellement *avec des formes féminines*, Θηλύμορφος, était exprimé par Philochore, *apud* Syncell. *Chronogr.* p. 162, D, t. I, p. 317, ed. Bonn.; cf. Philochor. *Fragm.* p. 21-22, ed. Siebelis. : Καὶ ΓΡΑΦΕΤΑΙ (Διόνυσος) ΘΗΛΎΜΟΡΦΟΣ, διά τε ἄλλας αἰσχρὰς αἰτίας, κ. τ. λ.; et l'on sait qu'Eudocie a consacré tout un chapitre de son livre à établir l'*androgynie* de *Bacchus*, *Violar.* p. 119, sqq. : Περὶ τοῦ τὸν ΔΙΌΝΥΣΟΝ εἶναι ἈΝΔΡΌΓΥΝΟΝ. Nous possédons encore sur ce point le témoignage d'Aristide, *Orat. in Dionys.* t. I, p. 29, ed. Jebb., à l'appui duquel j'ajoute celui-ci, que me fournit Suidas, v. Ἀνδρόγυνος· καὶ ὁ Διόνυσος, ὡς καὶ τὰ ἀνδρὸς ποιῶν, καὶ τὰ γυναικῶν πάσχων, ἢ ἄνανδρος καὶ ἘΡΜΑΦΡΌΔΙΤΟΣ, paroles qui rappellent celles dont se sert Ptolémée Hephæstion pour désigner *Adonis, fille et garçon*; voy. plus haut, p. 137, 3). Consultez, sur ce point d'antiquité, Creuzer, *Symbolik*, t. III, p. 186, 133), et p. 413-414, 42), 2ᵉ édit.

[2] Cette statue a été décrite par M. Éd. Gerhard, *Neapels ant. Bildwerke*, t. I, p. 93-94, n. 309.

[3] Visconti, *Mus. P. Clem.* t. VII, tav. II.

[4] *Mus. P. Clem.* t. III, tav. XXXIX, p. 49-50.

[5] C'est la statue que M. Lenormant cite, *Annal. dell' Instit. archeol.* t. VI, p. 261, 2), comme un *Apollon ithyphallique*, en costume de Diane. Je reviendrai, dans la IVᵉ de mes *Lettres archéologiques*, sur cette statue, où Guattani avait vu *Jupiter déguisé en nymphe de Diane pour surprendre Callisto*, *Monum. ined. per l'anno 1786*, ottobr. tav. III, p. LXXXVI. En attendant, je saisis l'occasion qui m'est offerte de réparer ici une faute que j'ai com-

mise à l'égard de M. le Dʳ Braun, en supposant que cet antiquaire avait regardé comme l'œuvre d'un *sculpteur antique* la *Daphné* changée en laurier du célèbre groupe du Bernin, de la *villa Borghese*; voy. plus haut, p. 67, 6). M. Braun avait en vue une statue réellement antique de *Daphné*, qui existe depuis peu d'années dans cette *villa*, mais qui, n'ayant été jusqu'ici ni publiée ni décrite, m'était restée inconnue. Cette statue, qui provient de la même fouille que les deux belles statues de poëtes grecs que j'avais vues en 1838 à la *villa Borghese*, et que j'y fis dessiner, se trouvait alors dans l'atelier de restauration; ce qui m'empêcha d'en prendre connaissance à cette époque. Mais j'en ai reçu tout récemment un dessin, que je compte publier parmi les monuments à l'appui de la IVᵉ de mes *Lettres archéologiques*; et je me félicite de pouvoir, en annonçant cette prochaine publication d'un curieux monument inédit, réparer le tort involontaire que j'ai eu à l'égard de M. le Dʳ Braun. Je remplis un autre devoir, en témoignant ici ma reconnaissance envers S. E. le prince Borghese, à la bonté duquel j'ai dû le dessin de ce monument, et qui, par le noble usage qu'il fait de tant de trésors d'art et d'antiquité qu'il possède, marche si dignement sur les traces de ses illustres ancêtres.

[6] Montfaucon, *Antiq. expliq. Supplément.* t. I, pl. 88.

[7] Heinrich, *Hermaphroditorum*, etc., p. 37.

[8] Éd. Gerhard, *Ant. Bildwerke*, Iᵉʳ Cent., Taf. XLII; cf. *Prodromus mythol. Kunsterklär.* p. 287-289. Ce bas-relief est accompagné de deux autres dont la réunion forme un seul et même monument.

un élément de costume asiatique propre à cette classe de personnages : nouvel exemple à joindre à ceux que nous avons déjà cités. Cet *Hermaphrodite*, où M. Éd. Gerhard a vu *Bacchus* sous une forme androgyne, porte sur le bras gauche un petit *Amour nu* et *ailé* qui couronne de ses deux mains un *Hermès barbu* et *ithyphallique*, dont la tête offre plus le caractère de *Pan* que celui de *Bacchus*. En face de cet *Hermès*, se dresse sur une colonne un simulacre d'ancien style qui représente une *déesse* vêtue d'une tunique longue et d'une *nébride*, et portant un *faon de biche* sur son épaule gauche, qu'à cette attitude, à ce costume et à ce symbole, on pourrait prendre pour une divinité du même ordre que celle de *Lanuvium*, plutôt que pour une *Libera*, ainsi que le fait M. Éd. Gerhard. Le fond de ce bas-relief est rempli par une masse d'objets dont la réunion est certainement très-significative, et qui ont tous une intention funéraire : ce sont une *colonne ionique* [1], à laquelle est attaché un *flambeau allumé*, et que surmonte un *vase cinéraire*, et, sur la même ligne, un édifice circulaire qui ne peut désigner qu'un *mausolée*, au faîte duquel se dresse un *balustre*, objet d'une signification funèbre indubitable [2], laquelle est rendue plus sensible encore au moyen des deux *flambeaux allumés* qui s'y voient attachés. Ces symboles de vie réunis à l'image du tombeau, conformément à un ordre d'idées qui avait pénétré si profondément dans tout le domaine de l'antiquité, complètent, suivant moi, de la manière la plus expressive, l'intelligence de l'*Hermaphrodite*, personnification de la double puissance ou de la nature universelle [3], couronnant par les mains de l'*Amour* le symbole du pouvoir créateur.

[1] Je crois avoir été l'un des premiers à exprimer l'opinion que l'ordre ionique avait eu, dans le principe, un caractère et une destination funéraires, et j'en ai cité, dans mes *Monuments inédits*, *Achilléide*, p. 110, 3), et *Orestéide*, p. 150, 2), 152, 1), et ailleurs, tant d'exemples fournis par des monuments de tout ordre, que cette notion me paraît devoir être définitivement acquise à la science. Presque à la même époque, la même opinion était soutenue par M. de Stackelberg, et feu M. Carelli en donnait, de son côté, une démonstration théorique, dont les détails peuvent laisser prise au doute, ou du moins à la discussion, mais dont le principe me paraît incontestable; voy. sa *Dissertaz. eseget. intorn. all' orig. dell. sacr. architettura*, p. 39, sgg.

[2] On en a la preuve par le vase peint que j'ai publié, *Monum. inéd. Orestéide*, pl. xxx, p. 153, 2), représentant une chambre sépulcrale, dans l'intérieur de laquelle est le *vase cinéraire*, en forme de *balustre*, ceint d'une bandelette.

[3] Sens mystique que Zoëga n'avait pas été éloigné de trouver dans l'acte de *Pan*, le dieu lumineux et prophète, découvrant l'*Hermaphrodite*, c'est-à-dire le double principe des choses, aux yeux des *initiés* de *Bacchus*; voy. ses *Bassirilievi*, etc., t. II, tav. lxxvii, p. 158.

JUGEMENT DE PÀRIS.

Hauteur, 1 m. 308 millim. — Largeur, 1 m. 048 millim.

La peinture que représente cette planche, et qui n'était encore connue que par une gravure au simple trait, d'une dimension très-réduite et d'un dessin assez peu conforme au caractère de l'original[1], fut trouvée, il y a quelques années, dans la *maison* dite *de Méléagre*[2], où elle formait le principal ornement de l'une des parois du *triclinium*, la plus grande pièce de cette habitation, une des plus belles et des plus considérables de Pompéi. Cette peinture, qui avait peu souffert, se recommandait, indépendamment de son sujet, qui ne s'était pas encore offert à Pompéi, par sa composition, qui dérivait certainement de quelque beau modèle de l'école grecque; mais l'exécution, généralement lourde et incorrecte, restait, sous ce rapport, beaucoup au-dessous de l'invention : ce qui, du reste, est le cas de la plupart de ces peintures antiques, où l'on ne peut voir, malgré le talent qui brille encore dans quelques-unes, qu'un faible reflet des compositions originales, précieuses encore, à ce titre, comme l'unique débris de toute une branche de l'art des Grecs, qui atteignit certainement, dans

[1] Elle est publiée dans le *R. Mus. Borbon.* t. XI, tav. xxv, avec une courte description de M. G. B. Finati, p. 1-6.

[2] Voyez, dans le même recueil, t. VII, tav. A et B, le *plan*, avec l'*élévation* et quelques détails architectoniques, de cette maison, dont la découverte eut lieu dans le cours de l'année 1831, et dont la description détaillée fait partie de la *Relation des fouilles* de cette même période, insérée à la fin du volume.

les ouvrages des grands maîtres, exécutés sur *panneaux de bois*[1], la même supériorité que la sculpture.

Rien de plus simple et de mieux ordonné que cette composition du *jugement de Pâris*, différente de toutes celles qui nous sont parvenues du même sujet en peinture monochrome de vases peints et en sculpture de bas-relief. Le *berger phrygien*, choisi pour juge des trois déesses, est assis sur un cube de pierre, dans un costume et dans une attitude qui indiquent parfaitement sa profession, son pays et son action; il est coiffé de la *mitre phrygienne*, qui était le trait essentiel de son costume national, et il s'appuie des deux mains sur le *pedum* pastoral, qui le caractérise comme pasteur du mont Ida. D'après le mouvement de sa personne et l'expression de sa physionomie, il paraît livré tout entier à une méditation profonde, dont son regard, dirigé du côté de l'une des déesses placée plus près de lui, indique suffisamment l'objet. Derrière lui apparaît *Mercure*, dont l'attitude et le geste n'expriment pas moins clairement la part qu'il prend à l'action représentée; il a le pied droit levé sur un rocher, avec la main droite, munie du *caducée*, posée sur le genou, et de l'autre main il désigne au regard de Pâris la déesse qui doit être l'objet de sa préférence. C'est dans cette même attitude, dont j'ai eu déjà l'occasion d'établir l'intention caractéristique, et devenue propre à Mercure[2], que le messager divin se voit représenté sur d'autres monuments antiques du même sujet[3], qui prouvent bien, d'accord avec notre peinture de Pompéi, que c'était là une de ces traditions imitatives dont on n'a pas assez généralement, jusqu'ici, apprécié l'importance, attendu qu'elles contribuaient puissamment à rendre les images de l'art aussi claires pour l'esprit qu'elles étaient intéressantes pour l'œil. Quant au geste que fait *Mercure* de la main gauche, dirigée vers *Vénus*, l'intention en est si manifeste, qu'elle n'a pas besoin de commentaire.

Les *trois déesses*, placées en face de leur juge, à peu près sur une même ligne, dans une disposition qui semble empruntée aux traditions de l'ancienne école, ne se reconnaissent pas avec moins de certitude, chacune à son attitude et à son costume. *Vénus* se présente la première aux regards du spectateur comme à ceux de *Pâris;* elle est debout, appuyée du bras gauche sur un cippe, et, du bras droit levé, elle tient l'extrémité du vêtement qu'elle a écarté pour découvrir les charmes de sa personne aux yeux de son juge : à cette nudité de la partie supérieure du corps, qui, dans cette figure de *Vénus*, imitée sans doute d'un modèle antique, comme dans quelques-unes qui nous restent de ses statues, signale la transition de l'ancienne école à celle de Praxitèle et d'Apelle, on reconnaît la déesse de la beauté, autant qu'à son riche collier, à sa coiffure et aux bijoux qui ornent ses oreilles. *Junon* vient ensuite, à la place qui convient à la reine des dieux; elle est *assise* sur un siége de pierre

---

[1] La notion que les travaux de la peinture des Grecs s'exécutaient généralement sur *panneaux de bois*, σάνακες, *tabulæ*, a été établie dans l'ouvrage spécial que j'ai publié sur ce sujet, et qui a pour titre : *Peintures antiques inédites, précédées de recherches sur l'emploi de la peinture dans la décoration des édifices sacrés et publics*, Paris, 1836, in-4°. Plus tard, j'ai complété ces explications, en ce qui concerne le sens propre et technique du mot πίναξ, signifiant *table de bois*, et, par suite, *peinture sur bois*, dans la II° de mes *Lettres archéologiques sur la peinture des Grecs*, p. 98 et suivantes; et je présenterai le résumé exact et complet de cette grave question, dans mon *Introduction historique sur la peinture des Grecs et des Romains*.

[2] Voy. mes *Monuments inédits, Odysséide*, p. 267, 1).

[3] Notamment sur le bas-relief Pamfili, que j'ai publié, *Odysséide*, pl. L, n° 1, et sur un miroir latin, connu par de nombreuses publications, *Mus. Rom.* § III, tab. 20; Lanzi, *Saggio*, etc., t. II, p. 173; Millin, *Galer. myth.* pl. CLI, n° 535; Inghirami, *Galler. Omer.* tav. CCXXIII.

que recouvre une draperie, et elle a les pieds posés sur cette espèce de meuble qui indique toujours la supériorité du rang. Son costume consiste en une tunique longue qui descend jusqu'à ses pieds, et en un vaste *peplus* qui lui couvre la tête et dont elle tient un bord relevé de sa main droite à la hauteur de son-visage : c'est bien *Junon*, dans toute la majesté de sa condition divine, jointe à cette haute modestie qui était le trait principal de son caractère. La troisième déesse est *Minerve*, debout, vêtue d'une tunique longue, par-dessus laquelle est passée *l'égide* ornée de la *tête de Méduse*, la tête couverte d'un *casque*, une main sur son *bouclier* posé en terre, l'autre main appuyée sur sa hanche, dans une attitude ayant pour objet d'indiquer le repos qui succède aux actions guerrières, et que, par cette raison, on trouve à quelques figures héroïques, telles que la statue de Méléagre et celle de l'Hercule Farnèse.

La dernière figure que nous offre notre peinture, sur un plan éloigné et dans une proportion qui s'accorde encore plus avec la condition du personnage qu'avec la perspective, est celle d'un jeune *Phrygien*, vêtu de la *tunique à manches* et des *anaxyrides* et coiffé de la *mitre*, qui constituaient les principaux élémens du costume asiatique; il est assis sur un rocher, et il tient de la main droite un *pedum*, en s'appuyant de la gauche sur un *tympanum*[1]. A de pareils traits et à de pareils attributs, on ne risque rien de reconnaître une personnification du mont *Ida*, ce que l'on appelait, à l'époque romaine où fut produite notre peinture de Pompéi, un *génie de lieu*, et dont la présence, sous des formes qui varient, à raison de la nature des monuments et aussi de leur âge, manque rarement dans les représentations de sujets antiques qui ont pour théâtre quelque localité célèbre. Le site de celle-ci, qui était le mont Ida, et qui est représenté sur notre fresque de Pompéi par des rochers et des arbres, ne pouvait être mieux caractérisé, dans les conditions propres à la peinture, que par cette figure de *berger idéen*, tenant avec le *pedum*, attribut de la profession pastorale[2], le *tympanum*, symbole des orgies phrygiennes, dont l'*Ida* avait été le siége primitif[3].

Faute de détails neufs à expliquer ou de difficultés à résoudre, dont notre peinture de Pompéi ne nous offre point le sujet, je crois qu'il peut être plus utile pour nos lecteurs que nous jetions un coup d'œil sur les diverses compositions de l'art antique relatives au *jugement de Pàris* qui sont parvenues jusqu'a nous, et que nous tâchions de compléter ainsi, par une connaissance générale de ces monuments, l'indication succincte que nous venons de donner de ce sujet à l'occasion de cette peinture, unique encore à Pompéi[4]. C'est un travail dont nous nous sommes déjà occupé ailleurs, en publiant un bas-relief resté jusqu'alors inédit, à la *villa Pamfili*, et représentant le *jugement de Pàris*[5]; et, comme les monuments acquis

---

[1] Et non sur une *lyre*, comme on l'a figuré dans la gravure du *Real Museo Borbonico*, t. XI, tav. xxv.

[2] C'est par ce motif que Pàris tient à la main le *briton pastoral*, ποιμενίη βοῶν ἐλάνειρα καλάβροψ, comme dit Koluthus, *Rapt. Helen.* v. 107; cf. Lennep. *Animadv. ad h. l.*, c. xv, p. 68-72, et comme on le voit sur plusieurs vases peints, notamment sur celui que j'ai publié, *Odysséide*, pl. xlix, 2, p. 264.

[3] Nous avons déjà vu, sur une de nos peintures qui représente *Jupiter et Junon sur le mont Ida*, cette localité indiquée par une *colonne dorique*, à laquelle était attaché par une *bandelette* un *tympanum*, avec *deux flûtes* et *deux clochettes*; voyez plus haut, p. 12-13. Mais je ne sais où M. Roulès, *Notice sur un vase peint représentant le jugement de Pàris*, p. 6, 5), a vu le mont Ida indiqué de cette manière sur le vase peint du cabinet Blacas, publié par M. Ed. Gerhard, *Antike Bildwerke*, 1er Cent., Taf. xxxii; il n'existe sur le vase en question aucun indice de ce genre.

[4] Il a été trouvé récemment à Herculanum une autre peinture du *jugement de Pàris*; mais cette peinture, qui paraît être d'une moindre importance que la nôtre, est restée jusqu'ici inédite, et je ne la connais que par la citation qui en est faite, à deux reprises, dans le *Real Museo Borbonico*, t. XI, tav. xxv, p. 2 et 5.

[5] *Monuments inédits*, *Odysséide*, pl. i, 1, p. 260-269.

depuis à la science ont beaucoup ajouté à nos connaissances sur ce trait d'antiquité figurée, en même temps que les recherches des savants auxquels nous devons la publication de ces monuments[1] ont rendu nécessaire plus d'une modification aux opinions reçues, il paraîtra sans doute juste et naturel que nous profitions de l'occasion qui nous est offerte pour donner une idée, aussi exacte et aussi complète que possible, des monuments qui représentent le *jugement de Pâris*, dans l'état actuel de la science.

Ce sujet, dont l'invention doit appartenir à l'âge homérique, bien qu'il soit resté en dehors des poésies d'Homère[2], fut certainement, en tout cas, un des premiers qui entrèrent dans le domaine des arts d'imitation, puisqu'il était déjà figuré sur deux des plus anciens monuments de l'antiquité grecque, le *trône d'Apollon amycléen*[3] et le *coffre de Cypselus*[4]. Dès cette époque, qui est celle de l'origine même de l'art chez les Grecs, le type de cette fable homérique dut donc être fixé dans une de ces compositions de style hiératique dont il est probable qu'il se fit, dans les âges postérieurs, de nombreuses répétitions, toutes sans doute avec quelques variantes; et c'est ce dont nous avons acquis la preuve par plusieurs réminiscences du sujet représenté sur le *trône d'Amycles* et sur le *coffre de Cypselus*, qui nous sont parvenues sur des vases peints de style archaïque, tels que celui de la collection Coghill[5], depuis longtemps connu. Le même sujet, la *procession des trois déesses* conduites par *Mercure*, en compagnie d'un autre *personnage barbu* qui tient un *sceptre*, ou même quelquefois un *caducée*, comme *Mercure*[6], s'est reproduit un grand nombre de fois sur des vases peints provenant des fouilles de *Vulci* et de *Canino*, tous d'ancien style, à figures noires sur fond jaune, qui nous représentent certainement un type archaïque, peut-être même celui du *coffre de Cypselus* et du *trône d'Amycles*. On en pourra juger par un de ces vases, qui de la collection du prince de Canino[7] a passé dans la mienne, et dont un dessin fidèle forme le sujet de la vignette n. IX. Cette classe de vases, sortis en assez grand nombre des premières fouilles de *Vulci*, et décrits, au moment même de leur découverte, par M. Éd. Gerhard[8], s'est encore accrue depuis d'un certain nombre de monuments du même genre, provenant de la même localité, et offrant le même style archaïque, avec des variantes de détail, dans une même composi-

---

[1] Je citerai particulièrement le travail de M. Creuzer au sujet d'un grand et beau vase apulien du cabinet du grand-duc de Bade, qu'il a publié dans un écrit intitulé : *Zur Gallerie der alt. Dramatiker, Auswal unedirt. Griech. Thongefässe* (Heidelberg, 1839, 8°), p. 22-28; celui de M. Ém. Braun, *Il giudizio di Paride rappresentato sopra tre inediti monumenti*, Paris, 1838, et celui de M. Roulèz ayant pour objet un vase peint inédit de la collection de M. Pizzati, dont un extrait se trouve dans le *Bullet. de l'Acad. R. de Bruxelles*, t. VII, § 7, p. 1-9. En rendant compte de l'ouvrage de M. Creuzer dans le *Rhein. Museum*, t. VI, p. 628, suiv., M. Welcker y a encore ajouté des indications qui y manquaient, et c'est ce qu'il aura fait encore avec plus de développement, sans nul doute, dans un article destiné au tome IV, actuellement sous presse, des *Nouvelles annales de l'Institut archéologique*, dont je regrette beaucoup de n'avoir pas eu connaissance, pour enrichir mon propre travail.

[2] Macrob. *Sat.* v, 16. Sur les vers du XXIV° livre de l'*Iliade*, 28-30, où il est fait mention du *jugement de Pâris*, voy. l'opinion des critiques, Hemsterhuys, *ad* Lucian. t. I, p. 253, et Wolf, *Prolegomen.* p. CCLXXIII, rapportée dans mes *Monuments inédits, Odysséide*, p. 260, 1); cf. Creuzer, *Zur Gallerie, etc.*, p. 7, et 87, 1), 2).

[3] Pausan. III, XVIII, 7.

[4] Idem, V, XIX, 1.

[5] Millingen, *Vas. de Coghill*, pl. XXXIV; voy. aussi *Vas. de Lamberg*, t. I, p. 47, vignette, n. XI.

[6] Gerhard, *Rapport. Volcent.* p. 124, 57).

[7] Il est décrit dans le *Catalogue d'une vente de tableaux et de vases étrusques du pr. de Canino*, qui eut lieu en janvier 1840, à Paris, sous le n° 74, p. 47, en ces termes : « Vase à une anse, peint. noir.; le même sujet (les trois déesses conduites par Mercure), où les déesses sont amenées devant le personnage barbu dont il vient d'être parlé. » C'est le vase que j'ai cité, *Journal des Sav.* janvier 1842, p. 9, 1).

[8] Voy. son *Rapporto Volcente*, dans les *Annal. dell' Instit. archeol.* t. III, p. 124, 57), p. 143, 252), et p. 153, 405); cf. *Bullet. archeol.* 1829, p. 84; *Odysséide*, p. 265, 2), où sont cités plusieurs de ces vases, alors possédés par M. Fossati.

tion, qui prouvent l'inépuisable fécondité de l'art grec dès sa naissance même. Il existait un de ces vases dans le *cabinet Durand*[1]; il s'en trouve un autre dans la *collection Panckoucke*[2]; un troisième a été vendu à Paris[3]; deux sont cités comme faisant partie de la collection d'Erbach, et décrits par M. Creuzer[4], et plusieurs autres viennent d'être publiés dans le recueil de M. Éd. Gerhard[5]. Sur tous ces vases, la présence du *personnage barbu*, tenant le plus souvent un *sceptre* ou une *haste*, quelquefois un *caducée*, et tantôt précédant *Mercure*, vers lequel il se retourne ou bien devant lequel il marche, tantôt debout, en face de lui, dans une attitude qui indique l'entretien de deux personnages, cette présence, dis-je, d'un *personnage barbu*, ainsi mis en rapport avec *Mercure*, est la circonstance qui a le plus embarrassé les antiquaires. On a cru y voir un *Pâris infernal*, espèce de *représentation du défunt*[6]; mais cette supposition, d'ailleurs si peu vraisemblable en elle-même, est réfutée par le fait, que, sur un de ces vases, de la fabrique la plus ancienne et du caractère le plus archaïque[7], le *vieillard* en question, représenté *avec des cheveux blancs* et tenant un *caducée*, se voit en avant de *Mercure*, tandis que, de l'autre côté du vase, se présente, en sens contraire, *Pâris imberbe*, entouré de ses troupeaux. On a proposé plus récemment[8] une autre explication, plus plausible en apparence, pour ce personnage énigmatique, en y reconnaissant le dieu marin *Nérée*, d'après le rapport qui semble exister entre ce dieu et le *jugement de Pâris*, résultat de la *pomme* jetée par la *Discorde* aux *noces de Thétis*, fille de *Nérée;* mais ce rapport est bien éloigné pour motiver une intervention si directe de *Nérée* dans la scène qui précède le *jugement de Pâris;* et la présence de *Nérée*, si naturelle sur les vases qui ont trait à l'*enlèvement de Thétis*, ne prouve absolument rien en faveur de son apparition sur ceux qui représentent le *jugement de Pâris*, où elle serait si extraordinaire. A mon avis, l'explication la plus probable de ce personnage, c'est celle qu'en a donnée d'abord M. Éd. Gerhard[9], en y reconnaissant *Jupiter*, qui apparaît dans toutes ces représentations, comme dans le mythe même, pour donner à *Mercure* l'ordre de conduire les trois déesses devant le berger phrygien[10].

Parmi ces monuments de la céramographie grecque, du style le plus archaïque, qui ont trait au *jugement de Pâris*, je dois encore citer la patère de Xénoclès que j'ai publiée[11], et où j'ai cru voir les *trois déesses debout* devant *Mercure assis*, au moment où elles viennent se mettre sous la conduite du messager divin, qui doit les guider vers le berger de l'Ida. Cette explication, qui avait obtenu l'assentiment de la plupart des antiquaires[12], vient pourtant d'éprouver une contradiction de la part de l'un de ces savants, qui possède, grâce sur-

---

[1] *Catalogue du Cabin. Durand*, n° 376, p. 131.

[2] *Catalogue des vases de la collect. de M. Panckoucke*, n° 91.

[3] Voy. le *Catalogue* cité, p. 156, 7), n° 73, p. 47.

[4] *Zur Gallerie*, etc., p. 23-24.

[5] *Auserl. Griech. Vasenbilder*, t. III, Taf. clxx, clxxi, clxxii, clxxiii.

[6] *Élit. de monum. céramogr.* t. I, pl. xii, p. 24, 4). Voyez les observations que j'ai eu occasion de faire contre cette interprétation, dans le *Journ. des Sav.* janvier 1842 p. 8-9, 1).

[7] C'est le vase Candelori, publié par M. Éd. Gerhard, *Aus. Griech. Vasenbild.* t. III, Taf. clxx, où le savant éditeur continue de qualifier *égyptiens* les vases de cette fabrique originairement *phénicienne*. Ce vase, extrêmement curieux, fait maintenant partie

de la *Pinacothèque* de Munich; il avait été décrit dans le *Bullet. dell' Instit. archeol.* 1829, p. 84, n° 16.

[8] *Annal. dell' Instit. archeol.* t. XI, p. 221-222.

[9] *Rapport. Volcent.* p. 124, 57).

[10] Cette explication avait été admise d'abord par M. de Witte, *Cabin. Durand*, n° 376, p. 131, 1); et, depuis que j'y ai donné aussi mon assentiment, *Journ. des Sav.* janvier 1842, p. 9, 1), je n'ai pas trouvé de raison pour changer d'opinion.

[11] *Monuments inédits, Odysséide*, pl. xlix, n° 1, *a, b, c*, p. 260-261.

[12] De Witte, *Catal. du cabin. Beugnot*, n° 48, p. 48-49, 1); Éd. Gerhard, *Archäol. Intelligenz-Blatt*, Halle, Julius, 1836, S. 310; Creuzer, *Zur Gallerie*, etc., p. 23 et 95, 74); Ott. Müller, *Handbuch*, § 378, 4, p. 557.

tout à son séjour à Rome, une grande connaissance des monuments figurés[1]. Il y voit les *trois Grâces devant Mercure*, sur ce seul fondement que les *trois déesses* jugées par *Pâris* sont quelquefois représentées dans un groupe pareil à celui des *trois Grâces* sur des peintures romaines, telles qu'il en existe une, dessinée par P. S. Bartoli, dans le recueil du Vatican; mais c'est là, à mon avis, une des idées les moins heureuses qui aient pu venir à l'esprit d'un antiquaire. Il est contraire à toutes les règles de la critique d'appliquer à un monument du style grec le plus archaïque, tel que la patère de Xénoclès, un exemple tiré d'une de ces peintures romaines, exécutées en des temps et pour des usages où l'on ne prenait plus au sérieux les traditions de l'antiquité grecque[2]; et, s'il est un trait mythologique qui, après avoir été fixé sous une forme positive par les moyens de l'art, conserva le plus constamment l'idée morale qui y était attachée, c'est certainement le *jugement de Pâris*, où la présence du *juge*, aussi bien que celle des *trois déesses*, exigée par la tradition, rendait impossible toute substitution de personnes. Si cette observation est fondée en principe, elle tend aussi à exclure du nombre des monuments relatifs au *jugement de Pâris* certaines représentations où l'on a cru voir, tantôt *Atys* substitué à *Vénus*[3], tantôt *Pâris* remplacé par *Apollon*, et *Mercure* par *Hercule*[4], à l'aide d'un système de substitutions qui permettrait de trouver dans l'antiquité tout ce qu'on voudrait, excepté l'antiquité elle-même.

En fait de vases peints, du beau style, représentant le *jugement de Pâris*, et acquis récemment à la science, je citerai ceux qui offrent quelque circonstance particulière, en commençant par ceux qui appartiennent à une plus haute époque de l'art, et qui proviennent de *Vulci*. Tel est, en premier lieu, le vase en forme de *kylix*, de la fabrique d'Hiéron[5], qui fit partie de la collection du prince de Canino, et où les trois déesses, *Minerve*, *Junon* et *Vénus*, celle-ci accompagnée de *quatre Amours* qui voltigent autour d'elle, sont conduites par *Mercure* devant *Pâris*, *assis* sur un rocher de l'Ida, et tenant la *lyre* et le *plectrum*, avec *cinq boucs* et *chèvres* auprès de lui, vase remarquable surtout par cette particularité, que tous les personnages sont désignés par leur nom. La circonstance de la *lyre*, qu'on a voulu rapporter à une prétendue assimilation de *Pâris* et d'*Apollon*, demeure ainsi constatée pour *Pâris* par l'inscription ΑΛΕΧSΝΔΡΟΣ (sic), *Alexandros*, qui accompagne sa figure; et ce trait de mœurs, qui s'explique si bien par les habitudes de l'âge héroïque, sert à expliquer la présence du même instrument aux mains de *Pâris*, sur d'autres représentations du même sujet.

[1] Braun, *Annal. dell' Instit. archeol.* t. XI, p. 218-219. Un vase d'ancien style, mais d'une manière moins archaïque que celui de Xénoclès, représentait les *trois déesses* conduites par *Mercure* devant *Pâris*, *assis* sur le mont Ida; ce vase faisait partie de la *collection Durand*, où il est décrit sous le n° 375.

[2] On peut juger de l'extrême liberté avec laquelle les artistes chargés, à l'époque impériale, de la décoration des maisons romaines, traitaient les sujets de la mythologie grecque, par la peinture des *Thermes de Titus*, publiée dans le recueil de Mirri, tav. VIII, où sont représentées les *trois déesses*, presque dans un état complet de nudité, sans aucun égard aux conditions de la fable antique. C'est par l'effet d'une licence pareille que, sur cette autre peinture romaine du recueil de Bartoli, les *trois déesses* auront été représentées comme les *trois Grâces*, sans que cela tire le moins du monde à conséquence.

[3] *Catalogue Durand*, n. 1964, p. 417.

[4] Micali, *Monum. per serv. all. stor. d. ant. popol. ital.* tav. XLIX; voy. *Annal. dell' Instit. archeol.* t. V, p. 343.

[5] Ce vase, indiqué dans le *Mus. étrusque* sous le n° 2602, et plusieurs fois cité par M. Éd. Gerhard, *Rapport. Volcent.* n. 252, 405, 710, 744, 932*, a été décrit par M. de Witte, dans son *Catalogue étrusq.* n. 129, p. 76-78. Je ne saurais être de l'avis du savant interprète, qui croit que la plante mise à la main de *Mercure* et des *trois déesses*, et qu'il nomme, à tort ou à raison, ϖαιδέρως, remplace ici la *pomme*; car, sur ce pied-là, les trois déesses auraient obtenu la pomme, que Mercure aurait reçue à son tour, et la fable n'aurait plus de sens. Je puis encore moins admettre, sur la foi d'un autre antiquaire, que le *lièvre*, λαγώς, fasse allusion au λόγος des mystères. Ce ne sont là que des jeux d'esprit, assez peu dignes de la gravité de la science.

Je citerai, en second lieu, un *stamnos* de la même collection [1], qui a passé depuis au musée britannique, et qui vient d'être publié par M. Éd. Gerhard [2]. Ce que cette peinture de vase offre de plus curieux, c'est le groupe de *Mercure* saisissant *Pâris*, qui fuit effrayé à l'apparition des *trois déesses*, et qui tient aussi la *lyre*, instrument avec lequel il charmait les loisirs de sa solitude [3]. A ce dernier signe, on a voulu voir ici *Apollon* au lieu de *Pâris*, et, de plus, on a cru découvrir dans ce geste de *Mercure arrêtant Pâris* un *caractère infernal*, qu'on s'est efforcé de justifier, pour les autres personnages de cette représentation, par la manière dont on en rend compte; mais c'est chercher bien loin, à mon avis, l'explication d'une image si simple et si naturelle. La surprise mêlée de crainte qu'éprouve *Pâris* à l'aspect des *trois déesses*, et qui lui fait prendre la fuite devant *Mercure*, est le même sentiment qu'il exprime d'une manière différente sur une autre peinture [4], en relevant sa tunique au-devant de son visage : c'est une image naïve puisée dans le sujet même, et dont il nous est parvenu une répétition sur une pierre gravée [5], dont le vrai motif n'avait pas été reconnu.

Il existait encore dans cette collection de Canino une troisième représentation du *jugement de Pâris*, sur un vase en forme d'*amphore*, dite *tyrrhénienne*, qui avait appartenu ensuite à M. Pizzati, et que M. Roulèz a fait connaître [6]. La scène qui nous occupe s'y montre figurée d'une manière neuve à beaucoup d'égards, mais non pas sous le rapport qui avait le plus frappé le savant interprète, en ce qu'il prenait pour *Junon* la déesse qui a reçu la *pomme*. C'est là, suivant moi, une méprise que n'autorisait pas suffisamment le costume de la déesse qui tient la *pomme*, ni le large *diadème* qui orne son front, ni le long *peplus* qui couvre sa tête, ni le *sceptre* qu'elle tient de la main gauche, toutes circonstances qui peuvent très-bien convenir à *Vénus*, tandis qu'il est contraire à la tradition de toute l'antiquité et à l'esprit même de la fable de faire accorder à *Junon* la *pomme* fatale, cause de la ruine d'Ilion. Les considérations à l'aide desquelles M. Roulèz a cherché à justifier cette idée extraordinaire [7] ne sauraient prévaloir contre l'absence de tout témoignage, contre le défaut de toute proba-

---

[1] De Witte, *Catalogue étrusq.* n. 130, p. 78-80. Conformément à cette supposition d'un *caractère infernal*, les *trois déesses* sont des *Érinnyes*, sous une forme euphémique; l'*Iris* de la peinture du revers répond à *Éris*; *Bacchus* rappelle le nom d'*Œnone*, femme de *Pâris*, et *Neptune* représente l'élément humide au milieu duquel étaient situées les *îles Fortunées*. Il suffit d'exposer de pareilles idées pour les réfuter; voy. les observations que j'ai déjà faites contre ce système d'interprétation, dans le *Journ. des Sav.* janvier 1842, p. 9, 1).

[2] *Auserl. Griech. Vasenbilder*, t. III, Taf. CLXXIV-CLXXV.

[3] Ce qui prouve bien que la *lyre* appartient à *Pâris* comme un symbole qui lui était propre, c'est qu'on voit aussi cet instrument figuré, au bas du rocher où le berger phrygien est assis, entouré de ses troupeaux, sur le vase peint du *Cabinet Blacas*, publié par M. Éd. Gerhard, *Antike Bildwerke*, Ire Cent., Taf. XXXII.

[4] Éd. Gerhard, *Antike Bildwerke*, Ire Cent., Taf. XXXII. Voy. mes *Monuments inédits, Odysséide*, p. 362-363. Ce vase fait partie du cabinet Blacas.

[5] Cette pierre a été publiée en vignette dans les *Figures homériques* de Tischbein, t. I, p. 22. Heyne y a vu *Apollon* assis devant *Mercure*, sans faire attention à la manière dont le prétendu *Apol-*

lon cache son visage derrière son manteau, qu'il relève de la main droite; c'est absolument le même geste que fait *Pâris*, interdit devant *Mercure*, sur le vase peint du *Cabinet Blacas*; et la pierre gravée s'explique ainsi d'après le vase peint.

[6] *Bullet. de l'Acad. de Bruxelles*, t. VII, n. 7, p. 1-9, avec la planche gravée au trait qui y est jointe. Cette peinture de vase vient d'être publiée par M. Éd. Gerhard, *Auserles. Griech. Vasenbild.* t. III, Taf. CLXXVI.

[7] Un de ces motifs, c'est que, si les trois déesses n'apparaissent pas ici *dans un état de nudité complète, telles*, dit l'auteur, *que l'art grec, à l'époque de son déclin, s'est plu à les représenter*, c'est que, dis-je, dans une composition où *Junon* recevait la préférence sur *Vénus*, la nature de son sujet faisait une loi à l'artiste d'adopter ce type sévère. Mais à cela je n'ai qu'un mot à répondre; c'est que, sur aucun monument, ni grec, ni étrusque, ni romain, *Junon* et *Minerve* ne se montrent *complétement nues*, et que la nudité absolue, pour *Vénus* elle-même, est sans exemple, même dans le petit nombre de monuments de la dernière période de l'art, tels que le miroir étrusque, publié dans les *Annal. dell' Instit. archeol.* t. VII, tav. d'agg. F, et les bas-reliefs romains, où elle apparaît dépouillée d'une partie seulement de ses vêtements.

bilité. La suppression de la figure de *Mercure*, qui lui semble motivée par la préférence donnée ici à *Junon* sur *Vénus* que ce dieu favorisait, n'est qu'une de ces omissions auxquelles il ne faut pas attacher d'importance, et qui tiennent uniquement à la volonté de l'artiste. Sur une peinture du même sujet publiée par M. Éd. Gerhard[1], les *trois déesses* conduites par *Mercure* devant *Pâris* sont réduites à deux, *Vénus* et *Minerve;* et l'omission de *Junon* est certainement une circonstance tout aussi remarquable que celle de *Mercure*, et à laquelle on aurait tout aussi tort d'attribuer une intention profonde. Sur une autre peinture d'un vase, de fabrique apulienne[2], où le sujet qui nous occupe n'a été jusqu'ici reconnu par personne, les *déesses* soumises au *jugement de Pâris* sont pareillement réduites à deux, *Vénus* et *Junon*, sans que l'absence de *Minerve* tire le moins du monde à conséquence. Je crois donc que le *jugement de Pâris* est représenté sur l'*amphore* de M. Pizzati dans le motif principal, qui est la *pomme* adjugée à *Vénus*, comme il l'est sur tous les monuments que nous en possédons, et qui sont conformes à tous les textes antiques; et cette représentation ne me paraît neuve que par les détails du costume, qui montre *Pâris* avec le *pétase* et la *massue*, *Vénus* avec le *voile*, *Junon* avec la *branche* de myrte, et où il semble que l'artiste, par caprice encore plus que par ignorance, ait voulu se jouer lui-même de tous les éléments de son sujet.

Je citerai en dernier lieu un vase peint provenant aussi du sol étrusque, mais fourni par une autre localité, par celle de *Chiusi*[3], et offrant une représentation du *jugement de Pâris* tout à fait neuve, non-seulement par la disposition des personnages, mais encore par la présence de deux de ces personnages qu'on n'y avait pas encore vus figurer, et qui expriment l'idée morale du sujet : ce sont, d'une part, une *femme* placée derrière l'*Amour*, du côté de *Vénus*, et un *guerrier* couronné par la *Victoire*, du côté de *Minerve*. Or, d'après une pareille disposition des figures, il semble plus naturel et plus convenable d'y reconnaître, ainsi que l'a fait en dernier lieu M. Braun[4], dans la *femme*, *Hélène*, qui apparaît ici comme le prix de la séduction exercée par l'*Amour* au profit de *Vénus*, et dans le *guerrier*, *Hector*, le type du courage employé à la défense de la patrie, de manière à rendre sensible l'opposition entre

---

[1] *Auserles. Griech. Vasenbilder*, t. III, Taf. CLXXII.

[2] Ce vase, qui du cabinet Gualtieri avait passé dans le musée Jenkins, a été publié par Visconti, *Mus. P. Clem.* t. IV, tav. d'agg. A (et non B), n. 1 et 2, qui en a tout à fait méconnu le sujet. Il y voyait *Phryxus assis*, avec le *bélier* de la toison d'or à ses pieds, *Mercure debout*, *Hellé assise et voilée*, avec la *patère* en main, et *Néphélé debout*, tenant le *sceptre*. Sans avoir besoin de réfuter aujourd'hui cette explication, l'une des moins heureuses qui aient jamais pu s'offrir à l'esprit de l'illustre antiquaire, il est évident que le *jeune héros assis*, avec un *bélier* et un *chien* devant lui, est le *berger phrygien;* que la *déesse assise* en face de *Pâris*, et tenant la *patère*, est *Vénus;* que l'autre *déesse, debout* en arrière de *Pâris* et tenant le *sceptre*, est *Junon;* et la présence de *Mercure*, dans l'attitude que nous lui voyons, achève de caractériser le sujet de manière qu'il ne puisse subsister le moindre doute.

[3] Ce vase, trouvé en 1839, dans la salle principale d'un vaste mausolée, où l'on a cru retrouver, avec plus ou moins de vraisemblance, le labyrinthe de Porsenna, a été publié dans une dissertation particulière de M. Braun, *Il laberinto di Porsenna, etc.*, Roma, 1840, fol. tav. v, avec une courte explication. Je ne connais que par l'indication succincte qui en est faite dans les *Annal. dell' Instit. archeol.* t. XIII, p. 88, un vase sorti des dernières fouilles de *Vulci*, et désigné comme une *magnifique hydrie*, où le *jugement de Pâris*, qui s'y trouve représenté, offre, entre autres particularités, la présence de *Jupiter*, couronné de *laurier* et tenant le *sceptre*, avec celle de *Ganymède*, dans une position correspondante à celle du maître des Dieux.

[4] Après avoir, dans *Il laberinto di Porsenna*, regardé la femme en question comme *Œnone*, l'épouse délaissée de Pâris, M. Braun a changé depuis d'opinion, et il y a reconnu *Hélène*, avec l'intention que j'ai indiquée; voy. les *Annal. dell' Instit. archeol.* t. XIII, p. 85-86. Un autre savant antiquaire, M. Ott. Jahn, a repris l'idée que M. Braun avait abandonnée, et il a cru voir, dans la *femme*, *Œnone*, et dans le *guerrier*, *Priam*, d'après des motifs qui ne m'ont pas paru suffisants; voy. sa dissertation, *Paris und Oinone, Einladungsschrift zu einem am Geburtstage Winckelmanns zu halt. Vortrag* (Greifswald, 4°, 1844), p. 6-7. A mon avis, la dernière explication de M. Braun est de beaucoup la plus heureuse, et je l'admets pour mon propre compte.

le vice et la vertu, qui était la moralité du *jugement de Pâris*. Effectivement, cette idée, réalisée sous une autre forme dans l'*Hercule* de Prodicus[1], était devenue très-populaire à l'époque où fut exécuté le vase peint qui nous occupe, et dont la fabrique ne doit pas s'éloigner du IVᵉ siècle avant notre ère; et nous trouverons plus d'un indice de la même idée sur d'autres monuments de la céramographie grecque du même sujet et de la même époque. Ces monuments, dont il me reste à parler, sont ceux qui furent produits dans la dernière période de la fabrication des vases peints, et qui proviennent presque tous des tombeaux de la Pouille et de la Basilicate. Trois de ces vases, trouvés à *Ceglio*, ornent maintenant le musée de Berlin[2]; ils offrent chacun une composition différente, où je remarque surtout, en fait de particularités nouvelles, sur l'un de ces vases[3], la présence de personnages qui tendent à lui donner un caractère mystique, sur l'autre[4], l'intervention de deux femmes placées dans une région supérieure, l'une s'appuyant sur un *bouclier* et tenant un *casque* et une *épée*, l'autre portant un *miroir*, où l'on doit reconnaître *Arété* et *Hédoné*, la *Vertu* et la *Volupté* personnifiées, de manière à exprimer par ces figures allégoriques l'intention morale qu'on attachait alors, comme je l'ai dit plus haut, à la fable du *jugement de Pâris*. C'est la même idée qui se trouve rendue d'une autre manière sur un superbe vase de *Ruvo*, qui fait maintenant partie du cabinet du grand-duc de Bade, et qui a été publié, avec de savantes recherches, par M. Creuzer[5]. Tous les personnages de la fable y sont représentés, chacun avec son nom : *Pâris (Alexandros)*, *Mercure*, *Vénus*, l'*Amour*, *Minerve* et *Junon*; et l'on y voit de plus, dans une région supérieure, la *Discorde* en demi-figure, *Jupiter assis*, le *Soleil* à mi-corps sur son char, tous désignés aussi par leur nom, avec *deux femmes* qui, d'après leur nom non moins que d'après la place qu'elles occupent, l'une, au-dessus de *Vénus*, ΕΥΤΥΧΙΑ, la *Félicité*, l'autre, derrière *Junon*, ΚΛΥΜΕΝΗ, la *Gloire*, ne peuvent avoir eu d'autre motif que de représenter allégoriquement la situation de *Pâris*, placé dans le choix périlleux d'une vie de jouissances sensuelles ou d'actions glorieuses; et cette explication, dont le mérite appartient à Ott. Müller[6], me paraît mieux répondre au caractère moral du sujet et à l'esprit de toute la composition, sur un vase de cette fabrique qui avoisine la décadence, que le sens cosmique qu'y attachait M. Creuzer.

Je me contente de citer une belle coupe, de fabrique de *Nola*, acquise pour le musée de Berlin[7], et publiée par M. Éd. Gerhard[8], qui en avait fait, au moment de sa découverte, l'objet de savantes considérations[9]. Mais je crois devoir signaler particulièrement à l'intérêt de mes lecteurs un vase sorti récemment des tombeaux de *Pisticci*, en Basilicate, et publié dans un recueil archéologique de *Naples*[10], qui offre une représentation du *jugement de Pâris* tout à

---

[1] Voyez, sur cette fable philosophique, dont la première mention se trouve dans le célèbre passage des *Mémorables* de Xénophon, II, 1, 21, la *Dissertation* de Boettiger, intitulée : *Hercules in Bivio, e Prodici fabula et monumentis priscæ artis illustratus* (Lips. 1829, 8°), p. 1-54, et surtout le docte écrit de M. Welcker, *Prodikos von Ceos, Vorgänger des Sokrates*, dans le *Rhein. Museum*, Theil I, S. 576, suiv.

[2] Levezow, *Verzeichniss der ant. Denkmäler im Antiquarium zu Berlin*, nᵒˢ 1011, 1018, 1020; Éd. Gerhard, *Berlins ant. Bildwerke*, nᵒˢ 1011, 1018, 1020.

[3] Gerhard, *l. l.* nᵒ 1018, p. 305-306.

[4] Id. *ibid.* nᵒ 1020, p. 308.

[5] Creuzer, *Zur Gallerie*, etc., Taf. 1. Ce vase avait été publié d'abord par M. Braun, *Il giudizio di Paride*, etc., tav. 1.

[6] C'est ce que nous apprend M. Roulez, *Le jugement de Pâris*, p. 8, 3), dont le témoignage mérite d'être consigné, pour l'honneur de la mémoire d'un grand antiquaire, si prématurément enlevé à la science qui lui devait tant d'utiles et glorieux travaux.

[7] Levezow, *Verzeichniss*, etc., nᵒ 1029, p. 288-290; Éd. Gerhard, *Berlins ant. Bildwerke*, nᵒ 1029, p. 319-322.

[8] Éd. Gerhard, *Ant. Bildwerke*, Iᵉ Cent., Taf. XXXIII-XXXIV-XXXV.

[9] *Hyperbor. Röm. Stud.* I, 156, suiv., 187, suiv.

[10] *Bull. arch. napol.* ann. I, nᵒ XIII, tav. VI, avec une explication savante autant qu'ingénieuse de M. G. Minervini, p. 102-104.

fait neuve et très-curieuse par tous les détails de la composition. Le fils de Priam s'y montre *assis*, dans toute la richesse du costume asiatique qui convient à son rang, et tel qu'il nous apparaît sur la plupart de ces vases de la dernière période, à la différence de ceux d'une plus haute époque, où il est plutôt représenté dans les conditions du *berger idéen*. Mercure, debout et s'appuyant sur un tronc d'arbre, lui explique l'objet de sa mission, dans un entretien dont l'objet ne peut être que de le disposer en faveur de *Vénus*. Celle-ci est assise près de *Pâris;* d'une main elle soulève le *peplus* qui l'enveloppe, tandis que son autre main est abandonnée à l'*Amour*, qui y attache un bracelet. Derrière *Mercure* est *assise*, sur un plan plus élevé, *Junon*, qui essaye l'effet de ses charmes dans un *miroir* qu'elle tient de la main gauche, tandis que de son autre main elle écarte le *peplus* qui la couvre[1]. Jusqu'ici la scène ressemble à la plupart des compositions connues, sauf des différences dans la disposition des figures et dans les détails du costume; mais une apparition toute nouvelle est celle de *Minerve*, telle qu'elle est ici représentée sur le plan inférieur de la composition, debout et dépouillée de ses armes, qu'elle vient de déposer près d'elle sur le sol, tandis qu'elle recueille de ses deux mains l'eau d'une fontaine qui s'épanche par deux *têtes de lion*, sous un édifice décoré de *quatre colonnes ioniques* et orné de *tablettes* et de *figurines votives*[2]. Cette allusion à une circonstance du mythe souvent célébrée par les poètes[3], cette réminiscence du *bain* par lequel *Minerve* et ses deux rivales avaient préludé au jugement de leur beauté[4], ne s'était encore montrée sur aucun monument antique; et cette particularité, surtout avec la représentation de la fontaine, construite et décorée comme elle l'est ici, ajoute beaucoup d'intérêt à cette peinture.

D'après tant de vases peints[5] acquis dans le cours de peu d'années à la science, sans compter ceux que nous possédions déjà, on pourrait croire que le *jugement de Pâris* dut être un des sujets les plus familiers à l'art des anciens, et l'on aurait pu présumer qu'à l'exemple des Grecs il s'en fit, chez les Étrusques et chez les Romains, de fréquentes applications. Cependant les monuments ne répondent pas à cette présomption. En ce qui concerne les Étrusques, j'ai déjà eu occasion de dire[6] que je n'avais reconnu avec certitude ce sujet que sur un seul miroir étrusque, du musée Kircher, à Rome[7]; et, malgré les nombreuses acquisitions que

---

[1] Je m'éloigne ici à regret de l'interprétation de M. Minervini, qui reconnaît *Junon* dans la déesse groupée avec l'*Amour*, et l'*énus* dans celle qui tient le *miroir*. Indépendamment de ce que l'idée de donner l'*Amour* pour auxiliaire à *Junon* me paraît contraire à toutes les idées antiques, la disposition même des trois déesses, l'*énus* avec l'*Amour*, d'un côté, *Minerve* et *Junon*, de l'autre, me semble une objection très-grave contre l'opinion de l'antiquaire napolitain. Il n'y a aucune difficulté à reconnaître *Junon* dans la déesse qui se regarde dans un *miroir*. Effectivement, ce meuble s'était déjà montré à la main de la même déesse, sur le vase que j'ai publié, *Odysséide*, pl. XLIX, 2, et où je l'avais pris à tort pour une *patère*, p. 265. M. Creuzer, en y voyant un *miroir*, *Zur Gallerie*, etc., p. 16, avait déjà rétabli sur ce point la vérité, qui se trouve confirmée par le vase de Naples.

[2] Sur cet usage d'orner de *tablettes votives*, πινάκια ἀνακείμενα, et d'autres objets d'art, tels que *figurines*, de bois, de métal ou de marbre, ἀγαλμάτια, les lieux sacrés ou publics, voyez les témoignages rassemblés dans la IIIe de mes *Lettres archéologiques*, p. 150, suiv., avec les monuments cités à l'appui, auxquels ce vase de Naples vient d'ajouter un nouvel exemple, des plus curieux à tous égards.

[3] Rien n'est plus connu que l'*Hymne* de Callimaque, εἰς τὰ Παλλάδος λουτρά. Ce qui l'est moins, ce sont les fréquentes allusions au *bain* des déesses qui se trouvent dans Euripide, *Helen.* v. 675; *Andromach.* v. 283, sqq.; *Iphigen. Aul.* v. 182, sqq. : passages rappelés par M. G. Minervini, p. 103, et déjà cités dans mes *Monuments inédits*, *Odysséide*, p. 263, 5), et 267, 3).

[4] *Anthol. pal.* l. IV, c. XIX, *Épigr.* 24, t. IV, p. 41, ed. Jacobs.

[5] On doit encore y ajouter le vase publié par M. Éd. Gerhard, *Antik. Bildwerke*, etc., Ire Cent., Taf. XLIII, où Ott. Müller a reconnu le *jugement de Pâris*, *Handbuch*, § 378, 4, p. 557; de même qu'un *lécythus*, de fabrique de Pouille, publié dans les *Annal. dell' Instit archeol.* t. V, tav. agg. E, p. 339-346.

[6] *Monum. inéd. Odysséide*, p. 265.

[7] Publié par Gori, *Mus. etrusc.* t. II, tab. CXXVIII. Je m'étais trompé en attribuant à la maladresse de l'artiste le geste de *Pâris*

la science a faites en ce genre de monuments, les miroirs où se trouve représenté d'une manière positive le *jugement de Pâris* sont encore aujourd'hui très-rares, en comparaison des vases peints. Je n'admets au nombre de ces représentations certaines du *jugement de Pâris* que celle d'un miroir provenant d'un tombeau d'*Orvietto*[1], où *Pâris assis*, la tête nue, tient de la main droite la *pomme* qu'il présente à *Vénus*, assise en face de lui et dépouillée de ses vêtements, en présence de *Junon* et de *Minerve* debout. On pourrait encore, à la rigueur, y comprendre quelques miroirs, tels que les deux publiés par M. Inghirami[2], et cités par M. Éd. Gerhard[3], où se voient *trois déesses debout*, avec un *personnage* coiffé d'un *bonnet phrygien*, bien que cette circonstance n'ait pas une grande valeur sur un monument étrusque, et que la place assignée à ce personnage, en arrière des *trois déesses*, ne convienne pas au rôle de *Pâris*. Mais je soutiens que c'est sans aucune espèce de raison qu'on a vu le *jugement de Pâris* sur d'autres miroirs, où il n'apparaît, avec le prétendu *Pâris* et *Mercure*, tantôt qu'*une déesse*, *Minerve*[4] ou *Vénus*[5], tantôt que *deux déesses*[6]; et je puis encore moins admettre que ce soit le même sujet qui se trouve représenté sur d'autres de ces miroirs, où *Atys* aurait été substitué à *Vénus*[7], ou bien encore *Hercule* à *Mercure*, et *Apollon* à *Pâris*[8]. Avec ce système de substitution de personnes, il n'est rien qu'on ne puisse expliquer dans la mythologie, suivant l'opinion qu'on s'est faite; mais aussi il n'est rien qu'on explique sérieusement de cette manière, et je me contente d'exprimer ici cette réserve que j'aurai plus d'une occasion de discuter ailleurs, avec tous les développements que la question comporte.

En fait de bas-reliefs étrusques, je ne connais encore aucun monument de ce genre où soit représenté le *jugement de Pâris*. Ott. Müller cite pourtant[9], comme sculpture de sarcophage étrusque, celle que M. Inghirami a publiée dans l'*introduction* de sa *Galerie homérique*[10]; mais c'était là une erreur du savant critique de Goettingue. Le bas-relief en question n'ap-

---

relevant sa tunique. L'intention obscène que Gori avait signalée est effectivement évidente, et M. Panofka en a fait aussi l'observation, *Annal. etc.*, t. V, p. 342.

[1] Publié dans les *Annal. dell' Instit. archeol.* t. V, tav. agg. F, p. 339-346.

[2] *Monum. etrusc.* ser. II, tav. LXVI et LXXXIII.

[3] Éd. Gerhard, *Ueber die Metallspiegel der Etrusk.* p. 24, 131, et p. 25, 132). Le même savant cite encore d'autres miroirs inédits de la même représentation, qu'il publiera sans doute dans son grand recueil des *Etruskische Spiegel*, et dans l'explication desquels il exposera ses idées que, jusqu'ici nous ne connaissons pas. En attendant, j'indiquerai encore, sur son témoignage, *ibid.* p. 25, 136), un miroir de sa collection représentant *les trois déesses au moment où Vénus reçoit la pomme*.

[4] Id. *ibid.* p. 25, 133).

[5] Id. *ibid.* p. 25, 135).

[6] Id. *ibid.* p. 25, 134). Sur un miroir de notre Cabinet des antiques, provenant du *Cabinet Durand*, où il est décrit sous le n° 1963, on ne voit également que deux déesses, *Junon* et *Vénus*, avec deux personnages pris pour *Mercure* et *Pâris*.

[7] Sur un miroir du *Cabinet Durand*, acquis pour notre Cabinet des antiques; voy. l'explication qui en a été donnée, *Catal. Durand*, n. 1964, p. 417, et qui ne semble pourtant pas avoir été admise par M. Éd. Gerhard.

[8] Sur un miroir du *Cabinet Beugnot*, publié par Micali, *Monum. per serv. all. stor. d. ant. popol. ital.* tav. XLIX. C'est M. Panofka qui est auteur de cette explication, *Annal. dell' Instit. archeol.* t. V, p. 343, sgg., trop facilement admise par M. de Witte, *Catal. étrusq.* n. 130, p. 79-80, 1), et même par M. Éd. Gerhard, *Ueber die Metallspiegel*, p. 25, 137). M. Panofka expliquait de la même manière le miroir publié par Gori, *Mus. etrusc.* t. II, tab. CXXIII, où figure *Hercule* caractérisé par la *massue*. Mais je persiste plus que jamais dans l'opinion que j'ai exprimée, *Monum. inéd. Odysséide*, p. 266), au sujet de la représentation de ce miroir, ou, du moins, la seule modification à cette opinion que j'aie pu admettre, c'est qu'on y voit représentés *Hercule* et *Pâris*, en face l'un de l'autre, avec les *trois déesses*, pour exprimer l'idée morale qui résultait de l'opposition des deux personnages, celle du choix entre le vice et la vertu, idée que nous avons déjà trouvée sur plus d'un vase peint, rendue au moyen de figures d'ordre allégorique. Mais cette explication ne saurait s'appliquer au miroir du *Cabinet Beugnot*, où *Hercule* et *Apollon*, désignés chacun par leur nom étrusque, ne peuvent être pris, quoi qu'on en ait pu dire, que pour *Hercule* et *Apollon*, et non pour *Mercure* et *Pâris*.

[9] *Handbuch*, § 378, 4. p. 557.

[10] *Galler. omer. introd.* tav. IX.

partient point à une urne étrusque; il forme un des compartiments du célèbre *autel Casali*, du musée du Vatican, monument romain d'un grand intérêt, qui a été, depuis la fin du XVIIe siècle jusqu'à nos jours, un objet d'étude pour beaucoup d'antiquaires[1]. La fable du *jugement de Pâris* n'avait donc point pénétré dans le domaine de la statuaire étrusque, telle du moins que nous la connaissons par les monuments; mais il n'en fut pas de même de l'art des Romains, qui fit beaucoup d'usage de ce sujet, pour en décorer la façade des sarcophages, toujours, à mon avis, d'après des modèles grecs.

Du nombre de ces bas-reliefs romains est celui de la *villa Pamfili*, que j'ai fait connaître le premier[2] par un dessin qui, tout imparfait qu'il peut être, n'a pas mérité le jugement sévère qu'en porte un antiquaire allemand[3], que son séjour à Rome met en état de voir de plus près et d'étudier plus à son aise les monuments de cette capitale. Je rends grâce, du reste, au zèle de cet antiquaire qui, pour faire mieux apprécier le mérite du monument original, en a fait exécuter à deux reprises de nouveaux dessins, à l'aide desquels il a cru pouvoir proposer une explication de ce bas-relief qui diffère en quelques points de la mienne. Mais, si le savant auteur a été servi par un dessinateur plus habile que le mien, je n'oserais pas dire qu'il ait lui-même mieux réussi que moi à expliquer les parties du bas-relief que leur état de dégradation, encore plus que leur éloignement, avait laissées inintelligibles ou indéterminées pour moi. Au lieu de voir, comme je l'avais fait, des *nymphes du mont Ida* dans les *trois femmes* placées à l'extrémité antérieure de la composition, il y reconnaît les *trois Grâces*, idée qui me paraît tout à fait malheureuse; mais c'est surtout la détermination qu'il

[1] Ce monument, curieux à beaucoup d'égards, est connu, d'après la première mention qu'en fit Fabretti en 1683, à une époque voisine de sa découverte, *De colum. Traj.* p. 82. Depuis, il a été publié plusieurs fois, en tout ou en partie, *Admiranda*, tab. 3, 4, 5; Montfaucon, *Antiq. expl.* t. I, pl. XLVII, et *Supplém.* IV, pl. XXXVI; Barbault, *Monum. antiq.* pl. XXIII, 1, 2, XLIX, 1, 2, LIX, 1; Orlandi, *Ragionamento, etc.*, pl. 1-4; Inghirami, *Galler. omer. Iliad.* tav. IX, CLII, CLIII, CCVII, CCXLVII, CCXLVIII; Ott. Müller, *Monum. de l'art*, Taf. XXIII, 251, 254. Je m'en suis occupé à plusieurs reprises, *Monum. inéd. Achilléide*, p. 34-35, 8), 85-86, 6), *Odysséide*, p. 268, 1); et tout récemment, un savant professeur de Goettingue, M. Fr. Wieseler, vient d'en faire l'objet d'un travail approfondi, sur lequel j'aurai plus d'une occasion de revenir, *Die Ara Casali, eine archäologische Abhandlung*, Göttingen, 1844, 8° p. I-VIII, et p. 1-62, taf. I-IV.

[2] *Monuments inédits, Odysséide*, pl. I., n. 1, p. 266-268.

[3] Braun, *Annal. dell' Instit. archeol.* t. XI, p. 214-221; voyez tav. d'agg. II., et les *Monum. dell' Instit.* t. III, tav. III. Il semble, à entendre l'auteur allemand, qu'il s'agisse, dans le dessin que j'ai publié et dans la description donnée par Zoëga, *de deux monuments différents;* c'est aux lecteurs qui voudront prendre la peine de comparer le dessin et la description à juger jusqu'à quel point cette allégation est fondée. Mon dessin n'offre, aux yeux de M. Braun, que d'*horribles figures, dont on ne distingue même pas le sexe*, p. 215; ailleurs, p. 220, ce dessin est qualifié de *monstrueux*, parce qu'il représente sous une forme indéterminée la figure très-dégradée dont l'antiquaire allemand veut faire un *Jupiter*, contre toute raison. Le ton de passion avec lequel s'exprime le docteur montre qu'il n'avait pas le calme de jugement

qui est nécessaire pour bien voir et pour bien apprécier toute chose. Je n'imiterai ni ce procédé ni ce langage; je dirai tout simplement que mon dessin fut exécuté sous mes yeux par un habile dessinateur romain, Morelli, d'une famille d'artistes estimée à Rome; que ce travail fut fait avec tout le soin possible, vu l'éloignement où le dessinateur se trouvait du monument, encastré, à une hauteur considérable, dans la façade du *Casino;* que je pris moi-même, en m'élevant avec quelques risques sur une très-haute échelle, l'attention d'examiner de très-près le bas-relief, pour m'assurer de ce qui était antique et de ce qui était moderne; que ce fut d'après cette vérification que je fis représenter à part sur le dessin les figures ajoutées par un restaurateur moderne, au commencement et à la fin du bas-relief, ainsi que j'en ai averti dans mon texte, p. 266, 4); attention que n'a pas eue M. Braun, puisque les figures antiques ne sont distinguées par rien des figures modernes sur sa planche, supérieure, du reste, à la mienne par l'exécution, je le reconnais sans peine. Mais d'ailleurs cette planche si excellente l'avait si peu satisfait lui-même, qu'il a cru devoir faire exécuter un second dessin pour parvenir à découvrir le *Jupiter*, qui lui a pourtant encore échappé. Au lieu d'abuser de l'avantage qu'il a eu d'examiner de près le bas-relief en question sur un échafaudage commode, quand je n'avais eu à ma disposition qu'une mauvaise échelle, le docteur allemand aurait mieux fait d'apprécier le service que j'avais rendu aux antiquaires, en leur signalant, à mes risques et périls, un monument qui n'avait été connu que de Zoëga, et en leur en présentant un dessin, qui ne diffère pas tant du bas-relief original que voudrait le faire croire M. Braun.

propose pour les *deux figures* représentées dans le haut du bas-relief, à l'autre extrémité de la composition, que je ne puis m'empêcher de combattre, comme absolument dénuée de fondement, et propre, par les exemples dont on cherche à l'appuyer, à égarer la science dans une mauvaise voie.

On reconnaît dans ces deux figures placées sur une hauteur, directement au-dessus du *fleuve*, qui est le *Scamandre*, comme l'a montré M. Otto Jahn [1], et non le *Cébrène*, on y reconnaît, dis-je, le maître des dieux, *Jupiter*, s'entretenant avec le dieu marin et prophète *Nérée*, et l'on croit justifier cette idée qu'avait eue Zoëga [2], en alléguant la présence de *Jupiter* sur le vase peint du grand-duc de Bade et sur le bas-relief Ludovisi. Je montrerai bientôt que cette allégation manque d'exactitude, en ce qui concerne le bas-relief; quant au vase peint, je me bornerai à répondre qu'il est contraire à toutes les règles de la critique d'appliquer les éléments de la composition d'un vase peint, de style grec, à ceux de la composition d'un bas-relief, de travail romain. Chaque classe de monuments a ses principes qui lui appartiennent, ses conditions qui lui sont propres; elle a ses règles et ses modèles qui ne servent qu'à elle, et c'est confondre tous les genres, comme toutes les époques de l'art, que d'expliquer une figure d'un bas-relief romain par une figure d'un vase peint grec [3]. Il est sensible pour tout le monde qu'on ne saurait reconnaître *Jupiter*, même sur ces hauteurs du mont Ida, où il aurait, dans tout autre cas, sa place déterminée par le motif et par le lieu de la scène, qu'on ne saurait, dis-je, le reconnaître sans ses symboles habituels, l'*aigle* et le *foudre*, qu'il a toujours, même sur le bas-relief Mattei [4], cité à cette occasion. Ce n'est donc que dans les conditions de la sculpture romaine de l'époque à laquelle appartiennent nos bas-reliefs de sarcophages qu'on peut trouver l'explication des figures accessoires en question; or ces bas-reliefs nous montrent très-souvent, dans des compositions analogues à celle-là et à une place correspondante, c'est-à-dire dans le haut de la représentation, parmi des arbres et des rochers qui indiquent la localité, une figure, soit seule, soit groupée avec d'autres, qui représentent le *génie du mont*, ou *du lieu*, et quelquefois aussi *Hercule*, regardé, à cette époque de l'antiquité, comme un *dieu rustique, protecteur des troupeaux* [5]. C'est dans cette seconde hypothèse que j'explique, sur le bas-relief Pamfili, le groupe des deux figures assises sur un rocher, au-dessus du *fleuve*, où Zoëga avait cru voir *Jupiter*, et où M. Braun a vu *Jupiter* et *Nérée*.

C'est, en effet, ce qui résulte avec une évidence qui ne peut manquer de frapper tout antiquaire désintéressé dans la question, c'est ce qui résulte de l'observation du beau bas-relief de la *villa Ludovisi*, qu'on doit d'ailleurs savoir beaucoup de gré à M. Braun de nous

[1] *Paris und Oinone*, p. 4, 5), 6).

[2] La description de Zoëga, tirée des papiers dont M. Welcker est dépositaire, est publiée dans les *Annal. dell' Instit. archeol.* t. XI, p. 315. La présence de *Jupiter* sur notre bas-relief y est indiquée en ces termes : *Il seminudo sedente in mezzo sarà Giove*

[3] C'est par un abus du même système que l'auteur cherche à justifier la présence des *trois Grâces*, au lieu ces trois *nymphes du mont Ida*, sur le bas-relief Pamfili, au moyen d'un vase peint du musée Blacas, qui représente le *bain de Vénus assistée des trois Grâces*. Quel rapport ont entre eux des objets et des monuments si disparates?

[4] *Monum. Mattei.* t. III, tab. v.

[5] Plusieurs de ces monuments seront cités plus bas. En attendant, j'indiquerai ici les trois bas-reliefs de notre musée du Louvre représentant *Endymion visité par Séléné*, où le *génie du mont* est figuré à la même place et sous les mêmes traits qu'*Hercule* sur d'autres de ces bas-reliefs, Clarac, *Mus. de sculpt.* pl. 165, n. 437, pl. 170, n. 236 et 438. Ce même *génie du lieu* se rencontre sur beaucoup de sarcophages romains, toujours à la même place; j'en citerai pour exemple le sarcophage de *Phèdre* et *Hippolyte* du musée du Louvre, Clarac, pl. 213, n. 16.

avoir fait connaître par un excellent dessin[1]. Ce bas-relief, d'un bon travail romain, est jusqu'ici la seule représentation du *jugement de Pâris* qui nous ait offert le personnage d'*Œnone*, reconnu d'abord par Winckelmann dans la figure de *femme* tenant la *syrinx*, debout près de *Pâris*[2]. Les *trois déesses* présentent également dans leur disposition, surtout dans l'ajustement de la figure de *Vénus*, des circonstances nouvelles, ainsi que le groupe de *Pâris assis* avec l'*Amour debout*, qui s'appuie sur son épaule, groupe dont l'invention dut appartenir à quelque maître célèbre, puisqu'on le trouve reproduit sur un autre bas-relief antique[3], avec cette particularité signalée en dernier lieu par M. Otto Jahn[4], que les figures des *trois taureaux* sculptées sur cet autre bas-relief, au-dessous du groupe en question, et réduites à *deux* sur le bas-relief Ludovisi, semblent imitées à leur tour d'un groupe de *quatre taureaux* sculpté de même au-dessous d'une figure d'*Hercule dendrophore*, sur un beau bas-relief Rondanini[5], maintenant dans la *Glyptothèque* de Munich[6]. Or, cette dernière circonstance d'*Hercule* assis sur des rochers et portant une *branche d'arbre*, en qualité de *dieu rustique*, avec des *taureaux* au-dessous de lui, comme *protecteur des troupeaux*[7], cette circonstance, si remarquable à toute sorte d'égards, se retrouve sur le bas-relief Ludovisi dans la figure d'un *homme assis sur un rocher*, que recouvre la *peau de lion* et qu'ombrage un *grand arbre*, s'appuyant de la main gauche sur la *massue*, et ayant près de lui une figure de *femme*, qui ne peut être que celle d'une *nymphe du lieu*. Pour ne pas voir ici *Hercule*, qu'il est réellement impossible de méconnaître à de pareils traits, et pour y voir, au contraire, *Jupiter* assis sur la *peau de lion* et armé de la *massue*, il faut une préoccupation telle que celle qui s'était rendue

---

[1] *Monum. dell' Instit. archeol.* t. III, tav. XXIX; *Annal. dell' Instit.* t. XIII, p. 84-90. Ce bas-relief avait été signalé par Winckelmann, *Monum. ined.* t. II, p. 156; cf. *Werke*, t. V, p. 40; mais il n'en était pas moins resté à peu près inconnu, par suite de la fâcheuse circonstance qui a rendu, depuis près d'un demi-siècle, la *villa Ludovisi* presque absolument inaccessible.

[2] C'est à la *pièce de toile carrée* qui couvre la *tête d'Œnone* que Winckelmann avait reconnu cette *nymphe* du *Cébrène*, *Werke*, t. V, p. 39-40. Voyez, sur cette particularité du costume antique dont je me suis occupé précédemment, p. 149, 7), l'observation de M. Ott. Jahn, *Paris und Oinone*, p. 5, 9), qui ne rend pas mes éclaircissements inutiles.

[3] Publié par Guattani, *Monum. ined. per l'ann.* 1805, tav. XXXIII.

[4] *Paris und Oinone*, p. 5, 8).

[5] Publié par Winckelmann, *Monum. ined.* n. 67, avec une explication qui laisse quelque chose à désirer, mais moins encore que celle de Guattani, qui, reproduisant de nouveau ce bas-relief dans ses *Monum. ined. per l'ann.* 1788, Genn. tav. III, n'y reconnut plus *Hercule dendrophore*, et se contenta d'y voir un *sacrifice champêtre à Priape et à Sylvain*.

[6] Le monument est décrit par M. Schorn, *Beschreibung der Glyptothek*, n. 131, p. 116-117; et je puis, d'après mes propres observations, adhérer aux éloges que le savant interprète donne à l'exécution du bas-relief, surtout dans le groupe des taureaux, où la vérité est portée à un point qui avait aussi frappé Guattani.

[7] À l'appui des témoignages et des monuments cités par Winckelmann pour prouver l'association d'*Hercule* et de *Sylvain*, dieux champêtres. *Mon. ined.* n. 67, je rappellerai qu'un des sur-

noms d'*Hercule*, Μηλων, faisait précisément allusion à cette *protection des troupeaux*, Hesych. v. Μηλων, bien qu'il ait régné dans l'antiquité plusieurs versions différentes sur le sens de cette épithète; voy. Zenob. *Cent.* V, XXII; cf. *Append.* Paroem. gr. III, XCIII; Suid. v. Μηλιος; Pollux, I, XXX, sqq.; cf. Interpret. Hesych. t. II, p. 593; Heyn. *ad* Apollodor, I, 395; Ott. Müller, *Die Dorier*, I, 455; Creuzer, *Symbolik*, II, 620, 1). Mais où cette notion est exprimée d'une manière qui n'est susceptible d'aucune équivoque, c'est sur un marbre grec trouvé en Phrygie, et publié par le colonel Leake, *Journ. of a tour in Asia Minor*, p. 20; cette inscription, ainsi conçue :

ΥΠΕΡ

ΒΟΩΝΙΔΙΩΝ ΠΑ

ΠΙΑΔΙΙΣΩΤΗ

ΡΙΕΥΧΗΝΚΑΙ

ΗΡΑΚΛΗΑΝΙΚ

ΗΤΩ

n'a pas été comprise par le savant voyageur, qui y a vu une dédicace à un *Jupiter Papias Sauveur*, inconnu de toute l'antiquité, et à l'*Hercule l'invincible*, qui n'est autre ici que l'*Hercule tyrien*. En lisant cette inscription comme elle doit être lue: Ὑπέρ βοῶν ἰδίων. Παφίᾳ, Διὶ Σωτῆρι, εὐχὴν, καὶ Ἡρακλῇ ἀνικήτῳ, j'y vois un vœu accompli *pour le salut des troupeaux d'un particulier*, en l'honneur de la *déesse de Paphos*, associée ici à l'*Hercule tyrien* et à *Jupiter sauveur*. J'ai donné, dans mon *Mémoire sur l'Hercule assyrien et phénicien*, des éclaircissements sur cette inscription grecque, en la rapprochant du bas-relief romain Rondanini.

maîtresse de l'esprit de l'antiquaire allemand; et, quand la présence d'*Hercule* à une pareille place, dans des compositions du même genre[1], nous est déjà connue par d'autres monuments d'époque romaine, tels que ceux qui nous occupent, il ne me semble pas qu'il puisse subsister désormais la moindre difficulté sur ce point[2].

En fait de bas-reliefs romains destinés à décorer toute la face antérieure d'un sarcophage, je ne connais encore, outre ceux de la *villa Pamfili* et de la *villa Ludovisi*, dont il vient d'être parlé, que le fragment publié depuis longtemps par Beger[3], qui faisait partie d'une composition semblable. Mais il exista, dans l'antiquité romaine, une autre composition du même sujet, qui, sous une forme réduite, pouvait s'adapter au couvercle de ces grands sarcophages, dont la plupart sont des monuments des IIe et IIIe siècles de notre ère. Nous en avons un exemple dans le grand sarcophage d'*Endymion* de notre musée du Louvre[4], où le *jugement de Pâris*, réduit aux figures des *trois déesses* en face de celles de *Mercure*, de *Pâris* et de l'*Amour*, forme l'un des petits sujets du couvercle. Un autre bas-relief du même musée, provenant de la *villa Borghèse*[5], avait sans doute eu la même destination, aussi bien que le bas-relief cité par Winckelmann[6], comme acquis à Rome de son temps par le prince d'Anhalt-Dessau, où le grand antiquaire avait remarqué la circonstance de *Junon assise,* avec le *paon* sous son siége et un *grand flambeau* à la main, circonstance qui se rencontre aussi sur nos deux bas-reliefs du Louvre, et qui prouve combien de traditions avaient eu cours dans l'antiquité sur ce trait mythologique si célèbre, pour avoir fourni le motif de symboles aussi variés que ceux qui se voient à la main des *trois déesses,* sur les monuments de style grec et sur ceux d'époque romaine.

[1] Le plus important de ces monuments est le bas-relief ce sarcophage romain, maintenant placé dans l'appartement Borgia du Vatican, et publié d'abord par Guattani, *Monum. ined. per l'anno* 1788, Febb. tav. II. On y voit représentés deux sujets d'une nature analogue, *Endymion visité par Sélénè* et *Thétis surprise par Pélée,* selon l'opinion de Winckelmann, suivie encore par les antiquaires allemands de nos jours, ou, d'après l'explication que j'en ai donnée, *Achilléide,* p. 30, suiv., *Rhéa Sylvia surprise par Mars.* Quoi qu'il en soit de cette controverse qui règne sur le motif principal, il s'agit seulement ici du groupe des deux figures accessoires qui se voit dans le haut du bas-relief, au-dessus de la figure du *fleuve,* et qui offre *Hercule assis* sur un rocher avec sa *peau de lion* sur les genoux et sa *massue* qu'il tient de la main gauche, ayant près de lui une femme qui s'appuie sur son épaule. À ce pareils traits, il n'était pas possible de méconnaître *Hercule* sur le bas-relief du Vatican; aussi, M. Éd. Gerhard, qui a reproduit en dernier lieu ce bas-relief, *Ant. Bildwerke,* I[e] Cent. Taf. XL, 1, n'a-t-il fait aucune difficulté d'expliquer le groupe en question par *Hercule* et *Hébé, Prodrom.* p. 286. Mais ce ne peut être l'*Hercule olympien* avec sa divine compagne, qui soit représenté à cette place sur ce monument romain; c'est l'*Hercule rustique,* associé à *Sylvain,* et sa compagne est une *nymphe du lieu;* et ce qui le prouve, c'est que, sur d'autres représentations du même sujet, publiées dans le même recueil, *Ant. Bildwerke,* Ire Cent. Taf. XXXVI, XXXVII, XXXIX, on voit à la même place un *personnage dendrophore assis* avec une *nymphe locale* près de lui, qui ne peut être qu'un génie du mont personnifié sous les traits de *Sylvain.* Or la même désignation s'applique évidemment au personnage figuré comme *Hercule* sur le bas-relief Ludovisi, et la détermination de *Jupiter* y devient tout à fait inadmissible. En fait de bas-reliefs qui représentent le *génie du mont,* à la même place et sous les mêmes traits qui l'assimilent à un *Hercule rustique,* je citerai encore le sarcophage d'*Endymion,* du *Museo di Mantova,* t. II, tav. XLV, p. 276, celui d'*Actéon,* de notre musée du Louvre, n. 315, Visconti, *Monum. scelt. Borghesian.* t. II, tav. II, et surtout celui d'*Endymion,* du musée du Capitole, t. IV, tav. XXIX, où le personnage en question est décrit en ces termes par un des derniers interprètes, *Scultur. capitolin.* t. II, st. del vaso, tav. VI, p. 29 : « Al *monte Latmo* personnificato appartiene quel vecchio sedente sopra il Sonno, con pelle bovina sulle coscie. »

[2] Aussi ne crains-je point d'en appeler au jugement impartial de M. Welcker, qui avait partagé d'abord l'opinion de Zoëga, et à celui de M. Otto Jahn, qui, ayant examiné à Rome de ses propres yeux les bas-reliefs Pamfili et Ludovisi, se proposait d'en donner l'explication.

[3] Beger, *Bell. et Excid. Troj.* tab. VII, n. 1, et *Spicileg.* p. 135-136.

[4] Clarac, *Notice,* etc., n. 437, et *Mus. de sculpt.* pl. 165, n. 436. C'est celui que j'ai publié dans mes *Monuments inédits, Odysséide,* pl. XXVI, 1; voy. p. 268-269.

[5] *Monum. du mus. napol.* t. II, pl. 58.

[6] Winckelmann, *Monum. ined.* n. 5, t. I, p. 6.

PLANCHE XIII.

PASIPHAÉ ET DÉDALE.

Hauteur, o mètre 67 cent. — Largeur, o m. 61 cent.

La peinture que je publie est une des plus récentes acquisitions que la science de l'antiquité ait faites à Pompéi, et elle était encore inédite. Elle appartient à une maison qui reçut d'abord, à cause du sujet même qu'elle présente, le nom de *Dédale*, et qui plus tard, et à raison d'un tableau plus considérable qui décore le mur du fond du péristyle, s'appela la *maison de la Chasse*[1]. Fouillée dans le cours des années 1834 et 1835[2], cette maison conservait encore sur toutes ses murailles les peintures que le temps et l'effet de dix-huit siècles y avaient épargnées, lorsque je la vis en 1838, et que je pus en faire sur place la description détaillée que j'en ai publiée[3]. C'est encore aujourd'hui une des maisons de Pompéi où les peintures, laissées en place, ont le mieux résisté jusqu'ici aux causes de destruction, malheureusement trop nombreuses, qui les menacent dès qu'elles reparaissent au jour, et qui ne viennent pas seulement

---

[1] La peinture dont il s'agit ici représente une *chasse aux bêtes féroces*, exécutée en figures de demi-nature, conséquemment de plus grande proportion que ne le sont la plupart des peintures de Pompéi. A ce mérite se joint celui de l'exécution, qui est d'un soin et d'une vigueur peu communes, et qui en fait un des morceaux les plus remarquables sortis en dernier lieu des fouilles de Pompéi. Cette peinture forme le sujet de notre planche XVI, d'après un dessin que j'en ai dû à la munificence de S. M. le roi des Deux-Siciles, et qui

m'a été transmis par son ministre de l'intérieur, S. S. don Nicolà Santangelo, à qui j'en témoigne ici ma gratitude. Elle avait été publiée au simple trait dans le *Real Mus. Borbon.* t. XIII, tav. XVIII.

[2] Voy. dans le *Bulletin. archeolog.* 1835, p. 128-129, l'exposé des fouilles de cette maison, et joignez-y la *Relazione degli scavi di Pompei da marzo 1834 al aprile 1835*, rédigée par M. G. Bechj et insérée dans le *Real Mus. Borbon.* t. XI, p. 2, sgg.

[3] *Lettre à M. de Salvandy.* p. 36-41.

de la faute des éléments, mais aussi de l'incurie des hommes. J'ai pu me convaincre, quand je l'ai revue en 1844, que cette maison, avec toutes ses peintures, était encore à peu près dans le même état où elle s'était montrée, pour la première fois, dix ans auparavant.

Le tableau, que l'on trouvera fidèlement représenté sur la planche qui nous occupe, orne la paroi de droite du *tablinum*, qui était la pièce principale de l'habitation; cette paroi est peinte entièrement à fond bleu, sur lequel se projettent des montants ou colonnettes de couleur blanche, avec des bases rouges; le soubassement est peint de manière à imiter des compartiments de marbres divers, et la frise, peinte en blanc, est couronnée d'une corniche en stuc : toute cette décoration est exquise de goût et d'exécution, et elle est restée à peu près intacte dans toute sa hauteur. Les panneaux sont ornés, au centre, d'un sujet encadré et de figures volant dans le champ; les sujets sont peints sur fond blanc[1], qui rappelle l'usage de l'ancienne peinture grecque, et ils sont entourés d'un cadre brun, qui est aussi une tradition de la coutume primitive de suspendre à la muraille ou d'y insérer les *tableaux sur bois*, seules productions, à quelques rares exceptions près, par lesquelles se signalât le talent des anciens maîtres grecs[2]. Le tableau du mur de gauche représente *Thésée nu*, recevant de la main d'*Ariane* le peloton de fil qui doit servir à le guider dans les détours du labyrinthe; et c'est sur le mur opposé que se trouve la peinture que je fais connaître, et dont le sujet se rapporte aussi aux fables crétoises; car il est impossible d'y méconnaître, au premier aspect, *Pasiphaé* et *Dédale*.

L'épouse de *Minos* est assise sur un siége dont le dossier est recouvert d'une draperie verte, et devant lequel est placé un marchepied de la forme la plus simple. De la main droite, elle porte un long sceptre qui suffit pour caractériser en elle la reine de Crète; de la main gauche elle tient, relevé à la hauteur de son épaule, un pan du *péplus* qui lui enveloppe le bas du corps. Elle est vêtue, par-dessous ce manteau, d'une tunique à demi tombée de ses épaules, de manière à indiquer par ce désordre de ses vêtements celui qui règne dans ses esprits. Sa tête nue, avec des cheveux qui flottent sur le dos, est ceinte d'un cordon de perles[3], qui retombe de chaque côté du cou, et l'expression de cette tête, où se peint bien l'inquiétude d'une passion insensée[4], a quelque chose de frappant, qui ne peut provenir que d'un excellent modèle. Toute cette figure de *Pasiphaé*, sauf quelques incorrections de détail dues à la maladresse de l'artiste campanien, fut certainement conçue par un habile peintre de la bonne époque grecque.

---

[1] Ce *fond blanc* est ce qui s'appelait λεύκωμα, Hesych. v. Πι-νάκιον, aussi bien pour les *tableaux peints*, πίνακες, proprement dits, ἐν πίνακι λελευκωμένῳ, Athenagor. *Legat. pr. christ.* § xiv, p. 59, que pour les *tablettes* de toute sorte, où s'inscrivaient les ordonnances des magistrats, Hesych. v. Πλάτανος; cf. Athen. l. VI, p. 245, A. Voyez, sur ce point de l'histoire de la peinture, les savantes observations de Boettiger, *Archäolog. der Maler.* p. 136 et 152, et joignez-y celles de Stieglitz, *Archäol. Unterhaltung.* t. I, p. 157-158. Voyez aussi mes *Peintures antiq. inédit.* p. 28, 3); p. 368, 3); p. 405, 5) et 431.

[2] C'est une notion capitale que j'ai cherché à établir dans mes *Peintures antiques inédites*, et à l'appui de laquelle je crois avoir produit de nouveaux motifs de confiance dans mes *Lettres archéologiques sur la peinture des Grecs*, Ire partie, lettres i, ii et iii. Je reviendrai sur ce sujet dans l'*Introduction*, où je présenterai le résumé des faits et des témoignages de l'antiquité classique relatifs à cette question.

[3] M. Welcker présume que, dans le tableau décrit par Philostrate, *Imag.* I, xvi, *Pasiphaé* avait la *tête radiée*, pour indiquer la *nature symbolique* du sujet, et il se fonde sur les expressions : Θεῖόν τε ἀπολαμπούσῃ καὶ ὑπέρ πᾶσαν ἴρω. Mais ces expressions figurées ne font allusion qu'à l'éclat extraordinaire de la beauté de *Pasiphaé*; et la peinture de Philostrate n'avait certainement rien de mystique.

[4] Philostr. Sen. *Imag.* I, xvi, p. 28, ed. Jacobs. : Βλέπει ἀμή-χανον.

En face de *Pasiphaé* se présente *Dédale* debout, vêtu de la simple tunique courte, qui était le vêtement ordinaire des ouvriers, et non du *tribon*, espèce de manteau d'une forme moins ample et d'une étoffe plus commune, d'un usage spécialement attique[1], et, à ce titre, propre à *Dédale*, mais avec *les jambes et les pieds nus*, qui étaient dans les habitudes de la haute civilisation attique[2]. Il tient de la main gauche une doloire, l'instrument de l'ouvrier en bois, et, de la main droite, étendue en avant, il montre à la reine de Crète la *vache de bois* qu'il vient de construire. Cette machine, dont la couleur paraît être d'un jaune clair, mais qui doit avoir été peinte en blanc dans le principe, pour répondre aux indications de la fable[3], est montée sur un plateau muni de roulettes[4], afin de pouvoir être transportée dans la prairie, où le taureau avait coutume de paître; elle a sur le dos une ouverture qui indique, par le couvercle levé, le moyen dont se servira *Pasiphaé* pour satisfaire la honteuse passion qui l'égare : c'est une particularité qui était déjà connue par une autre peinture de Pompéi, de la *maison de Méléagre*[5]. Le fond de notre peinture, où se montrent deux arbres desséchés, faible indication d'une campagne plutôt que d'un paysage[6], est orné d'un édifice[7], dont la façade de quatre colonnes et le fronton qui la couronne sembleraient annoncer un temple, mais qui doit plutôt être une demeure royale, d'après la fenêtre, ouverte sur le côté, qui ne saurait convenir à un temple[8]. Ce palais est colorié d'après un système qui rappelle plutôt les habitudes de Pompéi que l'artiste avait sous les yeux, que les principes propres à la

[1] Philostrat. Sen. *Imag.* I, xvi : Λῦτις δέ ὁ Δαίδαλος.. ἀτλικίζει δέ καί αὐτὸ τὸ σχῆμα· φαιὸν γὰρ τρίβωνα τοῦτον ἀμπέχεται; cf. *ibid.* II, xxxi : Ἀνὴρ... ἀτλικῶς μάλα ἔχων τῷ τρίβωνος; vid. Jacobs., p. 3o3-3o4.

[2] *Idem, ibidem :* Προσγεγραμμένης αὐτῷ (Δαιδάλῳ) καί ἀνυποδησίας, ᾗ μάλιστα δὴ οἱ Ἀτλικοί κοσμοῦνται.

[3] *Idem, ibid. :* Ἡ δέ ἀγελαία τε καί ἄνετος, καί ΛΕΥΚΗ πᾶσα, κ. τ. λ.

[4] C'est ainsi que la *vache* fabriquée par Dédale est décrite par Apollodore, III, 1, 4 : Οὗτος (ὁ Δαίδαλος) βοῦν ἐπί τροχῶν κατασκευάσας, κ. τ. λ.

[5] *Real Mus. Borbon.* t. VII, tav. lv.

[6] C'est une notion familière à toute personne tant soit peu versée dans l'antiquité figurée, que ce que nous appelons un *paysage*, et qui, même dans l'histoire de l'art moderne, est une apparition postérieure à la renaissance et due aux travaux du Titien et à ceux de l'école des Carrache, demeura toujours étranger à l'art antique. Il suffit, pour s'en convaincre, de jeter les yeux sur les *vues de sites, d'édifices, de marines,* peintes sur les murs de *Pompéi* et d'*Herculanum,* qui ne sont réellement que des indications de ces sortes d'objets, et non pas des *paysages,* comme nous l'entendons. Je n'excepte pas le paysage qui se voit à la *villa Albani,* et qui provenait d'une ancienne *villa* romaine située sur la *via Appia;* malgré les éloges donnés à cette peinture par Winckelmann, qui l'a publiée, *Monum. ined.* n° 208; cf. *Stor. dell' art.* l. VII, c. iii, § 9, il est évident que c'est l'esquisse d'un paysage, plutôt qu'un paysage proprement dit. D'après cette considération, que ce n'est pas ici le lieu de développer, mais qu'on trouvera sa place dans l'*Introduction,* je me crois fondé à penser que les deux *paysages mythologiques,* publiés comme antiques dans les *Monum. dell' Instit. archeolog.* t. III, tav. ix et xxi

pourraient bien être de la main de P. S. Bartoli, plutôt que des peintures anciennes.

[7] On voit de même des édifices à fronton et avec fenêtres qui s'élèvent sur le bord de l'Eurotas, dans le bas-relief *Spada,* qui représente le *départ de Páris et d'Hélène,* Guattani, *Monum. antich. per l'ann.* 1805, tav. xxix.

[8] L'idée que les temples grecs auraient pu avoir des *fenêtres,* pour y faire pénétrer une lumière qui n'eût pu être suffisante par la seule ouverture de la porte, cette idée ne se trouve exprimée, à ma connaissance, dans aucun texte antique, et elle n'est pas davantage justifiée par les monuments. Du moins, le peu de temples grecs qui ont conservé leur *cella* dans une plus ou moins grande partie de leur hauteur, tels que les *temples de Thésée* et du *Parthénon,* à *Athènes,* ceux de la *Concorde* et d'*Esculape,* à *Agrigente,* les *temples d'Égine* et de *Phigalie,* n'offrent-ils sur leurs murs latéraux aucune indication de fenêtres. Il en est de même des temples de la *Fortune virile,* à Rome, de *Bacchus,* à *Sant' Urbano della Caffarella,* d'*Hercule,* à *Cora,* de *Vénus,* à Pompéi. On cite pourtant quelques exceptions à cet usage, mais qui s'expliquent par des circonstances particulières, ou qui se trouvent en dehors du domaine de l'antiquité classique. Ainsi la façade postérieure du *temple de Minerve Poliade,* sur l'*Acropole* d'Athènes, offre trois fenêtres pratiquées entre les quatre colonnes engagées de cette façade; mais cette disposition insolite avait pour objet d'éclairer le *Pandrosium,* qui, se trouvant séparé par un mur transversal du double sanctuaire consacré à *Érechthée* et à *Minerve,* aurait été à peu près dans une obscurité complète, s'il n'y eût point eu d'ouvertures à la façade postérieure; et je crois que M. Quatremère de Quincy a eu tort de conclure de cet exemple, unique comme l'ordonnance même de l'édifice qui le présente, que l'*usage d'ouvrir des fenêtres sur les*

haute antiquité grecque[1], et dont l'application, telle qu'elle se montre dans notre peinture, ne peut être, en aucun cas, un élément de la question, encore aujourd'hui controversée avec plus ou moins de critique et de savoir, celle de la *polychrômie* des temples grecs.

Cette peinture de *Pasiphaé* et *Dédale*, qui dut être exécutée d'après quelque bel ouvrage d'une école grecque, et dont l'intégrité ajoute encore au mérite de la composition originale, avait eu sans doute quelque intérêt particulier pour les habitants de Pompéi; car on en avait déjà recouvré une autre répétition dans une peinture, à la vérité très-endommagée, de la *maison de Méléagre*[2], où le haut des deux figures de *Pasiphaé* et de *Dédale* manque tout à fait. Mais ce qui le prouve encore mieux, c'est l'usage public qui s'était fait à Pompéi de ce sujet si contraire pourtant, et à un si haut degré, aux principes de l'honnêteté publique. La même composition de *Pasiphaé* et *Dédale*, d'une exécution très-négligée, servait d'enseigne à l'extérieur d'une petite maison située près de l'angle d'un des carrefours de la *rue de Mercure*, et regardée, à cause de cette enseigne même, comme la *maison d'un menuisier*[3]; et, précédemment encore, dans les fouilles de 1827, ce sujet s'était montré peint sur un pilastre dans la rue qui vient après la *maison de la seconde fontaine*[4]. Ce n'était donc pas seulement à l'intérieur de leurs maisons, dans le secret le plus intime de leur vie domestique, que les habitants de Pompéi aimaient à attacher leurs regards sur le tableau de la passion de *Pasiphaé*, sur l'image d'un des plus déplorables égarements où la nature humaine ait pu se laisser entraîner, en marchant dans les voies du polythéisme asiatique; c'était en public, et à l'aide d'applications de l'usage le plus vulgaire, qu'ils se familiarisaient avec ce sujet et avec tout l'ordre d'idées qu'il représente; et l'on voit jusqu'à quel point des antiquaires de nos jours, tels que Boettiger[5], et avant lui Heyne[6], qui possédaient cependant à un si haut degré l'intelligence de l'antiquité profane, étaient fondés à s'étonner que la plastique des Grecs eût pu s'exercer sur un motif aussi honteux que celui des amours de *Pasiphaé*.

Il eût suffi pourtant de la peinture décrite par Philostrate l'ancien[7], et certainement connue de Boettiger, pour montrer à cet antiquaire, si savant et si ingénieux, que sa surprise était tant soit peu irréfléchie. Effectivement, cette peinture, qui se composait de deux actions dif-

---

murs des temples aurait été plus fréquent qu'on ne le suppose: voy. son *Mémoire sur la manière dont étaient éclairés les temples*, dans son *Recueil de dissertations*, p. 290. Les exemples qu'on pourrait tirer de l'édifice vulgairement appelé *temple de Diane*, à Nîmes, d'un petit *temple de Palmyre* et d'un des temples de *Pola*, où il se trouve des fenêtres plus ou moins authentiques, ne prouveraient pas davantage à l'appui de cet usage, attendu que ce sont des monuments d'une destination et d'une époque qui ne permettent pas de les classer parmi des temples grecs. J'en dirai autant des temples ronds dits *de Vesta*, à Rome, et *de la Sibylle*, à Tivoli. Ce sont évidemment des édifices d'une ordonnance toute particulière, et d'un âge qui les met en dehors d'une question d'antiquité grecque.

[1] J'aurai lieu d'exposer mes idées sur ce point dans la ve de mes *Lettres archéologiques sur la peinture des Grecs*, qui traitera de la *polychrômie* dans toutes ses applications; et je renvoie d'avance mes lecteurs à ce travail, qui paraîtra prochainement.

[2] Cette peinture est publiée dans le *R. Mus. Borbon.* t. VII, tav. LV. Il en est fait mention dans la *Relazione degli scavi di Pompei da ottobre 1830 a maggio 1831*, insérée à la fin de ce volume, p. 3-4.

[3] Voy. ma *Lettre à M. de Salvandy*, p. 19.

[4] Cette peinture est indiquée en ces termes dans le *R. Mus. Borbon.* t. VII, tav. LV, p. 2, 1) : « Fu ritrovato nell' anno 1827, su di un pilastro nella strada in continuazione della seconda Fontana. » Toutefois il serait possible que la peinture en question fût celle de la *maison du menuisier*, d'après la proximité des lieux; c'est ce que je n'ai pas le moyen de vérifier en ce moment.

[5] *Ideen zur Kunstmythologie*, 1, 340, 5) : « Es bleibt immer sehr merkwürdig dass man diese Verirrung, die selbst über das geht, was Lucian in seinem Lucius oder in seiner Eselmetamorphose erzählt, sogar zum Gegenstand der plastichen Kunst gemacht hat. »

[6] *Philostrati imaginum illustratio*, dans ses *Opuscula academica*, t. V, p. 54 : « Infames Pasiphaes amores mireris arte alicujus ingenui artificis tractari potuisse. »

[7] Philostrat. Sen. *Imag.* I, xvi, p. 27-28, ed. Jacobs.

férentes, dont le lien était formé, suivant l'heureuse expression de M. Welcker[1], par la passion de *Pasiphaé*, c'est à savoir, d'une part, l'*atelier de Dédale*[2], *occupé à la fabrication de sa vache de bois*, de l'autre, le *taureau réel attiré vers la blanche génisse*, sa vraie compagne, *en présence de Pasiphaé*, que ce spectacle ne peut rappeler à la raison; cette peinture, où la présence des *Amours*, devenus les auxiliaires de *Dédale*, comme, en tant d'autres occasions, ils servent de ministres aux passions les plus contraires à la morale, prouvait bien que cette fable de *Pasiphaé*, admise dans son sens le plus positif, dans son expression la plus matérielle, ne répugnait point au génie de l'antiquité grecque, bien qu'elle fût certainement dérivée d'une légende originairement symbolique, inventée dans un système de religions asiatiques. La manière dont le grave Virgile lui-même[3] s'efforce de rendre intéressant cet amour insensé d'une femme pour un taureau, en le colorant de tout l'éclat de sa poésie, montre quelle était à cet égard l'opinion de la société antique; et ce qui ne laisse aucun doute sur ce point, c'est de savoir qu'à Rome, dans le siècle de Virgile et dans des jeux publics donnés par Néron, la fable de *Pasiphaé* était représentée au naturel sur le théâtre, de manière à faire illusion aux spectateurs[4]: c'est Suétone qui nous apprend ce trait inouï du désordre où était tombée la société païenne, auprès duquel nos peintures de Pompéi ne peuvent paraître que de bien modestes et de bien innocentes images.

Ces représentations de *Pasiphaé*, loin de blesser les regards des Romains, après avoir flatté ceux des Grecs, ne pouvaient donc manquer d'obtenir la faveur publique, à cette époque de l'empire où un empereur, d'un caractère presque digne de la rigidité des temps républicains, l'austère Galba, se faisait gloire de descendre de *Pasiphaé*[5]. C'est à une époque peu éloignée sans doute de celle-là qu'appartient une peinture représentant *Pasiphaé debout, près de son taureau qu'elle caresse*, peinture qui ornait quelque chambre à coucher d'une *villa* romaine, avec d'autres images d'héroïnes mythologiques, *Canacé*, *Scylla*, *Myrrha* et *Phèdre*, qui avaient dû, comme *Pasiphaé*, une odieuse célébrité à une passion coupable et à une mort tragique[6]; et nous apprenons par le petit poëme d'Ausone, *Cupido cruci affixus*[7], que l'usage de représenter en peinture ces victimes fameuses de l'amour, motivé par une intention analogue à celle que j'ai supposée pour la réunion de ces cinq figures mythologiques, durait encore de son temps, qui touche, pour ainsi dire, à l'extrême limite de l'antiquité.

C'est donc aussi sous l'empire de ces idées populaires et des habitudes de l'art, qui en

---

[1] *Ad* Philostr. *l. l.* p. 301.

[2] Philostrat. *l. l.* : Γέγραπται δὲ οὐχ ἡ εὐνὴ νῦν, ἀλλ' ἐργα-σὴήριον μὲν τοῦτο πεποίηται τῷ Δαιδάλῳ. On doit ajouter cet exemple du mot ἐργαστήριον, dans le sens d'*atelier d'artiste*, à ceux que j'en ai déjà cités dans ma *Lettre à M. Schorn*, §. III n° 317, p. 395; et je corrige, à cette occasion, une faute d'impression qui s'est glissée dans cet article, *mancus officinæ*, au lieu de *manceps officinæ*.

[3] Virgil. *Eclog.* VI, v. 45-60.

[4] Ce fait incroyable est rapporté par Suétone, *in Neron.* c. XII, en ces termes : « Inter Pyrricharum argumenta, tauru Pasiphaen ligneo juvencæ simulacro abditam iniit, ut mult spectantium crediderunt. » Voy. sur ce passage la note des commentateurs.

[5] Suéton. *in Galb.* c. II : « Imperator vero etiam stemma ir atrio proposuerit, quo paternam originem ad Jovem, maternam ad Pasiphaen Minois uxorem referret. »

[6] J'ai publié moi-même cette peinture de *Pasiphaé*, avec celles qui l'accompagnaient, dans mes *Peintures antiques inédites*, pl. I, II, III, IV et V; voy. p. 399.

[7] Auson. *Cupid. cruc. affix.* v. 28-30 :

> Tota quoque aeriæ Minoia fabula Cretæ
> Picturatum instar tenui sub imagine vibrat.
> Pasiphae nivei sequitur vestigia Tauri.

L'épithète *aeria*, donnée à la Crète dans ces vers d'Ausone et restée sans explication de la part des commentateurs, se rapporte à l'origine phénicienne des premiers habitants de cette île, d'après les nombreux exemples que j'ai donnés de ce mot, avec cette acception, dans mon *Mémoire sur l'Hercule assyrien*, p. 141, 2).

étaient naturellement dérivées, que furent produits les deux bas-reliefs, seuls monuments
de la fable de *Pasiphaé*, connus de Boettiger, qui avaient donné lieu à la surprise de ce docte
antiquaire. Ces deux productions de la plastique, d'un mérite bien inégal, d'une destination
tout opposée [1], et d'une époque très-différente, sont un bas-relief du *palais Spada*, à Rome [2],
et un autre de la *villa Borghèse* [3], aujourd'hui du musée du Louvre [4], l'un et l'autre publiés
par Winckelmann, avec une explication qui laissait peu de chose à désirer ou à reprendre [5].
A ces deux monuments d'époque romaine, les seuls que possédât la science avant l'apparition de nos peintures de Rome et de Pompéi, il faut joindre encore une terre cuite, qui est
aussi un monument d'un art romain, et qui dut servir, comme tant d'autres restes de la
plastique de cet âge venus jusqu'au nôtre, à la décoration d'une frise dans des édifices sacrés
ou publics, ou même dans de grandes habitations particulières. Cette terre cuite, dont je ne
connais encore qu'un seul exemplaire dans la riche collection de M. le chevalier Campana,
à Rome [6], représente *Pasiphaé* debout, dans toute la dignité du costume grec, en face de
Dédale, vêtu de la tunique courte, absolument de la même manière que sur notre peinture
de Pompéi, et avec le même instrument à la main gauche. Entre ces deux personnages,
qui semblent engagés dans un entretien dont on devine facilement l'objet, au geste que
Dédale fait de la main droite, est la *vache de bois* que le coupable artiste vient de terminer,
et qui offre cette particularité, unique encore sur tous les monuments de l'art qui nous restent de cette fable, que l'ouverture carrée, par laquelle *Pasiphaé* doit s'y introduire, est pratiquée sur le côté de l'animal, et non pas sur le dos, comme on la voit sur notre peinture.

Il serait curieux, maintenant qu'aux monuments déjà connus de cette fable, d'époque
romaine, nous en avons ajouté de nouveaux de la même époque, il serait, dis-je, curieux
de rechercher si cette fable avait été aussi représentée sur des monuments de la période

---

[1] Effectivement, de ces deux bas-reliefs, celui du *palais Spada*, avec les sept autres qui l'accompagnaient, devait former la décoration de quelque *atrium* d'une grande habitation romaine, tandis que le bas-relief de la *villa Borghèse* est une façade de sarcophage.

[2] Publié d'abord par Winckelmann, *Monum. ined.* n° 94, et reproduit par Guattani, *Monum. antich. per l'ann.* 1805, tav. XXXIII, puis par Millin, *Galer. mythol.* pl. CXXX, n° 466, et par M. Guigniaut, *Relig. de l'antiq.* pl. CXCVIII, n° 700.

[3] Publié aussi par Winckelmann, *Monum. ined.* n° 93 (tav. CXV, n° 271, ed. Prat.), et reproduit par Millin, *Galer. mythol.* pl. CXXXII, n° 487, et par M. Guigniaut, *Relig. de l'antiq.* pl. CCI, n° 701. Il se trouve aussi dans le *Mus. de sculpt.* pl. 164, n° 227. Mais la meilleure gravure qui ait été donnée de ce monument est celle de Bouillon, *Mus. des antiq.* t. III, Bas-reliefs, personnages héroïques, pl. XX.

[4] Il y est placé, dans la *salle dite des Saisons*, sous le n° 71; voy. Clarac, *Notice, etc.* (1820, 8°), p. 38-39.

[5] Le nouvel interprète de ce bas-relief, dans le *Mus. de sculpt.* Bas-rel. n° 227, t. II, p. 630-632, s'est éloigné en plusieurs points de l'explication de Winckelmann, adoptée par Visconti, en suivant en cela, comme il le dit, les idées de M. de Saint-Victor. Ainsi il voit dans la première scène non plus le *pâtre de Minos*, mais *Dédale* lui-même; en quoi je ne saurais être de l'avis de M. de Saint-Victor. Le même antiquaire présume aussi que, sur le bas-relief *Spada*, c'est la *vache* fabriquée par Dédale, et non pas le *taureau* véritable, qui figure dans cette représentation, parce que, *si l'on s'en rapporte*, dit-il, *à la gravure de Winckelmann* (gravure très-fidèle, ainsi que le prouve l'estampe du recueil de Guattani, qui offre exactement la même particularité), *l'animal a le pied posé sur une sorte d'appui*. Mais c'est précisément cette espèce d'appui, qui est tout simplement une *pierre*, qui prouve que c'est bien le *taureau*, et non la *vache*, toujours placée sur un *plateau de bois* avec des roulettes. M. Guigniaut a suivi fidèlement l'explication de Winckelmann, et il a eu raison. Boettiger admettait aussi la présence du *pâtre* dans le bas-relief Borghèse; mais il se trompait en pensant que le monument était mal représenté dans la gravure de Winckelmann, et que *l'une des deux vaches* devait être le *taureau réel*, *Ideen zur Kunstmythologie*, t. I, p. 340-341, 5); c'est bien la *vache fabriquée* par Dédale qui figure *deux fois* sur ce bas-relief, où la fable de *Pasiphaé* est distribuée en trois scènes successives; et l'exemple du tableau de Philostrate est ici sans application.

[6] Elle est publiée dans les *Antiche opere di plastica* de M. Campana, tav. LIX. On la trouvera gravée en vignette, n° X, p. 169, d'après un dessin que j'avais dû à la bonté de M. Campana lui-même, avant la publication qu'il a faite de cette terre cuite de son cabinet.

hellénique, de celle où l'influence du théâtre tragique, qui aima tant à s'exercer sur les crimes et les malheurs de la race de *Minos*, put se faire sentir dans les œuvres de l'imitation. Mais, à cet égard, je dois dire que je ne connais aucun monument d'un art grec qu'on puisse rapporter, avec quelque probabilité, au mythe de *Pasiphaé*. On a bien cru voir sur deux vases peints de *Vulci*[1] une *Junon-Pasiphaé*, près d'un *Jupiter-Minos*, dans une action qui, du reste, n'offre aucun rapport avec celle qui avait procuré au nom de *Pasiphaé* une célébrité si honteuse; mais quelque jugement que l'on porte de cette explication, qui peut sembler ingénieuse, j'avoue que je ne connais, d'après aucun texte classique, ni une *Junon-Pasiphaé*, ni un *Jupiter-Minos;* et les considérations et les exemples à l'aide desquels on a cherché à justifier cette association de noms divins et de noms historiques[2] me paraissent tout à fait dénués de fondement. Quant à la médaille de *Phæstos* de Crète, où M. Creuzer[3], suivant en cela les idées d'un ingénieux antiquaire, son compatriote[4], a cru voir, d'un côté, *Pasiphaé* en regard du *taureau*, de l'autre, *Dédale assis*, je ne puis m'empêcher de dire que l'état de la médaille rend pour moi cette explication très-douteuse, et que je penche encore pour l'opinion de M. *Streber*[5], qui a publié cette rare monnaie, qu'il avait sous les yeux dans le cabinet de Munich, et qui, se laissant guider par l'intérêt national qui s'attachait en Crète au mythe d'Europe, avait reconnu ici, sur la face principale, *Europe* en face de son *taureau*, et au revers *Mercure*, dont l'intervention dans cette scène des amours du maître des dieux s'explique de la manière la plus naturelle et la plus conforme à toutes les idées antiques.

Il me resterait maintenant à exposer, sur cette fable même de *Pasiphaé*, qui ne blesse pas seulement au plus haut degré le sentiment de l'honnêteté, mais encore la raison et la vraisemblance, au point qu'elle avait scandalisé les anciens eux-mêmes, et qu'elle les avait réduits, pour en rendre compte, à recourir à des explications plus bizarres[6], ou même plus

---

[1] *Descript. du Cabinet Durand*, nᵒˢ 262 et 263. Il est dit, dans l'explication du premier de ces vases, p. 85, 1), que *Junon-Pasiphaé dresse toujours des embûches à son mari Jupiter-Minos*. Je ne sais sur quoi se fonde cette allégation, à moins que ce ne soit sur la fable de *Pasiphaé* et de *Procris*, telle quelle est rapportée par Antoninus Liberalis, *Fab.* XLI, p. 278; mais, dans ce fragment de mythologie ancienne, très-curieux du reste, il n'est question que de *Pasiphaé*, épouse de *Minos*, et non d'une *Junon-Pasiphaé* et d'un *Jupiter-Minos*, inconnus de toute l'antiquité. J'en dirai autant de la *Junon cydonienne*, que l'on a cru voir sur le même vase, d'après les médailles de *Cnosse*. Le fait est que *Junon* ne figure point sur les médailles de *Cydonie*, mais bien sur celles de *Cnosse;* et qu'ainsi il faudrait dire au moins la *Junon cnossienne*, et non la *Junon cydonienne*.

[2] *Descript. des antiq. Beugnot*, nᵒ 46, p. 45-46, 2). Les raisons à l'aide desquelles le savant auteur a cherché à répondre aux objections dont la *Junon-Pasiphaé* et le *Jupiter-Minos* avaient été l'objet de la part d'habiles antiquaires, tels que MM. Welcker, *Rhein. Mus.* t. V, p. 136, et Éd. Gerhard, *Archäolog. Intelligenz-Blatt.* jul. 1836, p. 317, ne me semblent avoir aucune valeur. Voyez ce que le même auteur avait déjà dit à ce sujet, *Catalog. Magnonc.* n. 45, p. 35-36 1). Des surnoms, tels que celui de *Pasiphaé*, donné à *Aphrodite*, ou celui d'*Agamemnon*, donné à *Zeus*, ne prouvent en aucune façon que l'on assimilât des personnages réputés historiques, tels que *Pasiphaé* et *Agamemnon*, à des dieux de l'Olympe, tels que *Jupiter, Junon* et *Vénus*. C'est, à ce qu'il me semble, manquer d'exactitude, et c'est méconnaître l'esprit de la mythologie, que d'admettre de pareilles assimilations, sur la foi d'épithètes significatives qui se donnaient, dans certaines localités, à raison de certaines circonstances du culte.

[3] *Symbolik*, t. IV, p. 260-261, 3), 3ᵉ édit.

[4] Panofka, *Von den Einfluss der Gottheiten auf die Ortsnamen*, taf. IV, nᵒ 27. Le savant antiquaire reconnaît *Pasiphaé* à sa *couronne radiée*, qui répond à son nom; mais il n'y a pas de trace de cette *couronne* sur la médaille; et, quant au *caducée* placé à la main de *Dédale*, il n'y a pas la moindre raison pour donner à *Dédale* un pareil attribut, en cette circonstance, ni en aucune autre.

[5] Streber, *Numism. gr.* tab. II, nᵒˢ 5, 6.

[6] Je range dans ce nombre celle qu'a proposée Lucien, dirai-je sérieusement, c'est à savoir, que *Pasiphaé*, à qui *Dédale* avait donné des leçons d'astronomie, s'était éprise d'amour pour la constellation du Taureau, et que c'était cette passion astronomique qui avait donné lieu à la fable : Ὅτι Δαίδαλός μιν τῷ ταύρῳ ἐνύμφευσεν, *De astrolog.* § XVI, t. V, p. 223, Bip. De quelque manière qu'on juge cette idée de Lucien, elle montre combien le siècle de cet écrivain était devenu étranger à l'esprit de la haute antiquité.

absurdes [1] les unes que les autres, il me resterait, dis-je, à exposer mes idées, telles que j'ai pu me les former d'après les témoignages de l'antiquité classique. Mais cette tâche a déjà été remplie par le docte et profond auteur des *Religions anciennes* [2], d'une manière qui ne me permet d'ajouter que bien peu de chose à son travail, en y joignant ce qu'avaient écrit sur le même sujet un autre savant, M. Hoeck, profondément versé dans l'histoire et les antiquités de la Crète [3], et auparavant Boettiger [4], l'antiquaire de nos jours qui avait le plus contribué à restituer à l'archéologie phénicienne sa part légitime d'influence dans l'antiquité grecque. J'essayerai pourtant d'établir, au sujet de cette fable et de la forme qu'elle reçut dans les traditions populaires de la Grèce, et conséquemment dans les œuvres de l'art qui en étaient l'expression figurée, un point de vue qui avait échappé à ces savants, et qui ne laisse pas de venir à l'appui de leur système général d'interprétation.

Le mythe de *Pasiphaé*, tel qu'il est exposé par Apollodore [5] et par d'autres auteurs anciens [6], et qu'il était devenu si populaire à une certaine époque de l'antiquité, peut se réduire aux principaux traits que voici : *Pasiphaé*, fille du *Soleil* et de *Perséis* [7], une des *Océanides*, appartenait ainsi à cette race d'*enfants du Soleil*, tels que *Persès*, *Æétès* et *Circé*, qui régnaient sur des contrées orientales, et qui exerçaient, à l'aide d'opérations magiques, une puissance tantôt malfaisante et tantôt salutaire [8]. La *Crète* était son domaine, et c'est là que, devenue l'épouse de *Minos*, fils de *Jupiter* et d'*Europe*, elle avait soumis à son empire magique son époux lui-même, dont les embrassements donnaient la mort à toutes les femmes, *Pasiphaé* seule exceptée, qui était *immortelle* [9]. Mais ses enchantements ne purent la mettre à l'abri du courroux des dieux. *Minos* avait fait vœu de sacrifier à Neptune [10] la victime que le dieu lui-même, en signe de sa protection, lui aurait envoyée ; et aussitôt un *taureau blanc*, d'une forme accomplie, était sorti du fond de la mer. Mais, à la vue de ce taureau, d'une beauté si parfaite, *Minos*

---

[1] Ce qu'avait de monstrueux cette union d'une femme avec un taureau, et ce qui est exposé avec plus de détails que ne le comportait la chose elle-même par un auteur ancien, Palæphat, *De incredib.* c. II, p. 22-24, ed. Fischer; ce qui avait excité l'incrédulité de Plutarque, *Præcept. conj.* t. II, 139, B : Τὴν Πασιφάην ἀπιστοῦσιν ἐρασθῆναι βοός; cf. Agatharch. *apud* Phot. *cod.* CCL. : Πρὸς τούτοις Πασιφάην μὲν ταύρῳ, Τυρὼ δὲ ποταμῷ μίγνυσθαι, πρὸς οὐδὲν γένος τὴν εὐνὴν ἐχούσας ἀλλόφυλον; Clem. Alex. *Protrept.* p. 51, ed. Potter., est aussi ce qui avait donné lieu aux interprétations prétendues historiques qui eurent cours dans l'antiquité, et qui, conçues dans le sens de l'évhémérisme, ne mirent jamais ce système absurde en une plus complète évidence sur aucun autre point peut-être que sur celui-ci; voyez les récits de Palæphat, *l. l.*, de Servius, *ad Æn.* VI, 14, et du Mythographe du Vatican, 1, 43, en y joignant la version de Philochore, qui nous a été conservée par Plutarque, *in Thes.* § XVI, et par Eusèbe, Χρονικ. λογ. πρώτῳ, p. 31; Χρονικ. καν. p. 125; cf. Siebelis, *Philochor. Fragment.* p. 29-30. Il y avait pourtant à donner de cette fable monstrueuse une raison historique, puisée dans les traditions orientales, et c'est ce qui avait échappé à ces écrivains.

[2] Creuzer, *Symbolik*, t. IV, p. 253-269, 3e édit. Le même savant avait déjà indiqué la nature symbolique de ce mythe dans sa dissertation *De Hercule Buzyge, Annal. dell' Instit. archeol.* t. VII, p. 96-99.

[3] Hoeck, *Kreta*, t. II, p. 57-65.

[4] *Ideen zur Kunstmythologie*, t. I, p. 332-348.

[5] Apollodor. III, 1, 1.

[6] Diodor. Sic. IV, LXXVII; Hygin. *Fab.* XL. et CLXXXIX; Serv. ad Virg. *Æn.* VI, 14; Schol. Lycophron. *ad* v. 174; Mythogr. Vat. 1, 43, p. 16, ed. Bode, avec les auteurs cités par Fischer, *ad* Palæphat. c. II, p. 21-22.

[7] Apollodor. I, IX, 1, et III, 1, 2 : cf. Pausan. V, XXV, 5; Ciceron. *de Nat. Deor.* III, XIX; « Pasiphae....e Perseide... patre Sole, in deorum numero; » Apollon. Rhod. III, 999 : Κούρη Ἠελίοιο; Schol. Homer. *ad Odyss.* v, 325. D'après la tradition suivie par Hygin, *Fab.* CLVI, *Pasiphaé*, fille du Soleil, était aussi née d'une *Océanide*, mais elle se nommait *Clyméné* et non *Perséis*. Sur cette généalogie de *Pasiphaé*, et sur son extraction orientale, voy. Creuzer, *Symbolik*. IV, 233-234. La version suivie par le Mythographe du Vatican, 1, 3, 204, d'après laquelle *Pasiphaé* était fille d'*Apollon*, revient à la même tradition, puisque *Apollon* était un *dieu Soleil*.

[8] Schol. Apollon. Rh. *ad* l. III, v. 200.

[9] Antonin. Liberal. *Fab.* XLI, p. 278, ed. Verheyk.

[10] Apollodor. III, 1, 3; Diodor. IV, LXXVII; Zenob. *Cent.* IV, 6. Suivant une autre tradition, le vœu avait été adressé à *Jupiter*, Mythogr. Vatic. 1, 47; II, 120.

ne put se résoudre à tenir son serment; et, gardant pour lui l'animal qui lui était offert par une puissance divine, il crut pouvoir satisfaire également le dieu, en lui immolant un autre taureau choisi dans ses troupeaux. Neptune irrité[1] se vengea du manque de foi de *Minos* en inspirant à *Pasiphaé* une passion pour ce taureau, qu'elle satisfit avec l'aide de *Dédale*, au moyen d'une *vache de bois* que cet artiste avait fabriquée; et le fruit de cette union monstrueuse fut ce *Minotaure*, dont la double nature d'*homme* et de *taureau* attestait à la fois la vengeance de Neptune et le crime de l'épouse de *Minos*.

Telle est, en ce qui concerne l'*amour* de *Pasiphaé* et la naissance du *Minotaure*, la fable crétoise si célèbre, dont le principal défaut, aux yeux de la critique, est sans doute que nous n'en possédions aucun témoignage fourni par la littérature nationale, ni qu'on puisse attribuer à une assez haute époque. On a pu déjà remarquer[2] que la fable du *Minotaure* paraissait avoir été ignorée d'Homère, et que le nom de *Pasiphaé* ne se lit pas parmi ceux des *enfants du Soleil* connus d'Hésiode[3]. La première mention de cette fable qui nous soit parvenue est celle qui s'en trouvait dans les écrits de Phérécyde, d'Acusilas et d'Hellanicus[4], ces anciens logographes, qui les premiers s'étaient exercés à rédiger en prose les fables transmises jusqu'à eux sous une forme épique. Mais de ce fait que les noms de *Pasiphaé* et du *Minotaure* ne se lisent pas dans les poésies qui nous restent d'Homère et d'Hésiode, et de cet autre fait qu'on a cru lire à tort le nom de *Pasiphaé* dans un fragment d'Archiloque[5], s'ensuit-il nécessairement, comme l'a prétendu un savant critique[6], que la fable du *Minotaure* ait été inventée dans le siècle des logographes, uniquement d'après les traditions qui avaient cours à Athènes sur le compte de Thésée? A mon avis, ce serait donner à un argument purement négatif une portée beaucoup trop grande. On peut admettre que la fable de *Pasiphaé*, dans la forme sous laquelle elle nous est parvenue, dérive d'une source attique, comme il est certain que la célébrité qu'elle avait acquise provient surtout du théâtre attique; le proverbe athénien[7] qui avait cours sur le compte de *Dédale*, à l'occasion de l'infâme ministère qu'il avait prêté à *Pasiphaé*, prouve suffisamment cette origine et cette célébrité attiques. Il est bien probable aussi que cette fable nous apparaîtrait sous une forme assez différente, s'il nous était donné de la retrouver dans quelque document proprement crétois. Mais je ne puis accorder que, même sous cette forme attique, si empreinte qu'elle puisse être des passions et des préjugés qui régnaient à Athènes au sujet de la famille de *Minos*[8], la fable entière de *Pasiphaé* soit d'une invention attique, et qu'elle date uniquement de l'âge des logographes. Le fond de cette légende devait appartenir à la Crète, ou même encore à la Phénicie, dont la Crète fut

---

[1] Suivant une autre tradition, rapportée par Hygin, *Fab.* XL, et par les Mythographes du Vatican, I, 43, p. 16, II, 121, p. 116, ce fut la colère de Vénus qui produisit la passion de *Pasiphaé*, sans que ces auteurs s'accordent entre eux sur le motif de ce ressentiment de Vénus; cf. Mythogr. Vat. III, 11, 6, p. 231-232, ed. Bode.

[2] Hoeck, *Kreta*, II, 59.

[3] Hesiod. *Theogon.* v. 956; cf. Hoeck, *Kreta*, II, 61.

[4] Pherecyd. *Fragm.* LIX, p. 197, ed. 2ª, Sturz.; Hellanic. *Fragm.* LXXXIX, p. 115, ed. 1ª, Sturz. Acusilas avait traité des mythes crétois; c'est ce qui résulte du témoignage d'Apollodore, II, v, 7, qui le cite, à l'occasion du taureau qui transporta Europe en Crète.

[5] Le nom de Πασιφάη, mis à tort pour le mot Πασιφίλη, dans un fragment d'Archiloque, Brunck, *Analect.* t. III, p. 236, Gaisford, *Poët. gr. min.* I, 310 (t. III, p. 113-114, ed. Lips.), pourrait donner lieu de croire qu'Archiloque avait connu la fable de *Pasiphaé*; mais ce serait une erreur fondée sur une fausse leçon; voy. Liebel, Archiloch. *Fragment.* p. 159.

[6] Hoeck, *Kreta*, t. II, p. 59-60.

[7] Suid. v. Ἐν παντὶ μύθῳ καὶ τὸ Δαιδάλου μύσος, t. I, II, p. 271, ed. Bernhardy; cf. Zenob. *Cent.* IV, n. 6, p. 85, ed. Schneidewin.

[8] Plutarch. *in Thes.* c. XVI : Καὶ γὰρ ὁ Μίνως αἰεὶ διετέλει κακῶς ἀκούων καὶ λοιδορούμενος ἐν τοῖς Ἀττικοῖς θεάτροις.

notoirement un des plus anciens établissements; et les logographes, tels qu'Acusilas, Hellanicus et Phérécyde, ne firent en cela, comme dans tous leurs autres récits, que raconter d'une manière didactique ce qui, depuis déjà bien des siècles sans doute, avait cours dans la bouche des peuples, sous une forme à la fois populaire et poétique.

Je crois donc fermement que la fable de *Pasiphaé* avait chez les Crétois un fondement historique, en ce sens qu'elle se liait intimement aux dogmes de leur religion nationale et qu'elle avait reçu, dans les rites de cette religion, apportée de l'Asie, une expression figurée qui a passé, avec plus ou moins d'altération, dans les traditions de la Grèce et dans les œuvres de l'art antique produites sous l'influence de ces traditions. Effectivement, s'il est, en fait d'archéologie comparée, quelque chose de démontré, c'est que le *Minotaure*, tel que nous le représentent tous les monuments de l'art[1], avec un *corps d'homme* et une *tête de taureau*, est une idole purement phénicienne[2], l'image symbolique d'un *dieu Soleil* adoré sous cette forme chez les Phéniciens, à cause de la relation intime qui existait, dans toutes les religions asiatiques, entre le *Soleil* et le *taureau*, cet animal considéré comme l'emblème de la *génération*, de la *fertilité* et de la *vie*[3]. Ce qui n'est pas moins sensible, c'est que *Pasiphaé*

---

[1] Il serait difficile de se représenter, d'après ces deux vers du *Thésée* d'Euripide, cités par Plutarque, *in Thes.* § xv; cf. Euripid. *Fragm. Thes.* vii, p. 357, ed. Matthiæ :

Σύμμικτον εἶδος κἀποφώλιον τέρας,
Ταύρου μέμιχθαι καὶ βροτοῦ διπλῆ φύσει,

de quelle manière cette *double nature* de *l'homme* et du *taureau* se trouvait accomplie dans le *Minotaure*; et nous ne pourrions nous en faire une idée plus juste, d'après la seule indication que donne Pausanias, I, xxiv, 2, du groupe de *Thésée* et du *Minotaure*, érigé sur l'*Acropole* d'Athènes, si nous n'avions ici le secours des monuments, qui suppléent à l'insuffisance des témoignages classiques. Je dis l'insuffisance; car ces témoignages ne nous manquent pas tout à fait : ainsi Apollodore nous apprend, sans doute sur la foi des logographes, que *le Minotaure avait une tête de bœuf et tout le reste d'homme*, III, 1, 4 : Οὗτος εἶχε ταύρου πρόσωπον, τὰ δὲ λοιπὰ ἀνδρός; c'est aussi, sur ce point, la tradition suivie par Diodore de Sicile, IV, lxxvii, par le scholiaste de Lycophron, *ad* v. 653 et 1301, et même par Hygin, *Fab.* xl : *Capite babulo, parte inferiore humana*; et les monuments sont d'accord avec cette donnée. A la tête de ces monuments, je place la célèbre médaille de Cnosse, de notre Cabinet, Pellerin, *Méd. de peuples*, t. III, pl. xcviii, 24; Barthélemy, *Mém. de l'Acad.* t. XXIV, p. 40, pl. i, n. 7; Mionnet, *Description*, pl. xlvii, 6, et *Supplément*, t. IV, pl. viii, n. 2, qui offre, sur sa face principale, le *Minotaure, à corps humain, à tête de bœuf*, tourné à droite, le visage de face, *le genou gauche en terre*, dans une attitude empruntée à un simulacre d'art asiatique, et tenant à la main droite, non une *pomme*, ni une *patère*, comme le croyait encore en dernier lieu Boettiger, *Ideen*, etc. t. I, p. 349, mais une *pierre*, dernière arme qui lui reste pour se défendre; voy. mon *Achilléide*, p. 23, 8). Un pareil type sur une médaille de *Cnosse*, avec l'image du *labyrinthe* au revers, ne peut avoir été fourni que par un de ces monuments nationaux de la Crète, d'après lesquels Heyne présumait avec beaucoup de raison, *ad* Apollodor. III, 1, 4, que toute la fable du *Minotaure* avait été imaginée sous sa forme attique, et qui appartenaient originairement à un art phénicien. Le type attique du *Minotaure*

n'était pas différent de celui-là; et nous en avons la preuve par les médailles mêmes d'Athènes, qui nous offrent le groupe de *Thésée* et du *Minotaure*, Pellerin, *Méd. de peuples*, t. I, pl. xxii, n. 7, certainement d'après le monument de l'Acropole, et où le *Minotaure* est figuré comme sur la médaille de Cnosse. La même tradition a été suivie sur les nombreux vases peints, la plupart d'ancien style grec, qu'on peut croire avoir été produits sous l'influence des modèles attiques, et dont je ne citerai ici que les principaux, tels que le vase de Mengs, publié par Winckelmann, *Mon. ined.* n. 100; le vase de la galerie de Dresde, décrit par Boettiger, *Vasenerklärung*. t. II, p. 22; le célèbre vase de *Talidès*, publié par Millin, *Point. de vases*, t. II, pl. lxi, et par Lanzi, *Dei vasi dipinti*, tav. iii; le vase de *Nikosthénès*, provenant des fouilles récentes de *Vulci*, *Catalog. di antich.* n. 1516, en renvoyant au travail exact et savant que M. Stephani a publié sur ce sujet, et qui est enrichi d'un grand nombre de monuments acquis récemment à la science; voy. l'ouvrage intitulé : *Das Kampf des Theseus gegen den Minotauros*, Leipzig, 1842, fol.

[2] C'est ce qu'avait montré Boettiger, *Ideen*, etc. t. I, p. 336, ainsi que M. Hoeck, d'accord avec le savant antiquaire de Dresde, *Kreta*, t. II, p. 67-68, et ce qu'avait soupçonné avant eux Heyne, *Antiq. Aufsätz.* 1, 20; et je puis dire que toutes mes recherches sur l'archéologie phénicienne m'ont convaincu que le *Minotaure*, tel que nous le représente la médaille de Cnosse, est une œuvre d'art purement phénicienne, sans doute, un de ces simulacres de bronze que la tradition grecque attribuait à Vulcain, Ἡφαιστότευκτα, tels que le *Talòs*, Apollodor. I, ix, 26; cf. Heyn. *ad h. l.*, qui était aussi une *idole phénicienne*, dont il s'est conservé une image sur la belle médaille de *Phæstos*, *Cabin. de M. Allier*, pl. vii, n° 5, où il est accompagné de son nom, ΤΑΛΩΝ, et sur une autre médaille de la même ville, Pellerin, *Méd. de peuples*, t. III, pl. ci, n. 67, où il est représenté de même, avec un corps rond, c'est-à-dire avec une *pierre* dans chaque main : type si curieux, dont Eckhel avouait qu'il ne pouvait rendre compte, *Doctr. num. vet.* t. II, p. 317.

[3] C'est ce que dit en termes exprès un auteur ancien, Her-

elle-même, devenue dans la tradition attique une femme, une reine, l'épouse de *Minos*, la rivale de *Procris*, l'amante passionnée d'un taureau furieux, était, dans le principe, une *déesse*, et précisément une *déesse Lune* : c'est ce qui résulte de son titre de *fille* du *Soleil* et de *Perséis*, de sa qualité d'*immortelle* et de son nom même de *Pasiphaé*, qui était, dans la langue des Grecs, l'épithète consacrée de dieux et de déesses du système solaire [1]; c'est ce que prouve pareillement cette passion même pour le *taureau*, qui était, dans la symbolique des anciens peuples, l'animal sacré de la *déesse Lune*, *Tauropolos* [2]; et c'est ce qu'achève de démontrer l'existence d'un culte public rendu à *Pasiphaé* en divers endroits de la Grèce, où elle avait des *temples* et des *oracles* [3], dont les pratiques indiquaient une origine orientale, comme le reconnaissait l'opinion même des peuples.

Ce point ainsi établi, que *Pasiphaé*, pour les Crétois, de même que pour les Phéniciens, les premiers instituteurs de leur culte, était la *déesse Lune*, fécondée par le *dieu Soleil*, sous la forme de *taureau*, tout s'explique facilement dans les traditions grecques, qui n'avaient fait que traduire, sous une forme positive, une croyance qui avait eu, dans les religions asiatiques, une expression symbolique. J'admets donc, avec une pleine confiance, ce qu'a présumé M. Creuzer, avec une rare sagacité [4], que la fable de *Pasiphaé* et du *Minotaure* naquit,

---

mias, *in* Platon. *Phædr. apud* Goens. *ad* Porphyr. *De antr. nymphar.* p. 108 : Γενέσεως σύμβολον ὁ ταῦρος; cf. Creuzer, *Annal. dell' Inst. archeol.* VII, 99. De là l'opinion populaire qui faisait sortir de la *Lune* le *taureau*, objet de la passion de *Pasiphaé*, Nemesian. *Laud. Hercul.* v. 120, *in* Wernsdorf. *Poët. lat. min.* T. I, p. 293 :

Taurus medio nam sidere Lunæ
Progenitus Dictæa Jovis possederat arva.

Cf. Diodor. Sic. IV, xiii; voy. Spanheim, *ad* Callimach. *H. in Dian.* p. 255; Boettiger, *Ideen, etc.* I, 323, 12). De là encore le nom de *taureau de Vénus*, donné à cet animal symbolique, considéré comme *le maître de la génération*, γενέσεως δεσπότης, dans les mystères de Mithra, Porphyr. *De antr. nymph.* c. xxiv, p. 22 : Ἐποχεῖται ταύρῳ Ἀφροδίτης.

[1] Le *Soleil* est qualifié Πασιφάης, *Hymn. Orph.* viii, 14; et *Diane, ibid.* xxxvi, 3, reçoit le même surnom, en qualité de *déesse Lune*; ce qui résulte du témoignage d'un ancien auteur, relatif à *Séléné*, Maxim. περὶ καταρχῶν, v. 146. *Pasiphaé* est aussi une épithète de *Vénus*, Lyd. *De mensib.* p. 214, ed. Rother.; et l'on connaît, d'après une légende thessalienne qui paraît se rapporter à une origine orientale, Pseudo-Aristotel. *Mirab. auscultat.* c. cxlv, p. 294, Beckman., une *déesse Pasiphaessa*, qui tend à se confondre avec *Vénus*; voy. Creuzer, *Symbolik*, IV, 259, 3ᵉ édit.; Boettiger, *Ideen*, I, 339, 2).

[2] Les témoignages classiques sur ce point ont été rassemblés par Boettiger, qui y a joint les indications des principaux monuments figurés, de manière à ne rien omettre d'essentiel, *Ideen, etc.* I, 314-319, 4), 5) et 6); et il serait possible d'ajouter beaucoup de preuves de l'une et de l'autre espèce à l'appui ces idées du docte et ingénieux antiquaire de Dresde.

[3] Un de ces oracles, existant à Thalames, en Laconie, est cité en deux endroits par Plutarque, *in Ag.* § ix, et *in Cleom.* § vii, t. IV, p. 511 et 544, Reisk. On passait la nuit dans le temple, et la volonté divine s'y manifestait par des songes : ce qui est un mode de rendre les oracles dérivé des habitudes de l'Orient. Ci-

céron fait mention de cet oracle, qu'il place aussi *in Pasiphaæ fano, De divinat.* I, xliii, 96, ed. Moser. et Creuzer; et la célébrité de cet ancien oracle s'était conservée jusqu'au temps de Tertullien, qui en fait encore mention, *De anim.* c. xlvi, t. IV, p. 311, ed. Seml. Il n'est pas douteux que ce ne soit du même oracle qu'il est parlé dans Pausanias, III, xxvi, 1, bien que ce soit sous le nom d'*Ino* que ce sanctuaire soit cité comme renfermant, dans son *hypèthre*, une statue de *Paphia* et une d'*Hélios*. Les rapports d'*Ino* et de *Pasiphaé* ont été expliqués par M. Creuzer, *Symbolik*, IV, 259, de manière que la double attribution à *Pasiphaé* et à *Ino* d'un même oracle ne fasse ici l'objet d'aucune difficulté sérieuse; mais je n'admets pas pour cela la correction de Παφίης en Πασιφάης, proposée par Meursius et par d'autres savants, admise encore en dernier lieu par M. Creuzer, *l. l.* p. 259, et par M. Hoeck, *Kreta*, II, 62, *o*), et repoussée avec raison par M. Siebelis. Je regarde, en effet, la leçon Παφίης comme un indice curieux de l'assimilation de la déesse locale, appelée généralement *Pasiphaé*, à la *déesse de Paphos*, Παφίη, qui était une *déesse Lune*; et le fait qu'à côté de sa statue se voyait aussi une *statue du Soleil* : Τῆς τε Παφίης (ἄγαλμα) καὶ Ἡλίου τὸ ἕτερον, donne à cette induction le plus haut degré d'autorité et d'intérêt. Ce qu'ajoute Pausanias, que cette *Paphia* était à Thalames une divinité étrangère : Καὶ οὐ Θαλαμάταις ἐπιχώριος δαίμων ἐστὶν ἡ Παφίη, achève bien de montrer que c'était ici, en effet, un culte asiatique. Le même culte, sous le nom de *Pasiphaessa*, avait été porté aussi en Thessalie, et il se liait pareillement avec les traditions phéniciennes de la Béotie, ainsi que nous l'apprenons du curieux passage du Faux-Aristote, cité plus haut, 2), et si bien expliqué par M. Creuzer, *Symbolik*, IV, 259, 3ᵉ édit.

[4] *Symbolik*, IV, 269 : «Ohne Zweifel ist fast die ganze Fabel von Pasiphaë und Minotaurus, von Theseus und Ariadne aus mysteriösen Chören und Scenerien entsprungen, womit frühzeitig in den Tempeln von Creta nach Ægyptischer und Phönicischer Weise jene Hauptsätze der Naturreligion an den Jahresfesten gefeiert worden waren.» J'admets en entier cette manière

à une époque primitive, de la célébration des *chœurs* ou *danses sacrées*, si anciennes en Crète, à en juger par le *chœur d'Ariane*, déjà célèbre du temps d'Homère [1], danses dans lesquelles on représentait, à la manière phénicienne, les principaux dogmes de la religion naturelle. L'acte principal de ces représentations sacrées devait être l'union mystique du *dieu Soleil taureau* et de la *déesse Lune vache*, ce que les Grecs d'une époque postérieure appelaient une *hiérogamie*, et dont leur propre mythologie offrait tant d'exemples, qui avaient reçu dans les cérémonies du culte tant d'applications, réalisées sous une forme plus ou moins licencieuse, en même temps que symbolique. Tel dut être aussi le double caractère de l'*hiérogamie* phénicienne et crétoise, où *Pasiphaé* jouait le rôle de la *vache fécondée par le taureau*; et il est permis de présumer, d'après les abominations que le législateur des Juifs reproche aux diverses tribus chananéennes, à la place desquelles devait s'établir le peuple élu dans la terre promise [2], que ces unions monstrueuses n'avaient été, chez ces peuples, issus de la même race que les Phéniciens, d'un usage en quelque sorte public, que parce qu'elles se rapportaient à un motif religieux. Un trait bien curieux d'archéologie assyrienne vient à l'appui de cette supposition. Pline rapporte [3], sur la foi de Juba, ce roi si savant, que Plutarque appelait *le plus érudit des rois* [4], que *Sémiramis* avait eu pour un *cheval* une passion qui avait été satisfaite; et c'est au même trait, réduit malheureusement à cette simple indication, que se rapporte un passage d'Hygin [5], où il est dit que *Sémiramis*, ayant perdu le *cheval* qu'elle aimait, se jeta dans un bûcher. *Sémiramis* était notoirement une *déesse Lune* assyrienne [6], comme la *Pasiphaé* crétoise; et l'union mystique de l'une avec le *cheval*, animal sacré du *Soleil* [7], est un fait absolument du même genre que celle de l'autre avec le *taureau*. Or ces deux faits, séparés par une si grande distance de temps, bien que réunis dans un même ordre d'idées [8], s'expliquent et se justifient par le témoignage exprès du livre de Moïse; et ici encore, comme en tant d'autres traits de l'archéologie grecque, nous saisissons la véritable intention du mythe, en même temps que nous apprenons à en connaître l'origine orientale.

---

de voir, sauf en un point, qui me paraît, de la part du savant auteur, l'effet d'une préoccupation générale, en ce qui concerne l'association de l'*Égypte* et de la *Phénicie*. A mon avis, tout est purement phénicien dans la mythologie crétoise; et l'influence de l'*Égypte* ne s'y montre d'aucune manière, même indirectement; car la notion du *labyrinthe crétois*, seul appui tant soit peu plausible de l'opinion de M. Creuzer, n'a aucun rapport avec celle du *labyrinthe égyptien*.

[1] Homer. *Iliad.* xviii, 590, sqq. Cf. schol. *ad h. l.*

[2] *Levitic.* xviii, 23 : Καὶ γυνὴ οὐ στήσεται πρὸς πᾶν τετράπουν βιβασθῆναι· μυσαρὸν γάρ ἐστι; xx, 16 : Καὶ γυνὴ ἥτις προσελεύσεται πρὸς πᾶν κτῆνος βιβασθῆναι αὐτὴν ὑπ' αὐτοῦ, ἀποκτενεῖτε τὴν γυναῖκα καὶ τὸ κτῆνος, θανάτῳ θανατούσθωσαν· ἔνοχοί εἰσιν; xx, 23 : Καὶ οὐχὶ πορεύεσθε ἐν τοῖς νομίμοις τῶν ἐθνῶν, οὓς ἐξαποστέλλω ἀφ' ὑμῶν· ὅτι ταῦτα πάντα ἐποίησαν, καὶ ἐβδελύξαμην αὐτούς.

[3] Plin. VIII, xlii, 64 : « Equum adamatum a Semiramide usque ad coïtum, Juba auctor est. » Hardouin voulait corriger ici *coïtum* en *rogum*, d'après le passage d'Hygin qui sera cité plus bas; mais c'était une correction arbitraire que rien ne justifiait, et qui était contraire au véritable esprit de l'antiquité.

[4] Plutarch. *in Sertor.* § ix, t. III, p. 523, ed. Reisk. Ἰόβα.... τοῦ πάντων ἱστορικωτάτου βασιλέων.

[5] Hygin. *Fab.* ccxl.iii : « Semiramis in Babylonia, equo amisso, in pyram se conjecit. »

[6] Sur l'identité de *Sémiramis* avec l'*Astarté* d'Ascalon, comme avec la *déesse de Paphos* et avec la *déesse Lune*, conséquemment aussi avec la *Pasiphaé* crétoise, je renvoie aux savantes recherches de M. Movers, *Die Phœnicier*, etc. t. I, p. 631 et 632.

[7] C'est un point d'archéologie asiatique que j'ai traité spécialement dans mon *Mémoire sur l'Hercule assyrien*, où j'ai fait usage de ce trait si curieux, fourni par Hygin, sur la *pyra* de *Sémiramis*, à Babylone; et j'y renvoie d'avance mes lecteurs.

[8] Le rapprochement des textes de Pline et d'Hygin avait été fait par Méziriac, à la vaste lecture duquel si peu de textes antiques avaient échappé; voy. ses *Comment. sur les Épîtr. d'Ovide*, p. 342. Mais, en faisant ce rapprochement, il n'avait eu, comme il le dit, d'autre raison, que *de ne pas laisser Pasiphaé toute seule diffamée pour sa détestable brutalité*, en lui associant *Sémiramis*. Il n'avait pas saisi la liaison des idées, et la science n'était pas alors assez avancée pour qu'on pût comprendre la véritable intention du mythe.

PLANCHE XIV.

DANAÉ DANS L'ILE DE SÉRIPHE.

Hauteur, o mètre, 69, 8 cent. — Largeur, o mètre, 58, 9 cent.

———————

C'est pour la première fois que nous avons vu apparaître, sur une peinture antique, un sujet mythologique qui dut avoir un grand intérêt pour l'antiquité grecque, attendu qu'il se rattachait, par la naissance de *Persée*, à tout un ensemble de traditions poétiques, tardives et faibles réminiscences des plus anciens rapports de la Grèce et de l'Asie. L'arrivée de *Danaé* et de son fils dans l'ile de *Sériphe* était le second acte de ce grand drame de la *Perséide*, qui avait exercé, dès une époque primitive et jusque dans le dernier âge[1], le génie épique des Grecs[2], et qui, plus tard, traité par les logographes sous cette forme d'anthropomorphisme, si chère au génie grec, était devenu un des thèmes favoris du théâtre attique. Mais cette arrivée de *Danaé* à *Sériphe*, sujet de plusieurs tragédies grecques, et sans doute aussi de plus d'un ouvrage de l'art, ne s'était encore montrée sur aucun monument figuré; et c'est cette circonstance qui, jointe au mérite propre de notre peinture, ajoute beaucoup d'intérêt à cette peinture, fruit des dernières fouilles de Pompéi.

Le mythe de *Danaé*, tel qu'il est rapporté par Apollodore[3], sans doute d'après Phérécyde[4],

[1] Ovide cite une *Perseis* d'un poète romain, *Pont.* iv, 6, 25.

[2] Welcker, *Die Æschyl. Trilog.* p. 378.

[3] Apollodor. II, iv, 1; cf. Heyn. *ad h. l.;* Swinden. *Miscell. Observ. nov.* iii, 55, sqq.

[4] Heyn. *ad Apollod.* II, iv, 1; Welcker, *Die Æsch. Trilog.* p. 378.

un de ces anciens logographes qui avaient rédigé en prose les fables épiques, avait acquis beaucoup de célébrité chez les Grecs, et rien ne le prouve mieux que la mention qui en est faite par Homère[1], dans cet endroit de l'*Iliade* où *Jupiter* se plaît à rappeler à *Junon* les nombreux adultères qu'il a commis, comme pour donner plus de prix aux désirs qu'il éprouve pour elle. Le nom de *Danaé* est le second qui se présente à la mémoire du maître des Dieux dans ce discours effronté qui avait scandalisé la philosophie ancienne[2], et qui n'a pas été traité moins sévèrement par la critique moderne[3], mais qui était loin de blesser le génie de la civilisation grecque, toujours empressée à chercher dans l'exemple de ses dieux des excuses et des autorités pour ses faiblesses. Homère se borne à indiquer la passion de *Jupiter* pour *Danaé* et la naissance de *Persée*, qui en fut le fruit. Il n'entrait pas dans son objet d'exposer les détails de cette aventure amoureuse; mais il est bien probable que la fable entière de *Danaé* était déjà fixée de son temps, dans ses traits principaux, sous la forme où elle était rapportée par les logographes, et que les tragiques n'ont eu qu'à développer ce thème favorable, en y ajoutant les circonstances terribles ou pathétiques qui en dérivaient naturellement. Le poëme de Simonide de Céos, dont il nous est parvenu un délicieux fragment[4], suffit pour montrer quel parti les poëtes de tous les âges avaient pu tirer de cette fable telle qu'elle avait cours, dans la bouche des peuples, dès les temps antérieurs à Homère, et telle que nous la trouvons racontée par les mythographes[5], qui nous en ont transmis un extrait sur la foi d'auteurs bien plus anciens. Voici, d'après la version la plus accréditée, celle qui avait été suivie par Phérécyde, les principaux traits du mythe de *Danaé*, auquel se rapporte notre peinture.

Acrisius, roi d'Argos, avait reçu de Delphes un oracle qui lui annonçait qu'il perdrait la vie de la main du fils qui naîtrait de *Danaé*, sa fille. Pour prévenir ce malheur, le roi d'Argos fit construire au-dessous de l'*aulê*, ou cour découverte, de son palais[6], un *édifice souterrain*[7] qui fut intérieurement revêtu de lames de bronze, de manière à offrir l'apparence d'une *chambre de bronze*[8], et il y enferma *Danaé* avec sa nourrice, sous la surveillance d'une garde

---

[1] Homer. *Iliad.* xiv, 317-328.

[2] Platon. *Republ.* iii, t. II, p. 390 (t. VI, p. 399, Bekker.).

[3] Voyez les observations qu'a faites M. Creuzer, *Symbolik*, t. I, p. 80, note, 3ᵉ édit., sur ce passage d'Homère, et qui rentrent tout à fait dans celles que j'ai eu occasion de faire sur le même texte, dans l'explication de notre première peinture, 1, p. 7-9. Voici comment s'exprime l'illustre auteur de la *Symbolique* : « Die Liebeshändel, deren Zeus sich gegen Here selber rühmt konnten nun vielen Leidenschaften zur Entschuldigung dienen und zum Vorbild der nachfolgenden Dichter, welche Plato ohne Zweifel bei dieser Anklage ebenfalls vor Augen hatte. Folgendes Beispiel wird beweisen, wie viel diese dem Griechischen Volke zumutheten und zumuthen durften; » et il rapporte l'exemple de *Danaé*, qu'il accompagne de réflexions dans le même sens. Je me contente d'opposer l'opinion d'un savant si profondément versé dans la connaissance de l'antiquité à des contradictions, aussi superficielles que malveillantes, qui ne méritent pas le moins du monde que j'en tienne compte.

[4] Ce fragment a été conservé par Denys d'Halicarnasse, *De composit. verb.* t. V, p. 221-223, ed. Reisk. et Athénée en a cité quelques vers, l. IX, p. 396, E; voy. Brunck, *Analect.* t. I, p. 121, *carm.* vii; cf. Jacobs, *Anthol. Pal.* t. VI, p. 204-206. Le texte a été disposé différemment par M. Hermann, qui y a fait aussi quelques corrections, *De metr.* p. 452; cf. Simonid. Cei *Reliq.* ed. Schneidewin. p. 67; voy. aussi Welcker, *Die Æschyl. Trilog.* p. 380.

[5] L'extrait de Phérécyde, d'où procèdent la plupart des témoignages antiques, nous a été donné par le scholiaste d'Apollonius de Rhodes, ad l. IV, v. 1091; voy. Phérécyd. *Fragment.* p. 72, sqq. ed. Sturz. Ajout. Schol. Lycophron. *ad* v. 838; Schol. Homer. *ad Iliad.* xiv, 319; Eudoc. *Viol.* p. 103, sqq.; Zenob. *Cent.* 1, 41; Hygin. *Fab.* lxiii; Mythogr. Vat. 1, 157; ii, 110.

[6] Pherecyd. *Fragm.* ii, p. 72 : Θάλαμον ποιεῖ χαλκοῦν ἐν τῇ αὐλῇ τῆς οἰκίας κατὰ γῆς.

[7] Pausan. II, xxiii, 7 : Κατάγαιον οἰκοδόμημα; cf. Zenob. *Cent.* 1, 41 : Ὑπὸ γῆν θάλαμον χάλκεον κατασκευάσας; Apollod. II, iv, 1 : Ὑπὸ γῆν.

[8] L'expression de θάλαμος χαλκοῦς, dont s'était servi Phérécyde, *l. l.*, est aussi celle qu'emploient Pausanias, II, xxiii, 7, Apollodore, II, iv, 1, et Zenobius, *Cent.* 1, 41. Sophocle se sert,

fidèle et dévouée. Mais *Jupiter* avait conçu de l'amour pour *Danaé*, que sa beauté accomplie rendait digne des embrassements du maître des dieux. Il se glissa, sous la forme d'une *pluie d'or*[1], à travers l'*ouverture du toit*[2], jusque dans le sein de *Danaé*, qui recevait innocemment cette pluie merveilleuse; puis, se montrant à elle sous sa véritable forme[3], il triompha de sa pudeur. Un enfant, *Persée*, fut le fruit de cette union. *Danaé* le mit au jour avec les soins de sa fidèle nourrice; elle réussit même à l'élever jusqu'à l'âge de *trois* ou *quatre ans*[4], sans qu'*Acrisius* eût encore aucun soupçon de l'événement qui avait trompé sa prudence et qui devait justifier l'oracle. Mais enfin des cris de l'enfant, échappés à l'étourderie de l'âge, parvinrent aux oreilles des gardes, et le roi d'Argos apprit que sa fille était devenue mère. Il voulut alors savoir d'elle-même quel était l'audacieux mortel qui l'avait séduite; il la conduisit avec son fils à l'*autel de Jupiter Herkeios*[5], érigé, suivant l'usage des temps héroïques,

---

Antig. v. 937-9, des mots ἐν χαλκοδέτοις αὐλαῖς; cf. ἐν τυμβήρει θαλάμῳ, qui expriment précisément la même idée; le scholiaste de Lycophron apporte à cette tradition un changement qui n'est pas heureux, en disant σιδηροῦν θάλαμον. Les mythographes latins désignent la chambre de Danaé par les mots *æneam turrim*, qu'ils empruntent à Horace, *Od.* III, xvi, 1; cf. Stat. *Theb.* I, 253 : *turrem septam*; Claudian. *in Eutrop.* I, 82 : *turrem æratam*; Propert. II, xvi, 12 : *ferratam domum*. Hygin, en parlant d'une *enceinte de pierre : eam in muro lapideo præclusit*, semble suivre une tradition différente; mais il n'y a là peut-être qu'une inadvertance, en ce qu'il a pris l'*appartement souterrain*, κατάγαιον οἰκοδόμημα, où était la *chambre de bronze*, pour la prison même de Danaé.

[1] Phérécyde dit que *Jupiter, épris de Danaé, se rendit semblable à l'or*, χρυσῷ παραπλήσιος, expressions qui ont été remplacées dans l'extrait d'Apollodore par celles de *métamorphosé en or*, μεταμορφωθεὶς εἰς χρυσόν; cf. Zenob. *Cent.* I, 41; Schol. Lycophr. ad v. 838 : Εἰς χρυσὸν μετασθρέψας. La *pluie d'or* est le mot qui a prévalu dans la plupart des versions antiques, que l'auteur du *prologue* de la *Danaé* avait certainement sous les yeux, lorsqu'il écrivait les vers que voici, *Prolog.* v. 30-32 :

Ὡς ἄπυρος χρυσὸς γεγὼς,
Ποθεινὸν εἰδὼς τοῦτο κλῆμα τοῖς βροτοῖς,
Διὰ στέγους ῥεύσειεν ἐν χεροῖν κόρης.

Cf. Horat. *Od.* III, xvi, 8 : *Converso in pretium deo*; Hygin. *Fab.* lxiii : *Jovis in* imbrem aureum *conversus*; Mythogr. Vat. I, 157 : *in aureum Jupiter* imbrem *mutatus*. Cette image était probablement empruntée à une opinion très-ancienne sur l'éclat extraordinaire qui accompagnait toute *apparition* ou *epiphanie* de la divinité, *éclat* dont *l'or* était devenu naturellement le symbole. Cette idée se trouve déjà dans les *Hymnes homériques*, *in Cer.* v. 279, et *in Apollin. Del.* v. 135 : Χρυσῷ δ' ἄρα Δῆλος ἄπασα βεβρίθει; et Pindare s'exprime, au sujet de la première entrevue de *Jupiter* et d'*Alcmène*, d'une manière qui conviendrait à celle du même dieu et de *Danaé, Isthm.* vii, 5 : ἦ χρυσῷ μεσονύκτιον ΝΙΦΟΝΤΑ δεξαμένα τὸν φέρτατον Θεῶν. L'image de *pluie*, qui se trouve déjà dans ces vers du poëte, est plus positivement exprimée par le scholiaste, ainsi que le rapport avec l'aventure de *Danaé* : Ἰδίως λέγει τὸν Δία ΥΣΑΙ χρυσὸν, ἡνίκα ἐμίγη τῇ Ἀλκμήνῃ· ἢ τὰ ἐπὶ Δανάης μυθευόμενα ἐπὶ Ἀλκμήνην μετήγαγεν. Cf. Mitscherlich. ad Horat. *Od.* III, xvi, 1-4.

[2] Cette notion curieuse, énoncée d'une manière générale, et conséquemment un peu vague, dans la plupart des textes antiques, Pherecyd. *l. l.* : Ἐκ τοῦ ὀρόφου ῥεῖ; Apollod. *l. l.* : Διὰ τῆς ὀροφῆς εἰσρυεὶς; cf. Zenob. *l. l.*; *Prolog. Danaës*, v. 32 : Διὰ στέγους; Schol. Sophocl. *ad Antigon.* v. 936 : Ἀπὸ τέγους, se trouve exprimée en termes plus précis, au moyen d'un mot technique, par le scholiaste de Lycophron, *l. l.* : Χυθεὶς διά τινος ΟΠΗΣ; et cet exemple du mot ὀπή, pour signifier une *ouverture dans le toit*, doit être ajouté à ceux que j'en ai déjà cités ailleurs, *Annal. dell' Instit. archeol.* t. I, p. 419-424; *Odysséide*, p. 302, 3), et plus récemment encore, *Journ. des Savants*, décembre 1846, p. 724-727.

[3] Cette circonstance importante n'est exprimée que dans l'extrait de Phérécyde que nous a conservé le scholiaste d'Apollonius, *l. l.*; cf. *Fragm.* 11, p. 72 : Καὶ ΕΚΦΗΝΑΣ αὐτὸν ὁ Ζεὺς τῇ παιδὶ μίγνυται; cf. Phavorin. *v.* Ἀκρίσιος; et il n'en est que plus digne d'attention de la trouver dans le plus ancien des témoignages qui nous restent de cette fable, dans celui-là même qui était directement puisé à la source épique.

[4] Pherecyd. *Fragm. l. l.* : Ὅτε δὲ Περσεὺς ΤΡΙΕΤΗΣ ἢ ΤΕΤΡΑΕΤΗΣ ἐγένετο, κ. τ. λ.. C'est encore sur l'autorité du seul Phérécyde que se fonde cette circonstance, dont les auteurs d'un âge plus récent se sont éloignés, en rapportant la découverte de la naissance de Persée immédiatement après cet événement, Schol. Lycoph. *l. l.* : Τεκοῦσαν δὲ σὺν τῷ βρέφει ἐμβαλών; Zenob. *l. l.* : Αἰσθόμενος δὲ ἐξ αὐτῆς γεγεννημένον Περσέα, μετὰ τοῦ παιδὸς... βαλών; et alii.

[5] Pherecyd. *Fragm. l. l.* : Δανάην δὲ κατάγει σὺν τῷ παιδὶ ἐπὶ τὸν ὑπὸ τὸ ἑρκίον τοῦ Διὸς βωμόν. Je cite ce texte tel que l'a restitué, sur la foi d'un manuscrit, M. Creuzer, *Commentat. Herodot.* p. 238; cf. *Symbolik*, t. I, p. 80, not. et t. III, p. 127. Mais j'avoue que je conserve encore quelques doutes sur la valeur de cette restitution. Le savant philologue pense que l'*autel* en question était placé près du *mur d'enceinte*, ὑπὸ τὸ ἑρκίον, *dans la cour*, ἐν τῇ αὐλῇ; ailleurs, t. III, p. 120, il le met *près de la porte, an der Thüre*; il y a là quelque contradiction, au moins dans les termes, si ce n'est dans les idées. Quant à moi, je crois que l'*autel de Jupiter Herkeios* était érigé *au centre de la cour*, μεσόμφαλος ἑστία, *ædibus in mediis*, et qu'il se trouvait directement au-dessous de l'*ouverture*, ὀπή, ὀπαῖον, pratiquée *dans le toit de cette cour*; voy. à ce sujet les explications que j'ai données dans mes *Monuments inédits, Odysséide*, pl. lxvi, p. 301-2. En

dans la cour de son palais, et là, en présence de ce dieu vengeur du parjure[1], il lui ordonna de révéler le père de son enfant. *Danaé* nomma *Jupiter;* mais *Acrisius* refusa de la croire, et *Jupiter,* dont on invoquait le nom pour confondre une imposture, n'apparut pas pour confirmer un aveu qui l'accusait. Alors *Danaé* fut *enfermée*[2] avec son fils dans un *coffre de bois*[3], qui fut traîné jusqu'à la mer, et qui y fut impitoyablement lancé. Les flots épargnèrent pourtant cette fragile nacelle qui portait l'amour et le crime du maître des dieux. Des vents favorables la poussèrent vers l'île de *Sériphe,* dont le souverain, *Polydectès,* était du sang de Neptune[4], et où *Dictys,* son frère, qui devait son nom à l'exercice de la *pêche*[5], la prit dans ses filets et la tira sur le rivage. Surpris d'entendre des supplications sortir de ce *coffre, Dictys* l'ouvrit, en tira *Danaé* et son enfant, qu'il conduisit dans sa demeure, et dont il devint le protecteur et l'ami. Telle est, réduite à sa plus simple expression, cette fable intéressante, qui joua un si grand rôle dans les traditions populaires de l'antiquité.

Maintenant, quel sens doit-on attacher à cette fable, où le merveilleux est trop sensible pour qu'on puisse y chercher rien de réel et d'historique? Doit-on y voir une de ces expressions symboliques d'un dogme de la religion naturelle, transmis d'abord à la Grèce par l'Asie qui en était le berceau, puis personnifié, suivant le génie hellénique, sous des noms qui rappelaient plus ou moins clairement cette origine orientale et ce culte solaire? La *chambre souterraine,* où *Danaé* fut enfermée est-elle une image de la *terre,* où sont déposés tous les germes de la fécondité? *Danaé,* dont le nom semble exprimer des idées de *sécheresse* et d'*aridité,* et qui devient mère après avoir reçu la *pluie d'or* céleste, représente-t-elle la *Terre,* affligée de stérilité et fécondée par le soleil? Le *coffre,* où la mère et l'enfant sont enfermés et jetés à la mer, est-il une expression équivalente de la même idée symbolique que le *coffre* avec la momie d'Osiris jeté aussi à la mer? Enfin *Dictys,* l'homme au filet, et *Polydectès, celui qui reçoit tout,* semblable à *Pluton,* achèvent-ils de personnifier ce dogme de la mort et de la résurrection que l'ancienne philosophie des peuples primitifs s'était plu à exprimer sous tant de formes diverses? C'est du moins ainsi qu'un profond penseur et un savant antiquaire

---

ce qui concerne le passage de Phérécyde, il est évident que c'est l'autel de *Jupiter Herkeios*, τοῦ Ἑρκίου Διὸς βωμόν, qui est la circonstance essentielle, et non la mention du *mur d'enceinte*, ὑπὸ τὸ ἕρκιον. Je crois donc que la préposition ὑπό, qui a produit toute cette difficulté, doit être supprimée, comme une glose malheureuse, due à quelque ancien copiste, et je lis le passage de cette manière : Ἐπὶ τὴν τοῦ Ἑρκίου Διὸς βωμόν.

[1] Sur cet *autel de Jupiter Herkeios*, voy. les savantes explications données par M. Creuzer, *Comment. Herodot.* p. 232-238, et *Symbolik*, t. III, p. 114, suiv. 3ᵉ édit.

[2] Cette idée est positivement exprimée, sous une forme proverbiale, dans ce vers de Théocrite, où il est certainement fait allusion au sort de *Danaé, Idyll.* vii, 84 : Καὶ τὺ κατεκλάσθης ἐς λάρνακα; cf. Phérecyd. *l. l.* : Καὶ κλείσας καταποντοῖ; Schol. Sophocl. *in Antigon.* v. 936 : Ἐν χαλκῷ κιβωτίῳ ἐνέκλεισεν.

[3] L'idée d'un *coffre de bois* est celle qui est exprimée par le mot λάρναξ, quelquefois avec l'épithète ξυλίνη, employé dans tous les textes antiques, Phérecyd., Apollodor., Schol. Lycophr. et Homer., Zenob., Phavorin., *ll. ll.* Le seul scholiaste de Sophocle se sert d'un terme équivalent pour désigner ce *coffre*, qu'il fait de *bronze, ad Antigon.* v. 936, ἐν χαλκῷ κιβωτίῳ; mais cette variante ne mérite aucune considération.

[4] Pherecyd. *Fragm.* ii, p. 72; cf. Sturz. *ad h. l.* p. 75; Heyn. *ad Apollodor.* II, 1, 4.

[5] Ce nom de *Dictys*, Δίκτυς, paraît bien effectivement dérivé de celui de δίκτυον, filet; cf. Muncker. *ad Hygin. Fab.* LXIII; Creuzer, *Symbolik*, t. IV, p. 243, et il est d'accord avec l'*action* que le récit de Phérécyde attribue à ce personnage : Ἐξέλκει Δίκτυς..., δικτύῳ ἁλιεύων, aussi bien qu'avec la *profession* même que lui donne Hygin, *Fab.* LXIII : *Piscator Dictys.* Or cette dernière tradition paraît bien avoir eu une certaine autorité chez les anciens; car c'est celle qui se trouve consacrée sur une curieuse médaille de *Tarse,* Mionnet, *Description,* t. III, p. 647, nᵒˢ 561, 587, *Supplément,* t. VII, p. 283, nᵒˢ 512, 528, dont le type présente *Persée, debout,* armé de la *harpé,* et présentant la *tête de Méduse* à un *vieux pêcheur,* qui tient de la main droite un *poisson,* et qui porte de la main gauche un *bâton* appuyé sur son épaule d'où pend une *corbeille;* type neuf et remarquable, très-bien expliqué par M. Cavedoni, *Spicileg. numism.* p. 211. Les mythographes latins, qui faisaient aborder *Danaé* à Ardée, et non

a cherché à rendre compte du mythe de *Danaé*[1], en employant surtout la signification des mots à l'explication des choses; et je ne nie pas qu'il ne puisse y avoir, dans les rapprochements présentés par l'illustre auteur de la *Symbolique*, plus d'un trait de lumière jeté sur le principe du mythe. Le fond de la légende de *Persée* indique, à n'en pouvoir douter, un *héros solaire*, qui personnifie d'anciens rapports de la Grèce avec l'Asie. Sa ville de *Mycènes*, avec les *Cyclopes* qui l'ont bâtie et qui sont les compagnons du héros, avec sa *porte des Lions*, monument encore subsistant d'un culte et d'un art asiatiques, est évidemment un siége d'une religion orientale; et la *pluie d'or* de *Danaé* ne peut véritablement avoir qu'un sens symbolique, lié à la croyance d'un dieu Soleil. Mais, si l'ensemble du mythe s'explique dans cet ordre d'idées d'une manière suffisamment plausible, je ne pense pas qu'il soit possible de rendre compte de tous les détails de la fable, ornée par le génie grec de tant de circonstances poétiques, à l'aide de mots grecs, instrument si commode et si dangereux, dont on a tant abusé pour semer le champ de la mythologie de tant de conjectures savantes et de brillantes hypothèses. Les anciens, qui ne voyaient généralement dans la fable de *Danaé* qu'une allégorie de la puissance de l'or[2], avaient certainement perdu de vue l'idée originaire de cette légende et son principe oriental; mais, si l'allégorie est trompeuse, l'étymologie n'est guère moins sujette à l'erreur; et vouloir tout expliquer à l'aide de noms propres, dans une fable qui avait passé par tant de mains et qui avait traversé tant de siècles, c'est s'exposer à courir après des illusions et à mettre les rêves du savoir à la place des vérités de la science.

Deux circonstances du mythe de *Danaé* méritent cependant de fixer plus particulièrement l'attention, parce qu'elles ont, à mon avis, plus d'importance, soit positive, soit symbolique, qu'on ne semble l'avoir cru jusqu'à présent. La première de ces circonstances est la *chambre de bronze* où fut enfermée *Danaé*. Que cette *chambre* ne fût pas simplement une image symbolique tirée de la tradition des temples souterrains de l'Égypte et de la Nubie, d'où ce culte était venu à la Grèce, comme l'a pensé M. Creuzer, mais que ce fût réellement un *appartement souterrain plaqué intérieurement de lames de bronze*, c'est ce que tend à démontrer le témoignage de Pausanias[3], qui rapporte que, de son temps encore, on montrait, parmi les monuments les plus remarquables d'*Argos*, cet *appartement souterrain*, où avait été la *chambre de bronze* détruite sous la tyrannie de Périlaos. On sait d'ailleurs qu'il existait aussi à *Mycènes*[4] de ces *constructions souterraines* destinées à servir de *trésors*, telles que la *chambre d'Atrée*, qui

---

à *Sériphe*, lui donnaient aussi pour protecteur un *pêcheur*, qu'ils nomment *Persée*, Mythogr. Vat. 1, 157; II, 110; cf. Serv. *ad Æneid.* VII, 372.

[1] Creuzer, *Symbolik*, t. IV, p. 242-243.

[2] C'est l'idée qui se trouve exprimée dans le magnifique début de la xvie ode du livre III d'Horace; et il n'est pas aussi sûr que le pensait M. Jacobs, *Prolog der Danaë*, dans ses *Vermischte Schriften*, t. V, p. 620, 17), que cette idée, exprimée aussi par l'auteur de ce *prologue*, v. 31, fût étrangère au siècle d'Euripide; voy. plus bas, p. 191, 2). En tout cas, il est constant, par les allusions plus ou moins directes à la *puissance de l'or* qui agit dans la fable de *Danaé*, allusions qui se rencontrent souvent dans la littérature des Grecs et des Romains, que c'est de cette manière que l'on entendait généralement la métamorphose de Jupiter en *pluie d'or*; voy. Ovid. *Amor.* III, viii, 29, Paul. Silen-

tiar. *in* Brunck. *Analect.* III, 76, *carm.* xvi; cf. Jacobs, *Prolog der Danaë*, p. 634, 17); et il n'est pas moins certain que la plupart des antiquaires modernes se sont expliqué cette fable de la même manière : témoin ce qu'en dit Millin, *Peint. de vases.* t. II, p. 3, 1), et M. Quaranta, *Real Mus. Borbon.* t. XI, tav. xxi, p. 2 : «Questo avvenimento in cui gli antichi adombrarono la suprema ed irresistibile forza dell' oro,» etc.; ce qui fait que je remarque avec plaisir que M. Campana s'est défendu de cette erreur commune des antiquaires, *Bulletin. etc.* 1845, p. 217.

[3] Pausan. II, xxiii, 7 : Ἀλλα δέ ἐστιν Ἀργείοις θέας ἄξια· κατάγαιον οἰκοδόμημα, ἐπ' αὐτῷ δὲ ἦν ὁ χαλκοῦς θάλαμος, ὃν Ἀκρίσιός ποτε ἐπὶ φρουρᾷ τῆς θυγατρὸς ἐποίησε· Περίλαος δὲ καθεῖλεν αὐτὸν τυραννήσας.

[4] Idem, II, xvi, 5 : Ὑπόγαια οἰκοδομήματα, ἔνθα οἱ θησαυροί σφισι τῶν χρημάτων ἦσαν.

eut probablement cette destination, et qui fut bien certainement revêtue à l'intérieur de *lames de bronze;* les clous de bronze qui s'y trouvent encore attachés, et qui n'ont pu servir qu'à y fixer ces lames de bronze[1], ne permettent plus le moindre doute à cet égard. C'était d'ailleurs un usage tout à fait propre à l'âge héroïque de la Grèce que celui de ces *chambres souterraines plaquées de bronze,* usage emprunté sans doute des habitudes de la civilisation asiatique, comme ce mode même de revêtement, qui est une pratique essentiellement orientale, et qui avait passé aussi chez les Étrusques[2], à la suite de l'émigration tyrrhénienne. Les nombreux exemples de *chambres de bronze,* qu'offre l'histoire poétique des Grecs[3], ne peuvent être regardés comme une invention du siècle des tragiques ou comme un jeu de l'allégorie; et, quant à moi, je regarde la *chambre de bronze* de *Danaé* comme un trait de mœurs réel, dérivé d'une influence phénicienne[4], qui vient ainsi à l'appui de l'origine orientale du mythe.

La seconde circonstance de ce mythe, qui me paraît digne aussi d'une attention particulière, c'est celle du *coffre* où fut enfermée *Danaé* avec son fils. Que cette idée d'un *coffre,* qu'il ne faut pas prendre pour une *barque* ni pour une *nacelle,* mais pour un *coffre* véritable, que cette idée, disons-nous, fût un élément essentiel de la fable de *Danaé,* et qu'elle eût pris place dans cette légende dès une époque très-ancienne, certainement avant l'âge des tragiques, puisqu'on la trouve dans le poëme de Simonide de Céos[5], écho fidèle de la tradition populaire, c'est ce qui résulte déjà du rapprochement qu'a fait M. Creuzer entre le *coffre de Danaé* et ceux qui portaient sur les côtes de la Syrie la *momie* d'Osiris, et sur celles de la Laconie, l'*idole de Bacchus*[6] : deux traits de la mythologie dont il n'est pas possible, en effet, de méconnaître l'analogie complète et le sens symbolique. Mais cette image du *coffre* se retrouve dans bien d'autres légendes poétiques, toujours dans des circonstances analogues, et très-probablement avec une intention liée au même ordre d'idées. Ainsi c'est *dans un coffre*

[1] J'ai déjà eu l'occasion d'établir, contre les doutes exprimés par plusieurs antiquaires, Canina, *Descriz. di Cere antic.* p. 76; Braun, *Bullet. dell' Instit. archeol.* 1836, p. 58, 1), le fait de l'existence des clous de bronze à l'intérieur du trésor d'Atrée, ainsi que la forme de ces *clous, à tête plate* et non *à crochet,* tels qu'ils n'aient pu servir qu'à fixer des lames de revêtement; voy. *Journ. des Savants,* juillet 1843, p. 417-418, où j'ai déclaré que je possédais moi-même un de ces clous, qui m'avait été donné à Athènes par M. de Prokesch, et qui serait déposé quelque jour dans notre Cabinet des Antiques, pour conserver la preuve authentique de ce fait si important pour l'histoire de l'art. Ce revêtement de *lames de bronze,* admis d'ailleurs avec toute raison par tant d'antiquaires de notre âge, Hirt, dans les *Analecta* de Wolf, t. I, p. 158-159; Semper, *Bemerkungen,* etc. p. 8; Ott. Müller, *Handbuch,* § 49, p. 31: « mit Erzplatten bekleidet, wovon die Nägel noch sichtbar sind; » Abeken, *Bulletino,* etc. 1841, p. 43; ce revêtement, dis-je, se trouvait indiqué dans quelques témoignages antiques, tels que celui-ci de Claudien, *in Eutrop.* I, 82, *erratam domum,* qui se rapporte précisément à la chambre de *Danaé.*

[2] Témoin les deux tombeaux étrusques, l'un de *Corneto,* l'autre de *Chiusi,* dont les *murs étaient intérieurement revêtus de lames de bronze;* voy. les détails que j'ai donnés à ce sujet dans mes *Peintures antiques inédites,* p. 424-425.

[3] Indépendamment du Θάλαμος χαλκοῦς de *Danaé* et du *Chalciœcos* de *Sparte,* Pausan. III, XVII, 3, qui était un édifice dans le même cas, on connaît les Θάλαμοι des *Prœtides,* Pausan. II, XXV, 8, qui n'ont certainement rien de commun, quoi qu'en ait pensé Siebelis, avec les *labyrinthes de Nauplie,* Strabon. l. VIII, p. 369, 373, mais qui durent ressembler au *thalamos d'Alcmène,* bâti par Trophonius et Agamédès, Pausan. IX, XI, 1. La chambre *de forme pyramidale,* où fut enfermée Cassandre, Lycophr. v. 348-50; cf. Schol. *ad h. l.,* devait être aussi une construction du même genre; et c'est la même notion qui s'applique, avec l'idée accessoire de revêtement de lames de bronze, au κέραμος χάλκεος, où *Mars* fut tenu en captivité par les *Aloïdes,* Homer. *Iliad.* v, 387, ainsi qu'au πίθος χαλκοῦς, où Eurysthée cachait sa frayeur, Apollodor. II, v, 1; Diodor. Sic. IV, XII.

[4] Telle était effectivement, sur ce point, l'opinion de Hirt, exposée dans les *Analecta* de Wolf, t. I, p. 158-159; et je puis dire que toutes mes recherches sur l'histoire de l'art asiatique m'ont mis à même de la justifier, ainsi que j'en ai pris l'engagement, *Journ. des Savants,* juillet 1843, p. 417, 1).

[5] Simonid. *in* Brunck. *Analect.* t. I, p. 121, *carm.* VII, 1 : Ότε ΛΑΡΝΑΚΙ ἐν δαιδαλέᾳ ἄνεμος, κ. τ. λ.

[6] Pausan. VII, XIX, 20; cf. Oppian. *Cyneget.* IV, 253; voy. Creuzer, *Symbolik,* IV, 100, 243, et ailleurs.

que *Sémélé* fut mise avec *Bacchus* et exposée *sur la mer* par l'ordre de *Cadmus*, lorsque la naissance de ce fils, attribuée à Jupiter, eut été découverte[1]. C'est aussi *dans un coffre* qu'*Augé* et son fils *Télèphe* sont enfermés et jetés *à la mer* par un père irrité[2]. *Ténès* et sa sœur *Hémithéa*, enfermés *dans un coffre* et portés *à la mer*, y trouvent pareillement leur salut[3]. Le *coffre* où est caché *Adonis*[4], celui où *Érichthonius* est déposé à sa naissance, révèlent également des moyens de *salut*, comme celui où, à une époque historique, *Cypsélus* caché échappe à la vengeance des ennemis de sa maison[5]. C'est toujours, comme on le voit, la même idée, une idée de *conservation*, qui s'attache à ce *coffre*, dans toutes les traditions de l'âge héroïque de la Grèce. Maintenant, devons-nous mettre en rapport ce meuble symbolique avec la *ciste* où fut enfermé le troisième *Kabir*[6], et avec *celle* où furent déposés les restes du *Bacchus Zagrée*? Ou bien devons-nous y voir une allusion à ce *grand coffre de Deucalion*, où la dernière famille humaine fut conservée avec un couple de chaque animal[7]? et serait-ce là une réminiscence biblique de l'*arche de Noé*, figurée aussi comme un *coffre* sur les monuments[8], et désignée dans la langue des Grecs par un terme équivalent[9]? Ou bien enfin, ne doit-on voir dans ce *coffre* poétique que la tradition confuse du meuble où les idoles asiatiques[10], apportées dans l'enfance de la société grecque par les navigateurs phéniciens, apparurent pour la première fois aux yeux des Grecs? Le champ reste encore ouvert aux conjectures; mais il y a là, dans tous les cas, à ce qu'il me semble, un fait grave qui nous reporte vers l'Orient, et qui justifie toutes nos inductions sur l'origine asiatique du mythe de *Danaé*.

Abandonnant, du reste, aux études des mythographes l'explication symbolique de cette légende, je dois me borner à la faire connaître, autant qu'il peut dépendre de moi, sous la forme positive qu'elle avait reçue de bonne heure, en me servant pour cela de tous les témoignages écrits et de tous les monuments figurés qui nous en restent. Entre l'âge d'Homère et celui des tragiques, le petit poëme de Simonide suffit déjà pour nous apprendre que la fable de *Danaé* avait été réalisée dans les traditions populaires de la Grèce, de la même manière qu'elle fut traitée au théâtre, comme un événement purement historique. C'est donc,

---

[1] Pausan. III, xxiv, 3.

[2] Euripid. *apud* Strabon. XIII, p. 615, C; Hecat. *apud* Pausan. VIII, iv, 6; cf. Creuzer, *Veter. histor. fragm.* p. 48; Hecat. *Fragm.* p. 146, ed. Klausen. Voy. Ott. Jahn, *Telephos, etc.* p. 50, ff.

[3] Schol. Lycophron. v. 232-233.

[4] Apollodor. III, iv, 4.

[5] Herodot. V, 92; cf. Pausan. V, xvii, 2.

[6] Clem. Al. *Protrept.* p. 16; Micali, *Monum. per serv. all. stor. d. ant. popol. ital. tav.* xlvii, 1; Éd. Gerhard, *Über d. Metallsp. d. Etrusk.* p. 16, 44), et *Etrusk. Spiegel*, p. 64, 89), 90), 91).

[7] Lucian. *De D. syr.* 12 : Λάρνακα μεγάλην; cf. Éd. Gerhard, *Etrusk. Spiegel*, p. 37, 23).

[8] J'ai précisément en vue les monnaies d'*Apamea Kibôtos*, de Phrygie, qui offrent une image abrégée du déluge de Deucalion, c'est-à-dire *un homme et une femme* debout *dans un coffre*, κιβωτός, par allusion au nom de cette ville; voy. ce qui a été dit de ces médailles, dans mon Ier *Mémoire d'antiq. chrét.* t. XIII des *Mém. de l'Acad.* p. 114-117.

[9] Le mot κιβωτός, employé par quelques écrivains ecclésiastiques, S. Joann. Chrysost. *De perfect. carit. oper.* t. VI, p. 748, ed. Sav., Theoph. Antioch. *ad Autolyc.* l. III, au lieu de celui de λάρναξ, qui se lit dans Josèphe, *Antiq. Jud.* XX, 11, ce mot κιβωτός est celui qui a été donné à l'*arche* dans les livres sibyllins, et, plus anciennement encore, dans la version grecque des Septante. Le même usage paraît avoir régné chez les écrivains grecs au sujet du *coffre* de *Danaé*, que la plupart de ces auteurs désignent par le mot λάρναξ, et que le scholiaste de Sophocle seul appelle κιβωτός; voy. plus haut, p. 186, 3). C'est ainsi que l'objet nommé κιβώτιον par Lucien, *in Timon.* § 3, est appelé λάρναξ par Plutarque, *De solert. anim.* t. X, p. 37, ed. Reisk.

[10] Nous savons, par le témoignage de Clément d'Alexandrie, *Strom.* v, p. 671, ed. Potter., que c'était l'usage des Égyptiens de renfermer les *idoles* de leurs dieux dans des *coffres*, que l'écrivain alexandrin désigne par les mots κωμασίαι ou κωμασθήρια. C'est d'un de ces *coffres sacrés*, renfermant une *idole* de *Bacchus*, qu'entend parler Oppien, *Cyneget.* IV, 253, qui se sert, pour le désigner, des mots χηλὸν ἀρρήτην; cf. Éd. Gerhard, *Etrusk. Spiegel*, p. 64, 89). De pareilles *idoles*, renfermées dans des *coffres*, étaient certainement au nombre des objets que les colons phéniciens apportèrent à la Grèce.

à n'en pouvoir douter, sous cette dernière forme qu'elle fut admise par l'opinion publique; c'est ainsi que, grâce aux émotions de la scène, elle intéressa toute la Grèce au fruit de l'adultère de Jupiter; et c'est enfin du théâtre qu'elle passa dans les œuvres de l'art, par suite de cette union intime qui se forma, à la belle époque de la civilisation grecque, entre les productions de la scène et celles de la plastique[1].

Nous savons, en effet, que les trois grands tragiques de la Grèce s'étaient exercés sur le sujet de *Danaé*. La trilogie d'Æschyle intitulée *Perséis* se composait de trois drames, *Danaé*, les *Phorcydes* et *Polydectès*[2], qui embrassaient toutes les principales circonstances de l'ancienne épopée. Il ne reste rien de la *Danaé* que le titre même, cité par un grammairien[3]; mais on doit croire qu'Æschyle, fidèle à la tradition antique, avait pris pour sujet de sa pièce la captivité de *Danaé*, à Argos, avec toutes les péripéties qui la signalèrent et avec la catastrophe qui la termina. Sophocle, qui avait mis *Acrisius* en scène dans deux de ses tragédies, l'une intitulée *Acrisius*, et l'autre *les Larisséens*, avait certainement traité dans la première le sujet de *Danaé*, c'est ce qui résulte du double titre, *Acrisius, ou Danaé*, que portait, suivant toute apparence, cette tragédie[4], et aussi ce qu'on peut inférer du peu de fragments qui en restent; et, quant à la manière dont il avait conçu ce sujet, on ne peut guère douter non plus qu'il n'ait suivi, relativement à la captivité de *Danaé*, la tradition épique, d'après l'allusion à cette circonstance du mythe qu'il met dans la bouche du *chœur* de son *Antigone*[5]. Enfin, Euripide avait écrit aussi une *Danaé*, dont il nous est parvenu d'assez nombreux fragments, avec un *prologue* et la liste des personnages qui figuraient dans cette tragédie[6]. A la vérité, ce *prologue* est reconnu aujourd'hui, d'après les observations de M. Jacobs[7], et de l'aveu des meilleurs critiques[8], comme l'œuvre de quelque écrivain d'une époque récente, qui avait cherché à imiter maladroitement la diction d'Euripide. Mais, tout en admettant cette manière de voir, je n'en regarde pas moins la pièce de vers en question comme un document antique, où les principales circonstances du mythe, mises dans la bouche d'*Hermès*, sont exposées conformément à la tradition; et je crois fermement, avec M. Welcker, que la scène de cette tragédie se passait à *Argos*, durant la captivité de *Danaé*. Ce qui semble prouver, d'ailleurs, que l'auteur de ce *prologue* devait avoir sous les yeux, sinon le texte entier de la tragédie d'Euripide, au moins une grande partie de ce drame, c'est qu'il ne se trouve en contradiction avec aucun des fragments authentiques qui nous en restent, et que, loin de là, il peut servir à établir, dans la distribution de ces fragments, un ordre qui jette quelque jour sur la conduite du drame, ainsi que l'a montré le savant critique que je citais tout à l'heure. Il est vrai de dire que la plupart de ces fragments, consistant en sentences,

---

[1] Cette influence du théâtre sur la plastique s'exerça principalement à l'aide de l'*orchestique*, et j'ai déjà eu occasion d'exposer mes idées sur ce sujet, qui pourrait donner lieu à des développements bien plus considérables que ne le comportent les bornes d'une note; voy. plus haut, p. 28, 1). En ce qui concerne la fable de *Danaé*, je me contente de dire ici qu'elle était devenue un de ces sujets de ballets pantomimes qui avaient passé de la scène dans les œuvres de l'art, Lucian. *De saltat.* § 44. t. V, p. 150, Bip.

[2] Welcker, *Die Æschylisch. Trilogie*, p. 378-390.

[3] Hesych. v. Καθαίρομαι γῆρας.

[4'] Welcker, *Die Griechisch. Tragödien*, t. I, p. 349.

[5] Sophocl. *Antigon.* v. 936-939 :

Ἔτλα καὶ Δανάας οὐράνιον φῶς
ἀλλάξαι δέμας ἐν χαλκοδέτοις
αὐλαῖς· κρυπτομένα δ' ἐν
τυμβήρει θαλάμῳ κατεζεύχθη.

Cf. Schol. *ad h. l.*

[6] Euripid. *Fragment. Danaé*, t. IX, p. 139-140, ed. Matthiæ.

[7] Jacobs, *Prolog der Danaé*, réimprimé dans ses *Vermischte Schriften*, t. V, p. 605-635.

[8] Welcker, *Die Griech. Tragöd.* t. I, p. 636-638.

dans ce goût si familier à Euripide, ne touchent que bien indirectement aux situations tragiques, et qu'à l'exception des réflexions morales *sur l'or, sur la richesse, sur la vanité des
femmes*, toujours promptes à se laisser gagner par des présents[1], réflexions qui font évidemment allusion au moyen de séduction employé près de *Danaé* et exposé dans le *prologue*[2],
ces fragments ne contiennent rien qui se rapporte aux diverses péripéties du drame. Ce n'en
sont pas moins, dans la perte de cette tragédie et de celle de *Dictys*, qui en faisait la
continuation[3], des témoignages précieux de la manière dont la moralité de la fable de *Danaé*
était envisagée sur le théâtre attique.

Il dut résulter de ces représentations tragiques, où *Danaé*, comme tant d'autres objets de
l'amour de Jupiter, était incessamment offerte à l'intérêt des peuples, que la Grèce se fami-
liarisa de plus en plus avec ces images d'une passion déréglée qui prenait pour modèles
le maître même et les autres habitants de l'Olympe, surtout lorsqu'à leur tour les poëtes
comiques, à l'exemple d'Aristophane, s'autorisèrent de ces licences d'Æschyle et de ses
émules pour traduire sur la scène ces dieux de l'Olympe sous les traits les plus honteux
et les plus grotesques, le plus souvent à l'occasion même de ces aventures amoureuses,
dont le côté pathétique avait été présenté dans la tragédie[4]. Une autre conséquence qui ne
put manquer de se produire à la suite de ces drames touchants ou burlesques, ce fut que
les arts d'imitation s'emparèrent à leur tour de ces sujets entourés de la faveur publique; et
nous venons d'en acquérir, pour celui même de *Danaé*, jusqu'ici encore inconnu dans l'antiquité figurée, deux témoignages bien précieux, par la découverte de notre peinture et par
celle d'un vase peint, qui, rapprochés l'un de l'autre, offrent les trois principaux actes du
mythe de *Danaé*, de manière à recomposer, pour ainsi dire, le drame antique dont ils sont
l'expression figurée. Je décrirai d'abord le vase, dont le double sujet précède celui de notre
peinture, comme son exécution même préceda de plusieurs siècles celle de la représentation que nous a conservée une maison de Pompéi.

Ce vase, provenant d'un tombeau de *Ceri* l'ancienne *Cære*, et entré dans la riche collection de M. le ch. Campana, à Rome[5], est de la forme de *cratère*, et, par son style, qui est
de la plus belle manière grecque, comme par sa fabrique, qui réunit toutes les conditions
de la perfection, il peut passer pour un des monuments les plus précieux de la céramographie qui nous soient parvenus. S'il est permis d'en juger d'après les caractères de dessin, de
style et de fabrique qui nous servent à déterminer l'âge relatif des vases peints, celui-ci doit
s'éloigner bien peu de l'époque de Sophocle, et la double représentation qu'il nous offre peut
très-bien avoir été produite sous 'impression de l'œuvre de ce tragique. Peut-être même la
double inscription qu'il porte, ΔΑΝΑΕ, et ΑΚΡΙΣΙΟΣ, répondait-elle, dans l'intention de l'auteur
de ce vase, au double titre de la ragédie dont elle deviendrait ainsi une sorte de confirmation. Mais, sans nous arrêter à des conjectures, revenons à la description de notre vase peint.

La première scène, qui en décore un des côtés, représente *Danaé*, assise sur un *siége*

---

[1] Euripid. *Fragm. Danaë*, VI, VIII, VII, XII, XIV; cf. Welcker,
Die Griech. Tragöd. t. I, p. 640.

[2] *Prolog Danaïs*, v. 31; voy. plus haut, p. 187, 2).

[3] Welcker, *Die Griech. Tragöd.* t. I, p. 668-674; Euripid.
Fragm. Dictys, t. IX, p. 153-160, ed. Matthiæ.

[4] C'est l'opinion qu'a exprimée Boettiger, *Aristophan. impun.
door. gentil. irrisor*, dans ses *Opuscula latina*, t. I, p. 78, et qui
rentre dans les idées que je me suis faites à cet égard.

[5] Voy. la description qu'en a donnée M. Campana lui-même,
dans le *Bullet. dell' Inst. archeol.* 1845, p. 214-218.

d'une forme allongée qui pouvait ainsi servir de *lit*, et auquel convenait parfaitement la dénomination de *kliné*[1]. Ce lit est garni, par-dessus la traverse qui s'étend d'un montant à l'autre, d'un *tapis* richement brodé, et, en outre, d'un *coussin* pour y appuyer la tête[2], de manière à ne laisser aucun doute sur l'usage de ce meuble. Les montants du *lit* sont revêtus d'ornements incrustés en matière différente, sans doute *en ivoire*, dont l'emploi, pour la décoration de meubles semblables, faisait déjà partie du luxe homérique[3]; et l'intention qui donna à ce meuble toute cette apparence de richesse et de goût, et qui en fit un objet si important de la représentation où il figure, n'est pas moins sensible que sa destination même. *Danaé* est vêtue d'une tunique longue sans manches, d'une seconde tunique courte à mi-manches, et d'un *péplus* qui lui enveloppe négligemment le milieu du corps; elle a les pieds posés sur un petit meuble d'une forme simple et élégante. Près d'elle, sont suspendus au mur de sa *chambre*, *thalamos*, un *miroir* et l'espèce de *bourse* ou de *filet*, nommé *kékryphalos*, dont les femmes grecques se servaient pour envelopper leurs cheveux. Ces deux objets de toilette indiquent que la fille d'*Acrisius* était occupée à se parer, au moment où elle est surprise par une apparition merveilleuse. Effectivement, elle lève la tête avec un mouvement qui paraît instantané, en même temps qu'elle tient encore des deux mains, par chaque extrémité, la *bandelette*, *tænia*, dont elle se disposait à se ceindre le front, lorsqu'elle voit une *pluie d'or* tomber *sur ses genoux*[4], sous la forme de globules oblongs, en deux lignes parallèles. C'est donc le mythe rendu de la manière la plus positive que nous trouvons ici représenté,

---

[1] M. Campana remarque que ce *lit* paraît être composé *di materie o orditura elastica*; c'est effectivement une particularité de notre peinture qui sert à constater un trait de mœurs de l'âge héroïque sur lequel on n'a pu se mettre encore bien d'accord. Dans la description du *lit* d'Ulysse, Homère fait mention des *courroies de cuir de bœuf* fixées sur les *deux montants*, ἐρμῖνες, de manière à pouvoir soutenir le poids du corps, Homer. *Odyss.* XXIII, 201 : Ἐκ δ' ἐτάνυσσα ἹΜΑΝΤΑ βοός, φοίνικι φαεινόν; car c'est ainsi que j'entends ce passage, avec Ernesti, *ad Iliad.* XXIV, 720, en me fondant sur une glose d'Hésychius, *v.* Τρητοῖς ἐν λεχέεσσιν· τοῖς κατὰ τὰς ἁρμογὰς τετρημένοις, ἢ ἱμάντα· τοῖς ἱμᾶσι γὰρ ἐνετείνοντο αἱ κλῖναι, ὡς καὶ τὰ βάθρα. Ce serait ainsi, à ce mode de construction des *lits antiques* que se rapporterait l'épithète homérique de τρητὰ λέχεα, Homer. *Odyss.* I, 440; X, 12; *Iliad.* III, 448; XXIV, 720; et cette opinion des antiquaires modernes, Feith. *Antiq. hom.* p. 334, ed. Stöb., avec laquelle ne s'accordent pourtant pas les interprétations des anciens scholiastes, très-contradictoires entre elles, *apud* Heyn. *Observ. ad Iliad.* III, 448, semblerait confirmée par l'apparence de *matière élastique* qu'offre ici le *lit* de *Danaé*, et qui ne peut provenir que de ces *courroies de cuir*, ἱμάντες, τόνοι, attachées aux *deux montants*; voyez, sur ce point d'antiquité, Terpstra, *Antiq. homer.* c. VIII, § 2, p. 177. Millin avait entendu de même le passage d'Homère, *Peint. de vases*, t. I, p. 71, 7); mais je dois dire que les témoignages qu'il cite sur les *lits* antiques sont empruntés aux Académiciens d'Herculanum, dont l'érudition variée et sûre est souvent mise à profit sans qu'on en fasse toujours l'aveu, *Pittur. d'Ercol.* t. I, XIV, p. 88, 7), 8), 9), 10), et XVI, p. 100, 4).

[2] Ce *coussin* est l'objet qui s'appelait προσκεφάλαιον, et dont l'usage était déjà connu à l'époque héroïque, Homer. *Iliad.* X, 156; cf. Eustath. *ad h. l.* p. 795, 57; Hesych. *v.* Τάπις. Dans le langage des comiques, il s'appelait ποτίκρανον, Pollux, VI, IX, d'après la même raison qui l'avait fait appeler *cervicale*, ou *cervical*, par les Latins, Petron. *in Sat.* c. XXXII; Juvenal. *Sat.* VI, 352. On connaît l'abus que le luxe des beaux temps helléniques fit de ce meuble commode, et il me suffit, à cet égard, de rappeler le célèbre passage relatif au *lit* d'un roi de Chypre et cité par Athénée, l. VI, p. 255, E, t. II, p. 479-80, Schw. Ce *lit* d'un personnage opulent et efféminé se composait, entre autres objets, de trois *coussins* dont l'étoffe était de *byssus*, bordée de pourpre : προσκεφάλαια δ' εἶχε τρία μὲν ὑπὸ τῇ κεφαλῇ βύσσινα παραλουργῆ. Les *lits antiques*, qu'on voit représentés sur beaucoup de vases peints, s'y montrent comme sur celui qui nous occupe, et, conformément à l'usage homérique, ornés de *tapis de diverses qualités*, χλαῖναι καὶ ῥήγεα, Homer. *Odyss.* XI, 188; XIX, 318, et al., λῖτα, *Odyss.* I, 130, τάπητες, *Iliad.* XXIV, 645, généralement d'*étoffes teintes* ou *brodées*, περιστρώματα βαπτά, ὑφάσματα, et d'un plus ou moins grand nombre de *coussins*, προσκεφάλαια, à raison du nombre des convives; voyez-en des exemples dans Millin, *Peint. de vases*, t. I, pl. XXXVII; Maisonneuve, *Introduction*, etc. pl. XIX, XLV; Passeri, *Pict. Etrusc.* t. II, tab. CLVII; Winckelmann, *Monum. ined.* n. 200.

[3] Le *lit* construit par Ulysse, *de bois d'olivier*, ἐλαίης, et incrusté *d'ornements en ivoire*, δαιδάλλων..... ἐλέφαντι, Homer. *Odyss.* XXIII, 196, 200, peut servir de modèle pour les *lits* de l'âge héroïque, tels que celui de *Danaé*.

[4] Cette circonstance, indiquée dans notre peinture, diffère de la tradition antique, où *Danaé* reçoit *dans son sein*, εἰς τοὺς κόλπους, ἐν τῷ κόλπῳ, κόλποισι, la *pluie d'or* dont *Jupiter* avait pris l'apparence.

avec *Danaé* assise sur son lit et à sa toilette; et, pour que rien ne manque à la certitude de cette représentation, le nom ΔΑΝΛΕ[1] est écrit près de sa figure, en caractères d'une belle forme, d'accord avec la noblesse de style et l'élégance de goût qui distinguent cette charmante peinture.

Nous venons de voir, sur un des côtés du vase, le premier acte de la tragédie; le côté opposé nous en offrira la catastrophe. *Danaé* s'y montre représentée sous les mêmes traits, dans le même costume, avec le front orné d'une riche *stéphané*, mais dans une situation bien différente. Elle est déjà descendue dans le *coffre fatal* qui doit lui servir de tombeau, et où elle ne se voit plus qu'à mi-corps; elle porte sur ses bras son fils *Persée*, dont les traits du visage et les formes du corps répondent bien à ceux d'un enfant de trois à quatre ans, mais qui s'annonce surtout comme un enfant de cet âge, par la *balle*, *sphæra*, qu'il tient à la main, et qui était notoirement, chez les Grecs, l'objet de l'amusement de l'enfance[2]. En

---

[1] L'emploi de l'*epsilon*, E, au lieu de l'*éta*, Η, dans le nom ΔΑΝΑΕ, n'est pas ici un signe d'archaïsme, comme l'a cru M. Campana. On a beaucoup d'exemples de cet emploi de l'E sur des vases de la belle époque de l'art, qui n'était plus alors qu'une tradition, suivie d'après le même principe qui fit continuer l'emploi de l'E dans l'inscription ΑΘΕ des médailles d'Athènes. C'était une réminiscence et non une preuve de l'antiquité.

[2] M. Campana suppose que le symbole de la *sphère* à la main du jeune *Persée* fait allusion à ses nombreuses expéditions *sur le globe terrestre*, ou bien, que c'est un emblème du culte d'Apollon, qui convenait à *Persée* en qualité de *aéros solaire*, ou bien, enfin, que c'est un attribut en rapport avec les exercices de la *palestre*; mais j'avoue qu'aucune de ces suppositions ne me paraît heureuse ni satisfaisante. Il est bien plus simple de voir dans cet objet un des symboles habituels des jeux de l'enfance. Nous savons, en effet, par de nombreux exemples, qui remontent jusqu'à l'âge héroïque, que la *sphère* ou *balle* était le jeu favori de la jeunesse grecque des deux sexes. Ainsi nous voyons dans Homère, *Odyss.* vi, 100, les jeunes compagnes de Nausicaa jouer à la *sphère*. C'est une *sphère* qui était le *jouet de Jupiter enfant*, nourri dans l'antre idéen de la Crète, Apollon. Rh. iii, 132-142 : Διὸς περικαλλὲς ἄθυρμα,... σφαῖραν εὔτρόχαλον; cf. Boettiger, *Amalthea*, t. I, p. 27. C'est le même objet qui est compris parmi les *jouets* de *Bacchus Zagreus*, Clem. Al. *Protr.* p. 15, ed. Potter.; cf. Lobeck. *de Mort. Bacch.* p. 6, et *Aglaopham.* t. I, p. 701; le même qui sert au *jeu* de l'*Amour* et de l'*Hyménée*, dans un passage de Nonnus, *Dionys.* xx-xii, v. 69, imité de celui d'Apollonius de Rhodes, cité plus haut, iii, 25-175, qui avait fourni le sujet d'une peinture décrite par Philostrate le jeune, II, viii, p. 121-122, ed. Jacobs. Aussi la *phère* est-elle indiquée comme un attribut de l'*Amour* dans un fragment d'Anacréon, *apud* Athen. xiii, p. 599, C; cf. Anacreon. *Reliq.* n. xxxvi. p. 369, ed. Fischer.; et c'est d'après ces idées que l'*Amour* est représenté jouant à la *sphère*, sur un vase du musée de Naples Millingen, *Anc. uned. Monum.* p. 1, pl. xii, p. 30-32; cf. *Neapels ant. Bildwerke*, I, 347-8, dont l'inscription, + ΗΙΣΑΝ ΜΟΙ ΤΑΝ ΣΦΙΡΑΝ, n'a encore obtenu, à mon avis, aucune interprétation satisfaisante. Mais, ailleurs que dans le domaine de la mythologie, nous voyons le jeu de la *sphère* servir généralement à

l'amusement de l'enfance chez les Grecs. Dion Chrysostome le déclare en termes formels, *Orat.* viii, p. 281, ed. Reisk.: Ὥσπερ οἱ παῖδες τοῖς ἀστραγάλοις καὶ ταῖς σφαίραις ταῖς ποικίλαις. Dans un des petits poëmes de Léonidas de Tarente, *carm.* xxxiii, *apud* Brunck. *Analect.* t. I, p. 228; cf. Jacobs. *Animadv.* t. VII, p. 93, un *enfant* qui entre dans l'adolescence consacre à Mercure ses jouets, parmi lesquels figure une *sphère*, εὔζημον σφαῖραν; cf. Lobeck. *Aglaoph.* I, 701, qui lit εὔμητον. Les *sphères* ou *balles*, qui servaient à cet usage, se faisaient avec des *morceaux de cuir cousus ensemble et diversement colorés* : c'est ce qu'atteste un grammairien grec, Hesych. v. Πάλλα· σφαῖρα ἐκ ποικίλων νημάτων πεπομμένη, et ce qui résulte de la manière dont Platon, *in Phædon.* § 59, 2; cf. Ast. *Animadv.* t. XI, p. 801, s'exprime pour les désigner, δωδεκασκύτους σφαίρας, paroles qui ne peuvent admettre en effet aucune autre interprétation, ainsi qu'en avait jugé Boettiger, *Amalthea*, t. I, p. 27, "), et depuis encore, M. Lobeck, *Aglaoph.* t. I, p. 701. De là aussi des expressions, telles que celles de σφαῖρα ῥαπτή, Glaukon, *apud* Brunck. *Analecta*, t. II, p. 243, *carm.* 1, σφαῖρα ποικίλη, qui répondent à celles-ci d'Ovide, *Metam.* X, 262, *pila picta*, et dont les monuments figurés, particulièrement ceux de la céramographie, fournissent la preuve, par la manière dont la *sphère* s'y voit représentée. Rien n'est, en effet, plus fréquent sur les vases peints, spécialement sur ceux de sujet mystique, que la présence de cet objet, tantôt porté à la main de jeunes gens des deux sexes, tantôt figuré dans le champ comme attribut symbolique; et je me contenterai d'en citer pour exemples, dans le grand nombre de ceux qui en existent, les vases du musée de Naples décrits par M. Panofka, *Neapels antik. Bildwerke*, I, 254, 257, 280, 293, 303, 340, en y joignant ceux du *Recueil de Lamberg*, t. I, pl. xlvii, et t. II, pl. xxix, et de celui de Tischbein, t. II, pl. 61, 62. Sur d'autres monuments encore, la *sphère*, aux mains d'un *enfant* ou d'un *éphèbe*, sert à caractériser les jeux du premier âge. Ainsi l'on voit *deux enfants* jouant *avec sept balles*, avec les deux pieds, les deux mains et la tête, sur un cippe sépulcral du musée de Mantoue, Labus, *Mus. di Mantova*, t. II, tav. xxiv, comme sur le diptyque de Maffei, *Mus. Veron.* p. iii. Une image analogue se rencontre sur une peinture des *Thermes de Titus*, Mirri, n. xviii; et j'ai fait connaître une stèle grecque représentant, au sein d'une édicule à fronton, un jeune homme por-

dehors du *coffre*, dont le couvercle encore levé va bientôt se fermer sur la mère et sur le fils, est *Acrisius*, debout, dans un costume royal, avec la barbe et les cheveux blancs qui indiquent la vieillesse, avec le *sceptre* qui convient à son rang, et faisant de la main droite un geste impératif qui ne laisse pas plus de doute sur son inflexible résolution, que le nom ΑΚΡΙΣΙΟΣ, écrit près de lui, ne permet de méconnaître sa personne. Ce geste est dirigé vers un artisan, docile exécuteur de ses volontés, dont le costume, consistant en un simple morceau de toile noué autour des hanches[1], est celui d'un homme du peuple, et qui, penché en avant sur le *coffre*, est tout occupé à y pratiquer, à l'aide de la tarière ou du foret qu'il fait mouvoir de ses deux mains, un trou propre à y ajuster le couvercle. Aux pieds de cet artisan est encore un instrument de sa profession qui a pu servir à la construction du *coffre*, lequel est décoré des mêmes ornements en forme d'*étoiles* que le *lit*, non, à ce qu'il me semble, par allusion à la nature astronomique du mythe[2], mais simplement pour indiquer la haute dignité des personnages. L'acclamation ordinaire, ΗΟ ΠΑΙΣ ΚΑΛΟΣ, qui se lit dans cet endroit du vase, était destinée à accompagner un nom propre d'acquéreur, qui manque ici comme sur tant d'autres monuments du même genre; et cette inscription n'a conséquemment aucun rapport avec le sujet[3].

Nous allons voir maintenant le troisième drame de cette trilogie sur une peinture de Pompéi, monument aussi unique dans son genre, aussi précieux par son exécution, bien que d'une nature si différente et d'un âge si éloigné, que le vase de *Cære* qui vient de nous occuper. Cette peinture fut découverte, en 1843, dans une maison de peu d'apparence, qui fut prise d'abord pour une *boutique*[4], et qui se trouve du côté droit de la *rue* dite *de la Fortune*, c'est-à-dire de la grande rue qui, à partir du *Forum*, se dirige, en longeant le *temple de la Fortune*, vers la porte de *Nola*. Je la vis en 1844, un an à peine depuis sa découverte; elle était restée alors, comme je crois qu'elle l'est encore aujourd'hui, attachée à la muraille, et elle avait très-peu souffert, si ce n'est qu'en perdant son vernis, qui donne un ton si vif

---

tant de chaque main une *sphère* et un *oiseau*, deux symboles de l'*adolescence*; voy. mon *Orestéide*, p. 235, 1). Ces exemples, auxquels il serait si facile d'en ajouter beaucoup d'autres, suffiront sans doute pour justifier la manière dont j'explique la *sphère* portée par le *jeune Persée* sur le vase de *Cære*.

[1] C'est d'un semblable morceau d'étoffe, attaché de la même manière et à la même place, que se montre couvert, pour tout vêtement, l'homme du peuple qui assiste au travail de *Dédale*, sur le bas-relief Borghèse de la fable de *Pasiphaé*, Winckelmann, *Mon. ined.* n. 94. C'est probablement cette espèce de ceinture qui s'appelait διάζωμα, Suidas, *h. v.*, ou simplement ζῶμα, et qui était d'usage pour les athlètes, Thucydid. I, vi, dès l'époque homérique, Homer. *Iliad.* XXIII, 683.

[2] C'est une conjecture de M. Campana, à laquelle j'éprouve le regret de ne pouvoir souscrire.

[3] Au sujet de ce vase, où tout, la fabrique, le style, le sujet, le costume et la langue, sont manifestement grecs, je ne puis m'empêcher de remarquer un trait de cette singulière préoccupation qui règne aujourd'hui parmi les antiquaires romains, et qui, bien qu'elle tienne à un sentiment honorable de patriotisme italien, n'en est pas moins contraire aux principes de la critique et aux intérêts de la science. M. Campana, dont l'excellent esprit n'a pas su se préserver de cette erreur de son pays, cherche à revendiquer pour les arts italiques son beau vase de *Danaé*, si manifestement sorti d'une fabrique grecque, et le moyen qu'il emploie pour cela est de rappeler les témoignages d'Ovide, d'Horace, de Silius Italicus, de Virgile et de Pline, qui attribuent à *Danaé* et à son fils la fondation d'*Ardée*; voy. le *Bulletin. etc.* 1845, p. 217-218. Il faut d'abord écarter les témoignages d'Ovide et d'Horace, qui ne disent rien de cette fondation mythologique d'*Ardée*, et qui n'auraient pas d'ailleurs grande valeur. Celui de Silius, qui ne fait, suivant son usage, que répéter une expression de Virgile, n'a non plus aucune autorité. Restent donc ceux de Virgile, *Æn.* VII, 410, sqq., et 371; cf. Serv. *ad hh. ll.*; Mythogr. Vat. 1, 157, et de Pline, III, v, auxquels je puis joindre les témoignages de Solin, c. II, p. 12, ed. Salmas, et de Martianus Capella, l. VI, § 642, p. 523, ed. Kopp. Mais cette question de la relation mythologique de *Danaé* avec *Ardée*, que j'ai discutée dans mon *Hist. des colon. grecq.* t. II, p. 128-131, doit se réduire au fait d'une colonie argienne qui avait porté dans cette partie du Latium la connaissance des traditions relatives à *Danaé* et à son fils avec celle des arts de la Grèce.

[4] Voy. la *Relazione degli scavi di Pompei*, dans le *Bullet. archeolog. Napolet.* ann. I, n. II, p. 9.

et si brillant à ces peintures, pour la plupart exécutées, à ce que je pense, *en détrempe*, et
non *à la fresque* ou *à l'encaustique*[1], elle paraissait terne et décolorée; mais la composition en
était intacte, et le style, qui est d'une noblesse remarquable, attestait qu'elle ne pouvait
provenir que d'une excellente école grecque.

Le moment choisi par l'auteur de cette peinture, pour sujet de son tableau, est celui où
Danaé vient d'être tirée du *coffre* qui l'a portée sur les côtes de l'île de *Sériphe*. La belle
Argienne est assise au bord de la mer, sur un amas de rochers dont la masse surplombe
au-dessus de sa tête; elle est vêtue d'une tunique d'une forme particulière, qui découvre
l'épaule gauche en même temps que le sein et le bras droits, peut-être pour indiquer, par
cette sorte de désordre, la situation où *Danaé* s'est trouvée dans le périlleux voyage qu'elle
vient d'accomplir, peut-être aussi pour montrer qu'elle sert de nourrice à son fils nouveau-né.
Ses cheveux, qui flottent sur son front et sur son cou, sont enfermés dans un *kékryphalos* de
l'espèce la plus simple, consistant en un morceau d'étoffe tout unie. Tout ce costume, qui
convient au malheur de *Danaé* et qui accuse la rigueur de son père, contraste avec la grâce
répandue dans toute sa personne, avec le charme de sa figure et avec l'expression de son
visage, où respire une joie naïve, jointe à une modestie touchante. Elle tient dans ses bras
son enfant nu, qui étend vers elle une de ses petites mains, et qu'elle cherche à couvrir
d'un pan du *péplus* sur lequel elle est assise. À ses pieds est le *coffre* où elle était enfermée,
et dont on ne voit pas le couvercle, qui sans doute aura été brisé. De l'autre côté de ce
meuble si caractéristique, sont deux hommes debout, l'un et l'autre dans une attitude et avec
des attributs qui ne permettent pas de les méconnaître. L'un, qui est vêtu d'une simple
tunique courte, échancrée par le haut et attachée sur l'épaule gauche, avec la tête nue,
tient de la main gauche, en guise de *sceptre*, une *rame*[2], indice de sa royauté insulaire, et il
porte la main droite vers le bas de son visage, d'une manière qui s'accorde avec l'expression
de son regard, dirigé sur *Danaé* : c'est le roi de *Sériphe*, *Polydectès*, qui ressent déjà pour la
fille d'Acrisius un amour qui deviendra pour elle une source de nouveaux dangers[3]. L'autre
personnage, debout aussi sur le premier plan, qui est vêtu d'un *tribon*, avec la tête couverte d'une *coiffure métallique*[4], et qui tient de la main gauche une *ligne à pêcher*, en éten-

---

[1] C'est une question que je me réserve de discuter dans l'*Introduction* de cet ouvrage, et je renvoie d'avance mes lecteurs
aux éclaircissements que je me propose de donner sur ce sujet.

[2] Cette particularité n'est pas assez clairement indiquée sur le
dessin que j'ai eu à ma disposition; mais je dois m'en rapporter,
à cet égard, au témoignage de M. Avellino, qui ayant examiné
avec tout le soin possible et à plusieurs reprises la peinture
originale, où il avait cru voir d'abord un *sceptre* aux mains de
Polydectès, a reconnu depuis et a déclaré que c'était bien une
rame; voy. le *Bullet. archeol. Napolet.* ann. I, n. ix, p. 70; cf.
ibid. ann. II, n. xix, p. 10.

[3] Cet amour de *Polydectès* pour *Danaé*, qui était allé jusqu'à
la violence pour s'emparer de sa personne, était déjà connu de
Pindare, *Pyth.* xii, 14; cf. Schol. *ad Pyth.* x, 72; et il est attesté
par les mythographes, Pherecyd. *apud* Schol. Apollon. Rh. *ad* iv.
1515; Apollodor. II, iv, 2; Hygin. *Fab.* lxiii; Schol. Lycophron
ad. v. 838. Cette passion de *Polydectès*, dont le souvenir est aussi
rappelé dans une des *épigrammes* relatives aux *stylopinakia* du

temple de Cyzique, *apud* Jacobs. *Anthol. Pal.* t. XIII, p. 632,
n. 18, jouait un grand rôle dans la tragédie d'Euripide, intitulée *Dictys*, dont les fragments ont été interprétés avec tant de
bonheur par M. Welcker, *Die Griech. Tragöd.* t. II, p. 668-674.

[4] Cette coiffure offre en effet, sur le dessin qui m'a été en-
voyé, une *apparence métallique* qui pourrait le faire prendre pour
un *casque*; mais je doute encore que cette indication soit réelle.
M. Avellino se sert du mot *causia* pour désigner cette partie du
vêtement du pêcheur *Dictys*, et je ne suis pas bien sûr non plus
que cette désignation soit exacte. La *causia*, qui était une *espèce de
pilos*, εἶδος πίλου, Eustath. *ad* Homer. p. 255, 1; cf. Valckenaer.
ad Adoniaz. p. 342, d'un usage propre aux Macédoniens, πῖλος
Μακεδονικός, Pollux, X, clxii, était une *coiffure plate à larges
bords*, πῖλον πλατύν, Eustath. *ad* Homer. p. 1398, 3; elle res-
semblait beaucoup au *pétase*, et ce n'est pas ainsi qu'elle est
figurée sur notre peinture. J'avais pensé d'abord que la *coiffure*
de notre *Dictys*, à peu près pareille à celle qui se voit sur la
tête de deux figures de *pêcheurs* dans une peinture de *Civita,*

dant la main droite vers *Danaé*, en signe de protection, est évidemment le pêcheur *Dictys*[1], l'ami fidèle de *Danaé* et de son fils. Cette composition, où chaque personnage est si bien caractérisé, et où respirent à un si haut degré la simplicité et la noblesse antiques, me paraît, à tous égards, une des plus remarquables qui soient sorties des ruines de Pompéi.

Je compléterai l'explication de notre peinture en indiquant les autres monuments, jusqu'ici acquis à la science, qui se rapportent au sujet de *Danaé*, et qui, il faut bien le dire, ne répondent ni par leur nombre, ni par leur importance, à la célébrité de cette fable, si l'on excepte les deux dont nous venons de nous occuper. Cette rareté de monuments relatifs à *l'amour de Jupiter pour Danaé*[2] a d'autant plus lieu de nous surprendre, qu'il est bien constant que ce sujet était un de ceux dont les anciens se plaisaient à décorer leurs chambres à coucher : le célèbre passage de l'*Eunuque* de Térence[3], où il est question d'un *tableau de Jupiter changé en pluie d'or recueillie dans le sein de Danaé*, ne laisse aucun doute à cet égard; et l'usage que j'avais fait précédemment de ce texte important[4] ne lui a rien fait perdre de sa valeur[5]. Ce qui achève, d'ailleurs, de prouver que le trait de mœurs grecques signalé dans la comédie latine était bien conforme à la vérité et bien d'accord avec le goût général des deux peuples, c'est que ce sujet de *Danaé recevant dans son sein la pluie d'or* s'est rencontré sur plusieurs peintures de Pompéi, où il servait à l'ornement de chambres à coucher. Une de ces peintures se trouvait dans la *maison de*

Pittur. d'Ercolan. t. II, tav. ɪ., p. 169-171, devait être de *cuir*, et que ce pouvait être un *galerus*, espèce de *coiffure* faite de *peaux d'animaux divers*, Serv. *ad Æn.* ɪɪ, 683 : Galerum *ex pelle hostiæ cæsæ*, qui n'était pas seulement d'usage sacerdotal, mais qui servait aussi aux *chasseurs*, Gratian. *Cyneget.* v. 339, Colpurn. *Ecl.* 1, 6, aux *Gladiateurs*, Juvenal. *Sat.* vɪɪɪ, 207, et à toute sorte de personnes, Virgil. *Æn.* vɪɪ, 688 : *Fulvosque lupi de pelle galeros.* C'était ainsi une des sortes de *coiffures*, περικεφαλαίαι, répondant à la κυνέη ou κυνῆ, dont l'usage était propre à beaucoup de peuples grecs, à partir des temps homériques, Homer. *Iliad.* x, 257 : Ἀμφὶ δέ οἱ κυνέην κεφαλῆφιν ἔθηκε ταυρείην; cf. Herodot. VII, ʟxxvɪɪ : Ἐκ διφθέρων πεποιημένας κυνέας. Mais, sur ce point encore, je n'oserais rien prononcer, n'ayant pas sous les yeux le monument original, et je dois m'en rapporter à l'opinion des antiquaires napolitains.

[1] La *ligne*, nommée par les Grecs κάλαμος et ῥάβδος, Pollux, X, cxxxɪɪ, p. 435, ed. Emm. Bekker., et par les Latins *arundo*, Ovid. *Metam.* XIII, 924, est comprise par Pollux au nombre des instruments de la *pêche*, Pollux, *l. l.* Plutarque en donne, *De solert. animal.* t. I, p. 976, E (t. X, p. 65, ed. Reisk.), une description qui s'accorde bien avec les monuments. On voit, en effet, sur plusieurs peintures antiques, des *pêcheurs*, ou des *génies ailés*, occupés à la *pêche*, ayant en main cet instrument, figuré comme il l'est ici à la main de *Dictys*, *Pittur. d'Ercolan.* t. I, tav. xxxvɪ, 2; t. II, tav. ʟ; pour ne point parler de la figure de *Vénus* représentée dans cette occupation, image si souvent reproduite sur les murs de Pompéi. La *pêche à la ligne* n'est qu'indiquée par les mots καλαμῷ θηρῶντας dans la description d'une peinture antique, consacrée principalement à la *pêche des thons*, telle qu'elle se pratiquait dans le Bosphore, peinture décrite par Philostrate l'ancien sous le titre de Ἁλιεῖς, *Imag.* I,

xɪɪɪ, p. 23-24, ed. Jacobs. Ælien, qui donne aussi des détails très-curieux sur les quatre principaux genres de *pêche* auxquels se livraient les anciens, fait pareillement, à l'occasion du quatrième, qui est la *pêche à l'hameçon*, ἀγκιστρεία, une mention particulière des *lignes* de la meilleure condition : Ἐν δὲ τοῖς καὶ καλάμων εὐφυῶν καὶ βρόχων, *Hist. anim.* XII, xʟɪɪɪ, t. I, p. 284; cf. Jacobs. *Animadv.* t. II, p. 434-435.

[2] J'ai peine à comprendre comment, après avoir rappelé les principales circonstances de la fable de *Danaé*, depuis l'amour qu'elle inspira à *Jupiter* jusqu'à son arrivée à *Sériphe*, Millin a pu dire, *Peint. de vases*, t. II, p. 3, 1), que *tous ces faits sont consacrés par plusieurs monuments*. La vérité est qu'il n'en existait aucun à l'époque où Millin écrivait cette phrase, puisque nos peintures mêmes de Pompéi n'étaient pas encore découvertes à cette époque.

[3] Terent. *Eunuch.* III, v, 36-37.

[4] *Peintur. antiq. inéd.* p. 266-267.

[5] Témoin l'usage qu'en a fait tout récemment le savant antiquaire napolitain, M. Avellino, à l'occasion de la découverte de notre peinture de Pompéi, qu'il décrit, *Bullet. archeol. Napolet.* ann. I, n. ɪx, p. 70-71. Dans ce même article, il est parlé en termes généraux des nombreuses peintures, toutes avec des variantes, qui représentent les amours de *Jupiter* et de *Danaé:* « I dipinti Pompeiani rappresentano in tante svariate fogge gli amori di Giove e di Danae, solito argomento de' quadri messi ne' cubicoli. » Ce témoignage, émané d'un antiquaire aussi instruit, qui a les monuments sous les yeux, est sans doute d'une grande autorité; toutefois, j'avoue que je ne connais encore à Pompéi, en fait de peintures relatives aux amours de *Jupiter* et de *Danaé*, que les trois représentations dont il sera parlé.

Pansa[1], et la manière dont la *fille d'Acrisius*, assise demi-nue sur des rochers, au milieu d'un *jardin, recevait dans sa draperie la pluie d'or*, qui semblait tomber du ciel, montrait que l'artiste avait affecté de s'éloigner de la tradition antique. Dans une autre peinture de Pompéi, qui ornait une des parois d'une chambre à coucher de la *maison* dite *de la Chasse*, et qui avait pour pendant, sur la muraille opposée, *Léda portant sur ses bras le cygne qu'elle caresse*[2], ce sujet de *Danaé* s'est trouvé rendu d'une manière aussi neuve qu'ingénieuse[3]. La *fille d'Acrisius, debout*, demi-nue, écarte de sa main gauche le vêtement transparent qui la couvre, pour recevoir la *pluie d'or* qu'un *Amour* ailé verse sur elle d'un vase qu'il tient des deux mains; et un *foudre*, dessiné dans le champ, indique la présence de *Jupiter*[4]. C'est encore une *Danaé* que je crois reconnaître dans une peinture qui décorait un cabinet d'une maison située à l'extrémité de la *rue de la Fortune;* elle y est représentée *assise sur un lit* garni d'étoffes précieuses, et écartant de ses deux mains le vêtement qui laisse toute la partie supérieure de son corps découverte, pour recevoir quelque objet, qui ne peut être que la *pluie d'or*[5]. Le nom de *Vénus* qu'on a donné à cette figure ne convient ni à son attitude ni à son mouvement, qui s'expliquent si bien dans l'hypothèse de *Danaé;* et le *cercle métallique* muni d'un petit *anneau* qu'on lui voit à la jambe droite, et dont l'antiquaire napolitain n'a pas cherché à rendre compte, tout en signalant cette particularité qui a certainement un motif, est un indice de la *captivité* de *Danaé*[6], que l'auteur de cette peinture avait pu trouver dans quelque tradition aujourd'hui perdue.

Ce sont là, à ma connaissance, les seuls monuments relatifs à la fable de *Danaé* qui nous soient parvenus de l'antiquité. Je ne cite pas quelques pierres gravées qui offrent ce sujet[7],

---

[1] *Real Mus. Borbon.* t. II, t. xxxvi, p. 4.

[2] Voy. ma *Lettre à M. de Salvandy*, p. 37.

[3] *Real Mus. Borbon.* t. XI, tav. xxi.

[4] Cet indice de la présence de *Jupiter* est une particularité neuve et curieuse qui a été relevée avec raison par l'interprète napolitain de cette peinture. Du reste, il n'est pas moins certain, ainsi que l'a observé un autre savant antiquaire napolitain, M. Minervini, *Ballet. archeol. Napolet.* ann. I, n. iv, p. 26-27, que, dans la plupart des représentations relatives aux *amours* et aux *métamorphoses* de *Jupiter*, il ne se trouve aucun symbole propre à indiquer la présence du maître des dieux.

[5] *Real Mus. Borbon.* t. XI, tav. li. On n'objectera pas que la *pluie d'or* n'est pas ici représentée. Cette circonstance a pu être *sous-entendue* par l'artiste, comme il y en a tant d'exemples sur les monuments; ou bien elle a pu disparaître de la peinture par le fait même des altérations qu'elle a subies; ou bien enfin elle a pu être négligée par le dessinateur; ce qui ne serait pas non plus une chose nouvelle ni extraordinaire.

[6] Le même *anneau*, placé au-dessus de la cheville du pied droit de la belle statue Borghèse réputée généralement un *Achille*, Bouillon, *Mus. des antiq.* t. II, pl. xv, m'a servi à y reconnaître *Mars enchaîné par les aloïdes*, mythe déjà connu d'Homère, *Iliad.* v, 389-395, et souvent rappelé par les mythographes anciens; voy. à ce sujet les témoignages rassemblés par M. Creuzer, *Meletemata*, I, 83, 56). C'est dans mes *Monuments inédits, Achilléide*, p. 54-57, que j'ai développé cette explication nouvelle d'une des plus belles statues grecques qui nous restent de l'antiquité; et, bien que l'on continue encore à employer, pour la désigner, la fausse dénomination d'*Achille*, j'ai la ferme conviction que celle de *Mars*, proposée d'abord par Winckelmann, et appliquée par moi à la circonstance mythologique que j'ai indiquée, finira par prévaloir dans la science; car c'est la seule qui rende un compte satisfaisant de l'*anneau*, dont je trouve un nouvel emploi, fait à pareille intention, comme indice de *captivité*, dans notre figure de *Danaé*. Ce qui me confirme encore dans mon opinion au sujet de la statue Borghèse, c'est que j'apprends par M. Creuzer, *Zur Archäologie, etc.* Leipzig, 1846, p. 132, que M. Feuerbach avait eu la même idée que moi, c'est à savoir que cette statue représente un *Mars enchaîné*. M. Creuzer cite l'écrit intitulé : *Fragment über Apollo von Belvedere*, Speier, 1828, S. 19, *Anm.* 40, dont je n'ai eu jusqu'ici aucune connaissance.

[7] Une de ces pierres, de la galerie de Florence, a été publiée par Gori, *Mus. Florent.* t. I, tab. lvi, 4, p. 109. On y voit *Danaé*, *accroupie* et *nue*, recevant la *pluie d'or*, et, dans le haut, *Jupiter assis*, avec l'*aigle* à ses pieds. J'avoue que je ne trouve rien d'antique à cette représentation, et je laisse à ceux qui ont le monument sous les yeux à décider s'il est bien authentique. J'éprouve moins de scrupule à condamner, comme l'œuvre d'un faussaire moderne, le camée de Miliotti, publié par Raspe, dans le *Catalogue* de Tassie, pl. xxii, n. 1151, p. 101. Je ne puis rien dire de l'améthyste du baron de Gleichen, décrite aussi par Raspe, n. 1149; mais elle me paraît également très-suspecte.

parce que j'attache, en général, peu d'importance à ces monuments produits sous l'influence du goût individuel, et parce que l'antiquité même de ces pierres gravées me paraît au moins très-suspecte, d'après les seuls dessins que j'en connais. Quant à une peinture d'Artémon, décrite par Pline[1], et à un groupe de Praxitèle, où *Danaé* se trouvait associée à *Pan* et aux *nymphes*[2], il est si difficile de se rendre compte de la composition de ces ouvrages et du sujet même de ces représentations, conçus, à ce qu'il paraît, en dehors de toutes les données antiques que nous possédons, que je m'abstiens de conjectures qui manqueraient de bases suffisantes.

Mais il est un de ces monuments de la céramographie grecque venu jusqu'à nous où j'ai cru reconnaître la circonstance de *Danaé placée dans le coffre avec Persée, enfant, à ses côtés*, et dont je ne puis me dispenser de parler. C'est un petit vase, d'une forme et d'une fabrique ordinaires, qui se trouve au musée de Naples[3], et qui est orné, sur le devant, d'une peinture dont le sujet a donné lieu aux suppositions les plus étranges. Cette peinture offre une *femme debout*, s'entretenant avec un *jeune homme debout* aussi à ses côtés, placés l'un et l'autre *dans un coffre* dont le couvercle est levé derrière eux. A de pareils traits, qui rappellent si bien la scène représentée sur le vase de *Cære* et sur notre peinture de Pompéi, il semble qu'on ne puisse plus hésiter à reconnaître ici *Danaé* et *Persée*, au moment où ils viennent d'être descendus dans le *coffre* et avant que le couvercle se soit abaissé sur eux. Cette conjecture, que j'avais formée même avant d'avoir acquis la connaissance du vase de *Cære*, et que j'avais dès lors rendue publique[4], m'a paru depuis encore confirmée par une autre explication qu'a proposée récemment un docte antiquaire allemand, M. Panofka[5], en reconnaissant sur le vase de Naples l'aventure de *Ténès* et d'*Hémithéa*; car la situation de ces deux personnages, *placés dans un coffre et jetés à la mer*, est absolument la même que celle de *Danaé* et de *Persée*; mais la célébrité bien plus grande de ce dernier mythe me paraît devoir déterminer la préférence en faveur de mon explication. La seule objection qu'on pourrait

---

[1] Plin. XXXV, xt, 40 : « Artemon Danaen, mirantibus eam prædonibus. » Je ne connais aucune circonstance du mythe qui motive cette présence des *prædones*; mais, s'il était permis de corriger *prædonibus* en *piscatoribus*, le sujet de ce tableau s'expliquerait naturellement par *l'arrivée de Danaé à Sériphe*, où les compagnons de *Dictys* témoignaient leur *étonnement* à l'apparition de la belle Argienne.

[2] Ce groupe est célébré dans deux petits poëmes de l'*Anthologie*, Brunck, *Annalect.* t. II, p. 383, *carm.* iv. et t. III, p. 218, *carm. adesp.* cccxv; mais la manière dont cette association de *Danaé* aux *nymphes* et à *Pan* s'y trouve indiquée est trop vague pour qu'on puisse se faire une idée de la composition du groupe. J'observe seulement, d'accord avec M. Sillig, *Catalog. vet. artif.* r. Praxiteles, p. 388, que c'est à tort que Heyne, *Comment. Soc. Gotting.* t. X, p. 89, avait vu le *Satyre* de Praxitèle dans cette figure de *Pan* associée à *Danaé*, et je suis surpris que M. Jacobs ait approuvé cette opinion du savant critique de Gœttingue, *Animadr. ad Anthol. Pal.* t. X, p. 130, et t. XII, p. 62. L'expression ὁ τραγόπους ne peut convenir qu'à *Pan*, et le *Satyre* de Praxitèle était une statue isolée qui n'avait rien de commun avec celle-là.

[3] Ce vase est placé dans la huitième salle, sous le n° 2048; il a été publié dans le *R. Mus. Borbon.* t. II, tav. xxx, 4, p. 3-4. On y avait vu d'abord *Astyanax* caché dans un tombeau par sa mère *Andromède* (lis. Andromaque); depuis, on a cru y reconnaître l'*origine de la comédie* dans le rustique chariot de Thespis, et cette idée de l'antiquaire napolitain, appuyée principalement sur l'exemple du moderne *Pulcinella*, a été adoptée par MM. Éd. Gerhard et Panofka, *Neapels antik. Bildwerke*, t. I, p. 374, n. 2048. La seule observation que je me permettrai de faire au sujet de ces explications si contradictoires, c'est que l'apparence d'un *enfant*, qui avait fait songer à *Astyanax*, est réellement celle qui résulte du premier examen de cette peinture.

[4] Voy. *Journ. des Savants*, février 1845, p. 73.

[5] C'est dans l'*Archäologische Zeitung* de M. Éd. Gerhard, t. IV, xvi, p. 267-270, que le savant auteur a donné cette explication, qu'il a complétée par celle d'un vase de *Chiusi*, actuellement au musée de Berlin, où il reconnaît avec beaucoup de bonheur, à mon avis, *Ténès seul* et *barbu* : deux circonstances qui me semblent peu d'accord avec la présence de *Ténès, jeune* et *imberbe*, près d'*Hémithéa*, sur le vase de Naples.

y faire, c'est que *Persée* serait représenté ici avec la taille d'un *éphèbe* plutôt qu'avec celle d'un *enfant*. Mais cette circonstance peut tenir à ce que l'artiste avait suivi une tradition différente de celles que nous connaissons, suivant laquelle *Persée* aurait déjà passé l'âge de l'enfance quand sa naissance fut découverte; et ce peut être aussi un pur effet de la maladresse du dessinateur. Cette taille du jeune homme, au-dessous de celle de la femme, est tout aussi bien une difficulté dans l'hypothèse de M. Panofka; et, tout considéré, je crois qu'il y a plus de motifs d'admettre ici le sujet de *Danaé* et de *Persée* que celui de *Ténès* et d'*Hémithéa*. Mais, en tout cas, il ne me semble guère possible de présenter une troisième hypothèse; et l'explication du monument, réduite à ces termes, me paraît bien près de la solution sur la voie de laquelle il doit m'être permis de dire que je suis entré le premier.

PLANCHE XV.

HYLAS RAVI PAR LES NYMPHES.

Hauteur, 0 m. 78,6 cent. — Largeur, 0 m. 65,5 cent.

Cui non dictus Hylas[1]? Ce mot de Virgile, devenu presque proverbial à Rome, suffit pour témoigner de la célébrité qu'avait acquise, à une certaine époque de l'antiquité, la fable d'*Hylas ravi par les nymphes*. Mais, tout en admettant cette célébrité, qui ne peut être mise en doute et qui fut principalement l'œuvre des poëtes, il y a sans doute lieu de s'étonner qu'un sujet si favorable aux arts d'imitation ait été si rarement traité sur les monuments de l'antiquité figurée, à en juger d'après ceux qui nous en restent. C'est ce qui résultera de l'examen que je ferai de ces monuments, après que j'aurai exposé, aussi succinctement qu'il me sera possible, le trait mythologique qu'ils représentent, en commençant par la description de la peinture que je fais connaître.

Cette peinture, une des plus récemment découvertes à Pompéi, se recommande plus par sa composition, qui doit appartenir à quelque maître grec, que par son exécution, qui paraît être de la dernière manière des peintures de Pompéi. Le sujet est, du reste, rendu d'une manière qui ne laisse lieu à aucune incertitude. *Hylas*, le jeune et beau Dryope[2], objet de

[1] Virgil. *Georg.* III, 6.

[2] Suivant la tradition la plus générale, *Hylas* était fils de *Theiodamas*, roi des Dryopes et de la nymphe *Ménodice*, Apollod. I, IV, 19; Apollon. Rh. I, 1213; Hygin. *Fab.* CCLXXI; cf.

la tendresse d'Hercule[1], se montre ici au moment où il allait puiser, à une source éloignée du rivage, l'eau nécessaire au repas du soir du héros[2]. Il tient de la main gauche le vase de bronze, en forme de *kalpis*[3], qu'il avait apporté à cet effet, et il est vêtu de la *simple chlamyde*, vêtement des *éphèbes*, attachée sur le devant de la poitrine et rejetée sur le dos, avec le *parazonium*, ou épée, suspendu au côté gauche. Il se montre ainsi dans toute la simplicité du costume héroïque; mais il n'a déjà plus la liberté d'accomplir le projet qui l'avait conduit à cette source fatale. Trois femmes, qui sont *trois nymphes, naïades, dryades* ou *hamadryades*[4], l'entourent et s'efforcent de s'emparer de sa personne. Deux de ces nymphes lui ont saisi le bras droit, qu'il lève encore avec peine, comme pour invoquer un secours qui ne viendra pas, et la troisième, agenouillée devant lui, l'arrête des deux mains par la jambe droite. Toute cette scène est pleine de mouvement et de vérité, et, si l'on regrette que l'expression des figures et le style des têtes n'y répondent pas à l'intérêt du sujet, ce sont des imperfections qu'on ne peut mettre que sur le compte du décorateur de Pompéi, chargé de reproduire le modèle d'une ancienne école qu'il avait sous les yeux.

Le lieu de la scène est un site agreste et montueux, où se dressent des rochers et qu'abritent des arbres. La source dont s'approche le jeune héros, compagnon d'Hercule[5], tombe de ces rochers en formant une espèce de cascade; et sur le haut de cette masse de rochers est un groupe de deux figures de moindre proportion, et, à ce titre, d'un ordre subalterne, qui doivent représenter deux habitants du pays, spectateurs paisibles d'une scène dont ils ne pouvaient être que les témoins fortuits, à moins qu'on n'aime mieux voir, dans ces deux personnages, dont l'un est assis et l'autre debout près de lui, dans une attitude familière, un groupe à peu près semblable à celui qui se rencontre, à une pareille place et dans des conditions analogues, sur beaucoup de bas-reliefs antiques, où il représente le *génie du mont* et

Mnaseas, *apud* Schol. Apollon. Rh. *ad* 1, 131, et *ad* v. 1207; Propert. *Eleg.* I, xx, 6. D'autres auteurs lui donnaient une origine différente. Ainsi, suivant Nicandros, *apud* Anton. Liber. c. xxvi, p. 172, ed. Verheyk., il était fils de *Céyx*; suivant d'autres, Euphorion, *apud* Schol. Theocrit. *ad Id.* xiii, v. 7, d'*Euphémos*, favori de Neptune, ou même d'*Hercule*, Socrates, *ibid.*; cf. Euphorion. *Fragment.* cxlix, p. 177, ed. Meineke. Ces traditions diverses n'ont, du reste, quelque importance que par les noms des auteurs auxquels elles sont attribuées, et qui prouvent la célébrité du mythe d'*Hylas*, par le grand nombre d'ouvrages où il en était fait mention.

[1] Hygin, dans le chapitre où il énumère *les plus beaux éphèbes, ephebi formosissimi*, Fab. cclxxi, nomme à ce titre *Hylas*, comme *aimé d'Hercule:* «Hylas, Theodamantis filius, quem Hercules amavit;» cf. Anton. Liber. c. xxvi : Ὕλαν, ἐκτόπως νέον δὲ καὶ καλόν. C'est aussi de la même manière que le désignent la plupart des anciens auteurs, Schol. Apollon. Rh. *ad* v. 1, 131 : Ὕλας, Ἡρακλέους ἐρώμενος; Theocrit. *Id.* xiii, v. 6-7; Apollodor. I, ix, 19; Schol. Aristophan. *Plut.* v. 1127; Zenob. *Cent.* vi, 21; Phot. v. Ὕλαν κραυκάζειν; Suid. h. v.

[2] Apollodor. I, ix, 19; Theocrit. *Id.* xiii, 36; Anton. Liber. c. xxvi, p. 174; Apollon. Rh. 1, 1226, sqq. Suivant une autre tradition, *Hylas*, égaré à la *chasse*, s'était éloigné d'*Hercule* et périt victime de son imprudence, Pseud. Orph. *Argon.* v. 637, sqq.; Val. Flac. iii, 545.

[3] Apollon. Rh. 1, 1207 : Χαλκέῃ σὺν κάλπιδι; Schol. *ad l. l.*: Ὑδρίαν; cf. Theocrit. *Id.* xiii, 38 : Χάλκεον ἄγγος; Anton. Liber. *l. l.*: Ἔχων κρωσσόν.

[4] La plupart des écrivains anciens se servent du terme générique de *nymphes*, Pseud. Orph. *Argon.* v. 648-9 : Ἐν δὲ σπέος ἤλυθε νυμφῶν λειμακίδων; Theocrit. *Id.* xiii, 43 : Ὕδατι δ' ἐν μέσῳ ΝΥΜΦΑΙ χορὸν ἀρτίσδοντο; Anton. Liber. *l. l.* p. 176 : Αὐτὸν ἰδοῦσαι νύμφαι; Apollodor. I, ix, 19 : Διὰ κάλλος ὑπὸ νυμφῶν ἡρπάγη; Schol. Apollon. Rh. *ad* v. 1, 1236; Hygin. Fab. xiv : *A nymphis... raptus est*; Prob. *ad* Virgil. *Georg.* III, 6 : Hylas, *ad hauriendam aquam Ascanii fluminis urnam extulisset, adamatus a nymphis est*; Mythogr. Vat. 1, 49 : *A nymphis raptus est*; cf. ii, 199 : *A nymphis raptus esse dicitur*. Mais Properce nomme indistinctement les *dryades* et les *hamadryades*, El. I, xx, v. 32 et 45; et Ausone, *Epigramm.* xcv, 4, les *naïades* : en quoi il suivait l'exemple d'Ovide, *De art. am.* ii, 110 : Naïadumque *tener crimine raptus* Hylas. Le nom des *néréides*, qui figure dans le récit d'un parœmiographe grec, Zenob. *Cent.* vi, 21 : Ὁ δὲ διὰ κάλλος ὑπὸ νηρηίδων ἁρπαγεῖς ἀνεβόησε, ne peut s'y être glissé que par une méprise ou une distraction de ce grammairien.

[5] Apollon. Rh. 1, 132 : Ἰὼν τε Φορεύς, Φύλακός τε βιοῖο; cf. Pseud. Orph. *Argon.* v. 221, sqq.; Mythogr. Vat. 1, 49 : *Armigerum*.

celui de la source[1] ; mais l'absence de vêtement et d'attribut rend à mes yeux cette seconde explication moins probable que la première.

Telle est cette peinture, dont tous les personnages, sauf les deux indiqués en dernier lieu, répondent aux données de la fable antique, du moins dans la tradition la plus accréditée, et aussi la plus intéressante qui eut cours chez les anciens, celle où *Hylas* était ravi par *trois nymphes* et non par *une seule*. C'est effectivement de cette manière que *l'enlèvement d'Hylas* est décrit par Théocrite dans une gracieuse idylle[2], consacrée tout entière à ce sujet, où les *trois nymphes* sont nommées *Eunica, Malis* et *Nycheia*[3], noms qui semblent bien dérivés de ceux des arbres[4], et qui tendent à nous faire considérer les *nymphes* en question comme des *dryades;* et cette tradition est celle qui a été suivie dans le plus grand nombre des témoignages antiques[5], tandis que celle qui n'admet qu'*une seule nymphe* et qui n'a guère pour garant que l'auteur des *Argonautiques*[6], a été signalée par le scholiaste même de ce poëte[7] comme contraire à l'opinion générale.

Nous avons maintenant à rechercher ce qu'était dans le principe cette fable d'*Hylas*, qui dut surtout sa popularité aux poëtes, comme nous en avons déjà fait la remarque. L'aventure d'*Hylas* semble n'avoir été d'abord qu'un trait des *Argonautiques*, comme on la trouve effectivement racontée dans les poëmes du faux Orphée[8], d'Apollonius de Rhodes[9] et de Valerius Flaccus[10]; mais, plus anciennement encore, elle figurait comme épisode dans les poëmes relatifs à *Hercule*, ou *Héraclées;* et c'est dans un de ces poëmes, dont l'auteur, Cynæthon, florissait vers la ve olympiade[11], que s'en trouvait la première mention[12] qui nous en reste, à ma connaissance. Depuis, elle servit de texte à d'autres poëtes, tels que ceux des *métamorphoses*, à raison de la transformation d'*Hylas* en *écho* opérée par les nymphes, qui craignaient qu'Hercule ne leur ravît cet objet de leur passion[13]. Mais ce fut surtout à la belle époque de la langue et de la littérature, chez les Grecs et chez les Romains, pour les poëtes d'idylles et d'élégies, que le sujet d'*Hylas* acquit le plus haut degré de faveur. Nous en avons la preuve par l'allusion de Virgile à ces poésies si populaires[14]; sans compter que Virgile lui-même s'était exercé sur ce sujet[15], qui nous a valu la charmante idylle de Théocrite, déjà citée plus haut, et une gracieuse élégie de Properce[16]; pour ne pas parler du petit poëme d'Ausone[17], que je crois produit à l'occasion de quelque œuvre d'art, comme tant d'*épigrammes* de l'*Anthologie*.

Cette fable, qui se prêtait si aisément aux compositions les plus aimables, et sur laquelle

---

[1] Voy. les exemples cités plus haut, p. 155 et p. 165.

[2] Theocrit. *Id.* xiii, 1-75.

[3] Idem, *ibid.* v. 45 : Εὔνεικα καὶ Μαλίς, ἔαρ θ' ὁρόωσα Νυχεία. Un de ces noms, sous la forme latine, *Eunica*, se lit dans Probus, *ad* Virgil. *Georg.* III, 6.

[4] Reiske, *ad* Theocr. *l. l.*

[5] Voy. les témoignages cités plus haut, p. 202, 4.)

[6] Apollon. Rh. 1, v. 1229. Cette tradition est celle qui a été suivie par Valerius Flaccus, *Argon.* iii, 555, qui donne à cette nymphe le nom de *Dryope*. Je remarque que le scholiaste d'Apollonius a pris pour un nom propre le mot ἐφυδατία, qui signifie une *nymphe de l'onde*, et qui a pour équivalent, dans les épigrammes antiques, les mots κρηναῖαι ou κρηνίδες, D'Orville, *ad* Chariton. p. 357.

[7] Schol. *ad* Apollon. Rh. 1, v. 1236.

[8] *Argon.* v. 640-660, ed. Hermann.

[9] Apollon. Rh. 1, v. 1187, sqq.

[10] Valer. Flacc. iii, 545, sqq.

[11] Ott. Müller, *Die Dorier*, II, 477.

[12] Kynæthon, *apud* Schol. Apollon. Rh. 1, 1357.

[13] Nicandros, *apud* Anton. Liber. c. xxvi, p. 176.

[14] Virgil. *Georg.* III, 6.

[15] Idem, *Ecl.* vi, v. 43-44.

[16] Propert. *Eleg.* 1, xx, 1-52; cf. Rutgers. *Var. lect.* iii, 8.

[17] Auson. *Epigr.* xcv, 1-4.

les poëtes latins modernes ont cherché à rivaliser avec les anciens [1], devait-elle son invention au génie grec? Il y a lieu d'en douter, d'après la localité qui en a fourni le théâtre. C'était effectivement en Mysie, sur les confins de la Bithynie, près de l'emplacement où fut bâtie plus tard la ville de *Cius*, dans une contrée tout imprégnée d'influences asiatiques, dues à une ancienne occupation phénicienne [2], qu'eut lieu l'aventure d'*Hylas*, et que le souvenir s'en perpétua, jusqu'à la fin de la période hellénique, par un culte local qui offre tout à fait un caractère asiatique. Nous savons, en effet, par le témoignage de Strabon [3], écrivain né dans une région voisine, que, de son temps encore, les habitants de *Prusias*, ville qui avait succédé à *Cius*, célébraient la mémoire d'*Hylas* par des chants et des lamentations, où on l'appelait à plusieurs reprises, comme Hercule, en le cherchant dans les mêmes lieux, l'avait appelé autrefois [4]. Or c'est là un trait d'un culte phénicien, dont le mythe d'*Adonis*, héros ravi dans la fleur de son âge à l'amour d'une déesse, offre l'application la plus frappante et la plus célèbre [5], et qui avait eu, dans les contrées voisines de la Propontide, d'autres applications non moins sensibles sous des noms divers, tels que ceux de *Bormos* [6], chez les Mariandyniens de Bithynie, peuple phénicien d'origine [7], et de *Lityersès*, chez les Phrygiens [8]. Rien n'est donc plus vraisemblable en soi, et plus conforme à toutes les données antiques, que d'admettre, avec un grand critique de nos jours [9], que la fable d'*Hylas* devint, pour les Grecs, habitants de ces contrées, la forme hellénique donnée à la tradition locale, et rattachée, avec autant de convenance que de bonheur, au mythe d'*Hercule*, qui lui-même appartenait originairement à la religion des peuples de race phénicienne [10].

Mais, du moment que la fable d'*Hylas* était entrée par la poésie épique dans le cercle des mythes helléniques, et que la poésie élégiaque avait achevé de la populariser chez les Grecs, il semble que les arts plastiques auraient dû s'en emparer à leur tour, grâce aux heureuses

---

[1] Broukhusius en a fait l'observation, en citant à l'appui plusieurs poëtes latins modernes qui avaient chanté *Hylas*, à l'exemple des anciens, *ad* Propert. *El.* I, xx, p. 75-76.

[2] C'est une notion que j'ai cherché à établir dans mon *Mémoire sur l'Hercule phénicien et assyrien*.

[3] Strabon. l. XII, p. 564 : Καὶ νῦν δ' ἔτι καὶ ἑορτή τις ἄγεται παρὰ τοῖς Προυσιεῦσι καὶ ΟΡΕΙΒΑΣΙΑ θιασευόντων, καὶ καλούντων Ὕλαν, ὡς ἂν κατὰ ζήτησιν τὴν ἐκείνου πεποιημένων τὴν ἐπὶ τὰς ὕλας ἔξοδον; cf. Apollon. Rh. 1, 1349-1357; Anton. Liber. c. xxvi, p. 178; Suid. et Phot. v. Ὕλαν κραυκάζειν.

[4] C'est à cette particularité de la fable d'*Hylas*, certainement empruntée de la tradition locale, que se rapportait le proverbe grec, Ὕλαν κραυκάζειν, ainsi expliqué par les grammairiens, Zenob. *Cent.* vi, 21; Diogen. VIII, xxxiii : Ἐπὶ τῶν μάτην βοώντων, ou ἐπὶ τῶν μηδὲν ἀκουόντων, ou ἀνυόντων; cf. Suid. et Phot. h. v.; Hesych. v. Ἐπιβοᾷ τὸ Μύσιον; Eustath. *ad* Dionys. *Perieg.* v. 805. Mais ce proverbe avait dans l'antiquité grecque de plus profondes racines qu'on ne croirait pouvoir le présumer d'après le témoignage de ces grammairiens; car on le trouve, sous une forme différente, dans ce vers du *Plutus* d'Aristophane, v. 1127 : Ποθεῖς τὸν οὐ παρόντα καὶ μάτην καλεῖς, au sujet duquel le scholiaste nous a laissé, de la fable d'*Hylas*, une version qui offre une circonstance intéressante et neuve, celle d'une voix aérienne qui adresse à Hercule les paroles rapportées plus haut;

ce qui est un trait de plus de l'origine asiatique de cette fable.

[5] Voy. les détails où nous sommes entrés à ce sujet, dans notre explication de la planche ix.

[6] Æschyl. *Pers.* v. 1054, ed. Blomfield; cf. *ibid.* v. 932-933 :
κακομέλετον ἰὰν
Μαριανδυνοῦ θρηνητῆρος πέμψω;
Pollux, IV, vii, 54; Nymphis, *Fragment.* p. 96; Hesych. v. Ἐπιβοᾷ τὸ Μύσιον.

[7] Les *Mariandyniens* devaient leur nom à *Mariandynus*, un des fils de *Phinée*, Schol. Apollon. Rh. *ad* iii, 182; cf. Stephan. Byz. v. Παφλαγονία; et *Phinée* est la personnification mythique de l'occupation phénicienne; voy. Movers, *Die Phœnicier*, I, 20-21. De là, le culte d'*Adonis* établi à *Mariandyné*, d'après un passage curieux de Pollux, II, viii. Je suis encore obligé de renvoyer sur ce point aux recherches exposées dans mon *Mémoire sur l'Hercule phénicien et assyrien*.

[8] Schol. Theocrit. *ad Id.* x, 41; Apostol. XII, vii; Hesych. v. Μαριανδύνων θρῆνος; voy. Ott. Müller, *Die Dorier*, I, 347, 10), et 451, 5); et consult. surtout les *Fragments* du *Lityersès* de Doritheus, avec les observations d'Eichstädt.

[9] Ott. Müller, *Prolegom. zu ein. wissenschaftl. Mythologie*, p. 109; *Orchomenos*, p. 293; *Die Dorier*, I, 347 et 451.

[10] C'est ce que j'ai cherché à établir dans mon *Mémoire sur l'Hercule phénicien et assyrien*, cité dans les notes précédentes.

applications auxquelles elle se prêtait si aisément. Je ne parle pas d'*Hylas*, considéré comme *ami* et comme *élève d'Hercule*[1]; ce côté de la fable, qu'on avait cru voir[2] dans la statue célèbre d'*Hercule* avec *Ajax*, ou plutôt avec *Télèphe*, aurait pu sans doute fournir matière aux compositions de l'art, comme tant d'autres sujets du même genre, dont ce n'est pas ici le lieu de s'occuper. *Hylas* seul, avec une *hydrie* à la main, avait pu fournir aussi à la statuaire, aussi bien qu'à la peinture, le type d'une de ces belles figures mythologiques, représentées isolément, sur lesquelles l'art grec aima tant à s'exercer; et j'ai déjà exprimé ailleurs, mais seulement par forme de conjecture, l'idée qu'*Hylas* avait pu être le sujet d'une peinture qui faisait partie de la galerie de tableaux formée dans la *Pinacothèque* des *Propylées*, et que *Pausanias* désigne par les mots d'*enfant portant des hydries*[3]. Mais c'était surtout la scène d'*Hylas ravi par les nymphes*, qui, à raison de la double application dont elle était susceptible, comme motif érotique et comme motif funéraire, semblait propre à fournir le sujet de peintures et de bas-reliefs, au moins autant qu'aucune autre fable grecque. Je ne connais, cependant, en fait de peintures produites par le premier de ces motifs, qu'une peinture de *Portici*[4], où la grâce de la composition s'allie au charme de l'exécution, de manière à en faire un des morceaux les plus remarquables de la *techographie*[5] antique qui soient venus jusqu'à nous; et, en fait de sculptures de bas-relief, où le sujet d'*Hylas* soit traité avec l'intention d'en faire une image amoureuse, je ne connais pareillement que celle du vase d'argent, du cabinet impérial de l'Ermitage, dont il sera parlé tout à l'heure.

La même rareté de monuments, où la fable d'*Hylas* figure avec une intention funéraire, se fait remarquer d'une manière qui excite encore plus la surprise; car cette image de jeunes gens des deux sexes, d'une beauté accomplie, ravis dans la fleur de l'âge, soit par les *nymphes*, soit par d'autres divinités éprises de cette beauté, était une des images les plus chères et les plus familières de tout temps à la civilisation grecque. On la trouve déjà dans Homère[6], non pas, à la vérité, avec le nom d'*Hylas*, qui n'existait sans doute pas encore à cette époque dans les traditions grecques; on la trouve aussi dans Pindare[7], avec le nom de *Ganymède*, dont le mythe était en effet si propre à fournir une image équivalente; et, depuis, on la rencontre, exprimée sous beaucoup de noms divers dans les fables poétiques, et réalisée de beaucoup de manières différentes sur les monuments figurés[8]. Pour ne parler que d'*Hylas*,

---

[1] Theocrit. *Id.* xiii, v. 8-10.

[2] L'idée de Venuti, *Num. Alban. Vatic.* tab. 118, adoptée par Vaillant, *Num. Mus. de Camps*, p. 63, que l'*enfant* porté par l'Hercule Commode était *Hylas*, cette idée, déjà rejetée par Amaduzzi, *Monum. Mattei.* t. III, p. 60, est aujourd'hui tout à fait abandonnée; et l'opinion, si probable par elle-même, que cet enfant représentait *Télèphe*, a été victorieusement établie par M. Otto Iahn, *Telephos*, p. 60-61.

[3] Pausan. I, xxii, 7 : Τὸν παῖδα τὸν τὰς ὑδρίας φέροντα; voy. mes *Lettr. archéol. sur la peint. des Grecs*, Ire part. *Lettre* Ire, p. 50. A l'appui de cette conjecture, j'observe que les Académiciens d'Herculanum ont cru reconnaître *Hylas* dans un *jeune homme*, vêtu de la *chlamyde éphébique* et portant une *hydrie*, sujet d'une peinture de *Gragnano*, *Pittur. d'Ercolan.* t. III, tav. xxiv, p. 122, 4).

[4] *Pittur. d'Ercolan.* t. IV, tav. vi; *Real Mus. Borbon.* t. I, tav. vi.

[5] Je préfère ce mot, dont j'ai fait connaître plus haut, p. 53, 3), la signification et l'usage, à celui de *peinture murale*, qui n'est pas seulement dur à l'oreille, mais qui a de plus l'inconvénient de n'être pas français.

[6] Homer. *Odyss.* xv, 250; et D'Orville, *ad* Chariton. iii, 3, p. 356, en avait fait l'observation.

[7] Pindar. *Olymp.* x, 108, sqq. :

> Ἰδέᾳ τε καλόν
> Ὥρᾳ τε κεκραμένον, ἅ ποτε
> Ἀναιδέα Γανυμήδει πότμον ἄλαλκε
> Σὺν Κυπρογενεῖ.

[8] On connaît les vases nombreux représentant *Céphale* enlevé par l'*Aurore*, ou *Orithyie* ravie par Borée. La fable de *Ganymède* ravi par l'*aigle*, et celle de *Proserpine* enlevée par *Pluton*, se rapportaient manifestement à la même intention, ainsi que d'autres fables moins populaires, sur lesquelles j'aurai occasion

27.

dont le *rapt* est assimilé à *celui de Proserpine*, comme type de sarcophage, par Visconti [1], qui n'en cite pourtant aucun exemple, l'intention qui le rendait effectivement si propre à cet usage est exprimée d'une manière piquante et ingénieuse dans une *épigramme* d'Ausone [2], que je crois avoir été dictée par quelque œuvre de sculpture de cette espèce; et des allusions semblables se lisent dans quelques épitaphes antiques [3], où la mention des *nymphes*, à défaut du nom d'*Hylas*, ne permet pas de méconnaître l'idée populaire qui attachait à ce mythe une intention funèbre, et qui en rendait conséquemment l'image, sculptée ou peinte, tout à fait propre à servir d'ornement sur un sarcophage ou dans un tombeau.

Je ne connais pourtant, en fait de sarcophages offrant la fable d'*Hylas*, qu'un bas-relief qui fit partie des *marbres Mattei* [4], et qui ne se recommande guère, dans le peu d'importance de la composition et dans la médiocrité de l'exécution, que par la rareté du sujet. Mais un second exemple de l'emploi de ce mythe, avec une intention funèbre indubitable, nous est donné par le célèbre tombeau romain d'*Igel*, dont l'un des frontons de l'attique est décoré d'un bas-relief représentant *Hylas entre des nymphes qui l'entraînent* [5]; motif funéraire qui s'accorde très-bien avec le groupe de *Ganymède ravi par l'aigle*, servant de couronnement à ce mausolée. C'est aussi sous le même rapport de la rareté du sujet, que se distinguent, plutôt encore que par le mérite de l'art, quelques autres monuments qui présentent le sujet d'*Hylas*, sans qu'on puisse y signaler une intention, soit érotique, soit funéraire, tant soit peu caractérisée.

de m'expliquer en détail dans la IVe de mes *Lettres archéologiques sur la peinture des Grecs*.

[1] Visconti, *Mus. P. Clem.* t. V, p. 7.

[2] Auson. *Épigr.* XCV :

> Aspice quam blande necis ambitione fruatur,
> Lethifera experiens gaudia pulcher Hylas !
> Oscula et infestos inter morituras amores,
> Ancipites patitur Naïadas Eumenidas.

[3] Une de ces épitaphes, rapportée dans les *Analecta* de Brunck, III, p. 304, *carm.* CCIX, fait clairement allusion à l'*enlèvement* d'*Hylas* : Νύμφαι κρηναῖαί με συνήρπασαν ἐκ βιότοιο; sur cette épitaphe, publiée d'abord par Reinesius, *Inscript.* cl. XVII, 147, p. 856, d'après Aringhi, *Rom. subter.* IV, xx, voy. les observations de D'Orville, *ad* Chariton. p. 356, et, en dernier lieu, celles de M. Jacobs, *Anthol. Pal.* XII, 285-286. Une allusion encore plus directe se trouve dans une autre *épigramme*, Brunck, *Analect.* t. III, p. 305, *carm.* CCXI, où se lit le nom même d'*Hylas*, v. 9-10 :

> Παῖδα γὰρ ἐσθλὸν
> Ἥρπασαν ὥσπερ Ὕλαν Ναΐδες, οὐ Θάνατος.

Voy. aussi D'Orville, *l. l.* p. 357-358; Toup, *Epistol. de Syrac.* p. 329, et Jacobs, *Anthol. Pal.* XII, p. 288-291. Mais la véritable leçon, telle que l'a relevée Visconti, d'après le marbre original, *Oper. var.* t. II, p. 78, est :

> Ἥρπασαν ὡς τερπνὸν Ναΐδες, οὐ Θάνατος;

ce qui fait disparaître le nom d'*Hylas*, mais non pas l'allusion au sort de ce jeune héros, non plus que l'idée euphémique qui attribuait sa disparition à l'*enlèvement des nymphes*, et non à celui de *Thanatos*. La même idée d'*apothéose*, d'*immortalité*, liée à celle de l'*enlèvement par une nymphe*, est exprimée dans une des épigrammes de Callimaque, *apud* Brunck. *Analect.* t. I, p. 471, *carm.* XLVI; et elle avait passé chez les Romains : témoin cette épigraphe latine, *apud* Gruter. p. DCCXVII, 11 : « Fundi hujus dominus infans hic jacet SIMILIS DEO. Hunc ab ante oculis parentis RAPVERVNT NYMPHAE in Gurgite; » et cette autre, rapportée par Muratori, t. II, p. 1231, 3 : « Anima bona, superis reddita, RAPTVS A NYMPHIS; » voy. dans Fabretti, *Inscript.* c. III, p. 188-195, un grand nombre d'exemples de ce genre d'épitaphes, où se trouve l'idée de *rapt*, jointe à quelque allusion mythologique.

[4] *Monum. Mattei.* t. III, tab. XXXI, p. 59-60. Le groupe d'*Hylas et des trois nymphes qui l'entraînent* se trouve entre deux autres groupes d'*un homme placé entre deux génies portant un flambeau*, où l'on ne doit voir qu'un motif funèbre, et non pas une image allégorique d'*Hercule* et de *Polyphème* en proie aux inquiétudes que leur cause la disparition d'*Hylas*, comme le croyait Amaduzzi. Le *roseau* que tient *Hylas* est une manière d'indiquer par anticipation l'*apothéose* qui l'attend; et c'est de la même manière que Valerius Flaccus avait exprimé la même idée, *Argon.* 1, 218 :

> Dubita cur pulcher ARVNDINE crines
> Velat Hylas?

[5] Voy. la *dissertation* de L. Schorn intitulée : *Versuch einer vollständigen Erklärung der Bildwerke an dem römischen Denkmal in Igel*, et insérée au t. X des *Denkschriften der K. B. Akad. d. Wissenschaft. in München* (1835), p. 283. Le groupe que j'ai en vue avait été expliqué par *Bacchus entre deux nymphes*, parce qu'on avait pris pour un *thyrse* l'objet porté par *Hylas*, qui doit être un *roseau*, comme on le voit sur le sarcophage Mattei. Ce fut Goethe qui reconnut ici le sujet d'*Hylas*, et dont l'opinion fut soutenue avec toute raison par le savant antiquaire de Munich. Dans le fronton correspondant, est représenté *Mars descendant vers Rhea Sylvia*, à peu près comme il se voit sur le bas-relief que j'ai publié, *Achilléide*, pl. IX, 1, et non pas, ainsi que

Telle est une mosaïque qui se voit au *palais Albani*, à Rome[1], et qui doit avoir servi d'ornement *sur une muraille*, et non *sur un pavé*[2], dans quelque belle *villa romaine;* car elle offre l'image d'un de ces *grands tapis, peripetasmata*, qui se suspendaient dans l'intérieur des appartements, et qui étaient ornés le plus souvent de figures et de sujets mythologiques brodés à l'aiguille[3]. Cette mosaïque, composée en guise de tapisserie, offre une large bordure, sur laquelle se déploie une longue suite de figures, les unes assises, les autres debout, représentant une scène d'oblation conçue dans le goût égyptien; et c'est dans le champ supérieur de ce rideau que se trouve le sujet d'*Hylas entre deux nymphes qui cherchent à l'entraîner chacune de son côté*, tandis que *la troisième*, debout, les jambes croisées, dans une attitude tranquille, et appuyée sur son urne dont l'eau s'épanche, semble contempler avec indifférence la lutte dont elle est témoin.

Il existe au musée du Capitole[4] un bas-relief très-curieux qui, d'après l'inscription latine qu'il porte, servit à l'ornement d'un *trivium* antique; c'est un monument votif exécuté en l'honneur des nymphes des fontaines par un affranchi de Marc-Aurèle César. On y voit d'un côté les *trois Grâces*, au milieu *Mercure* près d'*Hercule*, au-dessus d'une figure de *fleuve couchée*, et de l'autre côté, *Hylas entre deux nymphes qui s'efforcent de l'attirer à elles.* D'après la nature même du monument, et d'après le motif qui présida à son exécution, il n'est pas douteux que la fable d'*Hylas* ne figure ici dans un sens euphémique, aussi étranger aux idées funéraires dont elle était ailleurs l'expression, qu'éloigné d'une intention positivement érotique.

Le sujet d'*Hylas* fut employé aussi, comme motif de simple ornement, sur des vases où sa présence servait à indiquer l'usage de ces vases eux-mêmes, ou bien à offrir quelque allusion mythologique en rapport avec l'objet de la représentation; et je puis citer, de chacune de ces applications de la fable d'*Hylas*, un exemple remarquable. Tout le monde connaît les magnifiques restes du temple de *Jupiter Tonnant*, au pied du Capitole, dont il subsiste

---

l'avait cru L. Schorn, *Mars descendant vers la Moselle* personnifiée. J'aurais, du reste, beaucoup d'autres observations à faire sur ces bas-reliefs du monument d'*Igel*, et sur le travail de L. Schorn; mais ce ne saurait être ici le lieu.

[1] Cette mosaïque, qui se trouvait dans la *Basilica Siciniana* (Sant' Andrea *in Barbara*), sans qu'on sût, à ma connaissance, de quelle ruine antique elle provenait, avait été transportée au palais du cardinal Nerli, du temps de Ciampini qui l'a publiée, *Vetera Monimenta*, c. VII, tab. XXIV, p. 60-62. Depuis, elle a passé dans le *palais Albani*, et elle a été reproduite dans l'*Appendix veter. musiv. et picturarum*, Romæ, 1750, folio, tab. XIV, p. 96-97. Il en est fait mention par Amaduzzi, *Mon. Matt.* t. III, p. 60 par Bottari, *Mus. Capitol.* t. IV, p. 253; par Winckelmann *Monum. ined.* t. I, p. 89, et par d'autres.

[2] Je réserve, pour l'explication d'une de ces mosaïques insérée dans le mur d'une maison de Pompéi, qui sera publiée dans ce recueil, et qui représente *Achille à Scyros*, les détails que comporte cet emploi de la mosaïque.

[3] On connaît, par de nombreux témoignages classiques, cet usage de *suspendre*, dans l'intérieur des maisons grecques et romaines, particulièrement en avant de la porte de l'*aulé*, ou de la cour découverte, des *tentures* ou *tapisseries*, περιπετάσματα ou παραπετάσματα; voy. ce que dit à ce sujet le scholiaste d'Horace, *ad Sat.* II, VIII, 54 : Aulæa *sub cameras in* triclinio *tendebantur, ut si quid pulveris caderet, ab ipsis exciperetur;* cf. Mitscherlich. *ad Od.* II, XVI, II. Le nom d'*aulæa*, donné à ces *tentures* chez les Romains, atteste l'usage grec qui s'en faisait pour la porte de l'*aulé*, et qui est constaté par un fragment curieux de Polybe, cité par Suidas, *v.* Ἀρχίας· καλωδίῳ τῷ ἐκ τῆς αὐλαίας παραπετασμένῳ; cf. Suid. *v.* Αὐλαία et *v.* Κενοί, avec la *note* de M. Bernhardy, t. I, p. 774. On peut juger de la manière dont ces *tapisseries* étaient disposées, le long des parois, dans le *triclinium* et ailleurs, par la représentation qu'en offrent plusieurs bas-reliefs antiques, qui ont rapport à des *scènes d'intérieur*, tels que ceux de la *Mort de Clytemnestre*, Winckelmann, *Monum. ined.* n. 148; Visconti, *Mus. P. Clem.* t. V, tav. XXII, et mon *Orestéide*, pl. XXV, 2, p. 85; des *Présents de Médée*, Winckelmann, *Monum. ined.* n. 90-91, p. 121, 3); du *Festin d'Icarius*, Visconti, *Mus. P. Clem.* t. IV, XXV, et autres encore, *Ibid.* t. IV, tav. XV; t. V, tav. XIX. Sur tous ces bas-reliefs, les tentures en question sont disposées absolument de la même manière que le *tapis* représenté par notre mosaïque; ce qui ne laisse aucun doute sur la destination de cette mosaïque.

[4] *Mus. Capitol.* t. IV, tab. LIV, p. 253-254. Ce bas-relief avait été publié presque au moment de sa découverte par Fabretti, *De Column. Traj.* p. 174.

encore trois colonnes de l'angle du portique avec leur entablement. La frise en est ornée d'instruments et de symboles de sacrifices, *bucranes*, *vases* et *couteaux* de diverses formes; et c'est sur le *préféricule*[1] qu'est représentée de bas-relief la fable d'*Hylas debout entre plusieurs nymphes*, évidemment avec l'intention d'indiquer l'usage de ce vase en forme de *préféricule*, répondant à l'*hydrie* et à la *calpis* des Grecs, et servant à puiser de l'eau pour les sacrifices. Un emploi du même genre a été signalé par Winckelmann[2], sur le vase en forme de *scyphus* que tient l'*Hercule en repos* du célèbre bas-relief Farnèse, aujourd'hui placé à la *villa Albani*. Le sujet d'*Hylas ravi par les nymphes* est sculpté sur ce vase, où il rappelait au héros le souvenir d'un favori qu'il regretta toujours; mais il y est sculpté de si bas-relief, ou la sculpture a été tellement endommagée par le temps, qu'il a été omis sur les diverses gravures qui ont été publiées de ce monument[3], et que les antiquaires les plus exacts, tels que Corsini et Zoëga, ont même négligé d'en faire mention; ce qui donne encore plus de prix à l'observation de Winckelmann, qui, vivant à la *villa Albani* et ayant le monument sous les yeux, ne saurait ne pas inspirer une confiance entière.

Tels étaient, avec quelques médailles de *Cius*[4], et peut-être aussi de *Nicée*[5], deux villes de Bithynie, où le mythe d'*Hylas* et le culte d'*Hercule*, liés l'un à l'autre, conservèrent toujours un intérêt local; tels étaient, dis-je, à ma connaissance, les seuls monuments figurés de la fable d'*Hylas*, acquis de nos jours à la science[6], lorsqu'un hasard heureux nous en a procuré un nouveau, qui les surpasse tous par le prix de la matière, par le mérite de l'art et par l'intérêt de la représentation. C'est un vase d'argent[7], d'une forme qui le rendait propre à porter l'eau des sacrifices, au moyen d'une anse mobile[8]. Ce vase est orné, sur toute sa circonférence, de figures, sculptées de bas-relief, qui se succèdent, en formant trois sujets

---

[1] Desgodets, *Édific. de Rome*, t. II, tav. 56, ed. Roman. 1822, fol. Le sujet d'*Hylas*, sculpté sur ce vase, avait été publié dans le *Musæum Romanum* de La Chausse, t. II, sect. III, tab. III, p. 4.

[2] Winckelmann, *Monum. ined.* t. I, p. 89, ed. Roman. 1821, fol.: «Quel che poi dal disegnatore non è stato punto avvertito nel cratere medesimo, si è lla figliuola o amasio di Ercole, rapito da due ninfe, scolpitovi nel medesimo modo in cui è figurata questa favola in un vaso ritratto nel fregio dell' architrave delle tre colonne del tempio di Giove Fulminante a piè del Campidoglio.»

[3] Corsini, *Herculis quies, etc.* p. xxxx; Zoëga, *Bassirilievi di Roma*, t. II, tav. LXX, p. 119.

[4] Une de ces médailles, du cabinet de M. Allier, est décrite par Sestini, *Nuov. letter. numism.* t. VIII, p. 13, n. 19. La figure d'*Hylas, tenant la calpis*, forme le type, au revers de la tête d'Alexandre Sévère; Mionnet, *Supplément*, t. V, p. 253, n. 1480; et le même type s'était trouvé sur deux médailles à l'effigie de Tranquilline et de Maximin, décrites par M. Mionnet et par Vaillant, mais sans y avoir été reconnu.

[5] Une médaille de *Nicée*, avec le type d'*Hylas* au revers d'Alexandre Sévère, est décrite dans le *Cabinet Allier*, p. 70; mais cette médaille paraissant être la même que celle qui avait été signalée par Sestini, *Nuov. lett. num.* t. VIII, p. 13, il y a lieu de croire que l'inscription a été mal lue, NIKAIEΩN au lieu de KIANΩN. Buonarotti avait cru voir *Hylas* représenté sur une médaille de *Prusias*, *Medaglioni*, p. 190; mais cette conjecture n'était pas heureuse.

[6] Je n'ai pas dû faire mention d'un *miroir*, où Bellori avait cru voir *Hylas* et *Hercule*, *Sepulcral. monum.* tab. x, p. 78, mais sans que cette explication offrît la moindre vraisemblance. Il n'en est peut-être pas de même d'une conjecture de Caylus, qui me paraît heureuse, au sujet d'un monument, en tout cas curieux et intéressant dans son genre. Il s'agit d'un petit *Hermès bicéphale*, offrant, d'un côté, une *tête virile barbue*, avec les traits d'*Hercule*, de l'autre, une *tête jeune* et *imberbe*, où Caylus avait cru reconnaître *Hylas*, le favori d'Hercule. Pour juger jusqu'à quel point cette conjecture est fondée, il faudrait avoir sous les yeux le monument, que je ne connais que par la gravure de Caylus, *Recueil VI*, pl. LXXVIII, 1, II et III, p. 255-256. Mais l'idée paraît plausible en elle-même, et elle s'accorde bien avec la nature de ces sortes d'*Hermès bicéphales*, dont Caylus, à l'époque où il écrivait, n'avait pu prendre une notion exacte; voy. les observations que j'ai eu occasion de faire à cet égard, *Journ. des Savants*, janvier 1846, p. 44-50. Dans tous les cas, le monument m'a paru digne d'être signalé à l'attention des antiquaires.

[7] Ce vase, trouvé, il y a quelques années, sur les bords du Pruth, fait maintenant partie de la collection du palais impérial de l'Ermitage, à Saint-Pétersbourg.

[8] Cette forme, qui est celle d'un *seau*, a été désignée par M. Panofka, *Recherch. sur les noms des vases*, pl. VII, n. 14, sous

distincts, dans une seule et même composition : *Hylas au milieu des nymphes, Apollon et Daphné, Léda avec le cygne.* L'intention érotique qui fit choisir ces trois sujets pour en décorer un même vase, en les réunissant dans une pensée commune, cette intention, dis-je, ne saurait être méconnue de personne; et c'est là le premier motif d'intérêt que présente ce vase si précieux à tant d'égards.

En attendant que ce monument de la toreutique grecque, si rare par la matière, si curieux par le sujet, et si recommandable par le travail, soit livré à la science par les soins d'un habile antiquaire de Saint-Pétersbourg qui en prépare la publication [1], je ne puis me refuser au plaisir d'en donner une courte description, qui complétera d'ailleurs mon travail sur les représentations figurées du mythe d'*Hylas*, grâce surtout à la faculté qui m'a été donnée par l'intelligent et zélé directeur du musée impérial de l'Ermitage, M. de Gille, d'enrichir mon texte d'un dessin réduit de la partie des figures de ce vase qui ont rapport à *Hylas*, dessin qui forme le sujet de la vignette n° XII, placée en tête de la page 199.

Cette représentation d'*Hylas* diffère de toutes celles que nous connaissions jusqu'ici, non-seulement par l'attitude et par la disposition des figures, mais encore par le motif de la composition. Effectivement, ce n'est plus *Hylas* résistant aux *nymphes* qui l'entraînent, et témoignant sa surprise et son effroi de la violence amoureuse dont il est l'objet; c'est *Hylas* satisfait de son sort et déjà en possession de l'immortalité qui l'attendait [2], dans les humides demeures des *nymphes* du fleuve *Ascanius*. Le jeune favori de ces divinités de l'élément humide, où l'opinion populaire de l'antiquité plaçait la naissance des choses et le séjour des âmes bienheureuses, est debout au milieu de quatre de ces femmes, les jambes croisées, dans une attitude tranquille, s'appuyant du bras gauche sur son *hydrie*, meuble désormais inutile, devenu à ce moment le symbole de son apothéose, et levant la main droite avec un mouvement qui exprime plutôt une surprise agréable qu'une molle résistance. Des quatre nymphes, celle qui est placée le plus près de lui et qu'il regarde d'un air où la crainte a déjà cessé pour faire place à l'amour, est assise à ses pieds, le dos tourné vers lui, avec la tête retournée de son côté, et tenant son bras enlacé de ses deux mains, d'une manière pleine de grâce et de sentiment. Les trois autres nymphes ne semblent prendre à cette scène amoureuse qu'une part indirecte. Deux d'entre elles sont occupées à verser, d'une urne qu'elles tiennent élevée au-dessus de leur tête, l'eau qui s'en épanche et qu'une troisième, assise sur le sol, reçoit dans un large bassin. Des quatre nymphes qui figurent dans

---

le nom d'ὑπάντλιον; mais je suis ici de l'avis de M. Letronne, *Observat. sur les noms des vases*, p. 25-26, n. 12, qui ne trouve aucun fondement à cette désignation. Le mot latin *situla*, qu'on applique généralement à cette sorte de vase, ne me paraît pas non plus suffisamment justifié. Du reste, c'est un des vases dont la forme et l'usage, à défaut du nom, sont le plus sûrement déterminés par les représentations qu'on en trouve fréquemment sur les monuments de la céramographie grecque, particulièrement sur ceux de provenance apulienne. On le voit souvent porté à la main de personnages d'ordre hiératique, dans des scènes d'initiation bachique; et, dans le grand nombre des exemples qu'on en connaît, je me contenterai de citer ceux qu'offrent les deux grands vases de la collection Coller, publiés par

M. Éd. Gerhard, *Vases apuliens du Mus. de Berlin*, pl. I, III et IV.

[1] M. Köhne, dont le travail doit paraître dans les *Annali dell' Instituto archeologico.*

[2] Cette *immortalité* est exprimée par Théocrite, *Id.* XIII, 72 : Οὔτω μὲν κάλλιστος Ὕλας ΜΑΚΑΡΩΝ ἀριθμεῖται; par Apollonius de Rhodes, I, 1324-5 : Αὐτὰρ Ὕλαν φιλότητι θεὰ ποιήσατο νύμφη ὃν πόσιν, et par le faux Orphée, *Argon.* v. 631 : Ὄφρα σὺν αὐταῖς ΑΘΑΝΑΤΟΣ τε πέλοι καὶ ΑΓΗΡΑΟΣ ἤματα πάντα. C'était d'ailleurs l'idée homérique, *Odyss.* XV, 250-1 : Ἀλλ' ἤτοι Κλεῖτον χρυσόθρονος ἥρπασεν Ἠώς, Κάλλεος εἵνεκα οἷο, ἵν' ΑΘΑΝΑΤΟΙΣΙ μετείη; et nous avons vu, par les exemples rapportés plus haut, p. 206, 2), 3), que cette idée avait traversé toute l'antiquité.

cette représentation, deux n'ont pour tout vêtement qu'un léger manteau qui leur enveloppe en partie le bas du corps; les deux autres sont entièrement nues, aussi bien qu'*Hylas* lui-même, qui a laissé sur la terre sa *chlamyde éphébique;* et toute la composition ne respire que des idées de calme, de bonheur et d'immortalité.

Le choix des deux autres sujets qui accompagnent celui-là et la manière dont ils sont traités ne laissent aucun doute sur cette intention générale. Celui qui succède immédiate-ment représente l'aventure d'*Apollon* et de *Daphné.* Le dieu de Delphes est nu; il a le *carquois* sur l'épaule, une *branche de laurier* dans la main droite, et il porte de la main gauche une *lyre,* tous les attributs qui le distinguent. *Daphné,* dépouillée de tout vêtement, est agenouillée devant lui, comme arrivée au dernier terme de sa longue course et à celui d'une résistance inutile; elle touche de sa main droite étendue le genou du dieu qui vient de l'atteindre, et elle tient encore la main gauche sur une *hydrie,* qui n'a sans doute ici d'autre objet que de caractériser une nymphe, fille du fleuve *Ladon* [1]. La nymphe même de la source est assise sur un plan plus élevé, appuyée sur son *urne* qui verse une eau abondante, et tenant de la main droite un *rameau de laurier,* seul indice de la métamorphose qui va s'opérer. Le sens érotique de cette représentation est déterminé par la présence de l'*Amour, nu et ailé,* qui vole derrière *Apollon,* en tenant un *flambeau allumé.*

La même intention est tout aussi clairement indiquée dans la dernière scène qui vient après celle-là, et qui représente *Léda* [2], debout, écartant de la main droite son *péplus,* passé derrière elle et retombant de son bras gauche, de manière à découvrir entièrement sa personne, et caressant de la main gauche un *cygne* dont la tête s'approche de sa bouche, et qui pose ses deux pattes sur la tête d'un *Amour ailé* et accroupi par terre, en tenant de la main droite un objet de forme ovoïde, sans doute l'*œuf* qui doit être le fruit de l'union qui s'accomplit.

Tel est ce beau monument, dont l'explication complète ne peut manquer de donner lieu, de la part de l'habile antiquaire qui s'en occupe, à de savantes recherches sur les sujets my-thologiques qu'il représente, et sans doute aussi sur le style et le goût de la sculpture en argent, qui constitua toute une branche de l'art chez les Grecs, très-florissante dès l'époque des rois de Syrie et de Pergame, dont ce vase, échappé peut-être du trésor de Mithridate, ou d'un des rois de Pont, ses successeurs, est resté pour nous un des rares et précieux dé-bris. En en donnant la description succincte qu'on vient de lire, je n'ai pas eu l'intention d'anticiper sur le travail du savant antiquaire de Saint-Pétersbourg; j'ai voulu seulement saisir l'occasion qui m'était offerte d'enrichir le mien par l'indication d'un monument nou-veau, et compléter aussi, en ce qui concerne *Apollon* et *Daphné,* sujet d'une de nos pein-tures précédemment publiées, la description que j'avais donnée des monuments relatifs à cette fable. La matière demeure donc encore intacte, comme le vase entier reste encore inédit; et la science sait seulement tout ce qu'elle doit attendre de la publication du monu-ment et du savoir de l'interprète.

[1] Sur la diversité des traditions qui faisaient *Daphné* fille du *fleuve Pénée,* ou du *fleuve Ladon,* ou d'*Amyclas,* voy. les té-moignages classiques rapportés plus haut, p. 62, 3), 4), 5).

[2] J'aurai occasion, dans la ive de mes *Lettres archéologiques,* d'indiquer les monuments figurés qui existent, en très-grand nombre, de la fable de *Léda.*

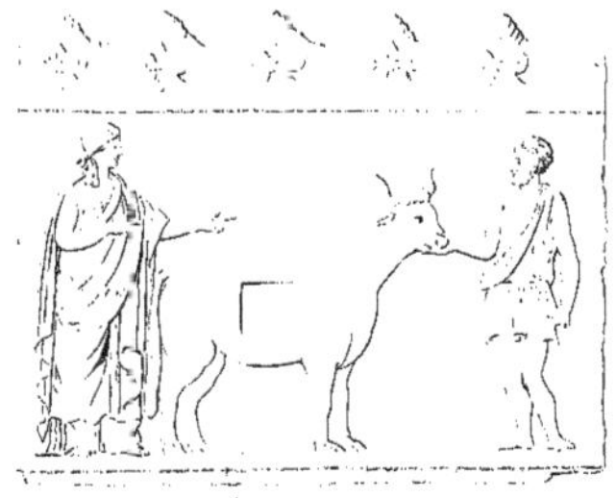

PLANCHE XVII.

IO EN ÉGYPTE.

Hauteur, 1 mètre 44 cent. — Largeur, 1 mètre 30 cent.

Il n'y a peut-être pas de fable hellénique qui porte plus décidément l'empreinte d'une origine orientale que celle d'*Io*. Cette héroïne grecque, par son père *Inachus*[1], appartient évidemment à une race phénicienne, comme, par sa métamorphose en *vache*, elle rappelle la forme de la grande *déesse Lune* phénicienne, l'*Astarté*, qui s'était couvert la face d'une *tête de taureau*, et qui, en cet état, avait parcouru le monde[2]; autre trait de la légende phénicienne, qui se retrouve encore dans les courses errantes d'*Io*, dont la notion, telle qu'elle est exposée par Eschyle[3], semble empruntée de quelque ancien tableau des navigations phéni-

---

[1] C'était, d'après le témoignage d'Apollodore II, 1, 3, l'opinion du chronographe Castor et celle des tragiques, qu'*Io* était fille d'*Inachus*; et c'est effectivement la tradition que nous trouvons suivie par Eschyle, *Prometh.* v. 589-590 : Κόρης τῆς Ἰναχίης, et par Sophocle, *Electr.* v. 5 : Τῆς οἰστροπλῆγος... Ἰνάχου κόρης. C'est aussi celle d'Hérodote, I, 1, dans le texte duquel l'on a voulu, sans raisons suffisantes, supprimer les mots τὴν Ἰνάχου, en se fondant sur un passage de Pausanias, II, xvi, 1, contredit par d'autres témoignages du même auteur, I, xxv, 1; III, xviii, 7; voy. ce qui a été dit, à ce sujet, dans mon *Hist. crit. de l'Établiss. des colon. grecq.* t. I, p. 147. Quant à l'origine phénicienne d'*Inachus*, fondée sur son titre de fils d'*Océanus*, Apollod. II,

1, 1; cf. Sophocl. *apud* Dionys. Hal. I, xxv, et sur la forme même de son nom, qui est purement phénicien, voy. aussi les preuves que j'en ai données dans le même ouvrage, t. I, p. 87 et suiv. en quoi je n'ai fait que suivre l'opinion de Fréret, *Mém. de l'Acad.* t. XLVII, p. 36, et de Clavier, *Prem. temps de la Grèce*, t. I, p. 19 et suiv. Ce qui prouve bien, d'ailleurs, que, au moins dans le siècle des tragiques, *Io* passait pour être de *race phénicienne*, c'est que, dans Euripide, les *Phéniciennes* s'appellent, v. 254-255: Κοινὸν αἷμα, κοινὰ τέκεα τᾶς κερασφόρου Ἰοῦς.

[2] Sanchoniath. *Fragm.* p. 34, ed. Orell.: Ἡ δὲ Ἀστάρτη ἐπέθηκε τῇ ἰδίᾳ κεφαλῇ βασιλείας παράσημον, κεφαλὴν ταύρου, κ. τ. λ.

[3] Æschyl. *Prometh.* v. 680-855.

ciennes[1]. D'un autre côté, il existe dans cette fable d'*Io* des circonstances qui tendent à en reporter l'invention à l'Égypte. L'idée fondamentale de ce mythe, celle que l'Argienne *Io*, transportée *en Égypte* au terme de ses longues courses, y devint l'Égyptienne *Isis*, est celle qui domina dans l'antiquité grecque, du moins à partir du siècle d'Eschyle[2]; et l'analogie frappante du nom de son fils *Épaphus*[3] avec celui de l'Égyptien *Apis*, si elle ne vient pas à l'appui de cette tradition, prouve du moins la croyance qu'avait obtenue, dans l'opinion publique, cette relation d'*Argos* avec l'*Égypte*, au moyen d'*Io*, assimilée à *Isis*, et d'*Épaphus*, identifié avec *Apis*. Enfin, les rapports philologiques viennent eux-mêmes s'ajouter ici aux témoignages mythologiques, pour confirmer le fond de vérité locale qui s'y trouve. Ainsi il est bien avéré que le nom *ɩω* signifiait la *lune* dans l'ancien dialecte grec d'*Argos*[4], et il n'est pas moins certain que ce nom, sauf une légère variante, *Ioch*, avait la même signification dans l'ancienne langue égyptienne, et qu'il est resté dans le copte[5], avec la même acception. Rejeter de pareils rapports, d'après le prétexte qu'ils seraient purement *fortuits*[6], serait, à mon avis, une manière de procéder trop arbitraire, trop contraire aux principes de la saine critique, pour mériter la moindre considération, et j'admets, avec une pleine confiance, la conséquence qui résulte de ces rapports; c'est à savoir qu'il exista, entre *Argos* et l'*Égypte*, une relation qui remonte à la naissance même de la civilisation grecque, et qui s'établit par le culte de la *déesse Lune*, représentée au moyen du symbole de la *vache*, et personnifiée, à *Argos*, sous le nom d'*Io*, à *Memphis*, sous celui d'*Isis*.

Mais cette *déesse Lune* égyptienne, *Io-Isis*, était la même divinité que l'*Astarté* phénicienne, laquelle avait aussi pour symbole la *vache*. Il y a donc ici, comme dans quelques autres mythes grecs, une combinaison d'éléments empruntés à l'Égypte et à la Phénicie et fondus dans une légende grecque; et cette combinaison s'explique, de la manière la plus facile et la plus heureuse, par la voie même de communications que prirent les croyances de l'Orient pour arriver dans la Grèce, et qui ne put être que celle des Phéniciens. En effet, il est bien reconnu aujourd'hui qu'il ne put exister, ni en ces temps primitifs, ni à aucune époque historique, des relations directes entre l'Égypte et la Grèce, puisque l'aversion des Égyptiens pour la mer, qui les empêcha de devenir en aucun temps un peuple navigateur, s'opposait à ce qu'ils missent le pied dans la Grèce. Ce ne put donc être que par le commerce des Phéniciens que la connaissance de la *déesse Lune* égyptienne, avec son nom égyptien *Io*, et en la

---

[1] Schütz, *Excurs.* iv *ad Prometh.* p. 185, sqq.; Boettiger, *Mytholog. der Juno,* § 5, dans ses *Ideen zur Kunstmythologie,* t. II, p. 218.

[2] Æschyl. *Prometh.* v. 845, sqq.; cf. Propert., *Eleg.* II, xxviii, 17; xxxiii, 9 :

> IO versa caput primos mugiverat annos;
> Nunc DEA quæ Nili flumina VACCA bibit.

[3] Æschyl. *Prometh.* v. 848; Schol. Euripid. *ad Phœniss.* v. 633; Apollod. II, 1, 4; cf. Heyn. *not. ad h. l.;* add. Interpret. Hygin. *ad Fab.* cxlv.

[4] Suidas, v. Ἰώ, et Eustathe, *ad* Dionys. *Perieg.* v. 92, affirment ce fait, en termes positifs : Ἰὼ γάρ ἡ Σελήνη κατὰ τὴν τῶν Ἀργείων διάλεκτον, et la même notion nous a été conservée par d'autres écrivains, par Malala, *Chron.* p. 31, ed. Oxon., par l'auteur de la *Chronique Alexandrine,* p. 96, ed. Rader., par le Scholiaste d'Apollonius de Rhodes, iv, 308, et par Libanius, *Antioch.* t. II, p. 241; voy. Welcker, *Die Æschyl. Trilog.* p. 127, 159); Secchi, *Ricerche sul dipinto dell' Io,* dans les *Annal. dell' Instit. archeol.* t. X, p. 323. À ces témoignages de l'existence du nom *Io* dans l'ancien vocabulaire des Grecs, M. Welcker, *ibidem,* p. 127, 159), a ajouté le fait d'épithètes ou de noms propres, tels que Ἰοφῶσσα, Ἰοδάμα, Ἰοδαμεια, Ἰόφαντος, qui s'étaient conservés dans l'histoire mythologique.

[5] C'est ce qu'avaient remarqué Jablonski, *Voc. Ægypt.* dans ses *Opuscul.* t. I, p. 99, et Zoëga, *de Us. et Orig. Obel.* p. 437, not., et *Abhandlungen.* p. 259, avant que le R. P. Secchi ait confirmé cette notion curieuse, *Ricerche, etc. Annal.* t. X, p. 323-324.

[6] Welcker, *Die Æschyl. Trilog.* p. 128, 160) : *So ist die Uebereinstimmung zufällig.*

forme de *vache* qu'elle avait aussi chez les Phéniciens, parvint de bonne heure aux Grecs de l'Argolide; et, de cette manière, tout ce qu'il y a d'égyptien et de phénicien dans le mythe argien d'*Io* s'explique, comme je le disais tout à l'heure, de la manière la plus satisfaisante.

On a été plus loin de nos jours : on a voulu chercher jusque dans l'Inde l'origine de la fable d'*Io*, d'après les rapports qui existent entre la figure d'*Indra*, telle qu'elle est représentée dans le panthéon indien, et celle d'*Argus Panoptès*. C'est à M. Panofka[1] qu'appartient le mérite de ce rapprochement, accueilli avec faveur par l'illustre auteur de la *Symbolique*[2], et admis aussi, mais avec moins de confiance, à ce qu'il me semble, par un docte et ingénieux antiquaire romain, le R. P. Secchi[3]. Quant à moi, j'avoue que je ne trouve aucune base solide dans ces rapprochements entre la mythologie grecque et la mythologie indienne, tant que l'âge des poésies sanscrites qui en fournissent les éléments et leur caractère historique n'auront pas été déterminés avec toute la certitude possible, surtout tant que l'époque des monuments figurés de l'Inde n'aura pas été fixée d'une manière qui permette de les regarder comme ayant précédé ceux de la Grèce. Or c'est assurément ce qui n'a pas lieu dans l'état actuel de la science. Les images d'*Argus Panoptès, le corps couvert d'yeux*, telles qu'Eschyle les avait en vue[4], et telles que nous les présente un célèbre vase peint d'ancien style grec[5], ne peuvent pas ne point remonter au moins au vi⁰ siècle avant notre ère : c'est là une antiquité à laquelle ne saurait prétendre aucune image d'*Indra*, ni peut-être même aucun monument figuré de l'Inde; et, quant à la source orientale où cette image, certainement symbolique, d'*Argus Panoptès, le corps couvert d'yeux*, avait pu être puisée, il suffit, pour la trouver, de se reporter encore en Égypte, où le nom d'*Osiris*, qui signifiait proprement la même chose[6], *oculeus totus*, pour me servir de l'expression pittoresque de Plaute[7], et le mythe de ce dieu, qui se trouve précisément dans le même rapport avec *Isis* qu'*Argus Panoptès* avec *Io*, offraient tous les éléments du mythe et de la figure d'*Argus Panoptès*.

S'il est permis de trouver quelque chose de très-hasardé dans ces rapprochements entre l'archéologie grecque et l'archéologie indienne, à plus forte raison peut-on s'étonner que les rapports si frappants du culte phénicien d'*Astarté* et du mythe argien d'*Io*, rapports déjà signalés par le docteur Münter[8] et par l'illustre Boettiger[9], n'aient pas fixé l'attention du savant auteur de la *Symbolique*, ni d'aucun des antiquaires de nos jours qui se sont occupés du mythe d'*Io*. Il y avait cependant, indépendamment de cette affinité générale des deux légendes, plus d'une particularité de détail qui devait diriger leur pensée vers une influence phénicienne. Ainsi le séjour d'*Io* à *Byblos*, après son arrivée en Égypte et la naissance d'*Épaphus*, est une circonstance du mythe grec, rapportée par Apollodore[10], qui nous reporte vers la Phé

---

[1] *Argus Panoptes, eine archäologische Abhandlung* (Berlin, 1838, 4⁰), p. 38-39.

[2] *Symbolik und Mythologie*, t. II, p. 302-303, 3⁰ édit.

[3] *Ricerche*, etc. dans *Annal.* etc. t. X, p. 320.

[4] Æschyl. *Prometh.* v. 569 : Τὸν ΜΥΡΙΩΠΌΝ βούταν; cf. Pollux, IV, cxli: Ἄργος πολυόφθαλμος. Ce masque d'*Argus*, cité dans le nombre des ἔκσκευα πρόσωπα du théâtre attique, semble bien prouver l'existence de compositions dramatiques du mythe d'*Io*.

[5] Le vase de *Vulci*, de la collection Durand, n⁰ 318, publié par M. Panofka dans la *Dissertation* citée plus haut, 1).

[6] C'est ce que nous apprenons de Plutarque *De Is. et Osir.* §x, t. II, p. 455, ed. Wyttenb.: Ἔνιοι δὲ καὶ τοὔνομα διερμηνεύουσι ΠΟΛΥΌΦΘΑΛΜΟΝ, ὡς τὸ μὲν ΟΣ τὸ ΠΟΛΎ, τοῦ δὲ ΙΡΙ τὸν ὈΦΘΑΛΜΟΝ αἰγυπτίᾳ γλώττῃ φράζοντος; cf. Diodor. Sic. I, 11. Voy. Parthey, *Vocabul. coptic.* § iv, *Voc. ægypt.-græc.* v. Osiris; Secchi, *Annal.* t. X, p. 324.

[7] Plaut. *Aulul.* III, vi, 19.

[8] *Relig. der Karthag.* p. 64, 8). Le savant auteur renvoie, sur ce point, aux *observations* de Becker et à celles de M. Creuzer sur Philostrate, *Vit. Apollon. Tyan.* I, xix, p. 61.

[9] Boettiger, *Mythol. d. Juno*, § 5, p. 218.

[10] Apollod. II, 1, 3.

nicie; et c'est certainement à tort que le docte Heyne refusait sa confiance à cette partie du récit de son auteur, par la raison qu'elle était modelée sur la légende d'*Osiris*. La même circonstance de l'arrivée d'*Io* aux *montagnes de Byblos, sur les confins de l'Éthiopie*, se retrouve aussi dans Eschyle[1] : ce qui prouve bien qu'elle appartenait à quelque ancienne tradition grecque; et l'*Éthiopie* dont il s'agit ici, aussi bien que l'*Aéric*, qui est nommée, en guise de l'*Égypte*, dans un autre texte grec[2], sont, à n'en pouvoir douter, des localités phéniciennes[3], dont la mention ne peut provenir que de la même source. C'est également ce qui résulte de l'existence du culte d'*Io*, à *Gaza*, constatée par les médailles mêmes de cette ville[4], nommée aussi *Ioné*[5], et par le fait de ce nom d'*Ioné*, donné à une ville voisine d'*Antioche*, dont la fondation s'attribuait à *Io*[6]. Je sais bien que ces traditions d'origines grecques et argiennes, dans cette partie de la Phénicie, ont été jugées de peu de valeur par un célèbre critique de nos jours[7]; mais je sais aussi que les idées trop absolues de ce savant s'étaient bien modifiées dans le cours de ses études[8], trop tôt terminées pour l'honneur et l'intérêt de la science; et, quant à moi, qui ne vois, dans ces traditions, qu'un indice des rapports entre *Argos* et la *Phénicie*, rattachés au culte de la *déesse Lune*, *Io-Isis* et *Io-Astarté*, je crois pouvoir les admettre en toute assurance.

Je m'y trouve d'autant plus autorisé, que je reconnais un trait frappant d'archéologie phénicienne dans une particularité de la figure d'*Argus*, décrite par un ancien poëte grec, l'auteur du poëme du *Retour* ou d'*Ægimios*, attribué par quelques auteurs à Hésiode, et rédigé, en tout cas, au plus tard, vers la xxxe olympiade, suivant l'opinion d'Ott. Müller[9]. Le scholiaste d'Euripide nous a conservé[10] quatre vers de ce poëme, où *Argus* est représenté pourvu de *quatre yeux placés de chaque côté de la tête* : ce qui comporte nécessairement l'idée d'un *double visage*, et ce qui a donné lieu à celui des antiquaires de nos jours qui s'est spécialement occupé du mythe d'*Argus Panoptès*[11], d'assimiler cette figure d'*Argus* à celle du *Janus à double visage*. Or cette image d'un *Argus à double visage*, qu'on pouvait, seulement par induction, déduire de cet ancien texte poétique, s'est rencontrée tout récemment sur deux vases peints, l'un sorti des fouilles de *Vulci*[12], l'autre provenant de la

---

[1] Æschyl. *Prometh.* v. 809-812 : Ἔνθα Βυβλίνων ὀρῶν ἄπο ἵησι σεπτὸν Νεῖλος εὔποτον ῥέος.

[2] Anonym. *De incredib.* p. 15, ed. Gal. : εἰς Ἀερίαν. L'auteur avait tiré ce fait d'un livre de Charax de Pergame, ἐν Ἑλληνικαῖς. Heyne, *Annot. ad* Apollodor. II, 1, 3, t. II, p. 256, est d'avis que ce nom désigne l'*Égypte*: en quoi je ne suis pas de son avis.

[3] Je renvoie aux preuves que j'ai données, dans mon *Mémoire sur l'Hercule assyrien et phénicien*, de l'emploi du mot *Aeria*, pour désigner des lieux occupés par les Phéniciens; voy. aussi plus haut, p. 173, 8).

[4] Ces médailles, décrites par Eckhel, *D. N.* t. III, p. 449-450; cf. *Num. vet.* p. 79, ont été citées en dernier lieu par le P. Secchi, *Annal.* t. X, p. 323, et par M. Creuzer, *Symbolik*, t. II, p. 300, 3).

[5] Stephan. Byz. v. Γάζα; cf. Id., v. Ἰόνιον; Eustath. *ad* Dionys. Perieg. v. 92.

[6] Stephan. Byz. v. Ἰόνη.

[7] Ott. Müller, *Die Dorier*, I, 112-113.

[8] Le même, *Prolegom. z. ein. wissenschaftl. Mythologie*, p. 182-185.

[9] Le poëme que j'ai en vue, et qui portait le double titre d'Αἰγίμιος et de Νόστος, était attribué à Hésiode ou à Kercops,

Athen. l. XI, p. 553, D. Voy. à ce sujet Valckenaer, *ad* Euripid. *Phœniss.* p. 735, et Ott. Müller, *Die Dorier*, I, 28, ff.

[10] Schol. Euripid. *Phœniss.* v. 1122 :

Καὶ οἱ ἐπίσκοπον Ἄργον ἵει κρατερόν τε μέγαν τε
ΤΕΤΡΑΣΙΝ ὀφθαλμοῖσιν ὁρώμενον ἔνθα καὶ ἔνθα.

Nous trouvons un équivalent poétique de la même image dans la manière dont Euripide représente *Argus*, tel qu'il était figuré sur le bouclier d'Hippomédon, *Phœniss.* v. 113, sqq. :

Στικτοῖς Πανόπτην ὄμμασιν δεδορκότα,
Τὰ μὲν, σὺν ἄστρων ἐπιτολαῖσιν, ὄμματα
Βλέποντα, τὰ δὲ κρύπτοντα δυνόντων μέτα.

[11] Panofka, *Argus Panoptes*, p. 7.

[12] Ce vase, appartenant à M. Basseggio, à Rome, est décrit comme étant d'ancien style, à figures noires, dans le *Bulletin. archeol.* marzo 1839, p. 21, 1; cf. Ed. Gerhard's *Archäol. Zeitung, neue Folge*, n. 2, p. 17, 3). On y voit représenté *Hermès*, ΗΕΡΜΕΣ, qui se précipite, un glaive nu à la main, sur *Argus* [ΑΡΓ]ΟΣ, tombé à terre, duquel il est dit : *il quale si distingue per due teste barbate*. Junon, ΗΕΡΑΣ (sic), assiste à cette scène, en exprimant sa colère, et la *vache Io* se montre à côté d'*Argus*.

Grande-Grèce[1], en sorte qu'il n'est plus possible de douter de la réalité d'une pareille représentation d'*Argus*, laquelle était essentiellement phénicienne, ainsi que cela résulte du témoignage de Philon de Byblos, traducteur grec du Phénicien Sanchoniathon[2]; d'où il suit, par une conséquence irrécusable, que, dans la figure d'*Argus Panoptès*, telle que la concevaient les Grecs, vers la xxe olympiade, il existait une combinaison d'éléments puisés à une source phénicienne et d'autres qui appartenaient à l'archéologie égyptienne[3].

Tout tend donc à démontrer qu'*Io* était, dans le principe, à *Argos*, la *déesse Lune* orientale, dont le culte y avait été apporté de bonne heure par une colonie phénicienne, et dont l'idole était figurée, soit en la forme d'une *vache*, soit avec une *tête de vache*, ou simplement avec des *cornes de vache*, à mesure que les progrès de l'anthropomorphisme, essentiellement propre au génie grec, réduisirent la forme primitive de ces anciens simulacres de l'art asiatique à la représentation d'une seule des parties de l'animal symbolique, telle que les *cornes de vache*, dont nous apprenons par Pausanias[4] qu'on avait fait un emploi, certainement puisé à cette source, pour une statue de la *Lune*, qui se voyait à *Élis*. Par suite des mêmes progrès de la civilisation, qui finit par substituer, presque dans tout le domaine de la mythologie, des dieux proprement grecs aux divinités asiatiques, le culte égyptien et phénicien d'*Io* dut céder la place au culte hellénique d'*Héra*, la *Junon* argienne; et, de cette manière s'explique, avec la jalousie de *Junon*, qui poursuit, dans *Io*, devenue une simple héroïne, la fille d'*Inachus*, sa rivale, objet de l'amour de Jupiter, le titre de *prêtresse de Junon*, qui lui est donné par les mythographes et qui est justifié par les monuments. L'idée d'un célèbre critique de nos jours[5], que l'Argienne *Io*, *avec des cornes de vache*, avait été, pour les Grecs, une *invention récente*, est donc de tout point erronée; c'est le contraire de cette manière de voir qui est vrai; et l'opinion de Heyne[6], suivie par la plupart des critiques[7], qui trouvait dans le mythe d'*Io* un dogme de la religion naturelle de l'Orient, où *Io* représentait la *Lune*, ou plutôt la *nature subsolaire*, y compris la *terre*, et *Argus*, le *ciel étoilé*, ainsi que l'expliquait Macrobe[8], cette opinion, qui peut seule rendre un compte satisfaisant de la manière dont l'art grec lui-même personnifia ces deux êtres de la mythologie asiatique, me paraît l'une des moins contestables qu'ait accréditées la critique moderne[9].

Quant à la forme que prit successivement le mythe grec, pour arriver à celle que nous

---

[1] Je ne connais ce vase que d'après l'indication qui en est donnée par M. Éd. Gerhard, dans son *Archäol. Zeitung, neue Folge*, n. 2, p. 18, 3), d'après un article de M. Minervini, dans le *Bullet. archeol. napolet.* ann. III, p. 73, sgg.

[2] Sanchoniath. *Fragm.* p. 38, ed. Orelli.: Ἐπενόησε δὲ καὶ τῷ Κρόνῳ παράσημα βασιλείας, ὄμματα τέσσαρα ἐκ τῶν ἐμπροσθίων καὶ τῶν ὀπισθίων μερῶν, κ. τ. λ.

[3] A l'appui de ces anciennes relations des Phéniciens avec *Argos*, attestées par Hérodote, au commencement de son histoire, l. I, c. 1, qui ne purent manquer d'exercer leur influence sur le mythe d'*Io*, j'observe encore, d'après Clavier, *Prem. temps de la Grèce*, I, 17, que toute la postérité d'*Io* se retrouve en Phénicie; ce qui vient encore à l'appui de ce que j'ai dit plus haut sur le séjour d'*Io* à *Byblos* et sur son culte à *Gaza*.

[4] Pausan. VI, xxiv, 5: Σελήνη... καὶ τῆς μὲν κέρατα ἐκ τῆς κεφαλῆς.

[5] Ott. Müller, *Orchomenos*, p. 110.

[6] Heyn. *Annot. ad* Apollod. II, 1, 3; cf. *Archäolog. Aufsätz.* I, 41: *eine der ältesten in Griechenland, und war allem Anschen nach aus der symbolischen Vorstellung des Mondes, durch einen weiblichen Kopf mit Kuhhörnern entstanden.*

[7] Harles, *ad* Mosch. *Id.* II, xlv, p. 186; Creuzer, *Symbolik.* II, 298, ff.; Ott. Müller, *Prolegomen. etc.* p. 183; Welcker, *Die Æsch. Trilog.* p. 127, ff.; Éd. Gerhard, *Hermes auf Vasenbild.* Berlin, 1836, p. 4, ff; Gargallo Grimaldi, *Annal. dell' Inst. archeol.* t. X, p. 258, sgg.; Secchi, *ibidem*, p. 322.

[8] Macrob. *Sat.* 1, 19.

[9] C'est effectivement de cette manière que la fable d'*Io* et d'*Argus* est expliquée, d'après les idées de Macrobe, par M. Panofka, *Argus Panoptes*, p. 37, 1), dont le nom doit s'ajouter à ceux des savants cités à l'une des notes précédentes.

lui connaissons, il est probable qu'elle fut surtout l'ouvrage des tragiques, comme la plupart de ces mythes relatifs aux amours des dieux, qui devinrent le fonds inépuisable des compositions de la scène. Il ne nous reste cependant aucun renseignement positif à cet égard; et même, si l'on excepte la scène où figure *Io*, dans le *Prométhée* d'Eschyle, et qui ne peut avoir la valeur d'un drame entier, il ne paraît pas que la fille d'*Inachus* ait été le sujet d'une tragédie grecque, mais bien de drames satyriques, tels que l'*Inachus* de Sophocle[1], l'*Io* de Platon le comique[2], et sans doute aussi l'*Io* de Chærémon[3]. Mais l'existence d'une tragédie latine d'*Io*, ouvrage d'Attius, et la *fable* de ce nom, qui se lit dans le recueil d'Hygin[4], semblent prouver que le sujet d'*Io* fut traité par quelqu'un des maîtres de la scène attique; et l'allusion à *Argus*, en qualité de *gardien*, qui se trouve dans une comédie d'Aristophane[5], peut bien, en effet, se rapporter à quelque tragédie perdue de Sophocle ou de tout autre, plus probablement de Sophocle, d'après la mention du nom de ce tragique faite au même endroit par Aristophane[6], quoique cette allusion au *Térée* de Sophocle n'ait aucun rapport avec le mythe d'*Io*[7]. Cette notion résulterait aussi implicitement de celle du *masque tragique* d'*Io*, avec des *cornes de vache*, s'il était vrai, comme l'ont avancé quelques savants[8], qu'il s'en trouvât la mention dans le livre de Pollux; mais j'avoue que cette mention m'a échappé, si elle y existe; et je crois plutôt que c'est une erreur de ces savants. Au reste, il suffirait que l'aventure d'*Io* ait été traitée épisodiquement sur le théâtre d'Athènes, comme nous en avons un exemple dans le *Prométhée* d'Eschyle, pour nous autoriser à croire que la forme du mythe, telle qu'elle nous est parvenue, procède des tragiques, et cette induction est justifiée par le témoignage d'Apollodore[9].

Quoi qu'il en soit, dans l'état actuel de nos connaissances, où, de tant d'auteurs, poëtes, mythographes et historiens, qui avaient traité du mythe d'*Io*, tels qu'Hésiode, Acusilas, Phérécyde, Cercops, Castor, Asclépiade[10], sans compter les tragiques, à peine s'est-il conservé quelque fragment qui s'y rapporte[11], le récit naïf et touchant qu'Eschyle met dans la bouche d'*Io* elle-même[12], est le témoignage original le plus ancien qui nous reste à ce sujet; et ce récit, sur lequel s'est exercée, avec son abondance accoutumée, l'ingénieuse facilité d'Ovide[13], sauf quelques variantes qu'il y a introduites, est, avec le passage classique d'Apollodore[14] et

---

[1] Sur ce drame de Sophocle, auquel fait plusieurs fois allusion Aristophane, voy. M. Welcker, *Nachtrag z. d. Æschyl. Trilog.* p. 306-7. M. Creuzer, *Symbolik*, II, 298, cite Euripide avec Sophocle au nombre des tragiques qui avaient traité le sujet d'*Io*; je ne connais pourtant aucun drame, satyrique ou tragique, dont il soit fait mention sous le nom d'Euripide.

[2] Il n'est fait qu'une seule mention de l'*Io* de Platon le comique, et il ne s'en est conservé qu'un seul vers, dans Athénée, l. XIV, p. 657, A; voy. Meinecke, *Fragm. poët. comœd. antiq.* p. II, p. 634.

[3] Welcker, *Nachtrag*, etc. p. 307; cf. *Griech. Trag.* III, 1090.

[4] Hygin. *Fab.* CXLV.

[5] Aristophan. *Av.* 102:

> Τηρεὺς γάρ εἶ σύ; πότερον ὄρνις ἢ ταώς;
> Ὄρνις ἔγωγε.

Cf. Schol. *ad h. l.*

[6] Idem, *ibidem*, v. 100:

> Τοιαῦτα μέντοι Σοφοκλέης λυμαίνεται
> Ἐν ταῖς τραγῳδίαισιν ἐπὶ τὸν Τηρέα.

[7] Sur le *Térée* de Sophocle, dont il reste quelques fragments, voy. M. Welcker, *D. Griechisch. Tragœd.* I, 68, 374-388.

[8] Millin, *Peint. de Vases*, t. II, p. 80, 4). Ce savant ne fait, il est vrai, que reproduire, sans la discuter, une opinion de Serofani, qui se fondait sur l'autorité du P. Bramoy.

[9] Apollod. II, 1, 3: Πολλοί τῶν τραγικῶν Ἰναχοῦ τὴν Ἰὼ λέγουσιν.

[10] Apollod. II, 1, 3.

[11] J'ai ici en vue un fragment de Phérécyde, cité par le Scholiaste d'Euripide, *Phœniss.* v. 1123; voy Sturz, *Phérecyd. Fragm.* XXXX, p. 161.

[12] Æschyl. *Prometh.* v. 645-686.

[13] Ovid. *Metam.* I, 585, sqq.

[14] Apollod. II, 1, 3.

avec la *fable* d'Hygin [1], la principale source où nous puisions la connaissance de ce trait de la mythologie grecque, qui dut être fixé de bonne heure sous la forme où il nous est parvenu, puisqu'il y est déjà fait allusion par Homère [2].

L'art dut aussi s'emparer, dès une très-ancienne époque, de ce *grand sujet, argumentum ingens,* expressions de Virgile [3], qui montrent que ce poëte grave et sérieux voyait dans le mythe d'*Io* autre chose qu'une aventure amoureuse; et je me crois fondé à conclure de ces expressions du plus savant comme du plus grand des poëtes latins, que l'ancienne tradition du culte oriental qui s'attachait au mythe d'*Io* recommandait ce sujet à l'émulation des artistes aussi bien qu'à celle des poëtes. Le plus ancien ouvrage d'art connu par l'histoire, où ce sujet ait été traité, est le trône de l'Apollon amycléen, ouvrage de Bathyclès, où figurait *Io, sous la forme d'une vache, auprès de Junon* [4] et, à cette seule indication, donnée par Pausanias, nous pouvons juger que la première forme du mythe d'*Io*, dans les œuvres de l'art grec, restait fidèle au modèle asiatique, où *Astarté* était aussi représentée comme une *vache*. Mais il est probable que cette forme, qui répugnait au génie grec, ne tarda pas à se réduire à celle qui n'admettait que les *cornes de vache* à la tête pour indice de la métamorphose d'*Io*: telle certainement se la représentaient les contemporains d'Eschyle, qui la décrit de cette manière [5]; telle encore peut-on croire, d'après le témoignage d'Euripide [6], qu'on la faisait apparaître sur le théâtre d'Athènes; et les nombreuses images peintes d'*Io*, qu'avait en vue Hérodote [7], et qui sont conformes à ce modèle, prouvent bien que c'était là le type de la figure d'*Io*, généralement adopté dans les œuvres de l'imitation.

Nous ignorons de quelle manière était conçue la statue d'*Io*, ouvrage de Dinomène, érigée sur l'Acropole d'Athènes, où elle avait pour pendant une statue de *Callisto*, ouvrage du même artiste [8]. Pausanias, à qui nous devons cette notion curieuse, dit que le choix de ces deux héroïnes, objets de l'amour de Jupiter, avait été motivé par cette circonstance et par le fait de la métamorphose de l'une *en vache*, de l'autre *en louve*, qui tendait encore à établir entre elles une triste conformité. D'après cette considération, je serais disposé à croire que ces deux statues d'*Io* et *Callisto* étaient représentées sous la forme ordinaire des héroïnes grecques, portant peut-être *à la main* l'animal, symbole de leur métamorphose, ainsi qu'on en a un exemple dans la figure d'*Autonoë*, peinte par Polygnote [9]. Dans le cas où l'on n'admettrait pas cette conjecture, il ne reste guère qu'une supposition possible, celle que la statue d'*Io* avait *à ses*

---

[1] Hygin. *Fab.* cxlv; cf. Mosch. *Id.* ii, v. 37-60.

[2] Homer. *Il.* ii, 103, xxiv, 182; cf. Heyn. *Observat. ad h.* . p. 213; Creuzer, *Symbolik*, II, 98, 2). 3ᵉ éd. L'assertion du Scholiaste de Venise, *ad Il.* ii, 103, que le mythe d'*Argos* est tout de l'invention des poëtes récents : Πέπλασῖαι δέ τοῖς ΝΕΩΤΈΡΟΙΣ τά περί Ἄργον, ne semble pas mériter beaucoup de confiance.

[3] Virgil. *Æn.* vii, 789-91 :

> At levem clypeum sublatis cornibus IO
> Auro insignibat, jam setis obsita, jam Bos,
> ARGVMENTVM INGENS, *et castos virgini Argus.*

[4] Pausan. III, xviii, 7 : Ἥρα δέ ἀφορᾷ πρός Ἰὼ τὴν Ἰνάχου, ΒΟῦΝ οὖσαν ἤδη. Ce passage doit encore être ajouté à l'autre du même auteur, I, xxv, 1, concernant la naissance d'*Io*, fille d'*Inachus*, contre l'autre tradition, rapportée aussi par Pausanias, II, xvi, 1, qui la faisoit fille d'*Iasus*. Du reste, c'est aussi en forme de *vache* que figurait *Io* dans les ouvrages d'art décrits, ou plutôt imaginés par les poëtes, sans doute pour rester fidèles à la plus ancienne tradition. Nous venons d'en voir un exemple dans Virgile; Moschus nous en fournit un autre, *Idyll.* ii, 45 : Εἴσετι ΠΌΡΤΙΣ ἐοῦσα; et c'est ainsi que nous la présentent quelques monuments figurés, même de la dernière période de l'art, qui seront cités plus bas.

[5] Æschyl. *Prometh.* v. 588 : Βουκέρω Παρθένον; cf. v. 674 : Κεράσῖις.

[6] Euripid. *Phœniss.* v. 255 : Τᾶς κερασφόρου Ἰοῦς.

[7] Herodot. II, xli : Τὸ γὰρ τῆς Ἴσιος ἄγαλμα ἐὸν γυναικήϊον, ΒΟῦΚΕΡΩΝ ἐσῖι, κατάπερ Ἕλληνες τὴν Ἰοῦν γράφουσι.

[8] Pausan. I, xxv, 1.

[9] Idem, X, xxx, 3 : Ἀκταίων ὁ Ἀρισῖαίου, καὶ ἡ τοῦ Ἀκταιῶνος Μήτηρ, νεβρὸν ἐν ταῖς χερσὶν ἔχοντες ἐλάφου.

pieds la *vache*, son animal symbolique. Telles, du moins, nous savons qu'étaient conçues des figures d'*Io*, soit peintes, soit sculptées, qui existaient dans l'antiquité, à *Ninive*[1], à *Gaza*[2] et ailleurs encore[3], et qu'on peut croire avoir été produites à une belle époque de l'art, d'après des traditions de l'archéologie asiatique, en des lieux tels que ceux-ci, où le mythe d'*Io* n'avait jamais pu perdre tout à fait sa signification originaire. La forme que je viens d'indiquer, plus positivement empreinte d'un caractère oriental et plus favorable aussi qu'aucune autre au génie grec, doit avoir été celle que suivirent dans leurs compositions les peintres de la belle école grecque, tels que Nicias[4], au nombre des grands tableaux duquel Pline nomme une *Io* et une *Andromède*, deux héroïnes orientales, mêlées aux fables argiennes, qui pouvaient naturellement servir de pendants l'une à l'autre, sous ce double rapport, comme l'*Io* et la *Callisto* du statuaire Dinomène, par d'autres motifs. Mais, indépendamment de ces grands travaux de l'art grec, il dut exister des compositions d'une moindre importance, où la fable d'*Io* était représentée, dans ses principales circonstances, d'après les données tragiques. C'est ce que nous pouvons inférer de l'usage que les poëtes grecs et latins firent de cette fable, qu'ils supposent employée à la décoration de meubles divers, tels que le *carquois de l'Amour*, dont les peintures, où *Io* tenait le premier rang, sont décrites par Nonnus[5]; tels encore que le *calathus* d'*Europe*, décrit par Moschus comme un des chefs-d'œuvre de Vulcain, où la fable d'*Io* était représentée au moyen d'une combinaison brillante de divers métaux, l'or, l'argent et le bronze[6]; tels enfin que le *bouclier* de Turnus, où une semblable application de la fable d'*Io* n'avait sans doute pas été faite par le grave Virgile[7] sans quelque intention, du genre de celles dont j'ai parlé plus haut.

Nous arrivons maintenant aux représentations figurées du mythe d'*Io* qui nous restent de l'art antique, et qui consistent principalement en peintures de vases et en peintures de murs, monuments de styles et de siècles bien différents, auxquels on peut ajouter quelques pierres gravées, d'une plus ou moins grande importance. C'est surtout en ces derniers temps que la science s'est enrichie de monuments de la céramographie grecque relatifs à *Io*, dont l'explication a si heureusement exercé la sagacité d'habiles antiquaires de notre âge, qu'il semble qu'il n'y ait plus rien à ajouter à l'explication de ces monuments. Aussi, me contenterai-je de les indiquer, en suivant, autant que possible, l'ordre chronologique d'après lequel je présume que peuvent avoir été exécutées ces peintures de vases, et en rectifiant, s'il y a lieu, sur quelques points, l'interprétation qui en a été donnée.

Le premier de ces vases est une *amphore de Vulci*, d'un ancien style grec, à figures noires sur fond jaune[8], actuellement placée dans la *Pinacothèque* de Munich. *Irgus* y est représenté, assis par terre, avec des formes gigantesques et un visage presque animal, qui répondent à la

---

[1] Philostrat. *Vit. Apollon. Tyan.* I, XIX.

[2] Eustath. *ad* Dionys. *Perieg.* v. 92. Cette représentation forme en effet le type de nombreuses médailles de *Gaza*, Eckhel, D. N. III, 450.

[3] Stephan. Byz. v. Ἰόνιον· Ἰώνη γάρ καὶ ἡ Γάζα ἐκαλεῖτο, ἀπὸ Ἰοῦς, βοῦν ἔχουσα (ἐχούσης?) πλησίον ἐν τῇ εἰκόνι. Cf. Lucian. *De D. Syr.* § 4.

[4] Plin. XXXVII, II, 40: *Fecit* (Nicias) *et grandes picturas, in quibus sunt Calypso, Io et Andromeda.*

[5] Nonnus, *Dionys.* VII, 115; voy. plus haut, p. 9, 2).

[6] Moschus, *Idyll.* II, 37-60.

[7] Virgil. *En.* VII, 789-791.

[8] Ce vase a été publié par M. Panofka, *Irgus Panoptes.* Taf. v, p. 43-45. Il a été reproduit dans les *Monum. dell' Instit. archeol.* t. II, tav. LIX, n. 8; cf. *Annal.* X, p. 329, n. 8. J'en ai fait mention dans le *Journal des Savants*, janvier 1842, p. 21.

tradition suivant laquelle c'était un *géant fils de la terre*[1]; d'une main, il tient la corde dont est liée *Io*, représentée comme une *vache*, tandis que, du côté opposé, *Hermès*, reconnaissable à son *pétase* et à ses *bottines ailées*, tient l'autre bout de cette corde qu'il vient de détacher. Le *chien d'Argus*, nommé lui-même *Argus*[2], est placé entre la *vache* et *Hermès*, en retournant la tête du côté de celui-ci, comme s'il cherchait à s'opposer à son dessein. Sur le fond de la peinture se voit un *arbre*, qui indique le lieu de la scène, la *forêt de Mycènes*[3], ou le *bois sacré d'Io*[4], près d'*Argos*; en sorte qu'il ne peut rester de doutes sur aucune des circonstances de cette peinture, d'un style de dessin très-remarquable, qui doit avoir quelque analogie avec celui des bas-reliefs du trône d'*Amycles*, où *Io* était aussi représentée sous la forme de *vache*.

Je ne connais le vase de *Vulci*, d'ancien style, cité plus haut[5], avec le vase de la Grande-Grèce, présentant l'un et l'autre *Argus à double visage*, et *Io* en *forme de vache*, deux traits qui ne peuvent pas ne point appartenir à une forme ancienne du mythe et à une époque archaïque de l'art, je ne les connais, dis-je, que par les indications qui en ont été données; et il est sensible, au moins pour le premier de ces vases, qui est à figures noires, qu'il est d'une fabrique ancienne. Le vase qui vient après celui-ci, dans l'ordre des temps, est une *péliké*, provenant aussi de *Vulci*, et d'ancien style, mais à figures rouges sur fond noir[6]. On y voit *Hermès*, HE..., la main droite armée d'une *épée*, saisissant de la gauche *Argus Panoptès*, ... ΠΟΝΑΠ, déjà blessé à la tête et dans l'attitude de défaillir, dont *le corps est tout parsemé d'yeux*. De l'autre côté de ce groupe, est un *vieillard barbu*, *drapé* et *couronné de laurier*, s'appuyant de la main gauche sur un *bâton recourbé*, attribut des vieillards, et étendant la main droite vers *Hermès*, personnage dans lequel tout le monde à peu près s'est accordé à reconnaître une personnification locale, sans doute le *Démos de Mycènes*, d'*Argos* ou de *Némée*[7]. Le style de ce vase, dont l'autre face est décorée d'une peinture relative à *Hercule*, en fait un des monuments les plus remarquables de la céramographie; et la circonstance du corps d'*Argus couvert d'yeux*, avec la désignation, ΠΑΝΟΠτες, qui répond à cette circonstance, est une particularité, unique dans cette classe de monuments, qui confirme, de la manière la plus frappante, tous les témoignages mythologiques. C'est aussi la même action, le moment où *Hermès* ôte la vie à *Argus*, qui est représentée, mais avec des circonstances toutes différentes, sur un vase sorti des fouilles de *Chiusi*[8]. Ce vase, de la forme de *plateau*, d'une belle fabrique, et

---

[1] C'était la tradition d'Acusilas, *apud* Apollodor. II, 1, 3 : Ἀκουσίλαος δέ, ΓΗΓΕΝΗ; et c'est aussi celle qu'avait suivie Eschyle, *Prometh.* 568 : Εἴδωλον Ἀργου ΓΗΓΕΝΟΥΣ, et v. 678 : Βουκόλος δέ ΓΗΓΕΝΗΣ; cf. *Suppl.* v. 302 : Ἄργον, τὸν Ἑρμῆς παῖδα γῆς κατέκτανε. Enfin, c'était aussi sous les formes d'un géant que le représentait le poëte hésiodéen du *Retour* : Κρατερόν τε μέγαν τε.

[2] Schol. Æschyl. *ad Prometh.* v. 569 ; Schol. Sophocl. *ad Electr.* v. 5 ; Schol. Euripid. *ad Phœniss.* v. 1121. L'auteur du *Grand Étymologique* identifie le *gardien* et le *chien*, à cause de la parité du nom et de la fonction, *v.* Ἀργειφόντης; voy. Secchi, *Annal.* X, 314, 7).

[3] Apollod. II, 1, 3.

[4] Sophocl. *Electr.* v. 5 : Τῆς οἰστροπλῆγες ἄλσος Ἰνάχου κόρης.

[5] Voy. p. 212, 12).

[6] Ce vase, de la collection Campanari, passé depuis dans celle de M. Durand, et maintenant dans le cabinet de M. Hope, avait été décrit d'abord par feu Bröndsted, *A breef description of thirty-two greek vases*, n. 1, puis, par M. de Witte, *Catalogue Durand*, n. 318, avant d'être publié par M. Panofka, *Argus Panoptes*, Taf. III, 2, 3, p. 14, suiv. Il a été reproduit dans les *Mon. dell' Instit. archeol.* t. II, tav. LIX, 5; cf. *Annal.* t. X, p. 316-17, 4.

[7] M. Minervini propose de voir ici *Jupiter*, au lieu du *Démos de Némée*, *Bullet. archeol. napol.* ann. III, n. XLI, p. 43. Mais cette idée ne me paraît pas heureuse; l'espèce de *bâton recourbé* sur lequel s'appuie ce vieillard ne saurait convenir à *Jupiter*, en guise de *sceptre*.

[8] Ce vase, qui provient de la collection de feu M. Pizzati, et qui est entré depuis dans le cabinet de M. Blayds, à Londres, a été publié, avec une courte explication, par M. Éd. Gerhard, dans son *Archäolog. Zeitung, neue Folge*, n. 2, Taf. II, p. 17-19.

d'un dessin soigné, qui tient encore de l'archaïque, offre, dans un cadre circulaire, une composition de trois figures disposées avec beaucoup d'intelligence. *Hermès*, désigné par son nom, en caractères d'ancienne forme, ΗΕΡΜΕΣ, s'apprête à frapper du coup mortel *Argus*, renversé à terre, la tête tournée vers le sol et comme appesantie par le sommeil dans lequel il est surpris. Son costume, qui consiste en une *tunique courte*, et surtout le *chapeau arcadien*, dont sa tête est couverte, le caractérisent comme *pasteur* et *gardien* d'*Io*. Hermès, vêtu aussi d'une *tunique courte*, par-dessus laquelle est fixée étroitement sur le corps une *peau de bête* et se déploie sur les épaules un *himation* d'étoffe fine et plissée, a la tête couverte de la même coiffure, qui convient au déguisement pastoral qu'il a pris pour tromper *Argus*; mais ses *bottines ailées* ne permettent pas de méconnaître le dieu, messager de l'Olympe. L'*arme* dont il va frapper le gardien endormi est une *épée*, comme dans la peinture du vase précédent. Derrière ce groupe, *Io*, en forme de *vache*, s'élance déjà livrée au démon vengeur qui la persécute; on ne lui voit qu'une seule corne sur le front, non parce que l'intention de l'artiste a été de la représenter ainsi, pour indiquer que c'était ici une *vache mystique*[1], mais tout simplement, parce qu'en la montrant de profil, une seule corne tenait naturellement la place des deux.

Je crois pouvoir ranger immédiatement après, le beau vase de *Ruvo*, de la collection Iatta[2], qui représente aussi la *mort d'Argus*, mais avec des circonstances toutes différentes, et dans un style de dessin qui appartient à une époque plus récente. Les personnages qui prennent une part directe à cette scène, et ceux qui y interviennent à un titre quelconque, sont distribués sur deux rangs. Le rang inférieur, où se passe l'action, est occupé par *Hermès*, tenant d'une main une *pierre*, de l'autre une *épée nue*, et s'avançant, ainsi doublement armé, contre *Argus*, assis *sur une hauteur* et couvert d'une *peau de bête*, deux circonstances qui répondent à des témoignages classiques[3]. *Quatre yeux*, *deux* sur la poitrine et *deux* sur les cuisses, sont encore une particularité puisée dans l'ancienne tradition épique, bien qu'avec une différence dans la situation des yeux[4], qui ne permet pas de méconnaître le personnage d'*Argus*; et la direction de son regard, de même que le *geste* qu'il fait de la main droite levée[5], ne peut avoir rapport qu'à la mission qu'il avait reçue de *Junon*. Entre *Hermès* et *Argus* se présente, au centre de la composition, *Io*, *assise*, le haut du corps découvert, le bas enveloppé d'une riche draperie, le front ceint d'un *diadème*, et tenant de la main droite un *roseau*, attribut qui se rapporte à son origine, en qualité de fille du fleuve *Inachus*. Mais ce qui la caractérise encore mieux, ce sont les *deux cornes* qui s'élèvent du milieu de son front, et qui appartiennent indubitablement au costume tragique d'*Io*. *Deux satyres*, accroupis à terre, dont l'un joue avec un *lièvre*, complètent la représentation, où ils n'assistent qu'en qualité de témoins, comme personnages du *chœur*.

[1] C'est une idée de M. Éd. Gerhard, *à l'endroit indiqué*, note précédente, et mon observation s'applique également aux autres monuments, cités, *ibid.* 9), où la figure d'*Io* offre l'apparence *d'une seule corne*.

[2] Publié dans les *Monum. dell' Instit. archeol.* t. II, tav. LIX, 1, avec une explication un peu confuse de M. Gargallo Grimaldi, *Annal.* t. X, p. 253-266, à laquelle le R. P. Secchi a joint d'excellentes observations, *ibid.* p. 312, suiv. Ce même vase a été aussi l'objet de savantes explications de la part de M. Avellino, *Bullet. archeol. napolet.* ann. III, p. 22, suiv., et il a été décrit de nouveau par M. Minervini, *ibid.* n. XLI, p. 42-46, qui s'est éloigné en quelques points de l'interprétation de ses devanciers.

[3] Apollod. II, 1, 3; cf. Ovid. *Metam.* 1, 166-7.

[4] Voy. les vers du poëte de l'*Ægimius*, cités p. 212, 10).

[5] M. Gargallo Grimaldi a cru voir ici le geste appelé ἀποκρότημα, qui indiquait l'*insouciance*, le *mépris des choses humaines*, *Annal.* t. X, p. 256, 2); c'est, suivant moi, une grave méprise. Un pareil geste ne pouvait convenir à un gardien sévère, comme *Argus*; et il n'y en a non plus aucun indice dans la peinture de notre vase.

Le haut de la composition est rempli de personnages, qu'à cette situation même, non moins qu'à leurs traits et à leurs attributs, on ne peut méconnaître pour des dieux. En premier lieu, se distingue *Jupiter*, *assis*, sous sa forme ordinaire, le front ceint de *laurier* et tenant un *sceptre* de la main gauche. Des deux déesses qui se tiennent debout devant lui, l'une, aux formes plus juvéniles, la tête diadémée et nue, est certainement *Junon*, qui, du regard dirigé vers *Argus* et de la main gauche étendue vers lui, semble lui recommander de veiller sur la rivale qu'elle a confiée à sa garde; l'autre déesse, à l'air plus grave, la tête couverte d'un *voile*, sur l'épaule de laquelle s'appuie la main droite de *Junon* et qui porte un *sceptre*, est probablement *Rhéa*, de même qu'une troisième déesse, placée derrière *Jupiter* et s'appuyant familièrement sur l'épaule du dieu, doit être *Mélia*, l'océanide, ou *Isméné*, fille d'*Asopus*: car l'idée que ces deux déesses représentent les mères des deux rivales, *Junon* et *Io*, cette idée ingénieuse, qui appartient au R. P. Secchi[1], me paraît encore celle qui donne l'explication la plus plausible de ces deux figures. A l'une des extrémités de ce rang supérieur, se reconnaît sans difficulté *Aphrodite*, debout, tenant des deux mains une *bandelette* déployée, symbole d'amour[2], et ayant près d'elle un *Éros nu* et *ailé*, tandis qu'un second *Éros nu* aussi et *ailé*, ou peut-être *Antéros*, est assis de l'autre côté, à la place correspondante. Telle est cette composition, qu'à l'arrangement des figures, et surtout à leur riche costume[3], on ne risque rien de regarder comme dérivée de quelque représentation scénique, et très-probablement d'un drame satyrique; ce qui résulte de la présence des *deux satyres*, dont l'intervention ne peut s'expliquer que de cette manière[4]. Quant à celle des personnages de *Jupiter* et de *Junon*, dont il est très-facile de rendre compte dans la même hypothèse, elle est mise hors de doute par les inscriptions, ΖΕΥΣ et ΗΕΡΑ, qui accompagnent deux figures semblables, dans une peinture du même sujet, qui décore un vase provenant d'une fouille récente de *Canino*[5].

C'est aussi à cette mine si féconde de *Vulci* que nous sommes redevables d'une autre peinture de vase, dont le style moins correct et l'exécution moins soignée annoncent une époque

---

[1] *Annal.* t. X, p. 319. Je ne dois pas dissimuler que M. Minervini a cru reconnaître, dans ces *deux déesses* dont l'attitude indique une sorte de supériorité ou de familiarité, les *deux parques*, dont il explique l'intervention et l'autorité par des raisons très-savantes et très-ingénieuses; voy. le *Bullet. archeol. napolet.* ann. III, n. XLI, p. 43-45. Mais j'avoue que l'interprétation du R. P. Secchi me satisfait davantage, comme plus conforme aux idées du temps où fut produit notre vase de *Vulci* et à la nature même de la représentation qui le décore.

[2] Sur la *bandelette*, comme *symbole érotique*, voy. les observations de M. Welcker, *Annal.* t. IV, p. 380, et celles de M. Otto Jahn, *ibidem*, t. XVII, p. 282, et *Archäolog. Aufsätz.* p. 191, 280).

[3] Ce costume, formé d'étoffes richement brodées à la manière asiatique, me paraît convenir exclusivement, sur les vases qui nous le présentent, à des personnages empruntés d'une représentation dramatique. L'ornement en forme de *spirales* qui s'y voit souvent reproduit, et que M. Gargallo Grimaldi juge *importantissimo, Annal.* t. X, p. 253; cf. p. 257, 263, jusque-là qu'il s'en sert pour établir la parenté commune de *cinq* les personnages de notre peinture, en qualité de *divinités marines*, cet ornement n'a nullement l'importance ni la signification qu'on lui attribue.

Cette forme de *spirale* était un élément habituel de décoration dans l'art des Assyriens et des Phéniciens; j'en ai établi, par des preuves irrécusables, l'origine et l'emploi, dans mon *Mémoire sur l'Hercule assyrien et phénicien*; et j'ajoute ici que, comme il devait figurer aussi sur les tissus précieux, dont on sait que les principales fabriques existaient à *Babylone* et à *Sardes*, il fournit la preuve que les étoffes dont sont habillés les personnages de notre peinture étaient empruntées au luxe asiatique, comme toute la garde-robe du théâtre tragique.

[4] Le même antiquaire, cité à la note précédente, suppose une *intention funéraire* à la présence des *deux satyres, Annal.* t. X, p. 263-266. Cette explication, fondée sur des considérations plus spécieuses que justes, à mon avis, me satisfait beaucoup moins que celle de M. Minervini, qui attribue au groupe des *deux satyres* un *sens aphrodisiaque, Bullet. archeol. napolet.* ann. III, n. XLI, p. 46. Mais je crois que la présence de ces personnages du thiase bachique s'explique suffisamment ici par leur présence toute naturelle dans un drame satyrique, tel que ceux dont *Io* avait été le sujet sur le théâtre attique; ce qui est loin d'exclure le *rôle aphrodisiaque* de ces personnages.

[5] Ce vase est cité par le R. P. Secchi, *Annal.* t. X, p. 319, et je ne sache pas qu'il ait encore été publié.

moins ancienne. Cette peinture, qui décore une *œnochoé* à figures noires[1], ne se compose que de trois personnages, *Argus assis*, tenant une *massue*, et le visage tourné vers *Io*, assise près de lui, et qui est l'objet de sa surveillance, avec *Hermès* debout, qui semble observer ces deux personnages. Ce que cette peinture offre de neuf et de particulier, c'est le *buste de vache* qui se voit au-dessus de la figure d'*Argus*, et qui ne peut avoir d'autre intention que d'indiquer, par un procédé symbolique, la métamorphose d'*Io* en *vache*[2].

Aux peintures de vases que je viens de décrire succèdent celles de deux vases de Basilicate, depuis plus longtemps connus, mais qui n'ont obtenu que de nos jours leur explication complète. Le plus important de ces vases, dont l'explication a été un objet de controverse entre les antiquaires[3], représente, au centre de la composition, *Io* assise sur une *base* ou *autel* à plusieurs degrés, au pied d'un *simulacre en bois*, d'ancien style, *xoanon*, qu'au *flambeau* et à l'*arc* qu'il porte comme attributs, on ne peut méconnaître pour celui d'une *Artémis-Hécate*, divinité du même ordre qu'*Ilithyie*. La jeune prêtresse de *Junon*, reconnaissable à la *double corne* qui s'élève de son front, tient de sa main gauche une *pyxis*, coffre aux bijoux, et de la main droite un *collier*[4], présents nuptiaux, qu'elle vient de recevoir de *Jupiter*, debout devant elle. L'attitude du dieu indique assez l'objet de son entretien avec la belle héroïne, et la présence d'*Aphrodite*, debout derrière *Jupiter*, avec la *colombe* qu'elle tient en main[5], et avec le *trépied*, meuble nuptial[6], placé près d'elle, achève d'expliquer l'intention de cette scène. Du côté opposé se présente *Argus*, le frère et le gardien d'*Io*[7], s'appuyant d'une main sur sa *massue*, tenant de l'autre un *diptyque*, symbole nuptial[8]; et sur un plan plus élevé se montrent trois personnages qui n'interviennent dans l'action que d'une manière indirecte : c'est à savoir, dans la partie gauche du tableau, *Junon debout*, au-dessus d'*Io*, *Éros*, nu et ailé, tenant le *trochus* et la *baguette*, symboles des jeux de l'adolescence[9], et un peu plus loin, sur le même plan, *Pan-Lycœus*, dieu arcadien, vu à mi-corps, sans doute pour indiquer la localité[10].

L'autre vase de Basilicate, relatif au même sujet[11], n'offre, à bien peu de chose près, que

---

[1] Ce vase, décrit dans le *Bullet. dell' Instit.* 1836, p. 171-172, a été publié dans les *Monumenti*, t. II, tav. LIX, n. 1; cf. *Annal.* t. X, p. 328, 1.

[2] M. Panofka, qui a fait aussi usage de cette peinture de vase dans son *Argus Panoptes*, p. 42-43, explique ce *buste de vache* par une allusion au culte d'*Héra*, qui me paraît trop recherchée, tandis que l'explication que je présente, et qui est aussi celle de M. Braun, me semble bien plus naturelle.

[3] Publié cinq fois, Hirt, *Die Brautschau*, Berlin, 1825, fol°; Avellino, *Opuscoli*, t. II, tav. VII, p. 169-174; Panofka, *Argus Panoptes*, Taf. IV, 2; Lenormant et de Witte, *Élit. de monum. céramogr.* pl. XXV; Creuzer, *Symbolik*, t. III, p. II, Taf. II; voy. aussi les observations que ce vase, placé actuellement au musée de Berlin, Éd. Gerhard, *Berlin's ant. Bildwerke*, n. 902, nous a suggérées à nous-même dans le *Journ. des Savants*, janvier 1842, p. 21-24.

[4] Et non pas une *couronne de myrte*, comme il est dit dans l'*Élit. de monum. céramogr.* t. I, p. 48.

[5] Cet oiseau a été pris, tantôt pour la *colombe*, tantôt pour l'*iynx*, deux interprétations qui reviennent à la même idée; voy. *Journ. des Savants*, janvier 1842, p. 22, 1).

[6] *Journ. des Savants*, 1842, p. 23, 4).

[7] Dans la tradition suivie par Phérécyde, *Argus* était fils d'*Inachus*, et conséquemment frère d'*Io*, Phérecyd. *apud* Apollodor. II, 1, 3.

[8] *Journ. des Savants*, janvier 1842, p. 23, 1).

[9] Sur le *trochus*, instrument habituel des jeux de la jeunesse grecque, Acron. *ad* Horat. *Art. poet.* v. 380 : *rota quam currendo pueri virga regunt*, les témoignages classiques et les monuments figurés sont si nombreux et si connus, qu'il est superflu de les citer; voy. Panofka, *Argus Panoptes*, p. 29, 1). Le R. P. Secchi serait plutôt disposé à voir ici le τροχίσκος, qui s'employait avec l'*iynx* dans les philtres, *Annal.* t. X, p. 319, 1); mais cette conjecture ne me paraît pas heureuse. L'allusion au nom de *Trochilus*, fils d'*Io*, Schol. Arat. *ad* v. 161, qui n'avait pas échappé à M. Panofka, *ibidem*, est beaucoup trop recherchée.

[10] *Élit. de monum. céramogr.* t. I, p. 50; cf. *Journ. des Savants*, janvier 1842, p. 23.

[11] Publié par Millingen, *Vases de Coghill*, pl. XLVI, et reproduit dans une collection anglaise, *Vases from the collection of sir H. En-*

la même composition, réduite à un moindre nombre de personnages. *Io* s'y montre assise de même sur un *autel*, devant un ancien simulacre de *Junon*, peut-être celui-là même qui était fait d'un tronc de poirier sauvage, et que *Pirasus*, père de l'héroïne argienne, suivant une des traditions qui avaient cours dans l'antiquité[1], avait consacré dans l'*Hérœon de Mycènes*[2]. En face d'*Io* apparaît *Jupiter imberbe*, tenant le *sceptre*, et derrière, *Argus* dans une attitude qui convient à sa mission de surveillant. Dans le haut de la peinture, *Éros*, *nu* et *ailé*, est occupé à verser des parfums sur l'antique idole de la déesse, et un *satyre* qui s'éloigne, dans une attitude familière à ces sortes de personnages[3], avec la *syrinx* à la main, est un personnage du *chœur*, qui indique, à n'en pouvoir douter, que cette représentation était empruntée d'un drame satyrique[4].

Aucun des savants qui se sont occupés récemment du mythe d'*Io* n'a cru devoir y rapporter un vase peint qui, peut-être aussi, a échappé à leur attention, et qui est, en tout cas, trop remarquable par sa provenance, par son style et par son sujet, pour que je ne profite pas de l'occasion qui se présente de le rappeler à l'intérêt des antiquaires : c'est le vase d'*Aulis*, publié par Millin, d'après un dessin communiqué par Scrofani[5]. On avait cru y voir les principales scènes du *Prométhée* d'Eschyle, représentées sur le théâtre de Bacchus, à Athènes, ou, du moins, les deux principaux personnages de ce drame, *Prométhée* à demi enfoui sous les rochers du Caucase, et *Io* sous la forme de *vache*. Mais il y avait dans cette explication, tout ingénieuse qu'elle semblait au premier coup d'œil, des difficultés graves, qui n'avaient point échappé à Millin, particulièrement dans le personnage de *Prométhée*, *jeune* et *imberbe*, qui ne répondait ni par lui-même, ni par le *dragon ailé* peint au-dessus, à aucun des traits de son modèle tragique. Ces difficultés ont porté un illustre antiquaire, M. le duc de Luynes, à proposer, de ce vase d'une composition si extraordinaire, une explication nouvelle qui laisse encore, à mon avis, le problème sans solution[6]. Le dernier interprète y voit l'*oracle de Trophonius*, en s'appuyant sur un texte de Pausanias[7], dont je regrette d'être obligé

---

glefield, pl. xvii-xxi; voy. aussi *Élit. de monum. céramogr.* pl. xxvi; Panofka, *Argus Panoptes*, Taf. iv, 1.

[1] Apollod. II, 1, 3; cf. Heyn. *ad h. l.*; Clavier, *Prem. temps de la Grèce*, t. I, p. 23.

[2] Pausan. II, xvii, 5.

[3] Cette attitude est celle que l'on désignait par le mot ἀποσκοπεύων, et dont il avait été fait un fréquent emploi, pour les *satyres*, dans les monuments de l'art ; témoin la figure du *satyre* ἀποσκοπεύων, peinture célèbre d'Antiphile (Plin. XXXV, xi, 32; voy. les exemples que j'en ai cités, d'après ces vases peints, *Journ. des Savants*, septembre 1837, p. 515-516, et auxquels il faut ajouter celui de notre peinture.

[4] Cette manière si simple d'expliquer la présence du *satyre* ne s'éloigne pas beaucoup de celle qu'avait proposée d'abord Millingen, *Vases de Coghill*, p. 41. Mais, bien qu'elle satisfasse beaucoup d'antiquaires de nos jours, de l'aveu de M. Panofka, *Argus Panoptes*, p. 21, c'est pourtant dans un ordre d'idées tout à fait mystiques que ce savant est d'avis qu'on doit en chercher l'interprétation ; et l'on peut voir, par l'explication qu'ont donnée à leur tour de ce personnage de *satyre* MM. Lenormant et de Witte, *Élit. de monum. céramogr.* t. I, p. 50-51, à quels résultats

on arrive, en marchant dans cette voie aventureuse. Pour moi, je m'en tiens modestement à l'interprétation la plus naturelle, à celle qui s'autorise de l'assentiment de M. Welcker, *D. Æschyl. Trilog.* p. 133, *Nachtrag*, etc. p. 307, 267), et *Griech. Tragœd.* t. III, p. 1090, 17); et je m'y tiens avec d'autant plus de confiance, que les *deux satyres* qui figurent, au lieu d'un *seul*, sur le vase latta, renversent tout ce système de combinaisons laborieuses, en même temps qu'ils s'expliquent uniquement d'après cette donnée, qu'ils représentent le *chœur* d'un *drame satyrique*.

[5] Millin, *Peint. de Vases*, t. II, pl. lv, lvi, p. 78-84.

[6] *Annal.* t. I, tav. agg. H, 1, p. 407-412. L'auteur, qui parle de doutes exprimés par quelques personnes sur l'existence de ce *vase*, p. 408, 2), paraît avoir ignoré que Dodwell avait vu ce monument précieux, *this valuable antiquity*, comme il s'exprime, chez le primat Gianachi Logotheti, de Livadie, qui en était propriétaire, *A tour*, etc. t. I, p. 301, 2).

[7] Pausan. IX, xxxix, 3, 4, et 5. M. le duc de Luynes traduit les mots : Ζεὺς Ὑέτιος ἐν ὑπαίθρῳ, de cette manière : *le temple hypèthre de Jupiter Pluvius* ; il est évident qu'il s'agit seulement d'une *statue de Jupiter Pluvius érigée en plein air* ; ainsi tombe l'applica-

de dire qu'il ne s'est pas rendu un compte bien exact, et dont il a fait à la peinture de vase en question une application qui ne me semble pas heureuse. Écartant donc cette idée de l'*oracle de Trophonius*, qui ne saurait se soutenir, voici, suivant moi, les points sur lesquels on peut le moins difficilement tomber d'accord. L'édifice circulaire où sont *deux femmes*, l'une *assise*, l'autre *debout*, sur des gradins, avec deux bustes de *spectateurs* en dehors, ne peut être qu'un *théâtre*, accompagné de *portiques extérieurs* et d'un *petit temple*, le tout, sans aucune espèce de rapports avec le *théâtre de Bacchus*, à Athènes. La *vache*, qui se présente à l'entrée du *proscénion* de ce théâtre, ne peut guère être qu'*Io*, représentée sous cette forme sur les plus anciens monuments de l'art; et, en tout cas, ce n'est certainement pas une *victime*. Quant au *personnage jeune et imberbe*, à demi enfoui sous des rochers, j'avoue que je ne puis y reconnaître *Prométhée*; mais je puis encore moins y voir un *initié*, et je renonce à proposer un nom pour ce personnage, en dehors de tout ce que nous connaissons de représentations de l'art antique.

Nous passons maintenant à une autre classe de peintures qui représentent le même sujet, toujours d'après les mêmes données, mais avec des variantes de détail aussi bien qu'avec des différences de style, qui ne tiennent pas seulement aux procédés divers d'exécution, mais aussi à l'époque tardive où furent produites ces peintures de mur. Sur l'une de ces peintures, provenant des fouilles de Pompéi et composée de trois figures[1], *Argus assis*, la main droite armée d'un *pedum* qu'il laisse retomber vers la terre, se montre en face de *Mercure*, qui joue de la *lyre*, sans doute afin de le plonger dans ce sommeil fatal dont il ne s'éveillera plus. *Io*, sous la forme de *vache*, apparaît à côté d'*Argus*, et le paysage où se passe l'action indique le *bois d'oliviers de Mycènes*. Tout s'explique donc parfaitement, d'après cette hypothèse, dans cette peinture où la figure d'*Io*, en forme de *vache*, est une réminiscence de la plus ancienne tradition grecque conforme au modèle asiatique, intéressante à retrouver dans un monument produit presque sur l'extrême limite du domaine de l'antiquité.

Une autre peinture de Pompéi[2], consistant aussi dans les trois mêmes personnages, représente le même sujet, mais avec des différences notables. *Argus* est pareillement *assis*, avec son *pedum* près de lui; mais il vient de laisser échapper la *syrinx*, dont s'est saisi *Mercure*, debout devant lui, et qui est l'instrument perfide qui doit servir à son sommeil et à sa mort. *Io* est *assise*, sur un second plan, entre ces deux personnages; mais elle est représentée sous la forme humaine, et elle ne se reconnaît qu'à la *double corne* qui s'élève sur son front sous le riche *voile* qui l'enveloppe.

---

tion de ce texte au prétendu *temple ionique hypèthre* de notre peinture. Plus loin, Pausanias parle du *soubassement en marbre blanc, de forme circulaire, qui entoure l'aréa de l'oracle*, et qui est surmonté d'obélisques, c'est-à-dire de balustres, en bronze, comme la frise qui les couronne : Κρηπὶς μὲν ἐν κύκλῳ περιβέβληται λίθου λευκοῦ... ἐφεστήκασι δὲ ἐπὶ τῇ κρηπῖδι ὀβελοὶ καὶ αὐτοὶ χαλκοῖ, καὶ αἱ συνέχουσαι σφᾶς ζῶναι. Tout cela est parfaitement clair, quoiqu'il ait été assez généralement mal compris et mal rendu par les traducteurs; mais M. le duc de Luynes, pour retrouver les *deux colonnes* de la peinture, traduit ainsi ce texte : *Tout autour s'étend une base circulaire de marbre blanc... sur la base sont placés deux obélisques de bronze, comme les zones qui les embrassent.* Je laisse à juger si la traduction est exacte, et l'application admissible.

[1] Publiée dans le *R. Mus. Borbon.* t. XI, tav. xxiii, avec une explication de M. Finati, qui croyait voir, dans cette peinture, *Apollon chez Laomédon*. La véritable interprétation donnée par M. Panofka a été admise par le R. P. Secchi, *Annal.* t. X, 316, 3], et par M. Braun, *ibid.* p. 329, n. 3, en y ajoutant, sur la foi de M. Schultz, cette notice curieuse, qu'il existe une répétition de la même peinture dans chacune des trois maisons *des Dioscures, de la Chasse,* et *de la Paroi noire* : ce qui prouve le mérite de la composition originale.

[2] Publiée dans le *R. Mus. Borbon.* t. VIII, tav. xxv, et reproduite par M. Panofka, *Argus Panoptes*, Taf. ii, n. 1, et dans les *Monum. dell' Instit. archeol.* t. II, tav. lix, 6; cf. *Annal.* t. X, p. 329, 6.

C'est une autre scène du même drame que représente une troisième peinture de Pompéi[1], où la composition est réduite à deux figures. *Io, assise*, sous les traits d'une jeune héroïne, mais avec la *double corne* sur le front, est placée en face de *Mercure*, qui, le pied droit levé sur un rocher, la main gauche posée sur sa hanche, avec son épée remise dans le fourreau et posée sur son genou droit, n'exprime plus, dans toute son attitude et dans sa physionomie, que le repos qui succède à une entreprise difficile et la satisfaction d'avoir accompli sa mission, qui était la délivrance d'*Io*.

Diverses autres circonstances de la même action sont représentées sur des pierres gravées, dont la plupart ont rapport à la surveillance exercée par *Argus* sur *Io*, figurée en forme de *vache*[2]. Une de ces pierres, où *Mercure* vient de trancher la tête d'*Argus*, dont le corps gisant à terre est *couvert d'yeux*[3], mérite d'être signalée à raison de cette particularité, qui était unique jusqu'au moment de la découverte du vase de *Panoptès*, et aussi pour la manière dont *Io*, sous la forme de *vache*, s'y montre emportée par le fatal aiguillon qui va la pousser de mers en mers. J'indiquerai aussi une autre pierre, d'un très-beau travail, de la collection Worsley[4], dont le sujet me paraît avoir rapport à la circonstance indiquée par Moschus[5], celle où *Io*, arrivée enfin en Égypte, au terme de ses longues courses, reçoit, en présence de *Mercure*, son sauveur, l'*attouchement de Jupiter*, qui doit lui faire reprendre sa première forme, et, avec elle, les charmes qui avaient séduit le maître des dieux[6].

Cette scène, qui suit immédiatement l'arrivée d'*Io* en Égypte, d'après le drame grec, nous conduit naturellement aux deux belles peintures, l'une d'*Herculanum*, l'autre de *Pompéi*, restées longtemps inédites, qui représentent l'arrivée même en Égypte. Ces peintures ont été citées, à plusieurs reprises, par Visconti[7], à cause de la rareté de leur sujet et de la beauté de leur

---

[1] *R. Mus. Borbon.* t. IX, tav. L. L'antiquaire napolitain y avait vu *Io et Épaphus*. L'interprétation que j'ai suivie est celle qui avait été proposée par M. Panofka, *Argus Panoptes*, Taf. I, 6, p. 10-11, admise par le R. P. Secchi, *Annal.* t. X, p. 316 et par M. Braun, *ibid.* p. 330, 10; cf. *Monum. dell' Instit. archæol.* t. II, tav. LIX, 10.

[2] Une de ces pierres, de la galerie de Florence, Gori, *Mus. Flor.* t. I, tav. 57, 3; Lippert, *Dactylioth.* II, 18; Schlichtegroll, *Pierres grav. de Stosch*, pl. 30, a été reproduite dans les *Monum. dell' Instit. archæol.* t. II, tav. LIX, n. 7, et aussi par M. Panofka, *Argus Panoptes*, Taf. I, 2, p. 8, 4), qui cite, au même endroit, d'autres pierres du même sujet; voy. aussi Ott. Müller, *Handbuch*, etc. § 351, 4, p. 498.

[3] Cette pâte, du musée de Berlin, Winckelmann, *Pierres de Stosch*, cl. II, sect. III, n. 161, a été publiée et expliquée par M. Panofka, *Argus Panoptes*, Taf. III, 1, p. 15-17. Il paraît qu'il existe une répétition de ce sujet sur un jaspe vert, de la collection de Cadès, *Mon. dell' Instit. archeol.* t. II, tav. LIX, 9; cf. *Annal.* t. X, p. 329, 9.

[4] Visconti, *Mus. Worsley.* tav. XX, 3, p. 93, ed. Milan. Elle a été reproduite par M. Panofka, *Argus Panoptes*, Taf. I, 7, p. 8-19, qui cependant incline à la croire de travail moderne, par des raisons qui, je l'avoue, ne m'ont pas paru suffisantes. Ni le R. P. Secchi, ni M. le Dr Braun, n'en ont jugé ainsi, *Annal.* t. X, p. 315, et p. 329, 4; cf. *Monum. dell' Instit. archeol.* t. II, tav. LIX, 4. J'en possède une empreinte, tirée de la collection de Cadès,

qui me paraît justifier l'éloge qu'en fait Visconti, qui avait sous les yeux la pierre originale.

[5] Moschus, *Idyll.* II, 50: Ἐν δ' ἦν Ζεὺς ἘΠΑΦΩΜΕΝΟΣ ἠρέμα χειρὶ Θεὴν Πόρτιος Ἰναχίης; cf. Æschyl. *Prometh.* v. 850-851; *Suppl.* v. 18-19.

[6] D'après la tradition suivie par Eschyle, ce ne serait qu'en Égypte, après qu'Io aurait été rendue à sa forme première, que Jupiter aurait satisfait sa passion, *Prometh.* v. 850-51; cf. 898. Mais ce n'était pas là l'opinion commune, dont Ovide s'était rendu l'interprète, *Metam.* I, 600, et qui est attestée aussi par Apollodore, II, 1, 3 : Ταύτην ἱερωσύνην τῆς Ἥρας ἔχουσαν Ζεὺς ἔφθειρε.

[7] Visconti cite, à plusieurs reprises, *Mus. Worsley.* p. 93, ed. Milan. et *Oper. var.* t. II, p. 161, deux belles peintures d'*Herculanum*, alors placées à *Portici*, et encore inédites. La manière dont il désigne, dans une de ces peintures, *Io, reine d'Égypte, avec Mercure*, paraît bien s'appliquer à la peinture que je publie, et qui est indiquée sous le n° 556, par M. Quaranta, dans son *Mystagogue* (titre un peu recherché pour un simple *Guide*), p. 94. J'ai remarqué, dans le musée des *Studj*, une répétition du même sujet, de moindre proportion et aussi de moindre mérite, sous le rapport de l'exécution, de même qu'avec quelques variantes de détail; mais cette seconde peinture ne provient pas d'*Herculanum*, comme la nôtre : elle a été trouvée récemment à *Pompéi*, dans la maison située entre celle de *Méléagre* et les murs de la ville; ce ne peut donc être l'une des deux peintures désignées

exécution, qui avaient attiré aussi, sur l'une d'elles, l'attention de Millingen [1]. C'est celle qui a été publiée récemment à Naples [2], mais au simple trait, et dans un goût de dessin qui est bien loin de donner une idée du style grandiose de cette belle composition. On en jugera mieux, je l'espère, par le dessin que j'en publie à mon tour, et où le caractère de la peinture originale est plus fidèlement reproduit.

La fille d'*Inachus* est représentée au moment où elle aborde la terre arrosée par le Nil, qui devait être le terme de ses souffrances et le siége de son apothéose. Elle a les formes d'une belle héroïne, avec *deux cornes naissantes* sur le front; le *péplus* qui l'enveloppe, dans un état de désordre causé par ses longues courses, laisse une grande partie de sa personne découverte; et le contraste qui résulte de cette nudité avec le jet de la draperie produit une figure de la composition la plus heureuse, à laquelle on ne saurait guère trouver à reprendre qu'un peu de lourdeur dans les formes. Elle est portée sur le dos d'un *personnage*, qu'au caractère de sa physionomie, aux traits de son visage, à ses oreilles pointues, et à ses formes du corps, auxquelles ne semblent pas pouvoir appartenir des jambes humaines, nous reconnaissons pour un *triton*, plutôt que pour le *Nil* [3]; cette supposition, qui nous paraît mieux d'accord avec le caractère de la figure, se justifie plus facilement par les témoignages de l'histoire poétique, où *Io* est portée *sur la mer* en Égypte. Elle y est reçue par une *femme*, qui lui offre la main en signe d'hospitalité, et qui a le bras gauche enveloppé d'un long *serpent*. A ce signe, propre aux divinités chthoniennes, non moins qu'à l'air majestueux de cette femme, à l'ampleur de ses vêtements, et à la *couronne de fleurs* qui orne sa tête, nous croyons pouvoir aussi reconnaître l'*Égypte personnifiée*, et non pas *Isis*, comme l'ont pensé quelques antiquaires [4]. L'*Égypte* a les pieds posés sur un *crocodile*, ce qui est encore à nos yeux une particularité plus d'accord avec le personnage de l'*Égypte* qu'avec celui d'*Isis*. Derrière elle sont deux figures de *femmes*, qui portent des symboles du culte isiaque, le *sistre* et le *vase*, avec un *caducée*, symbole de paix et d'hospitalité, bien approprié à cette scène; et, à ses pieds, sur un quartier de roc, est assise une petite figure d'*Harpocrate*, qui achève de caractériser le pays des pharaons. Les accessoires de cette belle peinture, le *sphinx* érigé sur une *base*, et le *grand autel*, dont le couronnement, formé de frontons triangulaires, rappelle le type des constructions pyramidales si particulier à l'Égypte [5], complètent cette représentation, l'une des plus remarquables par le style et par l'exécution, aussi bien que l'une des plus neuves et des plus rares par le sujet, qui soient sorties des fouilles d'*Herculanum*.

---

par Visconti. M. le chan. Jorio mentionne deux peintures d'*Io*, sans autre indication, *Descript. de quelq. peint. antiq.* p. 83, n. MDCLXXVIII, et p. 84, n. MCCCLVII.

[1] *Vases de Coghill*, p. 41, 6).

[2] *R. Mus. Borbon.* t. X, tav. II, avec une explication de M. Quaranta, p. 1-6, où la peinture est indiquée comme *dipinto di Pompei*.

[3] La première désignation est donnée par M. Quaranta, dans son *Mystagogue* (Naples, 1844, 8°), p. 94, 85 (n. 556). Précédemment, en expliquant la même peinture, dans le *R. Mus. Borbon.* t. X, tav. II (Naples, 1834, 4°), il avait vu dans la figure en question le *Nil*; et c'est aussi de cette manière que l'interprète M. Panofka, *Argus Panoptes*, p. 32, 5).

[4] Cette désignation d'*Isis*, indiquée plutôt qu'expressément proposée par M. Quaranta, est admise par M. Panofka, à l'endroit cité, note précédente.

[5] Peut-être aussi pourrait-on y voir une allusion au *Delta*, dont la forme triangulaire est ainsi indiquée par Eschyle, *Prometh.* v. 813 : Οὗτος σ' ὁδώσει τὴν ΤΡΙΓΩΝΟΝ ἐς χθόνα.

PLANCHE XVIII.

MARS ET VÉNUS.

Hauteur, o m. 96 cent. — Largeur, o m. 89 cent.

La fable de *l'adultère de Mars et de Vénus*, qui était *si connue dans le ciel*, au témoignage d'Ovide[1], ne l'était pas moins sur la terre, dès les temps homériques, où elle était devenue l'un des thèmes favoris des compositions des rhapsodes. C'est ce que nous apprend Homère lui-même[2], en mettant dans la bouche de son Démodocos un long récit de cette aventure, où la liberté des détails n'est pas épargnée, sans doute afin de flatter le goût des Phéaciens pour des images de ce genre, et de plaire ainsi à un peuple qui se faisait gloire d'allier l'amour des plaisirs aux périls de la navigation[3]. Cette aventure, qui avait excité chez les habitants de l'Olympe cette immense gaîté, ce *rire inextinguible* dont parle Homère[4], ne pouvait pas avoir moins de charmes pour la Grèce, toujours empressée de chercher dans l'histoire de ses dieux des exemples et des excuses pour ses faiblesses. Les poëtes s'emparèrent à l'envi d'un sujet si favorable[5]; les mythographes le consignèrent sur leurs tablettes[6]; et les

[1] Ovid. *Art. amator.* l. II, v. 561 : « Fabula narratur toto notissima cœlo; » cf. *Metam.* IV, 189 : « Hæc fuit in toto notissma fabula cœlo. »

[2] Homer. *Odyss.* viii, 267-366.

[3] Idem, *ibid.* viii, 247-248 : Νηυσὶν ἄριστοι· Αἰεὶ δ' ἡμῖν δαὶς τε φίλη, κιθαρίς τε χοροί τε Εἵματά τ' ἐξημοιβά, λοετρά τε θερμὰ, καὶ εὐναί.

[4] Idem, *ibid.* viii, 326 : Ἄσβεστος δ' ἄρ' ἐνῶρτο γέλως μακάρεσσι θεοῖσι.

[5] Virgil. *Georg.* IV, 345; Ovid. *Metam.* IV, 171-189; *Art. amat.* II, 561-590; *Trist.* II, 377; Nonn. *Dionys.* v, 582-585. Les *amours de Mars et de Vénus* ont fourni le sujet du petit poëme de Reposianus, *Concubitus Martis et Veneris*, v. 1-182, où la liberté des détails est parfaitement en rapport avec la licence du titre, *in Poet. latin. minor.* t. IV, p. 319-345, ed. Wernsdorf.

[6] Hygin. *Fab.* cxlviii; Fulgent. *Mythol.* II, x; Lucian. *D. D.* xvii, t. II, p. 49-50, ed. Bip.; Eustath. *ad* Homer. *Odyss.* viii, p. 1559; cf. 1881; Mythograph. Vat. i, 43; ii, 121; iii, 231,6.

arts à leur tour s'exercèrent sur ce sujet, qui se prêtait si facilement à toutes les applications qu'en pouvait faire pour son usage le génie d'une civilisation élégante et voluptueuse.

Il est vrai que, plus tard, et lorsque les excès nés de l'essence même du polythéisme commencèrent à exciter les scrupules de la philosophie, on chercha à donner, de ce mythe licencieux où l'adultère était si audacieusement déifié, une explication, prise dans un ordre d'idées physiques ou astronomiques, qui pût sauver l'honneur de la mythologie païenne. Un de ces philosophes du dernier âge, qui ne voyaient dans les poésies d'Homère que de froides allégories, et qui ne montraient ainsi qu'une chose, c'est qu'ils en avaient tout à fait perdu l'intelligence, Héraclide de Pont, prétendait que, sous les noms d'*Aphrodite* et d'*Arès*, et sous celui d'*Harmonia* leur fille, l'auteur de l'*Odyssée* avait entendu les deux principes primitifs des choses, l'amour et la haine, qui par leur *union* produisent l'*accord des éléments*[1]; et, pour donner à cette explication philosophique plus d'autorité, on cherchait à l'appuyer sur la doctrine d'Empédocle[2], dans le système duquel il paraît qu'en effet les deux agents contraires, désignés par les noms de *Philia* et de *Neikos*, jouaient un grand rôle[3]. Mais rien ne prouve que le philosophe d'Agrigente ait fait un aussi fâcheux abus de l'allégorie, que de chercher un sens philosophique à l'*adultère de Mars et de Vénus*, tel qu'il est raconté par Homère. Cette idée malheureuse n'avait pu venir qu'à Héraclide et à quelques grammairiens d'un bas temps. Plutarque, qui connaissait le système d'Empédocle[4], et qui, dans un de ses traités, cherche aussi à justifier cette licence homérique, en l'expliquant à sa manière[5], ne dit pas un mot qui puisse nous autoriser à admettre cet accord prétendu des vues d'Empédocle et des idées d'Homère; et il est trop évident, pour quiconque a pu jeter les yeux sur les nombreux témoignages qui nous restent concernant la doctrine du philosophe agrigentin[6], qu'il n'y avait rien de commun dans les idées du philosophe et du poëte, sur le fait de l'*adultère de Mars et de Vénus*.

Dira-t-on, pour excuser ce scandaleux épisode de l'*Odyssée*, que c'est précisément en vue de montrer le danger des chants impudiques et des poésies licencieuses qu'Homère a placé le récit des *amours de Mars et de Vénus* dans la bouche de son chantre des Phéaciens? C'est Plutarque qui imagine cette apologie[7], reproduite aussi par Athénée[8]; mais, tout en approu-

---

[1] Heraclid. Pont. *Allegor. Homer.* c. LXIX, p. 204-209, Gœtting. 1782; cf. Procl. *in Tim.* p. 147.

[2] Heraclid. Pont. *l. l.* : Τὰ γὰρ Σικελικὰ δόγματα καὶ τὴν Ἐμπεδόκλειον γνώμην ἔοικεν ἀπὸ τούτων βεβαιοῦν, Ἄρην μὲν ὀνομάσας τὸ ΝΕΙΚΟΣ, τὴν δ᾽ Ἀφροδίτην ΦΙΛΙΑΝ.

[3] L'auteur de la *Vie d'Homère* reproduit la même explication de l'épisode homérique, pareillement fondée sur la doctrine d'Empédocle, *Vit. Homer.* p. 327, ed. Gal. (p. 192, ed. Ernest. Homer. *Oper.* t. V.) : Ἐμπεδοκλῆς.... τὴν μὲν συμφωνίαν καὶ ἕνωσιν τῶν στοιχείων, ΦΙΛΙΑΝ προσαγορεύσας · ΝΕΙΚΟΣ δέ, τὴν ἐναντίωσιν. Πρὸ δὲ τούτου Ὅμηρος τὴν φιλίαν καὶ τὸ νεῖκος αἰνίσσεται.... Τοιοῦτον δέ γε τὴν Ἀφροδίτην καὶ τὸν Ἄρην μῦθος αἰνίσσεται, τῆς μὲν ταυτὸ δυναμένης, ὃ παρὰ τῷ Ἐμπεδοκλεῖ ἡ ΦΙΛΙΑ, τοῦ δέ, ὃ παρ᾽ ἐκείνῳ τὸ ΝΕΙΚΟΣ; voy. aussi Eustath. *ad Odyss.* VIII, p. 1597, 53, dont le passage est rapporté textuellement par Sturz, *ad Empedocl. Fragm.* p. 241, 89).

[4] Plutarch. *De Is. et Osir.* § XLVIII, p. 370, E (t. II, p. 517, ed. Wyttenb.).

[5] Plutarch. *De aud. poet.* § IV, p. 19, 55 (t. I, p. 73-74, ed. Wyttenb.).

[6] Voyez les nombreux témoignages rassemblés sur ce point de la doctrine philosophique d'Empédocle par Sturz, Empedocl. *Reliq.* p. 139-255.

[7] Plutarch. *l. l.* : Ἐν μὲν γὰρ τοῖς περὶ τῆς Ἀφροδίτης διδάσκει τοὺς προσέχοντας, ὅτι μουσικὴ φαύλη καὶ ᾄσματα πονηρὰ καὶ λόγοι μοχθηρὰς ὑποθέσεις λαμβάνοντες, ἀκόλαστα ποιοῦσιν ἤθη, κ. τ. λ.

[8] Athen. I, c. XII, p. 14, C (t. I, p. 52-53, Schw.) : Ὁ δὲ παρὰ Φαίαξι Δημόδοκος ᾄδει Ἄρεος καὶ Ἀφροδίτης ΣΥΝΟΥΣΙΑΝ, οὐ διὰ τὸ ἀποδέχεσθαι τὸ τοιοῦτον πάθος, ἀλλ᾽ ἀποτρέπων αὐτοὺς παρανόμων ὀρέξεων. Dans un autre endroit de son livre, Athénée revient sur le même sujet, pour montrer que la moralité de cet épisode homérique enseigne, par l'exemple de Mars, le plus vaillant des dieux, vaincu par le plus faible, Vulcain, à fuir la volupté qui énerve les dieux et les hommes, t. XII, p. 511, B (t. IV, p. 399, Schw.). On peut bien être sûr qu'Homère n'a jamais eu les pensées qu'on lui prête.

vant l'intention de ces écrivains, il est réellement impossible de s'y prêter, car il n'y a pas un mot, dans le long récit d'Homère, qui trahisse le motif qu'on lui attribue. Loin de là; le *rire inextinguible* de l'Olympe, à l'aspect des deux amants pris dans le piége de Vulcain, et surtout l'incroyable dialogue entre Apollon et Mercure[1], éloignent tout à fait l'idée que l'auteur de ce récit ne partageât point les sentiments de ses acteurs. Cherchera-t-on, dans des idées astronomiques, l'explication de cette scène homérique, comme il paraîtrait qu'Ératosthène avait essayé de le faire[2], plus sérieusement sans doute que Lucien, qui se jouait de son sujet et de ses lecteurs, lorsqu'il voyait aussi de l'astronomie dans l'*adultère de Mars et de Vénus*[3]? Ou bien, enfin, trouvera-t-on, avec quelques mythographes du dernier ordre, tels que Fulgence, un sens moral à cette fable obscène[4], pour rétablir la réputation du poëte, aux dépens de la vérité et au mépris de la vraisemblance? Mais, si c'est une énigme que l'antiquité nous a laissée dans la fable des *amours de Mars et de Vénus*, qui pourrait se flatter d'en trouver la solution dans le livre de Fulgence? Je n'admets donc, pour cette fable homérique, aucune des explications prétendues philosophiques qu'on a voulu en donner; et, quoiqu'un savant antiquaire, Zoëga, souvent malheureux dans l'interprétation des monuments, ait soutenu l'idée d'Héraclide de Pont, qu'il croyait aussi puisée dans Empédocle, en voyant, dans l'aventure de *Mars* et de *Vénus*, un mythe tiré des mystères de Samothrace, où *Vulcain* représentait *Axiéros*, *Mars* et *Vénus*, *Axiokersos* et *Axiokersa*[5], je persiste à croire que le récit d'Homère doit se prendre dans son sens positif, et que c'est ainsi que l'a entendu l'antiquité tout entière. Nous en avons deux témoins presque aussi dignes de foi l'un que l'autre, quoiqu'ils fussent bien différents l'un de l'autre par la tournure de leur esprit et par leur caractère. Platon comprend cet épisode de l'*Odyssée* dans le nombre des griefs qu'il allègue contre Homère[6]: ce qui montre bien qu'il ne le croyait pas susceptible des explications philosophiques qu'on en essaya plus tard; et Lucien le traduit, dans un de ses *Dialogues*[7], en des termes qui ne prouvent pas moins positivement l'intention licencieuse qu'il y trouvait encore, avec tout son siècle, qui était pourtant celui des sophistes.

On a encore essayé, de nos jours, de retrancher de la mythologie grecque le scandale de l'*adultère de Mars et de Vénus*, par un moyen dont les anciens eux-mêmes ne s'étaient jamais avisés. C'est en faisant de *Mars* l'époux légitime de *Vénus*, qu'on a voulu rendre à leurs plaisirs, qui provoquèrent la gaîté immodeste de l'Olympe et l'envie indécente de Mercure, une innocence et une pureté que certainement l'auteur de l'*Odyssée* n'y avait pas soupçonnées, non plus que le grave Platon, ni le satirique Lucien; et c'est encore à Zoëga qu'appartient le

---

[1] Homer. *Odyss.* viii, v. 334-342; c'est à cette particularité si licencieuse du récit homérique que se rapporte ce trait, tout aussi libre, du *dialogue* de Lucien, *D. D.* xvii, 2 : Ἐγὼ μέν τοι, ... ἐφθόνουν τῷ Ἄρει, μὴ μόνον ΜΟΙΧΕΎΣΑΝΤΙ τὴν καλλίσθην θεόν, ἀλλὰ καὶ δεδεμένῳ μετ' αὐτῆς; et le sentiment qu'inspiraient de pareilles images aux sages de l'antiquité a trouvé un interprète dans Joseph, *contr. Apion.* II, xxxiv: ΜΟΙ-ΧΕΊΑΣ μὲν ἐν οὐρανῷ βλεπουμένης οὕτως ΑΝΑΙΣΧΎΝΤΩΣ ὑπὸ τῶν θεῶν, ὥσε τινὰς καὶ ζηλοῦν ὁμολογεῖν τοὺς ΕΠ' ΑΎΤΙ ΔΕΔΕΜΈΝΟΥΣ.

[2] Eratosthen. *apud* Hygin. *Poet. astronom.* II, xlii, p. 413, ed. Muncker. Plutarque fait allusion à ces explications astronomiques ou plutôt astrologiques, pour lesquelles il exprime tout son dédain, *De poet. aud.* § iv, t. I, p. 73, Wytt. : Οὐς ταῖς πάλαι μὲν ὑπονοίαις, ἀλληγορίαις δὲ νῦν λεγομέναις, παραβιαζόμενοι καὶ διασρέφοντες ἔνιοι, μοιχευομένην φασὶν Ἀφροδίτην ὑπὸ Ἄρεως μηνύειν τὸν Ἥλιον, ὅτι τῷ τῆς Ἀφροδίτης ἀσέρι συνελθὼν ὁ τοῦ Ἄρεως, μοιχικὰς ἀποτελεῖ γενέσεις, κ. τ. λ.

[3] Lucian. *De astrolog.* § 22, t. V, p. 226, Bip.

[4] Fulgent. *Mytholog.* II, x.

[5] Zoëga, *Bassirilievi*, etc. t. I, p. 9, 8).

[6] Platon. *De Republ.* iii, t. VI, p. 399, ed. Bekker.

[7] Lucian. *D. D.* xvii, t. II, p. 49-51, Bip.

mérite de cette idée[1]. Mais on a été plus loin que Zoëga, et l'on a cru trouver dans les monuments ce qui manquait dans les textes, la preuve que la haute antiquité reconnaissait effectivement *Mars* pour l'époux de *Vénus*[2]. Cette doctrine neuve et singulière, qui semble avoir presque acquis le droit d'une chose jugée, d'après l'assentiment qu'elle a obtenu de la part de l'un des plus doctes antiquaires de notre âge[3], mérite donc que nous l'examinions, et c'est ce que nous ferons en peu de mots.

L'idée que *Mars* était l'époux de *Vénus* se fonde, à ce que prétend Zoëga, sur le témoignage d'Hésiode[4]. Mais l'auteur de la *Théogonie* n'articule nulle part un pareil fait; il parle seulement des enfants issus de l'union de *Mars* et de *Vénus*, *Deimos* et *Phobos*, avec *Harmonia*[5], les mêmes enfants que d'autres mythographes nomment aussi comme les fruits du commerce adultère de *Mars* et de *Vénus*. Une présomption plus grave à l'appui de cette idée se tire du passage de l'*Iliade* où la *Grâce*, *Charis*, est nommée comme l'épouse de *Vulcain*[6]. Mais, quelle que soit la valeur de cette tradition homérique, suivie aussi par Hésiode[7], il est constant que, dans l'*Odyssée* du même poëte, c'est bien certainement *Vénus* qui est l'épouse légitime de *Vulcain*; et ce qui n'est non plus sujet à aucun doute, c'est que cette tradition, contre laquelle

[1] Zoëga, *Bassirilievi*, t. I, p. 9, 8).

[2] C'est M. Panofka qui a cru pouvoir détruire l'opinion accréditée de l'*adultère de Mars et de Vénus*, à l'aide de monuments figurés, qui, selon lui, établissent que *Mars était l'époux de Vénus*; voici en quels termes s'exprime l'antiquaire allemand, *Cabinet Pourtalès-Gorgier*, pl. III, p. 34 : « On nous a enseigné, dans les classes, que Vénus avait un mari laid et boiteux qui s'appelait Vulcain, et que le dieu de la guerre, ayant un jour cherché à le supplanter, tomba avec Vénus dans les filets que Vulcain lui avait tendus. Comme Homère avait chanté cet épisode, on n'hésita pas un instant à considérer comme une tradition à laquelle il fallait ajouter une foi irrésistible le mariage de Vulcain et de Vénus. Tel était l'état des choses, lorsque des groupes en marbre venant à représenter à côté de Vénus, non pas le dieu forgeron, mais bien Mars,... force lui aux antiquaires d'avouer que, dans ces cas particuliers, Mars paraissait réellement comme époux de Vénus. » C'est sans doute une manière très-agréable de traiter la science, que de plaisanter ainsi sur l'*enseignement* qu'on nous donne *dans les classes*. Cependant, dussé-je m'exposer au mépris des profonds antiquaires de notre âge qui prétendent connaître mieux qu'Homère les opinions de la société grecque, je me permettrai d'observer, avec toute la modestie possible, que la tradition de l'*adultère de Mars et de Vénus* est celle de l'antiquité tout entière; que je ne connais pas un seul texte, que je puis même défier qu'on en produise un seul, où *Mars* soit présenté, non comme l'*amant adultère*, mais bien comme l'*époux légitime de Vénus*. J'ajouterai que les groupes en marbre dont on s'appuie, non plus que les autres monuments de l'art qu'on allègue, où *Mars* se montre à côté de *Vénus*, n'infirment en aucune façon cette tradition si ancienne et si générale. Du moment que l'amour de *Mars* et de *Vénus* était admis par la croyance publique, rien n'empêchait qu'ils ne fussent représentés, *debout,* ou *assis,* à côté l'un de l'autre, dans des groupes, comme sur des bas-reliefs et dans des peintures; ils avaient bien des *temples* et des *autels communs,* tels que celui qui existait sur la route d'Argos à Man-

tinée, Pausan. II, XXV, 1; cf. VIII, XXXII, 2; ils pouvaient bien avoir des statues; et la société grecque n'était pas plus scrupuleuse pour l'*adultère de Mars* que pour ceux de *Jupiter,* qu'on représentait plus souvent encore avec ses maîtresses qu'avec sa femme légitime. Je le dis en toute humilité, mais avec une conviction profonde : l'*enseignement* qui se donne *dans les classes,* et qui se fonde sur l'autorité d'Homère, prévaudra sur la doctrine nouvelle du moderne antiquaire.

[3] Otto Jahn, *Archäolog. Aufsätze,* § 1, p. 10, 20).

[4] Zoëga tire cette induction des vers 932-936 de la *Théogonie* d'Hésiode; cf. *Scut. Hercul.* v. 195, où il est dit que *Cythérée* enfanta de *Mars Phobos* et *Deimos,* avec *Harmonia.* Mais rien ne prouve, ni dans ce passage d'Hésiode, ni dans aucun autre, que ce fut en qualité d'*épouse légitime de Mars* que *Vénus* mit au jour ces enfants. Loin de là; le poëte rend compte, dans les vers qui suivent immédiatement, des enfants donnés à *Jupiter* par *Maia,* par *Sémélé* et par *Alcmène,* qui n'étaient certainement pas les *épouses de Jupiter.* L'induction tirée par Zoëga n'est donc nullement fondée; mais, du moins, ce savant avait-il senti la nécessité de donner un témoignage antique, un texte quelconque, pour appui à cette étrange doctrine, que *Mars était l'époux de Vénus*; et la tentative de Zoëga, toute malheureuse qu'elle était, est encore plus scientifique qu'une plaisanterie, toute spirituelle qu'elle puisse être, sur l'*enseignement donné dans les classes.* Du reste, je remarque que ni M. Panofka, ni M. Ott. Jahn, ne se sont prévalus de l'opinion de Zoëga.

[5] Les mythographes connaissaient encore d'autres enfants, issus de l'union adultère de *Mars* et de *Vénus*; tels étaient *Éros,* suivant le poëte Simonide, *apud* Schol. Apollon. Rh. III, XXVI, et *Antéros,* d'après Cicéron, *De nat. deor.* III, XXIII; cf. M. Etymol. v. Ἔρως; Ampel. *Memor.* c. IX; J. Lyd. *De mensib.* IV, XLIV.

[6] Homer. *Iliad.* XVIII, 382; cf. Eustath. *ad* Homer. p. 1148, 57-60. Suivant la doctrine orphique, *Vulcain* aurait eu de cette *Grâce* quatre filles, Eucleia, Eusthénéia, Euphémé et Philophrosyné, Procl. *in Tim.* II, CI.

[7] Hesiod. *Theogon.* v. 944-945.

ne saurait prévaloir le passage de l'*Iliade*, même fortifié de l'assentiment d'Hésiode, est celle de l'antiquité tout entière[1]. L'idée et le mot d'*adultère* se retrouvent dans tous les passages classiques qui concernent ce trait de l'histoire des amours des dieux, sans qu'une seule expression vienne jamais, à ma connaissance, interrompre ce concert de témoignages, si accablant pour la moralité de l'Olympe grec. Dès lors, il reste bien démontré que *Mars* ne fut jamais connu des Grecs en qualité d'*époux* de *Vénus* du moins, autant qu'on en peut juger par les textes; voyons si cette notion sera, du moins, établie par les monuments.

Ceux où Zoëga avait cru trouver la preuve que *Mars* et *Vénus* y figuraient comme *époux légitimes* sont sans doute les groupes statuaires en marbre si connus, qui représentent le couple divin[2]; du moins, à défaut d'une indication de ces monuments donnée par Zoëga, est-il permis de croire que le docte antiquaire danois avait en vue les groupes en question. Mais, indépendamment de ce que ces groupes paraissent bien être d'invention romaine, comme ils sont certainement d'exécution romaine, et que le motif qui les rendit si agréables aux yeux des Romains, du temps de l'empire, s'explique par le préjugé populaire qui rattachait la naissance de la nation et l'origine de ses chefs, d'une part, à *Mars*, de l'autre, à *Vénus*, il n'y a rien, dans la composition de ces monuments, qui autorise le moins du monde l'idée que *Mars* y paraisse comme l'*époux légitime*, plutôt que comme l'*amant favorisé* de *Vénus*. C'est donc à d'autres monuments, d'un caractère et d'un style plus décidément grecs, qu'il faut recourir, pour trouver cette preuve, qui ne saurait résulter des monuments romains; et c'est aussi ce qu'on a fait.

Parmi les sculptures qui ornaient le coffre de Cypsélus, Pausanias cite un groupe composé des deux figures d'*Ényalios entraînan* *Aphrodite*[3] ; c'est là, suivant un docte et ingénieux antiquaire de notre âge[4], une image fournie par l'art antique, où *Mars* apparaissait, non pas comme l'*amant adultère*, mais bien comme l'*époux légitime* de *Vénus*. Mais sur quoi se fonde cette appréciation? Certainement, l'expression dont se sert Pausanias n'a pas un sens tellement précis, tellement catégorique, qu'elle s'applique nécessairement à l'action de l'*époux conduisant la mariée*, plutôt qu'à celle de l'*amant entraînant sa maîtresse;* et l'*Odyssée* avait rendu la fable des amours de *Mars* et de *Vénus* assez populaire chez les Grecs, pour qu'il n'y ait pas lieu de s'étonner que ce soit cette fable homérique que l'auteur des bas-reliefs du coffre

---

[1] Cicéron. *De N. D.* III, xxiii : « Tertia Jove nata est et Diona, quæ NUPSIT Vulcano; » cf. J. Lyd. *De mens.* IV, xiv, p. 214, ed. Roeth. : Τετάρτην (Ἀφροδίτην) Διὸς καὶ Διώνης, ἣν ἔΓΗΜΕΝ Ἥφαιστος· λάθρα δέ αὐτῇ συνελθὼν Ἄρης, ἔτεκε τὸν Ἀντέρωτα. C'est dans cette opinion que s'accordent tous les témoignages de l'antiquité classique, sans qu'un seul, à ma connaissance, y soit contraire. Dans tous ces textes, Vulcain est l'*époux*, et *Mars*, l'*adultère*, γαμοκλόπος, comme s'exprime Nonnus, *Dionys.* v, 583.

[2] Ce sont les groupes en marbre de la *Galerie de Florence*, xxvii, 4, Wicar.; cf. Gori, *Mus. Flor.* Stat. tab. 36; de la *villa Borghese, Scult. dell. vill. Pinciana*, st. vi, n. 3; Visconti, *Monum. sc. Borghes.* t. I, tav. xvi, et, surtout, du *Musée du Capitole*, III, 20. Ces groupes sont imités sur des bas-reliefs, tels que celui de la *Galer. Giustiniani*, II, 103, dont il existait une répétition parmi les marbres du *palais Grimani*, à Venise, et un autre bas-relief du *palais Mattei, Monum. Mattei.* III, ix, que j'ai reproduit, *Monum. inéd.* pl. vii, 2, p. 34. Le même groupe est répété sur des médailles, entre autres, sur celles de Faustine jeune, Eckhel, *D. N.* t. VII, p. 80, et sur des pierres gravées, *Galer. de Florence*, ii, 3, Wicar.; Gori, *Gemme*, t. I, tav. 73; *Galler. di Firenze*, Ser. V, t. I, tav. xxviii, 3, p. 225; Millin, *Pierres gr.* I, xxiv. On sait que c'est d'après un de ces groupes que M. Quatremère de Quincy avait proposé de restaurer notre belle Vénus de Milo; mais, bien que cette restauration ait obtenu l'assentiment de quelques antiquaires, tels que feu Zannoni, *Galler. di Firenze*, Ser. V, t. I, p. 225, 10), je suis convaincu qu'elle manque tout à fait de fondement; et le fait même d'un groupe de *Mars* et de *Vénus* me paraît contraire à l'esprit de l'antiquité grecque.

[3] Pausan. V, xviii, 1 : Ἔστι δέ καὶ Ἄρης ὅπλα ἐνδεδυκώς, Ἀφροδίτην ἄγων.

[4] Otto Jahn, *Archäolog. Aufsätz.* § 1, p. 10, 20). C'est aussi l'idée qu'avait exprimée M. Panofka, *Cabin. Pourtal.* pl. iii, p. 34, 6).

de Cypsélus y eût représentée. La même image s'est rencontrée sur un vase peint, d'ancien et beau style grec[1], où l'on a vu *Ménélas conduisant Hélène;* où l'on pourrait tout aussi bien voir *Mars entraînant Vénus;* mais sans qu'on pût être fondé à trouver, dans cette dernière supposition, un caractère nuptial, qui ne résulte pas plus ici du mouvement des figures, que de l'expression de Pausanias, dans sa description du groupe du coffre de Cypsélus. Il en est de même des autres monuments, où l'on a cru trouver le même caractère, le grand *autel Borghèse*[2], et le petit groupe en bronze, de style archaïque d'imitation, du cabinet Pourtalès[3]. De ce que *Vulcain* se montre *près de Minerve,* et *Mars près de Vénus,* sur l'*autel Borghèse,* on en a conclu que c'est en qualité d'*époux* que ce dernier couple est figuré; mais c'est précisément le contraire qu'on aurait dû inférer de ce rapprochement, puisque, selon le mythe attique si célèbre de la *naissance d'Érichthonius*[4], *Vulcain* se trouvait avec *Minerve* dans des rapports aussi illégitimes que *Mars* avec *Vénus:* ce qui motivait peut-être, dans la pensée de l'ancien sculpteur, la manière dont il avait disposé ses quatre personnages; sans compter qu'on ne saurait arguer, de cette distribution, quelle que soit l'intention qui y ait présidé, rien de si grave que de voir, dans le seul rapprochement des figures de *Mars* et de *Vénus,* la preuve qu'ils étaient représentés comme *époux.* Et quant au groupe en bronze, du cabinet Pourtalès[5], où *Mars* se montre debout à côté de *Vénus,* en quoi ce groupe a-t-il nécessairement le caractère d'un sujet nuptial, contrairement à la tradition de toute l'antiquité, qui considérait d'une toute autre manière l'union de ces deux divinités? *Mars entraînant Vénus* se montre sur une peinture d'*Herculanum*[6], à laquelle la présence de *deux Amours* imprime un caractère bien décidément érotique; et le même caractère se retrouve dans un groupe pareil, que nous offrent des pierres gravées[7]. Pourquoi ne verrait-on pas, dans le groupe du coffre de Cypsélus

---

[1] Ce vase, cité plusieurs fois, Éd. Gerhard, *Rapport. volcent.* p. 141, 234); *Bulletin. archeolog.* 1829, p. 109; cf. *Monum. dell' Instit. archeol.* t. I, tav. xxvii, 26, a été publié par M. Éd. Gerhard dans ses *Auserles. Vasenbild.* t. III, Taf. clxix, p. 54, 55, avec l'explication de *Ménélas* et *Hélène;* celle de *Mars* et *Vénus,* proposée par M. Panofka, *Recherches sur les noms des vases,* p. 39, est admise de préférence par M. Otto Jahn, *Archäol. Aufsätz.* § 1, p. 10, 20); mais j'avoue que l'analogie de la peinture du vase publié par Millingen, *Anc. Monum. uned.* P. II, pl. xxxii, où le guerrier est accompagné de son nom, MENEAEOΣ, me déterminerait plutôt pour l'opinion de M. Éd. Gerhard.

[2] Winckelmann, *Monum. ined.* n. 15; Visconti, *Monum. Gabini,* tav. agg. A, B, C; Clarac, *Mus. de sculpt.* t. II, pl. clxxiv, n°⁵ 14, 16; Ott. Müller, *Monum. de l'art antique,* pl. xii, n. 44.

[3] *Cabin. Pourtalès-Gorgier,* pl. iii.

[4] Les témoignages classiques sur ce mythe sont ceux d'Apollodore, III, xiv, 6, dont le récit est reproduit par Phavorin et par Eudocie, et d'Hygin, *Fab.* clxvi; cf. Lactant. *De fals. relig.* c. xvi; ajout. Schol. Homer. *ad Il.* ii, 549, t. I, p. 229, Lips.; Schol. Lycophron. *ad* v. 111. Une version un peu différente est donnée par Antigone de Caryste, d'après Amélésagoras, *Mirabil.* c. xii, p. 21-25, ed. Beckmann. L'art s'était emparé de bonne heure de cette tradition, ainsi que nous en avons la preuve par un des bas-reliefs du trône d'Amycles qui représentait ce sujet, Pausan. II, xviii, 7 : Ἀθηνᾶ διώκοντα ἀποφεύγουσά ἐστιν Ἡφαι-

στον; et il en demeura en possession jusque dans la dernière période de l'antiquité; témoin la peinture que décrit Lucien, *De dom.* § 27, t. VIII, p. 111, Bip. Un fragment de peinture attique, sur terre cuite, publié par feu Brøndsted, *Voyages et Recherches,* pl. xlii, p. 170, et pl. lxii, p. 314, a été rapporté à ce sujet par ce savant antiquaire d'une manière très-satisfaisante, ainsi que j'ai déjà eu occasion d'en faire l'observation, *Lettre à M. de Klenze,* p. 22, 1). Je reviendrai, dans la ive de mes *Lettres archéologiques,* sur ce trait si curieux de la mythologie attique, et, en attendant, je remarque qu'il existait dans le *temple de Vulcain,* à Athènes, un groupe de statues représentant *Vulcain debout à côté de Minerve,* qui constitue un fait absolument analogue à celui des groupes de *Mars* et de *Vénus,* sans qu'on en puisse conclure que *Vulcain* fût l'époux de *Minerve,* Pausan. I, xiv, 5 : Καὶ ὅτι μέν οἱ (Ἡφαίστῳ) ἄγαλμα παρέστηκεν Ἀθηνᾶς οὐδὲν θαῦμα ἐποιούμην τὸν ἐπὶ Ἐριχθόνιῳ ἐπιστάμενος λόγον.

[5] J'ignore pourquoi M. Otto Jahn, *Archäol. Aufsätz.* § 1, p. 10, 20), considère ce groupe comme étant d'ancien style, *alterthümlichen;* M. Panofka lui-même le considère comme un monument d'époque romaine. Un petit groupe en bronze, de mauvais travail romain, représentant *Mars et Vénus,* est publié dans Caylus, *Recueil V,* pl. lxxv, n. 1.

[6] *Pittur. d'Ercolan.* t. V, tav. vi; *R. Mus. Borbon.* t. X, tav. xi.

[7] Millin, *Pierres grav. inéd.* I, xxvi; *Galler. di Firenz.* Ser. V, t. II, tav. 48, 3. Sur la pierre de Millin, qui a la forme de sca-

et dans celui du vase peint une image semblable, puisée à la même source, d'accord avec l'opinion unanime de l'antiquité, plutôt qu'une représentation de *Mars* et de *Vénus, époux*, qui n'est appuyée sur aucun témoignage antique?

De ces considérations, qui pourront trouver ailleurs plus de développements et de preuves[1], il résulte que les anciens, dans leurs monuments comme dans leurs textes, n'ont jamais représenté *Mars* et *Vénus* autrement que dans l'état d'union adultère célébré par la muse nationale d'Homère; et certainement, les peintures du dernier âge de l'antiquité, telles que celles de Pompéi, qui nous offrent ce sujet sous des formes si variées, presque toujours avec des détails plus ou moins libres, ne furent pas conçues dans le sens d'un mariage légitime, mais bien dans celui d'un commerce amoureux. C'est ce que prouvera de plus en plus l'examen rapide que nous allons faire des monuments figurés qui nous restent de l'art antique, ou qui nous sont connus par son histoire, concernant la fable des amours de *Mars* et de *Vénus*.

Le plus ancien pour nous de ces monuments est le bas-relief du coffre de Cypsélus, où il est probable que la rigidité du style hiératique, qui existait alors dans toute sa rigueur, n'avait pas permis que l'artiste pût exprimer, quand bien même il en eût été capable, le caractère érotique du sujet. La même sévérité de style règne encore dans la peinture de vase, qu'on pourrait regarder comme une réminiscence de ce groupe du coffre de Cypsélus, et qui, si elle n'a pas rapport au sujet de *Mars* et de *Vénus*, donne cependant une idée de la manière dont ce groupe était conçu sur le monument de Cypsélus, et, jusqu'à un certain point, du style de dessin qui y était employé. Ce sont là, avec une pierre gravée, d'ancien style, en forme de *scarabée*[2], les seuls monuments relatifs aux amours de *Mars* et de *Vénus* que je puisse citer de la haute époque de l'art, puisque le grand *autel Borghèse*, seul monument de cette époque, et le groupe en bronze du *cabinet Pourtalès*, monument d'un style d'imitation, n'offrent qu'une représentation de *Mars* et de *Vénus*, debout à côté l'un de l'autre, sans aucune particularité qui se rapporte au mythe homérique.

Les monuments les plus curieux qui nous restent sous ce rapport sont les deux bas-reliefs, l'un de la *villa Borghèse*[3], l'autre du *palais Albani*[4], publiés tous les deux par Winckelmann, qui en donna la véritable interprétation. A la vérité, Zoëga crut pouvoir proposer, du second de ces bas-reliefs, une explication différente, en y voyant les *noces de Cadmus et d'Harmonie*[5], sujet célèbre dans l'antiquité. Mais j'ose dire que cet antiquaire, qui semblait avoir pris à tâche de contredire les opinions de Winckelmann et de Visconti, souvent avec plus de zèle que de succès, ne fit jamais un plus malheureux usage des ressources de son savoir, si profond du reste et si varié, que dans cette circonstance. L'idée que *deux époux*, à l'union sacrée desquels assistent les dieux de l'Olympe, aient pu être représentés *sur un lit*, dans l'attitude où se voient les deux personnages du bas-relief *Albani*, est certainement la moins heureuse qu'il soit possible d'imaginer. L'attitude du prétendu *Cadmus*, la *nudité* et le *voile* de

---

rabée et qui est d'ancien style étrusque, *Mars* s'efforce d'entraîner *Vénus*, qui lui résiste, en lui retirant sa draperie; la déesse est désignée par le nom ΑΙΓΑΕ.

[1] Dans la IVe de mes *Lettres archéologiques*, où je me propose de passer en revue tous les monuments figurés qui nous restent, relativement aux *amours des dieux*.

[2] Millin, *Pierres grav. inéd.* I, xxvi; voy. plus haut, p. 230, 7).

[3] Winckelmann, *Monum. ined.* n. 27; Millin. *Galer. mythol.* pl. xxxviii, n. 168; Hirt, *Bilderbuch*, vii, 5; voy. Wieseler, *Ara Casali*, p. 14.

[4] Winckelmann, *Monum. ined.* n. 28.

[5] *Bassirilievi di Roma*, t. I, tav. ii, p. 6-19.

la prétendue *Harmonie*, sont des circonstances qu'il est absolument impossible d'admettre dans l'hypothèse d'une scène hiératique, qui s'expliquent d'elles-mêmes dans la supposition d'une surprise amoureuse. L'objection, contre l'explication de Winckelmann, tirée de la présence des *divinités femelles*, qui s'éloigne des données homériques, n'a aucune valeur pour des monuments d'époque romaine, où l'on ne se faisait aucun scrupule d'introduire, au gré de ceux à qui ces monuments étaient destinés, des personnages et des détails contraires aux données homériques; et la plupart des accessoires, rapportés au sujet de *Cadmus* et d'*Harmonie*, à l'aide de tous les efforts de l'érudition classique de Zoëga, peuvent être, avec bien moins de peine et d'une manière bien plus vraisemblable, expliqués dans celui de *Mars* et de *Vénus*. Ainsi, la *couronne* que *Vénus* tient à sa main gauche appuyée sur le *lit*, et dont il est si facile de se rendre compte, devient pour Zoëga le fameux *collier d'Harmonie*, dont l'importance mythologique est si connue, mais qu'on ne saurait consentir à reconnaître sous cette forme et à cette place. Le *voile*, tenu par un *Amour ailé* au-dessus de la tête de *Vénus*, et l'action du second *Amour*, accroupi près du *bouclier de Mars*[1], sont deux particularités qui ne peuvent s'expliquer dans l'hypothèse de *Cadmus* et d'*Harmonie*. Que dire aussi du geste de *Vulcain*, placé si près du *lit*, qu'il montre aux dieux témoins de cette scène, de *Vulcain*, dont la présence, aux noces de *Cadmus* et d'*Harmonie*, ne se justifie qu'à cause du *collier* qu'il avait fabriqué, tandis que, dans le sujet de *Mars* et de *Vénus*, c'est un personnage nécessaire, précisément à cette place et dans cette attitude, comme on le voit en effet sur le bas-relief *Borghèse?* Il serait inutile d'insister davantage sur une réfutation qui s'offre d'elle-même à l'esprit de tout antiquaire familiarisé avec les monuments.

C'est aussi une représentation de l'*adultère de Mars et de Vénus*, qui nous a été conservée, malheureusement réduite à un fragment, sur un bas-relief de l'île de *Capri*, qu'on peut croire avoir servi à la décoration d'un des palais de Tibère[2]. Ce fragment ne consiste plus qu'en quatre figures, c'est à savoir, *Mars* et *Vénus*, réunis près l'un de l'autre sur le *lit* fatal où les a enchaînés l'adresse de *Vulcain*, et deux *petits Amours*, travaillant, chacun de leur côté, à détacher les liens qui les retiennent. L'instant choisi par l'artiste est donc celui où les deux amants, surpris dans le piége qui leur a été tendu, expriment les sentiments que leur cause cette situation inattendue. *Vénus*, à demi levée sur sa couche dont la draperie est en désordre comme son propre vêtement, les cheveux épars sur ses épaules, témoigne une inquiétude mêlée de confusion. *Mars*, le genou gauche ployé sur le lit, la jambe droite posée à terre, semble vouloir essayer de se soustraire par la fuite à la honte qui le menace, en même temps que, par le mouvement de toute sa personne dirigé vers son amante éperdue et par le geste de ses deux mains, il s'efforce de la rassurer[3]. Des deux petits *Érotes*, témoins ordinaires des scènes d'amours furtifs, l'un est occupé, près de la jambe gauche de *Vénus*, à dénouer de ses deux mains le *lacet* qui s'y attache; l'autre, monté près de l'épaule de la déesse, essaye tout aussi vainement la même opération. La scène se passe dans un *thalamos*,

---

[1] C'est précisément le motif qu'avait en vue Reposianus, *Concub. Mart. et Vener.* v. 275-6 : « Tunc tu SVB GALEA, tunc inter tela jacebas, sæve Cupido, timens. »

[2] Publié par Guattani, *Monum. ined.* Roma, 1805, 4°, tav. xx, p. 99-104.

[3] Il semble bien encore que Reposianus ait eu dans la pensée ou sous les yeux quelque bas-relief semblable au nôtre, d'après la manière dont il décrit l'attitude de *Mars*, surpris dans le piége de *Vulcain*, v. 176-7 : « Stans Mavors lumine torvo. Atque indignatur quod sit deprensus adulter. »

qu'une draperie, suspendue à la muraille, dérobe aux regards profanes; et un *casque*, attribut particulier de *Mars*[1], est posé à terre au pied du *lit*, pour indiquer la présence du dieu de la guerre. Ce bas-relief, qui paraît être d'un bon travail grec, d'époque romaine, et qui est assez bien conservé[2], faisait probablement partie d'une composition plus étendue, où figuraient, en avant du lit sur lequel sont placés les deux amants, *Vulcain*, le *Soleil*, *Jupiter*, et les autres divinités de l'Olympe, *Neptune*, *Apollon*, *Mercure*, nommés dans le récit homérique. Mais il serait possible aussi que la composition eût été réduite à la scène représentée sur notre bas-relief, ainsi que nous en avons un exemple sur un autre monument, proprement romain, qui offre précisément le même sujet, avec les quatre mêmes personnages.

Ce monument est le célèbre *autel Casali*, si souvent publié et expliqué, et devenu tout récemment l'objet d'un travail approfondi, de la part d'un jeune et savant antiquaire, M. Wieseler[3]. La partie antérieure de cet autel, sculpté sur ses quatre faces, offre, au-dessous de la *couronne* qui renferme l'inscription: TI. CLAVDIVS. FAVENTINVS D. D., *Mars* et *Vénus*, assis l'un près de l'autre *sur le lit* où ils se trouvent enchaînés. Le dieu de la guerre, la tête inclinée, n'exprime que la confusion, tandis que *Vénus*, la main droite levée et la tête dirigée dans le même sens, semble se plaindre de la trahison dont elle est victime. Deux *petits Amours*, toujours les compagnons fidèles des amants surpris ou malheureux, s'associent aux sentiments des deux personnages: l'un, qui se tient derrière *Mars*, en appuyant les mains sur ses épaules, semble vouloir le consoler de sa disgrâce; l'autre, placé en avant de *Vénus*, fait, du bras droit et de la tête, le même mouvement que la déesse, sans doute avec la même intention. Au-dessus de la *couronne*, qui occupe, sur la face antérieure de l'autel, un espace considérable, apparaissent en demi-figure, d'un côté, le *Soleil* sur un *quadrige*, de l'autre, *Vulcain*, caractérisé par son *bonnet conique* et par l'instrument de sa profession; en sorte qu'il ne manque rien à l'expression complète du sujet, réduit à la scène principale, avec les deux témoins nécessaires de l'action.

Ce sont là, jusqu'ici, à ma connaissance, les seuls monuments de la plastique venus jusqu'à nous[4], qui représentent l'*adultère de Mars et de Vénus*, en suivant plus ou moins fidèlement les données homériques. Mais il est probable que ce fut la peinture qui s'exerça surtout sur

---

[1] Le *casque* est porté *à la main de Mars*, comme son attribut caractéristique, suivant l'usage de l'ancien art, sur *l'autel capitolin* des douze dieux, *Mus. Capitol.* IV, XXII. Le même objet est placé, au même titre, sur le *trône de Mars*, sujet d'une peinture d'*Herculanum*, t. 1, tav. XXIX. C'est par ce motif que le *casque* est donné, comme symbole, à *Vénus victrix*, dans quelques-unes de ses statues, telles que celle du Vatican, *Mus. P. Clem.* t. II, tav. XXIII, p. 49-50, et qu'il est porté *à sa main*, sur quelques médailles impériales, notamment sur celles de Caracalla, Eckhel, *D. N.* t. VII, p. 211.

[2] Les seules restaurations indiquées par Guattani sont la *tête* de *Mars* et *celle* de *Vénus*, avec la jambe droite de *Mars*; mais le pied, qui est antique, suffit pour déterminer l'attitude.

[3] Fabretti, *Column. Traj.* p. 82; *Admiranda*, tav. III, IV, V; Montfaucon, *l'Antiq. expliq.* t. I, pl. XLVII, et *Supplém.* t. IV, pl. XXXVI; Orlandi, *Ragionamento sopra un ara antica*, etc. Rom. 1772, 4°; Barbault, *Monum. antiq.* pl. 33, 1, 2, pl. 49, 1, 2,
pl. 59, 1; Inghirami, *Galler. Omeric. Iliade*, t. I et II, tav. IX, CLII, CLIII, CCVII, CCXLVII, CCXLVIII, *Odissea*, tav. XXVII; Ott. Müller, *Denkmäl. d. alt. Kunst*, B. II, H. 2, 2, Taf. XXIII, 251, 254; Wieseler, *Die Ara Casali*, Göttingen, 1844, 8°, Taf. I-IV, p. 1-62. J'ai eu plus d'une fois occasion de m'occuper de ce monument important, que j'avais fait dessiner de nouveau pour le soumettre à un examen approfondi; voy. mes *Monum. inéd.* p. 35, 10), p. 85-86, G), et ailleurs. Mais le travail exact et judicieux de M. Wieseler m'a fait renoncer à ce projet.

[4] Car il est impossible de comprendre parmi les représentations figurées de ce mythe le bas-relief *Mattei*, *Monum. Mattei.* III, XXXII, publié par Montfaucon, *l'Antiq. expliq.* t. I, pl. XLVIII, comme ayant rapport à l'*adultère de Mars et de Vénus*. Bien que cette explication ait été suivie encore en dernier lieu par Guattani, *Monum. inéd.* Roma, 1805, p. 101, 2), il est aujourd'hui bien démontré que ce bas-relief et d'autres monuments analogues ont rapport au sujet de *Mars* et de *Rhea Sylvia*; voy. à cet égard, mes *Monuments inédits*, *Achilléide*, I, § VIII, p. 30, suiv.

ce sujet, qui pouvait donner lieu, par son motif principal et par ses nombreux accessoires, même indépendamment de la présence des dieux de l'Olympe, à des compositions si agréables. On pourrait croire, d'après un passage d'Arnobe, que l'on n'avait pas craint de représenter ce sujet, même *sur la scène*[1]; et il est du moins certain, par le témoignage de Lucien[2], que l'*orchestique* s'en était emparée. Mais, sans entrer dans la question de savoir jusqu'à quel point le sujet de l'*adultère de Mars et de Vénus* avait pénétré dans le domaine public de l'imitation, nous possédons la preuve que cette scène, avec toutes les circonstances qu'elle pouvait comporter, même avec les détails les plus libres, devint, à une époque de l'antiquité, un élément familier de la décoration des maisons grecques et romaines, particulièrement pour l'appartement secret, pour la *chambre nuptiale*[3]. Nous en avons la preuve par un de ces petits poëmes de l'*Anthologie*[4], qui a rapport à une peinture de ce genre, d'un caractère certainement très-licencieux; et c'est ce qui résulte aussi du témoignage de Clément d'Alexandrie[5], relatif à des peintures du même sujet, empreintes du même caractère, témoignage dont on essayerait vainement de contester l'autorité, laquelle ne perd rien par son titre de docteur de l'Église: car des images toutes semblables, indiquées dans des textes classiques[6], se retrouvent sur des pierres gravées antiques, une, entre autres, d'un beau travail et certainement d'une bonne époque grecque[7]. On a même cru trouver ce sujet, traité de la manière la plus licencieuse, sur un bas-relief attique, en marbre, réputé provenir des ruines du temple de Vénus, à *Athènes*[8]. Mais, sans s'arrêter à ce monument, qui fait maintenant partie de notre Cabinet des Antiques, il est facile de s'assurer, d'après quelques-unes des peintures qui nous restent d'Herculanum

---

[1] Arnob. IV, xxv : « Quis, dum genialibus insultat ALIENIS, huesisse in laqueis involutum? non commentarii vestri, non SCENAE? »

[2] Lucian. *De saltat.* § 63, t. V, p. 157, Bip. : Αὐτὸς ἐφ' ἑαυτοῦ ὠρχήσατο τὴν Ἀφροδίτης καὶ Ἄρεως ΜΟΙΧΕΙΑΝ, Ἥλιον μηνύοντα, καὶ Ἥφαισίον ἐπιβουλεύοντα, ... καὶ τοὺς ἐφεσίῶτας Θεούς, κ. τ. λ.

[3] On en a la preuve par le roman des *Éphésiaques* de Xénophon d'Éphèse, où la chambre nuptiale d'*Anthia* et d'*Abrocomès* est ornée d'une peinture de *Mars* et de *Vénus*, l. I, c. vii, p. 5, ed. Peerlkamp. Cf. p. 143-144.

[4] Brunck, *Analect.* t. III, p. 200, *carm. adesp.* ccxliv :

Ἄρεα καὶ Παφίην ὁ ζωγράφος ἐς μέσον οἴκου
ΑΜΦΩΠΕΡΙΠΑΕΓΔΗΝ γέγραφεν ἀμφοτέρους.

Cf. Jacobs. *Animadv.* t. XII, p. 14. L'emploi que j'avais fait de ce texte antique et l'interprétation que j'en avais donnée dans mes *Peintur. antiq. inéd.* p. 261, ont été combattus par un critique, qui ne voit dans la peinture en question qu'une image qu'on peut concevoir pure de toute obscénité, *Append. aux Lettr. d'un Antiquaire*, p. 41. Ce n'est pas ici le lien de réfuter l'opinion de ce critique, contre lequel je maintiens de nouveau celle que j'ai soutenue et sur laquelle je reviendrai, avec de nouvelles preuves à l'appui, dans la ive de mes *Lettres archéologiques*.

[5] Clem. Alex. *Protr.* p. 53, Potter. : Παρ' αὐτὰς ἔτι ΠΕΡΙΠΛΟΚᾺΣ ἀφωρῶσιν εἰς τὴν Ἀφροδίτην ἐκείνην, τὴν γυμνὴν, τὴν ἐπὶ ΣΥΜΠΛΟΚῌ δεδεμένην: cf. Casaubon. *ad* Sueton. *in Tiber.* § xliii.

[6] Lucian. *D. D.* xvii, t. II, p. 49-50 : Οἱ δὲ γυμνοὶ ἀμφότεροι, ... ξυνδεδεμένοι ἐρυθριῶσι · καὶ τὸ θέαμα ἥδισίον ἐμοὶ ἔδοξε, μονονουχὶ αὐτὸ γιγνόμενον τὸ ἔργον; cf. ibid. : Ἐν ἔργῳ ἦσαν; cf. Interprett. *ad h. l.*; Nonn. *Dionys.* v, 585 : Γυμνῇ γυμνὸν Ἄρηα περισφίγξας Ἀφροδίτη; Ovid. *Trist.* II, 377-378 : « Quis nisi Mæonides Venerem Martemque ligatos Narrat in obscœno corpora prensa toro? »

[7] Winckelmann, *Pierres grav. de Stosch*, cl. ii, n. 608, p. 125, *Pâte de verre* : Mars qui jouit de Vénus sous un arbre, aux branches duquel on voit son bouclier et son casque attachés; n. 609, *cornaline* : Mars et Vénus dans le même acte, surpris par Vulcain, qui les prend dans un filet; à leurs pieds, on voit Cupidon dans le bouclier de Mars..... La gravure en est fort belle. Voy. Toelken, *Verzeichniss, etc.* p. 133, n. 399.

[8] Le bas-relief dont il s'agit est indiqué par M. Pittakis, comme ayant été *trouvé dans les fondements d'un grand édifice qui dut faire partie du temple de Vénus;* voy. sa *Description des antiquités d'Athènes*, p. 508. Mais je sais par expérience qu'on ne doit pas se fier aux indications de provenances données par M. Pittakis; et je puis certifier que, d'après les informations que j'ai prises à Athènes auprès de personnes bien instruites et dignes de foi, le bas-relief avait été trouvé près du bourg de Céphisia, et non à Athènes même. Acquis par M. le baron Rouen, ministre de France à Athènes, il a passé de son cabinet, mis en vente publique à Paris, dans notre Cabinet des Antiques, et il sera publié parmi les monuments à l'appui de la ive de mes *Lettres archéologiques*: ce qui fait que je m'abstiens d'en dire davantage en ce moment.

et de Pompéi, que ce sujet, qui s'y trouve souvent reproduit, habituellement d'une manière voluptueuse, avait bien pu donner lieu aux licences flétries par le docteur d'Alexandrie[1].

Une de ces peintures, employée à la décoration du *venereum* de la *maison d'Actæon* et laissée en place, où elle doit avoir péri, représentait, suivant les expressions mêmes de Mazois[2], *Mars enchaîné avec Vénus;* et, du reste, je ne saurais dire, n'ayant par moi-même aucune connaissance de cette peinture, restée inédite, de quelle manière était conçu ce sujet, qui, d'après la destination du lieu où il figurait, semble n'avoir pu être rendu qu'avec toute la liberté qu'il comportait. Les autres peintures déjà connues de Pompéi qui représentent le même sujet, chacune avec des variantes, et la plupart d'une exécution soignée, n'offrent que des images voluptueuses, faites pour flatter le génie d'une civilisation sensuelle, sans blesser la décence et sans alarmer la pudeur.

L'une de ces peintures, prise d'une des chambres à coucher de la *maison* si singulièrement nommée *des Vestales*[3], offre *Mars et Vénus, assis* à côté l'un de l'autre, *sur un rocher*, placé au centre d'un paysage agreste. *Vénus*, nue de la partie supérieure du corps, entoure mollement de ses deux bras *Mars*, entièrement nu, la main droite passée autour de son corps, et la main gauche appuyée sur le rocher. Les deux amants ont le regard attaché l'un sur l'autre, avec une expression où se peint le désir qui les rapproche. Un *Amour ailé*, qui vole au-dessus du dieu, vient de lui enlever son *casque*. *Mars* ne conserve que le *parazonium*,

[1] Je profite de l'occasion qui m'est offerte, pour justifier l'opinion que j'avais cru pouvoir émettre, au sujet de la circonstance du *Bacchus ithyphallique*, dans une de nos peintures de Pompéi, pl. vi; voy. plus haut, p. 52, 5), et p 75, 4). Cette circonstance a été démentie, sur la foi d'une *note* émanée de M. Quaranta, dans un recueil périodique consacré à l'archéologie qui se publie à Paris, et ce démenti a été reproduit dans un journal de Berlin, *Berlin. Iahrb.* 1845, ii, p. 139. Si la rectification dont il s'agit n'avait été admise que dans ces deux feuilles, je me serais abstenu de la relever, le ton passionné qui y règne et qui accuse plus d'animosité envers les personnes que de zèle pour la science, ne me paraissant guère propre à leur obtenir la confiance des lecteurs honnêtes. Mais cette rectification ayant été accueillie par M. Otto Jahn, antiquaire fort habile, dont j'estime infiniment le savoir et le caractère, *Archäolog. Beiträge*, p. 287, 87), j'ai dû chercher à justifier au moins ma bonne foi, sur un point où elle était mise en doute, en demandant à Naples de nouveaux éclaircissements sur la peinture en question. Le dessin que j'ai publié m'avait été procuré par M. Bonucci, architecte des fouilles de Pompéi, et il porte sa signature; en m'adressant de nouveau à M. Bonucci, voici la réponse que j'en ai reçue, datée de Naples, le 2 août 1847:

« Il disegno di Bacco itifallico, da voi renduto di pubblica ragione, fu copiato dal fu sign. Marsigli sul quadretto originale, appena venne scoperto in Pompei, son già quattordici anni circa, nella casa detta *di Capitelli coloriti,* o pure *di Arianna e Bacco.* Il signor Marsigli deve stimarsi per i più abile ed esatto disegnatore di antiche pitture, che mai si conoscesse; sicchè, si può esser sicuri, che il Bacco era dipinto, com' egli lo ha disegnato, e voi, pubblicato.

« Questa dipintura originale è attualmente quasi cancellata, per causa del salnitro, ch'è uscito da dentro il muro e dall' intonaco, su cui era eseguito e ne ha divorato i colori. Il quadro era dunque perduto per l'archeologia fin da qualche anno dopo che comparve alla luce. Ora tutte le ricerche, gli esami e gli studj su di esso, sono perfettamente efimeri ed infruttuosi; quindi, ogni contrasto, ogni quistione, ormai divenuta nojosa ed ignobile, dovrebbe alla fine cessare. »

Au sujet de la *note* de M. Quaranta, M. Bonucci m'écrit encore de Naples, sous la date du 7 août, textuellement ce qui suit:

« Dopo di avervi scritta una lunga lettera al principio di questo mese, ho parlato col sᵣ Quaranta, ed egli mi ha fatto conoscere che il Bacco non itifallico di cui egli intendea trattare nella *nota* data al sᵣ Letronne appartiene ad un quadro che fu distaccato da Pompei, e che ora si trova nel R. Museo Borbonico. In vece di chè il disegno del Bacco itifallico che voi avete pubblicato fu copiato dal fu sᵣ Marsigli (son già molti anni) da un quadro che tuttora esiste in Pompei, ma che si osserva degradato pe' sali, che provengono dall' intonaco su cui è dipinto. »

Il me semble que ces deux lettres de M. Bonucci mettent désormais sa bonne foi et la mienne à l'abri de toute contestation. Reste donc la question du *Bacchus ithyphallique*, circonstance qui ne peut plus être vérifiée sur la peinture originale, d'après l'état de dégradation où elle se trouve aujourd'hui, et qui ne peut plus être constatée que par le dessin de Marsigli. Sur ce point, les opinions restent libres, j'en conviens, et la question demeure entière. Je la discuterai de nouveau dans la iv⁰ de mes *Lettres archéologiques*, sans me croire obligé de suivre l'avis, et surtout sans imiter le ton de mes adversaires.

[2] Mazois, *Ruines de Pompéi*, t. II, p. 77.

[3] R. Mus. Borbon. t. I, tav. xviii.

encore supendu à son côté, et son large *bouclier* est posé à terre à ses pieds. Devant lui est un *chien*, compagnon habituel des travaux guerriers, dans les habitudes de la civilisation antique[1]. C'est bien le dieu de la guerre, désarmé par la déesse de la beauté, comme les anciens aimaient à se le représenter; et la grâce de la pensée n'a presque rien perdu ici par le fait de l'exécution.

C'est aussi cette idée de *Mars désarmé par Vénus et les Amours* qui est exprimée sur une autre peinture de Pompéi, tirée d'une *maison*, voisine de la *crypte d'Eumachia*[2]. La scène se passe également dans un paysage solitaire. *Vénus*, presque entièrement nue, avec des bijoux qui ajoutent encore aux charmes de sa personne, est *assise* sur un rocher, où siége tout près d'elle *Mars*, qui tient relevé derrière eux un pan de la draperie de la déesse, tandis qu'il appuie tendrement sa main gauche sur son épaule. Le dieu de la guerre n'a gardé que le vêtement qui le couvre et qui consiste en un vaste manteau. Sa *lance* a déjà passé dans la main de *Vénus*, et *deux Amours*, témoins habituels de cette scène, jouent avec ses armes, l'un d'eux, en se passant autour du cou le lourd *parazonium*, l'autre, en plaçant sur sa tête l'énorme *casque*, sous le poids duquel tout son corps est courbé. Le charme de l'exécution répond ici tout entier à la grâce de la composition.

C'est une tout autre idée qui a produit une peinture, trouvée dans une des maisons de Pompéi, voisine du *Panthéon*[3]; le sujet de cette peinture est *Vénus conduite auprès de Mars par deux Amours*. Le dieu de la guerre, nu et couvert de toutes ses armes, mais *assis*, avec son *bouclier* à ses pieds, attend la déesse de la beauté, qui semble éprouver, à son aspect, un dernier sentiment de pudeur; elle est debout devant lui, le haut du corps déjà débarrassé du *péplus* qui l'enveloppait, la tête doucement inclinée de son côté, mais le visage tourné en face, et la main droite posée sur sa hanche. Des *deux Amours*, qui voltigent autour d'elle[4], l'un s'efforce de ses deux mains de l'entraîner vers son amant; l'autre, placé presque sur son épaule, s'associe à la même intention, à laquelle la déesse paraît opposer encore une faible résistance, en retenant le bras de cet *Amour* trop impétueux. Cette peinture, dont le motif est tout à fait neuf, ne se distingue pas moins par le mérite de l'exécution que par l'originalité de la pensée.

Mais ce caprice de la déesse, résistant en apparence à l'amour qu'elle éprouve et à celui qu'elle inspire, ne pouvait être qu'un caprice de l'artiste. Pour les habitants de Pompéi, comme pour tout le monde antique, la fable des amours de *Mars* et de *Vénus* ne pouvait donner lieu qu'à une scène érotique, où l'imagination des artistes s'épuisait à varier les

---

[1] Voy. ce qui a été dit plus haut, à ce sujet, p. 113, 1). C'est sans doute par ce motif que le *chien* figure, avec le *mort à cheval*, sur des *stèles grecques* funéraires, dont une, d'*Olbia*, est citée par M. de Köhler, *Iles et course d'Achille*, p. 253, 212); une autre est publiée dans le *Mus. Veron.* p. xlix, 8. On pourrait soupçonner aussi une autre intention à la présence du *chien* sur la peinture qui nous occupe. Effectivement, le *chien* était, dans les idées de la société antique, un des symboles de l'amour sensuel, d'accord avec une des acceptions du mot grec κύων, Hesych. v. Κύων· ὁπλοῖ καὶ τὸ ἀνδρεῖον μόριον; voy. Otto Jahn, *Archäolog. Beiträg.* p. 148, 128).

[2] R. *Mus. Borbon.* t. III, tav. xxxv.

[3] R. *Mus. Borbon.* t. III, tav. xxxvi.

[4] Ce n'est sans doute pas sans quelque intention que ces *deux Amours* sont constamment donnés pour compagnons à *Vénus*, dans la scène qui nous occupe. Peut-être nous représentent-ils *Éros et Antéros*, nés de l'union adultère de *Mars* et de *Vénus*, comme nous l'avons vu plus haut, p. 228, 5); peut-être ces *deux Amours* sont-ils ceux qui sont donnés pour compagnons à *Vénus* par l'auteur de la *Théogonie*, v. 201 : Τῇ δ' Ἔρως ὡμάρτησε, καὶ Ἵμερος ἕσπετο καλός, et qui étaient aussi connus d'Ovide, *Fast.* IV, 1 : « *Geminorum* mater *Amorum*; » cf. Senec. *OEdip.* v. 500 : « Conentit tardas *Geminus Cupido*. »

motifs d'un thème si favorable. C'est effectivement celui que présentent plusieurs des peintures de Pompéi, restées encore en place et inédites, excepté celle que je présente, et qui peut tenir lieu de toutes les autres[1].

Le couple divin est assis sur un siége de marbre, dans un appartement où pénètre sans difficulté la lumière du jour; le temps était passé, pour *Mars* comme pour *Vénus*, où ils avaient à craindre l'indiscrétion du *Soleil*. Derrière le dieu, sur un mur à hauteur d'appui, est placé son *parazonium*, et contre le même mur sont appuyés sa *lance* et son *bouclier*. *Mars*, presque entièrement nu, n'a gardé qu'une légère draperie qui tombe sur ses jambes; *Vénus*, assise près de lui, la partie supérieure du corps entièrement découverte, relève derrière elle, au-dessus de sa tête, un pan d'une draperie dont un autre bout est tenu dans la main gauche de *Mars*, avec l'intention de dérober aux regards jaloux le bonheur des deux amants. Deux *petits Amours ailés* assistent à cette scène : l'un, placé près de *Vénus*, tient de ses deux mains la *pyxis*, ou *coffre aux bijoux*, de la déesse; l'autre porte le *casque* du dieu, trop pesant pour la faiblesse de son âge; et, sur le mur, qui fait face à *Vénus*, une *colombe*, son oiseau favori, achève de caractériser le sujet[2].

La peinture que je viens de décrire, et dont je présente une copie fidèle, doit avoir été exécutée d'après quelque tableau d'un habile maître; mais le mérite de l'exécution n'y répond pas à celui de l'invention. On s'aperçoit sans peine, à la vue du monument original, que la froideur et l'incorrection du pinceau doivent se mettre sur le compte de l'artiste de Pompéi, qui copia maladroitement quelque belle peinture grecque; et l'on ne peut s'attacher ici qu'à la composition, l'une des plus intéressantes de ce sujet qui soient venues jusqu'à nous.

[1] Elle a été publiée, mais au simple trait, et de cette manière presque entièrement conventionnelle propre aux dessins de cette collection, où toutes les peintures se ressemblent par le style, bien qu'elles proviennent en réalité de mains très-différentes et d'artistes d'une habileté très-inégale, dans le *R. Mus. Borbon.* t. IX, tav. IX.

[2] C'est par la même intention que, sur une peinture d'Herculanum citée plus haut, p. 233, 1), où le *trône de l'énus* est représenté à côté de *celui de Mars*, le *siége* de la *déesse* est distingué par une *colombe*, de même que celui du *dieu* par un *casque*, *Pittur. d'Ercolan.* t. I, tav. XXIX; voy. p. 152, 7.)

PLANCHE XIX.

HERCULE CHEZ OMPHALE.

Hauteur, 0 mètre 69,8 cent. — Largeur, 0 mètre 89,5 cent.

La peinture dont je présente ici un dessin aussi fidèle qu'il m'a été possible de me le procurer est une des plus récentes acquisitions que la science ait faites à Pompéi, et elle était encore inédite. Elle fut trouvée, dans le cours des fouilles entreprises de 1835 à 1839, dans la direction de la *rue dite de la Fortune*, qui conduit à la porte de *Nola;* elle ornait l'un des murs du *tablinum* d'une petite maison située près d'une fontaine, sur le côté gauche de cette rue[1]. Malheureusement, l'état de ruine dans lequel se trouvait cette pièce de l'habitation antique nous a privés de toute la partie supérieure de la peinture, dont le bas seul est bien conservé, et dont l'exécution, pleine de grâce et de facilité, ajoute encore au regret qu'inspire la vue de ce tableau incomplet.

Ce qui manque à notre peinture n'empêche pourtant pas d'en reconnaître le sujet. Cet *Hercule,* ainsi vêtu d'une *tunique courte,* d'*étoffe transparente,* et *couronné de lierre,* dans une attitude molle et voluptueuse, ne peut être que l'*Hercule* asservi à *Omphale*[2], dont l'idée, dérivée

[1] Voy. la *Relazione de'Scavi,* insérée à la fin du t. XII du *Real Mus. Borbon.* p. 1-2; et consultez aussi le *Rapporto* de M. le D' Schultz, *intorno gli scavi Pompeiani* (Roma, 1839, 8°), p. 15-16.

[2] L'antiquaire napolitain, cité à la note précédente, a vu ici *Hercule chez Iole;* et ce n'est pas là le seul cas où ce nom d'*Iole,* dont on a tant abusé dans l'archéologie, a été mis à la place de celui d'*Omphale.* Mais M. Schultz ne s'y était pas trompé; et je ne crois pas que personne puisse conserver le moindre doute à cet égard.

des croyances d'une religion asiatique, et introduite assez tard dans le domaine des opinions helléniques, était devenue, pour les Grecs d'une époque récente, et pour les Romains, leurs disciples, le type de la force subjuguée par la volupté; et l'on ne doit pas s'étonner que cette image, si bien appropriée à la mollesse d'une société dégénérée, ait trouvé dans ce dernier âge de l'antiquité tant d'applications, dont nous pouvons à peine nous faire une faible idée, d'après les seuls monuments qui nous en restent.

La circonstance d'*Hercule* vendu et réduit en esclavage par l'ordre de l'oracle de Delphes[1], ou par celui de Jupiter[2], afin d'expier le meurtre d'Iphitus[3], avait fourni le fond de cette fable, d'invention peu ancienne, à ce qu'il paraît, où le nom d'*Omphale* n'était pas d'abord prononcé. Mais, à mesure que les relations de la Grèce avec l'Asie Mineure devinrent plus intimes, probablement vers l'époque de Crésus, on doit présumer qu'il se fit une certaine combinaison de la notion de l'*Hercule Sandon* de Sardes[4] avec celle de l'*Hercule* grec de Tirynthe, combinaison par suite de laquelle l'esclavage d'*Hercule* se trouva naturellement transporté en Lydie, chez *Omphale*, avec toutes les circonstances propres à ce culte asiatique. Les premiers récits de ce genre que connut la Grèce durent venir des auteurs des *poëmes sur Hercule*, ou *Héraclées*[5]; ils se retrouvèrent, sous une forme plus historique, dans les ouvrages des logographes, tels que Phérécyde, qui avait parlé du séjour d'*Hercule chez Omphale*[6]; mais c'est surtout par le théâtre que cette fable acquit tout son développement et toute sa célébrité. Effectivement, nous savons qu'il exista des comédies d'*Omphale*, ouvrages de poëtes de la moyenne comédie, tels qu'Antiphane[7] et Cratinus le jeune[8], sans compter des drames satyriques, tels que ceux d'Ion[9] et d'Achæus[10]; et il n'est pas douteux, d'après la nature même de ces sortes de productions théâtrales, que ce ne fût uniquement le côté licencieux de cette fable, le travestissement du héros grec en esclave efféminé d'une reine étrangère, au milieu des *hiérodules* lydiennes, qui ne fût mis en évidence dans ces drames comiques et satyriques du théâtre grec.

Ce dut être aussi, à mon avis, sous l'influence des jeux de la scène, et conséquemment

---

[1] Apollod. II, vi, 2 ; Mus. *Her.* v. 150-1; Diodor. Sic. IV, xxxi; Hygin. *Fab.* xxxii; Tzetz. *Chil.* II, xxxvi, 429-430.

[2] Pherecyd. *apud* Schol. Homer. *ad Odyss.* xxi, 23; cf. Pherecyd. *Fragm.* xlvi. p. 172, sqq. ed. Sturz. C'est aussi la tradition qu'avait suivie Sophocle, *in Trachin.* v. 276-7. L'esclavage d'*Hercule* chez *Omphale* dura une année entière, suivant le même poëte, *ibid.* v. 253-4, ou trois ans, selon Hérodore, *apud* Schol. *l. l.*

[3] Apollod. II, vi, 2; et alii.

[4] Je renvoie aux éclaircissements que j'ai donnés, à ce sujet, dans mon *Mémoire sur l'Hercule assyrien et phénicien*, part. II, § 13, p. 205, suiv.

[5] Creuzer, *Historic. græc. antiquiss. fragm.* p. 187, 16); cf. Kanne, *ad* Conon. p. 97; Heyn. *ad* Apollodor. p. 180, sqq.

[6] Pherecyd. *apud* Schol. Homer. *ad Odyss.* xxi, 23; voy. plus haut, 2). Il est probable que les auteurs des *Lydiaca* avaient aussi fait mention de cette fable, Creuzer, *Historic. græc. antiq. fragm.* p. 188, 16).

[7] L'*Omphale* d'Antiphane est citée par Athénée, qui en a conservé quelques vers, l. III, p. 112, C. Ces vers, que M. Meinecke croit avoir été placés dans la bouche d'*Hercule*, répondent à l'idée de gloutonnerie que les comiques d'Athènes avaient appropriée au personnage d'Hercule, Meinecke, *Poet. med. comard. fragm.* t. III, p. 96-7.

[8] C'est aussi Athénée qui cite l'*Omphale* de Cratinus le jeune, et qui en rapporte deux vers, prononcés pareillement par Hercule, et exprimant l'amour du vin, Athen. l. XV, p. 669, B; cf. Meinecke, *Poet. med. comard. fragm.* t. III, p. 375-376. Il est fait mention de cette comédie par Pollux, VII, lviii.

[9] L'*Omphale*, drame satyrique d'Ion, est citée plusieurs fois par Athénée, l. X, p. 411, B; l. VI, p. 258, F; l. XI, p. 498, E, 501, F, et XIV, 634, C, et la plupart des vers qu'il en rapporte ont également trait à la *voracité* d'Hercule. Il se trouve aussi dans Strabon, l. I, p. 60, une citation tirée de l'*Omphale* d'Ion, dont le texte, mal compris par Casaubon, a été rétabli par Bentley, *Opuscul.* (Lips. 1781), p. 499-500; voy. Welcker, *Nachtrag, etc.* p. 321.

[10] Il est pareillement fait mention de l'*Omphale* d'Achæus en deux endroits du livre d'Athénée, VI, 267, D, et XI, 466, E, F. Ce dernier fragment, relatif à l'inscription bachique du *scyphus* d'Hercule, était placé dans la bouche des *satyres* qui formaient le *chœur*.

dans le même ordre d'idées, que furent produites les œuvres de l'art qui retracèrent cette circonstance de la légende d'*Hercule*. Du moins, est-il permis de voir, dans les *peintures* auxquelles fait allusion Plutarque[1], et que Lucien avait aussi en vue[2], peintures où *Hercule* était représenté, vêtu de la *crocôtos*, ou *robe transparente, de couleur de safran*[3], livré aux molles occupations des esclaves lydiennes ou exposé aux outrages de leur reine, que le type de ces images avait été créé par le théâtre satyrique, et transporté de là dans le domaine de l'imitation. De là résulte aussi, par une déduction suffisamment plausible, que la fable d'*Hercule et d'Omphale*, traitée dans les drames satyriques, dut s'introduire dans les représentations dionysiaques, à la faveur de l'étroite relation qui s'établit entre *Hercule* et *Bacchus*[4], et par suite de la présence des *satyres*, personnages obligés de ces drames, où figurait *Hercule près d'Omphale*. Je n'admets donc pas l'opinion récemment soutenue par un docte antiquaire[5], que la fable d'*Omphale* soit restée étrangère au cycle dionysiaque; et je ne vois aucune difficulté sérieuse à expliquer, d'après cette donnée, les bas-reliefs, de sujet dionysiaque, où figure *Hercule, en état d'ivresse*, près d'une femme reconnue pour *Omphale*[6].

Mais, avant de parler de ces monuments du dernier âge de l'antiquité, dont l'interprétation a été contestée, en ce qui concerne le personnage d'*Omphale*, il convient de se rendre compte des monuments d'un style plus ou moins grec et d'une époque plus ou moins ancienne, qui appartiennent à ce sujet, avec plus ou moins de certitude. Je mets à la tête de ces monuments le vase peint, à figures noires, de fabrique de *Vulci*, qui a fait partie de la collection Durand[7], et qui rappelle encore par le style du dessin, les traditions de l'ancienne école : le sujet de la représentation est *Hercule vendu par Mercure à Omphale*. Le héros de *Tirynthe* est vêtu d'*habits de femme; Mercure*, qui le précède, retourne la tête vers lui, en s'approchant d'*Omphale*, qui attend l'arrivée de son captif; la scène, rendue dans toute la simplicité du mythe antique, ne saurait donc être méconnue. Il n'en est pas de même, à mon avis, de la représentation d'un autre vase, aussi de *Vulci*, mais à figures rouges[8], où l'on a vu *Hercule vendu à Athéné-Omphale*, en présence de *Mercure*. Le sujet de cette peinture, qui est restée inédite, peut bien avoir rapport à une union mystique d'*Hercule* et de *Minerve*, dont la notion, récemment acquise à la science[9], résulte surtout de l'inspection des monuments;

---

[1] Plutarch. *An sen. s. ger. respubl.* t. IX, p. 140, Reisk.; Facius, *Excerpt. e* Plutarch. p. 198-199.

[2] Lucian. *De hist. conscrib.* § 10, t. IV, p. 171, Bip.

[3] Sur la *crocôtos*, ou *crocoté, vêtement de femme, propre à Bacchus*, nous avons le témoignage d'Aristophane, *Ran.* v. 46, et celui de son scholiaste, *ad h. l.*; cf. Pollux, IV, CXVII: Ὁ δὲ κροκωτὸς ἱμάτιον· Διόνυσος δὲ αὐτῷ ἐχρῆτο. Les Romains le connaissaient sous ce double rapport; témoin ce passage de Cicéron, *Harusp. respons.* 21 : « P. Clodius a crocota, a mitra, a mulieribus solus, etc. » C'était aussi un vêtement d'*étoffe transparente*, ainsi que le témoigne Athénée, LV, p. 198 : Χιτῶνα πορφυροῦν ἔχων διάπεζον καὶ ἐπὶ αὐτῷ κροκωτὸν διαφανῆ; cf. Philostr. *Vit. Apollon.* IV, VII. C'est d'un habit de ce genre qu'Ovide représente *Hercule* revêtu par *Omphale, Fast.* II, 319 : « Dat *tenues tunicas*, gætulo murice tinctas; » et l'on sait, par beaucoup de témoignages classiques, que cette sorte d'étoffe transparente, dont s'habillaient les hiérodules lydiennes, se fabriquait à *Cos*, où cette industrie avait été portée par les Phéniciens, avec le culte de leur Hercule tyrien, *Sandon*, Tibull. *Eleg.* II, VI, 35 : « Illa gerat *tenues vestes*, quas femina CoaTexuit, auratas disposuitque vias; » voy. Spanheim, *ad* Aristophan. *Ran.* v. 46, t. V, p. 363, Valpy; Reitz, *ad* Lucian. *De hist. conscrib.* § 10. Relativement au culte de l'*Hercule* phénicien à *Cos*, et au *vêtement de femme* du prêtre de ce dieu, je renvoie à mon *Mémoire sur l'Hercule assyrien et phénicien*, § 1, 7, p. 94, 2).

[4] Voy. plus haut, p. 101 et suiv., les monuments cités relativement à cette association d'*Hercule* et de *Bacchus*.

[5] Otto Jahn, *Archäolog. Beiträge*, § VII, 3, p. 335-6.

[6] Zoëga, *Bassirilievi*, t. II, tav. LXVII; *Mus. Capitolin.* t. IV, tav. LXIII; Éd. Gerhard's, *Neapels antike Bildwerke*, I, 58-60, n. 191; voy. plus haut, p. 103-107.

[7] De Witte, *Descript. du cabin. Durand*, n. 316, p. 109. Je présume que c'est à ce vase que faisait allusion M. Éd. Gerhard, lorsqu'il disait que le mythe d'*Hercule vendu à Omphale* n'était connu que par un vase peint, *Prodrom.* p. 274, Taf. XXIX.

[8] Le même, *même ouvrage*, n. 317, p. 109-110.

[9] Les monuments qui nous ont fait connaître cette particula-

mais l'assimilation d'*Athéné* et d'*Omphale* aurait besoin, avant que d'être admise, d'être prouvée autrement que par l'allégation des médailles de *Comana* [1], dont le type, certainement emprunté au mythe d'une déesse locale, la même au fond que l'*Omphale de Sardes*, c'est-à-dire que la *déesse Lune* asiatique, ne peut avoir eu aucune influence sur la représentation d'un vase peint. Ce n'est pas que j'aie la pensée de nier les relations mythologiques qui purent exister entre *Minerve* et *Omphale* [2], et qui tiennent à ce que *Minerve* était, dans le principe, pour la Grèce, ce qu'*Omphale* était pour la Lydie, une des personnifications de la *déesse Lune*, où dominait le caractère guerrier : c'est, du moins, l'idée que je me propose depuis longtemps d'exposer dans un autre travail [3]; mais je ne pense pas que ces mythes d'origine orientale soient exprimés sur des vases peints de la belle époque du style grec, ou, du moins, j'attends qu'on en fournisse la preuve, pour admettre, avec toute assurance, des assimilations aussi extraordinaires que celle d'*Athéné* et d'*Omphale* sur un de ces vases. Cette observation s'applique à un autre vase de la forme d'*hydrie* et de la fabrique à figures rouges de *Vulci* [4], où l'on a voulu voir pareillement *Hercule* amené pour être *vendu* à *Athéné-Omphale* par *Mercure*, sans qu'il y ait, dans la disposition des deux figures principales, celles d'*Hercule, assis* en face de *Minerve, assise* aussi, rien qui se rapporte à cette intention, tandis que rien n'est, au contraire, plus d'accord avec cette disposition des personnages et avec toutes les données antiques que l'hypothèse, exposée à l'occasion de ce même vase, qu'*Hercule* y est représenté *tenant conseil avec les deux divinités qui le protégent* [5]. Encore moins a-t-on pu se flatter de voir *Hercule* en présence d'*Omphale*, sur un vase apulien de notre musée du Louvre [6], dont la représentation s'explique dans un tout autre ordre d'idées; et je regarde enfin comme une supposition tout à fait gratuite la dénomination d'*Omphale*, qui a été proposée pour une figure de *femme debout*,

---

rité curieuse, passée sous silence dans les textes qui nous restent de l'antiquité, ont été publiés par M. Braun, *Tages und des Herakles und der Minerva heilige Hochzeit*, München, 1839, et par M. Éd. Gerhard, *Trinkschale*, p. 11, suiv., et *Auserlesen. Vasenbilder*, I, p. 142, suiv., II, p. 180, suiv. Voyez surtout, à ce sujet, un article savant et ingénieux de M. Otto Jahn, dans ses *Archäolog. Aufsätze*, § VIII, p. 83-127.

[1] Mionnet, *Supplément*, t. IV, p. 446. Cette médaille de *Comana*, la seule qui soit citée, est aussi le seul monument qui soit allégué à l'appui de l'étrange assimilation d'*Athéné* et d'*Omphale*; mais cet argument est de nulle valeur, puisque la *déesse de Comana* n'est précisément ni une *Athéné* ni une *Omphale*. Je consacrerai à cette *déesse*, qui était une des expressions de la *grande déesse Lune asiatique*, et à son culte, un travail spécial dans mes *Mémoires d'archéologie comparée*.

[2] Je vois dans le *Bulletino archeologico* de 1844, p. 41-42, que M. Preller a lu, dans une séance de l'Institut archéologique, des observations sur les rapports qui existent entre *Athéné* et *Omphale*; mais ce travail du savant antiquaire de Weimar n'a pas encore reçu de publicité, du moins à ma connaissance, et l'on est réduit, pour l'apprécier, au court extrait qui en est donné dans le *Bulletino*.

[3] Dans le *Mémoire sur la déesse de Comana*, dont j'ai depuis longtemps recueilli tous les matériaux et qui, comme je l'ai dit plus haut, fera partie de ma suite de *Mémoires d'archéologie comparée*.

[4] De Witte, *Catalog. étrusq.* n. 89, p. 45-46, 1); le même, *Catalog. Magnonc.* n. 45, p. 35-36. Le savant auteur a essayé, dans ce second ouvrage, de répondre aux objections que cette assimilation d'*Athéné* et d'*Omphale* avait soulevées de la part de plusieurs critiques, tels que M. Welcker, *Rheinisch. Mus.* t. V, p. 136, M. Éd. Gerhard, *Auserles. Vasenbild.* II, 175, et moi-même, *Journal des Savants*, septembre 1837, p. 517. Mais je dois dire que cette réponse a laissé subsister tous mes doutes, et j'ajoute qu'elle ne paraît pas avoir produit une impression plus favorable sur l'esprit de M. Otto Jahn, qui s'associe à M. Éd. Gerhard pour repousser l'assimilation d'*Athéné* et d'*Omphale* : voy. ses *Archäolog. Aufsätze*, § VIII, p. 89, 11).

[5] C'est l'explication que j'avais proposée, *Journal des Savants*, septembre 1837, p. 518, et qui revient à celle de M. Roulez, *Mélanges*, etc. IV, 6; mais elle n'a pas obtenu l'assentiment de M. Otto Jahn, *Archäolog. Aufsätze*, § VIII, p. 88-89.

[6] Ce vase est publié dans l'*Introduction* de M. Maisonneuve, pl. XL, p. 21. On y voit un *éphèbe nu*, appuyé sur une *massue*, s'entretenant avec une *femme, debout* devant lui, *voilée*, et tenant une *quenouille* et un *fuseau*. Sans entrer ici dans une réfutation détaillée de l'interprétation de l'éditeur, qui a vu sur ce vase *Hercule et Omphale*, je me contente de dire que j'y reconnais une de ces images allégoriques, prises dans un ordre d'idées général, et assez communes sur les vases de fabrique apulienne. L'intention de celle-ci me paraît être de montrer l'*homme*, élevé à la *condition héroïque*, en présence de la *Parque*, tenant les sym-

entre *Apollon* et *Diane*, sur un vase de Basilicate[1], dont la représentation n'offre aucun rapport au mythe d'*Hercule* et d'*Omphale*.

Ce serait ici le lieu de parler d'une autre peinture de vase, qui a été rapportée par Winckelmann à la fable d'*Hercule vendu à Omphale*[2]. Le vase dont il s'agit est celui de la première collection d'Hamilton[3], où se voit une *femme assise*, avec un *voile d'étoffe transparente* qui lui couvre la partie inférieure du visage, qu'à cette particularité, qu'il croyait propre au costume lydien, Winckelmann prenait pour *Omphale*. Près de cette femme, dont il touche le genou de sa main gauche, est un *homme nu*, *debout*, appuyé sur une *massue*, qu'à ce geste de *suppliant*, aussi bien qu'à cet attribut, Winckelmann reconnaissait pour *Hercule*. L'*Amour nu et ailé*, qui vole entre ces deux personnages, s'expliquerait très-bien dans cette hypothèse, ainsi que la présence des *trois femmes*, qui seraient *trois esclaves* ou *hiérodules* lydiennes. L'explication de Winckelmann ne manquait donc d'aucune des conditions de la vraisemblance. Toutefois je ne pense pas qu'elle nous donne la véritable interprétation de cette peinture, qui doit se trouver dans un tout autre ordre d'idées : c'est ce que j'aurai lieu de rechercher dans un autre travail[4]; et je reviens au sujet d'*Hercule* et d'*Omphale*, que je n'ai pu reconnaître sur aucun des vases peints cités en dernier lieu.

Mais il n'en est pas ainsi d'une belle *hydrie* à figures rouges, récemment venue à la lumière[5], où se trouve représentée une de ces scènes d'*hiérogamies*, devenues de nos jours assez communes, presque toutes exécutées en une sorte de style hiératique approprié à ce genre de sujets sacrés. Celle-ci se compose d'*un groupe divin* porté sur un *quadrige*, lequel est accompagné de *Minerve* et de *Mercure*. L'*époux* a été nommé *Hercule*, bien qu'il soit enveloppé d'un *manteau*, au lieu d'être couvert de la *dépouille du lion*; mais c'est la *femme*, debout près de lui sur le *char* dont elle tient les rênes, qui porte cette *dépouille* en guise de vêtement, et qui se reconnaît à ce signe pour *Omphale*, sans qu'il y ait lieu à la moindre difficulté. Le mythe d'*Hercule* et d'*Omphale* était donc entré, dès une assez ancienne époque, dans le cycle des représentations traitées par la céramographie grecque; et c'est un vase fabriqué en Étrurie qui nous procure cette notion importante; nouvelle preuve des rapports d'art et de culte qui existaient entre cette région centrale de l'Italie et l'Asie Mineure, et qui tiennent sans nul doute à l'émigration des Tyrrhéniens de Lydie[6]. Mais, en même temps que ce vase peint nous offre le premier exemple authentique de l'*hiérogamie d'Hercule*

---

boles d'une vie pleinement accomplie, c'est à savoir, le *fuseau* et la *quenouille*. La même image est rendue sur un vase, de la même fabrique, que je possède et que je compte publier, d'une manière équivalente, par une figure de *guerrier*, portant *deux lances* sur son épaule et tenant un *kantharus* de la main droite, placée entre *deux femmes*, l'une tenant une *quenouille* et une couronne et représentant la *Parque*, l'autre portant une *prochoë* et représentant *Télété*.

[1] Ce vase, qui, de la collection Durand, où il est décrit sous le n. 16, p. 6-7, a passé depuis dans notre Cabinet des antiques, avait appartenu à M. Gargiulo, qui l'a publié dans son recueil de monuments, tav. LX. Le groupe principal a été gravé dans les *Monum. dell' Instit. archeol.* t. I, tav. LVIII, A 2, et expliqué par M. Panofka, *Annal.* t. V, p. 225, dont les idées ont été suivies par l'auteur de la *Description du cabinet Durand*.

[2] *Antiquit. étrusq.* etc. t. I, pl. 71; reproduit dans la *Stor. dell' art.* t. I, p. 207, ed. Roman. 1783, 4°.

[3] *Stor. dell' art.* l. V, c. v, § 11, t. II, p. 534-538, ed. Prat. Winckelmann est revenu sur la même explication, à peu près dans les mêmes termes, dans son *Trattat. prelimin.* c. IV, t. IV, p. 188-191, ed. Prat.

[4] Dans la IV° de mes *Lettres archéologiques*.

[5] Je ne connais encore ce vase que par la courte description qui en est donnée dans le *Bulletin. archeol.* de 1844, p. 36-37, et qui est reproduite dans l'*Archäolog. Zeitung* de M. Éd. Gerhard, 1844, § VII, n. 19, p. 313.

[6] C'est la notion capitale que je me flatte d'avoir établie, avec toute la certitude possible, dans mon *Mémoire sur l'Hercule assyrien et phénicien*, et qui résulte de l'ensemble des faits acquis à la science par les découvertes des vingt dernières années.

et d'*Omphale*, il nous confirme dans l'opinion qu'*Omphale* ne s'assimilait point à *Athéné* pour les Grecs de cette époque, puisque le *quadrige* qui porte *Hercule* et *Omphale* est accompagné de *Minerve* et de *Mercure*, et qu'ainsi les personnages de *Minerve* et d'*Omphale* se trouvent parfaitement distincts. Du reste, la présence de *Minerve* à l'*hiérogamie* d'*Hercule* et d'*Omphale* n'a rien de plus contraire aux idées grecques ni de plus extraordinaire en soi que la présence de la même déesse au *mariage d'Hercule et d'Hébé*, sujet de tant de vases peints [1].

Le trait principal de la légende asiatique, *l'échange des vêtements entre les hommes et les femmes*, dans le culte assyro-phénicien d'*Hercule Sandon*, à *Sardes* [2], se trouve rendu, sur notre vase peint, d'une fabrique grecque locale, au moyen des personnages d'*Hercule*, vêtu d'un *péplus*, et d'*Omphale*, portant la *dépouille du lion*; et, du reste, cette représentation, conçue suivant les données du haut style grec hiératique, nous autorise à croire que l'art grec n'admettait pas encore dans l'expression de ce sujet les circonstances, prises dans un ordre d'idées frivoles, qui s'y produisirent plus tard. Ce ne fut guère, à mon avis, que dans le dernier âge de l'antiquité grecque, que l'on vit apparaître sur les monuments *Hercule au service d'Omphale*, avec des détails propres à dégrader l'idée du héros au profit de celle de la courtisane. Telles étaient les peintures, décrites par Plutarque [3], où *Hercule* était représenté au milieu des esclaves lydiennes, qui le rafraîchissaient au moyen d'un *éventail* ou qui soignaient sa chevelure, avec cette circonstance, indiquée par Lucien [4], qu'*Omphale* le frappait de sa *sandale d'or*. Plusieurs pierres gravées, dont l'exécution appartient à cette dernière époque de l'art [5], nous ont conservé des images qui doivent avoir été produites sous l'influence de ces peintures, devenues alors si populaires.

C'est sans doute au siècle d'Alexandre qu'appartient l'invention de ces images, où l'amollissement de l'art se montrait en rapport avec celui de la société. Du moins, peut-on croire que la statue d'*Hercule*, dépouillé de ses armes et devenu l'esclave d'*Omphale*, statue attribuée à Lysippe [6], fut le premier monument de ce genre qui s'offrit à l'émulation des artistes grecs.

---

[1] Voy. la liste de ces vases donnée par M. Éd. Gerhard, *Auserlesen. Vasenbild.* t. I, p. 142, 210). L'un des plus beaux de ces monuments de la céramographie grecque est le vase Koller, du Musée de Berlin, décrit par le même antiquaire, *Berlin's ant. Bildwerke*, n. 1016; cf. Otto Jahn, *Vasenbilder*, p. 25, 75).

[2] Voy. mon *Mémoire sur l'Hercule assyrien et phénicien*, part. II, § 13, p. 211.

[3] Plutarch. *An sen. s. ger. respubl.* t. IX, p. 140, Reisk.: Καθάπερ ἔνοι τὸν Ἡρακλέα παίζοντες οὐκ εὖ ΓΡΑΦΟΥΣΙΝ, ἐν Ὀμφάλης ΚΡΟΚΩΤΟΦΟΡΟΝ ἐνδιδόντα Λυδαῖς θεραπαινίσι ῥιπίζειν καὶ παραπλέκειν ἑαυτόν; cf. Fac. *Excerpt. e Plutarch.* p. 198-9; Terent. *Eunuch.* v, 8, 3-4; Clem. Alex. *Protr.* p. 30. La plupart des traits de mollesse efféminée appropriés à *Hercule*, devenu l'esclave d'*Omphale*, et tirés de la légende asiatique, se retrouvent exprimés, avec la prolixité ordinaire à l'auteur, dans l'épître de *Déjanire à Hercule*, Ovid. *Heroid.* IX, v. 56-127. Plutarque fait encore allusion à ces peintures d'*Hercule* et d'*Omphale* dans un autre endroit, *Comparat. Demetr. cum Anton.* § III: Ἐν ταῖς ΓΡΑΦΑΙΣ ὁρῶμεν τοῦ Ἡρακλέους τὴν Ὀμφάλην ὑφαιροῦσαν τὸ ῥόπαλον καὶ τὴν λεοντὴν ἀποδύουσαν; cf. J. Lyd. *De magistr. Rom.* III, LXIV.

[4] Lucian. *De hist. conscrib.* § 10, t. IV, p. 171, Bip.: Ἑωρακέ-
ναι γάρ πού σε εἰκὸς ΓΕΓΡΑΜΜΕΝΟΝ τῇ Ὀμφάλῃ (τὸν ἐν Λυδίᾳ Ἡρακλέα) δουλεύοντα πάνυ ἀλλόκοτον σκευὴν ἐσκευασμένον, ἐκείνην μὲν τὸν λέοντα (τὴν λεοντῆν?) αὐτοῦ περιβεβλημένην, καὶ τὸ ξύλον ἐν τῇ χειρὶ ἔχουσαν, ὡς Ἡρακλέα δῆθεν οὖσαν, αὐτὸν δὲ, ἘΝ ΚΡΟΚΩΤΩι καὶ πορφυρίδι, ἔρια ξαίνοντα παιόμενον ὑπὸ τῆς Ὀμφάλης τῷ σανδάλῳ; cf. *Dial. Deor.* XIII, 2: Παιόμενος ὑπὸ τῆς Ὀμφάλης χρυσῷ σανδάλῳ; cf. Hemsterhus. *ad h. l.*

[5] Je citerai particulièrement une de ces pierres gravées, où *Hercule* est *peigné* par *Omphale*, en présence d'un *Amour* qui porte la *massue* du héros; cette pierre a été publiée par Millin, *Peint. de vases*, t. I, p. 1, vignette, et *Galer. mythol.* pl. CXXIII, n. 453", *Explicat.* p. 23. *Hercule au bain, peigné par une femme assise*, est le sujet d'une pierre de la galerie de Florence, dont je possède une empreinte, tirée de la collection de Cadèz; et je connais le même sujet, sur une autre pierre de la même collection, dont j'ai aussi l'empreinte entre les mains. *Hercule assis, filant en présence d'Omphale debout*, se trouve sur une jolie intaille, de la collection impériale de Saint-Pétersbourg.

[6] Cette statue, mise sous le nom de Lysippe, n'est connue que par un des petits poëmes de Géminus, *apud* Brunck. *Analect.* t. II, p. 280, *Carm.* IV, qui paraît bien imité d'un autre petit

Hercule y était probablement représenté vêtu de la *crocôté*, ou tunique courte, d'étoffe fine et transparente; et ce serait, suivant toute apparence, de cette statue, ou d'un autre ouvrage du même genre, qu'il faudrait entendre le témoignage de Pline [1], sur un *Hercules tunicatus*, dont il ne nomme pas l'auteur. Il existe, dans la collection ducale de Cassel, un beau torse, de style grec, qui semble avoir appartenu à quelque statue pareille. Cette statue, qui représente un *héros grec*, vêtu d'une *tunique relevée par la ceinture*, avec une *tête*, qui peut bien être la sienne et qui offre de la ressemblance avec celle d'*Hercule jeune*, avait été restaurée en *Thésée*, au moyen du *peloton de fil* ajouté à sa main droite [2]. Un changement léger, la substitution d'une *quenouille* au *peloton de fil*, a converti le héros grec en un *Hercule au service d'Omphale* [3], sans qu'il y ait plus de certitude pour cette dénomination que pour la première, bien qu'on puisse y trouver plus de vraisemblance [4]. Je ne parle pas de la célèbre statue *Pamfili* du *héros grec vêtu en femme*, où J.-B. Visconti avait cru voir *Hercule chez Omphale* [5], sur la foi d'un buste en bronze d'Herculanum [6]. Il est bien reconnu aujourd'hui que cette statue représente *Achille déguisé en femme*, à la cour de Lycomède [7].

Le monument le plus remarquable, entre tous ceux de la fable d'*Hercule chez Omphale* qui sont venus jusqu'à nous, est sans contredit le groupe Farnèse, maintenant conservé au *Musée des Studj*, à Naples [8], où *Hercule*, vêtu d'une *tunique courte*, relevée par une ceinture,

---

poëme de Philippe, *Analect.* t. II, p. 226, *Carm.* t.II, où la même statue est décrite, mais sans le nom de Lysippe; cf. Jacobs. *Animadv.* t. IX, p. 311 et 184; Sillig. *Catalog. vet. artific.* v. Lysippus, p. 260. L'*épigramme* de Géminus était gravée sur une *base de statue* que Spon vit à Venise, *Miscellan.* p. 51. Ce devait donc être une copie de la statue de Lysippe.

[1] Plin. XXXIV, x, 19.

[2] Visconti, *Notic. du Mus. napol.* n. 204, dans ses *Oper. var.* t. IV, p. 389-390. La statue a été publiée par Bouillon, dans son *Mus. des antiques*, t. II, pl. 9, avec une explication dont l'auteur, tout en suivant l'attribution proposée de *Thésée*, indique successivement les noms de *Vulcain*, d'*Ulysse*, de *Dédale* et d'*Argus*. Celui d'*Hercule*, qu'il ne prononce pas, est pourtant encore celui qui convient le mieux à ce beau torse.

[3] Cette statue, qui a fait quelque temps partie du musée de Paris, est décrite par Völkel, comme un *junge Alcide im Dienste der Lydischen Königin Omphale*; voy. son écrit intitulé : *Die antiken Sculpturen im Museum zu Cassel*, dans le *Zeitschrift* de M. Welcker, n. 5, p. 177-181.

[4] Bien que la qualification de cette statue résulte en grande partie de la restauration, il n'est pas démontré, même pour Völkel, qu'elle ne représentât pas réellement *Hercule au service d'Omphale*. Le costume tend à le faire croire, et la tête, qui paraît bien être celle de la figure et qui offre les traits d'*Hercule jeune*, sont deux motifs assez graves à l'appui de cette opinion. M. Creuzer me semble donc avoir rangé un peu témérairement ce beau torse de Cassel parmi ce qu'il appelle les *Pseudo-Hercules, zur Gemmenkunde*, p. 185, 180). M. Éd. Gerhard n'avait pas été aussi affirmatif, et sa conjecture, qu'une statue d'*Hercule en habit de femme*, trouvée à *Aricia* par le cardinal Despuig, et citée dans l'*Indicaz. dell. scult. dell. villa Miollis*, tav. 5, pouvait bien être la statue de Cassel, semble indiquer qu'il penchait pour l'opinion que le *torse* de Cassel appartient effectivement à

un *Hercule chez Omphale*; voy. ses *Neapels ant. Bildwerke*, t. I, p. 25, *;.

[5] *Mus. P. Clem.* t. I, p. 62, 6).

[6] *Bronz. d'Ercolan.* t. I, tav. VIII. Ce buste, très-remarquable en effet, consiste en une *tête barbue*, coiffée d'un *morceau d'étoffe*, où l'on a cru reconnaître la *mitre lydienne*, Propert. *El.* III, xv, 20 : «Cinget Bassaricas *Lydia mitra* comas;» cf. Virgil. *Æn.* IV, 215, et Serv. *ad h. l.*, et qui est précisément la pièce de vêtement placée sur la tête de personnages efféminés, particulièrement des *hermaphrodites*, sur laquelle j'ai déjà eu l'occasion de m'expliquer plus haut, voy. p. 149-150. De dessous cette espèce de mitre lydienne sortent des *corimbes*, ce qui donne à cette tête un caractère bachique. Le buste est vêtu d'une étoffe fine, ajustée d'une manière qui paraît avoir été particulière à la *crocôté bachique*, ainsi que l'antiquaire napolitain le présume avec raison, d'après une pierre gravée antique, *Mus. Odescalch.* t. II, tav. XVIII. Jusque-là, tout paraît bachique dans ce buste, et l'interprète n'est pas allé au delà. Mais Visconti, qui avait été frappé de la ressemblance de la tête avec celle d'*Hercule*, reconnut dans ce buste *Hercule au service d'Omphale*, et avec les caractères bachiques qui conviennent à cette situation, *Mus. P. Clem.* t. I, p. 62, 6); et cette opinion, qui est aussi celle de M. Éd. Gerhard, bien qu'il ne cite point l'auteur du *Musée Pie-Clémentin*, Prodrom. p. 240, 26), me paraît aussi heureuse que juste.

[7] Cette opinion, qui avait paru la plus satisfaisante à plusieurs antiquaires, et que j'avais admise moi-même comme telle, *Achilléide*, p. 70, 1), semble avoir besoin aujourd'hui d'être soumise à un nouvel examen. Je m'en occuperai, en expliquant une peinture d'*Achille à Scyros* qui fera partie de ce recueil. En attendant, je renvoie au travail exact et savant que ce sujet d'*Achille à Scyros* a fourni récemment à M. Otto Jahn, *Archäolog. Beiträge*, § XII, p. 352-378.

[8] *R. Mus. Borbon.* t. IX, tav. XXVII. Ce groupe a été publié

la tête couverte d'un *morceau d'étoffe* [1], et tenant la *quenouille* de la main gauche, avec le *peloton de fil* dans la droite, est représenté debout, près d'*Omphale*, qui a la tête coiffée de la *dépouille du lion*, et qui appuie sa main gauche *sur l'épaule* du héros, en portant sa *massue* de la main droite. Le mérite de ce groupe, dont il existait une répétition dans la *villa Miollis*, à Rome [2], prouve qu'il dérive de quelque original célèbre, où avait été fixé, à une belle époque de l'art grec, sans doute sous les successeurs d'Alexandre, le type de cette composition; ce qui n'empêcha pas qu'il ne s'y introduisît plus tard des variantes, telles que celles dont nous pouvons nous faire une idée, d'après un bas-relief *Borgia* [3], qui représente *Hercule nu*, avec la *léonté* sur le bras gauche, *debout* près d'*Omphale*, *à demi vêtue*, qui appuie aussi sa main gauche *sur l'épaule* du héros, en relevant sa draperie de l'autre main. Mais cette composition, bien moins heureuse, est aussi d'un bien moindre mérite sous le rapport de l'exécution, qui est d'une époque romaine assez basse; et le monument ne se recommande d'ailleurs, indépendamment des bas-reliefs, relatifs aux travaux d'Hercule, qui encadrent ce groupe, que par l'inscription : OMPHALE HERCVLES, qui en détermine le sujet, et par l'autre inscription : CASSIA MANI FILIA PRISCILLA FECIT, qui en fait connaître l'auteur [4].

C'est aussi d'après un original d'une bonne époque grecque que doit avoir été exécutée la célèbre mosaïque du *Capitole* [5], un des plus rares et des plus précieux monuments qui nous restent de cette branche de l'art antique. Sur un fond de paysage que décorent, entre autres objets, un *palmier* et une *pyramide*, qui doit être la *pyra de Tarse* [6], *Hercule* s'y voit représenté, *debout*, la partie inférieure du corps enveloppée d'une tunique attachée à la hauteur des hanches, le haut du corps nu, montrant les robustes membres du héros [7]; il est occupé à filer, au moyen d'une *quenouille* fixée dans sa tunique et d'un *fuseau* qu'il tient dans sa main droite abaissée; et l'expression de la figure offre un sentiment de tristesse qui pouvait bien être emprunté de la célèbre statue de Lysippe [8], comme l'a conjecturé l'interprète du *Musée Capitolin*. Trois petits *Amours ailés* complètent, par leur présence, cette image de la force subjuguée par la volupté : l'un d'eux, assis sur un banc de pierre auquel est adossé un petit monument orné d'un *fronton pyramidal*, autre allusion à la *pyra d'Hercule*, joue de la *syrinx;* le second paraît avoir à la main des *crotales*, dont il essaye le son, tandis

---

aussi par M. Éd. Gerhard dans ses *Antike Bildwerke, Cent.* II, XXIX, et décrit par le même savant dans ses *Neapels ant. Bildwerke*, t. I, p. 24, n. 71. C'est celui qui était indiqué, comme étant dans le palais *Farnèse*, ou plutôt dans celui de la *Farnésine*, par Richardson, *Traité de la peinture*, t. III, part. I, p. 221, et dont Völkel, sur la foi de ce témoignage unique, n'avait pu se faire une idée juste, Welcker's *Zeitschrift*, p. 178, 59). Winckelmann l'avait cité au sujet de la *quenouille* portée par *Hercule*, *Monum. ined.* n. 124, p. 166-7.

[1] C'est la même pièce de vêtement que j'ai signalée plus haut, p. 149-150, comme faisant partie du costume des figures d'*hermaphrodites*, et ayant été donnée, à ce titre, à celle d'*Hercule chez Omphale*.

[2] Ce groupe, d'une proportion au-dessus de nature, a été publié par l'antiquaire romain Aless. Visconti, dans un écrit intitulé : *Indicaz. delle sculture della villa Miollis*, Roma, 1814, fol., tav. 5. Voyez les observations qu'il a suggérées à M. Éd. Gerhard, dans ses *Neapels ant. Bildwerke*, t. I, p. 24-25, ').

[3] Publié par Millin, *Galer. mytholog.* pl. CXVII, n° 453; cf. Marini, *Iscriz. Alban.* p. 156.

[4] Voy. ma *Lettre à M. Schorn*, § III, n° 311, p. 393, 2ᵉ édit.

[5] *Mus. Capitol.* t. IV, tab. XIX, p. 87-90. Elle avait été publiée déjà par Bottari, dans l'*Appendix* des *Veter. pictur. sepulcr. Nason.* tab. XIX. Elle a été reproduite par Mori, *Scult. del Mus. Capitol. Scala*, tav. VIII, p. 237-238.

[6] Sur cette *pyra* de *Tarse*, imitée de celle de *Tyr*, de *Ninive*, de *Babylone*, de *Carthage*, et instituée aussi à *Sardes*, dans le culte d'*Hercule Sandon*, je renvoie aux éclaircissements que j'ai donnés dans mon *Mémoire sur l'Hercule assyrien et phénicien*, part. II, § II, p. 179, suiv.

[7] Senec. *Herc. fur.* v. 623 : « Agnosco toros humerosque; » cf. Valer. Flacc. *Argon.* I, 253 : « Conspicuusque toris Tirynthius; » cf. Theocrit. *Id.* XXIV, 78 : Ἀπὸ στέρνων πλατὺς ἥρως.

[8] Gemin. *in* Brunck. *Analect.* II, 280 : Τί σ' ἔπλασεν ὧδε κατηφῆ Λύσιππος, χαλκῷ τ' ἐγκατέμιξ' ὀδύνην; cf. Foggini, *Mus. Capitol.* IV, 88.

que le troisième se dispose à étendre, au-devant d'un *lion* dompté comme le héros, un *voile* qu'il tient déployé des deux mains. Cette image gracieuse du *lion apprivoisé par les Amours* était une des circonstances nées de la fable d'*Hercule chez Omphale*, que l'art grec s'était plu à représenter sous toutes les formes, particulièrement sur les monuments de la glyptique [1], et dont on peut présumer que le meilleur modèle avait été fourni, dans le siècle de Pompée, par le célèbre groupe de *la Lionne et des Amours*, ouvrage d'Arcésilas, si apprécié de Varron [2].

Au nombre des accessoires de cette belle et curieuse mosaïque, je dois encore signaler le *scyphus*, ou *vase à boire d'Hercule*, renversé à terre aux pieds du *lion*, et le *thyrse*, avec la *grappe de raisin*, qui se voient sur un quartier de roc, auprès d'un des *Amours* : car ce sont là des symboles bachiques, qui tendent à imprimer au personnage d'*Hercule chez Omphale* un caractère dionysiaque, et qui expliquent à quel titre le *héros de Tirynthe* et la *reine de Lydie* ont pu figurer dans le thiase bachique. L'association d'*Hercule* et de *Bacchus*, qui résulte de tant de monuments de tout ordre, n'avait en effet rien que de très-naturel dans la circonstance du mythe où le fils d'Alcmène était devenu l'esclave d'*Omphale*, puisque la Lydie, la région du *Tmole*, était le siège de cette aventure, et que c'était aussi du pied du *Tmole* que Bacchus était parti, accompagné de sa troupe de *satyres*, pour conquérir le monde [3]. De là, l'image de l'*ivresse*, presque toujours jointe aux autres traits de mollesse propres au personnage d'*Hercule chez Omphale*; de là aussi les épithètes qui le désignent en cet état et qui se rapportent à cette circonstance de son histoire [4], ainsi que nous venons d'en acquérir une

---

[1] Voy. entre autres la charmante pierre de la galerie de Florence, Gori, *Mus. Flor.* t. 1, tab. 38, n° 5; Zannoni, *Galler. di Firenz.* Ser. V, t. I, tav. XXVI, n° 3, où *quatre Amours* sont occupés à soulever la *massue d'Hercule*, tandis qu'un cinquième plonge sa tête dans son *scyphus*. Le même sujet est traité, avec des variantes, sur d'autres pierres gravées, telles que celle de la collection de Stosch, décrite par Winckelmann, *Pierres de Stosch*, cl. II, n. 1782, et il se rencontre jusque sur des bas-reliefs en marbre, *Scultur. dell. vill. Pincian.* st. II, n. 18. Des images analogues, celle d'*Amours jouant avec les armes d'Alexandre*, dans le célèbre tableau des *Noces de Roxane*, ouvrage d'Aëtion, Lucian, *Aetion*, § 5, t. IV, p. 120, Bip., semblent prouver que l'invention de ces sortes d'images appartient au siècle des successeurs d'Alexandre. Nous en avons vu plus haut une autre application, dans les *Amours qui jouent avec les armes de Mars*, sur notre peinture de *Mars* et de *Vénus*, pl. XVIII; voy. p. 236.

[2] Plin. XXXVI, v : « *Arcesilaum quoque magnificat Varro cujus se marmoream habuisse Leaenam tradit, aligerosque ludentes cum ea Cupidines.* » En fait de pierres gravées qui nous offrent *un* ou *plusieurs Amours jouant avec un lion*, je citerai surtout la célèbre pierre de la galerie de Florence, ouvrage de *Prótarchos* (et non *Plótarchos*), Stosch, *Gemm. antiq. cœlat.* tab. LIII, représentant un *Amour ailé*, porté sur un *lion*, qu'il apprivoise au son de sa *lyre*.

[3] Euripide, *Bacch.* v. 13:

Λίμνων τε ΛΥΔΩΝ τὰς πολυχρύσους γύας.

[4] C'est à ces épithètes de φιλοπότης et de *bibax*, Macrob. *Sat.* v. 21, que se rapportent plusieurs monuments qui nous sont parvenus de l'antiquité, tels que le bas-relief *Albani*, Zoëga, *Bassirilievi*, t. II, tav. LXVII, où *Hercule ivre* est soutenu par un *satyre*, le même motif qui se trouve rendu dans un beau groupe antique, passé du *musée Jenkins* dans le *cabinet Poniatowsky*, et publié par Guattani, *Monum. ined.* t. III, p. XXIV, tav. III; la statue en bronze, du musée de Parme, *Monum. dell' Instit. archeol.* t. I, tav. XLIV, B, trouvée à *Velleia*, Lama, *Iscriz. di Parma*, p. 35, dont il existait dans le cabinet Denon une répétition citée par Millin, *Monum. ined.* t. I, p. 246; sans compter les imitations qui nous sont parvenues de cette figure, sur des pierres gravées, telles que celle d'Admon, Stosch, *Gemm. ant. cœlat.* tab. I; cf. Visconti, *Esposiz. di Gemm. ant.* dans ses *Oper. var.* t. II, p. 225, n. 229; voy. ma *Lettre à M. Schorn*, § II, n. 1, p. 103-104. L'*Hercule epitrapezios*, statue de Lysippe, décrite par Stace, *Sylv.* IV, VI, 32, sqq.; cf. Martial. *Epigr.* IX, 43-44, semble avoir été un monument de ce genre, où le dieu était représenté *assis*, comme on avait l'habitude de le peindre dans une autre circonstance de sa vie, chez le centaure Pholus, Lucian. *Conviv. seu Lapith.* § 14, t. IX, p. 57: Ἔχων ἅμα τὸν σκύφον ἐν τῇ δεξιᾷ, οἷος ὁ παρὰ τῷ Φόλῳ Ἡρακλῆς ἀπὸ τῶν ΓΡΑΦΕΩΝ δείκνυται. Voy. sur cette figure de Lysippe, Boettiger, *Act. semin. Lips.* I, 294; Heyne, *Comment. Gotting.* X. 57; Meyer, *Geschicht. d. bildend. Künste*, t. II, p. 114. L'*ivresse d'Hercule* avait été, chez les anciens, un sujet favori pour les arts d'imitation, pour la plastique comme pour la peinture, et, à défaut des monuments mêmes, il nous reste encore quelques épigrammes antiques qui en font foi, Brunck, *Analect.* t. III, p. 210-211. *Carm. adespot.* n° CCLXXXV-CCLXXXVI; voy. Zoëga, *Bassirilievi*, t. II, p. 105, 5). Quant à sa *voracité*, ἀδηφαγία, πολυφαγία, thème favori des poëtes dramatiques, voyez les nombreux témoignages cités par Athénée, d'après des drames satyriques, Athen. l. X, p. 411 (t. IV, p. 4-5, Schw.); cf. l. XIV, p. 656, B (t. V, p. 388); cf. Spanheim, *ad Callimach. H.*

nouvelle preuve par une belle peinture tout récemment découverte à Pompéi, qui représente, en figures de grandeur naturelle et d'une exécution supérieure à celle de la plupart des peintures de Pompéi, *Hercule ivre auprès d'Omphale*[1]. Jusqu'à l'apparition de cette belle peinture, qui ne tardera sans doute pas à être livrée à notre étude, on avait pu s'étonner que le sujet d'*Hercule chez Omphale*, malgré la faveur dont il avait joui dans l'antiquité, surtout à l'époque romaine, se fût montré si rarement parmi les peintures de Pompéi. Effectivement, on n'en possédait encore qu'un seul exemple, fourni par une peinture d'une petite maison, située derrière la *crypte d'Eumachia*[2]; et, sur cette peinture unique, le personnage même d'*Omphale* avait été méconnu et pris pour celui d'*Iole*, par une méprise assez familière aux antiquaires[3]. Il y avait pourtant, dans l'arrangement des deux figures, une circonstance qui devait prévenir cette méprise; c'est l'air d'autorité de la *femme debout près d'Hercule*, et surtout la manière dont elle pose sa main gauche *sur l'épaule* du héros, en signe de la domination qu'elle exerce sur lui; car c'est précisément là le geste que fait *Omphale* sur le bas-relief *Borgia* et dans le groupe *Farnèse;* ce qui prouve bien que c'était là une tradition de l'art, dans la représentation de ce sujet. La même méprise s'est encore reproduite, parmi les antiquaires de Naples, au sujet de la peinture que je publie, et où l'on a vu aussi *Iole*, au lieu d'*Omphale*, bien qu'aucune des circonstances du *mythe d'Iole*, si bien exposé par M. Minervini, ne se montre dans cette peinture, et que tout, au contraire, s'y trouve d'accord avec la fable d'*Hercule chez Omphale*, telle qu'elle était connue des anciens. Aussi, sans m'arrêter à réfuter cette erreur de l'interprète napolitain, je me bornerai à une explication succincte de notre peinture, où je reconnais sans la moindre difficulté *Hercule chez Omphale*.

Hercule s'y voit nonchalamment étendu à terre, *appuyé sur son coude gauche*, dans une attitude qui constituait, pour ce personnage, dans la situation même dont il s'agit, une de ces traditions de l'art que nous connaissons par des témoignages classiques[4], et que nous retrouvons sur des monuments[5]. Il est vêtu de la *tunique courte*, d'étoffe transparente, nom-

---

in *Dian.* v. 148 et 160. Voy. plus haut, p. 240, 7), 8), 9).

[1] Je n'ai, jusqu'ici, sur cette peinture nouvellement découverte à Pompéi, qu'une indication générale, que je dois à une lettre de M. Bonucci, datée de Naples, le 2 août 1847.

[2] Publiée dans le *R. Mus. Borbon.* t. III, tav. xix.

[3] Rien n'est effectivement plus commun dans les livres d'antiquité que l'alternative d'*Iole*, d'*Omphale* et d'*Hébé*, au sujet de la *femme* avec laquelle *Hercule* se trouve dans une relation amoureuse; j'en ai déjà fait l'observation dans mes *Considérat. sur le torse du Belvédère*, *Mém. de numism. et d'antiquité*, p. 160; cf. Otto Jahn, *Telephos und Troilos*, p. 48, 49); et nous avons ici une nouvelle preuve de cette confusion, commise à l'égard d'*Omphale*, prise pour *Iole*, sur nos deux peintures de Pompéi. C'est ainsi que J. B. Visconti proposait, *Mus. P. Clem.* t. I, p. 62, *Iole* ou *Omphale* pour l'objet de la tendresse d'*Hercule*, *déguisé en femme*, circonstance qui exclut *Iole*, autant qu'elle caractérise *Omphale*. C'est ainsi que Winckelmann appelle *Iole* la *femme* coiffée de la *peau de lion* et portant la *massue*, qui ne peut être qu'*Omphale*, *Pierres grav. de Stosch*, cl. II, n° 1800, 1801; erreur qui n'a été rectifiée qu'en partie par M. Toelken, *Verzeichniss*, etc. p. 268, 269, n° 121, 133; pour ne point parler de la faute commise presque généralement par les anciens antiquaires, qui donnaient indistinctement les noms de *Déjanire* ou d'*Iole* à la *tête de femme*, coiffée de la *léonté*, ou à la figure de *femme*, marchant *enveloppée de la peau de lion* et portant la *massue* sur l'épaule, Agostini, *Gemm. antich.* tav. 73, et 112, laquelle *femme* ne peut être qu'*Omphale*. Les circonstances du mythe d'*Iole*, si bien exposé par M. Minervini, *il Mito di Ercole e di Iole illustrata cogli antichi scrittori* (Napoli, 1842, 4°); voy. plus haut, p. 93, auraient dû bannir de pareilles méprises du domaine de l'archéologie; mais la question, en ce qui concerne les maîtresses d'*Hercule* en général, et *Hébé, Iole, Augé* et *Omphale*, en particulier, mérite, à cause du grand nombre de monuments qui s'y rapportent, d'être l'objet d'un sérieux examen, et j'ai annoncé depuis longtemps, *Mém. de Numismat.* etc. p. 161, 2), 162, 3), que je m'en occuperais d'une manière spéciale dans la IV° de mes *Lettres archéologiques*.

[4] Lucian. *Conviv. seu Lapith.* § 13, t. IX, p. 56, Bip.: Κεῖσομαι ἘΠ' ἈΓΚῶΝΟΣ, οἷον τὸν Ἡρακλέα ΓΡΑΦΟΥΣΙ.

[5] En fait de monuments qui représentent *Hercule* dans cette

mée *crocôté*[1], vêtement approprié à la mollesse des *hiérodules* lydiennes; la *couronne de pampres* qui orne sa tête indique bien que l'esclave d'*Omphale* est aussi dévoué au culte de Bacchus, et le *scyphus* que sa main gauche laisse échapper, tandis qu'il tient sa main droite mollement posée sur sa tête appesantie, est le symbole de l'ivresse à laquelle il s'abandonne. Toute cette figure d'Hercule est d'une composition charmante; mais je ne saurais y voir la ressemblance avec l'attitude du célèbre *torse du Belvédère*, qui a été remarquée par un antiquaire[2].

Auprès de ce personnage d'*Hercule*, livré à la double ivresse du vin et de la volupté, se montrent plusieurs *Amours nus et ailés*, en différentes attitudes. L'un d'eux, assis à terre près du héros, embrasse de ses deux petites mains le vaste *scyphus*, où il va sans doute plonger sa tête[3]; un autre, agenouillé près de son épaule, tient de ses deux mains les bouts de ruban qui pendent de sa *couronne de pampres*; un troisième, assis à ses pieds, fait un geste dont je ne m'explique pas bien l'intention. L'épisode le plus intéressant formé par ces *Amours* est celui que présente la pesante *massue d'Hercule*, que trois de ces petits *Amours*, avec des poses aussi naturelles que variées, s'efforcent de soulever de leurs faibles mains[4] : image gracieuse et naïve, qui peut nous faire apprécier, par un seul trait, l'heureux usage que la peinture grecque avait fait de cette présence des *Amours*, pour rendre sensible l'idée morale d'un sujet.

Le fond de la peinture qui nous occupe a malheureusement perdu, par la destruction de sa partie supérieure, presque tout l'intérêt qu'elle pouvait offrir. On y voit, sur le côté gauche, les restes d'une figure de *femme assise sur un siége de marbre*, où elle s'appuie de la main gauche, tandis qu'elle lève la main droite, en faisant un geste qui exprimait sans doute la joie et l'orgueil de sa victoire; car il est difficile de croire que cette femme, à cette place, ne soit pas *Omphale*, jouissant de l'asservissement d'*Hercule*. Tout près de la reine de Lydie, s'élève un petit monument, qu'à sa forme, à sa dimension et au couvercle en forme de fronton aplati qui le couronne, on ne peut guère prendre que pour un *tombeau*, et dont la présence, dans un sujet tel que celui-là, s'explique par le goût général des anciens à mettre les images de fête et de plaisir en regard de celles de destruction et de mort, ainsi qu'on en a plus d'un exemple dans les peintures mêmes de Pompéi. Sur ce petit monument sont *deux enfants*, chacun dans une attitude qui se rapporte à la *lutte*. Si ces *deux enfants* étaient *ailés*, ce que l'état de la peinture ne permet pas d'assurer ni de nier, je serais disposé à voir en eux *Éros* et *Antéros*, dont la présence indiquerait les combats qui se livrent dans le cœur

---

attitude, au milieu des compagnons de Bacchus, je citerai surtout le célèbre bas-relief *Albani*, Zoëga, *Bassirilievi* t. II, tav. LXX, avec la *grande coupe* de la même *villa*, *ibid.* tav. LXXII; et j'y ajouterai l'indication d'un sarcophage ovale, aujourd'hui placé dans une des salles du musée du Vatican, *Mus. P. Clem.* 1, tav. XXXIV, p. 69, qui représente à peu près le même sujet que la grande coupe *Albani*, et sur lequel j'aurai occasion de revenir dans la IVe de mes *Lettres archéologiques*.

[1] Cette tunique s'appelait proprement *sandyx*, dans la langue des Lydiens, et ce nom lui venait de la *couleur de chair* dans laquelle était teinte l'étoffe, *d'un tissu transparent*, dont elle était faite. Cette notion, qui se fonde sur le témoignage classique d'un écrivain du pays, J. Laurent de Philadelphie, Lyd. *De magistr. Rom.* III, LXIV, a été exposée avec toutes les preuves à l'appui, dans mon *Mémoire sur l'Hercule assyrien*, part. II, §13, p. 232, 2).

[2] Schultz, *Intorno gli scavi Pompeian.* p. 16.

[3] C'est l'action qu'accomplit un jeune *satyre*, sur le bas-relief *Albani*, Zoëga, *Bassirilievi*, II, LXX, p. 119. Le même motif se retrouve sur le camée de la galerie de Florence, que j'ai cité plus haut, p. 247, 1); voy. Zannoni, *R. Galler. di Firenz.* Ser. V, t. I, tav. XXVI, n. 3.

[4] C'est la même image qu'offre le camée cité à la note précédente. Il en existe une répétition sur une intaille, en jaspe rouge, qui a fait partie du cabinet Poniatowsky, Visconti, *Esposiz. di gemm. ant.* dans ses *Oper. var.* t. II, p. 228, n. 236.

d'*Hercule*[1]. Dans le cas où l'on n'admettrait pas cette supposition, j'avoue que je ne saurais proposer pour ces deux enfants une explication qui me satisfasse[2].

Ce serait maintenant le lieu de dire quelques mots au sujet des bas-reliefs romains où se montre, dans une scène de bacchanale, *Hercule ivre*, à côté d'une *femme*, qui a été généralement prise pour *Omphale*. J'ai déjà eu occasion de citer ces bas-reliefs dans l'explication de notre peinture d'*Hercule* et d'*Iole*[3], et je n'aurais pas lieu de revenir sur ce que j'en ai dit à cet endroit, si un docte et ingénieux antiquaire, M. Otto Jahn[4], n'avait tout récemment exprimé, sur l'interprétation de ces monuments, que j'avais admise d'après Zoëga[5], et d'accord avec MM. Welcker[6] et Éd. Gerhard[7], des doutes qui ne peuvent pas demeurer sans réponse. La principale objection de M. Otto Jahn, c'est que l'esclavage d'*Hercule*, rendu sensible par son *vêtement de femme*, étant le trait principal de la légende d'*Omphale*, là où ce trait manque, il n'y a pas lieu de reconnaître *Omphale* dans une scène dionysiaque ; sans compter que l'admission de la reine de Lydie dans le thiase bachique n'est encore rien moins que prouvée. Sur ce dernier point, je ne crains pas de dire que l'opinion du critique me paraît trop rigoureuse, en présence des témoignages antiques qui prouvent qu'*Omphale* fut le sujet de drames satyriques, et de cette autre notion, non moins bien constatée, que la région du *Tmole*, la Lydie, fut le premier siège de la religion de Bacchus[8]. De quelque manière que fût constitué le *chœur des satyres* dans ces drames d'*Omphale*, rien n'est assurément plus probable que de supposer que ces personnages du *chœur* y figuraient à la fois comme compagnons de Bacchus et comme sujets d'*Omphale*, et rien ne s'oppose non plus à ce qu'*Hercule*, si souvent introduit dans les scènes dionysiaques, jouât aussi dans celle-ci son rôle d'amant d'*Omphale*. D'ailleurs, il n'est pas possible de révoquer en doute l'usage qui s'était fait à Rome de la fable d'*Hercule* et d'*Omphale* dans la célébration des *Lupercales*, où les *faunes romains* remplaçaient les *satyres grecs* ; et le témoignage d'Ovide, auquel M. Otto Jahn n'attache qu'une faible importance[9], me paraît avoir, au contraire, dans une question telle que celle-ci, une autorité décisive. Il était donc tout simple que le personnage d'*Omphale* parût à côté d'*Hercule* dans ces scènes de *Bacchanales*, représentées sur des bas-reliefs, dont les auteurs ne faisaient que reproduire en sculpture un sujet familier à des yeux romains ; et l'*ivresse d'Hercule*, circonstance tout aussi caractéristique que son *vêtement de femme*, était naturellement aussi le trait qui devait être montré de préférence dans une orgie bachique. Les objections de M. Otto Jahn me semblent laisser encore dans toute sa vraisemblance l'explication qui a été donnée des bas-reliefs en question, et je crois pouvoir persister dans l'alter-

---

[1] La *lutte de deux Amours ailés* est un motif qui figure sur la frise du temple d'*Aphrodisias*, Texier, *Descript. de l'As. Min.* pl. 158, fig. 1.

[2] M. Schultz s'est contenté de voir ici *deux Amours sur un piédestal*, *Intorno gli scavi Pompaiani*, p. 16. Mais une pareille manière de s'exprimer laisse encore désirer une explication ; et la désignation de *piédestal* ne me paraît pas exacte.

[3] Voy. plus haut, p. 103-107.

[4] Otto Jahn, *Archäolog. Beiträge*, § VII, 3, p. 235-6.

[5] Zoëga, *Bassirilievi*, t. II, tav. LXVII, p. 107, 9).

[6] Welcker, *Nachtrag*, p. 321.

[7] Éd. Gerhard, *Neapels ant. Bildwerke*, t. I, p. 59, n. 191, et *Prodrom.* p. 240, 26).

[8] C'est effectivement ce qui résulte du témoignage mis dans la bouche de Bacchus lui-même par Euripide, *Bacch.* v. 13-14 :

Λιπὼν δὲ ΛΥΔΩΝ τὰς πολυχρύσους γύας,
ΦΡΥΓΩΝ τε, κ. τ. λ.

cf. Apollod. III, v, 1. Voy. Zoëga, *Bassirilievi*, t. II, p. 106.

[9] Ovid. *Fast.* II, 310, sqq. M. Otto Jahn se contente de dire, au sujet de ce passage, certainement classique en pareille matière, *Archäol. Beiträge*, p. 236, 51) : *Der Schwank bei Ovidius hat nur schwache Beweiskraft.* Ce n'est peut-être pas un procédé très-critique de se débarrasser ainsi d'un témoignage si grave.

native que j'avais proposée, d'*Omphale* ou de l'*esclave lydienne*[1], pour la *femme* qui figure auprès d'*Hercule ivre*, sur ces bas-reliefs romains. C'est là, d'ailleurs, une question sur laquelle j'ai annoncé que je me proposais de revenir dans un travail particulier[2].

Il existe encore un assez grand nombre de monuments, la plupart d'époque romaine, qui se rapportent à la fable d'*Hercule* et d'*Omphale;* ce sont des pierres gravées qui représentent, soit les *têtes accolées* d'*Hercule* et d'*Omphale*, cette dernière *coiffée de la peau de lion* et portant la *massue*[3], soit la *tête seule* ou le *buste* de la reine de Lydie, avec les attributs d'*Hercule*[4]; et ce qui prouve bien à quel point ce sujet était devenu populaire dans cette dernière période de l'antiquité, c'est qu'on le retrouve jusque sur des médailles[5], à la vérité, de villes de la Lydie, pour lesquelles le souvenir d'*Omphale* avait conservé un intérêt national. C'est toujours la *figure entière* d'*Omphale*, et non pas seulement la *tête* ou le *buste*, qui se rencontre sur ces monuments de la numismatique, à la différence de ceux de la glyptique[6]. La statuaire même n'avait pas dédaigné de s'exercer sur ce type, pour l'adapter à des figures d'impératrices, ainsi que nous en avons un exemple pour Julia Domna[7], et que nous le voyons par un beau buste en marbre, de notre Musée du Louvre[8], qui représente *Omphale* coiffée de la peau de lion. Enfin, il existe sur les pierres gravées, genre de monuments où l'art s'est permis le plus de licences, jusqu'à des groupes où la figure d'*Hercule* et celle d'*Omphale* offrent une de ces images licencieuses[9] que la civilisation antique ne se faisait aucun scrupule de

---

[1] Voy. plus haut, p. 103, 10).

[2] Dans la IV⁰ de mes *Lettres archéologiques;* voy. plus haut, p. 103, 11).

[3] Winckelmann, *Pierres de Stosch*, cl. II, n⁰ˢ 1796, 1797, 1798, 1799, où il commet l'erreur de nommer *Iole* la *femme*, qui est certainement *Omphale*, sans compter la confusion qu'il a faite d'une de ces pierres, ouvrage de Carpus, n. 1796, avec une autre pierre, ouvrage du même artiste, Stosch, *Gemm. ant.* tab. XXII. Visconti, qui a décrit ces deux pierres de Carpus, en exprimant des doutes, qui ne me paraissent pas fondés, sur l'antiquité de la première, *Esposiz. di gemm. antiche*, dans ses *Opere varie*, t. II, p. 211, n. 178, et p. 220, n. 217, a déjà relevé cette faute de Winckelmann, en laissant subsister l'erreur commise au sujet d'*Iole*. Il existe, dans la galerie de Florence, un beau camée, représentant les têtes accolées d'*Hercule* et d'une *femme*, réputée *Déjanire*, qui est certainement *Omphale*. Le masque d'*Hercule*, couronné de pampres, joint à celui d'*Omphale*, *coiffée de la léonté*, est le sujet d'une pierre gravée, comprise dans les *Impronte dell' Instit. archeol. Cent.* I, n. 66. D'autres pierres, représentant les *têtes accolées* d'*Hercule* et d'*Omphale*, sont citées dans la *Dactyliothèque* de Lippert, I, 560, 561, 562, 564, 565; dans le *Catalogue* de Tassie, n⁰ˢ 6014-6028, et dans le *Verzeichniss* de M. Toelken, p. 268, n⁰ˢ 124, 125, 126, mais avec le faux nom d'*Iole*, pour deux de ces pierres.

[4] Il existe cinq de ces pierres, un camée et quatre intailles, dans la galerie de Florence, Gori, *Mus. Flor.* t. I, tab. 35, 1, 2, 3, 4, 7; *R. Galler. di Firenz.* Ser. V, t. I, tav. XXVII, 1-5, p. 217-220, où Gori et Zannoni ont eu toute raison de reconnaître *Omphale, coiffée de la peau de lion*, contre le sentiment de Winckelmann, qui donnait à une tête pareille le nom d'*Iole*, *Pierres de Stosch*, cl. II, n. 1794, 1795, et contre l'opinion d'autres antiquaires, tels qu'Agostini et Maffei, *Gemm. antiche* t. II, p. 212,

qui hésitaient entre *Iole* et *Omphale*, hésitation blâmée avec raison par Zoëga, *Bassirilievi*, t. II, p. 107, 9). Cette erreur de Winckelmann, corrigée dans le *Catalogue* de Tassie, n⁰ˢ 6029-6063, est reproduite dans le *Verzeichniss* de M. Toelken, p. 268, n⁰ˢ 121, 122, 123.

[5] Sur celles de *Mœonia* et de *Sardes*, dont la *tête d'Hercule* forme le type principal, et le revers offre la *figure d'Omphale, debout*, portant la *massue* et la *dépouille du lion*, Beger, *Thes. Brand.* t. I, p. 500; Pellerin, *Méd. de peuples*, t. II, pl. LXII, 35; Eckhel, *Catalog. Mus. Cæsar.* t. I, p. 193; Ramus, *Catal. num. reg. Dan.* t. I, p. 277, n. 1; voy. Eckhel, *D. N.* t. III, p. 105 et 113. Mais Zoëga se trompe, *Bassirilievi*, t. II, p. 107, 9., en rapportant au sujet d'*Omphale* le groupe représenté sur les médaillons de *Sardes* et de *Pergame*, Vaillant, *Mus. de Camps.* n. VII, p. 25, 4; *Mus. Pisan.* tab. XXIV, 3, qui appartient au sujet d'*Augé*, ainsi que je crois l'avoir montré dans mon *Mém. sur le torse du Belvédère*, *Mém. de numismatique*, p. 155-156. Quant à ce qui concerne les médailles de Lydie, offrant pour type la figure d'*Omphale*, je renvoie à mon *Mémoire sur l'Hercule assyrien*, où j'ai traité plus spécialement ce point de numismatique, part. II, § 13, p. 231, 4).

[6] Le même type se retrouve pourtant aussi sur des pierres gravées, Winckelmann, *Pierres de Stosch*, cl. II, n⁰ˢ 1801, 1802; Dolce, *Museo Denh.* G, 123; Visconti, *Esposiz. di gemm. ant.* dans ses *Oper. var.* t. II, p. 228-229, n. 239.

[7] Guattani, *Memor. Encicloped.* t. V, p. 120; Ott. Müller, *Handbuch*, § 410, 7, p. 636.

[8] Ce buste, décrit par M. de Clarac, *Notice, etc.* p. 94, n. 193, est publié dans les *Monum. du Mus. napol.* t. II, pl. 39. Voyez aussi Visconti, *Oper. var.* t. IV, p. 113, tav. XVIII, 1; cf. Ott. Müller, *Handbuch*, § 410, 7, p. 636.

[9] Winckelmann, *Pierres de Stosch*, cl. II, n. 1805, p. 293, pâte antique: Hercule coiffé en femme, qui jouit d'*Iole* (lis. *Om-*

demander à l'art, attendu qu'elle en trouvait le motif dans la mythologie. Mais c'est dans un travail spécial que je me propose, ainsi que je l'ai déjà dit plus haut[1], de soumettre à un examen critique cette dernière classe de monuments, et c'est aussi dans le même travail que j'essayerai de déterminer les caractères auxquels on doit reconnaître, sur les monuments figurés, les personnages, trop souvent confondus ou pris indistinctement l'un pour l'autre, d'*Hébé*, d'*Iole*, d'*Augé*, de *Déjanire* et d'*Omphale*.

En attendant, je dois dire quelques mots d'un de ces monuments de la glyptique, qui a exercé, à cause de la singularité de sa représentation, la sagacité de plusieurs antiquaires, et que l'opinion la plus probable a rapportée au sujet d'*Hercule chez Omphale*. Il s'agit d'une pierre gravée, célèbre depuis deux siècles[2], où se voit une *tête d'homme imberbe couronnée de laurier*[3], et enveloppée d'un *voile d'étoffe transparente*, qui est ramené sur le devant du visage, de manière à en recouvrir toute la partie inférieure. A ce trait de costume, qu'il croyait propre aux habitudes de la civilisation lydienne, Winckelmann s'était flatté de reconnaître *Hercule esclave chez Omphale*, et il chercha à appuyer cette explication à l'aide d'une peinture de vase, qu'il interpréta d'après le même motif[4]. C'est aussi la tête d'*Hercule, en habit de femme*, que M. de Koehler, reproduisant l'opinion de Winckelmann, a voulu voir sur la même pierre, maintenant conservée dans la collection impériale de l'Ermitage[5], ou, du moins, à défaut d'*Hercule* lui-même, ce serait le *prêtre d'Hercule*, de la ville d'*Antimachia*, dans l'île de *Cos*[6], qui serait ici représenté, *portant l'habit de femme, et couvert d'un voile transparent d'une étoffe fabriquée dans cette île*. Bien que cette explication, qui semble avoir été admise par Ott. Müller[7], et qui l'avait été déjà par Visconti[8] et par Millin[9], ait été combattue par un antiquaire italien qui proposait *Hélénus*, le *devin phrygien*, fils de Priam[10], au lieu d'*Hercule chez Omphale*, j'avoue que je penche encore pour l'explication de Winckelmann, renouvelée par M. de Koehler, mais toutefois sans que cet assentiment soit déterminé par une conviction bien profonde.

---

phale) coiffée avec la peau de lion, sur le reste de laquelle ils sont tous deux couchés. Le même sujet dans la même attitude se trouve en cornaline dans le cabinet de l'empereur, à Vienne; cf. Toelken, *Verzeichniss*, p. 269, n. 133 : « Weisse antike Paste. Hercules und Iole (Omphale) auf dem untergebreiteten Loewenfell; erotisches Symplegma. »

[1] Voy. p. 251, 2j.

[2] Cette pierre, qui avait fait d'abord partie du *Cabinet de Madame*, a fourni le sujet d'une *dissertation* de Baudelot de Dairval, qui crut y reconnaître la tête de *Ptolémée Aulétès*, *Histoire de Ptolémée Aulétès*, Paris, 1798, in-12. Plus tard elle entra dans le *Cabinet d'Orléans*, où elle est publiée, *Descr. des pierres grav. d'Orléans*, t. II, pl. xi, p. 31-34, avec deux autres têtes de *femme voilée* de la même manière, pl. xii et xiii. Depuis, elle a passé avec toute cette collection dans le cabinet impérial de l'Ermitage, à Saint-Pétersbourg.

[3] La *tête d'Hercule, imberbe et couronné de laurier*, est un type fréquent sur les médailles de la Lydie.

[4] C'est dans son *Histoire de l'art* qu'il exposa d'abord cette idée, *Stor. dell' art.* l. V, c. v, § 7, 8, 9, 10 et 11 (*Geschicht. d. Kunst*, v, 8, § 12, 18, *Werke*, t. IV, p. 190-196; cf. B. vii, K. 1, § 41, t. V, p. 126), qu'il reproduisit encore dans le *Trattato preliminare* de ses *Monum. inedit.* c. iv, p. lviii-lix. La peinture de vase dont il se servait pour appuyer cette explication est celle du vase de la première collection d'Hamilton, t. 1, pl. 71, dont il a été parlé plus haut.

[5] Koehler, *Description d'une améthyste du cabinet des pierres grav. de S. M. l'empereur de toutes les Russies*, 1798, Saint-Pétersbourg.

[6] Plutarch. *Quæst. Græc.* § 58, t. VII, p. 212-213, ed. Reisk. Sur cette particularité du culte d'*Hercule*, à *Cos*, qui se rapporte à une origine asiatique, voy. mon *Mémoire sur l'Hercule assyrien*, part. Ire, § 7, p. 94, 2).

[7] *Handbuch*, § 410, 7, p. 637. Le savant auteur ne fait aucune mention de l'opinion de Winckelmann, que l'antiquaire de Saint-Pétersbourg n'avait fait que reproduire.

[8] *Esposiz. di gemm. antich.* dans ses *Opere varie*, t. II, p. 219, n. 212 : « A molti eruditi è stato soggetto di controversie ed occasione d'errori, sinchè Winckelmann ne ha finalmente proposto il vero argomento. Ercole coronato d'ulivo ha la metà del volto coperto d'un sottil velo, secondo il costume delle meonie fanciulle. »

[9] *Galer. mythol.* pl. cviii bis, n. 453*, *Explicat.* p. 32-33 : *Hercule, vêtu en femme*, s'apprêtant à célébrer les orgies avec *Omphale*.

[10] *Lettre adressée à M. Chr. Wiesiolowski* par Ciampi, Varsovie, 1820, 8°. En réfutant l'explication d'*Hercule*, proposée par Koehler, pour y substituer celle d'*Hélénus*, l'auteur semble avoir ignoré que l'opinion qu'il combat était celle de Winckelmann.

SECONDE PARTIE.

TEMPS HÉROÏQUES.

SECONDE PARTIE.

TEMPS HÉROÏQUES.

PLANCHE XXI.

ACHILLE A SCYROS.

Hauteur, 1 mètre 44 cen.—Largeur, 0.^m90 cent.

La peinture que nous représente cette planche fut trouvée en 1828, dans une belle et grande maison de la *rue dite de Mercure*, qui fut d'abord appelée la *maison du questeur*[1], mais qui est aujourd'hui généralement connue sous le nom de *maison de Castor et Pollux*, ou *des Dioscures*, à cause de l'image de ces *lieux jumeaux*, peinte à l'une des entrées et reproduite en d'autres endroits[2]. Cette peinture décorait l'un des murs du *tablinum*, ou de la pièce principale de la troisième partie de cette habitation; et elle est d'une très-belle conservation, si ce n'est que le côté gauche du tableau ayant été endommagé durant la fouille, on crut devoir scier ce morceau, en ayant plus d'égard pour la régularité du cadre

[1] Voy. la *Relazione degli Scavi di Pompei du Aprile 1828 fino e Maggio 1829*, qui se lit à la fin du I. V du *R. Mus. Borbonico*, Napoli, 1829.
[2] *Ibid.* p. 5.

que pour l'intégrité de la composition ; et c'est à cette opération, qui pourrait s'appeler barbare, si elle n'avait lieu dans un pays civilisé, qu'est due la mutilation de toute la tête qui subsistait encore d'un personnage du fond, et celle de la jambe droite d'Achille[1]. Telle qu'elle se trouve aujourd'hui dans le *Musée des Studj* où elle a été transportée, elle a été publiée déjà plusieurs fois, dans un dessin plus ou moins réduit, au simple trait[2] ; elle figure pareillement dans le recueil de M. Zahn[3] ; et j'en avais donné une description succincte dans mes *Monuments inédits*[4], d'après une excellente copie que j'en possédais dès lors et que je publie aujourd'hui.

Le sujet de cette peinture s'y trouve rendu avec tant de vérité et d'énergie, qu'il ne saurait y avoir d'incertitude à cet égard. Le jeune héros, qui s'est déjà dégagé en partie de ses vêtements de femme, et qui vient de saisir de la main droite une *épée dans sa gaîne*, en même temps qu'il tient de la main gauche un *bouclier* dressé sur un petit socle, ne peut être qu'*Achille*, caché sous ce déguisement parmi les filles du roi de *Scyros*. Tout le mouvement de cette figure répond à l'action du personnage, et l'expression de la tête est digne du héros de l'*Iliade*. *Achille* est placé entre deux personnages qui cherchent à l'entraîner par un effort commun, différemment exprimé ; celui qui est placé à droite du spectateur, et qui se reconnaît pour *Ulysse*, à son visage barbu et au *bonnet* dont sa tête est coiffée[5], lui a saisi fortement le bras droit, et son regard, dirigé vers le jeune héros, semble lui montrer le chemin de la gloire ouvert devant lui ; l'autre personnage, jeune et imberbe, qui s'est emparé d'*Achille*, en l'étreignant de ses deux bras, ne peut être que *Diomède*, que les Grecs avaient associé à *Ulysse* dans cette mission importante[6]. Ce groupe, si bien conçu dans tout son ensemble et d'un effet si saisissant, occupe tout le devant du tableau. Sur le second plan, se voit, dans la partie droite de la composition, une femme, certainement *Déidamie*, qui s'éloigne, dans l'état de nudité où il semble qu'elle ait été surprise, cherchant à rassembler son *péplus* au-dessus de sa personne, et montrant, dans son attitude et dans l'expression de sa figure, le trouble et la douleur que lui cause l'action d'Achille rendu à lui-même et perdu pour elle. En face de *Déidamie*, apparaît entre deux soldats, sans doute deux des Grecs qui avaient accompagné le roi d'Ithaque, un homme d'un âge mûr, qui tient un *sceptre* de la main gauche, et qui fait de la main droite un geste d'accord avec l'expression de sa figure, où se montre une émotion grave qui ressemble à la satisfaction d'un grand dessein accompli. On a cru voir dans ce personnage *Lycomède*, le roi de Scyros, *confus* de la scène à laquelle il assiste[7], et un docte antiquaire a donné son assentiment à cette opinion[8] ; mais je persiste à croire, comme je l'avais d'abord pensé, qu'au lieu de *Lycomède, surpris* et *troublé*, c'est *Nestor* qui intervient, à la distance et avec le caractère qui conviennent à ce personnage,

---

[1] Jorio, *Guide pour la galerie des peintures anciennes.* p. 88, n° 1542, 2ᵉ édit.

[2] *R. Mus. Borbon.* t. IX, tav. vi ; W. Gell, *Pompeiana. New Series,* t. II, pl. LXIX, p. 38 et 148.

[3] Zahn, *Die schönste Ornamente aus Pompei, etc.* t. II, Taf. 23.

[4] *Addit. et correct.* p. 416, B.

[5] Sur ce *bonnet de laine,* πῖλος, πιλίδιον, devenu, dès une très-haute époque, l'attribut caractéristique d'*Ulysse,* puisqu'il était déjà connu d'Homère, *Iliad.* x, 260-65 ; cf. Eustath. *ad h. l.* p. 804, l. 17, ed. Rom., je ne puis que renvoyer aux éclaircissements que j'ai donnés dans mes *Monum. inéd. Odysséide,* p. 247-249.

[6] Stat. *Achilleid.* II, 23 ; Quint. Smyrn. *Posthomer.* vii, 224 ; Philostrat. Jun. *imag.* 1.

[7] Gugl. Bechi, *R. Mus. Borbon.* t. IX, tav. vi, p. 3 : « Tutto confuso della frode svelata. »

[8] Ott. Jahn, *Archäolog. Beiträg.* § xii, p. 370.

chef de l'ambassade envoyée à *Scyros*; et l'argument dont on s'est servi, que la figure de *Lycomède* se trouve répétée à Pompéi[1], n'est ici d'aucune valeur, puisque cette répétition de la figure en question ne prouve pas que ce personnage soit *Lycomède* plutôt que *Nestor*, et qu'il y a plus de probabilité pour cette seconde supposition que pour la première. Le dernier personnage, dans cette partie du tableau, était *Agyrtès*, représenté au moment où il embouchait la *trompette*. La figure a disparu toute entière, en partie par suite de l'accident dont il a été parlé; mais la *trompette* qui se voit encore suffit pour rétablir par la pensée le personnage d'*Agyrtès*.

Les accessoires de cette peinture ne sont pas moins intéressants, moins bien conçus dans l'intention du sujet que les personnages qui y figurent. Le fond du tableau présente une galerie soutenue par des couples de colonnes, du milieu desquelles pendent des guirlandes de fleurs, avec une porte entr'ouverte en face d'un des entre-colonnements, et avec un *tapis suspendu*, *peripetasma*[2], en avant d'un autre; c'est l'image du *gynœcée*, où se passe l'action, dans une ordonnance d'architecture digne du caractère héroïque de la scène. Sur le devant du tableau, sont épars, aux pieds des personnages, divers objets qui se rapportent au stratagème employé par *Ulysse*, un *vase*, de la forme de *prochoë* ou de *préféricule*, un *casque*, et un *miroir* enfermé dans sa *boîte* d'argent, ΛΟΦΕΙΟΝ[3]. Mais ce qui est ici tout à fait caractéristique, c'est le choix du sujet qui orne le dessus du *bouclier*, et qui rappelle le groupe de l'*éducation d'Achille*, si connu par la belle peinture d'Herculanum[4] et par ses répétitions antiques[5], toutes certainement dérivées d'un modèle commun, qui doit être quelque original célèbre de l'art grec, tel que le groupe cité par Pline[6], ainsi que l'avaient présumé d'abord les académiciens d'Herculanum[7], et que je l'avais pensé moi-même[8]; et je vois avec plaisir que c'est aussi l'avis de M. Otto Jahn[9].

Une particularité que je ne dois pas omettre de signaler, c'est le *cercle d'argent* qu'*Achille* porte au bas de la jambe gauche. Les antiquaires disposés, sur la foi de Visconti, à reconnaître *Achille* dans la statue Borghèse de notre musée du Louvre[10], d'après l'*anneau* qu'on lui voit au bas de la jambe droite, pourraient peut-être se flatter de trouver dans cette circonstance un argument à l'appui de leur manière de voir. Mais j'ai montré[11] que cet *anneau*

---

[1] Schulz, *Rapport. sugl. Scavi Pompeiani*, dans le *Bulletin. archeol.* 1841, p. 100.

[2] Sur ces *tapis*, que les Grecs nommaient περιπετάσματα ou παραπετάσματα, et les Romains *aulæa*, parce qu'ils s'employaient surtout sous les portiques de l'*aulé*, les monuments ne donnent pas moins d'éclaircissements que les textes; voy. surtout les bas-reliefs publiés par Winckelmann, *Monum. ined.* n° 89, 90, 148, et par Visconti, *Mus. P. Clem.* IV, xv et xxv, V, xix et xxii.

[3] Pollux, X, 126 : Κάτοπτρον, οὗ τὴν θήκην λοφεῖον. Cf. Aristophan. *Nub.* 751, et Schol. *ad h. l.*

[4] *Pittur. d'Ercolan.* t. 1, tav. viii; R. *Mus. Borbonico*, t. 1, tav. vii.

[5] Telles qu'une peinture de Pompéi, citée par M. Schulz, dans son *Rapport. intorn. gl. Scavi Pompeiani*, dans les *Annal. dell' Instit. archeol.* t. X, p. 172; un bas-relief en stuc d'un tombeau romain, Campana, *Due Sepolcri*, etc. tav. 7 A; une lampe, décrite dans le *Bullet. archeol.* 1844, p. 40, et plusieurs pierres gravées, *Mus. Florent.* II, 25, 2; Miliotti, *Pierres gr.* n° 124; Millin, *Galer. mythol.* pl. cxlvi, n° 553; Winckelmann, *Pierres gravées de Stosch*, pl. 360, n° 210, suiv.

[6] Plin. XXXVI, 4, 5, 29.

[7] *Pittur. d'Ercolan.* t. 1, tav. viii, p. 41, 14).

[8] *Monum. inéd. Achilléide*, p. 68, 1).

[9] *Archäol. Beiträg.* § xii, p. 371.

[10] *Scult. d. Vill. Pincian.* st. 1, n. 9; Bouillon, *Mus. des antiq.* t. II, pl. 15.

[11] *Monum. inéd. Achilléide*, p. 54-57. Il doit m'être permis de rappeler qu'un savant antiquaire, M. Labus, l'éditeur des *Œuvres* de Visconti, a cru pouvoir opposer les raisons qui m'avaient fait reconnaître *Mars enchaîné* dans cette statue à l'opinion de Visconti qui la prenait pour un *Achille*, sans toutefois se prononcer entre ces deux explications, *Monum. sc. Borghes.* Prefaz. p. vii-x, ed. Milan.

ne pouvait être regardé que comme un indice de *captivité*, et qu'il s'appliquait à *Mars*, dans un des traits les plus célèbres de son mythe, sa *captivité* par les *Aloïdes*; et j'ai eu plus haut l'occasion d'appliquer la même observation à une figure de *Danaé*, représentée avec un *cercle métallique*, muni d'un petit *anneau*, à la jambe droite, comme indice de sa *captivité*[1]. L'*anneau* qui se voit ici à la jambe d'*Achille* ne peut donc s'expliquer que comme un de ces *bijoux de femmes* qui se nommaient ΠΕΡΙΣΦΥΡΙΑ et ΠΕΡΙΣΚΕΛΙΔΕΣ[2], dont l'usage était surtout propre aux femmes de la condition d'*Hétaïres* ou de *courtisanes*[3], et dont l'objet était de caractériser ici le déguisement d'*Achille*.

Le mérite de la composition originale ressort si bien encore dans notre peinture de Pompéi, quoique l'exécution soit si loin sans doute d'y répondre à celle du modèle, qu'on se trouve naturellement disposé à chercher ce modèle dans quelque belle production de la peinture historique des Grecs, qui s'exerça principalement en *tableaux sur bois*. Or nous savons, par l'histoire de l'art, qu'il exista au moins deux tableaux du sujet d'*Achille à Scyros*, l'un peint par Polygnote et placé dans la *Pinacothèque* des *Propylées*[4], l'autre, de la main d'Athénion, cité par Pline[5] comme un des ouvrages les plus importants de ce maître. Il s'agirait maintenant de décider à laquelle de ces deux compositions se rapporterait notre peinture de Pompéi, et il semble qu'il ne soit pas impossible d'arriver à cette détermination par des considérations tirées du génie de l'art, à ses diverses époques. La peinture de Polygnote, certainement conçue d'après les principes sévères de l'ancienne école attique, devait offrir les personnages du sujet d'*Achille à Scyros* disposés sur un même plan et plus ou moins espacés, dans le goût du bas-relief. C'est ainsi qu'on trouve ce sujet traité sur les sarcophages antiques, qui dérivent pour la plupart d'un original célèbre, sauf quelques variantes de détail sans importance, probablement dues au caprice de l'artiste; et je crois pouvoir présumer, d'après ce motif, que cet original fut la peinture même de Polygnote, qui, à raison de la renommée de son auteur et de la place même qu'elle occupait dans une collection telle que celle des *Propylées*[6], dut jouir d'une grande célébrité dans toute l'antiquité.

Le tableau d'Athénion devait être d'un tout autre caractère et d'une composition toute différente, à en juger d'après l'époque même où florissait cet artiste, et d'après ce que nous savons du genre de son talent. Effectivement, il nous est connu comme rival de Nicias, qu'il suivit dans la carrière à quelques années de distance, mais avec un succès au moins égal; d'où il suit qu'il dut fleurir vers la CXXI[e] olympiade, 296 ans avant notre ère[7], sous les successeurs d'Alexandre. À cette époque, la peinture historique des Grecs avait acquis tout son développement; elle possédait tous ses moyens d'illusion, et elle joignait à toute la science du dessin toute la puissance du coloris. On doit donc croire que le

---

[1] Voy. plus haut, p. 197, 6).

[2] Pollux, V. 16, 100; Plutarch. *Moral.* p. 142, C; Long. *Pastoral.* 1, 5. Cf. Boissonad. *ad.* Philostr. *Epist.* p. 115 et 176; et *ad* Aristænet. p. 507.

[3] Horat. *Epist.* I, XVII, 56; cf. Porphyr. *ad h. l.*

[4] Pausan. I, XXII, 6. Voyez, sur ce tableau de Polygnote, mes *Lettres archéologiques sur la peinture des Grecs*, Ire part. § 1, p. 46-49.

[5] Plin. XXXV, 40, 29.

[6] Sur cette collection de tableaux formée dans le bâtiment de l'aile droite des *Propylées*, qui avait été le sujet d'un des livres de Polémon, Harpocrat. v. Λαμπάς· περὶ τῶν ἐν τοῖς Προπυλαίοις πινάκων, voy. mes *Peintures ant. inéd.* p. 177-8, 221 et 228, et mes *Lettres archéol. sur la peint. des Grecs*, Ire part. § 1, p. 54, suiv.

[7] Sillig, *Catalog. veter. artific.* v. Athenio, p. 101. Cf. Preller, *Demeter und Persephone*, p. 376-377. Voy. mes *Lettres archéol.* etc. § III, p. 172-173.

système de composition suivi par les peintres de cette période différait radicalement de celui qui avait régné dans la période antérieure, en ce qu'il admettait une disposition de personnages placés sur plusieurs plans, de manière à produire un effet plus piquant par la distribution de la lumière. Par ce motif, notre peinture devra se rattacher aux productions du siècle voisin de celui d'Alexandre; et, à ce titre, il sera permis d'en attribuer le modèle au tableau d'Athénion, dont le sujet, tel qu'il est indiqué par Pline[1], répond exactement à celui de notre peinture de Pompéi. Il paraît aussi que les œuvres d'Athénion se distinguaient par une sorte d'érudition, ce que Pline exprime ainsi: *Ut in ipsa pictura eruditio eluceat*. Ce genre de mérite semble surtout se rapporter au choix des accessoires, à l'intelligence et au goût avec lesquels l'artiste savait disposer la scène de ses tableaux, de manière à ce que chacun des éléments de sa composition concourût à l'effet de l'ensemble. A cet égard encore, notre peinture, où tous les détails se trouvent si bien appropriés au sujet, rentre dans l'idée qu'on peut se faire du talent d'Athénion; et je crois, par toutes ces raisons, qu'il est permis de voir dans cette peinture de Pompéi, une des plus remarquables qui soient sorties des ruines de cette ville, sous tous les rapports de la composition, du style et de l'exécution, une réminiscence d'une des œuvres de la peinture grecque du IIIe siècle avant notre ère.

En tout cas, il fallait que le tableau qui avait servi de modèle à notre peinture de Pompéi fût un original grec d'une grande célébrité, puisque la même composition s'est trouvée reproduite sur une autre peinture de Pompéi, découverte en 1834, mais malheureusement très-dégradée[2]. On en a encore la preuve par une mosaïque qui fut rendue à la lumière dans les fouilles de 1839, et que j'ai déjà publiée[3]. A la différence de toutes les mosaïques connues jusqu'ici, qui servaient à l'ornement du pavé, celle-ci, aussi bien que deux autres appartenant à la même maison[4], était encastrée dans une des murailles extérieures d'une petite chambre qui faisait partie d'une des dernières maisons de la *rue de Mercure*[5]. Cette mosaïque, d'une exécution du reste assez grossière, se composait des trois figures principales du sujet d'*Achille à Scyros*, c'est à savoir le groupe d'*Achille* et d'*Ulysse*, conçu absolument comme il l'est dans notre peinture, de manière à prouver que l'auteur de la mosaïque s'était inspiré du même original que celui de la peinture, lequel original, au jugement du savant antiquaire M. Schulz[6], ne peut guère avoir été qu'un des chefs-d'œuvre de la peinture grecque, produits après la mort d'Alexandre; ce qui s'accorde tout à fait avec l'attribution que j'en fais à Athénion. La troisième figure est celle de *Déidamie*, qui a été rapportée ici sur le premier plan, en opposition à celle d'*Ulysse*, par une combinaison qui résultait nécessairement du champ plus étroit de la mosaïque et qui ne manque certainement pas d'intelligence.

[1] Plin. XXXV, 11, 40 : « Pinxit. . . . . Achillem virginis habitu occultatum, Ulysse deprehendente. »

[2] Cette peinture est citée par M. Otto Jahn, *Archäol. Beiträg.* § XII, p. 369, 31).

[3] Planche XX.

[4] Ces deux autres mosaïques, détachées de la muraille pour être transportées au musée de Naples, représentaient, l'une *les Trois Grâces*, l'autre la *Dispute d'Achille et d'Agamemnon*. Schulz, *Rapport. sugl. Scav. Pompeian.* dans le *Bullet. archeol.* 1841, p. 99.

[5] Schulz, *Rapp. cit.* p. 99.

[6] Schulz, *l. l.* p. 99 : « Che questa famosa composizione, la quale per la sua drammatica energia e la bellezza veramente greca dell' insieme, ricorda l'ingegno dell' arte greca vigorosissima dopo la morte d'Alessandro, si presentasse vivamente agli occhi del musaicista, si rileva ancora da alcuni accessorj che ricordano lo stesso dipinto, etc. »

Le sujet d'*Achille à Scyros* s'est encore rencontré sur d'autres peintures de Pompéi, d'une composition toute différente, et aussi d'un bien moindre intérêt. Une de ces peintures, que Mazois a fait connaître [1], n'offre sur le devant que deux personnages, *Achille*, qui s'éloigne, à demi dégagé de ses vêtements de femme, et *Déidamie*, qui semble chercher à le retenir; et, dans le fond, un troisième personnage qui met le doigt sur sa bouche, et qu'à ce geste on a cru pouvoir reconnaître pour *Ulysse*. Mais je citerai particulièrement une peinture de la maison dite *de la paroi noire* [2], où la composition du sujet d'*Achille à Scyros* est présentée d'une manière différente, dont il existe pourtant plus d'un exemple à Pompéi, en ce que les personnages qui y figurent sont isolés les uns des autres, au moyen d'ornements architectoniques qui les séparent.

Il me resterait maintenant à indiquer les autres monuments de l'art qui se rapportent au même sujet, ainsi que les témoignages de la littérature classique qui nous en ont transmis la notion. Mais c'est une tâche que j'ai déjà remplie, autant qu'il était en mon pouvoir, en publiant à plusieurs reprises, d'abord dans mes *Monuments inédits* [3], puis, dans les *Annales de l'Institut archéologique* [4], trois bas-reliefs encore inédits de la fable d'*Achille à Scyros*, avec un vase peint, où j'avais cru trouver ce sujet, et en accompagnant ces monuments de tous les éclaircissements qui me paraissaient propres à en établir l'intelligence. Je n'aurais donc aujourd'hui aucune observation nouvelle à ajouter à mon précédent travail, surtout depuis qu'un savant et ingénieux antiquaire, M. Otto Jahn, s'est occupé à son tour du sujet d'*Achille à Scyros* [5], pour y compléter, en même temps que pour y rectifier, tout ce qui laissait encore à désirer dans l'explication des monuments. Un seul de ces monuments, découvert postérieurement à tous ceux qui m'étaient connus, a pu être cité par M. Otto Jahn, à qui je n'avais pas laissé, comme il l'a cru [6], le soin de faire mention du fragment de sarcophage

---

[1] Mazois, *Ruines de Pompéi*, t. II, pl. XLIII, p. 86.

[2] Je ne connais pourtant cette peinture que par l'indication, malheureusement trop succincte, qui en est donnée par M. le Dr Schulz dans son *Rapport*, inséré au *Bullet. archeol.* 1841, p. 106.

[3] *Achilléide*, Ir part. § II, p. 68-74. Voy. aussi les *Addit. et correct.* p. 416-417, où j'ai donné l'explication détaillée d'un bas-relief, de la collection Vescovali, que j'ai publié dans une des planches ajoutées postérieurement à cet ouvrage, pl. X B, nº 2, le même sarcophage, à ce que présume M. Otto Jahn, *Archäol Beiträg.* p. 359, 15), qui faisait partie des marbres de la *villa Albani* à l'époque où il fut publié par Winckelmann, *Monum. ined.* nº 87, qui s'était trompé en le rapportant à la fable de Méléagre, Visconti, *Mus. P. Clem.* t. V, p. 33, c); Welcker, *Zeitschrift*, etc. p. 427; voy. mon *Achilléide*, p. 71, 4). La conjecture de M. Otto Jahn paraît bien vraisemblable. Il est certain du moins que les deux bas-reliefs ont entre eux la plus grande analogie dans l'ensemble et dans les détails; et, ce qui est sûr, c'est qu'il n'est fait dans l'*Indicazione antiq. della villa Albani* (Roma, 1803) aucune mention du monument publié par Winckelmann : d'où il semblerait résulter qu'il était sorti à cette époque de la *villa Albani*, comme tant d'autres qui sont aujourd'hui à Paris, à Munich, et ailleurs, et par conséquent qu'il peut bien être celui qui s'est trouvé depuis chez M. Vescovali.

[4] *Annal. dell' Instit. archeol.* t. IV, tav. agg. D, E, p. 321-333. La figure de *femme voilée de la tête aux pieds* qui se montre sur ce sarcophage, un peu en arrière des filles de *Lycomède*, m'avait paru représenter *l'âme de la défunte*, d'après le motif que *l'âme humaine* est habituellement représentée sur les bas-reliefs des sarcophages et dans les peintures des tombeaux par une *femme voilée*. M. Otto Jahn a repoussé cette explication, *Archäol. Beiträg.* p. 355, 9), sans pouvoir contester la valeur des monuments que j'avais allégués à l'appui, et il s'est borné à dire que ce devait être la *nourrice*, dans la supposition que la *pièce d'étoffe* qui couvre ordinairement la tête de la *nourrice* avait été changée en ce *long voile* par la méprise du dessinateur. Il est certain que, si la coiffure en question, dont j'ai, plus que personne, s'il m'est permis de le dire, cherché à établir le caractère et l'emploi, figure sur le bas-relief original, la figure doit être reconnue pour celle de la *nourrice*. Mais, si c'est réellement un *voile* qui enveloppe cette femme de la tête aux pieds, comme on le voit dans le dessin, je ne crois pas qu'il y ait d'autre explication possible que celle que j'ai proposée. C'est donc ici une question de fait, qui ne saurait être décidée que d'après l'examen le plus attentif du monument, qui ne m'a été connu que d'après deux dessins, à la vérité très-défectueux.

[5] *Archäolog. Beiträge* (Berlin, 1847, 8), § XII, p. 352-378.

[6] *Ibid.* p. 354, 6).

du *Musée Napoléon*[1], puisque ce fragment est indiqué dans le nombre des bas-reliefs que je rapportais à la fable d'*Achille à Scyros*[2]. Ce monument, acquis en dernier lieu à la science, est un bas-relief sculpté sur un petit coffre d'ivoire qui fut trouvé dans les fouilles de *Xanten*[3], et qui paraît appartenir à l'époque de la décadence. Je n'aurais rien à ajouter à l'explication qu'en a donnée M. Urlichs, complétée, comme elle l'a été, par M. Otto Jahn[4].

Mais il n'est peut-être pas inutile de revenir sur une classe de monuments où l'on a cru, avec plus ou moins de raison, trouver le sujet d'*Achille à Scyros*, sans que, jusqu'ici, au jugement de M. Otto Jahn, le succès ait répondu à l'attente des antiquaires. Il s'agit des vases peints, sur lesquels il y a sans doute lieu de s'étonner, dans le grand nombre de monuments de ce genre acquis de nos jours à la science, où figurent tant de traits de la vie d'*Achille*, que son aventure de *Scyros* ne se soit pas rencontrée plus souvent, du moins avec toute la certitude désirable. Il est constant, en effet, que la patère du musée de Naples[5], où l'on s'était flatté de voir *les filles de Lycomède recevant les présents d'Ulysse*, et *Achille déguisé en femme avec un bouclier*, peut fort bien représenter toute autre chose, malgré l'assentiment donné, il est vrai, avec une certaine réserve, à cette explication, par des antiquaires allemands[6]. Je n'oserais non plus admettre, sans en avoir vu un dessin, l'explication que M. Minervini a donnée d'un vase de Nola[7], où ce jeune et habile antiquaire a cru trouver *Achille prenant congé de Déidamie*; et je ne sais à quel titre on a cru reconnaître *Achille caché parmi les filles de Lycomède* sur les fragments d'une coupe du cabinet de M. le duc de Luynes[8], où il n'y a rien, à mon avis, ni dans l'action des personnages, ni dans leur costume et leurs attributs, qui se rapporte à ce sujet. Jusqu'ici, l'espèce d'arrêt prononcé par M. Otto Jahn, qui n'a fait pourtant aucune mention du vase signalé en dernier lieu, semblerait donc suffisamment justifié. Mais peut-être faudrait-il faire une exception à cet arrêt en faveur d'un vase de la collection Durand[9], qui paraît avoir échappé à la mémoire de M. Otto Jahn, et qui semble bien avoir rapport au sujet en question. Près d'Achille à demi agenouillé, qui vient de poser un *casque* sur sa tête, et qui a saisi une lance et un grand *bouclier* rond, se montre debout *Agyrtès*, sonnant de la trompette; et, de l'autre côté du vase, qui est une amphore de Nola, une femme qui s'éloigne, en dirigeant son regard vers Achille et en étendant la main droite, semble bien ne pouvoir être que *Déidamie*.

Il ne me convient peut-être pas d'insister sur l'interprétation d'un autre vase peint que j'ai publié moi-même[10], et dont j'ai expliqué l'une des deux scènes par *Achille s'élançant tout armé du milieu de la famille désolée de Lycomède*, représentée par quatre de ses filles. M. Otto Jahn a rejeté cette explication, faute de *trouver sur le vase en question aucune situation qui réponde à la découverte d'Achille*; et, dans le doute où le laisse cette représentation, il préférerait plutôt y voir une de ces *scènes de poursuite*, dans lesquelles un jeune guerrier, s'élançant d'une embuscade au milieu de jeunes filles, se dispose à en saisir une. Mais le

---

[1] *Momm. du Mus. Napol.* t. II, pl. ix, p. 127.

[2] *Achilléide*, II, § ii, p. 69, note.

[3] *Jahrbüch. des Rheinl. Vereins*, V-VI, Taf. 7, 8.

[4] *Archäol. Beiträg.* § xii, p. 361-364.

[5] Publiée par Millingen dans ses *Peint. de Vases*, pl. lvii, p. 82.

[6] *Neapels ant. Bildwerke*, t. I, p. 252.

[7] *Bullet. archeol. Napolet.* t. I (Napoli, 1843, 4), p. 79-80.

[8] Publiée dans les *Monum. dell' Instit. archeol.* t. II, tav. vi. Voy. ce qui en est dit dans les *Annal.* t. VI, p. 296.

[9] *Descript. des antiq. du cabin. Durand*, n° 380, p. 134.

[10] *Monuments inédits, Orestéide*, pl. LXXX, *Additions*, p. 417 B, 418 A.

docte antiquaire ne me semble pas avoir fait suffisamment attention à une circonstance importante: c'est que la scène dont il s'agit se lie nécessairement à celle qui suit dans le même rang de figures, et que cette seconde représentation a certainement pour sujet *Achille, désolé de la mort de Patrocle, entre son vieux gouverneur Phœnix, et Thétis, suivie de deux de ses sœurs, portant l'armure divine.* Dans un pareil état de choses, il me paraît sensible que l'autre scène doit aussi avoir rapport à *Achille;* et, cela posé, je ne vois pas pourquoi l'on ne reconnaîtrait pas *Achille* tout armé, s'élançant *d'un pas immense, immanis gradu*[1], du milieu de ces quatre femmes éperdues; car j'ai prouvé que cette attitude si caractéristique, ce *saut d'Achille,* ce *saut pélasgique*[2], ce *saut thessalien*[3], était un trait particulier à *Achille,* dans la circonstance même dont nous nous occupons.

Il reste encore un de ces vases peints sur l'interprétation duquel les antiquaires n'ont pu se mettre d'accord, et dont M. Otto Jahn s'est occupé en dernier lieu, en en publiant un dessin[4]: c'est le vase de la collection étrusque[5], où un antiquaire, qui s'étudie à chercher sur les vases peints des sujets et des personnages historiques qui n'y figurent certainement pas, a cru voir *Sardanapale au milieu de ses femmes.* Déjà, j'avais cru devoir m'élever[6] contre cette dénomination de *Sardanapale,* d'un personnage assyrien si étranger à l'antiquité grecque, assignée à une figure de vase peint, qui ne présente rien que de grec dans tous les éléments de la composition; et, depuis encore, j'avais eu l'occasion de maintenir, contre le sentiment de M. Creuzer, l'opinion qu'on ne pouvait voir *Sardanapale* sur un monument de la céramographie grecque, dont la représentation ne remplit aucune des conditions du sujet[7]. C'est ce qu'a démontré M. Otto Jahn, dans l'examen critique auquel il s'est livré sur ce vase, et qui me dispense d'y revenir, si ce n'est pour opposer aux doutes que conserve encore le savant antiquaire, au sujet d'*Achille à Scyros,* explication proposée par M. le duc de Luynes, quelques-uns des motifs qui m'avaient porté à l'adopter.

D'abord, il est certain que la figure placée en avant du roi assis, et tenant dans sa main une *phiale,* avec une *outre* qu'il porte sur la tête, est bien celle d'un *jeune homme déguisé en femme;* et, à ce trait, il semble qu'on ne puisse méconnaître *Achille* en présence du roi de *Scyros.* Les deux meubles, de forme différente, qui se voient aux mains de jeunes filles et qui excitent à un si haut degré leur intérêt, renferment probablement les présents qui viennent d'être apportés par les ambassadeurs grecs; et c'est ce qu'indique la *poupe de vaisseau* représentée à l'une des extrémités du vase, et non pas pour montrer, comme l'a pensé M. Otto Jahn[8], que la scène se passe sur le rivage. C'est donc ici le moment qui précède l'arrivée d'Ulysse et de ses compagnons en la présence du héros déguisé; et, bien que cette circonstance n'ait pas l'importance et l'intérêt de la scène où *Achille* se découvre par l'effet du stratagème d'Ulysse, rien n'empêche qu'elle n'ait pu devenir le sujet d'une de ces compositions de vases peints, où nous avons tant d'exemples de traits accessoires représentés de préférence au motif principal.

---

[1] Stat. *Achilleid.* II, 209.

[2] Lycophron. v. 245 : Πελασγικὸν ἅλμα.

[3] Eurip. *Androm.* v. 1139 : Θεσσαλικὸν πήδημα; cf. *Electr.* 439.

[4] *Archäol. Beiträg.* Taf. XI, p. 373, II.

[5] *Catalog. étrusq.* n° 154, p. 97-98.

[6] *Journ. des Savants,* septembre 1857, p. 524-525.

[7] *Mémoire sur l'Hercule assyrien,* etc. p. 257-8, 3).

[8] *Archäol. Beiträg.* § XII, p. 377, 51).

PLANCHE XXII.

MÉDÉE ET SES ENFANTS.

Hauteur, 1 mètre, 23 cent. — Largeur, 0ᵐ.97 cent.

La peinture dont cette planche nous offre une copie aussi exacte que possible provient de la célèbre *maison* de Pompéi, dite *des Dioscures*, dont la fouille, exécutée dans le cours des années 1828 et 1829[1], nous a procuré tant de trésors de cette espèce. Celle-ci décorait l'un des murs de l'*atrium* corinthien, qui formait la partie la plus considérable de cette belle habitation; et la publication en suivit de près la découverte[2]. Mais, quoique l'on doive savoir gré aux antiquaires napolitains de l'empressement qu'ils montrèrent au sujet de cette peinture, il est permis de dire qu'en la faisant connaître par un simple trait, ils n'en donnèrent, sous le rapport du style et de l'exécution, qu'une idée très-insuffisante.

[1] Voy. la *Relaz. degl. Scavi di Pompei, du April. 1828 fin. a Magg. 1829*, insérée à la fin du *R. Mus. Borbon.* t. V, p. 20.
[2] *R. Mus. Borbon.* t. V, tav. XXXIII.

Le sujet de cette peinture est rendu d'une manière si claire et si expressive, qu'il ne saurait comporter aucune incertitude; c'est *Médée* qui médite le meurtre de ses *enfants*. L'épouse délaissée de Jason apparaît debout, de face, dans une attitude qui trahit les passions contraires auxquelles elle est en proie. Elle est vêtue d'une tunique longue sans manches, relevée vers le milieu du corps, par-dessus laquelle est jeté un manteau qui lui couvre l'épaule et le bras gauche; ce vêtement, qui a quelque chose de celui des *femmes Amazones* et des *nymphes chasseresses*, rappelle aussi, à certains égards, celui de *Médée* elle-même, sur la célèbre patère de Codrus [1], et il pourrait bien se faire que, dans la pensée de l'artiste, il se rapportât à l'intention d'indiquer la patrie asiatique de *Médée*, tout en la représentant dans le costume hellénique [2]. De la main gauche, elle tient un *glaive*, sur la poignée duquel elle pose la main droite ouverte, sans qu'on puisse dire si c'est pour le retenir dans le fourreau, ou pour l'en tirer. Sa fatale résolution n'est donc pas encore arrêtée, et cette indécision s'accorde avec l'expression de sa figure, où se montre toute l'anxiété de son âme, mais où la physionomie irritée fait pourtant prévoir le cruel dénouement qui se prépare.

À côté de *Médée* sont les *deux enfants*, qui se livrent, dans toute l'innocence de leur âge, à l'un des jeux favoris de la jeunesse grecque, celui des *osselets*, *astragali* [3]. L'un d'eux est

---

[1] *Die Schaule des Kodros*, Berlin, 1843, fol. J'admets complétement les réflexions que le costume de *Médée*, sur ce beau monument de la céramographie grecque, suggère à M. Otto Jahn, dont tout le travail sur la patère de Codrus se recommande par la plus haute intelligence du génie antique, *Archäol. Aufsätz.* § XIII, p. 185-6.

[2] Le même antiquaire, cité à la note précédente, a rappelé les divers monuments de l'antiquité, où *Médée* est représentée, tantôt avec le costume oriental, tantôt avec le costume hellénique, *Medeia, Vasenbild aus Canosa*, dans l'*Archäol. Zeit.* N. F. mars 1847, n. 3, p. 37, 24). Mais il n'a pas recherché s'il pouvait y avoir, dans la pensée des anciens artistes, un motif de préférence pour l'un ou pour l'autre costume, à raison de la circonstance même où ils faisaient intervenir *Médée*; et peut-être que ce motif se découvrirait à un examen attentif, ainsi que l'a montré M. Otto Jahn lui-même, par l'observation que lui a fournie le costume de *Médée* sur la patère de Codrus.

[3] Les témoignages classiques sur le jeu des *osselets*, ἀστράγαλοι, familier à la jeunesse grecque des deux sexes, sont si nombreux et si connus, que je n'aurais que l'embarras du choix; je citerai de préférence celui-ci de Pausanias, à l'occasion de l'osselet que tenait, en guise de symbole, une des statues des *Grâces*, dans leur temple à *Élis*, VI, XXIV, 5 : Ἀστράγαλόν τε μειρακίων τε καὶ παρθένων, οἷς ἄχαρι οὐδὲν πω πρόσεστιν ἐκ γήρως, τούτων εἶναι τὸν ἀστράγαλον ΠΑΙΓΝΙΟΝ; cf. Aristophan. *Vesp.* v. 295-6; Leonid. *carm.* XXXIII; Asclepiad. *Epigr.* XXXI, *in Analect.* I, 218, cum Animadv. Jacobs. ad h. l. t. VII, p. 52; Glauc. *Epigr.* I, *in Analect.* II, 347. Il y avait plusieurs manières de jouer aux *osselets*, l'une qui est décrite par Pollux, IX, 126, et qui consistait à les jeter en l'air et à les recevoir sur le dos de la main : c'est celle qui est encore en usage chez nous, et qui employait *cinq osselets*; d'où venait le nom de πεντάλιθα; voyez, à ce sujet, les éclaircissements donnés par Winckelman dans sa *Lettre à Füssly, Oper.* t. VII, § 99, p. 288-9, éd.

Prat., et par les académiciens d'*Herculanum, Pitture*, etc. t. I, p. 3-4, 19); l'autre, qui consistait à jeter les *osselets* sur une table, où chacune de leurs faces exprimant un nombre, donnait lieu à des combinaisons diverses : cette manière de jouer, sur laquelle Fironi est entré dans beaucoup d'explications, *I Tali dei ant. Romani*, etc. p. 38, sg., n'employait que *quatre osselets*; c'est celle qui était en usage parmi les jeunes gens d'Athènes, à en juger par l'exemple d'Alcibiade enfant, Plutarch. *in Alcibiad.* § II, t. II, p. 6, Reisk.; et c'est celle qui paraît avoir été représentée dans notre peinture, où les *quatre osselets*, couchés sur une de leurs faces longues, forment une combinaison de nombres qui captive toute l'attention des deux enfants.

On sait, d'ailleurs, par l'histoire de l'art, que c'était un usage familier aux artistes grecs, à ceux de la plus belle époque, de représenter des personnages mythologiques, plus ou moins voisins de l'enfance, dans l'attitude de jouer aux *osselets*. La nymphe *Arné, jouant aux osselets*, forme le type d'une rare et curieuse médaille de *Cierium*, selon Millingen, *Anc. Coins of Gr. Cit.* pl. III, 12, 13, p. 49; mais il est vrai que cette explication a été contestée. Dans ses peintures du *Lesché de Delphes*, Polygnote s'était plu à représenter ainsi les filles de Pandarée, παιζούσας ἀστραγάλοις, Pausan. X, XXX, 1. On connaît par la description de Philostrate le jeune, *Imag.* VIII, p. 121, éd. Jacobs.; cf. Welcker *ad h. l.* p. 621-2, un tableau où l'*Amour* et *Ganymède* jouaient ensemble de cette manière; et cette description n'est pas seulement calquée sur un passage d'Apollonius de Rhodes, *Argon.* III, 111, sq., qui présente une image toute semblable, qu'avait aussi en vue Lucien, *Dial. Deor.* IV, t. II, p. 10, Bip.; mais elle se rapporte certainement à quelque œuvre de l'art d'un grand mérite. Il nous est parvenu en effet plusieurs répétitions en marbre d'un beau groupe antique qui ne peuvent pas ne point dériver d'un original célèbre; c'est une conjecture qu'avait exprimée d'abord Winckelmann dans sa *Lettre à Füsly*, citée plus haut, t. VII, p. 288-9, et qui a été

assis sur un *dé de pierre*, contre lequel se tient debout le second; et toute leur attention, détournée de leur mère et du dessin qu'elle médite, semble concentrée sur le jeu qui les occupe. Ils sont *nus* l'un et l'autre, à l'exception d'un petit manteau négligemment jeté sur le dos de l'un et au bas de la jambe droite de l'autre, et ils paraissent tous les deux du même âge; circonstance qui pouvait n'être pas indifférente aux yeux du peintre, en ce qu'elle rend plus sensible l'expression de l'action commune qui captive ces *deux enfants* et celle du danger commun qui les menace. Près d'eux se tient le *pédagogue*, vêtu du costume propre à ces personnages, la barbe et les cheveux blancs, les deux mains appuyées sur un long *bâton tortueux*[1], qui est aussi leur attribut caractéristique. D'après l'air de tristesse empreint sur la figure de ce vieux serviteur, et surtout d'après le regard qu'il dirige vers *Médée*, on voit qu'il a pénétré les sentiments de l'épouse irritée, mais sans se rendre compte encore des desseins de la mère implacable.

Cette scène, si bien empreinte de toute la sévérité du théâtre tragique, et où tous les personnages concourent si bien, chacun suivant son âge et son caractère, à l'expression du sujet, se passe dans un lieu qui paraît être, d'après la colonnade qui le précède, une dépendance d'une *palestre*; et c'est effectivement dans une *palestre*[2] qu'Euripide nous montre *Médée* agitant son fatal projet.

Cette circonstance pourrait nous porter à croire que l'auteur de notre peinture s'était surtout

changée depuis en certitude par le savant travail de Lewezow, sur ce groupe de l'*Amour et de Ganymède jouant aux osselets*, dans l'*Amalthea*, t. 1, § IV, p. 175-197. On connaît le beau dessin monochrome d'Alexandre d'Athènes, *Pittur. d'Ercolan.* t. 1, tav. 1, où *deux jeunes Niobides* paraissent occupées à *jouer aux osselets*, précisément de la manière indiquée par Pollux; bien que cette explication, qui paraît si naturelle, et qui a été généralement admise, n'ait pas satisfait l'antiquaire toscan, qui a proposé une interprétation différente, *Ant. di Corton.* t. VII, § X, p. 167, sg. Mais, à s'en tenir à l'opinion générale, on peut présumer que la charmante statue de *Joueuse aux osselets*, dont il nous est parvenu au moins six répétitions antiques, dont la plus belle passe pour être celle de l'ancienne collection Polignac, maintenant à Berlin, Visconti, *Oper. rar.* t. IV, tav. XLII, p. 169, sg., a été produite par un motif semblable à celui de la peinture de Polygnote et du dessin d'Alexandre d'*Athènes*.

Il existait encore dans l'antiquité un groupe célèbre de *deux enfants nus jouant aux osselets*; ce groupe, qui portait le nom d'*Astragalizontes*, et qui était placé dans l'*atrium* de la maison de l'empereur Titus, était l'ouvrage de Polyclète, Plin. XXXIV, 8, 19 : *Duos pueros nudos talis ludentes, qui vocantur* Astragalizontes, *et sunt in Titi imperatoris atrio.* Il n'est pas douteux que ce groupe de Polyclète ne se rapportât à un sujet mythologique; et, d'après cette idée, on avait pensé assez généralement que les *deux enfants nus jouant aux osselets* pouvaient être aussi l'*Amour et Ganymède*. Winckelmann avait ouvert un avis différent, qui était que le groupe en question représentait *Patrocle* et *Clysonyme*, dans la situation indiquée par Apollodore, III, XIII, 8 : Οὗτος... διενεχθεὶς ἐν παιδιᾷ περὶ ἀσ]ραγάλων παίζων παῖδα Κλυσώνυμον... ἀπέκτεινε; et il avait cru reconnaître une des figures de ce groupe dans un fragment de statue qui, de la collection Barberini, a passé dans le Musée britannique, *Brit. Mus. anc. marbl.* P. II, pl. XXXI; voy. ce qu'en a dit l'illustre auteur de l'*Histoire de l'Art.* l. IX, c. II, § 24, *Werke*, t. VI, 1, p. 49-50, et II, p. 80-81, et *Descript. des pierres de Stosch, Préface,* p. XV. Peut-être pourrait-on aussi supposer que le groupe de Polyclète représentait les *deux enfants nus de Médée jouant aux osselets*, comme nous les voyons sur notre peinture de Pompéi, bien que la célébrité du sujet de *Médée et de ses enfants*, plus récente que l'âge de Polyclète, forme contre cette supposition une difficulté assez grave. Visconti n'a pas cru devoir s'expliquer sur le sujet des *deux enfants* de Polyclète, et il s'est borné à rapporter l'opinion de Winckelmann, *Oper. rar.* t. IV, p. 170, 2). Lewezow s'est trompé en prêtant à l'auteur de l'*Histoire de l'Art* l'idée d'avoir vu l'*Amour vainqueur de Ganymède au jeu des osselets* dans la statue Barberini, qu'il expliquait par *Patrocle, Amalthea,* t. 1, p. 193.

[1] C'est le σκολιὸς σκίπων, Euripid. *Herub.* v. 65; cf. *Troad.* v. 275-6, sur lequel *Hécube*, emmenée en captivité, appuyait sa caducité; c'est le βακτηρία τῶν σκολιῶν, qui servait au même usage, à la main des *pédagogues*, comme à celle des philosophes, Theophrast. *Charact.* c. V, et *Hist. Plant.* IV, V; cf. Casaubon, *ad h. l.* p. 76, ed. Fischer. J'ai eu déjà plusieurs fois l'occasion d'en faire la remarque, et j'ai publié, *Monum. inéd. Odysséide,* pl. LXVIII, un vase peint, où le *pédagogue* qui sauve le jeune *Polydore* du désastre de sa famille, se reconnaît à un *bâton* pareil, *ibid.* p. 306, 2). M. Otto Jahn a signalé plus récemment ce même *bâton, der Krumme Stab,* au nombre des objets caractéristiques qui désignaient le *pédagogue*, et il en a cité des exemples, *Medeia*, dans l'*Archäol. Zeitung, N. F.,* marz 1847, n. 3, p. 35, 10).

[2] Euripid. *Med.* v. 1019.

inspiré des données créées par le grand tragique athénien; mais c'est ce qui résulte, d'ailleurs, de tout l'ensemble des témoignages que nous possédons sur ce trait de l'histoire héroïque, pour lequel la tragédie d'Euripide fut la source féconde où puisèrent les artistes, statuaires et peintres, des siècles postérieurs. C'est donc aussi une réminiscence de la *Médée* d'Euripide que nous offre notre peinture de Pompéi; et tout ce que nous aurions encore à rechercher, ce serait à quel modèle, entre tous les monuments conçus sous l'influence du drame d'Euripide et connus par l'histoire de l'art, se rattache plus particulièrement cette peinture. En ce qui concerne le fait même du meurtre des *enfants* de Médée, accompli par la main de leur mère, dans un accès de fureur jalouse, ce n'est plus une question qui reste encore à examiner; car il me paraît démontré par la discussion à laquelle s'est livré Boettiger [1], que c'est Euripide qui le premier, et à deux reprises [2], osa porter ce sujet sur le théâtre d'Athènes, et qui y produisit surtout cette impression vive et profonde, dont le long écho est venu jusqu'à nous par le titre *du plus tragique* des poëtes que décerne Aristote à l'auteur des *deux Médées* [3]. Il ne serait pas moins superflu aujourd'hui de chercher à disculper Euripide du tort de s'être laissé gagner par les Corinthiens, en inventant cette fable, qui chargeait *Médée* d'un crime qu'ils passaient pour avoir eux-mêmes commis. Ces bruits de la malignité humaine, qui s'attachent toujours à la gloire, comme la rouille à l'acier brillant, n'ont jamais mérité une réfutation sérieuse [4]. Le fait est qu'entre les versions diverses et contradictoires qui avaient cours depuis longtemps sur la mort des *enfants* de Médée, en présence de leur monument, qui existait à *Corinthe*, et qui était célébré par un culte commémoratif, dont l'institution paraissait remonter jusqu'à *Médée* elle-même [5], il était permis à Euripide de choisir celle de ces traditions qu'il jugeait la plus propre à produire les effets de terreur et de pitié qui sont l'âme de la tragédie [6]; et cette liberté, accordée de tout temps au poëte tragique, il pouvait en user avec d'autant moins de scrupule à l'égard de *Médée*, qu'en lui imputant la mort de ses *enfants*, il restait fidèle à l'opinion de son siècle sur le caractère de cette *femme barbare* [7], et qu'il flattait les préjugés populaires de son pays sur la marâtre de Thésée [8].

---

[1] Boettiger, *De Medea Euripidea*, *Prolus.* I^e et IIe, Weimar, 1802 et 1803, dans ses *Opuscula latina*, § XVII et XVIII, p. 363-398. Voy. surtout p. 367-370.

[2] Idem, *l. l.* p. 368, [?].

[3] Aristot. *Poët.* c. XV, p. 231.

[4] C'est pourtant une peine qu'avait cru devoir prendre Millin, *Vases de Canosa*, p. 36-37, après d'autres savants, tels que Barnès et Perizonius, qui croyaient aussi l'honneur de la mémoire d'Euripide intéressé à cette réfutation; voy. le Schol. *ad Med.* v. 9.

[5] Suid. *v.* Αἴγ; cf. Kuster. *ad h. l.*; Schol. *ad* Pindar. *Olymp.* XIII, 74; Apostol. I, 82. Cette tradition se trouve aussi dans Euripide, *Med.* v. 1378, sq.

[6] Il est certain, en effet, que la tradition sur l'infanticide commis par *Médée* avait cours avant le siècle d'Euripide; on la trouve dans Apollodore, I, IX, 28, qui travaillait d'après les anciens logographes, aussi bien que dans Pausanias, II, III, 6, qui avait aussi ces anciens auteurs sous les yeux. Nous savons, d'ailleurs, par Aristote, *Rhetor.* II, XXIII, 27, que Carcinus l'ancien, l'auteur des *Naupactiaca*, où *Médée* jouait un grand rôle, Pausan. II, XXXVII; cf. Boettiger *Vasengemäld.* etc. t. II, p. 172-3, l'avait représentée plaidant elle-même sa cause, dans l'accusation qui lui était intentée pour le meurtre de ses fils. C'est, du moins, un des arguments employés par Millin, *Vases de Canosa*, p. 36-37. Mais il se pourrait bien que ce savant eût commis ici une erreur grave, puisque le fragment cité par Aristote paraît plutôt appartenir au Carcinus le tragique, comme l'avait pensé Boettiger, *De Medea*, etc. *Opuscul. lat.* § XVII, p. 371, [?]. Voyez la note 3 de la page suivante.

[7] Euripid. *Med.* v. 1339, sq.; cf. Eubul. *apud* Athen. XIII, p. 519. Ovid. *Trist.* II, 526; Juvenal. VI, 643. Voy. Toup. *Emendat. ad* Suid. p. 403, ed. Lips.

[8] Sur la tradition attique, concernant les rapports de *Médée* et de *Thésée*, telle qu'Euripide l'avait traitée dans sa tragédie d'*Égée*, voyez Welcker, *Griechisch. Tragöd.* page 729 et suiv.

Une question plus intéressante à traiter serait celle de savoir si les auteurs des monuments de l'art, produits directement sous l'impression du drame d'Euripide, se sont tous conformés à l'exemple du poëte, en s'abstenant de représenter la mère barbare dans l'acte même de l'infanticide. Cette opinion a été soutenue par Boettiger[1], tout en reconnaissant que les poëtes tragiques qui l'avaient suivi, Carcinus et Néophron parmi les Grecs[2], Ennius et Ovide chez les Romains[3], pour ne point parler de Sénèque, dont la tragédie nous est restée, n'avaient pas craint d'ensanglanter la scène par un meurtre, dont le tragique athénien n'avait offert qu'une image éloignée aux spectateurs. Mais, si les monuments connus à cette époque pouvaient justifier la manière de voir du savant antiquaire de Weimar, il n'en est pas de même de ceux qui ont été acquis depuis à la science. En effet, Boettiger n'avait pu fonder son opinion que sur des bas-reliefs romains, tels que ceux des sarcophages[4], qui représentaient l'histoire de *Médée* dans ses cinq principales circonstances, c'est à savoir : les *noces de Jason et de Créuse, les présents de Médée, les tourments de Créuse, Médée méditant le meurtre de ses enfants*, et *Médée montant sur son char attelé de dragons*. Or, dans cette suite de représentations, qui forment comme un drame figuré, et qui paraissent bien dériver d'un original commun, certainement d'invention grecque, bien que le costume en soit romain, la scène du meurtre est écartée de l'œil des spectateurs, comme elle l'était dans la tragédie d'Euripide; et il semblait bien que ce fût là une tradition de l'art, conçue d'après le modèle d'Euripide.

A l'appui de cette considération, Boettiger avait pu faire valoir l'exemple du fameux tableau de la *Médée*, de Timomaque, où l'artiste s'était proposé de montrer les combats qui se livraient, dans le cœur de *Médée*, entre la jalousie furieuse qui l'entraîne et la tendresse maternelle qui la retient. Ce tableau, que nous ne connaissons bien imparfaitement que par quelques

[1] *Opuscul. latin.* p. 373, sq.

[2] Sur les fragments qui nous restent des deux *Médées* d'Ennius et d'Ovide, voyez les éclaircissements donnés par Boettiger, *l. l.* p. 372-3, *).

[3] Un fragment de la *Médée* de Carcinus, le poëte tragique contemporain d'Alexandre, Mongitor, *Biblioth. Sicil.* t. I, p. 122, nous a été conservé par Aristote, *Rhetor.* II, xviii, 22. Quant à la *Médée* de Néophron, il résulte bien du fragment cité par Stobée, *Sermon.* xx, p. 378, ed. Schow, que le meurtre des *enfants* était représenté sur le théâtre même. Pour d'autres changements faits par Néophron à la fable d'Euripide, voy. le scholiaste, *ad Euripid. Med.* v. 666, et v. 1387. On consultera avec fruit, sur les tragédies grecques qui avaient pour sujet le meurtre des *enfants de Médée*, le travail de M. Welcker, *Griechisch. Tragöd.* p. 1493.

[4] Ces sarcophages, au nombre de *sept*, au moins, sont à peu près tous publiés, et leur explication, généralement exacte pour l'ensemble et satisfaisante pour les détails, laisserait place à peu d'observations. Le plus complet et le moins maltraité de ces monuments est celui du palais Lancelotti, publié par Winckelmann, *Monum. ined.* n⁰ˢ 90 et 91, acquis depuis pour le *Musée Pie-Clémentin*, où il a été publié de nouveau par Visconti, t. III, tav. xlv, p. 58-60. Le bas-relief de la *villa Borghèse*, publié dans l'*Admiranda*, tav. 55, et reproduit par Montfaucon, *Antiq. expl.* t. I, pl. xl, a été donné d'une manière plus exacte par Millin, *Vases de Canosa*, vign. p. 45, et gravé au trait par Clarac, dans son *Musée de Sculpt.* pl. 204, n⁰ 34. Il existait encore à Rome, à cette époque, un troisième de ces bas-reliefs, qui n'est plus connu aujourd'hui que par les dessins de Pighi, conservés à la bibliothèque de Berlin, et c'est à cette source que l'avait puisé Beger, *Spicil. antiq.* p. 123-130. Ce sont là, avec un bas-relief inédit, encastré au-dessus d'une porte d'un des bâtiments de la *villa Borghèse*, les quatre seuls monuments du même sujet cités par Boettiger, *De Medea, etc.* § xxiv, *Opuscul. lat.* § xxiv, p. 392-393. Le savant antiquaire avait perdu de vue le beau marbre de Mantoue publié par Carli, *Dissertazioni due, etc.,* Mantova, 1785, 12⁰, et reproduit dans le *Mus. di Mantov.* t. I, tav. ix, p. 21-34; cf. t. III, p. 363-365. Il oubliait aussi que Zoëga avait signalé un autre de ces bas-reliefs, comme existant dans l'une des cours du palais de Latran, *Bassiril.* t. I, p. 215, not., et que Winckelmann en avait cité un troisième, dans le palais Caneci, *presso la Chiesa nuova, Monum. ined.* t. II, p. 121; le même bas-relief qui existe aujourd'hui au palais Guglielmi, effectivement voisin de la *Chiesa nuova,* où je l'ai fait dessiner en 1826; voy. mes *Monum. inéd. Achilléide,* p. 63, 3), et ce que j'ai dit des représentations sculptées du sujet de *Médée,* dans le *Journ. des Savants,* février, p. 76, 1). Je ne parle pas du bas-relief publié dans le *Mus. P. Clem.* t. VII, tav. xvi, qui n'est qu'un fragment représentant la première scène seulement, celle des *présents de Médée.*

expressions de Pline[1], et par quelques pièces de vers de l'*Anthologie*[2], trop faible écho sans doute de l'admiration générale attachée à cet ouvrage, représentait *Médée*, debout et déjà armée du *glaive*, mais encore partagée entre les sentiments divers qui l'agitent; et l'auteur y avait atteint à la perfection de l'art, dans ce que sa mission a de plus sublime, en ce qu'en montrant *Médée*, au moment de commettre son crime, il avait pu la rendre intéressante, jusque dans la passion qui l'égare, par la pitié qui l'arrête. C'était le mérite de l'expression, porté dans ce tableau au plus haut degré, qui en faisait une des productions les plus accomplies de la peinture grecque; et ce mérite, que nous pouvons encore apprécier[3], tout en déplorant la perte de ce chef-d'œuvre, justifie pour nous-mêmes l'enthousiasme qu'il excita dans l'antiquité.

La renommée du tableau de Timomaque ne s'était pas seulement conservée dans les éloges poétiques qu'il avait inspirés; il en est venu jusqu'à nous des témoignages encore plus sûrs et surtout plus intéressants, dans quelques réminiscences produites par la glyptique et par la peinture elle-même. Mais, avant de parler de ces ouvrages de l'art, exécutés sous l'influence du génie d'Euripide, à l'imitation du chef-d'œuvre de Timomaque, je dois faire connaître d'autres monuments de l'art grec, où se montre *Médée infanticide*, dans l'acte même qui la dépouille de toute pitié et de tout intérêt, dans l'accomplissement du crime que lui attribuait l'opinion populaire d'Athènes, et qui n'était, aux yeux ennemis des Athéniens, qu'une juste représaille exercée sur la mémoire d'une *femme barbare*[4]; c'est là, en effet, une considération dont Boettiger n'a pas tenu assez de compte. En écartant du théâtre la scène du meurtre, Euripide avait rempli les conditions du drame, comme Timomaque, à son tour, en montrant les combats qui précèdent le crime, avait respecté celles de l'art. Mais c'était le crime même qui passionnait contre *Médée* le patriotisme athénien; et, en réalisant cette image, les artistes formés à l'école attique obéissaient surtout à ce sentiment de leur siècle et de leur pays.

On avait cru voir *Médée*, tenant le *glaive* nu au-dessus de la tête d'un de ses *enfants* qu'elle va frapper, en présence même de Jason, sujet d'un des petits côtés du beau sarcophage de *Santa Chiara* de Naples[5]. Mais cette idée de Millin[6] n'était pas fondée; et la représentation entière du sarcophage, telle qu'elle a été expliquée en dernier lieu par M. Welcker[7], n'y admet à aucun titre le personnage de *Médée*. À défaut de ce monument, nous avons acquis, sur l'un des fameux vases de *Canosa*[8], une image bien authentique et bien certaine du meurtre

[1] Plin. XXXV, 11, 40; 4, 9; cf. VII, 38.

[2] Antiphil. *Epigr.* XX, *in Anal.* t. II, p. 174; cf. Jacobs. *Animadv.* t. IX, p. 52-53; Philipp. *Carm.* XLII, *in Anal.* t. II, p. 223; cf. Jacobs. *Ibid.* t. IX, p. 175-6. Voy. Auson. *Carm.* CXXIX, CXXX; Julian. Ægypt. *Carm.* XXIX, *in Anal.* t. II, p. 499; Jacobs. *Ibid.* t. X, p. 381; *Carm. adespot.* CCXCIX, CCC, CCCI, *in Anal.* t. III, p. 214-215. À ces petits poëmes grecs, il faut joindre les deux imitations libres en vers latins qui se lisent de deux de ces poëmes, dans les *Epigrammata* d'Ausone, nᵒˢ CXXIX et CXXX, et qui se rapportent l'une et l'autre à la *Médée* de Timomaque.

[3] Voyez, au sujet du mérite éminent de ce tableau, les observations si pleines de goût de Lessing, *Laokoon*, etc. t. IX, p. 45, ff., et celles de Herder, *Brief. z. Erförder d. Humanität*, VI, 114.

[4] Meurs. *in Thes.* c. IX. Voyez, à ce sujet, la *Dissertation de Lebeau sur les Tragiques grecs*, dans les *Mémoires de l'Acad.* t. XXXV, p. 443, suiv., et Boettiger, *Vasengemälde*, II, 174.'), ").

[5] Ce beau sarcophage, que j'avais fait dessiner en 1827, pour le publier dans le second volume de mes *Monuments inédits*, entreprise que bien des circonstances m'ont forcé d'ajourner, peut-être pour toujours, est, du moins, entré dans le domaine de la science par les soins de l'*Institut archéologique de Rome*; voy. ses *Monum.* t. III, tav. XI. A.

[6] Millin, *Vases de Canosa*, p. 32, 4).

[7] *Annal. dell' Instit. archeol.* t. XIV, p. 32-37.

[8] Millin, *Vases de Canosa*, pl. VII. Ce travail de l'antiquaire français vient d'être rectifié, sur plusieurs points, par un jeune savant

commis par *Médée*, au moins sur un des *enfants* qui étaient le fruit de son union avec Jason. Cet *enfant* s'est réfugié, contre le coup qui le menace, sur l'*autel* où il se tient debout; et c'est là que la mère dénaturée, qui l'a déjà saisi de la main gauche par les cheveux, s'apprête à le frapper du glaive nu qu'elle tient de la main droite, tandis que le second *enfant* est soustrait à la fureur de *Médée*[1], sans doute par un des compagnons de Jason. Il ne manque à cette scène, pour produire toute l'horreur qu'elle doit inspirer, que la vue du sang répandu; et l'art grec n'a pas même reculé devant cette image, si étrangère qu'elle fût à son génie.

Il nous reste, en effet, un vase peint, de style grec, où le sujet de *Médée infanticide* est représenté avec toutes les circonstances propres à en exprimer l'horreur. Ce vase, de fabrique campanienne, acquis par moi-même dans le commerce de Naples, se trouve depuis plusieurs années en ma possession, et j'ai déjà eu occasion d'en faire mention[2]. De nos jours, un jeune et savant antiquaire, M. Otto Jahn, qui s'en était procuré un calque, a pu en donner une description succincte[3], en s'abstenant de le publier, par un procédé dont j'aime à lui témoigner ici ma gratitude. Grâce à cette condescendance de M. Otto Jahn, j'ai le plaisir de faire connaître le premier ce beau vase peint, dont le dessin, aussi fidèlement représenté que possible, forme le sujet de la vignette n° xv, placée en tête du texte de la peinture suivante.

Le groupe de *Médée* et de ses *deux fils* remplit tout le champ de ce vase, dans sa partie principale; sur un de ses côtés[4], la *cruelle* et *implacable* femme de l'Asie, *Medea ferox invicta-que*[5], s'y montre dans toute l'ampleur, dans toute la richesse de son costume asiatique, comme sur le vase de *Canosa*: d'où l'on voit que les artistes de la Grande Grèce suivaient, pour la représentation du personnage de *Médée*, un modèle commun, sans doute émané de l'école attique, dont l'influence avait été surtout portée dans les villes grecques de la Campanie par les colonies chalcidiennes; et je présume que ce costume était celui qui avait été adopté pour le théâtre. *Médée* est vêtue d'une longue tunique sans manches, dont l'étoffe, brodée d'ornements dans le goût asiatique[6], rappelle ces beaux tissus de l'industrie babylo-nienne, connus de très-bonne heure de l'antiquité grecque[7]. Elle a les bras nus, ornés de

---

Allemand, M. Otto Jahn, dans un article, intitulé *Medeia*, et inséré dans l'*Archäol. Zeitung*, N. F. marz 1847, n° 3, p. 33-42.

[1] Diodor. Sic. IV, LIV : Πλὴν γὰρ ἑνὸς τοῦ διαφυγόντος, τοὺς ἄλλους υἱοὺς ἀποσφάξαι.

[2] Voy. mes *Monum. inéd. Odysséide*, p. 306, 1)

[3] À l'endroit cité, p. 38.

[4] Le revers du vase, qui est de la forme d'*amphore*, à *anses cordées*, présente un groupe d'un *guerrier grec à cheval* combattant contre une *Amazone à pied*. Cette femme asiatique est vêtue d'*a-naxyrides*, dont l'étoffe est brodée de losanges alternativement blancs et noirs, imitant un damier, que nous connaissons par d'autres vases peints, et elle est coiffée d'une *tiare médique*, de la même forme que celle de *Médée*; évidemment, pour indi-quer de cette manière l'origine de *Médée*, liée à la race asiatique des *Amazones*. J'emploie de préférence le mot de *tiare*, au lieu de celui de *mitre*, qui désigne habituellement le même genre de coiffure, d'après les motifs exposés par Boettiger, *Vasengemälde*, III, 8, 1); et j'appelle cette *tiare médique*, par la raison que cette

pièce de vêtement, empruntée par les Perses aux Mèdes, comme nous la voyons sur leurs monuments, remontait, d'après une ancienne tradition, qui n'était peut-être qu'un jeu de mots, jusqu'à *Médée* elle-même, Strab. l. XI, p. 798, A; voyez encore, sur ce point d'antiquité, les observations de Boettiger, *Amalthea*, t. I, p. 170, ¹¹).

[5] Horat. *De art. poet.* v. 123.

[6] Ces ornements sont la *palmette* et la *demi-rosace*, figurées comme nous venons de les voir apparaître sur les vêtements des personnages divins, dans les sculptures de Ninive. J'avais déjà signalé, comme étant d'origine assyrienne et phénicienne, l'or-nement que nous nommons vulgairement *postes*, et qui forme la bordure de la tunique de *Médée*; voy. mon *Mémoire sur l'Hercule assyrien*, etc. p. 81, 5), pl. IX, n°° 1, 1 b, 3, 4 b, 5 a, 5 b.

[7] Sur ces tissus de l'industrie asiatique, dont *Babylone* et *Bor-sippa* paraissent avoir été, dans la haute antiquité assyrienne, les principaux sièges, et qui vinrent à la connaissance des Grecs de l'Asie Mineure, lorsqu'une de ces fabriques eut été établie à *Sardes*, devenue la capitale d'un royaume démembré de la mo-

bracelets, qui étaient aussi un des éléments du luxe asiatique. Sa tête est coiffée de la *tiare mélique*, dont les ornements, brodés et coloriés de jaune en relief, imitent les incrustations d'or qui enrichissaient les étoffes asiatiques. A ce costume tout oriental, où la richesse des étoffes répond si bien à la grandeur et à la dignité des formes, dans le personnage de la femme de *Colchos*, s'ajoute une pièce de vêtement qui semble prise dans la situation même de ce personnage, encore plus que dans des habitudes grecques : je veux parler du morceau d'étoffe tout unie que *Médée* porte autour de ses hanches, nouée par devant, en guise de ceinture, et qui répond, par l'intention, sinon par la forme, à l'espèce de *tablier* qu'on voit souvent aux sacrificateurs, dans les représentations de scènes de ce genre[1].

L'impitoyable mère est placée entre ses deux victimes, avec l'instrument de son crime dans ses deux mains, avec le *fourreau* dans la main gauche et le *glaive nu* dans l'autre main. A sa droite, un de ses fils a déjà reçu le coup mortel ; il a été frappé sur l'*autel* même où il s'était réfugié, et où son corps gît étendu, la tête renversée et les bras pendants jusqu'à terre ; et le sang qui coule de sa blessure rend cette scène de mort aussi atroce qu'il est possible de l'imaginer. Du côté opposé, l'autre fils, qui avait sans doute cherché à fuir, et qui fait de la main droite un geste suppliant, a été saisi par sa mère, qui le tient par les cheveux de sa main droite armée du glaive, et qui va bientôt le joindre à son frère sur l'*autel*, où le sanglant sacrifice doit être consommé. Telle est cette scène de carnage, où rien n'est épargné, en fait de détails propres à en montrer l'effet et à en inspirer l'horreur. Ce sentiment, qui devait être partagé par tous les spectateurs, a trouvé ici son interprète le plus naturel dans le personnage du *pédagogue*, qui se montre à mi-corps, dans un des angles supérieurs du tableau. Ce vieux serviteur porte la main droite à ses *cheveux blancs*, en signe de désespoir ; et l'objet qu'il tient de l'autre main, et qui est ce que l'on appelait chez les Grecs ΞΥΣΤΡΟΛΗΚΥΘΟΣ, c'est-à-dire le *vase d'huile* attaché avec le *strigile*[2], est l'attribut ordinaire de la jeunesse grecque, qui ne pouvait être plus convenablement placé qu'aux mains du *pédagogue*, pour caractériser ce personnage.

Je compléterai l'explication de notre vase peint, en faisant connaître, à cette occasion, un autre vase, d'une des fabriques de la Grande Grèce, dont j'ai déjà eu sujet de faire mention[3], et que je publie aujourd'hui[4], d'après un calque que j'en ai dû depuis longtemps à la bonté de MM. Santangelo, dont la superbe collection est connue de tous les antiquaires. La forme de ce vase est celle de *cratère*, si commune dans la fabrique de *Santa Agata de'Goti*. La

---

narchie assyrienne, il y aurait tout un livre à faire, qui serait d'une grande importance pour l'histoire de l'art, attendu que c'est probablement par ces travaux de l'aiguille asiatique que la pratique du dessin a pénétré d'abord chez les Grecs. C'est, du moins, dans cet esprit que j'ai réuni beaucoup de témoignages de l'antiquité grecque sur ces tapisseries asiatiques, et sur l'emploi que firent à leur tour les Grecs d'une foule de motifs, figures et ornements, dans le goût de ce que nous nommons *arabesques*, qu'ils avaient certainement puisés à cette source ; et ces témoignages m'ont servi à composer un des premiers chapitres de mon *Histoire de la peinture grecque*, déjà rédigé depuis plusieurs années. Je dois me borner, quant à présent, à cette observation générale ; et je renvoie, pour l'usage que les Grecs firent des tapisseries orientales, aux recherches de Boettiger, *Vasengemälde*, I, 76, et de Millin, *Monum. inéd.* I, 303, qui se doutaient à peine de la richesse de la matière.

[1] Sur cette pièce d'étoffe, dont les exemples ne sont pas rares sur les monuments grecs et étrusques, particulièrement dans les scènes de sacrifices, voyez les observations que j'ai déjà eu l'occasion de faire, dans mes *Monum. inéd. Achilléide*, p. 5, 7), 8). Un de ces monuments grecs, les plus remarquables à tous égards, est l'autel de Florence, du *sacrifice d'Iphigénie*, que j'ai publié, *ibid. Orestéide*, pl. XXVI.

[2] Letronne, *Récompense promise*, p. 18.

[3] *Monum. inéd. Achilléide*, p. 63, 2).

[4] Voy. la vign. n° XIV, placée en tête de la p. 263.

face principale en est ornée d'une composition de sept figures, qui représente la scène antérieure à celle du meurtre, la scène des *tourments* de *Créuse*. La malheureuse fiancée de Jason est renversée du riche *trône* sur lequel elle siégeait, au moment où elle reçut le fatal présent de sa rivale. Dans l'action même de sa chute, elle porte les deux mains à sa tête pour en arracher le *bandeau*, imprégné de venin[1], qu'elle venait d'y placer; et l'on voit à ses pieds le *coffre* entr'ouvert, où ce *bandeau* avait été déposé par la main de *Médée*. *Créuse*, en tombant de son siège et en faisant d'inutiles efforts pour se débarrasser de l'objet empoisonné qui la dévore, tourne les yeux vers un *vieillard* qui accourt à son secours. Ce vieillard, qui tient de la main gauche un *sceptre*, et qui tend vers sa fille une main impuissante, est certainement *Créon*, dont la présence, à la même place, se retrouve sur le vase de *Canosa*, et dont la figure, pour être reconnue, n'avait pas besoin d'être accompagnée de son nom[2]; en arrière de *Créon*, une *femme* qui semble s'éloigner de cette scène de deuil, dans une attitude qui exprime le désespoir, ne peut être que la mère de *Créuse*, appelée *Mérope* sur le vase de *Canosa*, et représentée aussi du même côté et à peu près de la même manière[3].

Dans la partie opposée du vase, est un groupe qui complète la représentation de la manière la plus naturelle et la plus expressive : c'est celui du vieux *pédagogue*, qui se hâte d'emmener les *deux enfants*, auteurs innocents de la mort de *Créuse*, hors du lieu où vient de se commettre cet attentat. Rien de mieux conçu que l'attitude de ce personnage, qui étend sa main droite au-dessus de a tête des *deux enfants* confiés à ses soins, et qui tourne la tête du côté d'où peut venir pour eux un danger, qui les attend plus terrible auprès de leur mère. Tous les personnages qui viennent d'être décrits sont les acteurs réels et nécessaires de la scène représentée, et ils s'y montrent chacun à la place et dans l'attitude qui lui conviennent. Une autre figure, qui apparaît dans l'angle du tableau, sur un plan plus élevé, par conséquent, dans une région supérieure, se reconnaît à cette circonstance pour un être d'un ordre surnaturel; ce qui résulte, d'ailleurs, de ce que cette *figure vêtue* porte des *ailes aux épaules*. Elle tient ses *genoux embrassés de ses deux mains entrelacées*, attitude significative, dont je crois avoir été le premier à signaler l'intention symbolique, qui était d'exprimer la douleur[4]. À ce signe, on ne risque rien de reconnaître un *génie funeste*, peut-être le *génie* de la maison de Créon, exprimant le deuil de cette maison, par l'attitude même où il est représenté, peut-être aussi le *génie vengeur*, ʼΑΛΑΣΤΩΡ[5], tel qu'il pouvait bien figurer dans

[1] Suivant l'opinion vulgaire, le venin dont *Médée* s'était servie en cette circonstance était le *naphte*, Plutarch. *in V it. Alexandr.* p. 687; cf. Plin. II, 105, 109; add. *loc.* Horat. et Apul. *ad h. l. l.* Le scholiaste de Nicandre parle d'un φάρμακον Κολχικόν, *ad* Nicandr. *Alexipharm.* v. 249. Sur l'usage du *naphte* dans les conjurations magiques, voy. les témoignages recueillis par Beckmann, *Geschicht. d. Erfindung.* t. IV, p. 68; cf. Huet *Quæst. Alnet.* t. II, p. 172, éd. Frf.

[2] L'inscription, KPEONTEIA, tracée sur la frise d'un palais, sert à désigner cet édifice comme l'habitation royale de *Créon*. En avant de ce mot, sur la même frise et sur la même ligne, sont les lettres K......ΩN, que Millin avait lus KOPINOIΩN, en y suppléant ce qui manquait. Cette restitution me paraît indubitable, bien que M. Otto Jahn, *Medeia, etc.* p. 34, 8), l'ait déclarée inadmissible; et je suis convaincu, en tout cas, que l'opinion de ce savant, qui rapporte les lettres K......ΩN au nom de *Créon*, n'est nullement fondée. Il y a pour cela deux raisons péremptoires : la première, que l'intervalle qui existe entre le K initial et les lettres finales ΩN, exige un mot aussi long que celui de KOPINOIΩN, par conséquent, bien plus long que celui de KPEΩN; la seconde, que ce mot, quel qu'il fût, est tracé *sur la frise* de l'édifice, à la même hauteur que l'autre mot KPEONTEIA, tandis que les noms des personnages sont, tous sans exception, tracés *en dehors* de l'édifice, chacun auprès de la personne qu'il concerne. On pourrait observer, en troisième lieu, que *Créon*, non plus que *Créuse*, n'avait pas besoin d'être désigné par son nom, dans une scène où ils étaient des acteurs si nécessaires et si connus.

[3] Millin, *Vases de Canosa*, pl. VII, p. 19.

[4] *Monum. inéd. Achilléide*, p. 59-63.

[5] *Iscriz. Triop.* 1, 34.

une scène pareille. C'est là une alternative que j'ai déjà présentée, au sujet de cette figure même[1], et sur laquelle les réflexions que j'ai pu faire ne m'ont pas encore mis à même d'être fixé d'une manière certaine.

Nous venons de voir *Médée* accomplissant son crime, sur des monuments d'un art grec, dont il est par là même bien certain que les auteurs, en s'éloignant ainsi du modèle créé par Euripide, ne craignaient pas de se conformer à l'opinion populaire d'Athènes, qui poursuivait dans *Médée infanticide* l'ennemie mortelle de Thésée. Tel paraît avoir été aussi le sujet d'une peinture décrite dans l'*Anthologie latine*[2], de manière à nous représenter *Médée* épargnant un de ses *enfants*, après avoir immolé l'autre; et je ne suis pas sûr que le tableau auquel se rapporte l'*épigramme* de Philippe, dans l'*Anthologie grecque*[3], ne représentât *Médée* accomplissant son crime, ainsi que l'avait pensé Lessing[4], bien que Boettiger ait été d'un autre avis[5]. Mais, en même temps, il ne paraît pas moins constant que, sur d'autres monuments du génie grec, où l'on s'était montré plus fidèle aux conditions de l'art même, le personnage de *Médée* avait été représenté d'une manière plus propre à en adoucir l'horreur, tout en lui conservant l'intérêt, dans le moment où elle médite le crime, et où les passions contraires qui l'agitent permettaient à l'artiste d'atteindre au plus haut degré de cette expression, qui était, aux yeux des Grecs, le suprême mérite[6]. J'ai déjà cité le tableau de Timomaque, comme le chef-d'œuvre de la peinture grecque, où cette belle image de *Médée*, en proie aux combats qui se livrent dans son sein, avait été réalisée avec toute la perfection possible, dans une œuvre restée pourtant inachevée[7], et où le personnage de *Médée* remplissait sans doute tout le champ du tableau, puisque, dans les témoignages qui nous en restent, il n'est fait aucune allusion à la présence des *enfants*[8]. Telle était bien certainement aussi la statue de *Médée*, ouvrage d'un artiste inconnu, décrite par Callistrate[9], la même, à

---

[1] *Monum. inéd. Achilléide*, p. 63-4, 5).

[2] *Antholog. lat.* i, 18, t. I, p. 96, Burmann. L'opinion que je viens d'exposer, au sujet de cette peinture, est celle que s'en était formée Boettiger, *Opuscul. lat.* § xxii, p. 378-9. Je dois pourtant remarquer que cette opinion se fondait uniquement sur la fausse leçon *hnac*, corrigée en celle de *hinc*, dans l'édition de H. Meyer, *Antholog. lat.* (Lips. 1835, 8), i, 657, t. I, p. 231. En conséquence, je ne doute pas que Boettiger ne se soit trompé sur le sujet de cette peinture, qui devait être produite d'après le même motif que celle de Timomaque, c'est-à-dire que *Médée* y était partagée entre la fureur et la pitié : « HINC *furiata premit*, HINC *miserata tenet*. »

[3] Philipp. *Carm.* xlii, *in Anal.* t. II, p. 223.

[4] Lessing, *Laocoon*, etc. t. IX, p. 45.

[5] Boettiger, *Opuscul. lat.* § xxii, p. 378, †).

[6] C'est ce qui résulte du rang assigné par Aristote, *Poet.* c. vi, 13, ed. Buhl, à Polygnote, à raison de ce qu'il était ἀγαθὸς ἠθογράφος, par opposition à Zeuxis, dont la peinture manquait d'expression : ἡ δὲ Ζευξίδος γραφὴ οὐδὲν ἔχει ἦθος. C'est ce qui prouve aussi l'opinion que nous a transmise Pline sur le compte d'Aristide, qui excellait par l'expression, Plin. XXXV, 10, 36.

[7] Plin. XXXV, 11, 40, 41 : « Suprema opera artificum imperfectasque tabulas, sicut *Irin* Aristidis, *Medeam* Timomachi, et quam diximus *Venerem* Apellis, in majori admiratione esse. » L'idée que M. Panofka prête à Pline, *Annal.* t. I, p. 245, 11), d'avoir cru que le *groupe des enfants était indispensable au sujet*, et que le tableau ne paraissait *inachevé* à l'auteur romain que *parce que les enfants y manquaient*, cette idée est bien gratuite, bien fausse, et bien peu honorable pour l'intelligence de Pline; c'est pour cela que j'ai cru devoir la relever.

[8] Boettiger était pourtant d'avis que le tableau de Timomaque comprenait aussi les *deux enfants jouant* près de leur mère, et il se fondait sur la peinture décrite par Lucien, où se rencontrait une pareille image, à laquelle faisait aussi allusion un poëte latin, *De Medea Euripidea*, *Opuscul. lat.* § xxii, p. 377. †). Mais ce n'est là qu'une supposition, qui ne me paraît pas d'accord avec le génie de l'art. La *Médée* de Timomaque devait être une *figure isolée*, comme l'*Iris* d'Aristide et la *Vénus* d'Apelle, auxquelles Pline la compare, surtout comme l'*Ajax* du même Timomaque, qui paraît lui avoir servi de pendant; et rien n'indique, dans les divers passages de Pline, que les *deux enfants* fussent associés à *Médée*.

[9] Callistrat. *Stat.* c. xiii, p. 160-161, Jacobs. Le texte de ce chapitre du sophiste offre plus d'une difficulté, et il a exercé la sagacité de plus d'un critique, Jacobs, *Specim. Emendat. in Epigr. Gr.* p. 44, et *Exercit. crit.* t. II, p. 60; Heyne, *Illustrat. Callistrat. Stat.* (Gotting. 1801), p. ix, sq.; Huschkius, *Analect. crit. ad Anthol. gr.* p. 84. L'idée même qu'on devait se former de la

ce qu'on doit présumer, qui est aussi l'objet d'une des *Descriptions* de Libanius[1]; à moins qu'on ne suppose que les *enfants* pouvaient être placés aux pieds de la mère, comme ils le sont dans la statue d'Arles[2], ouvrage dont la pensée est trop supérieure à l'exécution, pour qu'on ne se croie pas autorisé à présumer qu'il dérive de quelque bel original de la statuaire grecque. Il existait encore une statue de *Médée* en proie à la fureur, et cette statue, qui se trouvait à Rome, nous est connue par deux *épigrammes* de l'*Anthologie*[3], d'après lesquelles il nous est permis de supposer que la mère barbare s'y montrait dans une action très-véhémente. A ce titre, nous pourrions aussi conjecturer que c'est de cette statue romaine, plutôt que de la statue décrite par Callistrate, qu'il nous est parvenu une réminiscence sur une pierre gravée de la collection de Stosch[4], où l'on avait cru voir une *Furie*, mais où Lessing[5] avait contesté cette attribution, et où Boettiger[6] avait reconnu *Médée*, armée du *glaive*, les cheveux épars et les yeux enflammés de la pensée du meurtre qu'elle va commettre.

Entre les monuments qui peuvent avoir *Médée* pour objet, et qui nous sont connus par l'histoire de l'art, nous trouvons un tableau d'Aristolaüs, fils de Pausias, cité par Pline[7]; malheureusement, cette citation est réduite à une simple indication du sujet, qui était *Médée*, sans aucun éclaircissement sur la circonstance même où elle était représentée. Mais, d'après la nature des autres peintures du même maître, et d'après le caractère de son talent, qui le classait parmi les peintres du style le plus sévère, *e severissimis pictoribus*, il est permis de croire que ce tableau d'Aristolaüs était conçu dans le même esprit que celui de Timomaque, sous l'inspiration du génie d'Euripide. Peut-être les *enfants* de *Médée* étaient-ils compris dans cette composition, d'un style pur et sévère; et, si l'on admettait cette conjecture, ce serait à ce tableau d'Aristolaüs, plutôt encore qu'à celui de Timomaque, qu'il faudrait rapporter les nombreuses réminiscences qui nous sont parvenues en peintures et en pierres gravées du sujet de *Médée* méditant le meurtre de ses *enfants*, en leur présence même. Mais j'avoue que la célébrité du tableau de Timomaque me déterminerait plutôt à croire que c'est celui-ci qui a servi de modèle aux œuvres de la peinture et de la glyptique, quoique le silence gardé sur les *enfants*, dans le tableau de Timomaque, ne laisse pas de faire une assez grave difficulté.

---

statue décrite par le sophiste n'a pas paru tellement bien déterminée, que le même antiquaire se la soit représentée tantôt comme conçue d'après les données d'Euripide, c'est-à-dire comme exprimant les combats de *Médée*, Euripid. *Med.* v. 1085, sqq., dans la mesure prescrite à l'art statuaire, Boettiger, *De Medea*, etc. § XXII, p. 374-5, tantôt comme modelée sous les traits d'une *Furie*, telle qu'on la retrouve sur la pierre gravée de Stosch, Idem, *ibid.* § XXIII, p. 380. A mon avis, c'est la première opinion du savant antiquaire qui est fondée en raison; et c'est celle que j'ai suivie.

[1] Liban. Ἐκφράσεις, p. 1090.

[2] Publiée par Millin, *Voyage dans le Midi de la France*, t. III, pl. LXVIII, 2, p. 501; et *Galerie mythologique*, pl. CII, n. 427.

[3] *Analect.* t. III, p. 215, adesp. CCCII, CCCIII; cf. Jacobs. *Animade.* t. XII, p. 50.

[4] Winckelmann, *Pierres gravées de Stosch*, n. 326, p. 84. C'est comme une *Furie*, armée du *glaive*, que l'illustre antiquaire s'expliquait cette figure, et c'est comme telle encore que la considérait Schlichtegroll, qui l'a publiée dans ses *Princip. fig. de la Mytholog.* d'après les *Pierres gravées de Stosch*, P. IV, n. XLVI. Mais c'est sous le nom de *Médée* qu'elle est décrite par le dernier et savant éditeur du *Verzeichniss der ant. Denkmäler im Antiquar. zu Berlin*, M. Toelken, p. 271, n. 151. La correspondance des deux tableaux d'*Ajax* et de *Médée* semble bien indiquée par ces deux vers d'Ovide, *Trist.* II, 525-6 :

Utque sedet vultu fassus Telamonius iram,

Inque oculis facinus barbara mater habet;

et, dans l'un comme dans l'autre tableau, il semble bien qu'il n'y eut qu'une *seule figure*.

[5] *Sämmtl. Schrift. Laocoon*, § IX, p. 160-161, not.

[6] *Die Furienmaske der alt. Griechen* (Weimar, 1801), p. 67, suiv.

[7] Plin. XXXV, 11, 40.

Une de ces peintures, où l'on ne peut méconnaître la figure de *Médée*, déjà armée du *glaive*, mais encore indécise entre les passions contraires qui l'agitent, telle que l'avait montrée Timomaque, c'est certainement la belle peinture de *Cività*[1], que les académiciens d'*Herculanum* avaient prise pour *Didon*, mais que le nouvel interprète napolitain[2], d'accord avec un antiquaire allemand[3], a eu toute raison de restituer à *Médée*. Une image plus complète, et qui semble dérivée du même modèle que notre peinture de Pompéi, est celle d'une peinture, qui se trouvait de même dans une habitation particulière, et qui est décrite par Lucien[4], en termes si clairs et si expressifs, qu'on semble avoir moins un texte que le tableau même sous les yeux. Sauf la circonstance des *enfants*, qui regardent le *glaive* aux mains de leur mère, sans se douter de l'usage funeste qu'elle en va faire contre eux, cette description de Lucien s'applique si bien à notre peinture, qu'elle semble faite d'après elle; et c'est sans doute une peinture semblable qu'avait en vue un poète latin[5], à moins qu'on ne pense qu'il ne fît allusion à la *Médée* même de Timomaque, ainsi que donnerait à le croire le rapprochement qu'il fait, dans deux vers qui se suivent, de la *Vénus* d'Apelle et de cette *Médée* avec ses *enfants*. Mais, ce qui, du moins, ne nous paraît pas douteux, c'est que les pierres gravées qui représentent *Médée*, absolument dans l'attitude de la peinture d'*Herculanum*, avec ses *deux enfants*, occupés près d'elle à des jeux différents[6], sont autant de réminiscences de la *Médée* de Timomaque, ainsi que l'a pensé M. Panofka. Trois de ces pierres ont été citées par cet antiquaire, qui en avait déjà décrit une de la collection Bartholdy[7], et qui a publié les deux autres[8]. Il existe dans notre cabinet des antiques un beau camée du même sujet, signalé par Millin[9], lequel avait échappé à l'attention de M. Panofka; et

---

[1] *Pittur. d'Ercolan.* t. I, tav. xiii.

[2] *R. Mus. Borbon.* t. X, tav. xxi A.

[3] *Annal. dell' Instit. archeol.* t. I, p. 243-247.

[4] Lucian. *De Dom.* § xiii, t. VIII, p. 112, Bip.: Τοιάτη δὲ ἡ Μήδεια γέγραπται, τῷ ζήλῳ διακαὴς, τὼ παῖδε ὑποβλέπουσα, καί τι δεινὸν ἐννοοῦσα· ἔχει γοῦν ἤδη τὸ ξίφος, τὼ δ' ἀθλίω καθῆσθον γελῶντε, μηδὲν τῶν μελλόντων εἰδότε, καὶ ταῦτα ὁρῶντε τὸ ξίφος ἐν ταῖν χεροῖν.

[5] Lucil. *Etn.* v. 590, *in Poet. lat. min.* t. IV, p. 203, Wernsdorf.:

> Sub truce mune parvi ludentes Colchide nati.

[6] Sur un des bas-reliefs du sujet de *Médée*, les *enfants* jouent à la *balle*, σφαῖρα, *pila*, et Boettiger en a fait l'observation, en citant quelques-uns des témoignages classiques et des monuments figurés qui ont rapport à ce jeu, si familier à la jeunesse grecque, *De Medea, etc.* § xxiv, p. 397-8. Voyez aussi, à ce sujet, les observations que nous avons faites plus haut.

Une des pierres gravées offre les *deux enfants* portant chacun à la main une *branche d'arbuste*, peut-être par allusion aux *jeux isthmiques*. Sur l'autre de ces pierres gravées, les *deux enfants* semblent se disputer, sans doute pour un coup d'*osselets*, comme dans la circonstance rapportée par Apollodore, III, xviii, 8.

[7] *Mus. Bartholdian.* p. 174; elle est décrite par M. Toelken, dans son *Verzeichniss, etc.* p. 271, n. 152.

[8] *Annal. dell' Instit. archeol.* t. I, tav. agg. D, 2, 3. La première est une pâte de la collection de M. Éd. Gerhard, la seconde est empruntée à la *Dactyliotheca* de Lippert, *Supplem.* I, n. 93.

Mais M. Panofka ne paraît point avoir fait attention que cette empreinte de Lippert était tirée d'une pierre de la galerie de Florence, publiée par Gori, dans le *Mus. Florent.* t. II, tav. xliv, 3. Il est vrai que le sujet y avait été tout à fait méconnu, par suite de la méprise du dessinateur moderne, qui avait pris *Médée*, coiffée de la *tiare* et portant un *glaive dans le fourreau*, pour une *Minerve*, coiffée d'un *casque* et tenant une *massue*, figure expliquée par Gori comme une *Minerva claripotens*, l. l. p. 95.

[9] *Vases de Canosa*, p. 32, 4). Ce camée, resté jusqu'ici inédit à ma connaissance, représente *Médée* debout, vue de profil et tournée vers ses *enfants*, sur la tête desquels elle tient le *glaive* suspendu; c'est un motif neuf, et qui doit appartenir à quelqu'un des nombreux ouvrages de l'art qu'avait produits ce sujet, autre que la peinture de Timomaque. Des *deux enfants*, qui jouent à ses pieds, l'un, qui lui tourne le dos, est assis à terre; l'autre, qui est monté sur un dé de pierre, lève la tête vers sa mère. Sur le fond est une *colonne*, surmontée d'un *vase*, pour indiquer le monument sépulcral qui doit être érigé à ces *enfants*, d'après un système d'*anticipation* dont les monuments offrent plus d'un exemple. Je me contenterai de citer les peintures de Pompéi qui représentent *Narcisse* ayant près de lui son *tombeau*, figuré par une *colonne* surmontée d'un *vase*. Si l'on n'admettait pas cette explication, on pourrait voir dans cette *colonne* supportant un *vase*, l'indication de la *palestre*, où *Médée* conçoit l'idée de son crime. Le dessin de ce camée forme le sujet de la vign. n° xiii, p. 255.

la science s'est encore enrichie tout récemment d'une pâte antique de *Médée*, dans la même situation[1], qui prouve de plus en plus la célébrité du modèle d'après lequel avaient été produits ces nombreux monuments de l'art.

Le dernier trait de la sanglante tragédie dont *Médée* avait été, sur le théâtre attique, l'héroïne détestée, consistait à la représenter montée sur un char attelé de *dragons ailés*[2], et portant sur son épaule le corps d'un de ses *enfants* immolés. Cette image odieuse, inspirée pourtant aux artistes par le drame d'Euripide[3], se trouve sur les bas-reliefs de sarcophages[4], où elle n'a pas toujours été reconnue[5]. Elle se montre aussi, mais adoucie, sur le vase de ma collection que j'ai publié[6], où *Médée*, portée sur un *dragon*, tient levé le *glaive*, encore dégouttant de sang, qui vient de lui servir à commettre le double meurtre; et cette image, qui est opposée, sur le même vase, à celle de *Thétis* portant le *casque d'Achille*, semble avoir été conçue d'après le motif d'offrir, dans le contraste même de ces deux mères, l'une si tendre, l'autre si dénaturée, un élément de plus à cette haine nationale qui poursuivait la mémoire de *Médée*. Ce ne peut être aussi que ce motif qui ait inspiré aux artistes l'idée de représenter *Médée furieuse*, tenant en main les *ossements de ses fils*, comme on la voit sur un scarabée[7]. Mais cette fureur, qui survit si longtemps au crime consommé, est un sentiment aussi ingrat pour l'imitation qu'odieux pour la morale, qui n'a produit ici qu'un triste objet, où manque l'intérêt aussi bien que la vérité; et c'est toujours un malheur pour l'art que d'aller contre son but, en sortant à ce point de la nature.

---

[1] *Inpront. dell' Instit. etc. Cent.* I, n. 77.

[2] C'est à tort qu'on avait pensé que ce *char de dragons ailés*, sur lequel Euripide n'avait pas été le premier à faire monter *Médée*, puisque Sophocle, dans ses Ῥιζοτόμοι, avait employé la même image, pour *Médée*, et dans un autre de ses drames, pour *Triptolème, Lexic. Sophocl. v.* Ἀμφιπλίξ, t. IV, p. 705, Brunck., que ce char, disons-nous, était celui du *Soleil*, une *Médée* se vante d'avoir reçu de son céleste aïeul, Euripid. *Med.* v. 1321; cf. Apollon. Rh. III, 308; c'est une idée de Voss, *Brief. Mythol.* t. II, p. 126, que Boettiger me semble avoir repoussée avec raison, *De Med. etc.* § XXII, p. 370-1.'). Le *char du Soleil* ne devait pas être attelé de *dragons*; ou, du moins, aucun témoignage écrit, ni aucun monument figuré, à ma connaissance, ne nous offre le *char du Soleil* ainsi représenté. Les *dragons* se rapportent ici à la profession de *Médée*, comme *magicienne*, et le modèle en était venu sans doute aux Grecs par les tapisseries asiatiques, ainsi que les *griffons*, les *sphinx*, les *chimères*, les *pégases*, et tant d'autres animaux fabuleux, qu'on était suffisamment autorisé à supposer sur ces tissus de l'industrie assyrienne, et que les sculptures de *Ninive* nous y ont montrés en réalité. Du reste, cette image de *Médée*, portée sur un *char de dragons ailés*, ne s'est pas seulement offerte sur les bas-reliefs de sarcophages romains; elle s'est encore montrée sur une terre cuite, à la vérité aussi de travail romain, *Revue archéologique* t. II, p. 355; et, sur mon vase peint, de style grec, *Monum. inéd. Achilléide*, pl. VI, 1, comme sur une pierre gravée de la collection Hope, dont je possède l'empreinte, tirée de la collection de Cadéx, *Médée* est assise sur un *dragon*. Mais je rétracte aujourd'hui l'opinion que j'avais énoncée, *ibid.* p. 63-64,5), au sujet du *Démon*, ΟΙΣΤΡΟΣ, montant un *char de dragons ailés*, sur le vase le *Canosa*, que j'avais eu tort de prendre pour *Médée*, et je me range, sur ce point, à l'avis de M. Otto Jahn, *Medeia, Archäol. Zeitung*, N. F. Marz 1847, p. 40. Quant à la notion due à Pline, XXXIV, 8, 19, de *plusieurs chars de Médée exécutés par un statuaire* Euthycratès : « *Euthycrates.... quadrigas Medeæ complures,* » j'avoue que ce texte me paraît trop altéré pour qu'il soit possible d'en rien tirer; cf. Sillig. *Catalog. vet. artifc.* v. Euthycrates, p. 210-213.

[3] Euripid. *Med.* v. 1377-78.

[4] En fait d'exemples de cette particularité que nous offrent les bas-reliefs de sarcophages, je citerai le sarcophage de Mantoue, celui de la *villa Borghèse*, et le fragment publié par Beger.

[5] Notamment, sur un fragment qui se trouvait à Florence, et où Gori, qui l'a publié, *Inscript. ant. Etror.* t. III, tab. XIII, p. LXXXIX, avait cru voir *Médée* portant les membres déchirés de son frère *Absyrte*. Mais cette erreur avait été corrigée par Carli, *Dissertaz. due*, p. 303; ce qui n'a pas empêché M. de Clarac de dire, au sujet du bas-relief Borghèse qu'il reproduisait dans son *Mus. de Sculpt.* pl. 204, n. 211, qu'il ne pouvait se rendre compte de cette particularité, *que n'offrent pas*, ajoutait-il, *les autres bas-reliefs*; voy. sa *Descript. des antiques*, n° 478, p. 199. J'ai déjà eu occasion de relever, *Journ. des Savants*, février 1834, p. 76, cet oubli de l'antiquaire français, qui a fourni aussi le sujet d'une observation critique au savant éditeur du *Mus. di Mantova*, t. III, p. 364.

[6] *Monum. inéd. Achilléide*, pl. VI, 1, p. 42.

[7] *Inpront. dell' Instit. Cent.* III, p. 16.

PLANCHE XXIII.

CHATIMENT DE DIRCÉ.

Hauteur, 1 m. 47 cent. — Largeur, 1 m. 14 cent.

———

Cette peinture, découverte en 1833 dans une maison de Pompéi, se recommande bien plutôt par la rareté du sujet que par le mérite de la composition ou par celui de l'exécution; et nous devons dire d'abord que nous ne partageons pas l'admiration qu'elle inspire aux antiquaires napolitains[1]. Une scène aussi terrible que celle qui est représentée dans cette peinture devait produire une composition plus animée; les personnages qui y prennent

[1] Voyez la description qu'en a donnée M. Finati, en la publiant dans le *R. Mus. Borbon.* t. XIV, tav. IV. Elle était déjà connue par une *Dissertation* de M. Avellino, publiée sous ce titre : *Descrizione di una casa disotterrata in Pompei, nel* 1833; voy. surtout, p. 46-68.

part devaient s'annoncer par des attitudes plus énergiques; la femme livrée à un si cruel supplice devait éprouver la terreur, pour exciter la pitié. Une représentation aussi froide, aussi privée de mouvement et d'expression que celle que nous avons ici sous les yeux, ne répond certainement pas au sujet; et, si elle n'est pas dans les conditions de l'art, elle n'est pas davantage dans l'esprit de l'antiquité. Aussi ne faisons-nous aucune difficulté de considérer cette peinture, non comme une copie, affaiblie dans l'exécution, de quelque beau modèle grec, mais comme une œuvre originale de la décadence antique, et probablement comme une invention du médiocre peintre de Pompéi dont elle est l'ouvrage. C'est surtout cette considération, jointe à la rareté du sujet, qui nous l'a fait choisir pour la comprendre dans notre recueil. Il nous a paru utile, dans l'intérêt de l'histoire de l'art, de montrer par une de ces peintures de Pompéi les mieux conservées que nous possédions, ce qu'était devenue la peinture des Grecs, où l'expression avait marché de pair avec le style, dans cette dernière période de son existence et sur ce point extrême de son domaine.

La fable de *Dircé* est une de celles où se trouve le plus fortement exprimé ce génie de l'antiquité grecque, qui faisait de la piété envers les parents, du soin de venger leurs offenses et d'apaiser leurs mânes, le premier devoir des enfants et la première des lois morales de la société. Pour les Grecs, nourris dans de pareilles idées, le châtiment terrible infligé à *Dircé* par les fils d'*Antiope*, vengeurs inexorables des injures de leur mère, n'était que l'accomplissement d'un devoir social et d'une dette sacrée. Loin donc de se montrer adouci dans son image, ce supplice devait y éclater bien plutôt dans toute sa rigueur. Le sentiment public, qui n'avait de sympathie que pour les auteurs du châtiment et ne détournait pas les yeux de la victime, devait donc inspirer l'artiste; et tout ce qu'il avait d'énergie dans son âme devait se produire dans son ouvrage. C'est en effet ce que nous savons du choix de ce sujet, compris au nombre des traits de piété filiale dont l'architecte du *temple d'Apollonis*, à *Cyzique*, avait décoré les colonnes de cet édifice, au moyen de tablettes sculptées ou peintes [1], dont l'une représentait *Dircé* liée au *taureau* par les fils d'*Antiope;* et c'est ce que nous saurions mieux encore, si le célèbre groupe du *Taureau Farnèse*, qui représente le même sujet, et qui montre, dans tout ce qu'il a d'antique, tant de mouvement et d'énergie, avait conservé les têtes de ses figures, où l'expression du sujet avait eu son principal siége, et où le sentiment de l'artiste n'avait pu manquer de répondre, avec non moins d'éclat et de force que dans l'ensemble de la composition, à ce qu'exigeait la pensée publique.

On connaît la fable de *Dircé*, qui avait fourni à Euripide le sujet d'une de ses dernières et de ses plus belles tragédies, de son *Antiope* [2]. Cette fable, telle qu'elle est racontée par les

---

[1] Le mot στυλοπινάκια, employé pour désigner les *tablettes* en question par l'écrivain grec qui nous en a conservé la notion, semble en effet comporter l'alternative que je viens d'exprimer. J'ai rapporté, d'ailleurs, dans un de mes ouvrages, *Peintures ant. inéd.* p. 142-144, les opinions diverses des antiquaires et des philologues au sujet de ces Στυλοπινάκια du temple de Cyzique; et, en me déterminant, d'après les mots περιέχοντα ἀναγλύφους ἱστορίας, pour celle qui y voyait des *bas-reliefs,* et qui s'est acquis un assentiment à peu près unanime, j'y ajoutais seulement la conjecture que ces *bas-reliefs* étaient *coloriés;* ce qui ne m'a pas préservé d'une censure injuste de la part d'un critique; voy. l'*Apperd. aux lettr. d'un antiq.* p. 85.

[2] Euripid. *Fragm. Antiop.* n° I-L, p. 661-670, ed. Wagner. Didot. La date de la représentation de cette tragédie est fixée par l'habile critique auquel nous devons l'édition la plus récente et la plus complète des *Fragments* d'Euripide, à l'olymp. xcii, 2. Quant à la réputation dont elle jouissait dans l'antiquité, on peut s'en faire une idée d'après la traduction littérale qu'en avait faite Pacuvius, Cicer. *De Fin.* 1, 2, 4; Pers. *Sat.* 1, 77.

mythographes, avec des variantes peu importantes dans les circonstances accessoires, peut se réduire aux termes suivants [1]. *Antiope*, fille de Nyctée, avait été l'objet de la passion de Jupiter; devenue enceinte et effrayée des menaces de son père, elle se réfugia à Sicyone, auprès d'Épopée, qui l'épousa. Nyctée se tua de chagrin, et recommanda en mourant à son frère Lycus de tirer vengeance d'Épopée et d'*Antiope*. Lycus, qui occupait alors le trône de Thèbes, entreprit donc une expédition contre Sicyone, soumit cette ville, tua Épopée et emmena *Antiope* captive. Ce fut dans ces circonstances qu'elle accoucha sur la route de deux jumeaux, qui furent recueillis par un pasteur, qui les éleva et les nomma *Zèthus* et *Amphion*. Bien des années après, *Antiope*, tenue dans la plus dure captivité et accablée de mauvais traitements par *Dircé*, femme de Lycus, vit tout à coup tomber ses chaînes, et, redevenue libre, elle courut à l'étable où vivaient ses fils, l'un, *Zèthus*, d'un caractère violent et sauvage, occupé du soin des troupeaux et des exercices de la palestre, l'autre, *Amphion*, d'un esprit plus doux et plus cultivé, se livrant, sur une lyre qu'il avait reçue de Mercure, aux inspirations de la musique. La mère, reconnue de ses enfants, leur raconte ses longues souffrances; et c'est lorsque le sentiment de la vengeance s'exaltait avec le plus de force dans ces âmes jeunes et fières, que l'occasion de la satisfaire vient s'offrir à eux. *Dircé*, dévouée au culte de Bacchus, était venue célébrer sur le *Cithéron* les orgies du dieu national de Thèbes. Les deux fils d'*Antiope* l'apprennent, courent à *Dircé*, la saisissent et l'attachent par les cheveux à un *taureau*, qui la déchire en l'entraînant. Telle est la fable de *Dircé*, dans celle de ses versions qui avait eu Euripide pour auteur ou pour interprète [2], et qui, à ce titre, avait dû exercer le plus d'influence sur les compositions des artistes. On voit que, dans cette histoire mythologique, tout conspire, le sentiment de la vengeance, la forme du châtiment, le caractère des personnages et le lieu de la scène, pour produire une image terrible, où la piété domine complétement l'horreur.

Examinons maintenant notre peinture de Pompéi. Le lieu où se passe l'action est un site sauvage, hérissé de rochers, tel qu'était le sommet du *Cithéron*. Le centre de la composition est occupé par un *taureau*, qu'on peut bien prendre en effet, dans une scène semblable, pour le personnage principal. L'animal, qui foule pourtant encore la terre de ses quatre pieds, avec la tête abaissée, se montre dans une situation tranquille, plutôt obéissant à la main qui le guide qu'à la fougue qu'on attend de lui. *Dircé*, déjà renversée à terre, à demi dépouillée de ses vêtements, et appuyée sur le coude du bras droit, avec la main gauche levée et liée au corps du *taureau* par une corde qui l'attache au-dessous du sein, va bientôt être emportée par l'animal, livré à lui-même. Cependant sa figure n'exprime aucune des émotions qui devraient l'assaillir dans ce moment suprême et terrible; et sa *couronne de pampres*, qui la caractérise comme initiée de Bacchus, ne se ressent même pas du désordre de son attitude.

---

sans compter les nombreux témoignages, au sujet de cette tragédie, qui nous en ont conservé des fragments et qui ont été rassemblés par M. Welcker, *Die Griechisch. Tragöd.* t. II, p. 820, II.

[1] Euripid. *Antiop. Fragm.* XLIII, p. 669; Apollodor. III, v, 5; Pausan. II, vi, 2, et IX, xvii, 4, et xxv, 3; Schol. Apollon. Rh. ad iv, 1090; Schol. Eurip. *ad Phœniss.* v. 102; Hygin. *Fab.* vii et viii; Propert. *Eleg.* III, xvi. 38; Plaut. *Pseudol.* 1, 2, 65; add. *Epigramm.* vii. in Stylopin. Cyzic. *apud* Jacobs. *Anthol. Pal.* t. XIII, *Paralip.* 627-628.

[2] C'est l'opinion de tous les habiles critiques, que le récit fait par Apollodore et par Hygin était conforme à la tradition suivie dans l'*Antiope* d'Euripide; voy. surtout Valckenaer, *Diatribe*, c. vii, et Heyne, *Antiq. Aufsätz.* II, 206, d).

En avant du *taureau*, marchent, d'un pas calme et lent, deux personnages : une *femme*, vêtue d'une *tunique longue*, de couleur brune, et d'un *péplus*, dont l'étoffe blanche est doublée de gris, et un *jeune homme*, qui tient des deux mains une *corde* fixée aux cornes du *taureau*. La *femme* ne peut être qu'*Antiope*, qui assiste, avec un sentiment de satisfaction où la pitié se mêle, au supplice de son ennemie; et le *jeune homme* se reconnaît sans peine à son vêtement, qui consiste en une *tunique courte*, en une *chlamyde* agrafée sur l'épaule droite et en *cothurnes* richement brodés, pour *Amphion*, le représentant de la civilisation héroïque de la Grèce. Ces deux personnages forment un groupe dont l'expression toute tranquille contraste avec le sujet; et le geste d'*Antiope*, qui semble presser la main d'*Amphion*, comme pour le retenir au moment où il va lâcher la *corde*, est difficile à concevoir dans une scène semblable.

On ne s'explique pas mieux l'intention du groupe de deux figures qui se tiennent aussi debout, en arrière du *taureau*. L'un de ces personnages, qui est un *jeune homme* presque entièrement nu, à la réserve d'un *petit manteau* dont il s'enveloppe le milieu du corps, et qui tient une *épée* de la main gauche, en s'appuyant de la droite sur une longue *lance*, représente bien *Zéthus*, le type de la vie agreste des anciens Grecs, qui associaient au soin des troupeaux l'exercice des armes; d'un regard vif et sévère, dirigé vers son frère, il semble accuser sa lenteur. Le second personnage, qui a toute l'apparence d'un homme avancé en âge, et dont le costume s'accorde bien avec cette donnée, doit être le maître des troupeaux du *Cithéron*, qui a recueilli les deux fils d'*Antiope* et qui les a élevés. Il est tout naturel sans doute qu'il assiste à une scène semblable, pour tempérer les emportements de la passion par les conseils de l'expérience. Mais que signifie le geste qu'il fait, en approchant de sa bouche l'*index* de sa main droite, comme pour recommander le silence? Veut-il réprimer l'ardeur du jeune homme, trop impatient de hâter l'effet de sa vengeance? ou bien est-ce un dernier avertissement qu'il lui adresse, ou même un dernier vœu qu'il exprime en faveur de la victime? Dans tous les cas, l'attitude des deux personnages est certainement trop calme pour l'action à laquelle ils prennent part. *Zéthus*, l'impétueux et violent *Zéthus*, ne devait pas assister comme un tranquille témoin à une scène de châtiment dont il était le principal acteur; et ce n'est pas sous de pareils traits qu'un peintre de la belle époque de l'art grec eût représenté un sujet si véhément et si pathétique.

Le lieu de la scène représente un de ces paysages, conçus sans art et exécutés de même, qui semblent n'avoir été, pour les artistes de l'antiquité grecque, comme ils le furent, même pour les grands maîtres de la renaissance, qu'une indication du site, qui avait quelque chose de l'ancien symbolisme, plutôt qu'une étude réelle de la nature. On doit pourtant remarquer ici le groupe de trois rochers, dont deux, dressés verticalement, sont surmontés d'un troisième en guise d'architrave; groupe qui offre tout à fait la forme de ces monuments celtiques que nous nommons *dolmens*. On peut supposer que l'artiste avait voulu faire allusion aux pierres qui s'élevaient d'elles-mêmes et se plaçaient les unes sur les autres à la voix d'*Amphion* [1]. Mais je serais plutôt disposé à croire que, pour mieux exprimer la nature sauvage de ce site du *Cithéron*, le peintre a disposé les rochers dans

---

[1] Pausan. IX, xvii, 5 : Τοὺς δὲ παρὰ Ἀμφίονος μνῆμα λίθους, ... ἐκείνας εἶναί φασι τὰς πέτρας, αἱ τῇ ᾠδῇ τοῦ Ἀμφίονος ἠκολούθησαν.

cette forme de *dolmens*, dont il y avait des exemples dans la Grèce antique, et dont il se pourrait bien que l'origine, comme celle des monuments celtiques, remontât jusqu'aux traditions de l'antiquité asiatique [1].

Il semble qu'un sujet si conforme aux idées grecques et si favorable aux arts d'imitation, surtout à la plastique, par la réunion qu'il offrait des plus belles formes de l'espèce humaine et de la nature animale, dans une action si propre à mettre en jeu tous les mouvements du corps et toutes les passions de l'âme, aurait dû souvent se produire sur les monuments figurés. Cependant nous ne connaissons, en fait de ces monuments où fût représenté le châtiment de *Dircé*, que le groupe d'Apollonius et Tauriscus, cité par Pline [2] comme placé dans les jardins d'Asinius Pollion, à Rome, et le petit bas-relief d'une des colonnes du *temple d'Apollonis*, à *Cyzique* [3]. Encore, cette dernière représentation pourrait-elle avoir été inspirée par le grand ouvrage de la statuaire qui fut d'abord érigé à *Rhodes*, et qui fut sans doute imité ou reproduit dans plus d'une ville de l'Asie Mineure; bien que, pour mon compte, je n'adopte pas cette manière de voir, et que je regarde le monument de *Cyzique* comme appartenant à une plus haute époque que le groupe d'Apollonius et Tauriscus. Mais c'est bien une réminiscence de ce groupe qui a fourni le type de la médaille de *Thyatire* [4], ville de la même province que *Tralles*, patrie des deux artistes; et c'est bien une autre imitation de ce groupe qui nous est parvenue, sous une forme bien réduite sans doute, et dans un état encore incomplet, sur un fragment de camée qui se conserve au musée de Naples [5]: d'où il suit que c'est au groupe d'Apollonius et Tauriscus, imité ou reproduit de plus d'une manière, que se réduisent pour nous les monuments figurés de la fable de *Dircé*.

Mais cette notion n'en acquiert que plus d'importance, par le fait que ce grand monument de l'art grec, qu'on croit avoir été produit dans la période des premiers successeurs d'Alexandre [6], est un de ceux que la fortune a laissés arriver jusqu'à nous. C'est en effet l'opinion générale des antiquaires, que le groupe si célèbre sous le nom de *Taureau Farnèse*, qui fut trouvé, vers 1546 [7], dans les ruines des *Thermes de Caracalla*, ainsi à peu de

---

[1] C'est une question dont les développements et les preuves prendraient plus d'espace que je ne saurais leur en accorder ici. Mais j'ai réuni depuis longtemps beaucoup de matériaux qui s'y rapportent, et je me réserve d'en faire l'objet d'un travail particulier.

[2] Plin. XXXVI, 5, 4, 34, ed. Sillig. : « Zethus et Amphion ac Dirce et Taurus vinculumque ex eodem lapide, Rhodo advecta opera Apollonii et Taurisci. Parentum ii certamen de se fecere, Menecratem videri professi, sed esse naturalem Artemidorum. »

[3] *Epigramm.* vii *apud* Jacobs. *Anthol. Pal.* t. XI l. *Paralipomen.* p. 627-628: Ὁ ἕβδομος ἔχει, ... Ἀμφίονος καὶ Ζήθου ἱστορίαν προσάπτοντες ταύρῳ τὴν Δίρκην.

Ἀμφίων καὶ Ζῆϑε, δύο σκυλακεύματα, Δίρκην
Κτείνατε τάνδ᾽, ὀλέτιν μητέρος Ἀντιόπας·

Δέσμιον ἣν ταύρος εἶχε διὰ ζυλώματα μόνην,
Νῦν δ᾽ ἱκέτιν αὐτὰ λίσσετ᾽ ἐδυρομένη.

Ἄγε καὶ ἐκ ταύροιο ΚΑΘΑΠΤΕΤΕ δίπλακα σειρήν,
Ὄφρα δέμας σύρῃ τῆσδε κατὰ ξυλόχου.

[4] Cette médaille, qui est un grand bronze d'Alexandre Sévère, a été publiée par Eckhel, *Num. vet. anecd.* tab. xv, n° 1, p. 269-270. Voyez ce qu'il en dit, *Doctr. Num. vet.* t. III, p. 132, où il la cite comme étant de Caracalla et faisant partie du cabinet de Vienne, tandis que celle qu'il avait publiée était indiquée comme *ex Mus. Granell*. Serait-ce un second exemplaire? C'est ce que je n'ai pas le moyen de vérifier.

[5] Publié par K. Ott. Müller dans des *Osservaz. sul gruppo conosciuto sotto la denomin. di Toro Farnese*, dans les *Annal. dell' Instit. archeol.* t. XI, p. 288.

[6] C'était l'opinion de Winckelmann, *Geschicht. d. Kunst*, l. X, c. 11, § 10, *Werke*, t. IV, 1, p. 128. Ses commentateurs allemands s'y sont ralliés, *ibid.* 11, p. 235-6, 707); voy. aussi H. Meyer's *Geschicht. d. bild. Künste*, t. III, p. 38; c'était pareillement l'avis de K. Ott. Müller, *Handbuch*, § 157, p. 161, 3ᵉ édit., qui n'a point été contredit sur ce point par son dernier éditeur, M. Welcker.

[7] Les témoignages contemporains sur cette découverte ont été rassemblés et discutés avec beaucoup de soin par Heyne, dans un travail particulier *sur le Taureau Farnèse, vom Farnesischen Stier*, dans ses *Antiq. Aufsätz.* t. II, p. 182, suiv. Voy. surtout p. 186, e).

distance du site qu'occupaient les jardins de Pollion, est le même groupe que décrit Pline comme faisant partie des chefs-d'œuvre de l'art grec rassemblés à grands frais par cet opulent amateur romain; et il est certain que le sujet, qui paraît avoir trouvé dans le groupe des deux sculpteurs de *Tralles* sa plus imposante expression dans l'antiquité, s'accorde si bien avec celui du *Taureau Farnèse*, joint à la circonstance que cet ouvrage est sculpté *dans un seul bloc de marbre*, comme l'était le monument antique, que cette opinion a toutes les conditions de la vraisemblance; et quant à l'objection qu'il manque sur le *Taureau Farnèse* l'inscription à laquelle Pline fait allusion, et qui parlait d'un *second père*, sans doute le maître des deux artistes, Ménécratès, et d'un *père naturel*, Artémidôros, cette objection, que Winckelmann avait cherché à écarter, en supposant que l'inscription avait pu être gravée sur le tronc d'arbre qui sert d'appui à la figure de *Zèthus* et qui est restauré tout entier[1], cette objection, dis-je, n'est d'aucune valeur, puisque Pline ne dit rien qui donne lieu de croire que l'inscription dont il s'agit existât sur le groupe de *Dircé*.

Placé longtemps dans une baraque construite à la hâte derrière le palais Farnèse, à l'endroit où devait s'élever, sur le dessin de Michel-Ange, une fontaine dont il eût formé le principal objet[2]; mal vu et mal éclairé dans ce réduit incommode; rempli, d'ailleurs, de restaurations[3] qui ne répondaient certainement ni à la pensée des auteurs ni à l'esprit de l'antiquité, le *Taureau Farnèse*[4] dut à toutes ces circonstances les jugements contradictoires et généralement peu favorables dont il fut l'objet, de la part d'observateurs superficiels et de critiques ignorants[5]. On est fâché de trouver parmi ces juges rigoureux M. de Caylus[6], qui paraît croire que le *morceau avait été trouvé tout entier*, qui n'y soupçonne aucune restauration, et qui s'exprime, au sujet de la moindre proportion de la figure du *jeune bacchant*, de manière à montrer que personne dans ce siècle ne comprenait la méthode de l'antiquité grecque, en fait de ces figures accessoires. Le docte Heyne, auquel nous devons un travail, excellent du reste, *sur le Taureau Farnèse*[7], ne connaissait ce grand ouvrage que par des estampes, toutes plus ou moins infidèles; et la confiance qu'il avait dans le jugement de Caylus ne pouvait qu'égarer le sien. Que dire de Winckelmann lui-même, qui se borne, au sujet de ce grand monument, à relever quelques erreurs insignifiantes dont il avait été l'objet, et qui ne trouve à y louer que l'habileté de l'outil dans des accessoires, comme la

---

[1] Winckelmann, *Geschicht. d. Kunst*, l. X, c. II, § II. H. Meyer admettait aussi que l'inscription à laquelle Pline fait allusion se trouvait sur le *Taureau Farnèse*, *Geschicht. d. bild. Künste*, III, 38.

[2] Voy. la *note* de Bottari dans son édition des *Vite* de Vasari, t. III, p. 267.

[3] Ces restaurations ont été, pour la plus grande partie, indiquées par Winckelmann, qui les attribuait à un certain Battista Bianchi de Milan, *Geschicht. d. Kunst*, l. X, c. II, § 13, *Werke*, t. IV, p. 131. Mais, sur ce point, Winckelmann était mal informé, ainsi que l'a montré Heyne, dans sa *Dissertation* citée plus haut, p. 218-9; et il est très-probable, comme l'assure encore Heyne, p. 223, que l'auteur de ces restaurations fut Guglielmo della Porta, l'élève même de Michel-Ange, qu'on sait avoir été chargé de travaux semblables sur les principaux antiques du palais Farnèse, notamment sur l'*Hercule* et sur la *Flore*.

[4] On ne possède, de ce grand monument de l'art antique, que des estampes, toutes plus ou moins défectueuses. C'est sous cette réserve que je cite les gravures de Dom. de Rossi, *Raccolta*, n. 48, de Perrier, n. 100, de Maffei, n. 48, et même de Piranesi, *Statue*, bien qu'elle soit moins imparfaite. La plus curieuse peut-être de ces mauvaises estampes est celle qui se trouve dans la *Topographia urbis Romae* de Marliani, de l'édition de 1588, p. 139, et qui a passé dans le livre de Boissard, P. II, c. CXXXV, p. 181. Le groupe y paraît déjà restauré, comme on l'a vu depuis.

[5] Ces jugements ont été rapportés avec soin par Heyne, l. l. p. 187-193. Mais, en cherchant à les rectifier sur quelques points, où ils étaient manifestement erronés, il est trop sensible que ce docte critique leur a encore accordé trop de crédit, et cela certainement faute d'avoir vu le monument original.

[6] *Mémoire sur la sculpture et sur les sculpteurs anciens*, dans les *Mém. de l'Acad.* t. XXV, p. 325.

[7] C'est la *Dissertation* déjà citée plusieurs fois; voy. p. 187, k).

ciste mystique[1], ou dans des détails de costume, comme le pli de la draperie de *Dircé* tombant sur cette *ciste*, sans dire un mot de l'ensemble de la composition, au moins dans ce qu'elle a d'antique, et dont il avait bien cherché à se rendre compte[2]? Ce ne fut qu'à partir du temps où le *Taureau Farnèse*, transporté à Naples avec tous les marbres de la maison Farnèse, et exposé dans le jardin de la *Villa Reale*, après avoir reçu une restauration nouvelle, faite du moins avec plus d'intelligence, en suivant fidèlement toutes les indications du marbre antique, mais sans s'aider assez du secours de la médaille, ce ne fut, dis-je, qu'à partir de cette époque[3] que ce groupe, si mal apprécié jusqu'alors[4], put commencer à être étudié, et par conséquent aussi à être admiré.

Le *Taureau Farnèse* est l'œuvre de la statuaire la plus hardie par la conception, la plus originale par la disposition, la plus énergique par le mouvement et par l'expression, qui nous soit parvenue de l'art grec; et c'est sans doute aussi l'un des monuments les plus remarquables sous tous ces rapports qui aient existé dans toute l'antiquité. La sculpture, tout en y restant dans ses conditions propres, s'y place sur le terrain de la peinture avec une résolution et un bonheur dont nous ne connaissons aucun autre exemple, par le choix même d'un sujet qui exigeait, avec la plus grande véhémence de l'action, que cette action se divisât en plusieurs moments et entre plusieurs personnages. Or la composition conçue par les auteurs du groupe réunit pour ainsi dire tous ces moments, en même temps qu'elle comprend tous ces personnages. Sur une plate-forme de marbre, toute d'un seul bloc, dont les inégalités indiquent les hauteurs du *Cithéron*, s'élance, au sommet du groupe, un magnifique *taureau*, dont on ne saurait assez louer la beauté de forme et la vérité de mouvement. *Amphion*, le plus doux des deux frères, caractérisé par la *lyre* sculptée près de sa figure, est aussi celui qui prend au terrible acte de vengeance qui se prépare la part la moins rigoureuse; il s'occupe à retenir de ses deux mains, de l'une par la corne, de l'autre par le museau, le *taureau* furieux. En avant de l'animal, sur une saillie de rocher, est assise *Dircé*, dont il manque aujourd'hui tout le haut de la figure, à partir du nombril; dépouillée déjà de ses vêtements dans cette partie de sa personne, elle se tournait du côté d'*Amphion*, sans doute pour essayer de fléchir celui des fils d'*Antiope* qu'elle savait plus accessible à la pitié. Au-dessus d'elle apparaît *Zéthus*, entièrement livré au soin de sa vengeance : d'une main, il tenait la *corde*, déjà fixée aux cornes du *taureau* et rattachée au-dessous du sein de *Dircé*[5];

---

[1] *Geschicht. d. Kunst*, l. X, c. II, § 14, *Werke*, t. IV, p. 131, 706).

[2] *Ibid.* §§ 13 et 14.

[3] Ce fut en 1786 qu'eut lieu ce transport, à la suite duquel fut entreprise une nouvelle restauration du groupe, confiée au sculpteur Solari. L'état de ces restaurations, soigneusement dressé par l'artiste lui-même, a été récemment publié dans le *R. Mus. Borbon.* t. XIV, tav. v. Mais nous possédons encore une indication très-exacte de ces restaurations, due à un observateur attentif et éclairé, depuis que le groupe a été transporté dans le musée de Naples; voy. cette *note*, dont l'auteur est un voyageur polonais, M. Miszkowski, publiée dans le *Zeit. für die elegan. Welt*, 1830, n. 43, 44, et reproduite par M. Welcker, dans ses *Alt. Denkmäl. erklärt.* t. I, p. 365-367, 13).

[4] Je dois faire une exception honorable à l'égard de Lewezow, dont l'appréciation du *Taureau Farnèse* est bien plus équitable et bien plus éclairée que celle des autres antiquaires, *Familie des Lycomedes*, p. 27-27. H. Meyer met aux éloges qu'il accorde à cet ouvrage une restriction que je ne saurais admettre, parce qu'elle n'est pas dans l'esprit de l'antiquité; voy. sa *Geschicht. d. bildend. Künste*, III, 66-7.

[5] C'est, en effet, ce qu'on doit présumer avec toute certitude pour le groupe original, puisque cette particularité se trouve indiquée sur la figure de *Dircé* du petit groupe en ivoire du musée de Naples. M. Welcker en a fait l'observation, à laquelle je m'associe complétement; voy. ses *Alt. Denkmäl. Erklärt.* p. 367. La *corde* se voit aussi, au-dessous du sein de *Dircé*, sur le fragment de camée du même musée.

de l'autre main, qui s'appuyait sur la tête de sa victime, il la saisissait par une tresse de ses longs cheveux. C'est ainsi, du moins, que la pensée de la composition originale est rendue sur la médaille et sur le camée, d'une manière bien supérieure à celle de la restauration moderne, où *Zèthus*, occupé tout entier à tirer avec force la *corde* de ses deux mains, se détourne ainsi de la figure de *Dircé*, et n'offre qu'un motif vulgaire. L'infortunée, qui n'avait plus de libre que ses deux mains, en levait une vers le ciel, pour implorer la pitié, et elle touchait sans doute de l'autre main le genou d'*Amphion*, ce qui était, chez les Grecs, l'attitude de la supplication.

Telle était cette composition, qui résumait si admirablement, dans un seul moment et sous un même aspect, toutes les circonstances du sujet. Ce que l'art ne pouvait et ne voulait pas rendre dans toute son effrayante vérité, il le montrait dans ce qu'il avait à la fois de plus terrible et de plus touchant. La malheureuse *Dircé*, déjà liée à l'indomptable *taureau*, n'est plus séparée de la mort que par un moment, aussi prompt que la pensée, aussi rapide que l'éclair. Qu'*Amphion* laisse tomber ses mains, que *Zèthus* laisse flotter la *corde*, et le *taureau* s'emporte, et le supplice commence, et le châtiment s'accomplit. Le spectateur a donc ici devant lui la fin tragique de *Dircé* tout entière : il en voit toute l'horreur, il en ressent toute l'émotion, sans avoir sous les yeux aucun objet qui révolte ses sens ; l'action ne pouvait être plus saisissante, ni le drame plus complet, et l'art ne pouvait aller plus loin. Maintenant, qu'on ajoute à l'intérêt de cette scène si véhémente la beauté de ces deux corps de jeunes hommes, dans des mouvements si énergiques, dans des attitudes si expressives, avec des têtes qui répondaient sans doute à la différence de leur caractère, sans nuire à l'unité de leur action[1] ; qu'on y ajoute la figure de cette femme, le haut du corps nu, le bas enveloppé d'une draperie, offrant dans cette disposition même un contraste si heureux, et sans doute aussi dans sa tête le plus haut degré de l'expression, jointe à la beauté, deux conditions que l'art grec ne sépara jamais, et l'on pourra apprécier, du moins par la pensée, en s'aidant de tout ce qui reste, pour suppléer à tout ce qui manque, tout ce que cette admirable tragédie, sculptée en un seul bloc de marbre, avait à la fois de poésie et d'art, de sentiment et de vérité.

Derrière ce groupe principal apparaît une figure de femme, entièrement vêtue, qui ne peut être qu'*Antiope*, et qui complète la représentation, de la manière la plus conforme à la tradition mythologique, suivie dans le drame d'Euripide. On avait cru longtemps, malgré l'assurance si positive donnée par Winckelmann[2], que cette figure d'*Antiope*, bien qu'antique en grande partie, avait été ajoutée par le restaurateur[3] ; et l'on était d'autant plus disposé pour cette manière de voir, que l'on ne s'expliquait pas bien la présence d'*Antiope* au châtiment de *Dircé*. Le fait est pourtant que toute la partie inférieure de sa draperie

---

[1] Cette idée, que la part différente prise à l'action par les deux frères répondait à la différence de leur caractère, a été développée avec beaucoup de sagacité par K. Ott. Müller, dans sa *Dissertation* citée plus haut, p. 289-291 ; et, quoiqu'elle ait été combattue par M. Welcker, dans un travail sur le *Taureau Farnèse*, rempli, d'ailleurs, de vues neuves et d'observations excellentes que j'admets presque toutes pour mon propre compte, j'avoue que je trouve encore beaucoup de vraisemblance à l'opinion de K. Ott. Müller, sans qu'elle me paraisse nuire à l'unité morale de la représentation ; voyez, au reste, ce que dit, à ce sujet, M. Welcker, *Der Farnesische Stier*, dans ses *Alt. Denkmäl. erklärt*, t. I, p. 358-360.

[2] *Geschicht. d. Kunst*, l. X, c. II, § 14.

[3] Heyne, *Antiq. Aufsätz.* II, 205, e) ; Boettiger, *Andeutung*, p. 210 ; K. Ott. Müller, *Handbuch*, § 157, 1, 2ᵉ édition, et *Denkmäler*, I, 47, 215.

tient au bloc même dans lequel était sculpté le groupe entier[1]; et ce qui n'est pas moins certain, c'est que la figure d'*Antiope* était aussi indispensable pour l'expression du sujet que pour l'harmonie de la composition[2]. En se montrant sur un plan plus éloigné, à la place qui lui convenait, elle garde sa position, sans donner lieu au sentiment pénible qu'aurait produit sa présence auprès de *Dircé*; et elle forme, de l'autre côté du groupe du *taureau*, une figure qui devait nécessairement correspondre à celle de *Dircé*.

La seule figure du groupe qui ait conservé sa tête antique, est celle du *jeune bacchant*, assis au-dessous du rocher sur lequel pose le pied gauche d'*Amphion*. Cette figure, dont Winckelmann comparait la tête, pour le style, à celui des fils de *Laocoon*[3], ce qui était, pour l'illustre auteur de l'*Histoire de l'Art*, une manière d'exprimer son admiration, a donné lieu, comme l'on sait, aux opinions les plus fausses et les plus étranges, qu'il serait aujourd'hui bien inutile de réfuter. Sa disproportion avec les figures du groupe, qui avait tant choqué M. de Caylus et les antiquaires du dernier siècle, était une de ces conventions de l'art grec, au moyen desquelles on représentait sous une forme plus petite les personnages d'un ordre secondaire, ou ceux qui ne figuraient dans une composition qu'en qualité de personnages accessoires. D'ailleurs, la présence de ce *jeune bacchant* dans cet angle de la composition, qu'il remplit d'une manière aussi heureuse pour l'effet que favorable pour l'intelligence du sujet, se rapporte à la célébration des orgies de Bacchus, qui n'avait pas préservé l'infortunée *Dircé* du sort funeste qui l'attendait; en sorte qu'il y a là encore, même dans une figure subalterne, un motif intéressant.

En considérant, ainsi que nous venons de le faire, le *Taureau Farnèse* comme un groupe de statues, d'un sujet dramatique, d'une ordonnance pittoresque, d'un effet imposant et d'un style grandiose, nous ne pouvons nous empêcher non plus d'y voir une œuvre conçue en dehors des rigoureuses limites de la sculpture. Toutes ces figures, ramassées sur une étroite plate-forme, sont bien unies entre elles par un lien intime et par un rapport nécessaire, et l'unité ne manque pas plus à l'action qui les occupe qu'à la circonstance qui les rassemble. Mais cette réunion de statues, sur des plans différents, n'en constitue pas moins une composition qui tient de la peinture autant que de la statuaire; en même temps que, par l'effet pyramidal qu'elle affecte, tout en rappelant celui des sculptures de frontons, elle sort des conditions d'un groupe. Une composition de cette nature, où l'expression dramatique était, d'ailleurs, portée au plus haut degré par la véhémence des mouvements, par l'énergie des attitudes, et sans doute aussi par le jeu des physionomies, s'éloignait donc des principes de la haute sculpture grecque, qui reposait sur la simplicité des lignes, sur la noble ordonnance de la composition, sur la vérité et la grandeur des formes, et sur le caractère tempéré de l'expression. Par tous ces motifs, je crois que le *Taureau Farnèse* appartient plutôt à la dernière période de la sculpture grecque qui précéda les temps romains, qu'à l'âge des premiers successeurs d'Alexandre, comme le croyait Winckelmann, et comme

---

[1] Welcker, *l. l.* p. 353 : «Die Antiope hängt mit dem untersten Theil des Gewandes mit dem grossen antiken Fussboden selbst zusammen, und auf diesen Bruch passt ihre beinahe ganz erhaltene Figur vollkommen.»

[2] C'est encore ce qu'a démontré de la manière la plus satisfaisante M. Welcker, *au même endroit*, p. 354-5.

[3] *Geschicht. d. Kunst*, l. X, c. II, § 14.

le pensait encore K. Ott. Müller[1], qui semblait regarder le *Taureau Farnèse*, dont il n'appréciait pas, du reste, tout le mérite, ni sous le rapport de l'ordonnance, ni sous celui de la composition, comme une sculpture contemporaine du *Laocoon*, réputée de la période qui succède à celle de Lysippe. A mon avis, le *Taureau Farnèse* tient de plus près encore que le *Laocoon* à la belle école grecque, par le choix et la vérité des formes; mais il offre déjà la même tendance que le *Laocoon* à une disposition théâtrale et à une exagération d'effet et d'expression, que ne rechercha pas l'art de la haute antiquité grecque.

J'ai déjà dit qu'à l'exception du groupe d'Apollonius et Tauriscus et du petit bas-relief du temple de *Cyzique*, nous ne connaissions, par l'histoire de l'art, aucun monument figuré qui fût relatif à la fable de *Dircé*. L'idée d'Ott. Müller, qui avait cru trouver dans la mention de deux statues colossales de *Zéthus* et d'*Amphion* érigées devant un temple de Bacchus, à *Antioche*[2], la notion d'une répétition du *Taureau Farnèse*[3], cette idée ne résiste pas à un examen sérieux, ainsi que l'a montré M. Welcker[4]. D'ailleurs, les monuments que nous avons recueillis jusqu'ici n'ont que faiblement suppléé à ce silence des auteurs. Les vases peints, qui sont sortis en si grand nombre du domaine de l'antiquité grecque, ne nous ont offert aucune représentation de ce sujet. Nous ne l'avons pas rencontré davantage sur les bas-reliefs de sarcophages, du moins sur ceux de style romain; car il s'en trouve un, de travail étrusque, dans la collection Venuti, de *Cortone*[5], dont la composition, conçue d'après des données toutes différentes de celles du *Taureau Farnèse*, bien qu'émanée aussi de l'art grec, prouve qu'il dut exister plus d'un modèle de ce sujet dans l'antiquité grecque. Ce qui distingue surtout cette représentation, où *Dircé*, renversée à terre, semble déjà entraînée par le *taureau* que retiennent pourtant encore *Zéthus* et *Amphion*, c'est la présence de personnages qui indiquent qu'une lutte a déjà eu lieu entre les deux fils d'*Antiope* et les satellites de *Dircé*. Un de ces hommes est étendu mort sous le ventre du *taureau*, et un personnage, armé d'un *bouclier*, qui accourt à la défense de *Dircé*, ne peut être que *Lycus*, qui, suivant la version d'Apollodore, fut enveloppé dans la catastrophe de sa femme. Un autre personnage, qui n'est pas moins nouveau, bien que lié d'une manière tout aussi naturelle au supplice de *Dircé*, c'est le *vieillard* qui se voit derrière elle et qui s'appuie sur un *bâton*, certainement le maître des troupeaux du *Cithéron* qui servit de père aux deux jumeaux. Cette composition, bien conçue du reste dans les conditions du bas-relief, se recommandait sans doute, dans son modèle grec, par un sentiment de style et par l'expression qui manquent généralement à ces productions vulgaires de l'art étrusque.

Je ne sais où l'antiquaire napolitain, M. Finati, qui s'est occupé récemment de la recherche des monuments relatifs au supplice de *Dircé*, a puisé la connaissance d'un *beau groupe*, qu'il cite d'après Montfaucon, où *Dircé* était liée à *la queue* d'un *magnifique taureau*. Cette idée malheureuse, de représenter *Dircé* liée à *la queue* d'un *taureau*, se trouve dans la traduction française du texte d'Apollodore par Clavier[6], mais elle n'est pas dans le texte

[1] *Handbuch*, § 157, 1, p. 161, 3ᵉ édit.
[2] Malal. *Chronic.* p. 99, ed. Venet.
[4] *Antiquit. Antioch.* p. 182.

[3] *Alt. Denkmäl. erklärt.* I, 368.
[5] Publ. par Dorow, *Voyage arch. dans l'anc. Étrurie*, pl. xiv, p. 10.
[6] Apollodor. l. III, c. v, § 5, t. I, p. 281, tr. fr.

même; et ici encore je suis de l'avis de M. Welcker[1], qu'une pareille idée ne serait jamais venue à l'esprit d'un artiste grec. En tout cas, le groupe dont il s'agit ici n'est, suivant toute apparence, que le *Taureau Farnèse* lui-même, publié en effet par Montfaucon.

Un autre antiquaire napolitain, dont la perte récente a été un véritable malheur pour la science, M. Avellino, a été mieux inspiré dans la recherche des monuments du même sujet. C'est à l'occasion de notre peinture de Pompéi, qu'il a fait connaître le premier[2], que ce docte et laborieux interprète des antiquités de son pays a publié des fragments d'un petit groupe, exécuté de haut relief en ivoire, qui furent trouvés, il y a une vingtaine d'années, dans une maison de Pompéi, et qui accusent manifestement une certaine imitation du célèbre groupe des jardins de Pollion. A l'appui de cette publication, M. Avellino a reproduit les autres représentations déjà connues du même sujet, telles que la médaille de grand bronze de *Thyatire* et celle d'*Acrasus*, de Lydie[3], qui prouvent que ce sujet avait un intérêt national pour cette province de Lydie, sans doute à cause de la célébrité des deux artistes, natifs de *Tralles*, plutôt qu'en raison du souvenir de *Niobé*, femme d'*Amphion*, comme le croyait Eckhel[4]. Enfin, M. Avellino a joint encore aux médailles, y compris les contorniates, les pierres gravées qu'on connaissait déjà[5], dont aucune n'approche pourtant, par le mérite de la composition et par celui du style, du fragment de camée publié par K. Ott. Müller.

La peinture n'était pas restée étrangère aux compositions qui avaient eu pour sujet le terrible sort de *Dircé*. Une peinture trouvée dans une maison d'*Herculanum* et publiée par M. Avellino, avait montré la première ce sujet, traité sous une certaine impression du groupe antique, mais aussi avec des variantes qui ne tenaient pas seulement à la liberté de l'artiste, qui pouvaient aussi se rapporter à un autre modèle. La scène s'y passe sous les murs de *Thèbes*; et la présence du *pasteur*, qui sort de son habitation rustique, en exprimant sa surprise du spectacle dont il est témoin, est un élément nouveau de la représentation. A notre peinture de Pompéi, qui apparut en 1833, succéda, plusieurs années plus tard, une autre peinture de la même ville, qui fut découverte vers la fin de 1844, et qui, détachée alors de la muraille pour être portée au musée de Naples où elle se conserve, devint également l'objet d'un travail de M. Avellino, resté inédit jusqu'à nos jours. Je ne connais donc cette peinture, qui paraît avoir été trouvée dans un assez mauvais état de conservation, et qui diffère complètement de toutes les autres représentations, que par la description qu'en a donnée M. Avellino lui-même[6]. On y voit *Dircé*, nue et renversée à terre, les bras levés, et

---

[1] *Alt. Denkmäl. erklärt.* I, 368.

[2] *Descrizion. di una casa disoterrata in Pompei* nel 1833.

[3] Cette médaille, qui est un grand bronze de Septime Sévère, faisait partie du *Museo Teupoli*, où elle est décrite en ces termes, p. 933 : « vir seminudus domans taurum, fugiente altero viro, subtus taurum mulier prostrata. » Dans cette indication, si insuffisante et si inexacte, Eckhel eut le mérite de reconnaître le sujet; voy. ce qu'il en dit, *Doctr. Num. vet.* t. III, p. 91.

[4] Eckhel, *l. l.* p. 122.

[5] Ces pierres ne sont encore connues qu'au nombre de trois, non compris le fragment de camée, du musée de Naples, cité plus haut. La première est une pâte antique de la collection de Stosch, décrite par Winckelmann, *Pierres de Stosch.* p. 322, n. 54, et publiée dans la *Dactyliotheca* de Lippert, II, 8, p. 26; cf. V. *Mill.* 11, 97; voy. Toelken, *Verzeichniss, etc.* IVe Kl. 6te Abth. n. 6, p. 257. La seconde est une cornaline, publiée par Gori, *Columbar. Lic. Praef.* p. xxx et xxxv, et reproduite par Millin, *Galer. mythol.* pl. cxi, n. 514; voy. aussi K. Ott. Müller, *Monum. de l'Art*, pl. XLVII, n° 215 e, p. 24. La troisième se trouve dans le recueil de Gravelle, *Pierres grav.* t. II, pl. 52. C'est à tort que Heyne regardait comme faux le médaillon contorniate publié par Gori, *l. l.* p. xxv; voyez ses *Antiq. Aufsätz.* 11, 190, m).

[6] *Bullet. archeol. Napoletan.* 1845, p. 83-84.

la main droite liée au flanc du *taureau* qui l'emporte d'une course furieuse, en se dirigeant à droite et montrant son dos au spectateur. Ainsi c'était l'acte même du terrible châtiment qui faisait le sujet de cette peinture; et les personnages qui assistent à cette scène n'y figurent que comme témoins, plus ou moins intéressés à l'action. Au fond du tableau, en avant d'une grande porte formée de blocs de pierre qui viennent de s'assembler d'eux-mêmes au son de la *lyre*, on remarque *Amphion*, portant de la main gauche cette *lyre*, instrument d'une construction si merveilleuse. Dans une autre partie du tableau, on a cru reconnaître *Zéthus* menaçant d'une *lance*, qu'il tient des deux mains, *Lycus* renversé à terre; et d'autres personnages épisodiques, qu'il paraît difficile de déterminer, remplissent la composition plutôt qu'ils ne la complètent.

Enfin, il a été trouvé à Rome, parmi les peintures du *Colombaire* de la *Villa Pamfili*, une représentation toute nouvelle aussi du sujet de *Dircé*. Mais cette peinture est restée inédite jusqu'à présent; et je ne saurais, d'après la courte indication qu'en donne M. Welcker[1], m'en faire une idée assez exacte pour pouvoir en porter un jugement tant soit peu motivé.

[1] *Alt. Denkmäl. erklärt.* I, 370.

PLANCHE XXV.

CASSANDRE ET PRIAM.

Hauteur, m. 13 cent. — Largeur, o m. 81 cent.

La peinture que je présente ici appartenait à une maison qui fut fouillée dans le cours des années 1827 et 1828[1], et qui se trouve en tête de la *rue de Mercure*, sur la droite de cette rue, immédiatement après avoir passé l'arc qui en décore l'entrée[2]. Cette habitation avait cela de particulier que la partie la plus noble, celle qui doit avoir formé la demeure du propriétaire, et qui était décorée de peintures de sujet mythologique, entre lesquelles se distinguait la nôtre, communiquait, par un passage unique, avec une seconde partie qui avait son entrée principale sur la *rue de Mercure*, et une autre entrée sur la ruelle adjacente, et qui renfermait plusieurs pièces, destinées, les unes à l'usage de *cabaret*[3], une

[1] Voy. la *Relaz. degl. scavi di Pompei da gingno 1827 fino ad aprile 1828*, insérée à la fin du t. IV du *Real Mus. Borbon.* p. 2.

[2] Sir W. Gell a donné une courte indication de cette maison, accompagnée d'un *plan*, dans son *Pompeiana, new series*, t. I. p. 182, pl. IX, et il a dit aussi quelques mots des peintures mythologiques qui la décoraient, sans faire pourtant mention de la nôtre, si ce n'est dans un autre endroit du même ouvrage, t. II. p. 157.

[3] C'est ce qui résultait du sujet des peintures exécutées dans cette partie de la maison, une desquelles est publiée par sir W. Gell, *Pompeiana, new series*, t. II. pl. LXXX. p. 155-157.

autre, à celui de *lupanar*; ce qui résultait de la nature des peintures qui en couvraient les murs. J'ai essayé, dans un de mes écrits, où j'ai donné une courte description de cette maison[1], de rendre compte de cette particularité curieuse; mais c'est surtout de la peinture que je publie aujourd'hui, et dont je n'avais fait alors qu'une simple mention, que je dois occuper mes lecteurs.

Cette peinture, qui m'avait frappé d'abord par la rareté de son sujet et par le caractère de sa composition, et qui méritait certainement, sous ce double rapport, tout l'intérêt des antiquaires napolitains, est pourtant restée, jusqu'à ce jour, à peu près inédite; car le dessin au simple trait réduit, qui en a été publié dans un recueil archéologique[2], ne peut en donner qu'une idée bien imparfaite. J'avais cru, dans le premier moment[3], y reconnaître *Hélénus*, faisant à *Énée*, en présence du *vieux Priam* et du *jeune Ascagne*, la prédiction dont il est parlé dans Virgile[4]. Mais un examen plus approfondi du monument m'a convaincu que la prédiction, qui s'adresse à *Priam* lui-même, passe par la bouche de *Cassandre*; en sorte que c'est toujours une scène relative à la destinée de *Troie*, avec des acteurs appartenant à la famille de *Priam*, que je trouve ici représentée. C'est à la même opinion qu'est revenu, comme moi, M. Panofka, qui avait vu d'abord, sur notre peinture, le vieil *Anchise* et le jeune *Énée*[5], deux personnages de la même famille; d'où il résulte toujours que, pour deux antiquaires qui considéraient séparément la même peinture, l'impression qu'elle produisait était celle d'un sujet tiré de l'histoire de cette grande famille de *Troie*.

Le premier objet qui fixe l'attention, dans notre peinture, est un *personnage debout*, vêtu d'une *tunique longue à manches*, par-dessus laquelle est passé un long *manteau*, qui est attaché sur l'épaule droite, et qui enveloppe toute la partie gauche du corps, en descendant jusqu'aux pieds. Ce costume ne saurait convenir qu'à une femme, et je n'en avais pas suffisamment tenu compte, en voyant dans ce personnage *Hélénus*. La forme de la tête, qui ne se distingue pas par la beauté, mais qui ne manque pas de caractère, avait contribué encore à ma méprise, que M. Welcker ne paraît pas éloigné d'avoir partagée[6]. Mais, quoique la beauté si renommée de *Cassandre* ne se retrouve pas dans cette figure, par la faute du peintre de *Pompéi*, c'est pourtant l'héroïne aimée d'Apollon[7] et plus tard encore d'Agamemnon[8], c'est la prêtresse inspirée, dont les oracles, malheureusement pour elle et pour son pays, ne trouvaient pas de croyance[9], qu'il faut voir dans ce personnage, caractérisé d'ailleurs comme prophète de la manière la plus indubitable.

Cassandre est couronnée de *laurier*. De la main gauche, elle tient *deux branches de laurier*, l'arbre fatidique par excellence; et, à ce double signe, elle se reconnaît avec toute certitude

---

[1] *Lettre à M. de Salvandy* (Paris, 1841, in-8°), p. 25-26.

[2] Ed. Gerhard's *Archäolog. Zeitung, neue Folge*, April 1848, Taf. xvi, p. 241-244.

[3] *Lettre à M. de Salvandy*, p. 25.

[4] Virg. *Æn.* iii, 370, sq.

[5] C'est ce qui résulte en effet de la description que donne, de cette peinture, sir W. Gell, d'après les idées de M. Panofka, *Pompeiana, new series*, t. II, p. 157.

[6] *Bullet. archeol. Napolet.* t. I, p. 34.

[7] Apollodor. III, xii, 5; Serv. *ad* Virg. *Æn.* ii, 247.

[8] Euripid. *Troad.* v. 255. Cf. *ibid.* v. 249; Horat. *Od.* l. II, 4, 7.

[9] C'est ce que déclare *Cassandre* elle-même, dans un fragment de l'*Alexandros* d'Euripide qui nous a été conservé par Plutarque, *Praecept. reipubl. ger.* § 28, p. 821, B, C; cf. Euripid. *Fragm. Alexandr.* n. xx, p. 634, ed. Wagner.; et le même aveu se retrouve encore dans sa bouche, joint à celui de la ruse qu'elle avait opposée à l'amour d'Apollon, dans une scène de l'*Agamemnon* d'Eschyle, v. 1205-1213.

pour la prêtresse d'*Apollon*, le dieu de *Delphes*, à qui le *laurier* était consacré. Elle tient sa main droite ouverte, en faisant ainsi un geste qui accompagne la prédiction qu'elle vient de prononcer; son attitude se trouve donc parfaitement d'accord avec sa profession. Il en est de même des objets au milieu desquels elle est placée, et qui tous se rapportent à la même intention. La prêtresse est debout près d'une *table* où c'était l'usage de déposer les divers objets du culte[1]. Sur cette *table*, se voient en effet des *branches de laurier*, attachées avec des *bandelettes*, et, près du bord, une *amphore*, dont une des anses paraît brisée, sans que cette circonstance puisse tenir à quelque motif particulier, et dont on ne saurait dire si l'eau qu'elle contenait servait à la prophétie[2], ou à toute autre fonction sacrée. Au pied de la *table* est un vase de la forme que les Grecs nommaient *kados*[3] et les Romains *situla;* c'était le vase en forme de *seau* qui s'employait habituellement dans la *lustration*, et qui se voit, sur beaucoup de vases peints[4], porté à la main de *génies mystiques*, au moyen d'une anse mobile qui s'y adaptait.

De l'autre côté de la *table*, en avant de laquelle est placée *Cassandre*, on aperçoit une partie du *sanctuaire domestique*[5], où se passe la scène. C'est ce qu'indique la *colonne*, liée avec une *bandelette*, derrière laquelle se voit le simulacre du dieu, sans nul doute *Apollon*, qui s'adorait dans ce sanctuaire. Le *trépied*, dressé sur une base, derrière la *colonne*, est effectivement, comme l'on sait, le meuble sacré d'*Apollon*, l'objet sur lequel s'accomplissait, à *Delphes*[6] et dans les autres sanctuaires d'*Apollon*, la prédiction divine dont la pythie était l'organe; en sorte que tous les accessoires de notre peinture s'accordent parfaitement avec l'objet de la représentation.

En face de *Cassandre*, et conséquemment en dehors du lieu sacré où elle se tient, se montrent plusieurs personnages réunis tous ensemble dans une intention commune : l'attention qu'ils prêtent aux paroles de la prophétesse. C'est d'abord un *vieillard*, à barbe et à

---

[1] La *table*, τράπεζα, qui se plaçait dans le temple, près de l'autel et de la statue du dieu, Pausan. V, xx, 1 : VIII, xxx, 2; IX, xi., 6, s'appelait proprement Θυωρός, d'après un motif expliqué par les grammairiens, Phavorin. *v.* Θυωρ της· τραπεζοφύλαξ. Θυωρὸς γὰρ κυρίως τράπεζα, παρὰ τὲ τὰ Θύη τῶν Θεῶν δέχεσθαι. La présence habituelle de ce meuble dans les temples explique les allusions, telles que celle-ci ὅρκος μεταξὺ τοῦ ἕδους καὶ τῆς τραπέζης, Dinarch. *adv. Philocl.* § 2, et d'autres du même genre, qui se rencontrent chez les orateurs attiques, Demosth. *F. L.* § 293, et *Mid.* § 53; cf. Polyb. xviii, 3, 7; Athen. xv, 48. Voyez, sur ce point d'antiquité, Sturz *ad* Pherecyd. *Fragm.* p. 84, ed. alt.; Osann, *Syllog. inscript.* p. 217, 26)-30); K. Fr. Hermann, *Lehrbuch d. gottesdienstl. Alterthüm.* § 17, 15). p. 73.

[2] Pausan. V, vii, 3; Jamblich. *De myster.* p. 74. L'antiquaire allemand infère de la présence de cette *amphore* et de celle du *kados*, que la prédiction qui s'accomplit ici avait lieu suivant le mode delphique, dont les *Thriades*, Θρίαι, étaient les ministres, et qui employait les *sorts*, *Archäol. Zeitung*, *end.* cité, p. 243. Mais la *kléromantie* de *Delphes* se servait d'une *phiole* et non d'une *amphore;* c'est ce qui résulte du témoignage de Suidas : Ἐν ᾧ χαλκοῦς τρίπους ἵδρυται καὶ ὑπερθεν ΦΙΑΛΗ, ᾗ τὰς μαντικὰς εἶχε ψήφους, κ. τ. λ. Cf. Schol. Pindar. *ad Pyth.* iv, 337; Eustath. *ad Iliad.* vii, 191. La comparaison du mode de prédiction de notre peinture avec la pratique de *Delphes* est donc sans fondement, aussi bien que l'assimilation de *Cassandre* aux *Thriades*. Voy. du reste, sur le mythe de ces nymphes delphiques, Lobeck, *De Thriis Delphicis* (Regiomont. 1820. 4). et *Aglaopham.* p. 814.

[3] Schol. Euripid. *ad Cyclop.* v. 33; Hesych. *v.* Γαυλός; Suid. *v.* Καδίσκος· σίπυα εἰς ἃ τὰ ἱερὰ ἐτίθεσαν καὶ τὰ ἀγγεῖα εἰς ἃ τὰς ψήφους ἔφερον.

[4] Les exemples en sont si nombreux, particulièrement sur les vases de fabrique apulienne, que je me contenterai de citer ceux qu'en offrent les vases du musée de Naples, décrits dans les *Neapels ant. Bildwerke*, t. I, p. 267, 272, 275, 278, 296, 362, 392.

[5] C'est effectivement l'image d'un *lieu sacré*, mais non d'un *temple*, qu'offrent tous les détails d'architecture de notre peinture.

[6] Caylus, *Recueil d'Antiq.* II, 161-167; Spanheim. *ad* Callimach. *Hymn. Delph.* 90; K. Ott. Müller, *De tripod. Delphic.* dans l'*Amalthea*, I, 119-135, et III, 19-34; Passow, dans l'*Archäol. und Kunst.* I, 153, suiv.; Bröndsted, *Voyag. et Recherch.* I, 117, suiv.

cheveux blancs, qu'à son air vénérable et à son costume majestueux on ne risque rien de prendre pour *Priam*, le roi des Troyens. Il est assis sur un *siége* dont les pieds de derrière sont façonnés avec art[1], et qui est pourvu, sur le devant, d'un marchepied : ce qui est toujours un signe de dignité. Il est vêtu d'une *longue tunique verte*, dont les manches sont d'une couleur différente ; sorte de bizarrerie de costume dont les exemples ne sont pas rares dans les peintures de *Pompéi*[2], et qui dut tenir, dans le principe, à une mode asiatique. Il est enveloppé, par-dessus cette tunique, d'un *long manteau*, de couleur jaune, qui lui couvre l'épaule gauche et auquel il porte la main gauche. Enfin, le haut de sa tête est couvert d'une espèce de *calotte* hémisphérique, de laquelle pendent des *bandelettes*, et qui devait être une coiffure phrygienne, propre à *Priam* ; car on la lui voit aussi sur un vase peint[3] qui représente *Priam* aux pieds d'*Achille*.

Près de l'auguste chef des Troyens se montre un *enfant debout*, qui s'appuie familièrement sur les genoux du vieux roi, en portant sa main droite à son visage, et en tournant la tête vers *Cassandre*, qu'il observe avec toute l'attention de son âge. Cet enfant est vêtu d'une *tunique jaune*, à *manches pareilles*, et d'un *manteau bleu*, et il est coiffé d'une *tiare phrygienne*[4], de même couleur. La relation intime qui existe entre le vieillard et l'enfant, et qui s'exprime si bien dans la manière dont est conçu le groupe des deux figures, désigne naturellement cet enfant comme *Astyanax*, bien que son âge, à l'époque de la prise de *Troie*, où il figure parmi les scènes de deuil de cette grande catastrophe[5], semble former une difficulté pour notre peinture, dont le sujet est antérieur au siége de *Troie*. Mais ces sortes d'anachronismes sont si familiers aux peintres de *Pompéi*, et ils ont en eux-mêmes si peu d'importance, qu'il n'y a pas lieu de s'y arrêter. Si l'on préférait cependant de voir ici *Troïlus*[6], l'un des plus jeunes fils de *Priam*, et le sujet de beaucoup de représentations de l'art, je n'y verrais pas non plus de difficulté.

Derrière le siége de *Priam* se montre, sur des plans différents, un groupe de guerriers troyens, dont le premier s'annonce, par cette circonstance même qu'il est le plus près de *Priam*, pour un personnage héroïque. Il est vêtu d'un *manteau rouge*, doublé d'une étoffe bleue ; il a la tête nue, et il tient de la main gauche son *parazonium* appuyé sur la *table*, avec un objet, dans sa main droite abaissée, qui ne peut guère être qu'un *bouclier*. A cette place, à

---

[1] Je n'ai pu bien me rendre compte du motif de l'allusion que l'antiquaire allemand a cru trouver dans les *pieds de lion* de ce meuble, comme indiquant la *captivité* de Priam, Éd. Gerhard's *Archäol. Zeitung*, April 1848, n. XVI, p. 243.

[2] Je me borne à rappeler celui que nous offre la figure de *Calchas*, dans la peinture du *sacrifice d'Iphigénie* que j'ai publiée, *Monuments inédits. Orestéide*, pl. XXVII, p. 133, suiv., et où j'ai signalé cette particularité du costume antique, alors nouvelle pour moi, p. 137, 4), mais connue depuis par d'autres exemples.

[3] Éd. Gerhard, *Auserles. Vasenbild.* t. III, Taf. CXVII, p. 100.

[4] Sur cet élément du costume phrygien, voy. les éclaircissements que j'ai donnés dans le *Journ. des Savants*, février 1852, p. 72-73, 2).

[5] La mort d'*Astyanax*, lancé du haut des murs de *Troie* par la main de Néoptolème, selon la tradition de Leschès, Pausan.

X, XXV, 2, est le sujet de plusieurs vases peints d'ancien style, dont un a été publié par M. Éd. Gerhard, *Auserles. Vasenbild.* t. III, Taf. CCXIV, p. 127. J'ai fait connaître moi-même d'autres monuments, tels que la *ciste Townley*, où la *mort d'Astyanax* était représentée d'une manière différente, d'après d'autres traditions, *Monum. inéd. Odysséide*, pl. LXVIII, p. 334-337 ; mais je m'étais trompé dans l'explication des urnes étrusques, où j'avais cru trouver *Astyanax entraîné au supplice*, *ibid.* pl. LXVII, n. 1, 2, p. 328, et pl. LXVII A, 2, p. 327. Je reconnais avec plaisir que la vraie interprétation de ces monuments est celle qu'en a donnée M. Otto Jahn, *Telephos und Troilus* (Kiel, 1841, 8), p. 3, suiv. pl. 1.

[6] C'est l'idée de l'antiquaire allemand, *Archäol. Zeitung*, April 1848, n. XVI, p. 243. Sur les monuments relatifs à *Troïlus*, voy. la dissertation de M. Otto Jahn, citée à la note précédente, p. 70, suiv.

ces armes, qui le montrent dans une relation si évidente à familière avec *Cassandre*, on ne peut reconnaître qu'*Hector*, le plus vaillant des héros troyens. Son regard dirigé vers *Cassandre* indique assez l'intérêt que lui inspire sa prophétie. Il en est de même des autres assistants de cette scène solennelle. Ils témoignent tous la part qu'ils y prennent, par l'expression de leur figure et par le mouvement de leur tête, tournée vers *Cassandre*. Mais je ne voudrais pas attribuer des noms mythologiques, tels que ceux d'*Hélénus* d'*Énée* et de *Déiphobe*[1] à des personnages que rien ne caractérise, et qui n'apparaissent ici que sous des formes communes, comme des satellites du roi des Troyens. Je n'admets pas, d'ailleurs, qu'il faille toujours reconnaître, sur les peintures antiques comme sur les vases peints, des héros de la mythologie dans des personnages, souvent de l'ordre le plus vulgaire, auxquels l'artiste n'avait pu songer à donner des noms; et j'ai eu lieu de m'expliquer récemment sur ce sujet, dans un travail critique[2], où je me suis associé aux vues d'un jeune et savant antiquaire, M. Otto Jahn[3].

Je ne cherche pas davantage à découvrir quelle était la prédiction qui faisait le sujet de notre peinture. Toute conjecture de ce genre ne pourrait être qu'arbitraire, et ne servirait en rien à l'intelligence du tableau. C'était certainement une de ces prophéties relatives à la destinée de *Troie*, qui tenait ainsi attentifs les chefs de cet empire. Mais, entre toutes ces prophéties, également inspirées par ce dieu et accueillies par l'incrédulité, quelle était précisément celle que le peintre avait en vue? C'est ce qu'il me parait impossible et ce qu'il est aussi inutile de savoir. Je crois donc devoir m'épargner ici des frais d'imagination qui seraient en pure perte.

Je servirai mieux la science en faisant connaître, à cette occasion, une autre peinture antique qui fut trouvée dans la même maison, et qui parait bien aussi se rapporter à *Cassandre*. Restée inédite jusqu'à ce jour, elle n'est encore connue que par une description très-sommaire et très-inexacte, insérée dans un recueil archéologique[4]; en sorte qu'en publiant la peinture même, d'après le dessin que j'en reçus, au moment de la découverte, et qui forme le sujet de la vignette n° XV, et en en donnant une explication que je crois aussi satisfaisante que possible, je me flatte d'offrir un double motif d'intérêt à mes lecteurs.

Cassandre, vêtue d'une *longue tunique* d'un bleu clair, la *tête nue*, ceinte d'une *bandelette*, les cheveux tombant par tresses sur ses épaules, est *assise* sur une *base de pierre carrée*; dans la main gauche abaissée elle tient des *rameaux de laurier*, et, de la main droite qu'elle élève, elle tient sa *couronne hiératique*, formée de branches du même arbuste, dont elle vient de se dépouiller. L'expression de sa tête, dirigée vers le ciel, d'accord avec le mouvement de toute sa personne, indique bien qu'elle prend à témoin le dieu, qui a trahi sa cause et celle de son pays, du sort indigne qui l'attend. Ce dieu est *Apollon*, dont le simulacre se voit, en arrière de *Cassandre*, *assis* sur un haut piédestal, tenant de la main droite une *tige de laurier*, avec son *trépied* placé devant lui. Derrière *Cassandre* est un homme d'un âge mûr, le front ceint de *laurier*, tenant de la main gauche une *branche de laurier*, la *tête baissée* vers *Cassandre*, avec un air d'intérêt qu'accompagne le geste de sa main droite ramenée sur la poitrine;

---

[1] *Archäol. Zeitung*, endr. cité, p. 243.

[2] *Journ. des Savants*, octobre 1852, p. 655 et 658, et décembre, p. 781, 783, 784, 786 et 791.

[3] *Die Ficoron. Cista*, p. 8-9; 12; 16-17, et aill.

[4] Dans l'*Archäol. Zeitung*, April 1848, n. XVI, p. 244, où se trouve cette indication, suivie d'une courte description.

ce personnage, où l'on a vu contre toute vraisemblance le vieux *Priam*, est certainement le prêtre d'*Apollon*, qui s'associe à la triste situation de la noble vierge troyenne.

Jusqu'ici, tout s'explique sans peine dans notre peinture; mais il reste un personnage sur lequel l'antiquaire allemand a gardé un silence prudent, et qui semble former toute la difficulté du sujet, tandis que c'est lui qui en révèle en effet le vrai motif. Ce personnage se tient debout devant *Cassandre*, vers laquelle il dirige son regard, en faisant de sa main droite un geste d'autorité; il est vêtu d'une *tunique*, serrée vers le milieu du corps par une *ceinture*, et d'un *manteau* attaché sur l'épaule droite. Il a le front ceint d'un *diadème*, et il porte aux pieds une *chaussure* particulière, qui semble destinée pour le voyage. La même intention résulte, à ne pouvoir s'y méprendre, de la présence du *cheval*, qui se montre tout harnaché derrière lui, et qui indique ainsi un départ prochain. Tout se réunit donc pour faire reconnaître dans ce personnage, empreint de tant de dignité dans toute sa personne, *Agamemnon*, le chef des Grecs, qui vient annoncer à *Cassandre* qu'elle lui a été livrée comme captive, et qu'elle doit le suivre à *Mycènes*, où s'accomplira désormais sa destinée[1]; et c'est la nouvelle imprévue de cet indigne sort qui vient la frapper, en présence même de la statue d'*Apollon*, qui motive à la fois l'action véhémente de la prêtresse et l'intérêt touchant du prêtre. Le lieu où se passe cette scène pathétique est une vaste enceinte, qui laisse apercevoir les *tentes* de l'armée des Grecs, dressées contre des *colonnes de bois* et couronnées par des *statues* de la même matière; et cette indication du *camp des Grecs* devient un élément du sujet si propre et si caractéristique, qu'il y ajoute encore un nouveau motif de certitude et d'intérêt.

La destinée de *Cassandre* est trop connue par des témoignages antiques[2], et cette histoire a déjà trop exercé le savoir des critiques modernes[3], pour que j'aie besoin de m'y arrêter. Je remplirai mieux l'objet que je me suis proposé dans cette publication de peintures antiques, en faisant connaître ma pensée sur quelques monuments, qu'on a cru pouvoir rapporter à *Cassandre*, mais sur la véritable interprétation desquels les antiquaires ne sont pas encore d'accord.

De ce nombre, est un vase de *Nola*, que Münter admira comme un des plus beaux ornements de la collection Vivenzio, et dont il donna le premier connaissance au monde savant[4]. Il y vit sans difficulté *Cassandre* conduite par *Mercure* à *Apollon*, et cette explication, certainement ingénieuse, fut complétée par Boettiger[5], en ce point que la scène représentée sur le vase se rapportait au don de prophétie accordé par *Apollon*, pour prix d'une faveur

<hr>

[1] C'est effectivement une chose notoire que *Cassandre*, pour laquelle *Agamemnon* s'était épris d'amour, Eurip. *Troad.* v. 255, fut livrée à ce roi par l'armée des Grecs, Id. *ib.* v. 254; cf. v. 294 : Ἐξαίρετόν νιν ἔλαβεν Ἀγαμέμνων ἄναξ; et c'est en vertu de cette tradition, déjà connue d'Homère, *Odyss.* xi, 420-421, que *Cassandre* figure, auprès d'Agamemnon revenu à *Mycènes*, dans l'*Agamemnon* d'Eschyle, où le caractère moral de *Cassandre* est peint à si grands traits, et où l'idéal de ce personnage est tracé d'une manière qui dut servir de modèle aux artistes des âges suivants.

[2] Apollodor. III, xii, 5); Hygin. *Fab.* xciii, cviii, cxvii, cxxviii; Antielid. *in schol. ad Iliad.* vii, 44, et Schol. Euripid. *ad* *Hecub.* v. 86; Tzetz. *ad* Lycophron. *in Proœm.* p. 266, sq., et v. 350, 353, 365-372, 1457; Serv. *ad* Virg. *Æn.* ii, 247; Mythogr. Vat. i, 180 et 181; ii, 196; iii, 10, 6.

[3] Méziriac, *Comment. sur les Épîtres d'Ovide*, t. I, p. 430-432; Heyne, *ad* Apollodor. III, xii, 5; *Pitture d'Ercolano*, t. II, p. 110, 29); mais surtout Boettiger, *Ueber den Raub der Cassandra* (Weimar, 1794, 4), p. 28, suiv. On ne lira pas non plus sans fruit le savant et curieux article de *Cassandre*, dans le *Dictionnaire* de Bayle, t. IV, p. 484-491, ed. Beuchot.

[4] *Nachricht. aus Neap. und Sicil.* p. 61.

[5] *Ueber den Raub, etc.* p. 30, 8).

de la jeune fille, qui lui fut refusée. Mais la manière dont cette circonstance est rapportée par les auteurs[1] ne s'accorde en aucune façon avec la représentation du vase. La présence de *Mercure* y serait tout à fait inexplicable; et l'on n'a pas fait non plus attention à ce que la prétendue *Cassandre* porte une longue *lance*, qui ne saurait convenir à la prêtresse d'*Apollon*, aux mains de laquelle l'antiquité n'avait connu que la *clef* du temple, dont elle avait la garde[2], ou, du moins, le sceptre hiératique[3]. Les difficultés de cette explication devaient porter les antiquaires à en proposer une meilleure, et l'on a cherché successivement à appliquer à ce vase les noms mythologiques de *Marpessa*, de *Mantô*, de *Cyrène*, toutes maîtresses d'*Apollon*, qui offrent chacune un motif plus ou moins plausible, mais non pas encore tout à fait satisfaisant, de l'avis de l'antiquaire napolitain, qui, en publiant ce vase, maintenant placé au musée des *Studj*[4], essaya à son tour d'en rendre compte à sa manière. Cette nouvelle tentative ne paraît pas avoir été plus heureuse que les autres; et j'en dirai autant de celle de M. Éd. Gerhard, qui, après avoir, en dernier lieu, rappelé toutes ces explications diverses, a fini par voir, sur le vase qui nous occupe, une de ces réunions de divinités appartenant aux cultes attique et delphique, sans objet déterminé, qui se composerait ici d'*Apollon*, de *Minerve* et de *Mercure*[5]. Mais une représentation telle que celle-ci, exécutée avec tant de soin et empreinte de tant de caractère et d'expression, ne saurait avoir été, dans la pensée de l'artiste, laissée dans une pareille généralité et dans un pareil vague. C'est certainement une action particulière, avec les personnages qui y convenaient, que l'auteur de ce beau vase a voulu représenter. Ce point établi, il est évident que la *femme* qui porte une *longue lance*, avec un air si majestueux et si grave, ne peut être que *Minerve*; le personnage de *Mercure* n'est pas moins impossible à méconnaître; en sorte qu'il ne reste plus à déterminer que celui qui a été pris généralement, mais sans raison suffisante, pour *Apollon*. La manière dont ce personnage est *assis* sur un *amas de rochers*, est une circonstance qui ne saurait s'accorder avec l'idée d'*Apollon*, dans une réunion de dieux; et ce qui n'y est pas moins contraire, c'est l'attitude familière de ce personnage, qui tient son genou gauche élevé avec le coude qui s'y appuie, en soutenant son menton sur sa main gauche. A de pareils signes, je ne puis reconnaître que *Pâris*, devant qui se présente *Minerve*, conduite par *Mercure*, pour obtenir la préférence sur ses rivales. La *couronne de laurier* qu'il porte sur la tête, le *laurier* qui croît près de lui, et la *lyre* qu'il tient de la main droite, sont des attributs d'*Apollon*, que l'artiste a bien pu donner à *Pâris*, dans une circonstance telle que celle-là, et qui ne sont pas sans exemple sur les monuments[6]; et je trouve toutes les conditions de la probabilité dans cette explication, déjà proposée par M. Otto Jahn[7], et dans laquelle je suis heureux de me rencontrer avec cet ingénieux et habile antiquaire.

Un autre monument, qui n'a pas donné lieu à moins d'incertitudes et de difficultés, c'est la belle peinture d'*Herculanum*, qui représente *Apollon debout*, appuyé contre une *colonne*, en face d'une *jeune fille*, assise sur un *siége de pierre*, et tenant à la main un *rameau de lau-*

[1] Schol. Lycophron. *ad* v. 353 et 1457, et al.

[2] Euripid. *Troad.* v. 257 et 329. Voy. Winckelmann, *Monum. ined.* part. I, p. 40.

[3] Æschyl. *Agamemn.* v. 1266.

[4] De Jorio, *R. Mus. Borbon.* t. II, tav. xxix.

[5] *Archäol. Zeitung*, mai 1845, n. xxix, p. 67-69.

[6] Éd. Gerhard, *Antik. Bildwerke*, Taf. xxxii, xxxiii.

[7] *Bullet. dell' Instit. archeol.* 1842, p. 15.

rier[1]. À ce symbole, qui semblait caractériser une *suppliante*, et à l'expression de la tête,
baissée vers la terre, expression qui n'est pourtant pas celle de l'affliction, mais bien plutôt
celle d'une joie modeste, ainsi que les académiciens d'*Herculanum* en ont fait la remarque,
on crut d'abord reconnaître *Polyxène* ou *Iphigénie*; on pensa même à *Harmonie* ou à *Ériphyle*, à cause du *collier*, qui pend de la nuque jusque sur la poitrine, et qui n'est qu'un
bijou, ordinaire parure d'une jeune fille; et l'on finit par trouver plus de probabilité à
Cassandre, recevant d'*Apollon* le don de prophétie, sous une condition qu'elle est décidée à
ne pas remplir. Cette dernière explication, qui avait pour elle tous les caractères de la vraisemblance, n'a cependant pas satisfait l'antiquaire napolitain, qui, en reproduisant récemment cette charmante peinture[2], n'a pas cru pouvoir décider quelle était la femme qui en
est le sujet, ni même si la divinité qui s'y voit représentée était *Apollon* ou *Diane*, doute
déjà exprimé par les académiciens d'*Herculanum*. D'autres antiquaires ont proposé, en dernier
lieu, *Manto*, la captive thébaine, et l'un des objets des nombreux amours d'*Apollon*[3]. Mais,
à mon avis, il est peu conforme aux règles de la critique de prêter aux peintres de la dernière époque de l'antiquité, tels que ceux d'*Herculanum* et de *Pompéi*, la pensée de mythes
recherchés, qui n'étaient point entrés dans le domaine commun de l'imitation; et, lorsque
tous les éléments de la représentation conviennent à *Cassandre*, il est trop hasardeux de
penser à *Manto*, personnage mythologique, qui peut bien avoir trouvé sa place sur des vases
peints, mais qui n'a pas dû figurer sur des peintures d'*Herculanum* ou de *Pompéi*. C'est,
d'ailleurs, une chose sensible pour tout le monde, que la facilité avec laquelle notre peinture
s'explique dans l'hypothèse de *Cassandre*. La jeune prêtresse d'*Apollon* tient le *rameau de laurier*,
qui était l'attribut de son sacerdoce, et elle est couronnée de *laurier*, à ce titre même, précisément comme la représente Eschyle[4]. Sa tête, modestement inclinée devant le dieu, et
l'expression de sa physionomie trahissent la joie secrète et maligne qu'elle éprouve d'obtenir,
de la passion du dieu qu'elle ne veut pas satisfaire, ce don de prophétie qu'elle désire si
ardemment. Tout s'accorde donc, dans cette charmante figure, avec l'idée de *Cassandre*;
et il n'est pas besoin de songer au siège thébain de *Manto*, pour rendre compte du *siége de
pierre* sur lequel elle est assise.

Les deux monuments que je viens d'examiner sont les seuls qu'on ait pu essayer de rapporter au trait de l'amour d'*Apollon* pour *Cassandre*, comme les deux peintures de *Pompéi*
que j'ai décrites sont les seules qui la représentent dans son rôle de prophétesse. Mais la circonstance qui la recommanda principalement aux compositions de l'art, fut l'attentat commis sur sa personne par Ajax Locrien, sans doute à cause du motif favorable qu'il offrait
à l'imitation, dans ce groupe d'un guerrier arrachant du sanctuaire de *Minerve* la vierge
timide qui y avait cherché un refuge. Cet attentat, sans doute déjà connu d'Homère, bien
que la mention expresse ne s'en trouve ni dans l'un, ni dans l'autre de ses poëmes[5], exerça

---

[1] *Pitture d'Ercolano*, t. II, tav. XVII.

[2] Quaranta, *R. Mus. Borbon.*, t. VII, tav. XIX.

[3] *Kunstblatt*, 1825, n. 97.

[4] Æschyl. *Agamemn.* v. 1265-6, ed. Schutz. :

   Τί δῆτ' ἐμαυτῆς καταγέλωτ' ἔχω τάδε,

   Καὶ σκῆπτρα, καὶ ΜΑΝΤΕΙΑ περὶ δέρη ΣΤΈΦΗ :

[5] Hermann a rapporté, dans sa *Mythologie des Homer*, deux passages, *Iliad.* XIII, 365, et *Odyss.* XI, 421, où il est question de *Cassandre*, sans la moindre allusion à l'attentat d'Ajax, et il en a oublié
un troisième, *Iliad.* XX, 699, auquel s'applique la même observation. Boettiger en a déjà fait la remarque, *Ueber den Raub*, etc.
p. 33, 14). L'auteur de l'*Iliade* ne nomme deux fois *Cassandre*,

de bonne heure, en tout cas, le talent des poëtes cycliques[1]. Il entra de bonne heure aussi dans le domaine de l'imitation, puisque nous voyons qu'il figurait déjà sur le coffre de Cypsélus[2]; et sans doute qu'il s'y maintint toujours avec éclat, puisque Panænus, le parent, l'élève et le collaborateur de Phidias, avait compris le sujet de *Cassandre outragée par Ajax* au nombre des peintures dont il avait orné trois des côtés de la barrière qui entourait le trône de Jupiter, à Olympie[3]. Ce sujet était probablement conçu d'après le modèle consacré sur le coffre de Cypsélus, mais avec tout le progrès de l'art accompli depuis cette époque, et dans la forme que nous voyons suivie sur la plupart des monuments de la céramographie grecque, et même sur des bas-reliefs d'époque romaine et sur des pierres gravées, celle d'une *jeune fille*, tantôt *vêtue*, quelquefois *demi-nue*, ou même entièrement *nue*, violemment arrachée d'auprès du simulacre de *Minerve* par un jeune *héros*, qui l'entraîne le plus souvent par les cheveux. Telle est, en effet, la représentation que nous offrent plusieurs vases peints, de beau style, depuis longtemps connus[4], qui se sont encore accrus, dans les derniers temps, de monuments nouveaux, du même genre[5]: sans parler des bas-reliefs, tels que celui du palais Borghèse, récemment publié aussi[6], et des pierres gravées[7], qui nous ont offert la même image, certainement dérivée de quelque original célèbre, qui peut fort bien avoir été la peinture de Panænus.

Mais ce motif, qui se prêtait si heureusement aux combinaisons de l'art, et qui, à ce titre, paraît avoir obtenu tant de faveur dans l'antiquité, offrait aussi, par l'image même de

qu'à cause de sa beauté, et celui de l'*Odyssée* n'en parle qu'à l'occasion de sa mort, qui eut lieu de la main de Clytemnestre, à côté d'Agamemnon.

[1] Arctin. *in* Procl. *Chrestomath.* p. 584, ed. Didot; Quint. Smyrn. XIII, 425, sq. Cf. Tychsen, *Prolegom.* p. LXVII.

[2] Pausan. V, XIX, 1.

[3] Idem, V, XI, 2. Je remarque que Boettiger, qui a recherché avec tant de soin les monuments antiques qui durent représenter *Cassandre* et qui sont connus par l'histoire de l'art, n'a pourtant pas fait mention de cette peinture de Panænus, qui fut, à tous égards, une des plus importantes, et sans doute celle qui exerça le plus d'influence sur les compositions des âges suivants.

[4] Tel est, en premier lieu, le vase publié par Passeri, *Pictur. Etrusc. in vasc.* t. III, tab. CCXIV, reproduit dans le recueil d'Hamilton, t. III, pl. LVII. Je citerai ensuite, d'après l'ordre des temps, le célèbre vase Vivenzio, Millin, *Peint. de vases*, t. I, pl. XXV; Schorn, *Homer nach Antiken*, IX, V; puis le vase de la collection Lamberg, t. II, pl. XXIV. Mais je signalerai particulièrement, à cause du mérite du travail critique qui en accompagne la gravure, le vase de la bibliothèque grand-ducale de Weimar, publié par Boettiger, *Ueber den Raub der Kassandre* (Weimar, 1794, in-4°), p. 1-90, Taf. I-III.

[5] Je puis citer les *deux* vases, l'un de la collection Durand, l'autre de celle de M. le duc de Blacas, que j'ai publiés dans mes *Monuments inédits, Odysséide*, pl. LX, p. 321-323, et pl. LXVI, p. 405, suiv. Je dois y ajouter les *quatre* vases, dont trois sont de fabrique ancienne, qui sont décrits dans le *Cabinet Durand*, n°[s] 407, 408, 409 et 410, et y joindre encore ceux qu'a fait connaître M. Éd. Gerhard, *Etrusk. und Kampan. Vas.* XXII; *Auserles. Vasenbild.* III, CCXXVIII. Voy. dans ce dernier ou-

vrage, l'indication donnée, p. 147, 48), de *neuf* vases archaïques du même sujet. On a cru pouvoir y rapporter aussi le miroir étrusque que j'avais publié, *Monum. ined. Odysséide*, pl. XX, 3; et c'est K. Ott. Müller qui s'est rendu l'interprète de cette opinion, *Handbuch der Archäologie*, § 415, 1. M. Éd. Gerhard a publié récemment un vase de sa collection, d'ancienne fabrique, qui représente le mythe de *Cassandre* d'une façon toute particulière, et il s'est livré, à cette occasion, à un examen critique des monuments céramographiques relatifs à ce mythe, qui se recommande à l'attention des antiquaires, *Archäol. Zeitung, neue Folge*, n. XIV, Taf. XIII, XIV, XV, p. 209-217, bien que, pour mon compte, je n'en admette pas tous les résultats.

[6] Nibby, *Monum. scelt. dell. Vill. Borghese* (Roma, 1832, in-8°), p. 61, tav. XVI; Éd. Gerhard, *Antik. Bildwerke*, Taf. XXXVII, 1.

[7] Winckelmann, *Pierres de Stosch*, p. 93, n°[s] 333-337; *Mus. Florent.* t. II, tab. XXXI, 3; Visconti, *Oper. var.* t. II, p. 282, n. 383-385; *Catalog. de la Tarbie*, n. 37, p. 4. Je ne mentionne la pierre gravée publiée par Caylus, *Recueil* I, pl. LVI, 2, et les autres, à peu près pareilles, où il voyait un *bacchant*, tenant dans ses mains une petite statue de *Minerve* et poursuivi par un *soldat*, p. 152-153, je ne la mentionne, dis-je, que pour avertir que cette pierre, certainement mal représentée dans la gravure de Caylus, ne peut se rapporter, aussi bien que celle du recueil de Gravelle, part. II, pl. LVIII, qu'au sujet de *Cassandre* et d'*Ajax*; mais je crois devoir rappeler, à cette occasion, le fragment de bas-relief en terre cuite, et non en marbre, publié par Winckelmann, qui le possédait, *Monum. ined.* n. 141, et maintenant placé dans notre musée du Louvre; voy. les *Monum. du Musée*, t. II, pl. LXIII, et je citerai enfin la belle pierre gravée du *Museo Worsleiano*, tav. XXIV, 3, p. 111, ed. Milan.

cette violence exercée sur une suppliante et sur une prêtresse, un inconvénient non moins sensible pour la Grèce civilisée; et l'on doit croire que la chaste réserve d'Homère avait trouvé plus d'un imitateur parmi les grands artistes. Nous en avons la preuve par ce que nous connaissons des peintures de Polygnote au *Pœcile d'Athènes* et au *Lesché de Delphes*. La première de ces peintures avait pour sujet l'assemblée des rois grecs, vainqueurs de *Troie*, délibérant sur l'attentat commis par *Ajax* sur *Cassandre*[1]. *Ajax* faisait partie de cette réunion, sans doute dans l'attitude d'un accusé qui se défend, et *Cassandre* y figurait parmi les femmes troyennes captives, de manière à atténuer tout ce que l'acte d'*Ajax* avait d'odieux et la situation de *Cassandre* de pénible; mais, du reste, sans que nous sachions de quelle manière était conçue cette vaste composition, qui se distinguait sans doute au plus haut degré par les qualités du style et de l'expression. La même pudeur de l'art se retrouve dans la mention que nous possédons du personnage de *Cassandre*, au *Lesché de Delphes*[2]. Près d'*Ajax*, debout à l'autel et prononçant un serment, le peintre avait représenté *Cassandre assise par terre*, ayant entre les mains le simulacre de *Minerve*, qu'il semblait qu'elle eût elle-même arraché de sa base, dans l'acte de violence dont elle avait été la victime; en sorte que ce que cet acte même avait d'odieux était montré d'une manière indirecte, qui rendait plus sensible l'intérêt attaché à la situation de *Cassandre*. Ces deux peintures de Polygnote, où le personnage de *Cassandre* offrait sans doute tout ce que le sentiment le plus profond de l'expression peut ajouter de beauté morale à l'effet de la beauté physique, avaient dû constituer, chez les Grecs, une de ces traditions de l'art qui produisirent de nombreux et excellents ouvrages; et l'on est libre de comprendre parmi ces grands travaux de la peinture grecque, exécutés sous l'influence des modèles créés par Polygnote, la *Cassandre* de Théodore[3], dont Pline, qui la cite au nombre des plus belles peintures grecques apportées à Rome, nous laisse ignorer le motif, mais qui était, en tout cas, une figure isolée, conséquemment représentée dans une tout autre situation que celle de la violence qui fait le sujet du groupe; peut-être dans l'attitude où nous l'a montrée notre peinture de *Pompéi*, en présence d'*Agamemnon*, qui lui annonce l'esclavage auquel elle est condamnée.

Le personnage de *Cassandre* dut figurer, mais non pas comme personnage principal, dans beaucoup de représentations de l'art antique, qui avaient pour sujets, soit des circonstances du grand drame de *Troie*, soit des événements de l'époque des *retours*. C'est ainsi que nous voyons *Cassandre* intervenir dans les compositions qui ont rapport à la *reconnaissance de Pâris*, sujet de tant de bas-reliefs étrusques, dont je puis dire que j'ai contribué, pour ma faible part, à fixer l'interprétation[4]. *Cassandre*, qui avait accompagné *Agamemnon* à son retour à *Mycènes*, en qualité d'esclave attachée à sa couche, dut aussi avoir sa place dans les repré-

---

[1] Pausan. I, xv, 3. Je crois devoir relever la singulière méprise commise par Boettiger, *Ueber den Raub*, etc. p. 42, en supposant que le groupe d'*Ajax outrageant Cassandre* faisait partie de cette peinture de Polygnote : *auf welchem auch hier diese Gruppe angebracht war*, et je la relève, parce qu'elle a été partagée par Visconti, *Mus. Worsleiana*, p. 111, 2), et par plus d'un critique; mais j'ajoute avec plaisir que, plus tard, éclairé par ses études sur la peinture grecque, Boettiger avait reconnu que la scène qui formait le sujet du tableau de Polygnote, était celle qui suivait l'acte de violence commis sur *Cassandre*, *Archäol. der Malerei*, p. 285.

[2] Pausan. X, xxvi, 1.

[3] Plin. XXXV, 11, 40.

[4] Voy. mes *Monuments inédits*, *Odysséide*, pl. ll, p. 255-9; voy. surtout, p. 258, 1). Cette interprétation a été admise par K. Ott. Müller, qui n'a cité, du reste, en fait de monuments relatifs à *Cassandre*, que ceux qui représentent l'attentat commis sur elle par Ajax, *Handbuch der Archäol.* § 415, 1, p. 708, 3e édit.

sentations de la *mort d'Agamemnon*, puisqu'elle périt elle-même, enveloppée dans cette grande catastrophe; et je crois, en effet, avoir reconnu le personnage de *Cassandre* sur plus d'un des bas-reliefs romains qui représentent ce sujet[1]. Sur une pierre gravée, qu'a fait connaître Winckelmann[2], la *femme échevelée* qui se montre au-dessus des créneaux de la ville de *Troie*, où le *cheval de bois* est déjà introduit, cette *femme* est certainement *Cassandre*, qui dénonce à ses compatriotes abusés le fatal stratagème, mais dont les paroles se perdent dans l'incrédulité qui accueillait toutes ses prédictions; et il ne serait peut-être pas impossible de reconnaître encore la figure de *Cassandre* dans d'autres traits de son histoire, sur des monuments du même genre, tels que les pierres gravées, où se voit une *femme assise*, la *tête baissée*, devant un trépied[3], bien que cette représentation puisse convenir à la pythie de *Delphes*[4].

Mais il est une de ces représentations, que je crois pouvoir rapporter à *Cassandre*, dans l'une des circonstances les plus rares et les plus curieuses de son histoire, celle où elle prononce une de ces prédictions si justes et malheureusement si vaines. Le monument que j'ai en vue est un vase peint, de la fabrique de *Nola* et de la collection de Lamberg[5], dont la représentation se compose de deux figures, un *roi assis* sur un *siége pliant, ochladias*, et tenant le *sceptre* de la main gauche, et une *femme debout*, qui fait, de sa main droite levée, un geste significatif. Le motif qui réunit ces deux personnages pourrait donner lieu à beaucoup d'incertitude, sans un objet très-caractéristique qui fournit l'explication du sujet; c'est une petite *statue de Minerve debout* et *armée*, dans l'attitude de vibrer la *lance*, qui est placée *sur les genoux* du roi. Cette statuette offre absolument la forme du *Palladium*, tel qu'on le voit figuré sur la plupart des vases peints qui ont rapport à l'attentat commis sur *Cassandre;* en sorte qu'on ne puisse douter que ce ne soit le même simulacre qui se trouve ici représenté. On ne saurait penser à la *naissance de Minerve*[6], sujet de nombreux vases peints[7], où la vierge armée, sortie du cerveau de Jupiter, se voit quelquefois *sur les genoux* du dieu[8], attendu que cette scène hiératique a toujours pour témoins les divers personnages d'ordre divin qui doivent y intervenir, et qui manquent absolument dans celle-ci. Cette supposition écartée, il ne reste qu'une hypothèse naturelle et plausible, celle que le *roi assis* de notre vase est *Priam* tenant sur ses genoux le *Palladium*, et que la *femme debout* devant lui, dont le geste indique qu'elle prononce une prédiction, est *Cassandre*, révélant au monarque troyen la volonté divine qui attache à ce simulacre la destinée de son pays. Si l'on admet cette interprétation, qui me paraît très-vraisemblable, on acquerra un

---

[1] Voy. encore mes *Monum. inéd. Orestéide*, pl. XLIII, 1, p. 149-150.

[2] Winckelmann, *Monum. ined.* n. 140; Millin, *Galer. mythol.* pl. CLXVII, n. 606. C'est une pâte de verre antique qui, de la collection Dehn, avait passé à ses héritiers Dolce, Visconti, *Oper. var.* t. II, p. 181. *Cassandre*, révélant en vain à ses compatriotes le stratagème du *cheval de bois*, est le sujet d'un des bas-reliefs de la *Table iliaque*, n. 99. Voy. Boettiger, *Ueber den Raub, etc.* p. 49.

[3] Winckelmann, *Pierres de Stosch*, class. II, 1. 1174.

[4] Éd. Gerhard, *Archäol. Zeitung*, mai 1845 n. XXIX, p. 69, 23).

[5] *Vases de Lamberg*, t. I, pl. LXXXIII, p. 88.

[6] C'est pourtant l'idée qu'a eue K. Ott. Müller, qui cite ce vase, en l'interprétant de cette manière, *Handbuch der Archäologie*, § 371, 2, p. 570, 3ᵉ édit.

[7] Éd. Gerhard, *Auserles. Vasenbild.* t. I, Taf. I-IV, p. 3-20; Micali, *Stor. d. ant. popol. ital.* t. III, tav. LXXIX; LXXX, 2; *Monum. dell' Instit. archeol.* t. III, tav. XLIV, XLV; *Élit. de monum. céramograph.* t. I, pl. LIV-LXVI.

[8] Micali, *Storia*, etc. t. III, tav. LXXX, 1. Je remarque, à cette occasion, que, sur un vase de *Capoue* récemment découvert, dont M. Minervini a donné une docte et ingénieuse explication, la *naissance de Diane* est représentée d'une manière analogue, c'est-à-dire par une petite figure de *Diane* une, portant un *flambeau* de chaque main, debout *sur les genoux de Jupiter;* voy. les *Monum. ined. di Barone*, tav. I, p. 1-5.

monument des plus curieux et des plus neufs, par l'objet même de sa représentation et par tous les détails de sa composition, entre tous ceux qui appartiennent à la famille de *Priam* et qui sont encore si rares.

Nous savons par Pausanias[1] qu'il existait à *Amycles*, en Laconie, un *temple de Cassandre*, renfermant sa statue; mais l'écrivain nous laisse ignorer dans quelle attitude cette statue était composée, et à quelle circonstance de la vie de la fille de Priam ou de l'esclave d'Agamemnon elle répondait. Nous sommes dans la même ignorance au sujet d'une autre statue de *Cassandre*, qui se trouvait dans son temple, à *Leuctres*[2]. Mais l'intérêt qui s'attachait, parmi les habitants de la Laconie, à la mémoire de *Cassandre*, se liait au souvenir d'Agamemnon; et il semble résulter de là que ces monuments de *Cassandre* avaient rapport à sa fin tragique, qui pouvait fournir en effet le motif d'une belle statue.

[1] Pausan. III, xix, 5. — [2] Idem, *ibid.* xxvi, 3.

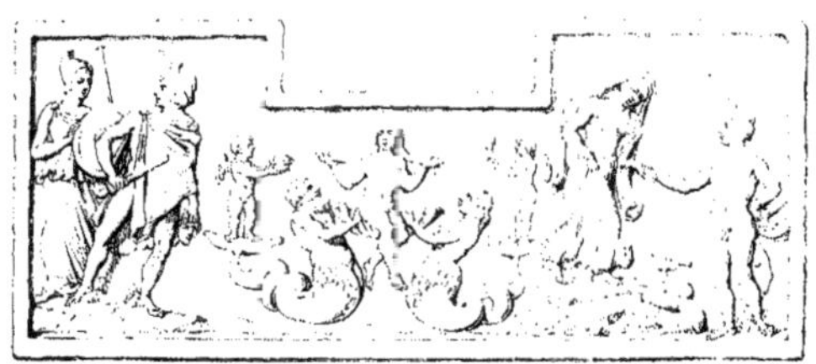

PLANCHE XXVI.

PERSÉE ET ANDROMÈDE.

Hauteur, ı mètre, ı3 cent. — Largeur, 0ᵐ,97 cent.

La peinture qui fait le sujet de cette planche fut trouvée dans une maison fouillée dans
le cours des années 1828 et 1829, et nommée d'abord la *maison du Questeur*, mais aujourd'hui
connue généralement sous le nom de *maison des Dioscures*. Elle décorait une des parois d'un
atrium corinthien, qui paraît avoir formé la partie la plus noble de cette habitation, l'une des
plus considérables et des plus riches en peintures de toute sorte qui aient été encore découvertes à *Pompéi*[1]. Sa conservation ne laissait presque rien à désirer; mais son exécution restait
beaucoup au-dessous de son modèle; c'est ce que prouvait la comparaison de cette peinture
avec deux autres du même sujet trouvées, l'une à *Herculanum*[2], l'autre à *Pompéi* même[3],
qui reproduisaient exactement la même composition dans tous ses détails, jusque-là que la
disposition des plis dans la draperie et le coloris des vêtements étaient absolument pareils,
mais qui offraient un mérite d'exécution bien supérieur. Cette considération ne m'a cependant
pas empêché de reproduire la peinture la mieux conservée des trois, comme étant celle qui
peut donner l'idée la plus complète de la composition originale.

Ce modèle, qui dériva probablement, comme j'essayerai de le démontrer plus bas, d'une

---

[1] Voy. la *Relazione de' scavi di Pompei du aprile 1828 fino a maggio 1829*, insérée à la fin du t. V du *Real Mus. Borbonico*, p. 20.

[2] Publiée dans les *Pitture d'Ercolano*, t. IV, av. vii, p. 33-37.

[3] Il en est fait mention dans la *Relaz. d. scavi di Pompei du gingu. 1827 fino ad aprile 1828*, insérée à la fin du t. IV du *R. Mus. Borbon.* p. 3, et elle est rappelée dans l'explication de la peinture du même sujet, qui est publiée, *R. Mus. Borbon.* t. V, tav. xxxii, p. 2, et qui est la nôtre. C'est la peinture que j'ai citée dans ma *Lettre à M. de Salvandy*, p. 25.

composition en ronde bosse, doit avoir été, en tout cas, un ouvrage d'un ordre excellent et d'une grande célébrité, pour avoir été ainsi reproduit dans la décoration des maisons de *Pompéi* et d'*Herculanum*, et, sans doute, encore d'ailleurs. Mais c'est vainement que nous chercherions aujourd'hui à découvrir le nom du maître grec auquel appartient l'invention de la peinture originale. On a cru[1] que ce maître pouvait être Nicias, peintre célèbre de la période alexandrine[2], parce que Pline cite de lui[3] des peintures *de grande proportion, grandes picturas*, parmi lesquelles se trouvait une *Andromède*. Mais cette héroïne, aussi bien qu'*Io* et *Calypso*, nommées par Pline, figurait *seule* dans le tableau dont elle était l'objet. C'était une de ces figures du grand style, représentées isolément comme l'*Hélène* de Zeuxis, comme la *Vénus anadyomène* d'Apelle, comme l'*Ialysus* de Protogène, comme la *Médée* et l'*Ajax* de Timomaque, sur lesquelles les grands peintres de la Grèce aimaient à épuiser toute la science de leur dessin, toute la force de leur expression, tout le charme de leur exécution. *Persée* ne se montrait pas ici près d'*Andromède*, puisque Pline n'en parle pas. Ce n'était donc pas *Andromède délivrée par Persée* qui faisait le sujet du tableau de Nicias, mais *Andromède attachée au rocher et destinée à devenir la pâture du monstre marin*, motif si favorable, comme on le voit, dans les idées de la peinture grecque, pour montrer toutes les ressources de cet art; et l'on peut se représenter l'héroïne *nue* ou *demi-vêtue*, *debout* contre le rocher auquel elle était attachée, et les *deux bras étendus*, à peu près comme on voit l'*Hésione*, dans une situation toute semblable, sur un paysage d'*Herculanum*[4], et dans un bas-relief inédit du musée de Turin[5].

On doit croire, d'ailleurs, qu'un sujet si propre à faire briller le talent des artistes avait été traité dans de nombreuses peintures. On en a un exemple dans celle que décrit Achille Tatius[6], d'après un tableau consacré dans un temple de *Pélusium*, et qui, sauf un petit nombre de traits qui appartiennent à l'imagination de l'écrivain, nous représente bien certai-

---

[1] J'ai en vue ici M. K. Fr. Hermann, auteur d'une *Dissertation* intitulée: *Perseus und Andromeda* (Göttingen, 1851, 4°); voy. p. 6.

[2] Nicias était contemporain de Ptolémée Ier, d'après l'accord des témoignages rassemblés par M. Sillig, *Catalog. vet. artif. v.* Nicias, p. 295-297.

[3] Plin. XXXV, 11, 40: « Fecit et grandes picturas, in quibus sunt Calypso et Io et Andromeda. »

[4] Cette peinture est publiée dans les *Pitture d'Ercolano*, t. IV, tav. LXI, p. 307-308, et les interprètes y ont vu *Andromède*, attachée au rocher, avec *Persée* combattant le monstre. Cette explication semble avoir été généralement admise; elle est suivie par M. Welcker, *Griech. Tragœd.* p. 666, 34), et, en dernier lieu, par M. K. Fr. Hermann, *Perseus und Andromeda*, p. 4, 4). Cependant il est certain que le héros qui combat le monstre est armé d'une *massue*, et non de la *harpé*; d'où il suit que c'est *Hercule* et non pas *Persée*. Les académiciens d'*Herculanum* ont vu au bras gauche de ce héros les vestiges du *bouclier* qu'il portait à ce bras; et, s'il en est ainsi, c'est encore une circonstance qui ne peut convenir qu'à *Hercule*; car *Persée* eût été représenté avec la *tête de Méduse* qu'il portait à son bras gauche, et non avec un *bouclier*. Enfin, cette peinture fut trouvée dans les fouilles de *Cicita*, avec celle qui suit, t. IV, tav. LXII, p. 311-312, et qui représente

bien certainement *Hésione* délivrée par *Hercule*, qui se montre encore ici avec la *massue*: d'où il suit que l'autre peinture, qui accompagnait celle-là, se rapporte aussi à *Hésione*. Il y a peut-être lieu d'être surpris que ces observations, si faciles à faire et à vérifier, aient échappé jusqu'ici aux antiquaires. La manière dont un écrivain ancien dépeint *Andromède* : « Manibus ejus extensis, *quemadmodum ceto opposita* est, » Schol. Germanic. *ad* v. 199; cf. Ovid. *Metam.* IV, 671 : « Ad duras religatam brachia cautes, » convient aussi bien à *Hésione* qu'à *Andromède*.

[5] Ce bas-relief décore un des côtés d'un cippe sépulcral, dont j'ai déjà fait connaître un autre bas-relief représentant *Énée*, qui porte son père *Anchise* sur son épaule gauche, et qui tient par la main droite son jeune fils *Ascagne*: voy. mes *Monuments inédits, Odysséide*, pl. LXXVI, n. 4, p. 388, 2). J'avertissais en cet endroit que je ne connaissais le monument en question que par le recueil de dessins de Millin, qui se conserve dans notre bibliothèque de Paris, et je reproduis la même observation au sujet de ce bas-relief, où se voit *Hésione, debout, demi-nue*, attachée contre le rocher, *les deux bras étendus*, à ses pieds, le *monstre marin* qui s'apprête à la dévorer, et plus près d'elle, la *massue* et la *peau de lion*.

[6] Achill. Tat. l. III, c. VI et VII.

nement un ouvrage d'art réel[1], dont nous pouvons nous faire une idée juste et même apprécier le caractère. La manière dont Lucien, dans un de ses *Dialogues*[2], raconte l'aventure d'*Andromède délivrée par Persée*, semble bien indiquer aussi que l'auteur avait sous les yeux ou dans la pensée quelque belle peinture de ce sujet, tant les détails de sa description paraissent empruntés à une représentation de l'art. C'est ce qui m'est pareillement démontré pour la peinture que décrit Philostrate l'anc en[3], où la figure d'*Andromède*, encore attachée au rocher par des liens que l'*Amour* s'apprêtait à rompre, offrait une image neuve et intéressante, produite, sans doute, sous l'influence de la tragédie d'Euripide[4], telle que Nicias avait pu la réaliser dans son *Andromède*, moins la présence de l'*Amour*, et où *Persée*, épuisé par la terrible lutte qu'il vient de soutenir, et recevant les dons des Éthiopiens délivrés du monstre marin, fournissait le motif d'une composition certainement inspirée aussi par Euripide[5]. Mais, indépendamment de ces peintures que nous ne pouvons nous représenter qu'en idée, nous savons, par le témoignage d'un romancier grec[6], que c'était, à une certaine époque de l'antiquité, un usage de la société grecque d'exposer, dans les chambres à coucher, de ces petits tableaux des *Amours de Persée et d'Andromède*, dont la vue était destinée à produire sur l'imagination des femmes une impression heureuse, pareille à celle que les Spartiates attendaient de la contemplation des images héroïques de *Nirée*, de *Narcisse*, d'*Hyacinthe* et des *Dioscures*[7], et de celle d'*Achille*, exposée de la même manière et dans le même but[8]. Il est donc certain que des peintures d'*Andromède*, attachée au rocher, dans tout le développement de ses belles formes, de manière à captiver les yeux des spectateurs, comme elle avait charmé ceux de *Persée*[9], existèrent en grand nombre dans l'antiquité ; ce qui explique comment il a pu s'en conserver des réminiscences sur les murs d'*Herculanum* et de *Pompéi*.

Ce serait ici le lieu de rechercher à quelle époque le sujet d'*Andromède* était entré dans le domaine de l'imitation. A cet égard, je dois dire d'abord que j'admets le résultat des recherches qu'un savant antiquaire, M. K. Fr. Hermann, vient de publier sur *Persée et Andromède*[10]. Il est constant aussi pour moi que le mythe de *Persée*, emprunté originairement à l'Asie, où il représentait, dans la religion des Assyriens et des Phéniciens, un *héros solaire*[11], une des

---

[1] C'était aussi l'avis de Lessing, *Collectan. zur Litteratur, v. Achille Tatius*, et celui de M. Welcker, *ad Philostr. Sen. Imag. I*, xxix, p. 384, ed. Jacobs.

[2] Lucian. *Dialog. mar.* § xiv.

[3] Philostr. Sen. *Imag.* l. I, c. xxix; cf. Welcker. *ad h. l.* p. 383-4, ed. Jacobs.

[4] Euripid. *Andromed. Fragm.* xxvi, p. 651, ed. Wagner. Cf. Ovid. *Metam.* iv, 675-676.

[5] Idem, *ibid. Fragm.* xxix, p. 652; cf. *Fragm.* xlvii. p. 652, ed. Wagner.

[6] Heliodor. *Æthiop.* IV, viii, t. I, 1, p. 149, ed. Coray. : Τοὺς δὲ θαλάμους τοῖς Ἀνδρομέδας τε καὶ Περσέως ἔρωσιν ἐποίκιλλον. Voy. mes *Peintures ant. inéd.* p. 263.

[7] Oppian. *Cyneget.* i, 360-365.

[8] Aristænet. *Epistol.* ii, 5 : Ἀχιλλεὺς ὃν ἔμαθον ἐκ τῶν οἰκοπινάκων. Sur ces *tableaux*, d'usage domestique, peints sur bois et encastrés dans les murs des maisons, οἰκεπίνακες, voy. les

explications que j'ai données dans mes *Lettres archéol. sur la peint. des Grecs*, § ii. p. 114-119.

[9] Euripid. *Andromed. Fragm.* xiv, xv, p. 650, ed. Wagner.

[10] Dans la *Dissertation* déjà citée, et intitulée : *Perseus und Andromeda*, voy. p. 4-6.

[11] Tzetz. *ad Lycophr.* v. 17 : Περσεὺς ὁ ἥλιός ἐστι. Je renvoie, sur ce point, aux recherches de Boettiger, *Klein. Schrift.* B. II, p. 40, ff., et à celles de M. Creuzer, *Symbolik*, I, 791-2, IV, 242-246 et 434. C'est en qualité de *dieu solaire* que *Persée* était considéré comme *instituteur du culte du feu*, Malala, p. 44, comme *auteur des colonnes du feu*, ibid. p. 36. Sur les divers points du mythe de ce dieu solaire assyrien, voy. Movers, *Die Phœnizier, etc.* t. I, p. 421-423. Mais il n'est pas inutile d'insister sur l'importance du témoignage d'Hérodote, aux yeux duquel *Persée* était un *Assyrien* adopté par les Grecs, c'est-à-dire un *dieu assyrien*, admis dans la mythologie grecque, Herodot. VI, liv : Αὐτὸς ὁ Περσεὺς, ἐὼν ΑΣΣΎΡΙΟΣ, ἐγένετο Ἕλλην, κ. τ. λ. Cf. Idem,

incarnations ou des formes du *dieu Soleil*, ne fut admis dans le culte public des Grecs qu'à une époque assez tardive, et qu'encore il n'y figura longtemps qu'à raison de son expédition contre les *Gorgones*, fable d'invention toute phénicienne[1]. La courte mention qui se trouve de *Persée* dans les poëmes d'Homère[2] prouve qu'à cette époque il était à peine connu des Grecs, par son nom seul, d'une forme purement orientale[3]. La connaissance de son mythe avait fait un progrès sensible du temps d'Hésiode[4], qui décrit en détail son expédition romanesque[5] contre les *Gorgones*, déjà entrée dans le cercle des fictions populaires de la Grèce et admise aussi conséquemment dans le domaine de l'art, ainsi que nous en avons la preuve par les sculptures du *trône* de l'Apollon d'*Amycles*[6], par celles du *Chalciœcos* de *Sparte*[7], du *trône* d'Esculape à *Épidaure*[8], et surtout du coffre de Cypsélus[9], dont nous pouvons apprécier à peu près le style, d'après celui de quelques vases peints, d'ancienne fabrique[10], qui nous montrent *Persée* dans les mêmes rapports avec les *Gorgones*.

Ce doit donc être dans l'intervalle écoulé entre le siècle d'Hésiode et celui de Pisistrate, période si féconde pour la poésie et pour l'art des Grecs, que la fable de *Persée* acheva de se développer, et qu'elle s'enrichit de l'épisode d'*Andromède*, si favorable aux inventions du théâtre et à celles de l'art. L'ancien Phérécyde connaissait déjà l'histoire des amours de *Persée* et d'*Andromède*[11], certainement, d'après les poésies populaires qui devaient avoir cours à cette époque; les mêmes d'après lesquelles Apollodore rédigea depuis le récit détaillé qu'il nous a transmis de la délivrance d'*Andromède* par le héros argien[12]; sans parler d'Ovide, qui s'est exercé sur le même sujet avec toute son ingénieuse abondance[13], et qui avait, sans doute,

VII, LXI et CL; voy. Bähr *ad hh. ll.* On consultera aussi avec fruit une savante *note* de M. Maury, où se trouvent résumées les opinions des critiques modernes sur le caractère oriental du mythe de *Persée*, Guigniaut, *Relig. de l'antiq.* t. II, part. IIIe, note 11, p. 1001, suiv.

[1] C'est ce qu'avait déjà reconnu Heyne, *ad* Apollodor. II, IV, 2 : «Multa certe insunt antiquioris sermonis mythici vestigia; multa quæ a Phœnicibus accepta videntur, etc.» Voy. aussi Voss, *Brief. Mythol.* XV, p. 92-97.

[2] Homer. *Iliad.* XIV, 320.

[3] Il n'est pas douteux que le nom de *Perseus*, aussi bien que celui de *Persès*, le mari d'*Astéria*, Hesiod. *Theogon.* v. 409, cf. v. 377, ne tienne à la même racine que le nom national des *Perses*, que nous connaissons maintenant sous sa forme zend, *Parsa*. La parenté invoquée par Xerxès, Herodot. l. VII, c. LI., entre lui, chef des Achéménides de *Perse*, et les Argiens, se fondait notoirement sur une communauté d'origine qui remontait jusqu'à *Persée*, et qui avait son principal appui dans l'identité des noms de *Perse* et de *Persée*. Or il est sensible qu'il n'y avait pas là simplement un rapport fortuit de nom, mais une relation intime d'idées, qui ne pouvait avoir sa source que dans les croyances fondamentales de l'Orient. De là, aussi, le culte de *Persée*, à *Chemmis*, en Égypte, Herodot. II, XCII; cf. IV, LXXXII; lequel *Persée* n'était certainement pas le héros grec, mais le dieu assyrien, dont la connaissance avait été portée en Égypte par les pasteurs phéniciens. Au sujet de *Persès*, connu déjà d'Hésiode, comme personnage de la mythologie orientale, je remarque que le dieu phénicien, qui forme le type des médailles de *Thasos*, et qui est généralement réputé l'*Hercule phénicien*, dieu solaire, est appelé *Persès* par Pollux, IX, 84.

[4] Hesiod. *Theogon.* v. 280.

[5] Idem, *Scut. Hercul.* v. 216-238. Je me sers à dessein du mot *romanesque*, pour avoir occasion de remarquer qu'en qualifiant ce mythe de *baroque*, M. Welcker a certainement manqué de mesure et de gravité, *Griech. Traged.* Euripid. *Andromeda*, p. 644.

[6] Pausan. III, XVIII, 7.

[7] Idem, *ibid.* XVII, 3.

[8] Idem, II, XXVII, 2.

[9] Idem, V, XVIII, 1.

[10] Micali, *Stor. d. ant. popol. ital.* tav. LXXXVIII, 5; Lewezow, *Gorgonen-Ideal*, Taf. II, 24; Ed. Gerhard, *Auserl. Griech. Vasenbild.* II, LXXXVIII; III, CCXVI.

[11] Pherecyd. *apud* Schol. Apollon. Rh. IV, 1091; voy. Pherecyd. *Fragm.* II, p. 72, sq., ed. 2ª, Sturz.; cf. Eudoc. *Violar.* p. 32, sq.; Phavorin. *v.* Ἀκρίσιος.

[12] Apollodor. II, IV, 2, sq. Cf. Heyn. *Annot. ad h. l.*

[13] Ovid. *Metam.* IV, 662-751; V, 1-235. Les autres témoignages classiques de la fable d'*Andromède* sont ceux d'Ératosthène, *Catasterism.* § XV, XVI, XVII, XXII et XXXVI; d'Hygin, *Fab.* LXIV, et *Poet. Astron.* II, 8, 9, 10, 12; de Strabon, l. I, p. 42, et l. XVI, p. 759; de Pausanias, II, XXI, 6; de Lucien, *Dialog. mar.* § XIV; de Nonnus, *Dionys.* XLVII, 512, sq.; de Lactance, IV, 19, v. 1; du Scholiaste de Lycophron, *ad* v. 836, et de celui d'Aratus, *ad* v. 204; du Mythographe du Vatican, 1, 73; de Phornutus, 32; de Fulgence, 1, 26, et sans doute d'autres encore qui m'é-

puisé aux mêmes sources. Mais ce fut surtout par le théâtre attique que cette fable intéressante acquit sa forme positive, et qu'elle obtint la popularité qui la rendit un des sujets favoris des compositions de l'art. Nous connaissons trop imparfaitement, par le peu de vers qui en restent, l'*Andromède* de Sophocle[1] jusque-là qu'on peut douter encore si c'était une tragédie ou un drame satyrique. Mais l'*Andromède* d'Euripide avait eu, sur le théâtre d'*Athènes*, un succès qui est attesté par la parodie[2], autant que par l'aveu d'Aristophane[3], et qui lui valut une longue célébrité; et il nous en est parvenu assez de fragments, pour qu'on puisse essayer de recomposer le plan, la conduite et la disposition générale de cette tragédie perdue[4]. L'intérêt qui s'attacha, dans l'opinion des Grecs, par l'effet du drame d'Euripide, au sujet d'*Andromède*, dut produire la plupart des ouvrages d'art qui en existèrent dans l'antiquité. Cet intérêt se communiqua à la société romaine par les drames latins d'Ennius et d'Attius[5], qui étaient autant d'échos plus ou moins fidèles de la tragédie grecque; et c'est ainsi que l'on conçoit comment les sculptures et les peintures d'invention grecque qui avaient eu pour sujet *Andromède délivrée par Persée*, sous l'influence du théâtre attique, trouvèrent tant de faveur à Rome et dans la Campanie, au point de produire les monuments qui nous en restent.

La peinture que je présente est certainement un de ces monuments les plus remarquables, sinon par le mérite de la peinture elle-même, du moins par celui de la composition originale. On y voit représentée *Andromède*, au moment où les liens qui l'attachaient à un rocher, au

---

chappent. Nous savons, par le Scholiaste d'Aristophane, *ad Ar.* v. 347, et par celui d'Apollonius de Rhodes, *ad* II, 178, qu'Asclépiade avait traité le sujet de *Persée*; et nous connaissons, par le titre seulement, la *Perséide* de Ctésias. Quant à la *narratio* de Conon, c. XL, elle s'éloigne tellement de la tradition reçue, qu'on ne peut guère la regarder que comme un des plus tristes jeux d'esprit produits à l'école d'Évhémère.

[1] Voy. les *Fragments* de l'*Andromède* de Sophocle recueillis, d'après l'édition de Brunck, par Musgrave, t. II, 209-210, I-VII. Les deux éditeurs, à l'exemple de Casaubon *De satyr. poes.* p. 135, considéraient cette pièce comme un *drame satyrique*, à cause de la mention des *satyres*, des *Silènes* et des *Pans*, qui était faite, selon le Schol. de Théocrite, *ad Id.* 1, 62; et, si cette mention ne suffit pas pour justifier une pareille induction, comme le pense M. Welcker, *Griech. Tragœd.* p. 350, il n'est pas moins certain que le titre d'*auteur de tragédies* donné à Sophocle, à la suite de la citation de son *Andromède*, par Ératosthène, *Catasterism.* XVI et XXXVI, ne suffit pas davantage pour prouver que ce fût une *tragédie*. La question est donc encore indécise, et le style des fragments qui restent ne permet pas de la résoudre. On pourrait présumer que Sophocle avait été précédé par Phrynichus dans le choix du sujet d'*Andromède*, comme le pense aussi M. Welcker, *ibid.* p. 350, s'il n'y avait des raisons de croire que c'est plutôt à Phrynichus le comique qu'appartenait l'*Andromède*, Nunkel, Phereer. et Eupol. *Fragm.* p. 136, Fritsche, *Act. Soc. gr.* t. I, p. 133; c'est donc encore une question indécise. Du reste, il paraît bien que *Persée* et *Andromède* avaient pu figurer dans des drames satyriques; et c'est ce qui semble résulter du vase peint publié par Millingen, *Peint. de vases*, pl. III, et reproduit par Ingbirami, *Monum. Etrusch.* Ser. V, tav. XIII, où *Persée* se

montre *debout*, avec la *tête de Méduse*, entre *deux satyres*, qui détournent la tête. Une représentation analogue s'est rencontrée sur un vase apulien, de la collection Fontana, qui vient d'être publié par MM. Éd. Gerhard et Ern. Curtius, *Herakles der Satyr und Dreifussräuber* (Berlin, 1852, 4°), Taf. 1, 2. J'ai le regret de ne pas connaître le travail de M. Otto Jahn sur le sujet de *Persée avec les satyres*, composé à l'occasion d'un vase du musée de l'université de Leipzig, et publié dans les *Bericht. d. K. Sächs. Gesellschaft d. Wissenschaft.* B. I (1847).

[2] C'est dans sa comédie des *Thesmophoriazousae* qu'Aristophane s'est plu à parodier, en plusieurs endroits, v. 174, sq., v. 1029-1055, sq., et ailleurs, l'*Andromède* d'Euripide, dont il nous a conservé de cette manière un assez grand nombre de vers, détournés de leur sens propre et mis dans la bouche d'un personnage ridicule.

[3] Aristophan. l esp. v. 52.

[4] C'est le travail qu'a essayé M. Fritzche, dans l'édition qu'il a donnée des *Thesmophoriazousae* d'Aristophane, p. 494-516. M. Welcker a fondé, sur une nouvelle étude des *Fragments* de l'*Andromède*, une manière différente de concevoir le plan de la tragédie, *Griech. Tragœd.* p. 644-667; et, à son tour, M. Wagner, en proposant une nouvelle classification de ces *Fragments*, dans l'édition qu'il en a donnée, Euripid. *Fragm. Androm.* I-L, p. 646-656, Didot, s'est éloigné, dans quelques points, de l'opinion de ses deux devanciers.

[5] Voy. les *Fragments* qui nous restent de l'*Andromède* d'Ennius et de *celle* d'Attius, recueillis par M. Ribbeck, *Tragicorum latin. reliq.*, Ennii *Androm.* I-VIII, p. 23-24, Attii *Androm.* I-XV, p. 125-127, et rapprochés de ceux de l'*Andromède* grecque, par M. Welcker, *Griech. Tragœd.* p. 653, suiv.

bord de la mer, viennent de tomber sous la main de son libérateur. L'héroïne asiatique, qui, dans la forme primitive et vraiment phénicienne de la légende, telle qu'elle avait été suivie par Sophocle[1], avait été une victime humaine offerte à *Kronos*, le *Moloch* des Phéniciens, se montre ici sous des formes purement grecques. Elle est vêtue d'une simple *tunique*, qui s'attache sur l'épaule gauche et qui laisse les bras et une partie du sein découverts, de manière à fournir au talent du peintre un motif heureux de draperie, joint au charme de la nudité. De la main droite, elle relève le bas de son vêtement, qui aurait pu l'embarrasser dans sa marche pour descendre du rocher, et elle tient le bras gauche relevé sur la main de *Persée* qui l'appuie : il est impossible de voir une figure mieux conçue et d'un développement plus heureux. L'expression de la tête, qui s'est perdue sous la main du faible artiste de *Pompéi*, devait offrir un sentiment de joie né d'une délivrance inespérée, qui se joignait à l'amour naissant pour son libérateur et à la pudeur modeste d'une vierge timide ; et ce devait être, dans l'œuvre originale, un de ces miracles d'expression qui faisaient le triomphe de la peinture grecque. *Persée*, presque entièrement nu, suivant l'usage héroïque, n'a conservé, des traits de son costume mythologique, que la *chaussure ailée* qu'il portait déjà sur le théâtre attique[2]. Il tient la *tête de Méduse*, en partie cachée sous son *manteau*, qui descend le long de son flanc gauche, et il a déjà remis dans le fourreau le formidable glaive qui vient de lui servir à triompher du monstre. Il n'y a ici d'autre accessoire que la partie supérieure de ce monstre qui expire à peu de distance du rocher, et qui, dans la proportion réduite où elle se montre, se trouve bien conforme aux pures traditions de l'art grec, qui avait soin de donner peu d'importance aux accessoires, pour ne pas partager l'intérêt qui devait se fixer sur le sujet principal.

La composition que je viens de retracer et qui se trouve reproduite, comme je l'ai dit plus haut[3], dans deux autres peintures, l'une d'*Herculanum*, l'autre de *Pompéi*, se recommande déjà par cette circonstance, qui prouve que ces trois répétitions procèdent d'un modèle commun et d'un original célèbre. Mais elle devient plus intéressante encore, s'il est possible, par un autre motif ; c'est qu'elle ressemble absolument, dans la disposition des deux personnages, à un groupe de ronde bosse, en marbre, qui existe dans la collection royale de *Hanovre*, et qui forme le sujet de la *Dissertation* de M. K. Fr. Hermann, citée plus haut[4]. En ne tenant pas compte de la tête de *Persée*, restaurée par Cavaceppi, ainsi qu'une partie du bras droit d'*Andromède*, il est sensible que le mouvement des deux figures du groupe, bien que consistant en morceaux tous antiques et trouvés tous ensemble, mais rajustés, est absolument pareil à celui des deux personnages de la peinture. *Andromède* s'y montre vêtue de même, sauf une légère différence de disposition de la draperie qui découvre plus de nu. Elle porte pareillement la main droite à son vêtement pour faciliter sa marche, en même

---

[1] Sophocl. *Andromed.* apud Hesych. v. Κούριον·

    Ἡμῖν σύ τοι κούρειον ἠρέθης πόλει.
    Νόμος γάρ ἐστι τοῖσι βαρξάροις, Κρόνῳ
    Θυσπολεῖν βρότειον ἀρχῆθεν γένος.

Cf. *Fragm.* v, p. 209-210, ed. Musgrav.

[2] Euripid. *Andromed. Fragm.* v :

    . . . . .ἀφίγμεθα
    Ταχεῖ πεδίλῳ ; διὰ μέσου γὰρ αἰθέρος
    Τέμνων κέλευθον πόδα τίθημ' ὑπόπτερον.

Cf. Euripid. *Electr.* v. 469 ; Hesiod. *Scut.* v. 220 : Πτερόεντα πέδιλα ; Achill. Tat. iii, 7 : Πέδιλον περὶ τῷ ποδὲ πλησίον τοῦ πτεροῦ. Cette *chaussure ailée* était un présent des *nymphes*, Apollod. II, iv, 2 ; Pausan. III, xvii, 3.

[3] Voy. p. 301.

[4] *Perseus und Andromeda, eine Marmorgruppe zu Hannover* (Göttingen, 1851, 4°) ; voy. plus haut, p. 302, 1).

temps qu'elle relève son bras gauche qui s'appuie sur la main de *Persée*; et, dans le groupe
comme dans la peinture, elle commence à descendre du rocher; ce qui résulte du mouvement
de son pied gauche, posé en avant de l'autre. Quant à *Persée*, il est positivement dans la
même attitude et dans le même costume que nous venons de lui voir sur la peinture. Il est
nu, à la réserve du *manteau*, qui lui couvre une partie du côté gauche du corps, et qui est
replié au-dessus de son poignet gauche, en même temps que l'autre extrémité est ramenée
sur le haut de la cuisse droite. On peut croire qu'il avait la *tête nue*, et il porte aux pieds la
chaussure ailée. De la main droite, il aide *Andromède* à descendre du rocher, et, de la main
gauche, il dérobe à la vue de l'héroïne la *tête de Méduse* qu'il tient dans cette main, avec son
épée dans le fourreau. Évidemment, la peinture et le groupe en ronde bosse, qui offrent
tant de ressemblance dans l'ensemble et dans les détails de la composition, ne peuvent pas
ne point avoir été produits d'après le même monument; et c'est là, sans contredit, une
particularité neuve et intéressante dans l'histoire de l'art. D'ailleurs, on doit supposer, en
raison de la célébrité qui s'était attachée au sujet d'*Andromède*, qu'il dut exister dans l'antiquité beaucoup d'œuvres d'art exécutées d'après ce motif. C'est ce qui semble résulter du
petit poëme d'Antiphile[1], qui fut certainement inspiré par un de ces monuments, probablement aussi un groupe comme celui de *Hanovre*, ainsi que cela semble bien résulter de
la manière dont le poëte byzantin décrit la situation des deux personnages. Ce serait trop
hasarder, sans doute, que de supposer que l'*épigramme* d'Antiphile avait été écrite d'après un
groupe de *Persée* et d'*Andromède* qui existait à *Iconium*, et qui fut transporté à *Byzance*, du
temps de Constance[2]; mais ce groupe, quelle qu'en fût la composition, devait être, en tout
cas, un ouvrage d'art du premier ordre[3].

Maintenant, il se présente une question curieuse, celle de savoir si le groupe procède de
la peinture, ou si c'est, au contraire, le groupe qui a produit la peinture. M. K. Fr. Hermann
s'est prononcé pour la première opinion[4], en supposant, mais, il est vrai, sans insister sur
ce point, que Nicias était l'auteur du modèle; et il a développé, à l'appui de cette manière
de voir, des considérations que je n'ai pas en ce moment le loisir de discuter, mais qui, je
dois le dire, n'ont pas entraîné ma conviction. Le caractère pittoresque du groupe, où le
savant antiquaire trouve son principal argument pour croire que ce groupe a été exécuté
d'après une peinture, est un de ces motifs qui s'adressent au goût et au sentiment plutôt
qu'ils ne procèdent de la critique; et l'on pourrait tout aussi bien reconnaître au groupe un
caractère plastique qui en revendiquerait l'invention à la statuaire. Les exemples tirés de

---

[1] Brunck, *Analect.* t. II, p. 172, *Carm.* XIII. Jacobs laisse indécise la question de savoir si c'était un *bas-relief* ou une *peinture*,
et il y a vu *Persée combattant le monstre marin*; en quoi il s'est certainement trompé. Le motif du groupe est indiqué très-claire-
ment par ces deux vers, qui terminent l'*épigramme* :

> Χὰ μὲν ἀπὸ σκοπέλοιο χαλᾷ πόδα σηπάδι πέτρη
> Ναύπλιν ὁ δὲ μαστήρ νυμφοκομεῖ τὸ γέρας.

[2] Voy. l'*Enarrat. chronogr.* dans Banduri, *Imp. Orient.* p. 105,
citée par M. Petersen, *Einleit. in die Archäolog.* p. 139.

[3] On a cru pouvoir considérer, comme faisant partie d'un
groupe semblable, une statue du musée de *Berlin*, restaurée en
Mercure par Cavaceppi, *Raccolta*, t. I, tav. XIV, et prise pour *Persée*, Lewezow, *Amalthea*, t. II, p. 367. Il se pourrait aussi qu'une
statue d'*Andromède*, qui se trouve à *Modène*, et qui est citée par
Beck, *Grundriss d. Archäol.* p. 217, ait eu, dans l'origine, une destination pareille; mais je manque, à l'égard de ces monuments
et de quelques autres décrits très-superficiellement, tels que
l'*Andromède* de Wiltonhouse, *Ædes Pembrock.* p. 48, de renseignements exacts; et je dois me borner à les signaler ici à l'attention des antiquaires.

[4] *Perseus und Andromeda*, p. 14, ff.

l'histoire de l'art, pour prouver l'emploi fait par la sculpture de motifs créés par la peinture, ne me paraissent pas plus décisifs. Il n'est rien moins que démontré pour moi, comme cela semble l'être pour M. K. Fr. Hermann, que le bas-relief d'Oknos, du musée du Vatican[1], soit imité des peintures de Polygnote au *Lesché de Delphes*[2], bien que ce sujet d'*Oknos* ait été traité dans ces peintures; mais de quelle manière et de quel style? C'est là une question que nous ne pouvons pas résoudre. J'ai peine aussi à comprendre comment le résultat des dernières recherches au sujet de l'*Ariane endormie* du Vatican[3], a pu fournir la preuve la plus frappante de cette influence présumée de la peinture sur les œuvres de la statuaire; car ces recherches ont bien démontré que l'*Ariane* faisait originairement partie d'un groupe de statues qui représentait l'*arrivée de Bacchus à Naxos*[4], comme on trouve ce sujet figuré sur des bas-reliefs et sur des peintures; mais elles n'ont certainement pas eu pour résultat de nous apprendre que le type de l'*Ariane* eût été fourni par une peinture; et ce type est si proprement, si essentiellement statuaire, que le contraire est assurément plus probable.

En se plaçant d'une manière plus large dans l'histoire de l'art, on pourrait soutenir, avec une certaine apparence de raison, que la peinture de la haute époque, celle de l'école attique, s'exerçait dans des conditions qui pouvaient avoir quelque influence sur le développement de la statuaire. Ainsi l'on pourrait croire que les peintures de Polygnote, conçues dans un esprit qui se rapprochait du bas-relief, auraient pu servir de modèle à des œuvres de ce genre; et, par exemple, il semble bien que son tableau de l'*Enlèvement des Leucippides*[5] fût composé, à peu de chose près, comme le bas-relief du même sujet, dont il nous est parvenu plusieurs répétitions antiques[6], qui prouvent l'excellence et la haute célébrité du modèle unique dont elles procèdent. Aussi Visconti supposait-il, avec beaucoup de vraisemblance, suivant moi, que ces bas-reliefs nous avaient conservé la composition du tableau de Polygnote[7]. J'en dirais autant des peintures de Micon, qui avaient rapport à la *guerre des Athéniens et des Amazones*[8]. Ces peintures devaient offrir des groupes de *Grecs* et d'*Amazones*, que leur exécution heureuse recommandait à l'étude et à l'imitation des statuaires; et il est bien probable que la frise de *Phigalie*, exécutée par des artistes athéniens, a reproduit plus d'un des motifs pittoresques créés par le pinceau de Micon. On pourrait multiplier ces exemples, qui viendraient à l'appui de l'opinion de M. K. Fr. Hermann, et qui s'y appliqueraient mieux, suivant moi, que ceux qu'il a cités lui-même, mais sans qu'il en résultât la plus faible présomption en faveur de son idée, que le groupe de *Persée* et d'*Andromède* dérive du tableau de Nicias, ou de tout autre.

À mon avis, c'est la plastique, plus tôt arrivée à son suprême développement, et appelée, dans l'opinion commune des Grecs, à remplir un plus grand rôle que la peinture, qui a fourni le premier type du sujet de *Persée* et d'*Andromède*, dans un groupe de deux figures,

---

[1] *Mus. P. Clem.* t. IV, tav. xxxvi. Voy. Éd. Gerhard, *Archäol. Zeitung*, 1848, S. 285.

[2] Pausan. X, xxix, 1.

[3] *Mus. P. Clem.* t. II, tav. xliv, p. 89.

[4] Voy. les explications où je suis entré à cet égard, à l'occasion de la peinture de *Bacchus et d'Ariane à Naxos*, qui forme le sujet de notre IIIe planche, p. 31 et 49, et suiv.

[5] Pausan. I, xviii, 1. Cf. Boettiger, *Archäol. der Malerei*, p. 291-293.

[6] Winckelmann, *Monum. ined.* n° 61; *Galler. Giustiniani*, t. II, tav. cxxxviii; *Mus. P. Clem.* t. IV, tav. xliv.

[7] Visconti, *Mus. P. Clem.* t. IV, p. 92.

[8] Pausan. I, xvii, 2; Schol. Aristophan. *ad Lysistratam*, v. 679.

tel que celui qui nous occupe. Une composition, toute semblable à celle de ce groupe, forme le type d'une médaille impériale de *Deultum*, de Thrace[1]; et il n'est pas douteux que ce type ne reproduise quelque groupe célèbre. Le bas-relief s'est ensuite emparé de ce motif pour le traiter à sa manière, et en y faisant de légers changements, qui n'en altéraient point la pensée principale, comme on le voit dans les bas-reliefs Pamfili[2] et Mattei[3], qui reproduisent, à bien peu de chose près, le motif du groupe, et dans le bas-relief Farnèse[4], qui s'en éloigne davantage, et qui dut procéder d'un groupe différent du premier par la disposition des personnages. Ce second groupe a laissé une réminiscence bien curieuse et bien intéressante sur un fragment de vase en pâte de verre, qui se conserve dans notre cabinet de Paris, et qui, malgré le mérite éminent de l'art qui le distingue, et malgré la rareté du sujet, est resté à peu près inédit[5]; ce qui a été pour moi un motif de le publier; on en trouvera le dessin sur la vignette XVII, r. 1. On y voit toute la partie supérieure du personnage de *Persée*, la tête et le corps nus, soutenant de sa main droite le bras droit d'*Andromède*, seule partie qui subsiste de la figure, et cachant derrière lui le *masque de Méduse*, qu'il tient de la main gauche, en se montrant de dos au spectateur, disposition qui ressemble tout à fait, comme on le voit, à celle du bas-relief Farnèse, et qui prouve que ce bas-relief et notre pâte de verre procédaient d'un modèle commun.

Une fois entré ainsi dans le domaine de la plastique, et sans doute fixé par la main de quelque grand maître, quoique nous ne possédions aucun renseignement à ce sujet, il était naturel que le groupe de *Persée* et d'*Andromède* arrivât dans le domaine de la peinture et qu'il s'y maintînt dans la forme plastique qu'il avait reçue d'abord. C'est ainsi que je m'explique nos peintures de *Pompéi* et d'*Herculanum*, produites à l'imitation d'un groupe statuaire; et je trouve, pour justifier cette manière de voir, qui s'accorde si bien, d'ailleurs, avec toute la marche de l'art, un motif particulier dans l'extrême simplicité du fond de ces peintures, et dans la sobriété des accessoires, qui semblent attester que c'est la plastique qui en a fourni le modèle. Ce ne serait pas, d'ailleurs, ici la première fois que les peintres de *Pompéi* et d'*Herculanum* se seraient plu à reproduire dans leurs tableaux des groupes de statues

---

[1] *Descript. des Méd. du Cabin. Allier*, pl. III, n. 10.

[2] *Admiranda*, tav. 34; *Mus. Capitolin.* t. IV, tab. LII; Armellien, *Scult. del Campidoglio*, t. III, tav. CCCXXVI; Millin, *Galer. mytholog.* pl. XCVI.

[3] *Monum. Matthæian.* t. III, tab. XXVIII, 2. Ce bas-relief est accompagné, sur la même planche, n. 1, d'une autre représentation de deux figures, qui sont celles de *Persée* tenant de la main gauche la *tête de Méduse*, dans la droite, une *épée nue*, et marchant en avant de *Minerve*, vers laquelle il tourne la tête, comme pour recevoir un dernier avis. Ce second bas-relief paraît avoir formé, avec le premier, deux des côtés d'un sarcophage, dont le compartiment du milieu était probablement occupé par un autre sujet. On les a réunis avec un troisième bas-relief, remplissant cet espace du milieu, et représentant l'*Vénus* portée par *deux tritons*, lequel bas-relief est publié séparément, *ibid.* t. III, tab. II, 1. C'est en cet état que j'ai vu ces trois bas-reliefs, et que je les ai fait dessiner, en 1826, comme on les voit sur la vignette XVI, mais sans pouvoir décider, à cause de la position élevée qu'ils occupent sur la muraille, s'ils appartiennent à un même sarcophage, ou s'ils ont été rapprochés ainsi par une de ces combinaisons dont les palais de Rome, ornés, comme le palais Mattei, de marbres antiques, offrent tant d'exemples. Au sujet du premier bas-relief, qui représente *Persée* marchant à la *délivrance d'Andromède*, assisté de *Minerve*, j'observerai que, si M. K. Fr. Hermann avait eu ce monument présent à la pensée, il n'aurait pas exprimé le doute qu'il manifeste sur la présence de *Minerve* près de *Persée* dans cette circonstance, *Perseus und Andromeda*, p. 8.

[4] *R. Mus. Borbon.* t. VI, tav. XL.

[5] On en trouvera l'indication dans la *Notice des Monuments de la Bibliothèque* (Paris, 1822, 8°), accompagnée d'une lithographie, p. 25-26, pl. II, n. 1; mais on n'aura, par cette lithographie et par le dessin même que je publie, quoique bien supérieur, qu'une faible idée du mérite de l'original, qui fit partie d'un vase du même genre que le célèbre vase Barberini, et plus excellent encore, s'il est possible. Le même groupe a servi, à ce qu'il me semble, pour le revers d'une médaille de *Neocæsarea*.

célèbres. La belle peinture d'*Herculanum*, de l'*Éducation d'Achille*[1], et celle de *Pan et d'O-
lympe*[2], passent avec raison pour des imitations plus ou moins libres de deux groupes renom-
més de statues, qui se voyaient à *Rome*, dans les *Septa Julia*[3]; et ce serait par un procédé
tout semblable, que le modèle grec, d'après lequel fut exécuté, à une époque romaine, notre
groupe de *Hanovre*, aurait été copié par les peintres de *Pompéi* et d'*Herculanum*.

Je n'aurais, pour terminer ce que j'avais à dire du sujet de *Persée* et d'*Andromède*, qu'à
ajouter quelques mots sur les divers monuments de l'art qui ont rapport à ce sujet, et dont
j'ai déjà cité les principaux, dans la classe des bas-reliefs[4], qui s'est enrichie, dans ces derniers temps, de quelques monuments nouveaux[5], d'une faible importance sous le rapport de
l'art. En fait de monuments de la céramographie grecque, nous n'avons recueilli, jusqu'ici,
que des vases qui appartiennent à la dernière époque de cette fabrication, et qui proviennent
d'une des extrémités de son domaine; ce qui s'accorde avec la notion énoncée plus haut, que
le sujet d'*Andromède*, récent dans les traditions populaires de la Grèce, n'était entré qu'assez
tard dans le domaine de l'imitation. Tel est, entre autres, le vase de Basilicate, de la collection Santangelo, que j'ai publié dans son entier[6], sans en expliquer la partie relative à *Persée*
et *Andromède*, qui était étrangère à l'objet de mon travail. Il existe encore dans la même
collection[7] un vase, de la même fabrique de Basilicate, où se voit représentée, de la
même manière, *Andromède liée entre deux arbres*, entourée de plusieurs figures, tandis que,
dans le champ inférieur de la peinture, *Persée combat le monstre*, au milieu de divinités
marines, parmi lesquelles se distinguent *Thétis* et *Scylla*[8]. Je ne connais le vase Casanova
que par la simple mention qui en est faite par M. K. Fr. Hermann[9], sur la foi d'un recueil
archéologique[10]; et je ne puis en dire davantage au sujet d'un autre vase, d'une collection
particulière de Naples[11], où *Andromède, liée à deux colonnes*, reproduit le même type, avec
une légère variante. Cette même attitude d'une *femme étendant les deux bras*, au revers d'un
vase de Pouille, dont la face principale montre *Persée*, armé de la *harpé* et portant la *tête*

---

de Pont, frappée à l'effigie de Maximin et décrite par Mionnet,
comme faisant partie du cabinet Cousinéry. *Description*, t. II,
p. 354, n. 129.

[1] *Pitture d'Ercolano*, t. I, tav. VIII.

[2] *Ibid.* tav. IX.

[3] Plin. XXXVI, 5. C'est la conjecture exprimée par les académiciens d'*Herculanum*, *Pitture d'Ercolano*, t. I, p. 41, 14).

[4] Voy. plus haut, p. 309.

[5] Je citerai, en premier lieu, un bas-relief, d'une exécution
grossière, trouvé à *Philipperille*, l'ancienne *Rusicada*, en Algérie,
et publié dans l'*Expéd. scientif. de l'Algérie*, beaux-arts, t. II,
pl. LXIV. On connaît encore deux bas-reliefs, d'une basse époque
romaine, trouvés, l'un à *Arlon*, l'autre à *Trèves*, dont M. Roulés
a donné une indication succincte dans le *Bullet. de l'Acad. de
Bruxelles*, t. IX, p. 2.

[6] *Monum. inéd. Orestéide*, pl. XLI, p. 201, 2). L'objet figuré
dans le bas de la peinture a été pris par M. K. Fr. Hermann,
Perseus und Andromeda, p. 9, pour l'*échelle* au moyen de laquelle
Andromède avait été portée sur le rocher. Mais le meuble, dont
on a fait tantôt l'échelle des mystères, tantôt le *métier à tisser*, et,
en dernier lieu, le symbole du **κτείς**, Millingen, *Annal. dell' Instit.* 1843, p. 86, sg., n'est jamais figuré comme celui qu'on voit

ici, et qui a évidemment la forme d'un *coffre*, avec son *couvercle*
baissé et ses *pieds*; ce ne peut donc être qu'un des meubles servant à renfermer les provisions destinées à *Andromède*. A l'appui
de cette particularité, je ne citerai pas le fragment de l'*Andromède*, n. XIII, p. 649, ed. Wagner, où M. Welcker a vu une
allusion aux mets apprêtés pour l'héroïne exposée, **τῆς παρθένου ϑοινάματα**, Welcker, *Griech. Tragæd.* p. 647, parce que
M. Fritzche a donné de ce vers une explication différente, *ad
Thesmophor.* p. 464; mais j'observerai qu'on s'est trompé sur
le fait même de ces provisions, en croyant qu'elles étaient
destinées à *Andromède* dans son état d'exposition. C'étaient les
provisions qui accompagnaient les morts dans leur dernière
demeure, ainsi que nous en avons recueilli tant de preuves
dans les tombeaux mêmes de l'antiquité; et c'était ainsi un
trait de mœurs général, et non une circonstance particulière à
Andromède.

[7] *Bullet. archeol. Napolet.* t. III, p. 48; *Bullet. dell' Instit. archeol.*
1842, p. 59; *Archäol. Zeitung*, 1848, p. 222.

[8] *Annal. dell' Instit. archeol.* 1843, t. XV, p. 199, 3).

[9] *Perseus und Andromeda*, p. 9, 34).

[10] *Annal. dell' Instit. archeol.* 1838, t. X, p. 184.

[11] *Archäol. Zeitung*, 1848, p. 246.

de Méduse[1], permet avec quelque vraisemblance de reconnaître *Andromède* dans cette femme, ainsi mise en rapport avec le héros argien. Ce sont là, avec quelques bas-reliefs étrusques[2], ouvrages d'un bas temps et d'un mérite très-secondaire, les seuls monuments de l'art, relatifs au sujet d'*Andromède*, qui soient venus jusqu'à nous et que nous puissions considérer comme les derniers et faibles échos de l'intérêt populaire, excité par le drame d'Euripide et par ses imitations romaines. Je dois pourtant faire ici une mention particulière d'un monument qui nous a offert une composition toute nouvelle du sujet de *Persée* et d'*Andromède*, laquelle doit provenir originairement de quelque excellent artiste grec; c'est un bas-relief en terre cuite, de la collection du marquis Campana, à Rome[3]. On y voit *Andromède*, entièrement nue, attachée au rocher par le poignet gauche, l'autre main libre, posée sur une des aspérités de ce roc, la tête tournée à droite vers *Persée*, qui se montre de profil, le corps penché en avant, la main droite levée et armée de la *harpé*, sous sa forme asiatique, dont il se prépare à frapper le monstre marin. L'attitude et le mouvement des deux personnages offrent ici une image tout à fait neuve, d'un beau caractère et d'une noble expression.

Il dut exister enfin, dans quelque ville considérable de l'Orient, peut-être à *Antioche* ou à *Alexandrie*, un groupe de *Persée* et d'*Andromède*, peu différent de tous ceux que j'ai décrits jusqu'ici; c'est celui qui a fourni le modèle du revers d'un moyen bronze d'Antonin Pieux, frappé à *Alexandrie* d'Égypte. La médaille n'est encore connue que par la description qu'en a donnée Zoëga[4]; c'est pourquoi j'en ai fait dessiner le revers, qui forme le sujet de la vignette XVII, n. 2.

Il me resterait à rendre compte d'une particularité de notre peinture, qui se retrouve aussi dans le groupe, et qui n'est pas sans quelque importance, quoiqu'elle n'ait pas été relevée par M. K. Fr. Hermann; c'est celle de l'*épée dans le fourreau* que *Persée* tient de la main gauche. Cette arme, sous la forme qui lui est donnée, est bien l'*épée droite* des Grecs, ΞΙΦΟΣ, *xiphos*, qui se portait suspendue au côté gauche, d'où lui venait le nom de *parazonion*, tandis que l'arme propre à *Persée*, dans les traditions écrites aussi bien que sur les monuments figurés de l'antiquité est celle que les Grecs nommaient ΑΡΠΗ, *harpé*, et qui avait une forme toute particulière, d'accord avec son origine étrangère. Effectivement, ce nom d'*harpé* dérivait d'un mot phénicien qui signifiait *épée*, et, par suite, tout autre instrument tranchant, *couteau*, *rasoir*, *hache*, et même la *dent courbée* de l'hippopotame; et l'on trouve, dans les livres de la *Bible*, des exemples de ces diverses significations[5]. Ce mot était venu de très-bonne heure, certainement par le commerce des colonies phéniciennes, à la connaissance des Grecs, en même temps que la forme particulière de l'arme qu'il désignait. On le trouve dans Hésiode[6], pour indiquer l'arme dont se servit *Kronos* dans la castration

---

[1] *Descript. des antiq. du Cabin. Durand.* n. 2*4.

[2] *Mus. Guarnacc.* tav. 1; Gori, *Mus. Etrusc.* t. II, tav. CXXIII, Inghirami, *Monum. Etrusch.* Ser. I, part. II, tav. LV, LVI.

[3] *Antich. opere in plastica raccolte dal M*{r}* Campana*, part. II, tav. LVII.

[4] *Num. Ægypt. imper. prost. in Museo Borgiano*, p. 209, n. 431. La médaille se trouve aussi dans notre cabinet de Paris, et elle est décrite par Mionnet, *Description*, t. VI, p. 220, n. 1477.

[5] Déjà l'un des commentateurs d'Hésiode avait soupçonné que le mot *harpé* était phénicien, *ad Hesiod. Scut.* v. 221. C'est ce qu'a montré Bochart, *Hieroz.* t. II, p. 760, et ce qui a été admis en dernier lieu par Gesenius, qui a cité les exemples bibliques des diverses acceptions du mot hébreu, *Lexic. Hebraic.* v. חֶרֶב, p. 366.

[6] Hesiod. *Theogon.* v. 175 : Ἅρπην καρχαρόδοντα; cf. 178-180.

de son père *Ouranos*, fable toute phénicienne; et cet exemple ôte toute valeur à l'induction qu'on pourrait tirer de l'autre passage d'Hésiode[1], où il décrit l'aventure de *Persée* avec les *Gorgones*, en employant le mot ἌΟΡ, *aor*, qui signifie *épée*, dans le sens d'*objet suspendu*[2]. Mais déjà Eschyle se servait du mot *harpé*, pour désigner l'arme de *Persée*[3]; à plus forte raison, Euripide, qui connaissait aussi ce mot[4], bien qu'il ne figure pas dans les fragments qui nous restent de son *Andromède*; et il est certain que c'est le mot qu'emploient, pour désigner l'arme de *Persée*, Apollodore[5], Lucien[6], et les autres écrivains grecs qui racontent ses aventures. À la présomption qui résulte déjà, pour une origine orientale, de cette circonstance que les mythographes assignent constamment la *harpé* à *Persée*, héros oriental, se joint la considération que c'est toujours de la même arme, désignée par le même mot, que ces mythographes font mention, pour quelques-uns des traits les plus anciens de la mythologie; et c'est une observation qui n'avait pas échappé à la sagacité de Heyne[7], et qui reçoit, des faits maintenant acquis à la science, une confirmation éclatante.

L'arme de *Persée* ne se reconnaît pas moins certainement pour asiatique d'après sa forme que d'après son nom. C'était un *instrument double*, consistant en une *pointe droite* et en une *seconde lame recourbée*. C'est ainsi que la décrit, d'une manière aussi détaillée, aussi minutieuse que possible, Achille Tatius, à l'occasion de la peinture de *Persée délivrant Andromède*, qu'il observait dans un temple de *Pélusium*[8], et c'est absolument la même idée que nous en donnent d'autres témoignages classiques[9]; en sorte que nous pourrions nous la représenter très-exactement d'après ces textes seuls, si nous étions réduits, pour la connaître, à ce moyen unique. Mais nous avons encore ici le secours des monuments, qui nous ont conservé l'image de la *harpé*, non-seulement sous sa vraie forme asiatique, mais encore dans son rapport intime avec *Persée*, comme dieu solaire assyrien. L'exemple le plus remarquable que nous fournisse, à cet égard, la numismatique ancienne, est celui de la médaille de *Tarse*[10], où ce symbole, figuré comme je l'ai indiqué, se rapporte certainement à *Persée*, un des dieux assyriens adorés à *Tarse*[11], ville notoirement assyrienne[12]. La même notion résulte avec une égale certitude de la médaille de *Sinope*[13], où la *harpé* figure, comme type du revers dont elle remplit tout le champ, avec la *tête de Persée*, pour type de la face principale. On sait, d'ailleurs, que le groupe de Persée *tranchant la tête de Méduse avec la harpé* forme le type d'un grand nombre de villes du Pont, *Sinope*, *Chabacta*, *Laodicée*, *Comana*, *Cabira*, *Amastris*,

---

[1] Hesiod. *Scut.* v. 221.

[2] Köpke, *Ueber das Kriegswesen der Griechen*, p. 119.

[3] Æschyl. *in Phorcid. apud* Eratosth. *Cataster.* XXII : Δοκεῖ δὲ καὶ τὴν ἍΡΠΗΝ παρ' Ὑφαίστου λαβεῖν ἐξ ἀδάμαντος, ὡς Αἰσχύλος ἐν Φορκίσι φησίν, κ. τ. λ. Cf. Hygin. *Poet. astronom.* II, 12.

[4] Euripid. *Ion.* v. 192 : χρυσέαις ἍΡΠΑΙΣ.

[5] Apollod. II, IV, 2 : Ἀδαμαντίνην ἍΡΠΗΝ.

[6] Lucian. *Dialog. marin.* XIV : Τῇ δεξίᾳ τὴν ἍΡΠΗΝ ἔχων; et : προκώπιον ἔχων τὴν ἍΡΠΗΝ.

[7] Heyn. *ad* Apollod. I, 1, 1.

[8] Achill. Tat. III, VII : Ὡπλισται δὲ καὶ τὴν δεξίαν ΔΙΦΥΕΙ ΣΙΔΗΡΩ εἰς ΔΡΕΠΑΝΟΝ καὶ ΞΙΦΟΣ ἐσχισμένῳ, κ. τ. λ.

[9] La *harpé* est désignée par un mot composé qui réunit l'idée de la *lance* et celle de la *serpe*, λογχοδρέπανον ξίφος, par des écrivains grecs, Schol. Lycophron. *ad* v. 836; Suid. e. l'ὀρ-γορες; *Chronic. Pasch.* I, 70. C'est à la même idée que répondent les mots ξίφος κάμπυλος, employés par Lucien, *Toxar.* § 60, et ceux d'*ensis falcatus*, *ensis hamatus*, dont se sert Ovide, pour désigner la *harpé*, *Metam.* I, 717; V, 80; IV, 726.

[10] Cette médaille curieuse a été publiée par Eckhel, qui n'a pas manqué d'y relever la forme de la *harpé*, conforme à la description d'Achille Tatius, *Sylloge*, tab. V, n. 5, p. 47-48.

[11] C'est ce qui résulte du témoignage de Dion Chrysostome, *Orat.* XXXIII, t. I, p. 407, et *Orat.* XXXIV, t. II, p. 1, rappelé en dernier lieu par M. Movers, *Die Phœnizier*, t. I, p. 14.

[12] Voy. les preuves que j'en ai données dans mon *Mémoire sur l'Hercule assyrien et phénicien*, II, § 11, p. 178, suiv.

[13] Eckhel. *Num. vet.* tab. XI, 6, p. 172.

Amasis[1], où ce souvenir assyrien se rapporte est assurément à l'intention de flatter les Achéménides de Perse, anciens souverains de ces contrées, dont les rois de Pont se prétendaient issus[2]. C'est à une intention semblable, celle de rappeler l'extraction argienne de *Persée*, que se rapporte l'emploi de la *harpè*, sous la même forme, comme symbole accessoire ou comme type principal, sur la monnaie de *Larissa*, de Thessalie[3], sur celle d'Argos, du Péloponnèse[4], et sur les médailles des derniers rois de Macédoine, Philippe V et Persée, descendants d'un Héraclide, et, par conséquent, issus de *Persée*.

Maintenant qu'il est bien établi que la *harpè*, arme de nom et de forme asiatiques, était l'arme propre de *Persée*, héros asiatique, il est presque superflu de remarquer que, sur les plus anciens monuments de l'art, relatifs à ce personnage mythologique, particulièrement sur ceux qui se rapportent à son aventure avec les *Gorgones*, l'arme qu'on lui voit à la main est toujours la *harpè*[6]. Sur d'autres de ces monuments, d'une moins haute antiquité, quoique la plupart encore d'un style ancien, tels que les pierres gravées[7], les miroirs étrusques[8], et même quelques vases peints[9], l'arme que tient *Persée* a la forme d'une *faux*, d'une *faucille* ou d'une *serpe, arme recourbée* dont se servaient les Thraces[10], qui était aussi en usage chez les Numides d'Afrique[11], et que, conformément à tous ces caractères d'une origine orientale, on s'accorda généralement, dans l'antiquité, à attribuer à *Saturne*, dieu phénicien[12]; en sorte

---

[1] C'est ce qu'a démontré Eckhel, *Num. vet.* p. 173-174. Le même type se retrouve sur les médailles de *Sébaste*, de Phrygie, où il avait été méconnu par les antiquaires, et où Eckhel a eu aussi le mérite de le signaler, *ibid.* p. 174.

[2] C'est de cette manière que s'expliquent le plus naturellement les types relatifs à *Persée* sur les médailles des villes du Pont, plutôt que d'après les idées de Boettiger, qui y voyait un témoignage de l'abolition due à la civilisation grecque des sacrifices humains portés anciennement par les Phéniciens sur les côtes du Pont-Euxin; voy. ses *Ideen zur Kunst-Mythologie*, t. I, p. 416, 34), suiv.

[3] Eckhel, *Sylloge*. p. 48.

[4] Idem, *Num. vet.* p. 78.

[5] Idem, *ibid.* p. 173. C'est avec la même sagacité que le grand oracle de la numismatique, en restituant à *Iconium*, ville fondée par *Persée*, une médaille mal attribuée, a reconnu, dans le type principal, la *tête casquée* de *Persée*, accompagnée de la *harpé*, comme sur les médailles des rois de Macédoine, *Num. vet.* p. 272.

[6] J'en puis citer pour exemples le beau vase de *Vulci* qui fit partie du *Cabinet Durand*, où il est décrit, n. 243, p. 74; un autre vase, de la même collection, mais d'une fabrique de la Grande Grèce, n. 244, p. 75, et le vase de Basilicate que j'ai publié, *Monum. inéd.* pl. XLI, vase d'un style de décadence, qui représente un monument plus ancien. *Persée* se montre armé de la *harpé*, figurée de cette manière, c'est-à-dire avec une *pointe droite* et avec une *lame recourbée*, sur des médailles grecques, telles que celles de l'île de *Sériphe*, Cadalvène, *Choix de méd. grecq.* pl. IV, n° 27, et sur des bas-reliefs étrusques, dont deux, publiés inexactement par Gori, *Mus. Etrusc.* t. I, tab. CXVII, et t. III, cl. III, tab. I, n. 1, ont été reproduits plus fidèlement par Inghirami, *Monum. Etrusch.* Ser. I, tav. LV, LVI. Cette circonstance donne quelque prix au vase peint, de fabrique étrusque, publié par M. Éd. Gerhard, *Auserles. Vasenbild.* II, LXXXIX, 3, 4, p. 46-47, où *Persée* porte à la main la *harpè*, sous sa forme asiatique, qui devait être pour les Étrusques, originaires de la Lydie, une tradition orientale.

[7] Sur deux scarabées étrusques, publiés par Lanzi, *Saggio*, II, 4, 5, 6, et reproduits par Millin, *Galer. myth.* pl. XCV, n. 386 et 387. Je me borne à ce petit nombre d'exemples, que je pourrais multiplier sans peine, mais qui suffisent pour l'objet que j'ai en vue. J'observerai seulement que Millin se trompait en affirmant que, *sur les monuments d'un temps moins reculé, la harpe n'était qu'une épée munie d'un crochet*, *Monum. inéd.* t. I, p. ...; *Galer. myth.* t. II, p. 144; et *Peintures de vases*, t. II, p. 9, 3 : c'est précisément le contraire qui est vrai. J'observerai encore que l'instrument, qui forme le type de petites médailles d'argent d'Irpi, et qui est figuré comme un *croc*, muni d'un *anneau*, Millingen, *Méd. grecq.* pl. I, 10, p. 17; Carell. tab. XC, 7, p. 55, ed. Cavedoni, est certainement la *harpé*, par allusion au *nom* de la ville; voy. d'ailleurs Cavedoni, *Spicilegio*, p. 15, 43).

[8] Trois de ces miroirs sont publiés dans le recueil de M. Éd. Gerhard, *Etrusk. Spiegel*, Taf. CXXI, CXXII, CXXIII.

[9] Notamment, sur le beau vase peint, de fabrique sicilienne, plusieurs fois publié, dont le meilleur dessin est celui qu'a donné Millin, *Peint. de vases*, t. II, III, IV, p. 3-10, et dans l'explication duquel les principales circonstances du mythe de *Persée* sont exposées par l'auteur.

[10] C'est l'arme nommée μάχαιρα καμπύλη. Clem. Alex. *Strom.* t. VI, p. 362; Euseb. *Praep. Ev.* t. X, p. 475. Voy. Movers, *Die Phönizier*, t. I, p. 453-454.

[11] Lucian. *Toxar.* § LX; cf. Tit. Liv. XXII, XLVIII et LI. Voyez, à ce sujet, Boettiger, *Idem, etc.* t. I, p. 229, 8 ; Movers, *Die Phönizier*, t. I, p. 421.

[12] Voyez, à ce sujet, les recherches de Boettiger, *Idem, etc.* t. I, p. 224, suiv.

que, sous cette forme encore, la *harpé*, portée par *Persée*, faisait allusion à sa nature de dieu assyrien et phénicien. Mais, dans la dernière époque de l'antiquité, où la mythologie grecque avait fini par s'assimiler tous les mythes d'une origine étrangère et à leur donner, sur les monuments de l'art, son empreinte purement hellénique, il dut arriver que *Persée* perdît successivement les principaux traits de son costume oriental, le *casque ailé* d'*Hadès*, qui le rendait invisible[1], surtout la *harpé*, arme si proprement de nom et d'usage asiatiques; et de là vient que, dans le groupe de *Hanovre* et sur les peintures de *Pompéi*, *Persée* ne nous apparaît plus que la *tête nue* et avec le *parazonion* grec.

J'ai encore une dernière observation à faire sur un sujet qui ne laisse pas d'avoir quelque intérêt pour les recherches d'archéologie comparée, l'étude désormais la plus féconde et la plus utile qui puisse s'offrir dans le domaine de la science. Des antiquaires, tels que Millin[2] et Boettiger[3], frappés de la circonstance que la *harpé* était l'arme exclusivement consacrée à *Saturne* et à *Persée*, personnages mythologiques, d'extraction orientale, avaient cherché à rendre compte de cette particularité à l'aide de considérations diverses, plus ou moins fondées sur des textes classiques. Il avait manqué à ces antiquaires, pour reconnaître avec certitude la *harpé* comme une arme asiatique, de la trouver sur des monuments proprement asiatiques. C'est un avantage que nous possédons maintenant, grâce à l'acquisition que nous avons faite de cylindres babyloniens, où le dieu assyrien, qui représente *Persée*, se montre armé de la *harpé*, dans divers actes qui répondent à son mythe[4]. J'ai publié moi-même[5] un de ces cylindres, du plus beau travail assyrien, où le *Sandan* de *Ninive* combat le *lion*, à l'aide d'un instrument pareil; et c'est enfin la *harpé* qui se voit à la main du même dieu, étouffant le *lion* contre sa poitrine, dans la figure colossale de notre musée du Louvre[6], monument du premier ordre de la haute antiquité asiatique. Rien ne manque donc désormais à la certitude acquise que la *harpé*, figurée sur les monuments asiatiques, comme nous la voyons sur les monuments grecs, était l'arme particulière des dieux du système solaire phénicien et assyrien; d'où il suit irrésistiblement qu'elle était arrivée par cette voie et avec cette signification aux Grecs, qui en avaient fait l'attribut propre de *Persée*.

[1] Apollodor. II. iv, 2; Hesiod. *Scut.* v. 226.

[2] Millin, *Mon. in.* t. I, p. 219, suiv.; *Peint. de vases,* t. II, p. 9, 3).

[3] Boettiger, *Ideen,* etc. t. I, p. 228, 8). suiv.

[4] Ces cylindres ont été récemment cités par M. Movers, à l'appui d'idées qui rentrent dans celles que je viens d'exposer; voy. ses *Phœnizier,* t. I, p. 423. J'en puis citer pour exemples les cylindres publiés par A. Cullimore, *Oriental Cylinders,* pl. ii, n. 10; pl. vii, n. 38; pl. xxv, n. 132; pl. xxiv, n. 134.

[5] Voy. mon *Mémoire sur l'Hercule assyrien,* pl. vii, n. 2, p. 127-8. Le même cylindre se trouve aussi dans le dernier recueil de Micali, *Monum. ined.* tav. i, n. 2.

[6] Ce colosse, dont j'ai publié un dessin au trait, à la suite de mon *Mémoire sur l'Hercule assyrien,* pl. i, p. 134, 2), forme le sujet d'une planche magnifique, dans le grand ouvrage de M. Botta, *Monument de Ninive,* t. I, pl. xlvii.

PLANCHE XXVII.

ARIANE ET THÉSÉE.

Hauteur, o m. 64 cent. — Largeur, o m. 56 cent.

J'ai déjà eu occasion de faire mention de cette peinture, en décrivant celle qui lui sert de pendant sur le mur opposé du *tablinum* de la *maison* dite *de la Chasse*, et que j'ai publiée dans ce recueil[1]. Celle que je présente maintenant formait le tableau principal de la muraille de gauche, en face de la peinture de *Dédale et Pasiphaé*[2], qui décorait la paroi de

---

[1] Voy. pl. xiii, p. 169, suiv.

[2] Je profiterai de cette occasion pour donner connaissance à mes lecteurs d'une peinture de *Pasiphaé*, découverte à *Pompéi*, depuis l'impression de mon travail. Elle se trouve dans une *maison*, dite *de l'impératrice de Russie*, qui fut fouillée le 16 mars 1846, et qui appartient à une ruelle ou *vico*, débouchant dans la grande *rue de la Fortune*. La peinture en question décore une des parois de la pièce située à gauche de l'entrée; elle avait pour pendant, sur la paroi opposée, une peinture représentant *Thésée qui abandonne Ariane pendant son sommeil*, peinture laissée en place, sans doute à cause du grand nombre de répétitions de ce sujet, et aujourd'hui complétement effacée. La peinture de *Pasiphaé*, laissée aussi en place, était un peu mieux conservée, bien qu'elle soit certainement menacée d'une destruction prochaine et qu'elle méritât un meilleur sort.

On y voit *Pasiphaé, assise* sur un siége de pierre, la tête appuyée sur sa main gauche, dont le coude pose sur son genou, l'index de la main droite dirigé vers un *taureau blanc*, qui court dans une direction opposée, en retournant la tête de son côté; et le regard de la reine de Crète indique bien la passion qui s'est déjà emparée d'elle. Derrière elle sont deux figures debout, dont la partie inférieure se trouve cachée par le siége : l'une de ces figures est celle d'une *femme*, sans doute la *nourrice* de *Pasiphaé;* l'autre, celle d'un *homme* dans l'attitude d'une méditation profonde, certainement *Dédale*, qui s'occupe déjà des moyens de servir la passion de la reine. La scène se passe en avant d'une grotte de rochers très-élevée, dont l'ouverture naturelle et irrégulière est fortifiée par un amas de pierres, et sur le haut de laquelle croissent des arbustes sauvages. Cette caverne représente certainement le *labyrinthe*, qui avait effectivement cette forme dans plusieurs traditions, *Etymol. M. v.* Λαϐύρινθος; Hesych. et Suid. *h. v.* Mais ce qu'elle offre ici de plus curieux, c'est qu'on y voit dans le haut une figure vue à mi-corps de *Pan*, jouant de la *syrinx*. Cette peinture pourrait donner lieu à beaucoup de considérations, par les particularités neuves et curieuses qu'elle présente. Sans être d'un grand mérite d'art, elle est d'une exé-

droite. Toutes les deux avaient été laissées en place; ce qui n'avait pas empêché qu'elles ne se maintinssent en un assez bon état de conservation, à l'époque où je les vis pour la première fois, peu de temps après la découverte de la *maison de la Chasse*, dont j'ai donné, dans un de mes écrits, une description détaillée[1]; et elles se trouvaient encore dans le même état, quand je les revis, quelques années plus tard, en 1844. Toutes les deux étaient restées inédites[2]; ce que l'on a quelque peine à s'expliquer, d'après le mérite de ces peintures, et surtout d'après la rareté du sujet qu'elles représentent.

Rien de plus simple que la composition qui fait l'objet de notre peinture, et, en même temps, rien de mieux caractérisé dans tous ses éléments, de manière qu'il ne soit pas possible de se méprendre un instant sur le sujet: c'est bien *Thésée* qui reçoit d'*Ariane* le *peloton de fil* destiné à le guider dans les détours du *labyrinthe*. Ce sujet est rendu de la manière la plus expressive, en même temps que la plus conforme aux traditions graves et sérieuses de l'art grec, dans l'attitude et dans la physionomie des deux personnages, tous les deux debout, l'un devant l'autre. *Ariane* est vêtue d'une tunique longue, qui est relevée et reployée vers le milieu du corps, sans cesser de descendre jusqu'aux pieds; mode d'ajustement qui rappelle indirectement le vêtement asiatique des nymphes de Diane et des hiérodules Amazones. Elle porte, en outre, un léger manteau qui lui couvre l'épaule gauche, et dont elle tient un bout de la main gauche. Ses cheveux, qui sont attachés sur le front par un simple lien, retombent en tresses sur son dos, avec une sorte de négligence[3], qui est d'accord avec le costume, pour indiquer les combats livrés dans le cœur de l'héroïne entre l'amour et le devoir. La passion, qui a triomphé, se montre, d'ailleurs, par le *peloton de fil* qu'elle tient de la main droite et qu'elle présente à *Thésée*, avec un regard où se peint la tendresse qu'elle lui porte, jointe au sentiment du danger qu'il va courir.

Thésée est entièrement nu, suivant l'usage héroïque, à la réserve d'un petit manteau, rejeté par derrière. Il reçoit de la main droite le gage de salut que l'amour lui a préparé, et il tient de la main gauche l'arme qui doit lui servir à accomplir sa périlleuse entreprise. L'assurance de son attitude et de son regard exprime bien une résolution courageuse, où le héros est tout entier à l'action qu'il va tenter, sans qu'il s'y mêle rien de l'émotion née de l'amour; et c'est bien le vainqueur du *Minotaure* qui se montre en lui, plutôt que l'amant d'*Ariane*.

Mais ce que notre peinture offre de plus curieux dans la représentation du personnage de *Thésée*, c'est l'arme singulière qui lui est donnée, et qui est un instrument double, composé

---

cution remarquable par la franchise du pinceau; et j'ai peine à concevoir que les académiciens d'*Herculanum* la laissent périr sur le mur où elle fut trouvée, au lieu de la recueillir dans le musée. Elle n'avait pourtant pas échappé à l'attention d'Avellino, qui l'a décrite dans son *Bullet. archeol. Napol.* t. IV, p. 92-94.

[1] *Lettre à M. de Salvandy sur l'état actuel des fouilles de Pompéi* (Paris, 1841, in-8°), p. 36, suiv.

[2] Cette observation ne s'adresse qu'aux antiquaires napolitains; car la peinture a été publiée par M. W. Zahn, dans ses *Ornament. aus Pompeï*, II, 33.

[3] Cette manière de laisser les cheveux flotter sur la nuque tenait en effet à une négligence qui n'était pas dépourvue d'art, et plus d'un écrivain ancien en a fait la remarque, Claudian. *De nupt. Honor.* v. 105-106 : « Neglectam *partem* studiosa *relinquens : Plus error decuit.* » Tertullian. *De cult. feminar.* II, VII, : « *Aliæ ut vagi et volucres elabantur*, non bona simplicitate. » Mais c'était aussi un signe de détresse convenable aux personnes affligées, Virgil. *Æn.* I, 484, et III, 65. De là, sans doute, la chevelure tombant sur le derrière du cou, donnée à la *femme assise*, sur une belle peinture d'*Herculanum*, *Pitture d'Ercolano*, t. II, tav. XVII; et l'on comprend que l'*Ariane* de notre peinture de *Pompéi* ait pu être représentée avec les cheveux ainsi disposés.

de l'épée droite et d'un fer recourbé, ajustés et soudés ensemble près de l'extrémité. Cette arme est précisément celle que décrit Achille Tatius[1], et qui était portée à la main de *Persée*, dans un tableau de la *délivrance d'Andromède*, consacré dans un temple de *Pélusium*. C'est la même arme qui semble avoir été appropriée à *Persée*, dans les traditions de la poésie et de l'art des Grecs, ainsi que nous en avons la preuve par de nombreux monuments[2]; la même enfin qui fut donnée à *Saturne*, comme son attribut particulier[3], et qui fut connue sous le nom de *harpé* dans l'antiquité[4]. Mais c'est la première fois, à ma connaissance, qu'une pareille arme est mise à la main de *Thésée*, prêt à combattre le *Minotaure*, sur un monument antique. Dans cette circonstance, qui forme le sujet de tant de représentations de l'art grec, particulièrement de vases peints, recueillis de nos jours en si grand nombre[5], le héros athénien est armé de la *lance*, de l'*épée* ou de la *massue*[6], qui sont les armes proprement grecques et héroïques. Jamais encore il ne nous avait apparu avec la *harpé*; et, comme il n'est pas possible d'admettre qu'il n'y ait pas eu, de la part de l'artiste, une intention particulière dans le choix de cette arme, la seule explication plausible qu'on puisse en donner, c'est que, dans un mythe de forme toute phénicienne, comme celui du *Minotaure*, elle était aussi une réminiscence orientale. Effectivement, les antiquaires, tels que Millin[7] et Boettiger[8], qui ont cherché à établir le caractère propre de cet instrument, porté à la main de *Persée* et de *Saturne*, et qui ont cherché, le second surtout, à en démontrer l'origine asiatique, ne pouvaient s'autoriser alors du témoignage des monuments de l'art, pour justifier cette origine. Mais aujourd'hui que nous avons recueilli, par de nombreux cylindres babyloniens, la preuve péremptoire que la *harpé*, figurée comme nous la voyons sur les monuments grecs et romains, c'est-à-dire avec un fer droit muni d'un crochet vers son extrémité, est l'arme donnée le plus souvent au dieu suprême, dans sa lutte contre le principe malfaisant[9], il ne peut plus rester douteux pour nous que cette arme n'ait passé avec ce même caractère dans l'archéologie des Grecs et des Romains; d'où il suit irrésistiblement qu'en la voyant sur notre peinture à la main de *Thésée*, nous devons y reconnaître un trait de la même influence orientale si sensiblement imprimée dans toute la fable du *Minotaure*[10].

---

[1] Achil. Tat. l. III, vii : Ὥπλισ7αι δὲ καὶ τὴν δεξίαν διφυεῖ σιδήρῳ εἰς δρέπανον καὶ ξίφος ἐσχισμένῳ... ἐντεῦθεν δὲ ἀπόῤῥαγὲν, τὸ μὲν ὀξύνεται, τὸ δ' ἐπισκάμπ7εται.

[2] J'ai eu déjà occasion de citer la plupart de ces monuments, dans l'explication d'une de nos peintures qui représente *Persée délivrant Andromède*, et j'y renvoie mes lecteurs.

[3] Les témoignages classiques sur la *harpé*, attribut de *Saturne*, ont été recueillis par Millin, qui y a joint aussi l'indication des monuments figurés, *Monum. inéd.* t. I, p. 219-224. On consultera aussi avec fruit les observations de Boettiger sur ce point d'antiquité, *Ideen zur Kunst-Mythologie*, t. I, p. 228-229, 8).

[4] J'ai déjà donné, sur ce point d'antiquité, des éclaircissements auxquels je n'ai rien maintenant à ajouter. Voy. l'explication de la peinture de *Persée* et d'*Andromède*, p. 311-313.

[5] Ces vases, particulièrement ceux d'ancien style, ont été récemment l'objet d'un travail spécial de la part d'un jeune et savant antiquaire, M. Stéphani, *Der Kampf zwischen Theseus und Minotauros, eine kunstgeschichtliche Abhandlung* (Leipzig, 1842, in-fol.), Taf. i-x. L'indication de ces vases a été complétée par M. Otto Jahn, dans ses *Archäolog. Beiträge*, §ix, p. 256-259, 17), pour les vases de ce style, et pour ceux d'une époque plus récente, *ibid.* p. 264-265, 26).

[6] Voyez, sur ce point d'antiquité, les observations de M. Stéphani, *Der Kampf*, etc. p. 34, 16), 17); p. 35, 3); p. 54, 3); p. 69; p. 73, 11), et ailleurs.

[7] *Monum. inéd.* t. I, p. 219.

[8] *Ideen zur Kunst-Mythologie*, t. I, 228-9, 8).

[9] Voyez-en, comme exemple, le beau cylindre que j'ai publié dans mon *Mémoire sur l'Hercule assyrien*, pl. vii, n. 2, p. 127-8, et qui se trouve aussi dans le dernier recueil de Micali, *Monum. inéd.* tav. i, n. 2.

[10] L'observation en a été faite par M. Otto Jahn, *Archäolog. Beiträge*, p. 256-257, et c'est une idée dans laquelle je suis heureux de me rencontrer avec cet antiquaire, dont les travaux ont déjà tant enrichi la science et semblent promettre à leur auteur un si brillant avenir.

Le lieu de la scène de notre peinture est un espace libre, en avant d'un bâtiment qui s'élève sur la droite, et qui rencontre, à angle droit, un mur de peu de hauteur. Ce mur laisse apercevoir la campagne indiquée par quelques arbres; et le bâtiment ne montre que sa porte d'entrée dont les chambranles de marbre blanc et le linteau légèrement cintré paraissent engagés dans une construction ordinaire. C'est ainsi que l'artiste de *Pompéi* a voulu produire l'image du *labyrinthe*, qui, dans les traditions de l'antiquité et sur les monuments de l'art, était représenté, tantôt comme une *caverne*, tantôt comme un *édifice* construit à la surface du sol[1], et qui, sur les plus anciens monuments de l'art, sur ceux de la céramographie, n'était le plus souvent indiqué que par une *colonne, ionique ou dorique*[2].

Quant à ce qui concerne le caractère général de notre peinture, il me semble qu'elle tient, plus que beaucoup de ces peintures de *Pompéi*, au goût d'une ancienne école grecque, probablement attique. La simplicité et la noblesse de la composition, l'expression grave et sérieuse qui y règne, et la sobriété des détails, sont des indices d'un art attique, de celui qui avait créé les types imitatifs de l'histoire figurée de *Thésée*, et qui les propagea et les accrédita dans les autres écoles de la Grèce, et, sans doute aussi, dans la Campanie, dont la civilisation primitive était due aux colonies ioniennes de *Cumes*, de *Naples* et de *Nola*. C'est en effet sous l'influence de la poésie et de l'art attiques que les sujets relatifs à *Thésée* reçurent leur expression, telle qu'elle fut consacrée dans les monuments de l'antiquité. Quoique la fable des amours de *Thésée* et d'*Ariane* fût entrée de bonne heure dans le domaine des traditions grecques, puisqu'elle figurait dans les *vers cypriens*[3] et dans d'autres poésies populaires, qu'avait en vue Plutarque[4], et d'après lesquelles le vieux Phérécyde avait rédigé son récit[5], où se trouve déjà l'emploi du *peloton de fil* donné comme moyen de salut au héros d'*Athènes*, ce n'est cependant que par le théâtre attique, surtout par le *Thésée* d'Euripide[6], que cette fable dut recevoir sa forme complète, et, par là aussi, son expression graphique. A l'exception du récit de Phérécyde, tous les autres témoignages qui nous restent sur cette particularité de l'histoire de *Thésée* sont postérieurs de beaucoup au drame d'Euripide[7], et le peu de monuments qu'on pourrait y rattacher avec plus ou moins de probabilité, sont tous aussi

---

[1] Le *labyrinthe* est décrit tantôt comme une *caverne* ouverte dans une montagne. ὄρος ἐν ᾧ ἐστὶ σπήλαιον ἀντρῶδες, *Etymol.* M. Hesych. Suid. v. Λαβύρινθος; cf. Strabon, l. VIII, p. 567; tantôt comme un *édifice* construit avec l'art de Dédale, Diodor. Sic. IV, LXXVII; Apollodor. l. III, 1, 15.

[2] C'est par une *colonne dorique* qu'est indiqué le *labyrinthe* sur le vase publié par Maisonneuve, *Introduction*, pl. LXVIII, Laborde, *Vases de Lamberg*, t. I, pl. XXIX. Sur le vase de ma collection que M. Otto Jahn a fait connaître, *Vasenbild.* Taf. II, la *colonne* est *ionique*. Quant aux manières diverses de représenter le *labyrinthe* sur les peintures d'*Herculanum* et de *Pompéi*, et sur les autres monuments de l'art, voy. les observations de M. Stéphani, *Der Kampf*, etc. p. 77-78.

[4] Procl. *Chrestomath.* p. 582, A, ed. Firm. Didot.

[5] Plutarch. *in Thes.* § XIX : Ἐπεὶ κατέπλευσεν εἰς Κρήτην, ὡς μὲν πολλοὶ ΓΡΆΦΟΥΣΙ καὶ ᾌΔΟΥΣΙ, παρὰ τῆς Ἀριάδνης ἐρασθείσης τὸ λίνον λαβών, κ. τ. λ. On remarquera que, dans ce passage, il est fait allusion à des *peintures* aussi bien qu'à des poésies, qui devaient être en grand nombre, et qui étaient certainement de travail attique.

[3] Pherecyd. *apud* Schol. Homer. *ad Odyss.* XI, v. 320; cf. Pherecyd. *Fragm.* LVIII, p. 197-199, ed. sec. Sturz.: Ἀφικομένου δὲ αὐτοῦ, ἐρωτικῶς πρὸς αὐτὸν διατεθεῖσα ἡ τοῦ Μίνωος θυγάτηρ Ἀριάδνη, δίδωσιν ἀγαθίδα μίλτου (leg. μίτου), κ. τ. λ.

[6] Sur le *Thésée* d'Euripide, dont les fragments ont été, en dernier lieu, classés par M. Wagner, Euripid. *Fragm.* p. 196, sq., sur son sujet et sur sa composition, voy. le travail de M. Welcker, *Griechisch. Tragœd.* p. 733; cf. Hartung, Euripid. *Rest.* 1, 547, ff., en y joignant les observations de M. Ott. Jahn, *Archäol. Beiträge*, p. 252-255.

[7] Propert. III, *Eleg.* 14, 7, ed. Lachm.; Ovid. *Fast.* III, 462; Her. IV, 59, sq., X, 71, sq., 103, sq.; *Met.* VIII, 172, sq.; Hygin. *Fab.* XLII; Senec. *Hippol.* 661-650; Plutarch. *in Thes.* § XIX; Lucian. *Hermot.* § XLVII; Nonn. *Dionys.* XLVII, 368; Liban. *Oper.* t. II, p. 347, C; Serv. *ad* Virg. *Georg.* 1, 222; Eustath. *ad* Homer. *Odyss.* XI, p. 1688, 35.

d'une époque plus récente ; en sorte qu'il est permis de regarder la tragédie d'Euripide comme la source où les poëtes et les artistes avaient puisé les images relatives à *Thésée* et à *Ariane* qui nous sont parvenues.

Ces monuments sont, du reste, en bien plus petit nombre que ne pourrait le faire supposer un sujet en apparence si favorable à l'imitation. Ils se réduisent à quelques vases peints, dont on peut même douter que la véritable interprétation ait été donnée. Tel est celui que Winckelmann a publié[1], et qu'il regardait comme le seul monument connu de cette fable. On y voit un *éphèbe*, la tête couronnée de *myrte*, appuyé de la main gauche sur un *bâton noueux*, et tenant de la main droite un *objet rond* qu'il paraît offrir à une *jeune fille*, debout devant lui, qui tient des deux mains une *bandelette déployée*. Mais cet *objet rond*, que Winckelmann a pris sans difficulté pour le *peloton de fil*, paraît bien plutôt être une *pomme*, présent amoureux[2], qu'on voit souvent à la main de jeunes gens des deux sexes, sur les vases peints ; et la scène du vase, qui n'a rien d'héroïque dans le caractère et dans le costume des deux personnages, et qui semble n'offrir qu'une de ces images nuptiales si fréquentes sur les vases, rendrait parfaitement compte de l'emploi d'un pareil objet.

Je ne sais si l'on ne doit pas expliquer de la même manière un autre vase du recueil de Tischbein[3], où l'on a vu[4], dans deux scènes qui se suivent, *Ariane* qui présente le *peloton de fil* à *Thésée*, et *Ariane* qui a reçu le même objet de *Thésée*, sans que, du reste, rien, dans ces deux compositions, présente le moindre élément du caractère héroïque du sujet. Le groupe de *Thésée* et du *Minotaure*, qui décore l'intérieur de la coupe, peut très-bien n'avoir aucun rapport avec le motif des deux scènes extérieures, ainsi que nous en avons tant d'exemples ; et, par là, l'explication de ces deux scènes, rapportées à *Ariane* et à *Thésée*, perdrait le seul appui tant soit peu réel qu'elle avait pu recevoir aux yeux des antiquaires. Pour moi, je ne puis voir, sur le vase en question, qu'une image nuptiale, reproduite deux fois avec les mêmes éléments, où la *jeune fille* tient la *pomme*, présent amoureux qu'elle vient d'obtenir, où l'*éphèbe* tient le *strigile*, instrument de la *palestre*, et où le second jeune homme, qui porte une *branche de myrte*, ajoute, par sa présence et par ce symbole, un motif de plus à cette représentation. Millin, toujours disposé à voir sur les vases peints des scènes mystiques, prenait ce jeune homme pour un *initié*, et se représentait la double composition de notre vase comme une *pantomime jouée dans les mystères*. Mais c'était là une pure illusion, qui ne saurait soutenir aujourd'hui le moindre examen.

---

[1] Winckelmann, *Monum. ined.* n. 99. C'est avec raison que M. Stéphani contestait l'exactitude de l'explication de Winckelmann, *Der Kampf,* etc. p. 51.

[2] J'ai déjà eu plusieurs fois l'occasion de signaler cette intention de la *pomme*, comme symbole aphrodisiaque et comme présent amoureux ; j'ai cité les principaux témoignages classiques qui établissent cette signification, et j'ai rapporté quelques-uns des monuments qui en offrent l'application ; voy. plus haut, p. 104-105, 4), et p. 112, 5). Je n'ai donc pas besoin d'ajouter ici de nouvelles explications sur un point qui me paraît suffisamment démontré ; mais je suis bien aise de trouver cette occasion de dire que M. Otto Jahn s'explique comme moi le vase de Winckelmann, où il reconnaît aussi la *pomme*, présent amoureux, aux mains de la jeune fille, et non le *peloton de fil*, à celles d'*Ariane*, *Archäol. Beiträge*, p. 256, 11).

[3] Tischbein, *Vas. d'Hamilton*, t. I, pl. xxv. Bien que le groupe du *Minotaure*, représenté à l'intérieur de cette coupe, ait paru à M. Stéphani, *Der Kampf,* etc. p. 51, offrir quelque appui à l'explication de Millin, je suis encore ici de l'avis de M. Otto Jahn, *Archäol. Beiträge*, p. 256, que ce rapprochement, peut-être tout fortuit, est en tout cas insuffisant. Inghirami, qui a reproduit ces peintures dans son recueil, avec l'explication de Millin, *Vas. fittil.* t. III, tav. ccxvi, p. 155-6, n'a ajouté aucune considération nouvelle.

[4] Millin, *Galer. myth.* pl. cxxxi, n. 492, p. 47.

Jusqu'ici, il n'existerait donc, à mon avis, aucune représentation de vase peint qu'on pût, avec quelque apparence de raison, expliquer par la fable des amours de *Thésée* et d'*Ariane*. Toutefois, il existe, dans le recueil de Tischbein[1], un vase, d'une composition très-curieuse, dont l'explication proposée par Italinski est tout à fait inadmissible, et dont il se pourrait bien que le véritable sujet se rapportât à *Thésée* et à *Ariane*. On y voit un *jeune guerrier*, couvert de l'armure grecque héroïque, et tenant de la main gauche un *objet rond*, qui peut bien être le *peloton de fil*, se dirigeant, dans une action véhémente, vers un but qui reste caché au spectateur. Ce héros est suivi d'une *jeune femme* qui paraît prendre l'intérêt le plus vif à son entreprise, et qui lui continue les conseils de sa tendresse et les instructions de sa prudence, au moment d'un danger suprême. Il serait impossible de représenter *Thésée* marchant vers le *labyrinthe*, guidé jusqu'au dernier pas par l'amour inquiet d'*Ariane*, d'une manière plus claire et plus expressive, où l'attitude et le mouvement de chaque personnage répondissent mieux à son action; et il est bien certain que l'*objet rond*, porté à la main du guerrier, ne peut être ici une *pomme*; tandis que, si l'on y reconnaissait un *peloton de fil*, la question serait décidée. L'*arbre desséché* qui se voit dans le champ de la peinture, loin de former une difficulté dans cette explication, fournirait plutôt un motif à l'appui. Cet arbre dépouillé de verdure annonce l'approche du *labyrinthe*, séjour de destruction et de mort, d'une manière bien plus juste et bien plus expressive que la *branche d'arbre* qui se voit sur d'autres vases[2], et où l'on a cru trouver une indication de ce genre.

Je puis citer encore, d'après le recueil manuscrit de Millin, qui se conserve dans notre Bibliothèque nationale, un vase, resté inédit jusqu'à ce jour, où l'on pourrait reconnaître le sujet qui nous occupe[3]. On y voit un *héros debout*, appuyé sur la *massue*, qui semble bien ne pouvoir être que *Thésée*, pour qui la *massue* était devenue, dans les traditions attiques[4], le symbole propre à l'égaler à *Hercule*; il reçoit d'*Ariane*, *assise* en face de lui, un *peloton de fil*, qui caractérise tout à fait le sujet. En arrière de ces deux personnages est une *femme qui tient une chouette* : sans doute, *Minerve Archègétis*[5], la divinité tutélaire du héros

---

[1] Tischbein, *Vas. d'Hamilton*, t. II, pl. XIV.

[2] La *branche de laurier* qui sort de terre, sur le vase agrigentin de ma collection publié par M. Otto Jahn, *Vasenbild*. Taf. II, n'indique pas les arbres qui croissent en dehors du *labyrinthe*, comme le croyait M. Stéphani, *Der Kampf*, etc. p. 74; c'est bien plutôt le symbole de la *victoire de Thésée*, comme la *patère*, qui se voit à la main d'*Ariane*, est le symbole du *sacrifice* d'actions de grâces qui suivra cette victoire.

[3] Le vase en question s'y trouve sur le feuillet 883.

[4] C'est ce qui résulte surtout du passage des *Suppliantes* d'Euripide, v. 390; cf. *ibid.* 698 et 714. Voyez, sur ce point d'antiquité, Stéphani, *Der Kampf*, etc. p. 54, 3), et p. 73, 11).

[5] C'est effectivement avec la *chouette en main* que le Scholiaste d'Aristophane décrit la *Minerve Archègétis d'Athènes*, *ad Av.* v. 515 : Τῆς δὲ Ἀρχηγέτιδος Ἀθηνᾶς ἄγαλμα γλαῦκα εἶχεν ἐν τῇ χειρί. Le culte de cette Minerve ainsi qualifiée était très-ancien et très-populaire à *Athènes*, ainsi qu'on en peut juger par le témoignage de Plutarque, *in Alcibiad.* § 11; et il en existe encore un monument dans le portique dorique situé près de l'*Agora*, et dédié ΑΘΗΝΑΙ ΑΡΧΗΓΕΤΙΔΙ, d'après l'inscription de la frise qui s'y lit, *apud* Boeckh. *Corp. inscript. gr.* n. 477. Il nous reste des statuettes de *Minerve* avec la *chouette* portée à la main, qui la représentent certainement en cette qualité d'*Archègétis*. Une de ces figurines en bronze, citée par Winckelmann, *Pierres de Stosch*, p. 65, n. 210, se trouvait au *musée Kircher*, à Rome, et elle y a été publiée, *Mus. Kircher*, t. II, tab. X. On en voit une autre, qui faisait partie de la collection de Borioni, dans les *Collectan. antiq. Roman.* tab. XIX; et il en existe une dans notre musée du Louvre. Une statue de cette *Minerve Archègétis*, conforme au type attique, c'est-à-dire avec la *chouette* sur la main droite et la *lance* dans la gauche, et avec l'*égide* placée en travers sur la poitrine, a été publiée par M. de Clarac, *Mus. de sculpt.* pl. 462 A, n. 888 B, d'après une collection d'Angleterre; mais il est vrai que cette statue peut avoir dû à la restauration moderne le symbole de la *chouette*; ce que je ne suis pas en état de décider. Il nous est parvenu aussi plus d'une réminiscence de la *Minerve Archègétis d'Athènes*, sur des médailles d'*Athènes* même et d'autres villes grecques. Plusieurs de ces médailles sont publiées dans les recueils de Pellerin, *Peuples et villes*, t. II, pl. XLVII, n. 73; *Mélanges*, t. I, pl. XIV, n. 8; d'autres sont citées par les interprètes

attique, avec le symbole de la prudence qui devait présider à sa périlleuse entreprise ; en sorte que tous les éléments de cette représentation s'expliquent de la manière la plus heureuse et la plus plausible d'après cette donnée. Je puis citer encore un vase peint, de style archaïque, où se voit, à côté du groupe de *Thésée* combattant le *Minotaure*, *Ariane debout*, avec un *long fil* qu'elle déploie des deux mains ; manière neuve de représenter cette circonstance du mythe ; ce vase fait partie de la collection du Vatican[1].

Si les deux vases peints que j'ai cités précédemment laissent encore quelque prise à l'incertitude, et si le dernier, dont je viens de faire mention, semble offrir aussi quelque difficulté, par la nouveauté même de l'image qu'il présente, on n'en apprendra qu'avec plus d'intérêt qu'il a été trouvé à *Pompéi*, dans une des maisons récemment fouillées[2], une peinture où se montre, à côté de *Thésée* qui vient de se dépouiller de ses armes et de ses vêtements, pour combattre le *Minotaure* avec ses seules forces[3], *Ariane debout*, qui tient d'une main un *peloton de fil* noir, qu'elle commence à dévider de l'autre main. Cette peinture donne évidemment la confirmation du motif représenté sur le vase du Vatican ; et elle devient précieuse par cette circonstance, autant qu'elle l'est par elle-même, à cause de la rareté des monuments relatifs à ce trait de la mythologie. Effectivement, je ne pourrais citer, en fait de monuments antiques relatifs à *Thésée* et *Ariane*, que le compartiment de la *mosaïque de Salzburg*[4], où se voit le groupe de *Thésée* recevant de la main d'*Ariane* le *peloton de fil* ; et, en présence de cette rareté des monuments, on apprécie mieux encore la valeur de notre peinture, qui nous a sans doute conservé une réminiscence de quelque belle peinture de l'école attique, et qui, à ce titre seulement, autant que par son mérite et par sa conservation, aurait dû fixer davantage l'attention des antiquaires napolitains.

du *Mus. Chiaram.* t. I, p. 38, 11) ; et j'y ajoute la pierre gravée décrite par Winckelmann, *Pierres de Stosch*, p. 65, n. 210. Voyez *Journal des Savants*, décembre 1845, p. 752, 2), 3), 4).

[1] *Mus. Gregor.* t. II, tav. LXII.

[2] Voy. la *Description* des fouilles de cette maison, exécutées en 1843, dans le *Bullet. archeol. Napol.* t. II, p. 38.

[3] Cette particularité, qui a été signalée par le savant anti-

quaire napolitain sur d'autres monuments, *ibid.* p. 88, et t. I, p. 98, n'est pas non plus sans exemples sur les vases peints ; témoins ceux du *Mus. Gregor.* t. II, tav. VII, XII, XXXIX, qu'a cités Avellino, *Bullet. archeol. Napol.* t. II, p. 153, 2).

[4] On sait que cette mosaïque, publiée sur une feuille volante, devenue très-rare, par M. Thiersch, a été reproduite par M. Creuzer, dans ses *Abbildung. z. Symbolik*, Taf. LV, 1. Voy. la courte explication qu'il en a donnée, *ibid.* p. 29-30.

CHOIX

DE

PEINTURES DE POMPÉI

LA PLUPART DE SUJET HISTORIQUE

LITHOGRAPHIÉES EN COULEUR PAR M. ROUX

ET PUBLIÉES

AVEC L'EXPLICATION ARCHÉOLOGIQUE DE CHAQUE PEINTURE

ET UNE INTRODUCTION

SUR L'HISTOIRE DE LA PEINTURE CHEZ LES GRECS ET CHEZ LES ROMAINS

PAR M. RAOUL-ROCHETTE

MEMBRE DE L'INSTITUT (ACADÉMIE DES INSCRIPTIONS ET BELLES-LETTRES)
SECRÉTAIRE PERPÉTUEL DE L'ACADÉMIE DES BEAUX-ARTS
PROFESSEUR D'ARCHÉOLOGIE, L'UN DES CONSERVATEURS ADMINISTRATEURS DE LA BIBLIOTHÈQUE ROYALE
ET DES COLLABORATEURS DU JOURNAL DES SAVANTS
MEMBRE HONORAIRE OU CORRESPONDANT DES ACADÉMIES DE MUNICH
DE GOETTINGUE, DE SAINT-PÉTERSBOURG, DE VIENNE, DE BERLIN, DE MADRID, DE ROME, DE NAPLES, DE BRUXELLES, D'UPSAL
ET DE L'INSTITUT HISTORIQUE DU BRÉSIL.
OFFICIER DE LA LÉGION D'HONNEUR, COMMANDEUR DE L'ORDRE GREC DU SAUVEUR
CHEVALIER DES ORDRES DE SAINT-MAURICE ET LAZARE DE SARDAIGNE
DE SAINT-SYLVESTRE RÉFORMÉ DE ROME
DU MÉRITE CIVIL DE SAINT-MICHEL DE BAVIÈRE ET DE FRANÇOIS Ier DES DEUX-SICILES
DU LION DES PAYS-BAS, ETC.

OUVRAGE

DÉDIÉ A S. M. LE ROI DES DEUX-SICILES

PARIS

IMPRIMÉ PAR AUTORISATION DU ROI

A L'IMPRIMERIE ROYALE

1844

CHOIX

DE

PEINTURES DE POMPÉI

LA PLUPART DE SUJET HISTORIQUE

LITHOGRAPHIÉES EN COULEUR PAR M. ROUX

ET PUBLIÉES

AVEC L'EXPLICATION ARCHÉOLOGIQUE DE CHAQUE PEINTURE

ET UNE INTRODUCTION

SUR L'HISTOIRE DE LA PEINTURE CHEZ LES GRECS ET CHEZ LES ROMAINS

PAR M. RAOUL-ROCHETTE

MEMBRE DE L'INSTITUT (ACADÉMIE DES INSCRIPTIONS ET BELLES-LETTRES)
SECRÉTAIRE PERPÉTUEL DE L'ACADÉMIE DES BEAUX-ARTS
PROFESSEUR D'ARCHÉOLOGIE, L'UN DES CONSERVATEURS ADMINISTRATEURS DE LA BIBLIOTHÈQUE ROYALE
ET DES COLLABORATEURS DU JOURNAL DES SAVANTS
MEMBRE HONORAIRE OU CORRESPONDANT DES ACADÉMIES DE MUNICH
DE GOETTINGUE, DE SAINT-PÉTERSBOURG, DE VIENNE, DE BERLIN, DE MADRID, DE ROME, DE NAPLES, DE BRUXELLES, D'UPSAL
ET DE L'INSTITUT HISTORIQUE DU BRÉSIL
OFFICIER DE LA LÉGION D'HONNEUR, COMMANDEUR DE L'ORDRE GREC DU SAUVEUR
CHEVALIER DES ORDRES DE SAINT-MAURICE ET LAZARE DE SARDAIGNE
DE SAINT-SYLVESTRE REFORMÉ DE ROME
DE MÉRITE CIVIL DE SAINT-MICHEL DE BAVIÈRE ET DE FRANÇOIS Iᵉʳ DES DEUX-SICILES
DU LION DES PAYS-BAS, ETC.

OUVRAGE

DÉDIÉ A S. M. LE ROI DES DEUX-SICILES

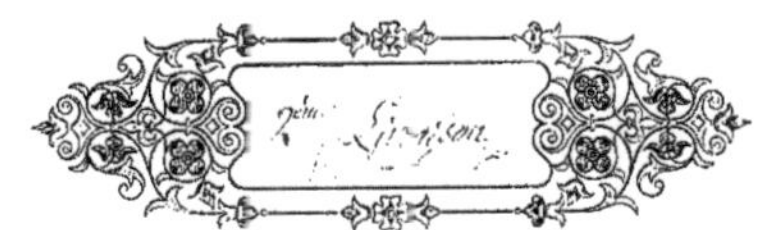

PARIS

IMPRIMÉ PAR AUTORISATION DU ROI

A L'IMPRIMERIE ROYALE

1845

CHOIX

DE

PEINTURES DE POMPÉI

LA PLUPART DE SUJET HISTORIQUE

LITHOGRAPHIÉES EN COULEUR PAR M. ROUX

ET PUBLIÉES

AVEC L'EXPLICATION ARCHÉOLOGIQUE DE CHAQUE PEINTURE

ET UNE INTRODUCTION

SUR L'HISTOIRE DE LA PEINTURE CHEZ LES GRECS ET CHEZ LES ROMAINS

PAR M. RAOUL-ROCHETTE

MEMBRE DE L'INSTITUT (ACADÉMIE DES INSCRIPTIONS ET BELLES-LETTRES)
SECRÉTAIRE PERPÉTUEL DE L'ACADÉMIE DES BEAUX-ARTS
PROFESSEUR D'ARCHÉOLOGIE, L'UN DES CONSERVATEURS ADMINISTRATEURS DE LA BIBLIOTHÈQUE ROYALE
ET DES COLLABORATEURS DU JOURNAL DES SAVANTS
MEMBRE HONORAIRE OU CORRESPONDANT DES ACADÉMIES DE MUNICH
DE GOETTINGUE, DE SAINT-PÉTERSBOURG, DE VIENNE, DE BERLIN, DE MADRID, DE ROME, DE NAPLES, DE BRUXELLES, D'UPSAL
DE L'INSTITUT HISTORIQUE DU BRÉSIL, DE L'ACADÉMIE ÉTRUSQUE DE CORTONE
MEMBRE HONORAIRE DE LA DIRECTION DE L'INSTITUT ARCHÉOLOGIQUE DE ROME
OFFICIER DE LA LÉGION D'HONNEUR, COMMANDEUR DE L'ORDRE GREC DU SAUVEUR
CHEVALIER DES ORDRES PONTIFICAUX DE SAINT-GRÉGOIRE ET DE SAINT-SYLVESTRE RÉFORMÉ
DE CEUX DE SAINT-MAURICE ET DE SAINT-LAZARE DE SARDAIGNE
DU MÉRITE CIVIL DE SAINT-MICHEL DE BAVIÈRE ET DE FRANÇOIS Ier DES DEUX-SICILES
DU LION DES PAYS-BAS, DE L'AIGLE ROUGE DE PRUSSE, ETC.

OUVRAGE

DÉDIÉ A S. M. LE ROI DES DEUX-SICILES

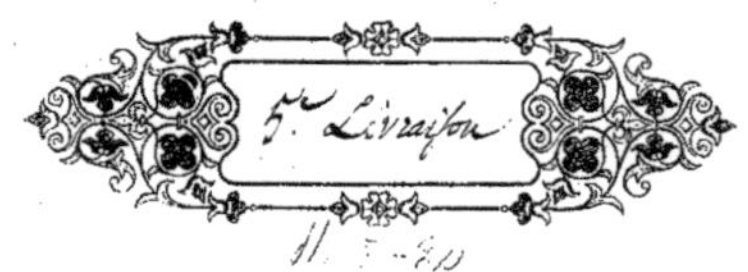

PARIS

IMPRIMÉ PAR AUTORISATION DU ROI

A L'IMPRIMERIE ROYALE

1848

CHOIX

DE

PEINTURES DE POMPÉI

LA PLUPART DE SUJET HISTORIQUE

LITHOGRAPHIÉES EN COULEUR PAR M. ROUX

ET PUBLIÉES

AVEC L'EXPLICATION ARCHÉOLOGIQUE DE CHAQUE PEINTURE

ET UNE INTRODUCTION

SUR L'HISTOIRE DE LA PEINTURE CHEZ LES GRECS ET CHEZ LES ROMAINS

PAR M. RAOUL-ROCHETTE

MEMBRE DE L'INSTITUT (ACADÉMIE DES INSCRIPTIONS ET BELLES-LETTRES)
SECRÉTAIRE PERPÉTUEL DE L'ACADÉMIE DES BEAUX-ARTS
PROFESSEUR D'ARCHÉOLOGIE PRÈS LA BIBLIOTHÈQUE NATIONALE
L'UN DES COLLABORATEURS DU JOURNAL DES SAVANTS
MEMBRE HONORAIRE OU CORRESPONDANT DES ACADÉMIES DE MUNICH
DE SAINT-PÉTERSBOURG, DE VIENNE, DE BERLIN, DE MADRID, DE ROME, DE NAPLES, DE BRUXELLES, D'UPSAL
DE L'INSTITUT HISTORIQUE DU BRÉSIL, DE L'ACADÉMIE ÉTRUSQUE DE CORTONE
MEMBRE HONORAIRE DE LA DIRECTION DE L'INSTITUT ARCHÉOLOGIQUE DE ROME
OFFICIER DE LA LÉGION D'HONNEUR, COMMANDEUR DE L'ORDRE GREC DU SAUVEUR
CHEVALIER DES ORDRES PONTIFICAUX DE SAINT-GRÉGOIRE ET DE SAINT-SYLVESTRE RÉFORMÉ
DE CEUX DE SAINT-MAURICE ET DE SAINT-LAZARE DE SARDAIGNE
DU MÉRITE CIVIL DE SAINT-MICHEL DE BAVIÈRE ET DE FRANÇOIS Ier DES DEUX-SICILES
DU LION DES PAYS-BAS, DE L'AIGLE ROUGE DE PRUSSE, ETC.

OUVRAGE

DÉDIÉ A S. M. LE ROI DES DEUX-SICILES

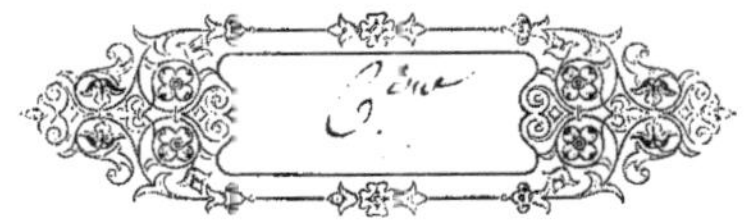

PARIS

IMPRIMÉ PAR AUTORISATION DU GOUVERNEMENT

A L'IMPRIMERIE NATIONALE

1851